中國國家圖書館編

國家圖書館藏敦煌遺書

第七十三冊　北敦〇五四〇一號——北敦〇五四七六號

北京圖書館出版社

圖書在版編目(CIP)數據

國家圖書館藏敦煌遺書·第七十三册/中國國家圖書館編;任繼愈主編.—北京:北京圖書館出版社,2007.12
ISBN 978-7-5013-3225-0

Ⅰ.國…　Ⅱ.①中…②任…　Ⅲ.敦煌學-文獻　Ⅳ.K870.6

中國版本圖書館 CIP 數據核字(2007)第 178559 號

書　　名　國家圖書館藏敦煌遺書·第七十三册
著　　者　中國國家圖書館編　任繼愈主編
責任編輯　徐　蜀　孫　彦
封面設計　李　璀

出　　版　北京圖書館出版社　(100034　北京西城區文津街 7 號)
發　　行　010-66139745　66151313　66175620　66126153
66174391(傳真)　66126156(門市部)
E-mail　cbs@nlc.gov.cn(投稿)　btsfxb@nlc.gov.cn(郵購)
Website　www.nlcpress.com
經　　銷　新華書店
印　　刷　北京文津閣印務有限責任公司

開　　本　八開
印　　張　48.5
版　　次　2007 年 12 月第 1 版第 1 次印刷
印　　數　1-250 册(套)

書　　號　ISBN 978-7-5013-3225-0/K·1452
定　　價　990.00 圓

編輯委員會

主　　編　任繼愈

常務副主編　方廣錩

副　主　編　李際寧　張志清

編委（按姓氏筆畫排列）　王克芬　王姿怡　吳玉梅　胡新英　陳　穎　黃　霞（常務）　程佳羽　劉玉芬

出版委員會

主　任　詹福瑞

副主任　陳　力

委　員（按姓氏筆畫排列）　李　健　姜　紅　郭又陵　徐　蜀　孫　彦

攝製人員（按姓氏筆畫排列）

于向洋　王富生　王遂新　谷韶軍　張　軍　張紅兵　張　陽　曹　宏　郭春紅　楊　勇　嚴　平

原件修整人員（按姓氏筆畫排列）

朱振彬　杜偉生　李　英　胡玉清　胡秀菊　張　平　劉建明

目錄

菩
須菩提
於意云何東方虛空可思量不不也世尊須
菩提南西北方四維上下虛空可思量不不
也世尊須菩提菩薩无住相布施福德亦復
如是不可思量須菩提菩薩但應如所教
住須菩提於意云何可以身相見如來
也世尊不可以身相得見如來何以故如來
所說身相即非身相佛告須菩提凡所有相
皆是虛妄若見諸相非相則見如來
須菩提白佛言世尊頗有眾生得聞如是
言說章句生實信不佛告須菩提莫作是
說如來滅後後五百歲有持戒修福者於此
章句能生信心以此為實當知是人不於
佛二佛三四五佛而種善根已於无量千万
佛所種諸善根聞是章句乃至一念生淨
信者須菩提如來悉知悉見是諸眾生得如
是无量福德何以故是諸眾生无復我相人
相眾生相壽者相无法相亦无非法相何以
故是諸眾生若心取相則為著我人眾生壽

佛二佛三四五佛而種善根已於无量千万
佛所種諸善根聞是章句乃至一念生淨
信者須菩提如來悉知悉見是諸眾生得如
是无量福德何以故是諸眾生无復我相人
相眾生相壽者相无法相亦无非法相何以
故是諸眾生若心取相則為著我人眾生壽
者若取法相即著我人眾生壽者何以故若
取非法相即著我人眾生壽者是故不應取
法不應取非法以是義故如來常說汝等比丘
知我說法如筏喻者法尚應捨何況非法
須菩提於意云何如來得阿耨多羅三藐三
菩提耶如來有所說法耶須菩提言如我解
佛所說義无有定法名阿耨多羅三藐三
提亦无有定法如來可說何以故如來所說
法皆不可取不可說非法非非法所以者何
一切賢聖皆以无為法而有差別
須菩提於意云何若人滿三千大千世界七
寶以用布施是人所得福德寧為多不須
菩提言甚多世尊何以故是福德即非福德
性如來說福德多若復有人於此經中受
持乃至四句偈等為他人說其福勝彼何以
故須菩提一切諸佛及諸佛阿耨多羅三藐
三菩提法皆從此經出須菩提所謂佛法者
即非佛法

寶以用布施是人所得福德寧為多不須
菩提言甚多世尊何以故是福德即非福德
性如来說福德多若復有人於此經中
持乃至四句偈等為他人說其福勝彼何以
故須菩提一切諸佛及諸佛阿耨多羅三藐
三菩提法皆從此經出須菩提所謂佛法者
即非佛法
須菩提於意云何須陁洹能作是念我得須
陁洹果不須菩提言不也世尊何以故須陁
洹名為入流而无所入不入色聲香味觸
是名須陁洹須菩提於意云何斯陁含能作
是念我得斯陁含果不須菩提言不也世尊
何以故斯陁含名一往来而實无往来是名
斯陁含須菩提於意云何阿那含能作是念
我得阿那含果不須菩提言不也世尊何以
故阿那含名為不来而實无来是故名阿
含須菩提於意云何阿羅漢能作是念我
得阿羅漢道不須菩提言不也世尊何以故實
无有法名阿羅漢世尊若阿羅漢作是念我
得阿羅漢道即為著我人衆壽者世尊佛
說我得无諍三昧人中最為第一是第一離
欲阿羅漢我不作是念我是離欲阿羅漢世
尊我若作是念我得阿羅漢道世尊則不
須菩提樂阿蘭那行者以須菩提實无所
行而名須菩提是樂阿蘭那行

得阿羅漢道即為著我人衆壽者世尊佛
說我得无諍三昧人中最為第一是第一離
欲阿羅漢我不作是念我是離欲阿羅漢世
尊我若作是念我得阿羅漢道世尊則不
須菩提樂阿蘭那行者以須菩提實无所
行而名須菩提是樂阿蘭那行
佛告須菩提於意云何如来昔在燃燈佛所
於法有所得不世尊如来在燃燈佛所於法
實无所得
須菩提於意云何菩薩莊嚴佛土不不也世
尊何以故莊嚴佛土者則非莊嚴是名莊
是故須菩提諸菩薩摩訶薩應如是生清淨
心不應住色生心不應住聲香味觸法生心
應无所住而生其心須菩提譬如有人身如
須弥山王於意云何是身為大不須菩提言
甚大世尊何以故佛說非身是名大身
須菩提如恒河中所有沙數如是沙等恒
於意云何是諸恒河沙寧為多不須菩提言
甚多世尊但諸恒河尚多无數何況其沙須
菩提我今實言告汝若有善男子善女人以
七寶滿尒所恒河數沙三千大千世界以用
布施得福多不須菩提言甚多世尊佛告須
菩提若善男子善女人於此經中乃至受持
四句偈等為他人說而此福德勝前福德
復次須菩提隨說是經乃至四句偈等當知

布施得福多不須菩提言甚多世尊佛告須
菩提若善男子善女人於此經中乃至受持
四句偈等為他人說而此福德勝前福德
復次須菩提隨說是經乃至四句偈等當知
此處一切世間天人阿脩羅皆應供養如佛
塔廟何況有人盡能受持讀誦須菩提當知
是人成就最上第一希有之法若是經典所
在之處則為有佛若尊重弟子
尒時須菩提白佛言世尊當何名此經我等
云何奉持佛告須菩提是經名為金剛般若
波羅蜜以是名字汝當奉持所以者何須菩
提佛說般若波羅蜜則非般若波羅蜜須菩
提於意云何如來有所說法不須菩提白佛
言世尊如來无所說須菩提於意云何三千
大千世界所有微塵是為多不須菩提言甚
多世尊須菩提諸微塵如來說非微塵是名
微塵如來說世界非世界是名世界須菩提
於意云何可以三十二相見如來不不也世
尊不可以三十二相得見如來何以故如來
說三十二相即是非相是名三十二相
須菩提若有善男子善女人以恒河沙等身
命布施若復有人於此經中乃至受持四句
偈等為他人說其福甚多
尒時須菩提聞說是經深解義趣涕淚悲泣

BD05401 號　金剛般若波羅蜜經　（10–5）

須菩提若有善男子善女人以恒河沙等身
命布施若復有人於此經中乃至受持四句
偈等為他人說其福甚多
尒時須菩提聞說是經深解義趣涕淚悲泣
而白佛言希有世尊佛說如是甚深經典我
從昔來所得慧眼未曾得聞如是之經世尊
若復有人得聞是經信心清淨則生實相當
知是人成就第一希有功德世尊是實相者
則是非相是故如來說名實相世尊我今得
聞如是經典信解受持不足為難若當來世
後五百歲其有眾生得聞是經信解受持是
人則為第一希有何以故此人无我相人相
眾生相壽者相所以者何我相即是非相人
相眾生相壽者相即是非相何以故離一切
諸相則名諸佛
佛告須菩提如是如是若復有人得聞是經
不驚不怖不畏當知是人甚為希有何以故
須菩提如來說第一波羅蜜非第一波羅蜜
是名第一波羅蜜
須菩提忍辱波羅蜜如來說非忍辱波羅蜜
何以故須菩提如我昔為歌利王割截身體
我於尒時无我相无人相无眾生相无壽者
相何以故我於往昔節節支解時若有我相
人相眾生相壽者相應生瞋恨須菩提又念

BD05401 號　金剛般若波羅蜜經　（10–6）

須菩提忍辱波羅蜜如来說非忍辱波羅蜜
何以故須菩提如我昔為歌利王割截身體
我於尒時无我相无人相无衆生相无壽者
相何以故我於往昔節節支解時若有我相
人相衆生相壽者相應生瞋恨須菩提又念
過去於五百世作忍辱仙人於尒所世无我
相无人相无衆生相无壽者相是故須菩提
菩薩應離一切相發阿耨多羅三藐三菩提
心不應住色生心不應住聲香味觸法生心
應生无所住心若心有住則為非住是故佛
說菩薩心不應住色布施須菩提菩薩為利
益一切衆生應如是布施如来說一切諸相即
非相又說一切衆生則非衆生
須菩提如来是真語者實語者如語者不
誑語者不異語者須菩提如来所得法此法
无實无虛
須菩提若菩薩心住於法而行布施如人入
闇則无所見若菩薩心不住法而行布施如
人有目日光照見種種色
須菩提當来之世若有善男子善女人能於此
經受持讀誦則為如来以佛智慧悉知是人
悉見是人皆得成就无量无邊功德
須菩提若有善男子善女人初日分以恒河
沙等身布施中日分復以恒河沙等身布施
後日分復以恒河沙等身布施如是无量百

BD05401 號　金剛般若波羅蜜經　（10–7）

經受持讀誦則為如来以佛智慧悉知是人
悉見是人皆得成就无量无邊功德
須菩提若有善男子善女人初日分以恒河
沙等身布施中日分復以恒河沙等身布施
後日分復以恒河沙等身布施如是无量百
千万億劫以身布施若復有人聞此經典信
心不逆其福勝彼何况書寫受持讀誦為人
解說
須菩提以要言之是經有不可思議不可稱
量无邊功德如来為發大乗者說為發最上
乗者說若有人能受持讀誦廣為人說如来
悉知是人悉見是人皆得成就不可量不可
稱无有邊不可思議功德如是人等則為荷
擔如来阿耨多羅三藐三菩提何以故須菩
提若樂小法者著我見人見衆生見壽者見
則於此經不能聽受讀誦為人解說須菩提
在在處處若有此經一切世間天人阿脩羅
所應供養當知此處則為是塔皆應恭敬
作礼圍遶以諸華香而散其處
復次須菩提若善男子善女人受持讀誦此經
若為人輕賤是人先世罪業應墮惡道以今
世人輕賤故先世罪業則為消滅當得阿耨
多羅三藐三菩提須菩提我念過去无量阿
僧祇劫於燃燈佛前得八百四千万億那

BD05401 號　金剛般若波羅蜜經　（10–8）

復次須菩提若男子善女人受持讀誦此經
若為人輕賤是人先世罪業應墮惡道以今
世人輕賤故先世罪業則為消滅當得阿耨
多羅三藐三菩提須菩提我念過去无量阿
僧祇劫於然燈佛前得八百四千万億那
由他諸佛悉皆供養承事无空過者若復有
人於後末世能受持讀誦此經所得功德於
我所供養諸佛功德百分不及一千万億分
乃至筭數譬喻所不能及須菩提若善男子
善女人於後末世有受持讀誦此經所得功
德我若具說或有人聞心則狂亂狐疑不
信須菩提當知是經義不可思議果報亦不
可思議
尒時須菩提白佛言世尊善男子善女人發
阿耨多羅三藐三菩提心云何應住云何降
伏其心佛告須菩提善男子善女人發阿耨
多羅三藐三菩提者當生如是心我應滅度
一切眾生滅度一切眾生已而无有一眾生
實滅度者何以故若菩薩有我相人相眾生
相壽者相則非菩薩所以者何須菩提實无
有法發阿耨多羅三藐三菩提者
須菩提於意云何如來於然燈佛所有法得
阿耨多羅三藐三菩提不不也世尊如我解
佛所說義佛於然燈佛所无有得阿耨多
羅三藐三菩提佛言如是如是須菩提實无

BD05401號　金剛般若波羅蜜經　（10–9）

實滅度者何以故若菩薩有我相人相眾生
相壽者相則非菩薩所以者何須菩提實无
有法發阿耨多羅三藐三菩提者
須菩提於意云何如來於然燈佛所有法得
阿耨多羅三藐三菩提不不也世尊如我解
佛所說義佛於然燈佛所无有得阿耨多
羅三藐三菩提佛言如是如是須菩提實无
有法如來得阿耨多羅三藐三菩提須菩提
若有法如來得阿耨多羅三藐三菩提然燈
佛則不與我受記汝於來世當得作佛号釋
迦牟尼以實无有法得阿耨多羅三藐三菩提
是故然燈佛與我受記作是言汝於來世
當得作佛号釋迦牟尼何以故如來者即諸
法如義若有人言如來得阿耨多羅三藐三
菩提須菩提如來所得阿耨多羅三藐三菩
提於是中无實无虛是故如來說一切法皆
是佛法須菩提所言一切法者即非一切法
是故名一切法
須菩提譬如人身長大須菩提言世尊如來

BD05401號　金剛般若波羅蜜經　（10–10）

訶无二
門清淨故
論清淨故一切智
羅尼門清淨若受
智清淨无二无二分
現一切陁羅尼門清淨故眼
淨故一切智智清淨何以故若
清淨若眼處清淨若一切智
智清淨无二无二分无別无斷故一切陁羅尼
門清淨故耳鼻舌身意處清淨耳鼻舌身
意處清淨故一切智智清淨何以故若一切
陁羅尼門清淨若耳鼻舌意處清淨若一
切智智清淨无二无二分无別无斷故善現
一切陁羅尼門清淨故色處清淨色處清淨
故一切智智清淨何以故若一切陁羅尼門
清淨若色處清淨若一切智智清淨无二无
二分无別无斷故一切陁羅尼門清淨故聲香
味觸法處清淨聲香味觸法處清淨故一
切智智清淨何以故若一切陁羅尼門清淨
若聲香味觸法處清淨若一切智智清淨无
二无二分无別无斷故善現一切陁羅尼門
清淨故眼界清淨眼界清淨故一切智智清
淨何以故若一切陁羅尼門清淨若眼界清

觸[illegible]
切智智清淨何以故若一切陁羅尼門清淨
若聲香味觸法處清淨若一切智智清淨无
二无二分无別无斷故善現一切陁羅尼門
清淨故眼界清淨眼界清淨故一切智智清
淨何以故若一切陁羅尼門清淨若眼界清
淨若一切智智清淨无二无二分无別无斷故
一切陁羅尼門清淨故色界眼識界及眼觸
眼觸為緣所生諸受清淨色界乃至眼觸
為緣所生諸受清淨故一切智智清淨何以
故若一切陁羅尼門清淨若色界乃至眼觸
為緣所生諸受清淨若一切智智清淨无二
无二分无別无斷故善現一切陁羅尼門清
淨故耳界清淨耳界清淨故一切智智清淨
何以故若一切陁羅尼門清淨若耳界清淨
若一切智智清淨无二无二分无別无斷故一
切陁羅尼門清淨故聲界耳識界及耳觸
耳觸為緣所生諸受清淨聲界乃至耳觸為
緣所生諸受清淨故一切智智清淨何以
故若一切陁羅尼門清淨若聲界乃至耳觸為
緣所生諸受清淨若一切智智清淨无二无
二分无別无斷故善現一切陁羅尼門清淨
故鼻界清淨鼻界清淨故一切智智清淨何
以故若一切陁羅尼門清淨若鼻界清淨若
一切智智清淨无二无二分无別无斷故一切
陁羅尼門清淨故香界鼻識界及鼻觸鼻觸
為緣所生諸受清淨香界乃至鼻觸為緣所
生諸受清淨故一切智智清淨何以故若

一切智智清淨无二无二分无別无斷故一切
陁羅尼門清淨故香界鼻識界及鼻觸鼻觸
為緣所生諸受清淨香界乃至鼻觸為緣所
生諸受清淨故一切智智清淨何以故若
一切陁羅尼門清淨若香界乃至鼻觸為緣
所生諸受清淨若一切智智清淨无二无二
分无別无斷故善現一切陁羅尼門清淨故
舌界清淨舌界清淨故一切智智清淨何以
故若一切陁羅尼門清淨若舌界清淨若一
切智智清淨无二无二分无別无斷故一切
陁羅尼門清淨故味界舌識界及舌觸舌
觸為緣所生諸受清淨味界乃至舌觸為緣
所生諸受清淨故一切智智清淨何以故若一
切陁羅尼門清淨若味界乃至舌觸為緣所
生諸受清淨若一切智智清淨无二无二分
无別无斷故善現一切陁羅尼門清淨故身
界清淨身界清淨故一切智智清淨何以故
若一切陁羅尼門清淨若身界清淨若一切
智智清淨无二无二分无別无斷故一切陁
羅尼門清淨故觸界身識界及身觸身觸
為緣所生諸受清淨觸界乃至身觸為緣所
生諸受清淨故一切智智清淨何以故若一切
陁羅尼門清淨若觸界乃至身觸為緣所生
諸受清淨若一切智智清淨无二无二分无
別无斷故善現一切陁羅尼門清淨故意界
清淨意界清淨故一切智智清淨何以故若
一切陁羅尼門清淨若意界清淨若一切智

陁羅尼門清淨若觸界乃至身觸為緣所生
諸受清淨若一切智智清淨无二无二分无
別无斷故善現一切陁羅尼門清淨故意界
清淨意界清淨故一切智智清淨何以故若
一切陁羅尼門清淨若意界清淨若一切智
智清淨无二无二分无別无斷故一切陁羅
尼門清淨故法界意識界及意觸意觸為
緣所生諸受清淨法界乃至意觸為緣所生
諸受清淨故一切智智清淨何以故若一切陁
羅尼門清淨若法界乃至意觸為緣所生諸
受清淨若一切智智清淨无二无二分无別
无斷故善現一切陁羅尼門清淨故地界清
淨地界清淨故一切智智清淨何以故若一
切陁羅尼門清淨若地界清淨若一切智智
清淨无二无二分无別无斷故一切陁羅尼
門清淨故水火風空識界清淨水火風空識
界清淨故一切智智清淨何以故若一切陁
羅尼門清淨若水火風空識界清淨若一切
智智清淨无二无二分无別无斷故善現一
切陁羅尼門清淨故无明清淨无明清淨故
一切智智清淨何以故若一切陁羅尼門清
淨若无明清淨若一切智智清淨无二无二
分无別无斷故一切陁羅尼門清淨故行識
名色六處觸受愛取有生老死愁歎苦憂惱
清淨行乃至老死愁歎苦憂惱清淨故一切
智智清淨何以故若一切陁羅尼門清淨若
行乃至老死愁歎苦憂惱清淨若一切智

名色六處觸受愛取有生老死愁歎苦憂惱
清淨行乃至老死愁歎苦憂惱清淨故一切
智智清淨何以故若一切陁羅尼門清淨若
行乃至老死愁歎苦憂惱清淨若一切智
智清淨无二无二分无別无斷故
善現一切陁羅尼門清淨故布施波羅蜜多
清淨布施波羅蜜多清淨故一切智智清淨
何以故若一切陁羅尼門清淨若布施波羅
蜜多清淨若一切智智清淨无二无二分无別
无斷故一切陁羅尼門清淨故淨戒安忍精
進靜慮般若波羅蜜多清淨淨戒乃至般
若波羅蜜多清淨故一切智智清淨何以故
若一切陁羅尼門清淨若淨戒乃至般若波
羅蜜多清淨若一切智智清淨无二无二分
无別无斷故善現一切陁羅尼門清淨故內
空清淨內空清淨故一切智智清淨何以故
若一切陁羅尼門清淨若內空清淨若一切
智智清淨无二无二分无別无斷故一切陁
羅尼門清淨故外空內外空空空大空勝義
空有為空无為空畢竟空无際空散空无變
異空本性空自相空共相空一切法空不可
得空无性空自性空无性自性空清淨外空
乃至无性自性空清淨故一切智智清淨何
以故若一切陁羅尼門清淨若外空乃至无
性自性空清淨若一切智智清淨无二无二
分无別无斷故善現一切陁羅尼門清淨故
真如清淨真如清淨故一切智智清淨何以

BD05402號　大般若波羅蜜多經卷二四〇　（13-5）

乃至无性自性空清淨故一切智智清淨何
以故若一切陁羅尼門清淨若外空乃至无
性自性空清淨若一切智智清淨无二无二
分无別无斷故善現一切陁羅尼門清淨故
真如清淨真如清淨故一切智智清淨何以
故若一切陁羅尼門清淨若真如清淨若一
切智智清淨无二无二分无別无斷故一切
陁羅尼門清淨故法界法性不虛妄性不變
異性平等性離生性法定法住實際虛空界
不思議界清淨法界乃至不思議界清淨故
一切智智清淨何以故若一切陁羅尼門清淨
若法界乃至不思議界清淨若一切智智清
淨无二无二分无別无斷故善現一切陁羅
尼門清淨故苦聖諦清淨苦聖諦清淨故
一切智智清淨何以故若一切陁羅尼門清
淨若苦聖諦清淨若一切智智清淨无二无
二分无別无斷故一切陁羅尼門清淨故集
滅道聖諦清淨集滅道聖諦清淨故一切智
智清淨何以故若一切陁羅尼門清淨若集
滅道聖諦清淨若一切智智清淨无二无二
分无別无斷故善現一切陁羅尼門清淨故
四靜慮清淨四靜慮清淨故一切智智清淨
何以故若一切陁羅尼門清淨若四靜慮清
淨若一切智智清淨无二无二分无別无斷
故一切陁羅尼門清淨故四无量四无色定
清淨四无量四无色定清淨故一切智智清淨
何以故若一切陁羅尼門清淨若四无量四

BD05402號　大般若波羅蜜多經卷二四〇　（13-6）

四静慮清淨四静慮清淨故一切智智清淨
何以故若一切陁羅尼門清淨若四静慮清
淨若一切智智清淨无二无二分无别无斷
故一切陁羅尼門清淨故四无量四无色定
清淨四无量四无色定清淨故一切智智清淨
何以故若一切陁羅尼門清淨若四无量四
无色定清淨若一切智智清淨无二无二分
无别无斷故善現一切陁羅尼門清淨故八
解脱清淨八解脱清淨故一切智智清淨何
以故若一切陁羅尼門清淨若八解脱清淨
若一切智智清淨无二无二分无别无斷故一
切陁羅尼門清淨故八勝處九次第定十遍
處清淨八勝處九次第定十遍處清淨故
一切智智清淨何以故若一切陁羅尼門清
淨若八勝處九次第定十遍處清淨若一
切智智清淨无二无二分无别无斷故善現
一切陁羅尼門清淨故四念住清淨四念住
清淨故一切智智清淨何以故若一切陁羅
尼門清淨若四念住清淨若一切智智清淨
无二无二分无别无斷故一切陁羅尼門清淨
故四正斷四神足五根五力七等覺支八聖
道支清淨四正斷乃至八聖道支清淨故一
切智智清淨何以故若一切陁羅尼門清淨
若四正斷乃至八聖道支清淨若一切
智清淨无二无二分无别无斷故善現一切
陁羅尼門清淨故空解脱門清淨空解脱
門清淨故一切智智清淨何以故若一切陁羅

道支清淨四正斷乃至八聖道支清淨故一
切智智清淨何以故若一切陁羅尼門清淨
若四正斷乃至八聖道支清淨若一切
智清淨无二无二分无别无斷故善現一切
陁羅尼門清淨故空解脱門清淨空解脱
門清淨故一切智智清淨何以故若一切陁羅
尼門清淨若空解脱門清淨若一切智智清
淨无二无二分无别无斷故一切陁羅尼門
清淨故无相无願解脱門清淨无相无願解
脱門清淨故一切智智清淨何以故若一切
陁羅尼門清淨若无相无願解脱門清淨
一切智智清淨无二无二分无别无斷故善
現一切陁羅尼門清淨故菩薩十地清淨菩
薩十地清淨故一切智智清淨何以故若一切
陁羅尼門清淨若菩薩十地清淨若一切
智智清淨无二无二分无别无斷故
善現一切陁羅尼門清淨故五眼清淨五眼
清淨故一切智智清淨何以故若一切陁羅
尼門清淨若五眼清淨若一切智智清淨
无二无二分无别无斷故一切陁羅尼門清
淨故六神通清淨六神通清淨故一切智智
清淨何以故若一切陁羅尼門清淨若六神通
清淨若一切智智清淨无二无二分无别无
斷故善現一切陁羅尼門清淨故佛十力清
淨佛十力清淨故一切智智清淨何以故若
一切陁羅尼門清淨若佛十力清淨若一切
智智清淨无二无二分无别无斷故一切陁

清淨若一切智智清淨无二无二分无別无
斷故善現一切陁羅尼門清淨故佛十力清
淨佛十力清淨故一切智智清淨何以故若
一切陁羅尼門清淨若佛十力清淨若一切
智智清淨无二无二分无別无斷故一切陁
羅尼門清淨故四无所畏四无礙解大慈大
悲大喜大捨十八佛不共法清淨四无所畏
乃至十八佛不共法清淨故一切智智清淨
何以故若一切陁羅尼門清淨若四无所畏
乃至十八佛不共法清淨若一切智智清淨
无二无二分无別无斷故善現一切陁羅尼門
清淨故无忘失法清淨无忘失法清淨故
一切智智清淨何以故若一切陁羅尼門清
淨若无忘失法清淨若一切智智清淨无二
无二分无別无斷故一切陁羅尼門清淨故
恒住捨性清淨恒住捨性清淨故一切智智
清淨何以故若一切陁羅尼門清淨若恒住
捨性清淨若一切智智清淨无二无二分无
別无斷故善現一切陁羅尼門清淨故一切
智清淨一切智清淨故一切智智清淨何以
故若一切陁羅尼門清淨若一切智清淨若
一切智智清淨无二无二分无別无斷故一切
陁羅尼門清淨故道相智一切相智清淨
道相智一切相智清淨故一切智智清淨何以
故若一切陁羅尼門清淨若道相智一切相
智清淨若一切智智清淨无二无二分无別
无斷故善現一切陁羅尼門清淨故一切三
摩地門清淨一切三摩地門清淨故一切

道相智一切相智清淨故一切智智清淨何以
故若一切陁羅尼門清淨若道相智一切相
智清淨若一切智智清淨无二无二分无別
无斷故善現一切陁羅尼門清淨故一切三
摩地門清淨一切三摩地門清淨故一切
智智清淨何以故若一切陁羅尼門清淨若
一切三摩地門清淨若一切智智清淨无二
无二分无別无斷故
善現一切陁羅尼門清淨故預流果清淨預
流果清淨故一切智智清淨何以故若一切
陁羅尼門清淨若預流果清淨若一切智智
清淨无二无二分无別无斷故一切陁羅尼
門清淨故一來不還阿羅漢果清淨一來
不還阿羅漢果清淨故一切智智清淨何以
故若一切陁羅尼門清淨若一來不還阿羅
漢果清淨若一切智智清淨无二无二分无別
无斷故善現一切陁羅尼門清淨故獨覺菩
提清淨獨覺菩提清淨故一切智智清淨何
以故若一切陁羅尼門清淨若獨覺菩提清
淨若一切智智清淨无二无二分无別无斷
故善現一切陁羅尼門清淨故一切菩薩摩
訶薩行清淨一切菩薩摩訶薩行清淨故
一切智智清淨何以故若一切陁羅尼門清淨
若一切菩薩摩訶薩行清淨若一切智智清
淨无二无二分无別无斷故善現一切陁羅
尼門清淨故諸佛无上正等菩提清淨諸佛
无上正等菩提清淨故一切智智清淨何以

淨若一切智智清淨无二无二分无別无斷故
故善現一切陁羅尼門清淨故一切菩薩摩
訶薩行清淨一切菩薩摩訶薩行清淨故
一切智智清淨何以故若一切陁羅尼門清淨
若一切菩薩摩訶薩行清淨若一切智智清
淨无二无二分无別无斷故善現一切陁羅
尼門清淨故諸佛无上正等菩提清淨諸佛
无上正等菩提清淨故一切智智清淨何以
故若一切陁羅尼門清淨若諸佛无上正等
菩提清淨若一切智智清淨无二无二分无別
无斷故
復次善現一切三摩地門清淨故色清淨色
清淨故一切智智清淨何以故若一切三摩
地門清淨若色清淨若一切智智清淨无二
无二分无別无斷故一切三摩地門清淨故
受想行識清淨受想行識清淨故一切智智
清淨何以故若一切三摩地門清淨若受想
行識清淨若一切智智清淨无二无二分无
別无斷故善現一切三摩地門清淨故眼處
清淨眼處清淨故一切智智清淨何以故若
一切三摩地門清淨若眼處清淨若一切智
智清淨无二无二分无別无斷故一切三摩
地門清淨故耳鼻舌身意處清淨耳鼻舌
身意處清淨故一切智智清淨何以故若一
切三摩地門清淨若耳鼻舌身意處清淨
若一切智智清淨无二无二分无別无斷故
善現一切三摩地門清淨故色處清淨色處
清淨故一切智智清淨何以故若一切三摩地

BD05402號　大般若波羅蜜多經卷二四〇　（13–11）

地門清淨故耳鼻舌身意處清淨耳鼻舌
身意處清淨故一切智智清淨何以故若一
切三摩地門清淨若耳鼻舌身意處清淨
若一切智智清淨无二无二分无別无斷故
善現一切三摩地門清淨故色處清淨色處
清淨故一切智智清淨何以故若一切三摩地
門清淨若色處清淨若一切智智清淨无二无
二分无別无斷故一切三摩地門清淨故聲香
味觸法處清淨聲香味觸法處清淨故
一切智智清淨何以故若一切三摩地門清淨
若聲香味觸法處清淨若一切智智清淨
无二无二分无別无斷故善現一切三摩地門
清淨故眼界清淨眼界清淨故一切智智清
淨何以故若一切三摩地門清淨若眼界清
淨若一切智智清淨无二无二分无別无斷
故一切三摩地門清淨故色界眼識界及眼
觸眼觸為緣所生諸受清淨色界乃至眼觸
為緣所生諸受清淨故一切智智清淨何以
故若一切三摩地門清淨若色界乃至眼觸
為緣所生諸受清淨若一切智智清淨无二
无二分无別无斷故

大般若波羅蜜多經卷第二百卌

[illegible]勘
[illegible]寫

BD05402號　大般若波羅蜜多經卷二四〇　（13–12）

味觸法處清淨聲香味觸法處清淨故
一切智智清淨何以故若一切三摩地門清淨
若聲香味觸法處清淨若一切智智清淨
无二无二分无別无斷故善現一切三摩地門
清淨故眼界清淨眼界清淨故一切智智清
淨何以故若一切三摩地門清淨若眼界清
淨若一切智智清淨无二无二分无別无斷
故一切三摩地門清淨故色界眼識界及眼
觸眼觸為緣所生諸受清淨色界乃至眼觸
為緣所生諸受清淨故一切智智清淨何以
故若一切三摩地門清淨若色界乃至眼觸
為緣所生諸受清淨若一切智智清淨无二
无二分无別无斷故

大般若波羅蜜多經卷第二百卌

[illegible]寫　[illegible]勘

BD05402 號　大般若波羅蜜多經卷二四〇　（13–13）

然後但與大車寶物莊嚴安隱第一然彼長
者无虛妄之咎如來亦復如是无有虛妄初
說三乘引導眾生然後但以大乘而度脫之
何以故如來有无量智慧力无所畏諸法之
藏能與一切眾生大乘之法但不盡能受舍
利弗以是因緣當知諸佛方便力故於一佛
乘分別說三佛欲重宣此義而說偈言
譬如長者　有一大宅　其宅久故　而復頓弊
堂舍高危　柱根摧朽　梁棟傾斜　基陛頹毀
墻壁圮坼　泥塗褫落　覆苫亂墜　椽梠差脫
周障屈曲　雜穢充遍　有五百人　止住其中
鵄梟鵰鷲　烏鵲鳩鴿　蚖蛇蝮蠍　蜈蚣蚰蜒
守宮百足　狖狸鼷鼠　諸惡虫輩　交橫馳走
屎尿臭處　不淨流溢　蜣蜋諸虫　而集其上
狐狼野干　咀嚼踐蹋　嚌齧死屍　骨肉狼藉
由是群狗　競來搏撮　飢羸慞惶　處處求食
鬪諍齟掣　啀喍嘷吠　其舍恐怖　變狀如是
處處皆有　魑魅魍魎　夜叉惡鬼　食噉人肉
毒虫之屬　諸惡禽獸　孚乳產生　各自藏護

BD05403 號　妙法蓮華經卷二　（2–1）

堂舍高危　柱根摧朽　梁棟傾斜　基陛頹毀
墻壁圮坼　泥塗褫落　覆苫亂墜　椽梠差脫
周障屈曲　雜穢充遍　有五百人　止住其中
鵄梟鵰鷲　烏鵲鳩鴿　蚖蛇蝮蠍　蜈蚣蚰蜒
守宮百足　狖狸鼷鼠　諸惡虫輩　交横馳走
屎尿臭處　不淨流溢　蜣蜋諸虫　而集其上
狐狼野干　咀嚼踐蹋　嚌齧死屍　骨肉狼藉
由是群狗　競來搏撮　飢羸慞惶　處處求食
鬪諍齟掣　啀喍嘷吠　其舍恐怖　變狀如是
處處皆有　魑魅魍魎　夜叉惡鬼　食噉人肉
毒虫之屬　諸惡禽獸　孚乳產生　各自藏護
夜叉競來　爭取食之　食之既飽　惡心轉熾
鬪諍之聲　甚可怖畏　鳩槃荼鬼　蹲踞土埵
或時離地　一尺二尺　往反遊行　縱逸嬉戲
捉狗兩足　撲令失聲　以脚加頸　怖狗自樂
復有諸鬼　其身長大　裸形黑瘦　常住其中
發大惡聲　叫呼求食　復有諸鬼　其咽如針
復有諸鬼　首如牛頭　或食人肉　或復噉狗
頭髮蓬亂　殘害凶險　飢渴所逼　叫喚馳走
夜叉餓鬼　諸惡鳥獸　飢急四向　窺看窻牖

BD05403號　妙法蓮華經卷二　（2–2）

黃金為繩以界其側其傍各有七寶行樹常
有華菓華光如來亦以三乘教化衆生舍利
弗彼佛出時雖非惡世以本願故說三乘法
其劫名大寶莊嚴何故名曰大寶莊嚴其國
中以菩薩為大寶故彼諸菩薩无量无邊不
可思議筭數譬喻所不能及非佛智力无能
知者若欲行時寶華承足此諸菩薩非初發
意皆久殖德本於无量百千万億佛所淨脩
梵行恒為諸佛之所稱歎常脩佛慧具大神
通善知一切諸法之門[illegible]偽志念堅固
如是菩薩充滿其國舍利弗華光佛壽十二小
劫除為王子未作佛時其國人民壽八小劫華
光如來過十二小劫授堅滿菩薩阿耨多羅
三藐三菩提記告諸比丘是堅滿菩薩次當
作佛号曰華足安行多陀阿伽度阿羅訶三
藐三佛陀其佛國土亦復如是舍利弗是華
光佛滅度之後正法住世三十二小劫像法

BD05404號　妙法蓮華經卷二　（27–1）

劫除為王子未作佛時其國人民壽八小劫華
光如來過十二小劫授堅滿菩薩阿耨多羅
三藐三菩提記告諸比丘是堅滿菩薩次當
作佛号曰華足安行多陁阿伽度阿羅訶三
藐三佛陁其佛國土亦復如是舍利弗是華
光佛滅度之後正法住世三十二小劫像法
住世亦三十二小劫尒[illegible]欲重宣此義而
說偈言
舍利弗來世　成佛普智尊　号名曰華光　當度无量眾
供養无數佛　具足菩薩行　十力等功德　證於无上道
過无量劫已　劫名大寶嚴　世界名離垢　清淨无瑕穢
以琉璃為地　金繩界其道　七寶雜色樹　常有華菓實
彼國諸菩薩　志念常堅固　神通波羅蜜　皆已悉具足
於无數佛所　善學菩薩道　如是等大士　華光佛所化
佛為王子時　棄國捨世榮[illegible]身　出家成佛道
華光佛住世　壽十二小劫　其國人民眾　壽命八小劫
佛滅度之後　正法住於世　三十二小劫　廣度諸眾生
正法滅盡已　像法三十二　舍利廣流布　天人普供養
華光佛所為　其事皆如是　其兩足聖尊　最勝无倫匹
彼即是汝身　宜應自欣慶
尒時四部眾比丘比丘尼優婆塞優婆夷天龍
夜叉乾闥婆阿脩羅迦樓羅緊那羅摩睺
羅伽等大眾見舍利[illegible]前受阿耨多羅
三藐三菩提記心大歡喜踊躍无量各各脫
身所著上衣以供養佛釋提桓因梵天王等
與无數天子亦以天妙衣天曼陁羅華摩訶

尒時四部眾比丘比丘尼[illegible]
夜叉乾闥婆阿脩羅迦樓羅緊那羅摩睺
羅伽等大眾見舍利[illegible]前受阿耨多羅
三藐三菩提記心大歡喜踊躍无量各各脫
身所著上衣以供養佛釋提桓因梵天王等
與无數天子亦以天妙衣天曼陁羅華摩訶
曼陁羅華等供養於佛所散天衣住虛空中
而自迴轉諸天伎樂百千万種於虛空中一時
俱作雨眾天華而作是言佛昔於波羅奈初
轉法輪今乃復轉无上最大法輪尒時諸天
子欲重宣此義而說[illegible]
昔於波羅奈　轉四諦法輪　分別說諸法　五眾之生滅
今復轉最妙　无上大法輪　是法甚深奧　少有能信者
我等從昔來　數聞世尊說　未曾聞如是　深妙之上法
世尊說是法　我等皆隨喜　大智舍利弗　今得受尊記
我等亦如是　必當得作佛　於一切世間　最尊无有上
佛道叵思議　方便隨宜說　我所有福業　今世若過世
及見佛功德　盡迴向佛道
尒時舍利弗白佛言世尊我今无復疑悔親
於佛前得受阿耨多羅三藐三菩提記是諸
千二百心自在者昔住學地佛常教化言我
法能離生老病死究竟涅槃是學无學人亦
各自以離我見及有无見等謂得涅槃而今
於世尊前聞所未聞皆墮疑惑善哉世尊願
為四眾說其因緣令離疑悔尒時佛告舍利
弗我先不言諸佛世尊以種種因緣譬喻言

千二百心自在者昔住學地佛常教化言我
法能離生老病死究竟涅槃是學无學人亦
各自以離我見及有无見等謂得涅槃而今
於世尊前聞所未聞皆墮疑惑善哉世尊願
為四衆說其因緣令離疑悔尒時佛告舍利
弗我先不言諸佛世尊以種種因緣譬喻言
辭方便說法皆為阿耨多羅三藐三菩提耶
是諸所說皆為化菩薩故然舍利弗今當復
以譬喻更明此義諸有智者以譬喻得解舍
利弗若國邑聚落有大長者其年衰邁財富
无量多有田宅及諸僮僕其家廣大唯有一門
多諸人衆一百二百乃至五百人止住其中堂
閣朽故牆壁頹落柱根腐敗梁棟傾危周匝
俱時欻然火起焚燒舍宅長者諸子若十
二十或至三十在此宅中長者見是大火從四
面起即大驚怖而作是念我雖能於此所
燒之門安隱得出而諸子等於火宅內樂著
嬉戲不覺不知不驚不怖火來逼身苦痛切
已心不厭患无求出意舍利弗是長者作是
思惟我身手有力當以衣裓若以机案從舍
出之復更思惟是舍唯有一門而復狹小諸
子幼稚未有所識戀著戲處或當墮落為火
所燒我當為說怖畏之事此舍已燒宜時疾
出无令為火之所燒害作是念已如所思惟具
告諸子汝等速出父雖憐愍善言誘喻而
諸子等樂著嬉戲不肯信受不驚不畏了无

BD05404號　妙法蓮華經卷二　（27–4）

出之復更思惟是舍唯有一門而復狹小諸
子幼稚未有所識戀著戲處或當墮落為火
所燒我當為說怖畏之事此舍已燒宜時疾
出无令為火之所燒害作是念已如所思惟具
告諸子汝等速出父雖憐愍善言誘喻而
諸子等樂著嬉戲不肯信受不驚不畏了无
出心亦復不知何者是火何者為舍云何為失
但東西走戲視父而已尒時長者即作是念
此舍已為大火所燒我及諸子若不時出必
為所焚我今當設方便令諸子等得免斯
害父知諸子先心各有所好種種珍玩奇異
之物情必樂著而告之言汝等所可玩好希
有難得汝若不取後必憂悔如此種種羊車
鹿車牛車今在門外可以遊戲汝等於此火
宅宜速出來隨汝所欲皆當與汝尒時諸子
聞父所說珍玩之物適其願故心各勇銳互相
推排競共馳走爭出火宅是時長者見諸子等安隱
得出皆於四衢道中露地而坐无復障礙其
心泰然歡喜踊躍時諸子等各白父言
父先所許玩好之具羊車鹿車牛車
願時賜與舍利弗尒時長者各賜諸子等
一大車其車高廣衆寶莊校周帀欄楯四面
懸鈴又於其上張設幰蓋亦以珍奇雜寶而嚴
飾之寶繩交絡垂諸華瓔重敷綩綖安置丹
枕駕以白牛膚色充潔形體姝好有大筋力
行步平正其疾如風又多僕從而侍衛之所

BD05404號　妙法蓮華經卷二　（27–5）

一大車其車高廣衆寶莊校周帀欄楯四面
懸鈴又於其上張設幰蓋亦以珎奇雜寶而嚴
飾之寶繩交絡垂諸華瓔重敷綩綖安置丹
枕駕以白牛膚色充潔形體姝好有大筋力
行步平正其疾如風又多僕從而侍衛之所
以者何是大長者財富无量種種諸藏悉皆
充溢而作是念我財物无極不應以下劣小
車與諸子等今此幼童皆是吾子愛無偏黨
我有如是七寶大車其數无量應當等心各
各與之不宜差別所以者何以我此物周給一
國猶尚不匱何况諸子是時諸子各乘大車
得未曾有非本所望舍利弗於汝意云何是
長者等與諸子珎寶大車寧有虛妄不舍利
弗言不也世尊是長者但令諸子得免火難
全其軀命非為虛妄何以故若全身命便為
已得玩好之具况復方便於彼火宅而拔濟
之世尊若是長者乃至不與冣小一車猶
不虛妄何以故是長者先作是意我以方便
令子得出以是因緣无虛妄也何况長者自
知財富无量欲饒益諸子等與大車佛告舍
利弗善哉善哉如汝所言舍利弗如來亦復
如是則為一切世間之父於諸怖畏衰惱憂患
无明闇蔽永盡无餘而悉成就无量知見
力无所畏有大神力及智慧力具足方便智
慧波羅蜜大慈大悲常无懈惓恒求善事利

BD05404 號　妙法蓮華經卷二　（27–6）

利弗善哉善哉如汝所言舍利弗如來亦復
如是則為一切世間之父於諸怖畏衰惱憂患
无明闇蔽永盡无餘而悉成就无量知見
力无所畏有大神力及智慧力具足方便智
慧波羅蜜大慈大悲常无懈惓恒求善事利
益一切而生三界朽故火宅為度衆生生老
病死憂悲苦惱愚癡闇蔽三毒之火教化
令得阿耨多羅三藐三菩提見諸衆生為生老
病死憂悲苦惱之所燒煑亦以五欲財利故
受種種苦又以貪著追求故現受衆苦後受
地獄畜生餓鬼之苦若生天上及在人間貧
窮困苦愛別離苦怨憎會苦如是等種種
諸苦衆生沒在其中歡喜遊戲不覺不知不驚
不怖亦不生猒不求解脫於此三界火宅東西
馳走雖遭大苦不以為患舍利弗佛見此
已便作是念我為衆生之父應拔其苦難與
无量无邊佛智慧樂令其遊戲舍利弗如來
復作是念若我但以神力及智慧力捨於方
便為諸衆生讚如來知見力无所畏者衆生
不能以是得度所以者何是諸衆生未免生
老病死憂悲苦惱而為三界火宅所燒何由
能解佛之智慧舍利弗如彼長者雖復身手
有力而不用之但以慇懃方便勉濟諸子火
宅之難然後各與珎寶大車如來亦復如是
雖有力无所畏而不用之但以智慧方便於
三界火宅拔濟衆生為說三乘聲聞辟支佛

BD05404 號　妙法蓮華經卷二　（27–7）

老病死憂悲苦惱而為三界火宅所燒何由
能解佛之智慧舍利弗如彼長者雖復身手
有力而不用之但以慇懃方便免濟諸子火
宅之難然後各與珍寶大車如來亦復如是
雖有力无所畏而不用之但以智慧方便於
三界火宅拔濟眾生為說三乘聲聞辟支佛
佛乘而作是言汝等莫得樂住三界火宅勿
貪麤弊色聲香味觸也若貪著生愛則為
所燒汝等速出三界當得三乘聲聞辟支佛佛
乘我今為汝保任此事終不虛也汝等但當
勤修精進如來以是方便誘進眾生復作是言
汝等當知此三乘法皆是聖所稱歎自在无
繫无所依求乘是三乘以无漏根力覺道
禪定解脫三昧等而自娛樂便得无量安
隱快樂舍利弗若有眾生內有智性從佛世
尊聞法信受慇懃精進欲速出三界自求涅槃
是名聲聞乘如彼諸子為求羊車出於火宅若
有眾生從佛世尊聞法信受慇懃精進求自
然慧樂獨善寂深知諸法因緣是名辟支佛
乘如彼諸子為求鹿車出於火宅若有眾生
從佛世尊聞法信受勤修精進求一切智佛
智自然智無師智如來知見力無所畏愍念
安樂无量眾生利益天人度脫一切是名大
乘菩薩求此乘故名為摩訶薩如彼諸子為
求牛車出於火宅舍利弗如彼長者見諸子
等安隱得出火宅到无畏處自惟財富无量
等以大車而賜諸子如來亦復如是為一切眾

BD05404號　妙法蓮華經卷二

（27–8）

智自然智無師智如來知見力無所畏愍念
安樂无量眾生利益天人度脫一切是名大
乘菩薩求此乘故名為摩訶薩如彼諸子為
求牛車出於火宅舍利弗如彼長者見諸子
等安隱得出火宅到无畏處自惟財富无量
等以大車而賜諸子如來亦復如是為一切眾
生之父若見无量億千眾生以佛教門出
三界苦怖畏險道得涅槃樂如來尒時便作
是念我有无量无邊智慧力无畏等諸佛法
藏是諸眾生皆是我子等與大乘不令有人
獨得滅度皆以如來滅度而滅度之是諸眾
生脫三界者悉與諸佛禪定解脫等娛樂之
具皆是一相一種聖所稱歎能生淨妙第一
之樂舍利弗如彼長者初以三車誘引諸子
然後但與大車寶物莊嚴安隱第一然彼長
者無虛妄之咎如來亦復如是无有虛妄初
說三乘引導眾生然後但以大乘而度脫之
何以故如來有无量智慧力无所畏諸法之藏
能與一切眾生大乘之法但不盡能受舍
利弗以是因緣當知諸佛方便力故於一佛
乘分別說三佛欲重宣此義而說偈言
譬如長者　有一大宅　其宅久故　而復頓弊
堂舍高危　柱根摧朽　梁棟傾斜　基陛隤毀
牆壁圮坼　泥塗褫落　覆苫亂墜　椽梠差脫
周障屈曲　雜穢充遍　有五百人　止住其中
鴟梟鵰鷲　烏鵲鳩鴿　蚖蛇蝮蠍　蜈蚣蚰蜒

BD05404號　妙法蓮華經卷二

（27–9）

乘分別說三佛欲重宣此義而說偈言
譬如長者　有一大宅　其宅久故　而復頓弊
堂舍高危　柱根摧朽　梁棟傾斜　基陛隤毀
牆壁圮坼　泥塗褫落　覆苫亂墜　椽梠差脫
周障屈曲　雜穢充遍　有五百人　止住其中
鵄梟鵰鷲　烏鵲鳩鴿　蚖蛇蝮蠍　蜈蚣蚰蜒
守宮百足　鼬貍鼷鼠　諸惡虫輩　交橫馳走
屎尿臭處　不淨流溢　蜣蜋諸虫　而集其上
狐狼野干　咀嚼踐蹋　嚌齧死屍　骨肉狼藉
由是群狗　競來搏撮　飢羸慞惶　處處求食
鬪諍摣掣　啀喍嘷吠　其舍恐怖　變狀如是
處處皆有　魑魅魍魎　夜叉惡鬼　食噉人肉
毒虫之屬　諸惡禽獸　孚乳產生　各自藏護
夜叉競來　爭取食之　食之既飽　惡心轉熾
鬪諍之聲　甚可怖畏　鳩槃荼鬼　蹲踞土埵
或時離地　一尺二尺　往返遊行　縱逸嬉戲
捉狗兩足　撲令失聲　以腳加頸　怖狗自樂
復有諸鬼　其身長大　裸形黑瘦　常住其中
發大惡聲　叫呼求食　復有諸鬼　其咽如針
復有諸鬼　首如牛頭　或食人肉　或復噉狗
頭髮蓬亂　殘害兇險　飢渴所逼　叫喚馳走
夜叉餓鬼　諸惡鳥獸　飢急四向　窺看窓牖
如是諸難　恐畏无量　是朽故宅　屬于一人
其人近出　未久之間　於後宅舍　忽然火起
四面一時　其焰俱熾　棟梁椽柱　爆聲震裂
摧折墮落　牆壁崩倒　諸鬼神等　揚聲大叫

夜叉餓鬼　諸惡鳥獸　飢急四向　窺看窓牖
如是諸難　恐畏无量　是朽故宅　屬于一人
其人近出　未久之間　於後宅舍　忽然火起
四面一時　其焰俱熾　棟梁椽柱　爆聲震裂
摧折墮落　牆壁崩倒　諸鬼神等　揚聲大叫
鵰鷲諸鳥　鳩槃荼等　周章惶怖　不能自出
惡獸毒虫　藏竄孔穴　毗舍闍鬼　亦住其中
薄福德故　為火所逼　共相殘害　飲血噉肉
野干之屬　並已前死　諸大惡獸　競來食噉
臭烟熢㶿　四面充塞　蜈蚣蚰蜒　毒蛇之類
為火所燒　爭走出穴　鳩槃荼鬼　隨取而食
又諸餓鬼　頭上火然　飢渴熱惱　周章悶走
其宅如是　甚可怖畏　毒害火災　眾難非一
是時宅主　在門外立　聞有人言　汝諸子等
先因遊戲　來入此宅　稚小无知　歡娛樂著
長者聞已　驚入火宅　方宜救濟　令无燒害
告喻諸子　說眾患難　惡鬼毒虫　災火蔓莚
眾苦次第　相續不絕　毒蛇蚖蝮　及諸夜叉
鳩槃荼鬼　野干狐狗　鵰鷲鵄梟　百足之屬
飢渴惱急　甚可怖畏　此苦難處　況復大火
諸子无知　雖聞父誨　猶故樂著　嬉戲不已
是時長者　而作是念　諸子如此　益我愁惱
今此舍宅　无一可樂　而諸子等　耽湎嬉戲
不受我教　將為火害　即便思惟　設諸方便
告諸子等　我有種種　珍玩之具　妙寶好車
羊車鹿車　大牛之車　今在門外　汝等出來

是時長者　而作是念　諸子如此　益我愁惱
今此舍宅　无一可樂　而諸子等　耽湎嬉戲
不受我教　將為火害　即便思惟　設諸方便
告諸子等　我有種種　珎玩之具　妙寶好車
羊車鹿車　大牛之車　今在門外　汝等出來
吾為汝等　造作此車　隨意所樂　可以遊戲
諸子聞說　如此諸車　即時奔競　馳走而出
到於空地　離諸苦難　長者見子　得出火宅
住於四衢　坐師子座　而自慶言　我今快樂
此諸子等　生育甚難　愚小无知　而入險宅
多諸毒虫　魑魅可畏　大火猛焰　四面俱起
而此諸子　貪樂嬉戲　我已救之　令得脫難
是故諸人　我今快樂　尒時諸子　知父安坐
皆詣父所　而白父言　願賜我等　三種寶車
如前所許　諸子出來　當以三車　隨汝所欲
今正是時　唯垂給與　長者大富　庫藏眾多
金銀琉璃　硨磲碼碯　以眾寶物　造諸大車
裝校嚴飾　周帀欄楯　四面懸鈴　金繩交絡
真珠羅網　張施其上　金華諸瓔　處處垂下
眾綵雜飾　周帀圍繞　柔軟繒纊　以為茵蓐
上妙細㲲　價直千億　鮮白淨潔　以覆其上
有大白牛　肥壯多力　形體姝好　以駕寶車
多諸儐從　而侍衛之　以是妙車　等賜諸子
諸子是時　歡喜踊躍　乘是寶車　遊於四方
嬉戲快樂　自在无礙　告舍利弗　我亦如是
眾聖中尊　世間之父　一切眾生　皆是吾子

BD05404號　妙法蓮華經卷二　（27–12）

有大白牛　肥壯多力　形體姝好　以駕寶車
多諸儐從　而侍衛之　以是妙車　等賜諸子
諸子是時　歡喜踊躍　乘是寶車　遊於四方
嬉戲快樂　自在无礙　告舍利弗　我亦如是
眾聖中尊　世間之父　一切眾生　皆是吾子
深著世樂　无有慧心　三界无安　猶如火宅
眾苦充滿　甚可怖畏　常有生老　病死憂患
如是等火　熾然不息　如來已離　三界火宅
寂然閑居　安處林野　今此三界　皆是我有
其中眾生　悉是吾子　而今此處　多諸患難
唯我一人　能為救護　雖復教詔　而不信受
於諸欲染　貪著深故　以是方便　為說三乘
令諸眾生　知三界苦　開示演說　出世間道
是諸子等　若心決定　具足三明　及六神通
有得緣覺　不退菩薩　汝舍利弗　我為眾生
以此譬喻　說一佛乘　汝等若能　信受是語
一切皆當　得成佛道　是乘微妙　清淨第一
於諸世間　為无有上　佛所悅可　一切眾生
所應稱讚　供養禮拜　无量億千　諸力解脫
禪定智慧　及佛餘法　得如是乘　令諸子等
日夜劫數　常得遊戲　與諸菩薩　及聲聞眾
乘此寶乘　直至道場　以是因緣　十方諦求
更无餘乘　除佛方便　告舍利弗　汝諸人等
皆是吾子　我則是父　汝等累劫　眾苦所燒
我皆濟拔　令出三界　我雖先說　汝等滅度
但盡生死　而實不滅　今所應作　唯佛智慧

BD05404號　妙法蓮華經卷二　（27–13）

日夜劫數　常得遊戲　與諸菩薩　及聲聞衆
乘此寶乘　直至道場　以是因緣　十方諦求
更无餘乘　除佛方便　告舍利弗　汝諸人等
皆是吾子　我則是父　汝等累劫　衆苦所燒
我皆濟拔　令出三界　我雖先說　汝等滅度
但盡生死　而實不滅　今所應作　唯佛智慧
若有菩薩　於是衆中　能一心聽　諸佛實法
諸佛世尊　雖以方便　所化衆生　皆是菩薩
若人小智　深著愛欲　爲此等故　說於苦諦
衆生心喜　得未曾有　佛說苦諦　真實无異
若有衆生　不知苦本　深著苦因　不能蹔捨
爲是等故　方便說道　諸苦所因　貪欲爲本
若滅貪欲　无所依止　滅盡諸苦　名第三諦
爲滅諦故　修行於道　離諸苦縛　名得解脫
是人於何　而得解脫　但離虛妄　名爲解脫
其實未得　一切解脫　佛說是人　未實滅度
斯人未得　无上道故　我意不欲　令至滅度
我爲法王　於法自在　安隱衆生　故現於世
汝舍利弗　我此法印　爲欲利益　世間故說
在所遊方　勿妄宣傳　若有聞者　隨喜頂受
當知是人　阿惟越致　若有信受　此經法者
是人已曾　見過去佛　恭敬供養　亦聞是法
若人有能　信汝所說　則爲見我　亦見於汝
及比丘僧　并諸菩薩　斯法華經　爲深智說
淺識聞之　迷惑不解　一切聲聞　及辟支佛
於此經中　力所不及　汝舍利弗　尚於此經
以信得入　況餘聲聞　其餘聲聞　信佛語故

BD05404號　妙法蓮華經卷二　（27–14）

是人已曾　見過去佛　恭敬供養　亦聞是法
若人有能　信汝所說　則爲見我　亦見於汝
及比丘僧　并諸菩薩　斯法華經　爲深智說
淺識聞之　迷惑不解　一切聲聞　及辟支佛
於此經中　力所不及　汝舍利弗　尚於此經
以信得入　況餘聲聞　其餘聲聞　信佛語故
隨順此經　非己智分　又舍利弗　憍慢懈怠
計我見者　莫說此經　凡夫淺識　深著五欲
聞不能解　亦勿爲說　若人不信　毀謗此經
則斷一切　世間佛種　或復顰蹙　而懷疑惑
汝當聽說　此人罪報　若佛在世　若滅度後
其有誹謗　如斯經典　見有讀誦　書持經者
輕賤憎嫉　而懷結恨　此人罪報　汝今復聽
其人命終　入阿鼻獄　具足一劫　劫盡更生
如是展轉　至无數劫　從地獄出　當墮畜生
若狗野干　其形頊瘦　黧黮疥癩　人所觸嬈
又復爲人　之所惡賤　常困飢渴　骨肉枯竭
生受楚毒　死被瓦石　斷佛種故　受斯罪報
若作駱駝　或生驢中　身常負重　加諸杖捶
但念水草　餘无所知　謗斯經故　獲罪如是
有作野干　來入聚落　身體疥癩　又无一目
爲諸童子　之所打擲　受諸苦痛　或時致死
於此死已　更受蟒身　其形長大　五百由旬
聾騃无足　蜿轉腹行　爲諸小虫　之所唼食
晝夜受苦　无有休息　謗斯經故　獲罪如是
若得爲人　諸根闇鈍　矬陋攣躄　盲聾背傴

BD05404號　妙法蓮華經卷二　（27–15）

但念水草 餘无所知 謗斯經故 獲罪如是
有作野干 来入聚落 身體疥癩 又无一目
為諸童子 之所打擲 受諸苦痛 或時致死
於此死已 更受蟒身 其形長大 五百由旬
聾騃无足 宛轉腹行 為諸小虫 之所唼食
晝夜受苦 无有休息 謗斯經故 獲罪如是
若得為人 諸根闇鈍 矬陋攣躄 盲聾背傴
有所言說 人不信受 口氣常臭 鬼魅所著
貧窮下賤 為人所使 多病痟瘦 无所依怙
雖親附人 人不在意 若有所得 尋復忘失
若脩醫道 順方治病 更增他疾 或復致死
若自有病 无人救療 設服良藥 而復增劇
若他返逆 抄劫竊盜 如是等罪 橫羅其殃
如斯罪人 永不見佛 衆聖之王 說法教化
如斯罪人 常生難處 狂聾心亂 永不聞法
於无數劫 如恒河沙 生輒聾瘂 諸根不具
常處地獄 如遊園觀 在餘惡道 如己舍宅
駝驢豬狗 是其行處 謗斯經故 獲罪如是
若得為人 聾盲瘖瘂 貧窮諸衰 以自莊嚴
水腫乾痟 疥癩癰疽 如是等病 以為衣服
身常臭處 垢穢不淨 深著我見 增益瞋恚
婬欲熾盛 不擇禽獸 謗斯經故 獲罪如是
告舍利弗 謗斯經者 若說其罪 窮劫不盡
以是因緣 我故語汝 无智人中 莫說此經
若有利根 智慧明了 多聞強識 求佛道者
如是之人 乃可為說 若人曾見 億百千佛
殖諸善本 深心堅固 如是之人 乃可為說

婬欲熾盛 不擇禽獸 謗斯經故 獲罪如是
告舍利弗 謗斯經者 若說其罪 窮劫不盡
以是因緣 我故語汝 无智人中 莫說此經
若有利根 智慧明了 多聞強識 求佛道者
如是之人 乃可為說 若人曾見 億百千佛
殖諸善本 深心堅固 如是之人 乃可為說
若人精進 常脩慈心 不惜身命 乃可為說
若人恭敬 无有異心 離諸凡愚 獨處山澤
如是之人 乃可為說 又舍利弗 若見有人
捨惡知識 親近善友 如是之人 乃可為說
若見佛子 持戒清潔 如淨明珠 求大乘經
如是之人 乃可為說 若人无瞋 質直柔軟
常愍一切 恭敬諸佛 如是之人 乃可為說
復有佛子 於大衆中 以清淨心 種種因緣
譬喻言辭 說法无礙 如是之人 乃可為說
若有比丘 為一切智 四方求法 合掌頂受
但樂受持 大乘經典 乃至不受 餘經一偈
如是之人 乃可為說 如人至心 求佛舍利
如是求經 得已頂受 其人不復 志求餘經
亦未曾念 外道典籍 如是之人 乃可為說
告舍利弗 我說是相 求佛道者 窮劫不盡
如是等人 則能信解 汝當為說 妙法華經
妙法蓮華經信解品第四
尒時慧命須菩提 摩訶迦旃延 摩訶迦葉 摩
訶目揵連 從佛所聞 未曾有法 世尊授舍利
弗阿耨多羅三藐三菩提記 發希有心 歡喜

如是等人　則能信解　汝當為說　妙法華經
妙法蓮華經信解品第四
尒時慧命須菩提摩訶迦旃延摩訶迦葉摩
訶目揵連從佛所聞未曾有法世尊授舍利
弗阿耨多羅三藐三菩提記發希有心歡喜
踊躍即從座起整衣服偏袒右肩右膝著地
一心合掌曲躬恭敬瞻仰尊顏而白佛言我
等居僧之首年並朽邁自謂已得涅槃无所
堪任不復進求阿耨多羅三藐三菩提世尊
往昔說法既久我時在座身體疲懈但念空
无相无作於菩薩法遊戲神通淨佛國土成
就衆生心不喜樂所以者何世尊令我等出
於三界得涅槃證又今我等年已朽邁於佛
教化菩薩阿耨多羅三藐三菩提不生一念
好樂之心我等今於佛前聞授聲聞阿耨多
羅三藐三菩提記心甚歡喜得未曾有不謂
於今忽然得聞希有之法深自慶幸獲大善
利无量珎寶不求自得世尊我等今者樂說
譬喻以明斯義譬若有人年既幼稚捨父逃
逝久住他國或十二十至五十歲年既長大
加復窮困馳騁四方以求衣食漸漸遊行遇
向本國其父先來求子不得中止一城其家
大富財寶无量金銀琉璃珊瑚虎珀頗梨珠
等其諸倉庫悉皆盈溢多有僮僕臣佐吏
民象馬車乘牛羊无數出入息利乃遍他國商
估賈客亦甚衆多時貧窮子遊諸聚落經歷

BD05404號　妙法蓮華經卷二　（27-18）

向本國其父先來求子不得中止一城其家
大富財寶无量金銀琉璃珊瑚虎珀頗梨珠
等其諸倉庫悉皆盈溢多有僮僕臣佐吏
民象馬車乘牛羊无數出入息利乃遍他國商
估賈客亦甚衆多時貧窮子遊諸聚落經歷
國邑遂到其父所止之城父每念子與子離別
五十餘年而未曾向人說如此事但自思惟
心懷悔恨自念老朽多有財物金銀珎寶
倉庫盈溢无有子息一旦終沒財物散失无
所委付是以慇懃每憶其子復作是念我若
得子委付財物坦然快樂无復憂慮世尊
尒時窮子傭賃展轉遇到父舍住立門側遙
見其父踞師子床寶几承足諸婆羅門刹利
居士皆恭敬圍繞以真珠瓔珞價直千萬莊嚴
其身吏民僮僕手執白拂侍立左右覆以寶
帳垂諸華旛香水灑地散衆名華羅列寶物
出內取與有如是等種種嚴飾威德特尊窮
子見父有大力勢即懷恐怖悔來至此竊作
是念此或是王或是王等非我傭力得物之
處不如往至貧里肆力有地衣食易得若久
住此或見逼迫強使我作作是念已疾走而
去時富長者於師子座見子便識心大歡喜
即作是念我財物庫藏今有所付我常思念
此子无由見之而忽自來甚適我願我雖年
朽猶故貪惜即遣傍人急追將還尒時使者
疾走往捉窮子驚愕稱怨大喚我不相犯何

BD05404號　妙法蓮華經卷二　（27-19）

處不如往至貧里肆力有地衣食易得若久
住此或見逼迫強使我作作是念已疾走而
去時富長者於師子座見子便識心大歡喜
即作是念我財物庫藏今有所付我常思念
此子无由見之而忽自來甚適我願我雖年
朽猶故貪惜即遣傍人急追將還尒時使者
疾走往捉窮子驚愕稱怨大喚我不相犯何
為見捉使者執之逾急強牽將還于時窮子
自念无罪而被囚執此必定死轉更惶怖悶
絕躃地父遙見之而語使言不須此人勿強將
來以冷水灑面令得醒悟莫復與語所以
者何父知其子志意下劣自知豪貴為子所
難審知是子而以方便不語他人云是我子
使者語之我今放汝隨意所趣窮子歡喜得
未曾有從地而起往至貧里以求衣食尒時
長者將欲誘引其子而設方便密遣二人形
色顦顇无威德者汝可詣彼徐語窮子此有
作處倍與汝直窮子若許將來使作若言欲
何所作便可語之雇汝除糞我等二人亦共
汝作時二使人即求窮子既已得之具陳上
事尒時窮子先取其價尋與除糞其父見
子愍而怪之又以他日於窓牖中遙見子身羸
瘦顦顇糞土塵坌汙穢不淨即脫瓔珞細耎
上服嚴飾之具更著麁弊垢膩之衣塵土
坌身右手執持除糞之器狀有所畏語諸
人汝等勤作勿得懈息以方便故得近其子後

BD05404號　妙法蓮華經卷二　（27–20）

子愍而怪之又以他日於窓牖中遙見子身羸
瘦顦顇糞土塵坌汙穢不淨即脫瓔珞細耎
上服嚴飾之具更著麁弊垢膩之衣塵土
坌身右手執持除糞之器狀有所畏語諸
人汝等勤作勿得懈息以方便故得近其子後
復告言咄男子汝常此作勿復餘去當加汝
價諸有所須瓫器米麵鹽酢之屬莫自疑
難亦有老弊使人須者相給好自安意我如汝
父勿復憂慮所以者何我年老大而汝少壯
汝常作時无有欺怠瞋恨怨言都不見汝有
此諸惡如餘作人自今已後如所生子即時
長者更與作字名之為兒尒時窮子雖欣此
遇猶故自謂客作賤人由是之故於二十年
中常令除糞過是已後心相體信入出无難
然其所止猶在本處世尊尒時長者有疾
自知將死不久語窮子言我今多有金銀珍寶
倉庫盈溢其中多少所應取與汝悉知之我
心如是當體此意所以者何今我與汝便為
不異宜加用心无令漏失尒時窮子即受教
勅領知眾物金銀珍寶及諸庫藏而无悕
取一飡之意然其所止故在本處下劣之心亦
未能捨復經少時父知子意漸已通泰成就
大志自鄙先心臨欲終時而命其子并會親
族國王大臣剎利居士皆悉已集即自宣言
諸君當知此是我子我之所生於某城中捨
吾逃走竛竮辛苦五十餘年其本字某我名

BD05404號　妙法蓮華經卷二　（27–21）

未能捨復經少時父知子意漸以通泰成就
大志自鄙先心臨欲終時而命其子并會親
族國王大臣刹利居士皆悉已集即自宣言
諸君當知此是我子我之所生於某城中捨
吾逃走跉跰辛苦五十餘年其本字某我名
某甲昔在本城懷憂推覓忽於此間遇會
得之此實我子我實其父今我所有一切財物
皆是子有先所出内是子所知世尊是時窮
子聞父此言即大歡喜得未曾有而作是念
我本无心有所希求今此寶藏自然而至世
尊大富長者則是如來我等皆似佛子如來
常說我等為子世尊我等以三苦故於生死
中受諸熱惱迷惑无知樂著小法今日世尊
令我等思惟蠲除諸法戲論之糞我等於中
勤加精進得至涅槃一日之價既得此已心大
大歡喜自以為足便自謂言於佛法中勤精
進故所得弘多然世尊先知我等心著弊欲
樂於小法便見縱捨不為分別汝等當有如
來知見寶藏之分世尊以方便力說如來智
慧我等從佛得涅槃一日之價以為大得於
此大乘无有志求我等又因如來智慧為諸
菩薩開示演說而自於此无有志願所以者
何佛知我等心樂小法以方便力隨我等說
而我等不知真是佛子今我等方知世尊於
佛智慧无所悋惜所以者何我等昔來真
是佛子而但樂小法若我等有樂大之心佛則

BD05404號　妙法蓮華經卷二

（27–22）

此大乘无有志求我等又因如來智慧為諸
菩薩開示演說而自於此无有志願所以者
何佛知我等心樂小法以方便力隨我等說
而我等不知真是佛子今我等方知世尊於
佛智慧无所悋惜所以者何我等昔來真
是佛子而但樂小法若我等有樂大之心佛則
為我說大乘法於此經中唯說一乘而昔於
菩薩前毀呰聲聞樂小法者然佛實以大乘
教化是故我等說本无心有所悕求今法王
大寶自然而至如佛子所應得者皆已得之
尒時摩訶迦葉欲重宣此義而說偈言
我等今日　聞佛音教　歡喜踊躍　得未曾有
佛說聲聞　當得作佛　无上寶聚　不求自得
譬如童子　幼稚无識　捨父逃逝　遠到他土
周流諸國　五十餘年　其父憂念　四方推求
求之既疲　頓止一城　造立舍宅　五欲自娛
其家巨富　多諸金銀　硨磲碼碯　真珠瑠璃
象馬牛羊　輦輿車乘　田業僮僕　人民衆多
出入息利　乃遍他國　商估賈人　无處不有
千萬億衆　圍繞恭敬　常為王者　之所愛念
羣臣豪族　皆共宗重　以諸緣故　往來者衆
豪富如是　有大力勢　而年朽邁　益憂念子
夙夜惟念　死時將至　癡子捨我　五十餘年
庫藏諸物　當如之何　尒時窮子　求索衣食
從邑至邑　從國至國　或有所得　或无所得
飢餓羸瘦　體生瘡癬　漸次經歷　到父住城

BD05404號　妙法蓮華經卷二

（27–23）

豪富如是　有大力勢　而年朽邁　益憂念子
夙夜惟念　死時將至　癡子捨我　五十餘年
庫藏諸物　當如之何　尒時窮子　求索衣食
從邑至邑　從國至國　或有所得　或无所得
飢餓羸瘦　體生瘡癬　漸次經歷　到父住城
傭賃展轉　遂至父舍　尒時長者　於其門內
施大寶帳　處師子座　眷屬圍繞　諸人侍衛
或有計算　金銀寶物　出內財產　注記券疏
窮子見父　豪貴尊嚴　謂是國王　若國王等
驚怖自怪　何故至此　覆自念言　我若久住
或見逼迫　強驅使作　思惟是已　馳走而去
借問貧里　欲往傭作　長者是時　在師子座
遙見其子　默而識之　即勑使者　追捉將來
窮子驚喚　迷悶躄地　是人執我　必當見殺
何用衣食　使我至此　長者知子　愚癡狹劣
不信我言　不信是父　即以方便　更遣餘人
眇目矬陋　无威德者　汝可語之　云當相雇
除諸糞穢　倍與汝價　窮子聞之　歡喜隨來
為除糞穢　淨諸房舍　長者於牖　常見其子
念子愚劣　樂為鄙事　於是長者　著弊垢衣
執除糞器　往到子所　方便附近　語令勤作
既益汝價　并塗足油　飲食充足　薦席厚暖
如是苦言　汝當勤作　又以耎語　若如我子
長者有智　漸令入出　經二十年　執作家事
示其金銀　真珠頗梨　諸物出入　皆使令知
猶處門外　止宿草庵　自念貧事　我无此物

BD05404號　妙法蓮華經卷二

（27–24）

既益汝價　并塗足油　飲食充足　薦席厚暖
如是苦言　汝當勤作　又以耎語　若如我子
長者有智　漸令入出　經二十年　執作家事
示其金銀　真珠頗梨　諸物出入　皆使令知
猶處門外　止宿草庵　自念貧事　我无此物
父知子心　漸已曠大　欲與財物　即聚親族
國王大臣　剎利居士　於此大眾　說是我子
捨我他行　經五十歲　自見子來　已二十年
昔於某城　而失是子　周行求索　遂來至此
凢我所有　舍宅人民　悉以付之　恣其所用
子念昔貧　志意下劣　今於父所　大獲珍寶
并及舍宅　一切財物　甚大歡喜　得未曾有
佛亦如是　知我樂小　未曾說言　汝等作佛
而說我等　得諸无漏　成就小乘　聲聞弟子
佛勑我等　說最上道　修習此者　當得成佛
我承佛教　為大菩薩　以諸因緣　種種譬喻
若干言辭　說无上道　諸佛子等　從我聞法
日夜思惟　精勤修習　是時諸佛　即授其記
汝於來世　當得作佛　一切諸佛　祕藏之法
但為菩薩　演其實事　而不為我　說斯真要
如彼窮子　得近其父　雖知諸物　心不希取
我等雖說　佛法寶藏　自无志願　亦復如是
我等內滅　自謂為足　唯了此事　更无餘事
我等若聞　淨佛國土　教化眾生　都无欣樂
所以者何　一切諸法　皆悉空寂　无生无滅
无大无小　无漏无為　如是思惟　不生喜樂

BD05404號　妙法蓮華經卷二

（27–25）

我等雖說　佛法寶藏　自无志願　亦復如是
我等內滅　自謂為足　唯了此事　更无餘事
我等若聞　淨佛國土　教化衆生　都无欣樂
所以者何　一切諸法　皆悉空寂　无生无滅
无大无小　无漏无為　如是思惟　不生喜樂
我等長夜　於佛智慧　无貪无著　无復志願
而自於法　謂是究竟　我等長夜　脩習空法
得脫三界　苦惱之患　住最後身　有餘涅槃
佛所教化　得道不虛　則為已得　報佛之恩
我等雖為　諸佛子等　說菩薩法　以求佛道
而於是法　永无願樂　道師見捨　觀我心故
初不勸進　說有實利　如富長者　知子志劣
以方便力　柔伏其心　然後乃付　一切財物
佛亦如是　現希有事　知樂小者　以方便力
調伏其心　乃教大智　我等今日　得未曾有
非先所望　而今自得　如彼窮子　得无量寶
世尊我今　得道得果　於无漏法　得清淨眼
我等長夜　持佛淨戒　始於今日　得其果報
法王法中　久脩梵行　今得无漏　无上大果
我等今者　真是聲聞　以佛道聲　令一切聞
我等今者　真阿羅漢　於諸世間　天人魔梵
普於其中　應受供養　世尊大恩　以希有事
憐愍教化　利益我等　无量億劫　誰能報者
手足供給　頭頂礼敬　一切供養　皆不能報
若以頂戴　兩肩荷負　於恒沙劫　盡心恭敬
又以美饍　无量寶衣　及諸臥具　種種湯藥

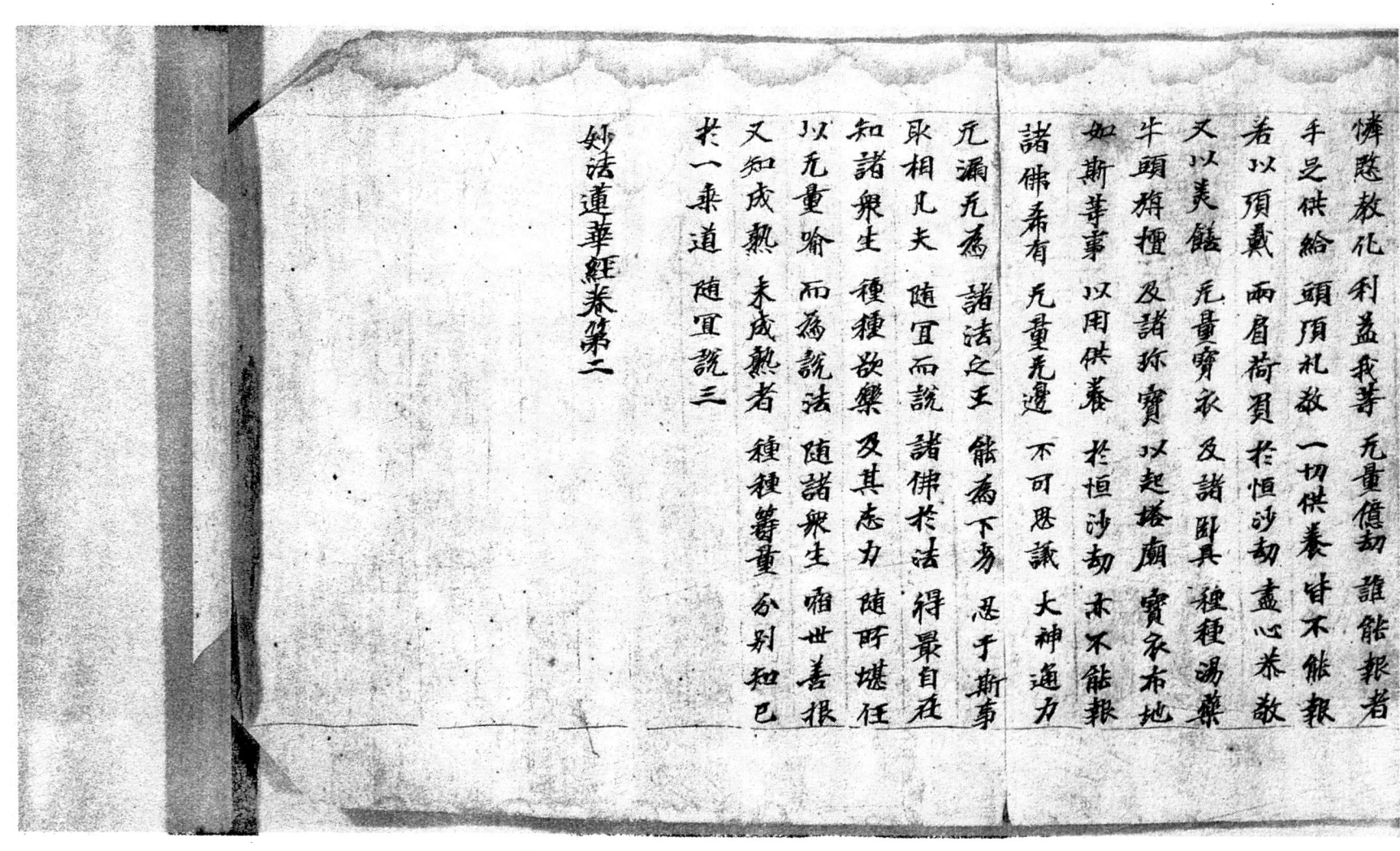

BD05404號　妙法蓮華經卷二　（27–26）

憐愍教化　利益我等　无量億劫　誰能報者
手足供給　頭頂礼敬　一切供養　皆不能報
若以頂戴　兩肩荷負　於恒沙劫　盡心恭敬
又以美饍　无量寶衣　及諸臥具　種種湯藥
牛頭栴檀　及諸珍寶　以起塔廟　寶衣布地
如斯等事　以用供養　於恒沙劫　亦不能報
諸佛希有　无量无邊　不可思議　大神通力
无漏无為　諸法之王　能為下劣　忍于斯事
取相凡夫　隨宜而說　諸佛於法　得最自在
知諸衆生　種種欲樂　及其志力　隨所堪任
以无量喻　而為說法　隨諸衆生　宿世善根
又知成熟　未成熟者　種種籌量　分別知已
於一乘道　隨宜說三

妙法蓮華經卷第二

BD05404號　妙法蓮華經卷二　（27–27）

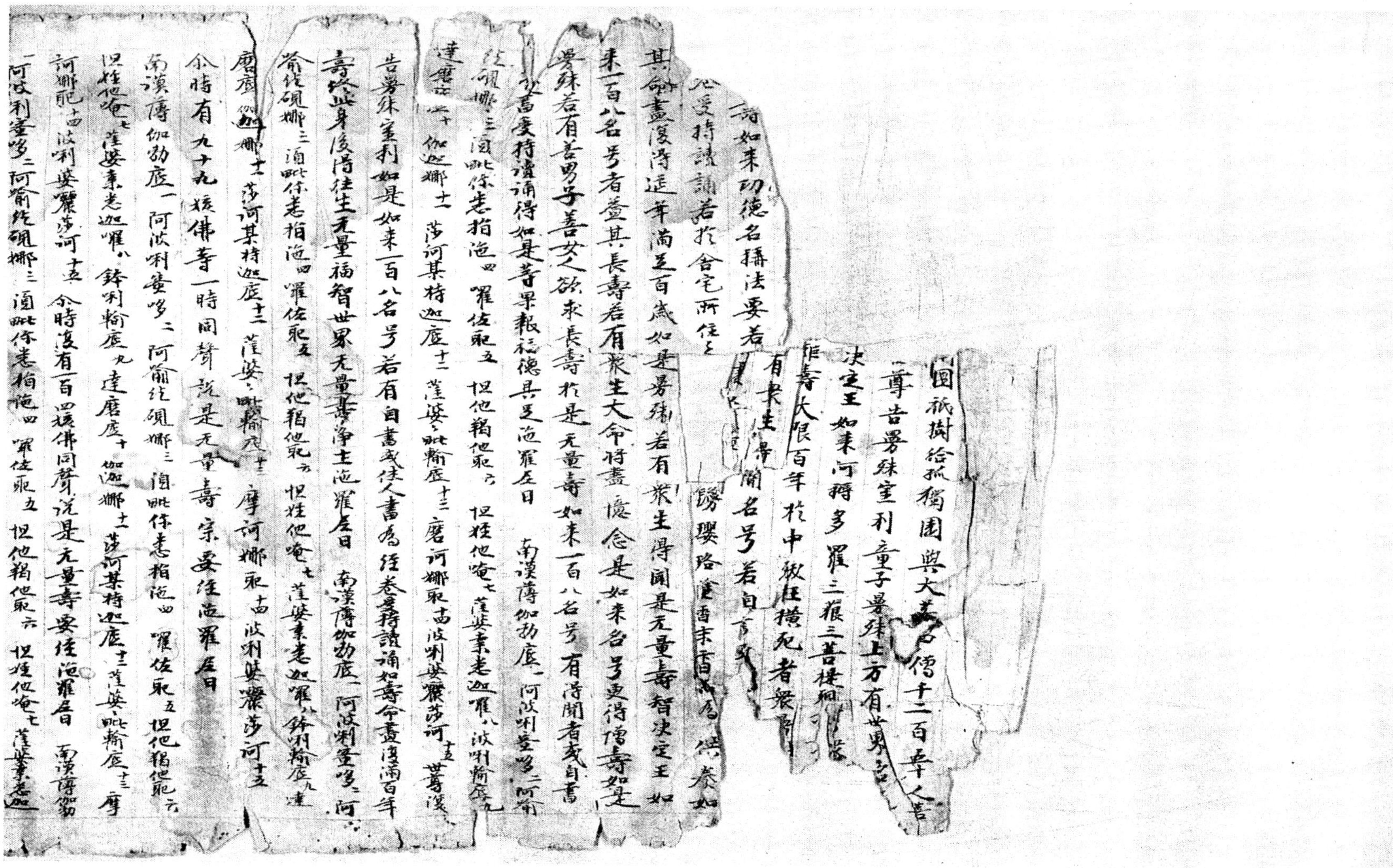
圍祇樹給孤獨園與大苾芻僧千二百五十人菩
尊告曼殊室利童子曼殊上方有世界名
決定王如來阿耨多羅三藐三菩提
唯壽大限百年於中夭枉橫死者衆
有衆生得聞名號若自書或
繒幡瓔珞塗香末香而為供養如
一諸如來功德名稱法要若
人受持讀誦若於舍宅所住之
其命盡復得延年滿足百歲如是曼殊若有衆生得聞是無量壽智決定王如
來一百八名号者益其長壽若有衆生大命將盡憶念是如來名号更得增壽如是
曼殊若有善男子善女人欲求長壽於是無量壽如來一百八名号有得聞者或自書
若教人書受持讀誦得如是善果報福德具足陀羅尼曰 南謨薄伽勃底一 阿波唎蜜哆二 阿喻
紇硯娜三 囉毗你悉指陁四 囉佐耶五 怛他羯他耶六 怛姪他唵七 薩婆桑悉迦囉八 波唎輸底九
達磨底十 伽迦娜十一 莎訶某持迦底十二 薩婆毗輸底十三 摩訶娜耶十四 波唎婆囉莎訶十五 菩[illegible]
告曼殊室利如是如來一百八名号若有自書或使人書為經卷受持讀誦如壽命盡復滿百年
壽終此身後得往生無量福智世界無量壽淨土陀羅尼曰 南謨薄伽勃底一 阿波唎蜜哆二 阿
喻紇硯娜三 囉毗你悉指陁四 囉佐耶五 怛他羯他耶六 怛姪他唵七 薩婆桑悉迦囉八 鉢唎輸底九 達
磨底十 伽迦娜十一 莎訶某持迦底十二 薩婆毗輸底十三 摩訶娜耶十四 波唎婆囉莎訶十五
爾時有九十九殑伽沙佛等一時同聲說是無量壽宗要經陀羅尼曰
南謨薄伽勃底一 阿波唎蜜哆二 阿喻紇硯娜三 囉毗你悉指陁四 囉佐耶五 怛他羯他耶六
怛姪他唵七 薩婆桑悉迦囉八 鉢唎輸底九 達磨底十 伽迦娜十一 莎訶某持迦底十二 薩婆毗輸底十三 摩
訶娜耶十四 波唎婆囉莎訶十五 爾時復有一百四殑伽沙佛同聲說是無量壽宗要經陀羅尼曰 南謨薄伽勃
底一 阿波唎蜜哆二 阿喻紇硯娜三 囉毗你悉指陁四 囉佐耶五 怛他羯他耶六 怛姪他唵七 薩婆桑悉迦

BD05405 號　無量壽宗要經

（6–1）

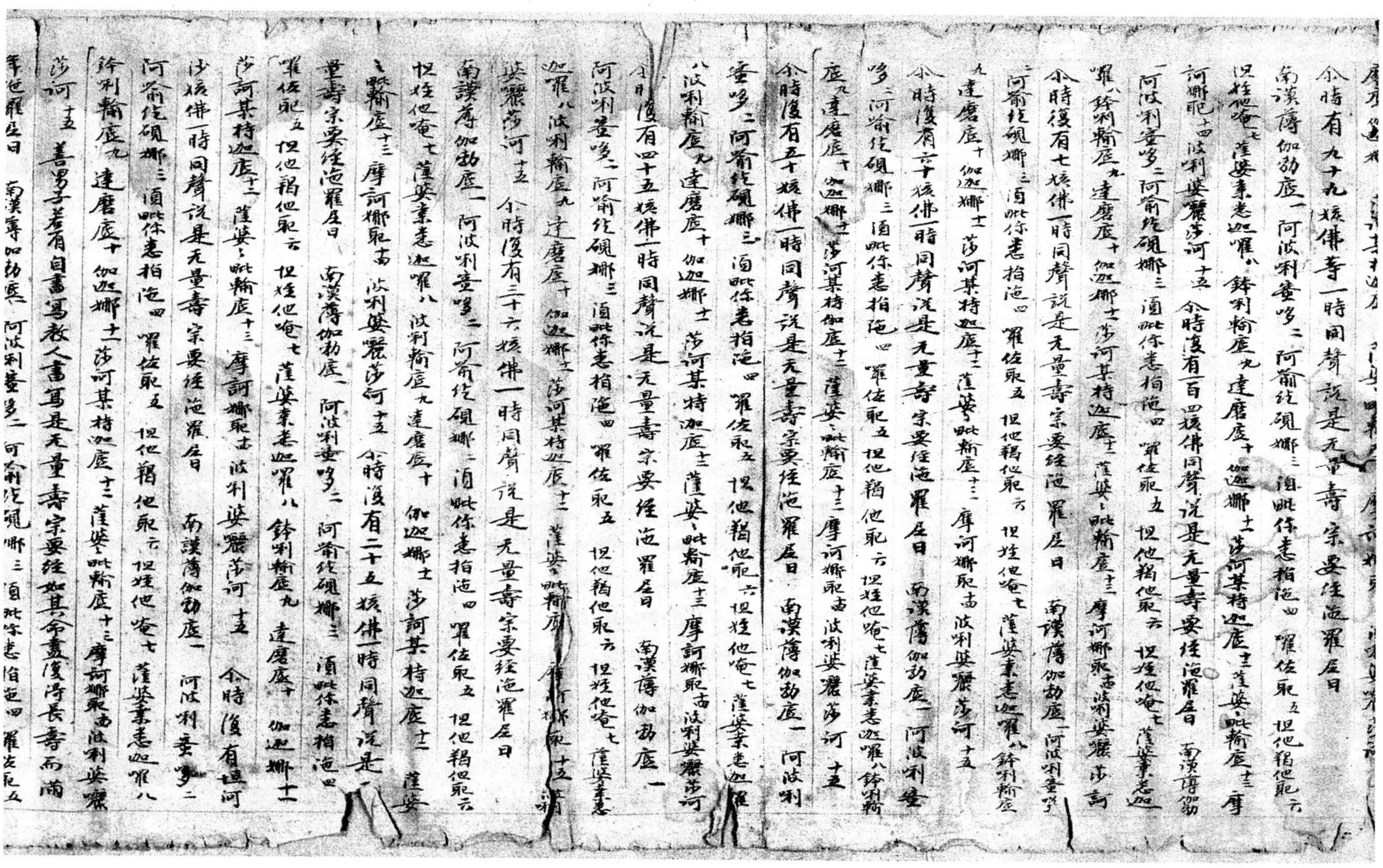
爾時有九十九殑伽沙佛等一時同聲說是無量壽宗要經陀羅尼曰
南謨薄伽勃底一 阿波唎蜜哆二 阿喻紇硯娜三 囉毗你悉指陁四 囉佐耶五 怛他羯他耶六
怛姪他唵七 薩婆桑悉迦囉八 鉢唎輸底九 達磨底十 伽迦娜十一 莎訶某持迦底十二 薩婆毗輸底十三 摩
訶娜耶十四 波唎婆囉莎訶十五 爾時復有一百四殑伽沙佛同聲說是無量壽宗要經陀羅尼曰 南謨薄伽勃
底一 阿波唎蜜哆二 阿喻紇硯娜三 囉毗你悉指陁四 囉佐耶五 怛他羯他耶六 怛姪他唵七 薩婆桑悉迦
囉八 鉢唎輸底九 達磨底十 伽迦娜十一 莎訶某持迦底十二 薩婆毗輸底十三 摩訶娜耶十四 波唎婆囉莎訶
爾時復有七殑伽沙佛一時同聲說是無量壽宗要經陀羅尼曰 南謨薄伽勃底一 阿波唎蜜哆
二 阿喻紇硯娜三 囉毗你悉指陁四 囉佐耶五 怛他羯他耶六 怛姪他唵七 薩婆桑悉迦囉八 鉢唎輸底
九 達磨底十 伽迦娜十一 莎訶某持迦底十二 薩婆毗輸底十三 摩訶娜耶十四 波唎婆囉莎訶十五
爾時復有六十殑伽沙佛一時同聲說是無量壽宗要經陀羅尼曰 南謨薄伽勃底一 阿波唎蜜
哆二 阿喻紇硯娜三 囉毗你悉指陁四 囉佐耶五 怛他羯他耶六 怛姪他唵七 薩婆桑悉迦囉八 鉢唎輸
底九 達磨底十 伽迦娜十一 莎訶某持伽底十二 薩婆毗輸底十三 摩訶娜耶十四 波唎婆囉莎訶十五
爾時復有五十殑伽沙佛一時同聲說是無量壽宗要經陀羅尼曰 南謨薄伽勃底一 阿波唎
蜜哆二 阿喻紇硯娜三 囉毗你悉指陁四 囉佐耶五 怛他羯他耶六 怛姪他唵七 薩婆桑悉迦囉
八 波唎輸底九 達磨底十 伽迦娜十一 莎訶某持迦底十二 薩婆毗輸底十三 摩訶娜耶十四 波唎婆囉莎訶
爾時復有四十五殑伽沙佛一時同聲說是無量壽宗要經陀羅尼曰 南謨薄伽勃底一
阿波唎蜜哆二 阿喻紇硯娜三 囉毗你悉指陁四 囉佐耶五 怛他羯他耶六 怛姪他唵七 薩婆桑悉
迦囉八 波唎輸底九 達磨底十 伽迦娜十一 莎訶某持迦底十二 薩婆毗輸底 摩訶娜耶十五
婆囉莎訶十五 爾時復有三十六殑伽沙佛一時同聲說是無量壽宗要經陀羅尼曰
南謨薄伽勃底一 阿波唎蜜哆二 阿喻紇硯娜三 囉毗你悉指陁四 囉佐耶五 怛他羯他耶六
怛姪他唵七 薩婆桑悉迦囉八 波唎輸底九 達磨底十 伽迦娜十一 莎訶某持迦底十二 薩婆
毗輸底十三 摩訶娜耶十四 波唎婆囉莎訶十五 爾時復有二十五殑伽沙佛一時同聲說是
無量壽宗要經陀羅尼曰 南謨薄伽勃底一 阿波唎蜜哆二 阿喻紇硯娜三 囉毗你悉指陁四
囉佐耶五 怛他羯他耶六 怛姪他唵七 薩婆桑悉迦囉八 鉢唎輸底九 達磨底十 伽迦娜十一
莎訶某持迦底十二 薩婆毗輸底十三 摩訶娜耶十四 波唎婆囉莎訶十五 爾時復有恒河
沙殑伽佛一時同聲說是無量壽宗要經陀羅尼曰 南謨薄伽勃底一 阿波唎蜜哆二
阿喻紇硯娜三 囉毗你悉指陁四 囉佐耶五 怛他羯他耶六 怛姪他唵七 薩婆桑悉迦囉八
鉢唎輸底九 達磨底十 伽迦娜十一 莎訶某持迦底十二 薩婆毗輸底十三 摩訶娜耶十四 波唎婆囉
莎訶十五 善男子若有自書寫教人書寫是無量壽宗要經如其命盡復得長壽而滿
年陀羅尼曰 南謨薄伽勃底 阿波唎蜜哆二 阿喻紇硯娜三 囉毗你悉指陁四 囉佐耶五

BD05405 號　無量壽宗要經

（6–2）

怛他羯他耶六 怛姪他唵七 薩婆桑塞迦羅八 鉢唎輸底九 達磨底十 伽迦娜十一
莎訶某持迦底十二 薩婆毗輸底十三 摩訶娜耶十四 波唎婆曬莎訶十五 尒時復有恒河
沙殑佛一時同聲說是无量壽宗要經陀羅尼曰 南謨薄伽勃底一 阿波唎蜜多二
阿喻紇硯娜三 須毗你悉指陀四 囉佐耶五 怛他羯他耶六 怛姪他唵七 薩婆桑塞迦羅八
鉢唎輸底九 達磨底十 伽迦娜十一 莎訶某持迦底十二 薩婆毗輸底十三 摩訶娜耶十四 波唎婆曬
莎訶十五 善男子若有自書寫教人書寫是无量壽宗要經如其命盡復得長壽而滿
年陀羅尼曰 南謨薄伽勃底一 阿波唎蜜多二 阿喻紇硯娜三 須毗你悉指陀四 囉佐耶五
怛他羯他耶六 怛姪他唵七 薩婆桑塞迦羅八 波唎輸底九 達磨底十 伽迦娜十一 莎訶某持
迦底十二 薩婆毗輸底十三 摩訶娜耶十四 波唎婆曬莎訶十五 若有自書寫教人書寫是
无量壽宗要經讀誦受持畢竟不墮地獄在在所生得宿命智陀羅尼曰 南謨薄
伽勃底一 阿波唎蜜多二 阿喻紇硯娜三 須毗你悉指陀四 囉佐耶五 怛他羯他耶六 怛姪
他唵七 薩婆桑塞迦羅八 鉢唎輸底九 達磨底十 伽迦娜十一 莎訶某持迦底十二 薩婆毗
輸底十三 摩訶娜耶十四 波唎婆曬莎訶十五 若有自書寫教人書寫是无量壽宗要經受
持讀誦如同書寫八万四千一切經典陀羅尼曰 南謨薄伽勃底一 阿波唎蜜多二 阿喻紇硯娜
三須毗你悉指陀四 囉佐耶五 怛他羯他耶六 怛姪他唵七 薩婆桑塞迦羅八 鉢唎輸底九
達磨底十 伽迦娜十一 莎訶某持迦底十二 薩婆毗輸底十三 摩訶娜耶十四 波唎婆曬莎訶十五
若有自書寫教人書寫是无量壽宗要經即是書寫八万四千部建立塔廟陀羅尼曰
南謨薄伽勃底一 阿波唎蜜多二 阿喻紇硯娜三 須毗你悉指陀四 囉佐耶五 怛他羯他耶六
怛姪他唵七 薩婆桑塞迦羅八 波唎輸底九 達磨底十 伽迦娜十一 莎訶某持迦底十二 薩婆毗
輸底十三 摩訶娜耶十四 波唎婆曬莎訶十五 若有自書寫教人書寫是无量壽宗要經能消
五无間等一切重罪陀羅尼曰 南謨薄伽勃底一 阿波唎蜜多二 阿喻紇硯娜三 須毗你悉指陀四
囉佐耶五 怛他羯他耶六 怛姪他唵七 薩婆桑塞迦羅八 波唎輸底九 達磨底十 伽迦娜十一 莎訶
某持迦底十二 薩婆毗輸底十三 摩訶娜耶十四 波唎婆曬莎訶十五 若有自書寫教人書寫
是无量壽宗要經受持讀誦設有重罪猶如須弥盡能除滅陀羅尼曰 南謨薄伽勃底
一阿波唎蜜多二 阿喻紇硯娜三 須毗你悉指陀四 囉佐耶五 怛他羯他耶六 怛姪他唵七 薩婆
桑塞迦羅八 波唎輸底九 達磨底十 伽迦娜十一 莎訶某持迦底十二 薩婆毗輸底十三 摩
訶娜耶十四 波唎婆曬莎訶十五 若有自書寫教人書寫是无量壽宗要經受持讀誦若
魔魔之眷屬夜叉羅刹不得其便終无枉死陀羅尼曰 南謨薄伽勃底一 阿波唎蜜多二 阿喻紇硯
娜三 須毗你悉指陀四 囉佐耶五 怛他羯他耶六 怛姪他唵七 薩婆桑塞迦羅八 鉢唎輸底九 達
磨底十 伽迦娜十一 莎訶某持迦底十二 薩婆毗輸底十三 摩訶娜耶十四 波唎婆曬莎訶十五
若有自書寫教人書寫是无量壽宗要經受持讀誦當命終時有九十九殑佛現其人前來千

BD05405 號　無量壽宗要經　（6–3）

桑塞迦羅八 波唎輸底九 達磨底十 伽迦娜十一 莎訶某持迦底十二 薩婆毗輸底十三 摩
訶娜耶十四 波唎婆曬莎訶十五 若有自書寫教人書寫是无量壽宗要經受持讀誦若
魔魔之眷屬夜叉羅刹不得其便終无枉死陀羅尼曰 南謨薄伽勃底一 阿波唎蜜多二 阿喻紇硯
娜三 須毗你悉指陀四 囉佐耶五 怛他羯他耶六 怛姪他唵七 薩婆桑塞迦羅八 鉢唎輸底九 達
磨底十 伽迦娜十一 莎訶某持迦底十二 薩婆毗輸底十三 摩訶娜耶十四 波唎婆曬莎訶十五
若有自書寫教人書寫是无量壽宗要經受持讀誦當命終時有九十九殑佛現其人前來千
佛授手能遊一切佛剎莫於此經生於疑惑陀羅尼曰 南謨薄伽勃底一 阿波唎蜜多二 阿喻紇硯
娜三 須毗你悉指陀四 囉佐耶五 怛他羯他耶六 怛姪他唵七 薩婆桑塞迦羅八 波唎輸底九 達磨底
十 伽迦娜十一 莎訶某持迦底十二 薩婆毗輸底十三 摩訶娜耶十四 波唎婆曬莎訶十五 若有自書寫教
書寫是无量壽宗要經受持讀誦常得四天大王隨其衛護陀羅尼曰 南謨薄伽勃底一 阿波唎蜜多
二阿喻紇硯娜三 須毗你悉指陀四 囉佐耶五 怛他羯他耶六 怛姪他唵七 薩婆桑塞迦羅八 波唎輸底九 達
磨底十 伽迦娜十一 莎訶某持迦底十二 薩婆毗輸底十三 摩訶娜耶十四 波唎婆曬莎訶十五 若有
自書寫教人書寫是无量壽宗要經受持讀誦當得往生西方極樂世界阿弥陀淨土陀羅尼曰 南謨薄
伽勃底一 阿波唎蜜多二 阿喻紇硯娜三 須毗你悉指陀四 囉佐耶五 怛他羯他耶六 怛姪他唵七 薩婆桑塞
迦羅八 鉢唎輸底九 達磨底十 伽迦娜十一 莎訶某持迦底十二 薩婆毗輸底十三 摩訶娜耶十四 波唎婆曬莎訶
十五 若有方所自書寫使人書寫是无量壽經典之處則為是塔皆應恭敬作礼若是畜生或為
鳥獸得聞是經如是等類皆當不久得成一切種智陀羅尼曰 南謨薄伽勃底一 阿波唎蜜多
二阿喻紇硯娜三 須毗你悉指陀四 囉佐耶五 怛他羯他耶六 怛姪他唵七 薩婆桑塞迦羅八 波唎輸底九 達
磨底十 伽迦娜十一 莎訶某持迦底十二 薩婆毗輸底十三 摩訶娜耶十四 波唎婆曬莎訶十五 若有於是
无量壽經自書寫若使人書畢竟不受女人之身陀羅尼曰 南謨薄伽勃底一 阿波唎蜜多二
阿喻紇硯娜三 須毗你悉指陀四 囉佐耶五 怛他羯他耶六 怛姪他唵七 薩婆桑塞迦羅八 鉢唎輸底九
達磨底十 伽迦娜十一 莎訶某持迦底十二 薩婆毗輸底十三 摩訶娜耶十四 波唎婆曬莎訶十五 若有能於
是經少分能惠施者等於三千大千世界滿中七寶布施陀羅尼曰 南謨薄伽勃底一 阿波唎蜜多二
阿喻紇硯娜三 須毗你悉指陀四 囉佐耶五 怛他羯他耶六 怛姪他唵七 薩婆桑塞迦羅八 波唎輸底九
達磨底十 伽迦娜十一 莎訶某持迦底十二 薩婆毗輸底十三 摩訶娜耶十四 波唎婆曬莎訶十五
若有能供養是經者則是供養一切諸經等无有異陀羅尼曰 南謨薄伽勃底一 阿波唎蜜多二 阿喻紇
硯娜三 須毗你悉指陀四 囉佐耶五 怛他羯他耶六 怛姪他唵七 薩婆桑塞迦羅八 鉢唎輸底九 達磨
底十 伽迦娜十一 莎訶某持迦底十二 薩婆毗輸底十三 摩訶娜耶十四 波唎婆曬莎訶十五
如是毗婆尸佛 尸弃佛 毗舍浮佛 俱留孫佛 俱那含牟尼佛 迦葉佛 釋迦牟尼佛
若有人以七寶供養如是七佛其福有限書寫受持是无量經典所有功德不可限量陀羅

BD05405 號　無量壽宗要經　（6–4）

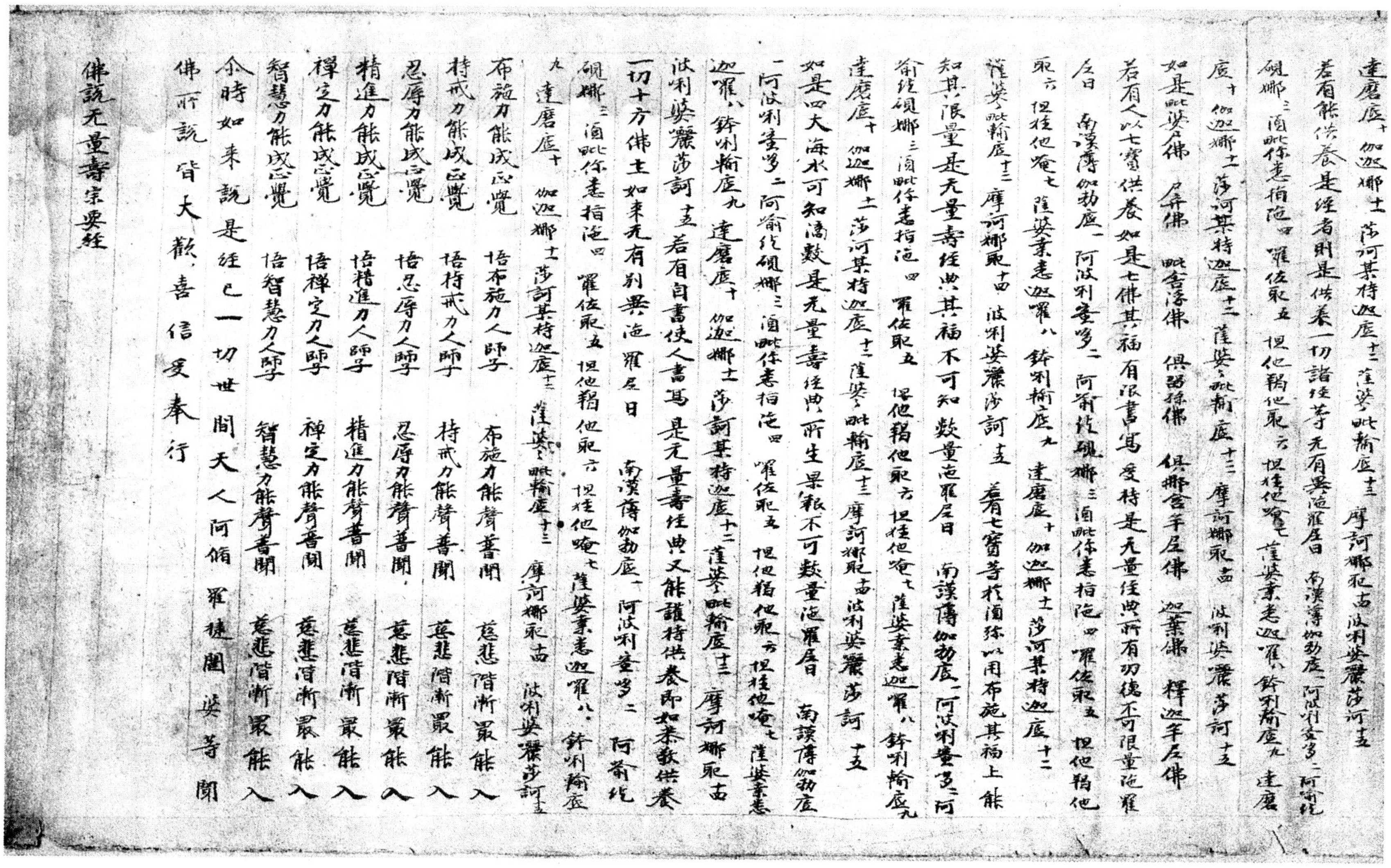

達磨底十 伽迦娜十一 莎訶某特迦底十二 薩婆毗輸底十三 摩訶娜耶十四 波唎婆羅莎訶十五
若有能供養是經者則是供養一切諸經等无有異陀羅尼曰 南謨薄伽勃底一 阿波唎蜜多二 阿喻紇
硯娜三 須毗你悉指陀四 囉佐耶五 怛他羯他耶六 怛姪他唵七 薩婆桑悉迦囉八 鉢唎輸底九 達磨
底十 伽迦娜十一 莎訶某特迦底十二 薩婆毗輸底十三 摩訶娜耶十四 波唎婆羅莎訶十五
如是毗婆尸佛 尸棄佛 毗舍浮佛 俱留孫佛 俱那含牟尼佛 迦葉佛 釋迦牟尼佛
若有人以七寶供養如是七佛其福有限書寫受持是无量經典所有功德不可限量陀羅
尼曰 南謨薄伽勃底一 阿波唎蜜多二 阿喻紇硯娜三 須毗你悉指陀四 囉佐耶五 怛他羯他
耶六 怛姪他唵七 薩婆桑悉迦囉八 鉢唎輸底九 達磨底十 伽迦娜十一 莎訶某特迦底十二
薩婆毗輸底十三 摩訶娜耶十四 波唎婆羅莎訶十五 若有七寶等於須弥以用布施其福上能
知其限量是无量壽經典其福不可知數量陀羅尼曰 南謨薄伽勃底一 阿波唎蜜多二 阿
喻紇硯娜三 須毗你悉指陀四 囉佐耶五 怛他羯他耶六 怛姪他唵七 薩婆桑悉迦囉八 鉢唎輸底九
達磨底十 伽迦娜十一 莎訶某特迦底十二 薩婆毗輸底十三 摩訶娜耶十四 波唎婆羅莎訶十五
如是四大海水可知滴數是无量壽經典所生果報不可數量陀羅尼曰 南謨薄伽勃底
一 阿波唎蜜多二 阿喻紇硯娜三 須毗你悉指陀四 囉佐耶五 怛他羯他耶六 怛姪他唵七 薩婆桑悉
迦囉八 鉢唎輸底九 達磨底十 伽迦娜十一 莎訶某特迦底十二 薩婆毗輸底十三 摩訶娜耶十四
波唎婆羅莎訶十五 若有自書使人書寫是无量壽經典又能護持供養即如来敬供養
一切十方佛土如來无有別異陀羅尼曰 南謨薄伽勃底一 阿波唎蜜多二 阿喻紇
硯娜三 須毗你悉指陀四 囉佐耶五 怛他羯他耶六 怛姪他唵七 薩婆桑悉迦囉八 鉢唎輸底
九 達磨底十 伽迦娜十一 莎訶某特迦底十二 薩婆毗輸底十三 摩訶娜耶十四 波唎婆羅莎訶十五
布施力能成正覺 悟布施力人師子 布施力能聲普聞 慈悲階漸眾能入
持戒力能成正覺 悟持戒力人師子 持戒力能聲普聞 慈悲階漸眾能入
忍辱力能成正覺 悟忍辱力人師子 忍辱力能聲普聞 慈悲階漸眾能入
精進力能成正覺 悟精進力人師子 精進力能聲普聞 慈悲階漸眾能入
禪定力能成正覺 悟禪定力人師子 禪定力能聲普聞 慈悲階漸眾能入
智慧力能成正覺 悟智慧力人師子 智慧力能聲普聞 慈悲階漸眾能入
尒時如來說是經已一切世間天人阿脩羅揵闥婆等聞
佛所說皆大歡喜信受奉行
佛說无量壽宗要經

BD05405號　無量壽宗要經　（6–5）

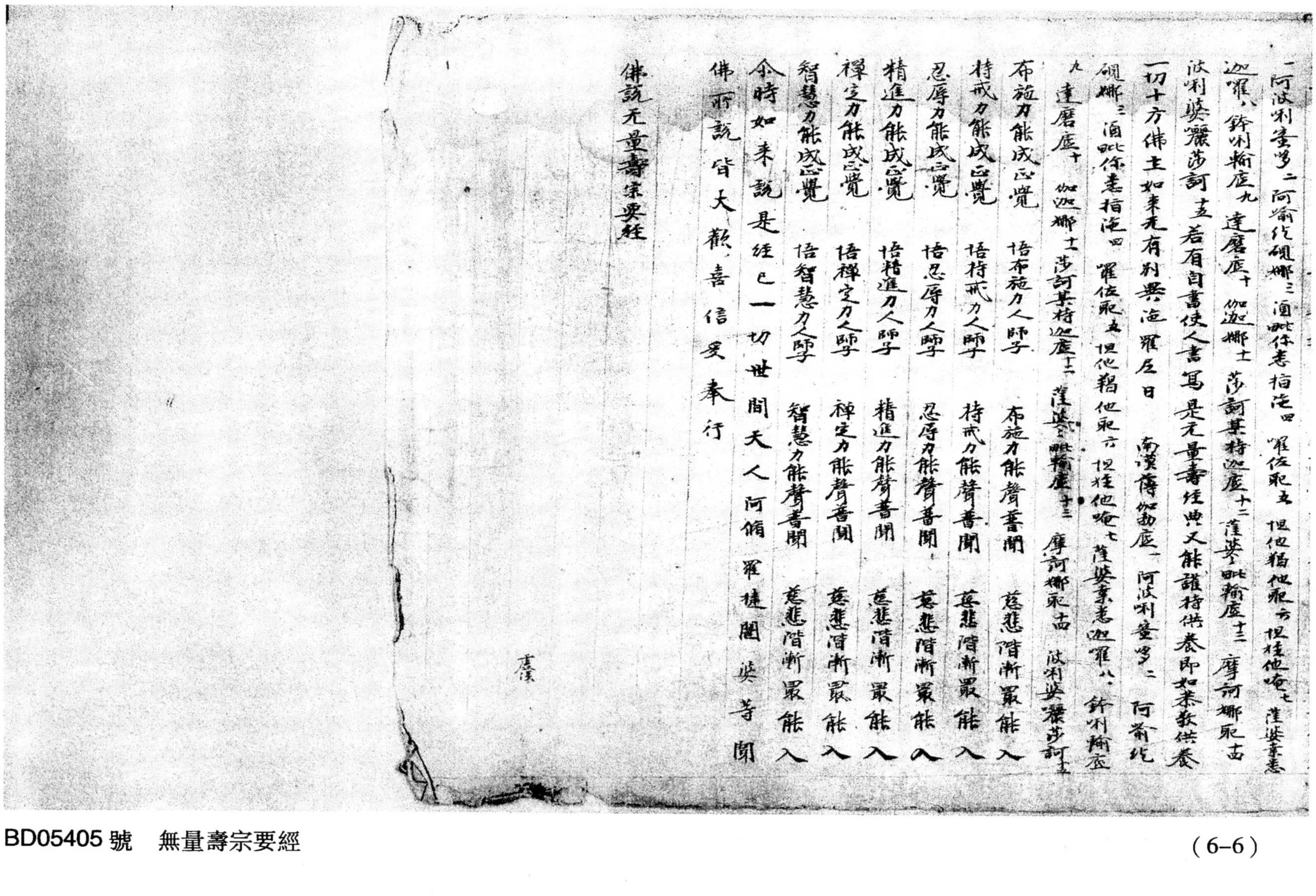

一 阿波唎蜜多二 阿喻紇硯娜三 須毗你悉指陀四 囉佐耶五 怛他羯他耶六 怛姪他唵七 薩婆桑悉
迦囉八 鉢唎輸底九 達磨底十 伽迦娜十一 莎訶某特迦底十二 薩婆毗輸底十三 摩訶娜耶十四
波唎婆羅莎訶十五 若有自書使人書寫是无量壽經典又能護持供養即如来敬供養
一切十方佛土如來无有別異陀羅尼曰 南謨薄伽勃底一 阿波唎蜜多二 阿喻紇
硯娜三 須毗你悉指陀四 囉佐耶五 怛他羯他耶六 怛姪他唵七 薩婆桑悉迦囉八 鉢唎輸底
九 達磨底十 伽迦娜十一 莎訶某特迦底十二 薩婆毗輸底十三 摩訶娜耶十四 波唎婆羅莎訶十五
布施力能成正覺 悟布施力人師子 布施力能聲普聞 慈悲階漸眾能入
持戒力能成正覺 悟持戒力人師子 持戒力能聲普聞 慈悲階漸眾能入
忍辱力能成正覺 悟忍辱力人師子 忍辱力能聲普聞 慈悲階漸眾能入
精進力能成正覺 悟精進力人師子 精進力能聲普聞 慈悲階漸眾能入
禪定力能成正覺 悟禪定力人師子 禪定力能聲普聞 慈悲階漸眾能入
智慧力能成正覺 悟智慧力人師子 智慧力能聲普聞 慈悲階漸眾能入
尒時如來說是經已一切世間天人阿脩羅揵闥婆等聞
佛所說皆大歡喜信受奉行
佛說无量壽宗要經

BD05405號　無量壽宗要經　（6–6）

莊嚴道菩薩摩訶薩雖百千天女眷屬圍繞
端嚴殊特顏无倫伎術悉備音聲巧妙菩薩
聞此妙音未曾雙捨諸禪解脫三昧是為第
四莊嚴道菩薩摩訶薩與一切衆生設衆伎
樂共相娛樂乃至一念不捨諸禪解脫三昧
是為第五莊嚴道菩薩摩訶薩不著一切世
間諸法究竟世間得到彼岸度脫衆生是為
第六莊嚴道菩薩摩訶薩安住正智備習正
道趣於邪道欲令衆生遠離邪道於此邪道
不取真實清淨之相是為第七莊嚴道菩薩
摩訶薩遠離身口意惡業常持淨戒一向正求
如來淨戒示現一切凡愚童蒙衆生持戒威
儀為教化成就犯戒衆生故菩薩具足成滿
一切清淨功德正趣菩薩趣而現受生地獄
畜生餓鬼閻羅王及諸難趣令彼衆生離惡
趣故而實菩薩不攝彼趣是為第八莊嚴道
菩薩摩訶薩於一切佛法不由他悟得无閡
辯明淨智慧普照一切諸佛正法安住一切
諸佛自在共一切佛清淨法身具足成就一

BD05406號　大方廣佛華嚴經（晉譯六十卷本　聖本）卷四二　（15–1）

儀為教化成就犯戒衆生故菩薩具足成滿
一切清淨功德正趣菩薩趣而現受生地獄
畜生餓鬼閻羅王及諸難趣令彼衆生離惡
趣故而實菩薩不攝彼趣是為第八莊嚴道
菩薩摩訶薩於一切佛法不由他悟得无閡
辯明淨智慧普照一切諸佛正法安住一切
諸佛自在共一切佛清淨法身具足成就一
切堅固大人明淨正法安住一切平等諸乘
向一切佛境法門一切衆生所應讚嘆恭敬
供養為一切衆生作无上師專求正法未曾
捨離示現於法有疑示現師受恭敬供養和
上阿闍梨而實為一切天人无上法師何以
故菩薩摩訶薩善知方便住菩薩道隨其所
應方便示現是為第九莊嚴道菩薩摩訶薩
具足成就甚深智慧究竟菩薩一切无上法
行一切如來以甘露法而灌其頂究竟一切
法自在彼岸離垢无閡清淨法繒以冠其首
於一切世界普現如來无閡法身轉不可壞
清淨法輪清淨法身於一切世界无處不至
究竟一切法自在彼岸具足成就一切菩薩
自在之法巧妙方便於一切剎示現受生與
三世佛共一境界而亦不斷菩薩所行不捨
菩薩法不轉菩薩業不捨菩薩道未曾廢捨
菩薩威儀不捨菩薩熾然不捨善巧方便不
離菩薩事備菩薩行心无疲猒不離菩薩受
持法行何以故菩薩摩訶薩欲速成阿耨多

BD05406號　大方廣佛華嚴經（晉譯六十卷本　聖本）卷四二　（15–2）

三世佛共一境界而亦不断菩薩所行不捨
菩薩法不轉菩薩業不捨菩薩道未曾癈捨
菩薩威儀不捨菩薩熾然不捨善巧方便不
離菩薩事備菩薩行心无疲猒不離菩薩受
持法行何以故菩薩摩訶薩欲速成向耨多
羅三藐三菩提故不捨菩薩行觀察衆生是
為第十莊嚴道佛子是為菩薩摩訶薩十種
莊嚴道若菩薩摩訶薩安住此道則得一切
諸佛无上道寶莊嚴而不捨菩薩道佛子菩
薩摩訶薩有十種足何等為十所謂淨戒足
積集成滿一切大願故精進足積集一切菩
提枝至不退轉故諸通足隨衆生願令歡喜
故身通足不離一坐而能悉詣一切佛刹故
深心足究竟一切勝妙法故堅誓足所求諸
事悉究竟故攝右足法不違一切尊重教故
聞法无厭足聞持一切佛所說法无疲惓故
如法資生具足入一切衆諸根无異故正向
菩薩行足離一切惡故佛子是為菩薩摩訶
薩十種足若菩薩摩訶薩安住此足則得一
切諸佛无上勝足能一擧足皆悉遍至一切
世界佛子是為菩薩摩訶薩有十種手何等
為十所謂信手於一切佛所說正法一向信心
究竟受持故不着財施手有未乞者令歡喜
故先意善来問訊手右掌相顯現故恭敬供
養一切佛手長養无量功德无疲厭故善解

BD05406號　大方廣佛華嚴經（晉譯六十卷本　聖本）卷四二　（15-3）

世界佛子是為菩薩摩訶薩有十種手何等
為十所謂信手於一切佛所說正法一向信心
究竟受持故不着財施手有未乞者令歡喜
故先意善来問訊手右掌相顯現故恭敬供
養一切佛手長養无量功德无疲厭故善解
多聞手除一切衆生諸疑死故遠離三界離
生穿靜手拔欲污泥衆生類故安置彼岸手
救濟四流溺没衆生故離悟法手盡能開說
一切法故一切世間離世間諸論智手除滅
一切身心病故智慧寶手除滅一切煩惱庭
闇示現一切不可稱說法光明故佛子是為
菩薩摩訶薩十種手若菩薩摩訶薩安住此
手則得一切諸佛无上之手能以一掌普覆
十方一切世界佛子菩薩摩訶薩有十種腹
何等為十所謂離諂曲腹直心清淨故離幻偽
腹身口意業皆真正故不為事腹離藏惡故
无窮盡腹於一切法无所着故滅煩惱腹智
明淨故清淨心腹離一切惡故觀察一切食
想腹正念真實法故觀察一切行腹善覺緣
起故善覺一切道腹具足成就正悕望故離
一切煩惱諸耶見腹令一切衆生得如来腹
故佛子是為菩薩摩訶薩十種腹若菩薩摩
訶薩安住此腹則得一切諸佛无上之腹悉
能容受一切衆生佛子菩薩摩訶薩有十種
藏何等為十所謂不斷如来種姓是菩薩藏

BD05406號　大方廣佛華嚴經（晉譯六十卷本　聖本）卷四二　（15-4）

一切煩惱諸耶見腹令一切衆生得如来腹
故佛子是爲菩薩摩訶薩十種腹若菩薩摩
訶薩安住此腹則得一切諸佛无上之腹悉
能容受一切衆生佛子菩薩摩訶薩有十種
藏何等爲十所謂不斷如来種姓是菩薩藏
廣說佛法長養无量諸善法故受持守護如
来正法是菩薩藏開示衆生大智明故長養
僧寶是菩薩藏攝取不退正法輪故覺悟正
定衆生是菩薩藏度脫衆生不失時故教化
成就不定衆生是菩薩藏善根相續因不斷
故發大悲心救護耶定衆生是菩薩藏起彼
未来善根因緣故滿足如来十力不可沮壞
是菩薩藏降伏衆魔具足成就不退善根故
住四无畏大師子吼是菩薩藏令一切衆生
悉歡喜故得佛十八不共法是菩薩藏一切
智慧无不至故平等覺悟一切衆生一切刹
一切法一切佛是菩薩藏於一念中深入平
等故佛子是爲菩薩摩訶薩十種藏若菩薩
摩訶薩安住是住此藏則得一切諸佛无上
善根大智慧藏佛子菩薩摩訶薩有十種心
何等爲十所謂勇猛心所發事業志究竟故
无懈怠心積集相好諸善根故勇健力心摧
伏一切諸惡魔故正思惟心除滅一切煩惱
垢故不退轉心住詣道場究竟菩提故性清
淨心覺心无所至无所着故知衆生心隨衆

BD05406號　大方廣佛華嚴經（晉譯六十卷本　聖本）卷四二　（15–5）

善根大智慧藏佛子菩薩摩訶薩有十種心
何等爲十所謂勇猛心所發事業志究竟故
无懈怠心積集相好諸善根故勇健力心摧
伏一切諸惡魔故正思惟心除滅一切煩惱
垢故不退轉心住詣道場究竟菩提故性清
淨心覺心无所至无所着故知衆生心隨衆
生性令彼覺悟得解脫故入大梵天住住佛
法心種種衆生性衆救護故空无相无願无
行心遠離相見不着三界故金剛莊嚴心衆
生數等魔乃至不能動一毛孔佛子是爲菩
薩摩訶薩十種心若菩薩摩訶薩安住此心
則得一切諸佛无上金剛藏心佛子菩薩摩
訶薩有十種莊嚴何等爲十所謂大慈莊嚴
救護一切衆生故大悲莊嚴故堪忍一切苦
故大願莊嚴所可發願悉究竟故迴向莊嚴
建立一切諸佛功德妙莊嚴故功德莊嚴饒
益一切衆故波羅蜜莊嚴度脫一切衆生故
智慧莊嚴除滅一切衆生煩惱愚癡闇故方
便莊嚴出生普門諸善根故一切智心堅固
不亂莊嚴不樂異乘故決定莊嚴於正法中
滅疑惑故佛子是爲菩薩摩訶薩十種莊嚴
若菩薩摩訶薩安住此法則得一切諸佛无
上莊嚴降一切魔佛子菩薩摩訶薩有十種
器仗何等爲十所謂遠離慳悋惠施心仗除
滅一切慳貪垢故持戒仗拔出一切諸惡戒
故平等觀察一切法仗遠離一切虛妄法故

BD05406號　大方廣佛華嚴經（晉譯六十卷本　聖本）卷四二　（15–6）

滅疑惑故佛子是為菩薩摩訶薩十種莊嚴
若菩薩摩訶薩安住此法則得一切諸佛无
上莊嚴降一切魔佛子菩薩摩訶薩有十種
器仗何等為十所謂遠離慳悋惠施心仗除
滅一切慳貪垢故持戒仗捨出一切諸惡戒
故平等觀察一切法仗遠離一切虛妄法故
智慧仗除滅眾生諸煩惱故正命仗遠離一
切諸邪命故方便仗一切示現故略說貪恚
癡一切煩惱是菩薩仗以煩惱化門眾生故
生死仗不斷菩薩行教化眾生故說實法仗
一切无著故一切智門仗不離菩薩行門故
佛子是為菩薩摩訶薩十種器仗若菩薩摩
訶薩安住此法則能除滅一切眾生積集煩
惱結使習氣佛子菩薩摩訶薩有十種頭何
何等為十所謂涅槃首无見頂故恭敬尊重
首一切世間天人恭敬供養故深妙首於一
切三千大千世界最第一故一切善根首三
界眾生應恭供養故荷負一切眾生首得无
上金剛頂故无量无邊首攝取一切最勝法
故般若波羅蜜首樂法王法故為首方便首
示現一切眾生平等首故教化成就一切眾
生首為一切眾生无上師故守護如來正法
首不斷三寶故佛子是為菩薩摩訶薩十種
頭若菩薩摩訶薩安住此法則得一切諸佛
无上智頂佛子菩薩摩訶薩有十種眼何等

BD05406號　大方廣佛華嚴經（晉譯六十卷本　聖本）卷四二　（15–7）

示現一切眾生平等首故教化成就一切眾
生首為一切眾生无上師故守護如來正法
首不斷三寶故佛子是為菩薩摩訶薩十種
頭若菩薩摩訶薩安住此法則得一切諸佛
无上智頂佛子菩薩摩訶薩有十種眼何等
為十所謂肉眼見一切色故天眼見一切眾
生死此生彼故慧眼見一切眾生諸根故法
眼見一切眾生諸根故法眼見一切法真實
相故佛眼見如來十力故智眼分別一切法
故明眼見一切佛光明故出生死眼見涅槃
故无閡眼見一切法无鄣閡故普眼平等法
門見法界故佛子是為菩薩摩訶薩十種眼
若菩薩摩訶薩成就此眼則得一切諸佛无
上大智慧眼若佛子菩薩摩訶薩有十種耳
何等為十所謂讚嘆聲斷除貪愛聞毀呰聲
斷除瞋恚聞聲聞緣覺聲不起求心聞菩薩
道聲發起歡喜奇特之心聞地獄畜生餓鬼
閻羅王阿脩羅一切難處貧苦音聲發起大
悲莊嚴而自莊嚴聞天人趣勝妙音聲觀一
切法皆悉无常聞佛功德音聲懃脩精進究
竟滿足一切功德聞波羅蜜四攝菩薩經藏
音聲發究竟心到於彼岸聞十方世界一切
音聲悉了如響菩薩摩訶薩從初發心乃至
道場常正受法耳而亦不捨教化成就一切
眾生佛子是為菩薩摩訶薩十種耳若菩薩
摩訶薩成就此耳則得一切諸佛无上大智

BD05406號　大方廣佛華嚴經（晉譯六十卷本　聖本）卷四二　（15–8）

音聲發究竟心到於彼岸聞十方世界一切
音聲悉了如寤菩薩摩訶薩從初發心乃至
道場常正受法耳而亦不捨教化成就一切
衆生佛子是為菩薩摩訶薩十種耳若菩薩
摩訶薩成就此耳則得一切諸佛无上大智
慧耳佛子菩薩摩訶薩有十種鼻何等為十
所謂所聞臭氣觀察不臭所聞香氣觀察不
香所聞香氣觀察不香所聞香氣觀察平等
聞非香非臭觀察捨離聞衣服牀蓐卧具及
身支節香則知彼人貪恚愚癡等分煩惱聞
大寶藏諸藥草香悉能了知一切寶藏聞下
至阿鼻地獄上至非想非非想處衆生之香
悉能了知諸根本行聞聲聞施戒聞慧香住
一切智心未曾散亂聞一切菩薩行香攝取
如來智地聞一切佛智境界香不斷菩薩所
行佛子是為菩薩摩訶薩十種鼻若菩薩摩
訶薩成就此鼻則得一切諸佛无量无邊无
上清淨鼻佛子菩薩摩訶薩有十種舌何等
為十所謂分別解說一切衆生无盡行舌分
別解說无盡法舌讚嘆諸佛无盡功德舌无
盡辯舌演說无盡大乘法舌普覆十方虛空
界舌普照一切佛世界舌平等讚嘆一切衆
生舌隨順諸佛令歡喜舌降一切魔及諸外
道除滅一切生死煩惱悉令衆生至涅槃舌
佛子是為菩薩摩訶薩十種舌若菩薩摩訶薩

BD05406號　大方廣佛華嚴經（晉譯六十卷本　聖本）卷四二　（15-9）

盡辯舌演說无盡大乘法舌普覆十方虛空
界舌普照一切佛世界舌平等讚嘆一切衆
生舌隨順諸佛令歡喜舌降一切魔及諸外
道除滅一切生死煩惱悉令衆生至涅槃舌
佛子是為菩薩摩訶薩十種舌若菩薩摩訶薩
成就此舌則得諸佛无上大金剛舌普覆一
切世界佛子菩薩摩訶薩有十種身何等為
十所謂人身教化成就一切人故非人身教
化成就地獄畜生餓鬼閻羅王故天身教化
成就欲界色界无色界衆生故學身示現學
地故无學身示現向羅漢地故緣覺身教化
令入緣覺地故菩薩身積集大乘故如來身
受如來智記故摩嵬摩身巧方便出生无量
功德故无漏法身以少方便普現一切衆生
身故佛子是為菩薩摩訶薩十種身若菩薩
摩訶薩成就此身則得一切諸佛无上法身
佛子菩薩摩訶薩十種意何等為十所謂上
道意出生一切善根故隨順佛教意如說脩
行故深入意解一切佛法故內意深入衆生
悕望故不亂意不為煩惱所亂故清淨意不
受垢染故善調伏意不失時故正思惟業意
遠離一切惡故調伏諸根意於境界中諸根
不馳騁故深之意佛三昧不可稱量故佛子
是為菩薩摩訶薩十種意若菩薩摩訶薩成
就此意則得一切諸佛无上意佛子菩薩摩
訶薩有十種行何等為十所謂聞法行樂聽

BD05406號　大方廣佛華嚴經（晉譯六十卷本　聖本）卷四二　（15-10）

受垢[illegible]故善調伏意不失時故正思惟[illegible]
遠離一切惡故調伏諸根意於境界中諸根
不馳騁故深入之意佛三昧不可稱量故佛子
是為菩薩摩訶薩十種意若菩薩摩訶薩成
就此意則得一切諸佛无上意佛子菩薩摩
訶薩有十種行何等為十所謂聞法行樂聽
受法故說法行利益衆生故不隨愛瞋癡怖
行謂伏自心故欲界行教化欲界衆生
故色无色界三昧行令速轉故義法行速成
淨慧故一切趣行教化衆生故一切佛刹行
恭敬礼拜供養一切佛故涅槃行斷生死相
續故成滿諸佛行不斷菩薩行故佛子是為
菩薩摩訶薩十種行若菩薩摩訶薩成就此
行則得一切諸佛行非行如來行佛子菩薩
摩訶薩有十種住何等為十所謂菩提心住
未曾忘失故波羅蜜住不厭功德故樂聞正
義住明淨智慧故阿練若處住成就諸大三
昧故隨順一切智頭陁威儀四聖種住少欲知
足故隨順住順正法故親近如來住成滿佛
威儀故諸明住滿足大智故无生忍住受記
滿足故道場菩提住滿足力无畏一切佛法
故佛子是為菩薩摩訶薩十種住若菩薩摩
訶薩安住此住則得一切諸佛无上一切智
住佛子菩薩摩訶薩有十種坐何等為十所
謂轉輪王坐興十善故四天王坐欲於一切
世界諸佛正法得自在故帝釋坐於一切衆

BD05406號　大方廣佛華嚴經（晉譯六十卷本　聖本）卷四二　（15–11）

故佛子是為菩薩摩訶薩十種住若菩薩摩
訶薩安住此住則得一切諸佛无上一切智
住佛子菩薩摩訶薩有十種坐何等為十所
謂轉輪王坐興十善故四天王坐欲於一切
世界諸佛正法得自在故帝釋坐於一切衆
生衆第一故梵天坐自心他心得自在故師
師子坐分別演說甚深義故正法坐欲明陁
羅尼諸力辯故堅固三昧坐究竟大誓故大
慈坐令惡心衆生悉歡喜故大悲坐能忍一
切諸苦惱故金剛坐調伏衆魔諸外道故佛
子是為菩薩摩訶薩十種坐若菩薩摩訶薩
安住此坐則得一切諸佛无上尊坐佛子菩
薩摩訶薩有十種卧何等為十所謂寂靜坐
卧身心淡泊故禪定卧正念思惟觀諸法故
諸三昧卧身心柔濡故梵天卧不惱自他故
思惟業卧後心无悔故順正法卧不可傾動故
正道卧善知識覺悟故妙願卧善知迴向故一
切事畢卧所作究竟故捨方便卧究竟本事
故佛子是為菩薩摩訶薩十種卧若菩薩摩
訶薩安住此法則得一切諸佛无上道卧悉
能覺悟一切衆生佛子菩薩摩訶薩有十種
住何等為十所謂大慈住等心觀察一切衆
生故大悲住不輕未學衆生故大喜住滅憂
惱故大捨住有為无為住悉平等故一切波
羅蜜住菩提心為首故一切種空住善解諸

BD05406號　大方廣佛華嚴經（晉譯六十卷本　聖本）卷四二　（15–12）

住何等為十所謂大慈住等心觀察一切衆
生故大悲住不輕未學衆生故大喜住滅憂
惱故大捨住有為无為住悲平等故一切波
羅蜜住菩提心為首故一切種空住善解諸
法故无相住離生受證不退轉故无願住故
受生故念慧住忍法成滿故一切法平等住
得受記法故佛子是為菩薩摩訶薩十種住
若菩薩摩訶薩安住此住則得一切諸佛无
上无閡住佛子菩薩摩訶薩有十種行何等
為十所謂正念行滿足四念處故諸趣行正
覺法趣故慧行隨順諸佛故波羅蜜行滿足
一切智故四攝行教化成熟諸衆生故生死行
長養一切諸善根故一切衆生言戲行拔出
衆生故貪熾然行覺悟一切衆生諸根故巧
方便行長養般若波羅蜜故道場行覺一切
智不斷菩薩行故佛子是為菩薩摩訶薩十
種行若菩薩摩訶薩安住此行則得一切諸
佛无上大智慧行佛子菩薩摩訶薩有十種
觀察何等為十所謂觀察善業乃至微色悉
照見故觀察死此生彼不著一切衆生故觀
察一切衆生諸根決定了知无根法故觀察
妙法法果不可壞故觀察現前於一切佛法
脩佛眼故觀察智慧隨器說法故觀察无生
法忍決定得佛法故觀察不退佛地除滅一
切煩惱起出三界二乘地故觀察甘露灌頂

照見故觀察死此生彼不著一切衆生故觀
察一切衆生諸根決定了知无根法故觀察
妙法法果不可壞故觀察現前於一切佛法
脩佛眼故觀察智慧隨器說法故觀察无生
法忍決定得佛法故觀察不退佛地除滅一
切煩惱起出三界二乘地故觀察甘露灌頂
法地於一切佛法得自在不動故觀察佛三
昧於一切十方作佛事故佛子是為菩薩摩
訶薩十種觀察若菩薩摩訶薩安住此法則
得一切諸佛无上大智觀察佛子菩薩摩訶
薩有十種周遍觀察何等為十所謂周遍觀
察諸來求者慈心施與滿彼意故周遍觀察
諸犯戒者安置如來清淨戒故周遍觀察害
心衆生安置如來堪忍力故周遍觀察諸懈
怠者令彼衆生勤脩精進究竟大乘故周遍
觀察亂心衆生除彼亂心安置如來一切智
地故周遍觀察愚癡衆生除彼疑惑一切有
見故周遍等觀諸善知識隨如來教住佛法
故周遍觀察隨所聞法具足成熟无上義故
周遍觀察一切衆生不捨大悲故周遍觀察
一切佛法覺一切智故佛子是為菩薩摩訶
薩十種周遍觀察若菩薩摩訶薩安住此法
則得一切諸佛无上大智周遍觀察佛子菩
薩摩訶薩有十種奮迅何等為十所謂色奮
迅於天龍夜叉乾闥婆阿脩羅伽樓羅緊那

心衆生安置如來堪忍力故周遍觀察諸懈
怠者令彼衆生懃脩精進究竟大乘故周遍
觀察亂心衆生除彼亂心安置如來一切智
地故周遍觀察愚癡衆生除彼疑惑一切有
見故周遍等觀諸善知識隨如來教住佛法
故周遍觀察隨所聞法具足成就无上義故
周遍觀察一切衆生不捨大悲故周遍觀察
一切佛法覺一切智故佛子是爲菩薩摩訶
薩十種周遍觀察若菩薩摩訶薩安住此法
則得一切諸佛无上大智周遍觀察佛子菩
薩摩訶薩有十種奮迅何等爲十所謂色奮
迅於天龍夜叉乾闥婆阿脩羅伽樓羅緊那
羅摩睺羅伽等一切衆中現最勝故象奮迅
寶心故龍奮迅興大法雲普霔一切
无衆寶義雷降諸根力覺意禪
故大金翅鳥王奮迅
愛水於大苦海搏
執

BD05406 號　大方廣佛華嚴經（晉譯六十卷本　聖本）卷四二　（15–15）

一切寂靜法中而得安住此依一切功德善
根而得生起
善男子譬如寶須弥山王饒益一切此菩提
心利衆生故是名第一布施波羅蜜因善男
子譬如大地持衆物故是名第二持戒波羅
蜜因譬如師子有大威力獨步无畏離驚怖
故是名第三忍辱波羅蜜因譬如風輪那羅
延力勇壯速疾心不退故是名第四勤策波
羅蜜因譬如七寶樓觀有四階道清涼之風
來吹四門受安隱樂靜慮法藏求滿足故是
名第五靜慮波羅蜜因譬如日輪光耀熾盛
此心速能破滅生死无明闇故是名第六智
慧波羅蜜因譬如商主能令一切心願滿足
此心能度生死險道獲功德寶故是名第七
方便勝智波羅蜜因譬如淨月圓滿无翳
此心能於一切境界清淨具足故是名第八願
波羅蜜因譬如轉輪聖王主兵寶臣隨意自
在此心善能莊嚴淨佛國土无量功德廣利
羣生故是名第九力波羅蜜因譬如虛空及
轉輪聖王此心能於一切境界无有障礙於
一切處皆得自在至灌頂位故是名第十智

BD05407 號　金光明最勝王經卷四　（18–1）

方便勝智波羅蜜因譬如淨月圓滿无翳
此心能於一切境界清淨具足故是名第八願
波羅蜜因譬如轉輪聖王主兵寶臣隨意自
在此心善能莊嚴淨佛國土无量功德廣利
群生故是名第九力波羅蜜因譬如虛空及
轉輪聖王此心能於一切境界无有障礙於
一切處皆得自在至灌頂位故是名第十智
波羅蜜因善男子是名菩薩摩訶薩十種菩
提心因如是十因汝當脩學
善男子依五種法菩薩摩訶薩成就布施
波羅蜜云何為五一者信根二者慈悲三者无
求欲心四者攝受一切眾生五者願求一切智
智善男子是名菩薩摩訶薩成就布施波
羅蜜善男子復依五法菩薩摩訶薩成就
持戒波羅蜜云何為五一者三業清淨二者
不為一切眾生作煩惱因緣三者閉諸惡道開
善趣門四者過於聲聞獨覺之地五者一切
功德皆悉滿足善男子是名菩薩摩訶薩
成就持戒波羅蜜善男子復依五法菩薩摩
訶薩成就忍辱波羅蜜云何為五一者能伏
貪瞋煩惱二者不惜身命不求安樂止息之
想三者思惟往業遭苦能忍四者發慈悲心
成就眾生諸善根故五者為得甚深无生法
忍善男子是名菩薩摩訶薩成就忍辱波
羅蜜善男子復依五法菩薩摩訶薩成就勤
策波羅蜜云何為五一者與諸煩惱不樂共

BD05407 號　金光明最勝王經卷四　（18–2）

想三者思惟往業遭苦能忍四者發慈悲心
成就眾生諸善根故五者為得甚深无生法
忍善男子是名菩薩摩訶薩成就忍辱波
羅蜜善男子復依五法菩薩摩訶薩成就勤
策波羅蜜云何為五一者與諸煩惱不樂共
住二者福德未具不受安樂三者於諸難行
苦行之事不生厭心四者以大慈悲攝受利益
方便成熟一切眾生五者願求不退轉地善
男子是名菩薩摩訶薩成就勤策波羅蜜善
男子復依五法菩薩摩訶薩成就靜慮波羅
蜜云何為五一者於諸善法攝令不散故二者
常願解脫不著二邊故三者願得神通成就
眾生諸善根故四者為淨法界蠲除心垢故
五者為斷眾生煩惱根本故善男子是名菩
薩摩訶薩成就靜慮波羅蜜善男子復依
五法菩薩摩訶薩成就智慧波羅蜜云何
為五一者常於一切諸佛菩薩及明智者供養
親近不生厭背二者諸佛如來說甚深法心
常樂聞无有厭足三者真俗勝智樂善分
別四者見脩煩惱咸速斷除五者世間伎術五
明之法皆悉通達善男子是名菩薩摩訶薩
成就智慧波羅蜜善男子復依五法菩薩摩
訶薩成就方便波羅蜜云何為五一者於一切
眾生意樂煩惱心行差別悉皆通達二者无
量諸法對治之門心皆曉了三者大慈悲定

BD05407 號　金光明最勝王經卷四　（18–3）

明之法皆悉通達善男子是名菩薩摩訶薩
成就智慧波羅蜜善男子復依五法菩薩摩
訶薩成就方便波羅蜜云何為五一者於一切
衆生意樂煩惱心行差別悉皆通達二者无
量諸法對治之門心皆曉了三者大慈悲定
出入自在四者於諸波羅蜜多皆願脩行成
熟滿足五者一切佛法皆願了達攝受无遺
善男子是名菩薩摩訶薩成就方便勝智
波羅蜜善男子復依五法菩薩摩訶薩成就
願波羅蜜云何為五一者於一切法從本以來
不生不滅非有非无心得安住二者觀一切法
㝡妙理趣離垢清淨心得安住三者過一切
相心本真如无作无行不異不動心得安住
四者為欲利益諸衆生事於俗諦中心得安
住五者於奢摩他毗鉢舍那同時運行心得
安住善男子是名菩薩摩訶薩成就願波羅
蜜善男子復依五法菩薩摩訶薩成就力
波羅蜜云何為五一者以正智力能了一切衆
生心行善惡二者能令一切衆生入於甚深
微妙之法三者一切衆生輪迴生死隨其緣
業如實了知四者於諸衆生三種根性以正
智力能分別知五者於諸衆生如理為說令
種善根成熟度脫皆是智力故善男子是名
菩薩摩訶薩成就力波羅蜜善男子復依
五法菩薩摩訶薩成就智波羅蜜云何為
五一者能於諸法分別善惡二者於黑白法遠

BD05407號　金光明最勝王經卷四　(18–4)

種善根成熟度脫皆是智力故善男子是名
菩薩摩訶薩成就力波羅蜜善男子復依
五法菩薩摩訶薩成就智波羅蜜云何為
五一者能於諸法分別善惡二者於黑白法遠
離攝受三者能於生死涅槃不厭不喜四者
具福智行至究竟處五者受勝灌頂能得
諸佛不共法等及一切智智善男子是名菩
薩摩訶薩成就智波羅蜜善男子何者是
波羅蜜義所謂脩習勝利是波羅蜜義滿
足无量大甚深智是波羅蜜義行非行法心
不執着是波羅蜜義生死過失涅槃功德正
覺正觀是波羅蜜義愚人智人皆悉攝受是
波羅蜜義能現種種珎妙法寶是波羅蜜義
无礙解脫智慧滿足是波羅蜜義法界衆生
界正分別知是波羅蜜義施等及智能令至
不退轉是波羅蜜義无生法忍能令滿足是波
羅蜜義一切衆生功德善根能令成熟是波
羅蜜義能於菩提成佛十力四无所畏不共
法等皆悉成就是波羅蜜義生死涅槃了无
二相是波羅蜜義濟度一切是波羅蜜義一切
外道來相詰難善能解釋令其降伏是波羅
蜜義能轉十二妙行法輪是波羅蜜義无所
著无所見无患累是波羅蜜多義
善男子初地菩薩是相先現三千大千世界
无量无邊種種寶藏无不盈滿菩薩悉見

BD05407號　金光明最勝王經卷四　(18–5)

外道来相詰難善能解釋令其降伏是波羅
蜜義能轉十二妙行法輪是波羅蜜義无所
著无所見无患累是波羅蜜多義
善男子初地菩薩是相先現三千大千世界
无量无邊種種寶藏无不盈滿菩薩悉見
善男子二地菩薩是相先現三千大千世界地
平如掌无量无邊種種妙色清淨珎寶莊嚴
之具菩薩悉見善男子三地菩薩是相先現
自身勇健甲仗莊嚴一切怨賊皆能摧伏菩
薩悉見善男子四地菩薩是相先現四方風
輪種種妙花悉皆散灑充布地上菩薩悉見
善男子五地菩薩是相先現有妙寶女衆寶
瓔珞周遍嚴身首冠名花以為其飾菩薩悉
見善男子六地菩薩是相先現七寶花池有
四階道金砂遍布清淨无穢八功德水皆悉盈
滿嗢鉢羅花拘物頭花分陁利花隨處莊嚴
於花池所遊戲快樂清涼无比菩薩悉見善
男子七地菩薩是相先現於菩薩前有諸衆
生應墮地獄以菩薩力便得不墮无有損傷
亦无恐怖菩薩悉見善男子八地菩薩是相
先現於身兩邊有師子王以為衛護一切衆
獸悉皆怖畏菩薩悉見善男子九地菩薩是
相先現轉輪聖王无量億衆圍繞供養頂上
白蓋无量衆寶之所莊嚴菩薩悉見善男子
十地菩薩是相先現如来之身金色晃耀无
量淨光悉皆圓滿有无量億梵王圍繞恭敬

BD05407 號　金光明最勝王經卷四　（18–6）

相先現轉輪聖王无量億衆圍繞供養頂上
白蓋无量衆寶之所莊嚴菩薩悉見善男子
十地菩薩是相先現如来之身金色晃耀无
量淨光悉皆圓滿有无量億梵王圍繞恭敬
供養轉於无上微妙法輪菩薩悉見
善男子云何初地名為歡喜謂初證得出世
之心昔所未得而今始得於大事用如其所
願悉皆成就生極喜樂是故宗初名為歡喜
諸微細垢犯戒過失皆得清淨是故二地名為
无垢无量智慧三昧光明不可傾動无能摧
伏聞持陁羅尼以為根本是故三地名為明
地以智慧火燒諸煩惱增長光明修行覺品
是故四地名為㷔地修行方便勝智自在極
難得故見修煩惱難伏能伏是故五地名為
難勝行法相續了了顯現无相思惟皆悉現
前是故六地名為現前无漏无間无相思惟
解脫三昧遠修行故是地清淨无有障礙是
故七地名為遠行无相思惟修得自在諸煩
惱行不能令動是故八地名為不動說一切
法種種差別皆得自在无患无累增長智
慧自在无礙是故九地名為善慧法身如虛
空智慧如大雲皆能遍滿覆一切故是故第
十名為法雲
善男子執着有相我法无明怖畏生死惡趣
无明此二无明障於初地微細學處誤犯无

BD05407 號　金光明最勝王經卷四　（18–7）

法種種差別皆得自在无患无果增長智
慧自在无礙是故九地名為善慧法身如虛
空智慧如大雲皆能遍滿覆一切故是故第
十名為法雲
善男子執着有相我法无明怖畏生死惡趣
无明此二无明障於初地微細學處誤犯无
明發趣種種業行无明此二无明障於二地未
得令得愛着无明能障殊勝摠持无明此二
无明障於三地味着等至喜悅无明微妙淨
法愛樂无明此二无明障於四地欲背生死无
明希趣涅槃无明此二无明障於五地觀行
流轉无明麁相現前无明此二无明障於六
地微細諸相現行无明作意欣樂无相无
明此二无明障於七地於无相觀功用无明
執相自在无明此二无明障於八地於所說義
及名句文此二无量未善巧无明於詞辯才不
隨意无明此二无明障於九地於大神通未
得自在變現无明微細秘密未能悟解事
業无明此二无明障於十地於一切境微細
所知障礙无明極細煩惱麁重无明此二无
明障於佛地
善男子菩薩摩訶薩於初地中行施波羅
蜜於第二地行戒波羅蜜於第三地行忍波
羅蜜於第四地行勤波羅蜜於第五地行定
波羅蜜於第六地行慧波羅蜜於第七地行
方便勝智波羅蜜於第八地行願波羅蜜於

善男子菩薩摩訶薩於初地中行施波羅
蜜於第二地行戒波羅蜜於第三地行忍波
羅蜜於第四地行勤波羅蜜於第五地行定
波羅蜜於第六地行慧波羅蜜於第七地行
方便勝智波羅蜜於第八地行願波羅蜜於
第九地行力波羅蜜於第十地行智波羅蜜
善男子菩薩摩訶薩最初發心攝受能生妙
寶三摩地第二發心攝受能生可愛樂三摩
地第三發心攝受能生難動三摩地第四發
心攝受能生不退轉三摩地第五發心攝受能
生寶花三摩地第六發心攝受能生日圓光
燄三摩地第七發心攝受能生一切願如意成
就三摩地第八發心攝受能生現前證住三摩
地第九發心攝受能生智藏三摩地第十發
心攝受能生勇進三摩地善男子是名菩薩
摩訶薩十種發心善男子菩薩摩訶薩於
此初地得陁羅尼名依功德力尒時世尊即
說呪曰
怛　姪　他　晡嗶你曷奴喇剃
獨虎獨虎獨虎　耶䟦蘇利瑜
阿婆婆薩底（丁里反下皆同）　耶䟦旃達囉
調　怛　底　多䟦達喏叉漫
憚荼鉢唎訶嚧　炬嚕莎訶
善男子此陁羅尼是過一恒河沙數諸佛所
說為護初地菩薩故若有誦持此陁羅尼

訶　怛　底　多跋達喏又澤
憚荼鉢唎訶嚧　矩嚕莎訶
善男子此陀羅尼是過一恒河沙數諸佛所
說為護初地菩薩故若有誦持此陀羅尼
呪者得脫一切怖畏所謂虎狼師子惡獸之
類一切惡鬼人非人等怨賊災橫及諸苦惱解
脫五障不忘念初地
善男子菩薩摩訶薩於第二地得陀羅尼
名善安樂住
怛　姪　他　嗢　篅入聲下同　里
質里質里　嗢篅羅篅羅引喃
繕覩繕覩嗢篅里　虎嚕虎嚕莎訶
善男子此陀羅尼是過二恒河沙數諸佛所
說為護二地菩薩故若有誦持此陀羅尼呪
者脫諸怖畏惡獸惡鬼人非人等怨賊災橫
及諸苦惱解脫五障不忘念二地
善男子菩薩摩訶薩於第三地得陀羅尼
名難勝力
怛　姪　他　憚宅枳　般宅枳
羯喇擻高喇擻　雞由哩憚擻里莎訶
善男子此陀羅尼是過三恒河沙數諸佛所
說為護三地菩薩故若有誦持此陀羅尼呪
者脫諸怖畏惡獸惡鬼人非人等怨賊災橫
及諸苦惱解脫五障不忘念三地
善男子菩薩摩訶薩於第四地得陀羅尼
名大利益

BD05407號　金光明最勝王經卷四　（18–10）

善男子此陀羅尼是過三恒河沙數諸佛所
說為護三地菩薩故若有誦持此陀羅尼呪
者脫諸怖畏惡獸惡鬼人非人等怨賊災橫
及諸苦惱解脫五障不忘念三地
善男子菩薩摩訶薩於第四地得陀羅尼
名大利益
怛　姪　他　室唎室唎
陀彌你陀彌你　陀哩陀哩你
室唎室唎你　毗舍羅波世波始娜
畔陀彌帝莎訶
善男子此陀羅尼是過四恒河沙數諸佛所
說為護四地菩薩故若有誦持此陀羅尼呪
者脫諸怖畏惡獸惡鬼人非人等怨賊災橫
及諸苦惱解脫五障不忘念四地
善男子菩薩摩訶薩於第五地得陀羅尼
名種種功德莊嚴
怛　姪　他　訶哩訶引哩你
遮哩遮引哩你　羯喇摩引你
僧羯喇摩引你　三婆山你瞻跋你
悉耽婆你謨漢你　碎闍步陛莎訶
善男子此陀羅尼是過五恒河沙數諸佛所
說為護五地菩薩摩訶薩故若有誦持此陀
羅尼呪者脫諸怖畏惡獸惡鬼人非人等怨
賊災橫及諸苦惱解脫五障不忘念五地
善男子菩薩摩訶薩於第六地得陀羅尼名
圓滿智

BD05407號　金光明最勝王經卷四　（18–11）

羅尼呪者脫諸怖畏惡獸惡鬼人非人等怨
賊灾橫及諸苦惱解脫五障不忘念五地
善男子菩薩摩訶薩於第六地得陁羅尼名
圓滿智
怛 姪 他 呲徒哩 呲徒哩
摩哩你迦里迦里 呲度漢 底
嚕 嚕 嚕 嚕 主 嚕 主 嚕
杜嚕婆杜嚕婆 捨捨設者婆哩灑
莎入悉底薩婆薩埵喃 悉甸 覩 湯
曼怛囉鉢陁你莎訶
善男子此陁羅尼是過六恒河沙數諸佛所
說為護六地菩薩摩訶薩故若有誦持此陁
羅尼呪者脫諸怖畏惡獸惡鬼人非人等怨
賊灾橫及諸苦惱解脫五障不忘念六地
善男子菩薩摩訶薩於第七地得陁羅尼名
法勝行
怛 姪 他 勺訶上勺訶引 嚕
勺訶勺訶勺訶嚕 鞞陸枳鞞陸枳
阿蜜栗多𤘽嘆你 勃 里 山 你
鞞嚕勑枳婆嚕伐底 鞞 提 呬 枳
頻 陁 鞞 哩 你 阿 蜜 哩 底 枳
薄 虎 主 愈 薄 虎 主 愈 莎 訶
善男子此陁羅尼是過七恒河沙數諸佛所
說為護七地菩薩故若有誦持此陁羅尼
呪者脫諸怖畏惡獸惡鬼人非人等怨賊灾橫
及諸苦惱解脫五障不忘念七地

薄 虎 主 愈 薄 虎 主 愈 莎 訶
善男子此陁羅尼是過七恒河沙數諸佛所
說為護七地菩薩故若有誦持此陁羅尼
呪者脫諸怖畏惡獸惡鬼人非人等怨賊灾橫
及諸苦惱解脫五障不忘念七地
善男子菩薩摩訶薩於第八地得陁羅尼
名无盡藏
怛 姪 他 室 唎 室 唎 室 唎 你
蜜 底 蜜 底 羯 哩 羯 哩 醯 嚕 醯 嚕
主 嚕 主 嚕 畔 陁 須 莎 訶
善男子此陁羅尼過八恒河沙數諸佛所說
為護八地菩薩故若有誦持此陁羅尼呪者
脫諸怖畏惡獸惡鬼人非人等怨賊灾橫友
諸苦惱解脫五障不忘念八地
善男子菩薩摩訶薩於第九地得陁羅尼
名无量門
怛 姪 他 訶 哩 旃 荼 哩 枳
俱藍婆喇體天里反 都 刺 死
㧞吒㧞吒死室唎室唎 迦室哩迦 必 室 唎
莎蘇活反 悉 底 薩婆薩埵喃莎訶
善男子此陁羅尼是過九恒河沙數諸佛
所說為護九地菩薩故若有誦持此陁羅尼
呪者脫諸怖畏惡獸惡鬼人非人等怨賊灾
橫及諸苦惱解脫五障不忘念九地
善男子菩薩摩訶薩於第十地得陁羅尼

善男子此陁羅尼是過九恒河沙數諸佛
所說為護九地菩薩故若有誦持此陁羅尼
呪者脫諸怖畏惡獸惡鬼人非人等怨賊災
横及諸苦惱解脫五障不忘念九地
善男子菩薩摩訶薩於第十地得陁羅尼
名破金剛山
怛　姪　他　悉提去　蘇悉提去
謨折你　木察你　毗木底　菴末黎
毗末黶　涅末黶　忙　揭　黶
呬闌若揭鞞　曷喇怛娜揭鞞
三曼多跋姪黶　薩婆頞他娑憚你
摩捺斯莫訶摩捺斯　頞　步　底
頞　喹　步　底　阿喇揩　毗喇揩
頞主底菴蜜栗底　阿喇揩　毗喇揩
跋　嚂　謎　跋囉䵯大含麼莎入黶
晡喇你晡喇娜　曷奴喇剃莎訶
善男子此陁羅尼灌頂吉祥句是過十恒河
沙數諸佛所說為護十地菩薩故若有誦持
此陁羅尼呪者脫諸怖畏惡獸惡鬼人非人
等怨賊灾横一切毒害皆悉除滅解脫五障
不忘念十地
尒時師子相无礙光焰菩薩聞佛說此不可
思議陁羅尼已即從座起偏袒右肩右膝
著地合掌恭敬頂礼佛足以頌讃佛
敬礼无譬喻　甚深无相法　眾生失正知　唯佛能濟度

BD05407號　金光明最勝王經卷四　(18–14)

不忘念十地
尒時師子相无礙光焰菩薩聞佛說此不可
思議陁羅尼已即從座起偏袒右肩右膝
著地合掌恭敬頂礼佛足以頌讃佛
敬礼无譬喻　甚深无相法　眾生失正知　唯佛能濟度
如來明慧眼　不見一法相　復以正法眼　普照不思議
不生於一法　亦不滅一法　由斯平等見　得至无上處
不壞於生死　亦不住涅槃　不著於二邊　是故證圓寂
於淨不淨品　世尊知一味　由不分別故　獲得最清淨
世尊无邊身　不說於一字　令諸弟子眾　法雨皆充滿
佛觀眾生相　一切種皆无　然於苦惱者　常興於救護
苦樂常无常　有我无我等　不一亦不異　不生亦不滅
如是眾多義　隨說有差別　譬如空谷響　唯佛能了知
法界无分別　是故无異乘　為度眾生故　分別說有三
尒時大自在梵天王亦從座起偏袒右肩右膝
著地合掌恭敬頂礼佛足而白佛言世尊此
金光明最勝王經希有難量初中後善文義
究竟皆能成就一切佛法若受持者是人則
為報諸佛恩佛言善男子如是如是如汝所
說善男子若得聽聞是經典者皆不退於阿
耨多羅三藐三菩提何以故善男子是能成
熟不退地菩薩殊勝善根是第一法印是眾
經王故應聽聞受持讀誦何以故善男子若
一眾生未種善根未成熟善根未親近諸
佛者不能聽聞是微妙法若善男子善女人
能聽受者一切罪障皆悉除滅得最清淨
常得見佛不離諸佛及善知識勝行之人恒

BD05407號　金光明最勝王經卷四　(18–15)

熟不退地菩薩殊勝善根是第一法印是衆
經王故應聽聞受持讀誦何以故善男子若
一衆生未種善根未成熟善根未親近諸
佛者不能聽聞是微妙法若善男子善女人
能聽受者一切罪障皆悉除滅得最清淨
常得見佛不離諸佛及善知識勝行之人恒
聞妙法住不退地獲得如是勝陁羅尼門所
謂无盡无減海印出妙功德陁羅尼无盡无
減通達衆生意行言語陁羅尼无盡无減日
圓无垢相光陁羅尼无盡无減滿月相光陁羅
尼无盡无減能伏諸惑演功德流陁羅尼无
盡无減破金剛山陁羅尼无盡无減說不可
說義因緣藏陁羅尼无盡无減通達實諦
法則音聲陁羅尼无盡无減虛空无垢心行
印陁羅尼无盡无減无邊佛身皆能顯現
陁羅尼无盡无減
善男子如是等无盡无減諸陁羅尼門得成
就故是菩薩摩訶薩能於十方一切佛土化
作佛身演說无上種種正法於法真如不動
不住不來不去善能成熟一切衆生善根亦
不見一衆生可成熟者雖說種種諸法於言
詞中不動不住不去不來能於生滅證无生滅
以何因緣說諸行法无有去來由一切法體
无異故說是法時三万億菩薩摩訶薩得
无生法忍无量諸菩薩不退菩提心无量无邊
苾芻苾芻尼得法眼淨无量衆生發菩提心
尒時世尊而說頌曰
勝法能逆生死流　甚深微妙難得見

BD05407 號　金光明最勝王經卷四　（18–16）

以何因緣說諸行法无有去來由一切法體
无異故說是法時三万億菩薩摩訶薩得
无生法忍无量諸菩薩不退菩提心无量无邊
苾芻苾芻尼得法眼淨无量衆生發菩提心
尒時世尊而說頌曰
勝法能逆生死流　甚深微妙難得見
有情盲冥貪欲覆　由不見故受衆苦
尒時大衆俱從座起頂礼佛足而白佛言世
尊若所在處講宣讀誦此金光明最勝王
經我等大衆皆悉往彼為作聽衆是說法
師令得利益安樂无障身意泰然我等皆當
盡心供養亦令聽衆安隱快樂所住國土无
諸怨賊恐怖厄難飢饉之苦人民熾盛此說法
處道場之地一切諸天人非人等一切衆生不
應履踐及以汙穢何以故說法之處即是
制底當以香花繒綵幡蓋而為供養我等
常為守護令離衰損佛告大衆善男子汝
等應當精勤脩習此妙經典是則正法久住
於世

金光明經卷第四

枳　姜里　從木

BD05407 號　金光明最勝王經卷四　（18–17）

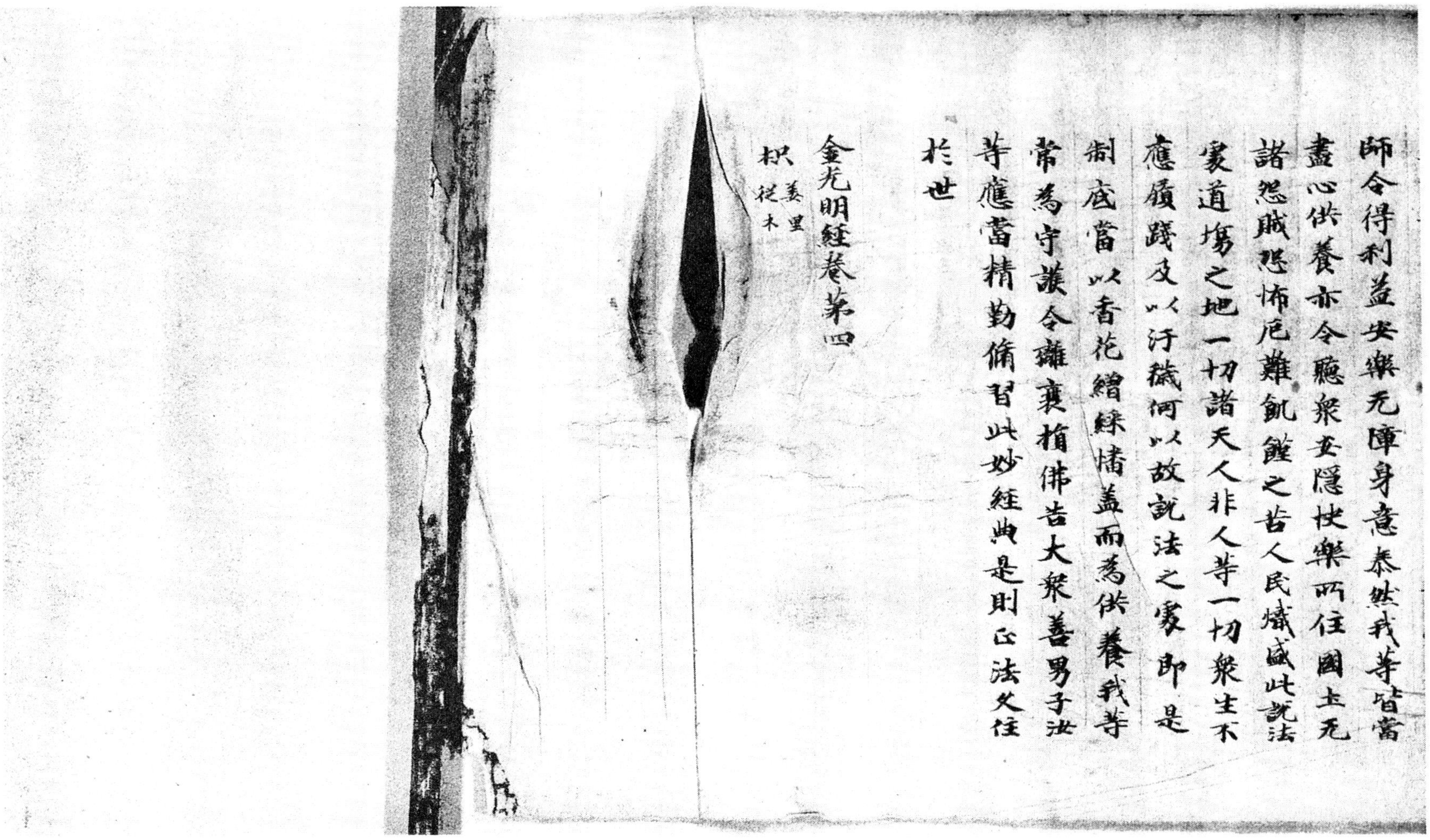
師令得利益安樂无障身意泰然我等皆當
盡心供養亦令聽衆安隱快樂所住國土无
諸怨賊恐怖厄難飢饉之苦人民熾盛此說法
處道場之地一切諸天人非人等一切衆生不
應履踐及以汙穢何以故說法之處即是
制底當以香花繒綵幡蓋而為供養我等
常為守護令離衰損佛告大衆善男子汝
等應當精勤脩習此妙經典是則正法久住
於世

金光明經卷第四

枳 姜里 從木

BD05407 號　金光明最勝王經卷四　（18–18）

BD05407 號背　雜寫　（1–1）

……觀佛神力歎未
目不蹔捨長
偈頌曰
心淨已度諸
久積淨業稱无量　導衆以寂
既見大聖以神變　普現十方无
其中諸佛演說法　於是一切悉見聞
法王法力超群生　常以法財施一切
能善分別諸法相　於第一義而不動
已於諸法得自在　是故稽首此法王
說法不有亦不无　以因緣故諸法生
无我无造无受者　善惡之業亦不亡
始在佛樹力降魔　得甘露滅覺道成
已无心意无受行　而悉摧伏諸外道
三轉法輪於大千　其輪本來常清淨
天人得道此為證　三寶於是現世間
以斯妙法濟群生　一受不退常寂然
度老病死大醫王　當禮法海德无邊
毀譽不動如須弥　於善不善等以慈

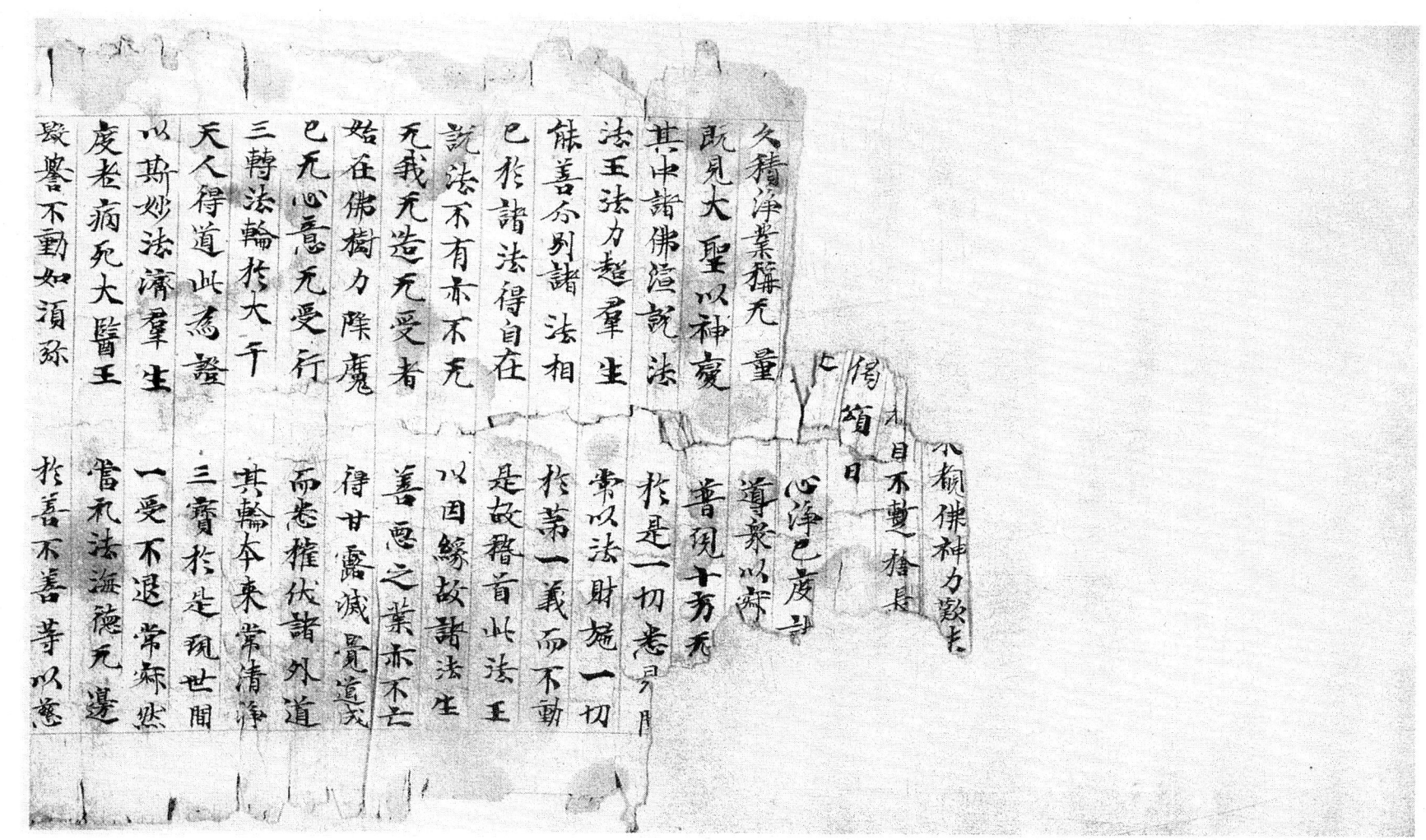

BD05408號　維摩詰所說經卷上　（26–1）

始在佛樹力降魔　得甘露滅覺道成
已无心意无受行　而悉摧伏諸外道
三轉法輪於大千　其輪本來常清淨
天人得道此為證　三寶於是現世間
以斯妙法濟群生　一受不退常寂然
度老病死大醫王　當禮法海德无邊
毀譽不動如須弥　於善不善等以慈
心行平等如虛空　孰聞人寶不敬承
今奉世尊此微蓋　於中現我三千界
諸天龍神所居宮　乾闥婆等及夜叉
悉見世間諸所有　十力哀現是化變
衆覩希有皆歎佛　今我稽首三界尊
大聖法王衆所歸　淨心觀佛靡不欣
各見世尊在其前　斯則神力不共法
佛以一音演說法　衆生隨類各得解
皆謂世尊同其語　斯則神力不共法
佛以一音演說法　衆生各各隨所解
普得受行獲其利　斯則神力不共法
佛以一音演說法　或有恐畏或歡喜
或生厭離或斷疑　斯則神力不共法
稽首十力大精進　稽首以得无所畏
稽首住於不共法　稽首一切大導師
稽首能斷衆結縛　稽首以到於彼岸
稽首能度諸世間　稽首永離生死道
悉知衆生來去相　善於諸法得解脫
不著世間如蓮華　常善入於空寂行
達諸法相无罣閡　稽首如空无所依

BD05408號　維摩詰所說經卷上　（26–2）

稽首能斷衆結縛　稽首以到於彼岸
稽首能度諸世間　稽首永離生死道
悉知衆生來去相　善於諸法得解脫
不著世間如蓮華　常善入於空寂行
達諸法相无罣閡　稽首如空无所依
尒時長者子寶積說此偈已白佛言世尊
是五百長者子皆已發阿耨多羅三藐三菩提
心願聞得佛國土清淨唯願世尊說諸菩薩
淨土之行佛言善哉寶積乃能為諸菩薩問
於如來淨土之行諦聽諦聽善思念之當為
汝說於是寶積及五百長者子受教而聽佛
言寶積衆生之類是菩薩佛土所以者何菩
薩隨所化衆生而取佛土隨所調伏衆生而
取佛土隨諸衆生應以何國入佛智慧而取
佛土隨諸衆生應以何國起菩薩根而取佛
土所以者何菩薩取於淨國皆為饒益諸衆
生故譬如有人欲於空地造立宮室隨意无
閡若於虛空終不能成菩薩如是為成就衆
生故願取佛國願取佛國者非於空也寶積
當知真心是菩薩淨土菩薩成佛時不諂衆
生來生其國深心是菩薩淨土菩薩成佛時
具足功德衆生來生其國大乘心是菩薩淨
土菩薩成佛時大乘衆生來生其國布施
是菩薩淨土菩薩成佛時一切能捨衆生來
生其國持戒是菩薩淨土菩薩成佛時行十
善道滿願衆生來生其國忍辱是菩薩淨土
菩薩成佛時三十二相莊嚴衆生來生其國精

BD05408號　維摩詰所說經卷上　（26–3）

是菩薩淨土菩薩成佛時一切能捨衆生來
生其國持戒是菩薩淨土菩薩成佛時行十
善道滿願衆生來生其國忍辱是菩薩淨土
菩薩成佛時三十二相莊嚴衆生來生其國精
進是菩薩淨土菩薩成佛時勤脩一切功德
衆生來生其國禪定是菩薩淨土菩薩成佛
時攝心不亂衆生來生其國智慧是菩薩淨
土菩薩成佛時正定衆生來生其國四无量
心是菩薩淨土菩薩成佛時成就慈悲喜捨
衆生來生其國四攝法是菩薩淨土菩薩成
佛時解脫所攝衆生來生其國方便是菩薩
淨土菩薩成佛時於一切法方法无閡衆生
來生其國三十七道品是菩薩淨土菩薩成
佛時念處正勤神足根力覺道衆生來生其
國迴向心是菩薩淨土菩薩成佛時得一切
具足功德國土說除八難是菩薩淨土菩薩
成佛時國土无有三惡八難自守戒行不譏
彼闕是菩薩淨土菩薩成佛時國土无有犯
禁之名十善是菩薩淨土菩薩成佛時命不
中夭大富梵行所言誠諦常以濡語眷屬不
離善和諍訟言必饒益不疾不恚正見衆生
來生其國如是寶積菩薩隨其直心則能發
行隨其發行則得深心隨其深心則意調伏
隨意調伏則如說行隨如說行則能迴向隨其
迴向則有方便隨其方便則成就衆生隨
成就衆生則佛土淨隨佛土淨則說法淨隨

BD05408號　維摩詰所說經卷上　（26–4）

衆生其國如是寶積菩薩隨其直心則能發
行隨其發行則得深心隨其深心則意調伏
隨意調伏則如說行隨如說行則能迴向隨其
迴向則有方便隨其方便則成就衆生隨
成就衆生則佛土淨隨佛土淨則說法淨隨
說法淨則智慧淨隨智慧淨則其心淨隨其
心淨則一切功德淨是故寶積若菩薩欲得
淨土當淨其心隨其心淨則佛土淨
尒時舍利弗承佛威神作是念若菩薩心淨
則佛土淨者我世尊本為菩薩時意豈不
淨而是佛土不淨若此佛知其念即告之言於
意云何日月豈不淨耶而盲者不見對曰不
也世尊是盲者過非日月咎舍利弗衆生
罪故不見如來佛國嚴淨非如來咎舍利弗
我此土淨而汝不見尒時螺髻梵王語舍利弗
勿作是意謂此佛土以為不淨所以者何我
見釋迦牟尼佛土清淨譬如自在天宮舍利
弗言我見此土丘陵坑坎荊蕀沙礫土石諸
山穢惡充滿螺髻梵言仁者心有高下不依
佛慧故見此土為不淨耳舍利弗菩薩於一
切衆生悉皆平等深心清淨依佛智慧則能
見此佛土清淨於是佛以足指案地即時三千
大千世界若干百千珎寶嚴飾譬如寶莊
嚴佛无量功德寶莊嚴土一切大衆歎未曾
有而皆自見坐寶蓮華佛告舍利弗汝且觀
是佛土嚴淨舍利弗言唯然世尊本所不見
本所不聞今佛國土嚴淨悉現佛語舍利弗
我佛國土常淨若此為欲度斯下劣人故示

嚴佛无量功德寶莊嚴土一切大衆歎未曾
有而皆自見坐寶蓮華佛告舍利弗汝且觀
是佛土嚴淨舍利弗言唯然世尊本所不見
本所不聞今佛國土嚴淨悉現佛語舍利弗
我佛國土常淨若此為欲度斯下劣人故示
是衆惡不淨土耳譬如諸天共寶器食隨其
福德飯色有異如是舍利弗若人心淨便見
此土功德莊嚴當佛現此國土嚴淨之時寶
積所將五百長者子皆得无生法忍八萬四
千人皆發阿耨多羅三藐三菩提心佛攝神
足於是世界還復如故求聲聞乘三万二千
天及人知有為法皆悉无常遠塵離垢得法
眼淨八千比丘不受諸法漏盡意解

方便品第二

尒時毗耶離大城中有長者名維摩詰已曾
供養无量諸佛深殖善本得无生忍辯才
无閡遊戲神通逮諸總持獲无所畏降魔勞
怨入深法門善於智度通達方便大願成就明
了衆生心之所趣又能分別諸根利鈍久於佛
道心已純淑決定大乘諸有所作能善思
量住佛威儀心大如海諸佛咨嗟弟子釋梵
世主所敬欲度人故以善方便居毗耶離資
財无量攝諸貧民奉戒清淨攝諸毀禁以
忍調行攝諸恚怒以大精進攝諸懈怠一心禪
寂攝諸亂意以決定慧攝諸无智雖為白衣
奉持沙門清淨律行雖處居家不著三界
示有妻子常脩梵行現有眷屬常樂遠離

世主而爲欲度人故以善方便居四耶離資
財无量攝諸貧民奉戒清淨攝諸毀禁以
忍調行攝諸恚怒以大精進攝諸懈怠一心禪
寂攝諸亂意以決定慧攝諸无智雖爲白衣
奉持沙門清淨律行雖處居家不着三界
示有妻子常脩梵行現有眷屬常樂遠離
雖服寶飾而以相好嚴身雖復飲食而以禪悅
爲味若至博弈戲處輒以度人受諸異道不毀
正信雖明世典常樂佛法一切見敬爲供養
中最執持正法攝諸長幼一切治生諧偶雖
獲俗利不以喜悅遊諸四衢饒益衆生入治
正法救護一切入講論處導以大乘入學諸堂
誘開童蒙入諸婬舍示欲之過入諸酒肆能
立其志若在長者長者中尊爲說勝法若在
居士居士中尊斷其貪着若在刹利刹利中
尊教以忍辱若在婆羅門婆羅門中尊除其
我慢若在大臣大臣中尊教以正法若在王
子王子中尊示以忠孝若在內官內官中尊
化正宮女若在庶民庶民中尊令興福力若
在梵天梵天中尊誨以勝慧若在帝釋帝
釋中尊示現无常若在護世護世中尊護諸
衆生長者維摩詰以如是等无量方便饒益
衆生其以方便現身有疾以其疾故國王大臣
長者居士婆羅門等及諸王子并餘官屬
无數千人皆往問疾其往者維摩詰因以身
疾廣爲說法諸人者是身无常无强无力无
堅速朽之法不可信也爲苦爲惱衆病所集

衆生其以方便現身有疾以其疾故國王大臣
長者居士婆羅門等及諸王子并餘官屬
无數千人皆往問疾其往者維摩詰因以身
疾廣爲說法諸人者是身无常无强无力无
堅速朽之法不可信也爲苦爲惱衆病所集
諸人者如此身明智者所不怙是身如聚沫不
可捺摩是身如泡不得久立是身如炎從渴
愛生是身如芭蕉中无有堅是身如幻從顛
倒起是身如夢爲虛妄見是身如影從業
緣現是身如響屬諸因緣是身如浮雲須臾
變滅是身如電念念不住是身无主爲如地是
身无我爲如火是身无壽爲如風是身无人
爲如水是身不實四大爲家是身爲空離我
我所是身无知如草木瓦礫是身无作風力
所轉是身不淨穢惡充滿是身爲虛僞雖假
以澡浴衣食必歸磨滅是身爲災百一病惱
是身如丘井爲老所逼是身无定爲要當死
是身如毒虵如怨賊如空聚陰界諸入所共
合城諸人者此可患猒當樂佛身所以者何
佛身者即法身也從无量功德智慧生從戒
定慧解脫解脫知見生從慈悲喜捨生從布
施持戒忍辱柔和勤行精進禪定解脫三昧
多聞智慧諸波羅蜜生從方便生從六通生
從三明生從三十七道品生從止觀生從十
力四无所畏十八不共法生從斷一切不善
法集一切善法生從真實生從不放逸生從
如是无量清淨法生如來身諸人者欲得佛

從三明生從三十七道品生從止觀生從十
力四无所畏十八不共法生從斷一切不善
法集一切善法生從真實生從不放逸生從
如是无量清淨法生如來身諸仁者欲得佛
身斷一切衆生病者當發阿耨多羅三藐三
菩提心如是長者維摩詰爲諸問病者如應
說法令无數千人皆發阿耨多羅三藐三菩
提心

弟子品苐三

尒時長者維摩詰自念寢疾于床世尊大慈
寧不垂愍佛知其意即告舍利弗汝行詣維
摩詰問疾舍利弗白佛言世尊我不堪任詣
彼問疾所以者何憶念我昔曾於林中宴坐
樹下時維摩詰來謂我言唯舍利弗不必是
坐爲宴坐也夫宴坐者不於三界現身意
是爲宴坐不起滅定而現諸威儀是爲宴坐不
捨道法而現凡夫事是爲宴坐心不住內亦
不在外是爲宴坐於諸見不動而脩行卅七
品是爲宴坐不斷煩惱而入涅槃是爲宴坐
若能如是坐者佛所印可時我世尊聞是語
已嘿然而止不能加報故我不任詣彼問疾
佛告大目揵連汝行詣維摩詰問疾目連白
佛言世尊我不堪任詣彼問疾所以者何憶
念我昔入毗耶離大城於里巷中爲諸居士
說法時維摩詰來謂我言唯大目連爲白
衣居士說法不當如仁者所說夫說法者當

已嘿然而止不能加報故我不任詣彼問疾
佛告大目揵連汝行詣維摩詰問疾目連白
佛言世尊我不堪任詣彼問疾所以者何憶
念我昔入毗耶離大城於里巷中爲諸居士
說法時維摩詰來謂我言唯大目連爲白
衣居士說法不當如仁者所說夫說法者當
法說法无衆生離衆生垢故法无有我離我
垢故法无壽命離生死故法无有人前後際
斷故法常寂然滅諸相故法離於相无所緣
故法无名字言語斷故法无有說離覺觀故
法无形相如虛空故法无戲論畢竟空故法
无我所離我所故法无分別離諸識故法无
有比无相待故法不屬因不在緣故法同法性
入諸法故法隨於如无所隨故法住實際
諸邊不動故法无動搖不依六塵故法无去
來常不住故法順空隨无相應无作法離好
醜法无增損法无生滅法无所歸法過眼耳
鼻舌身心法无高下法常住不動法離一切
觀行唯大目連法相如是豈可說乎夫說法者
无說无示其聽法者无聞无得譬如幻士爲
幻人說法當建是意而爲說法當了衆生根
有利鈍善於知見无所罣閡以大悲心讚于
大乘念報佛恩不斷三寶然後說法維摩詰
說是法時八百居士發阿耨多羅三藐三菩
提心我无此辯是故不任詣彼問疾
佛告大迦葉汝行詣維摩詰問疾迦葉白佛
言世尊我不堪任詣彼問疾所以者何憶念

有利鈍善於知見无所罣閡以大悲心讚于
大乘念報佛恩不斷三寶然後說法維摩詰
說是法時八百居士發阿耨多羅三藐三菩
提心我无此辯是故不任詣彼問疾
佛告大迦葉汝行詣維摩詰問疾迦葉白佛
言世尊我不堪任詣彼問疾所以者何憶念
我昔於貧里而行乞時維摩詰來謂我言唯
大迦葉有慈悲心而不能普捨豪富從貧乞
迦葉住平等法應次行乞食為不食故應行
乞食為壞和合相故應取揣食為不受故應
受彼食以空聚想入於聚落所見色與盲等
所聞聲與響等所嗅香與風等所食味不分
別受諸觸如智證知諸法如幻相无自性无
他性本自不然今則无滅迦葉若能不捨八
邪入八解脫以邪相入正法以一食施一切
供養諸佛及衆賢聖然後可食如是食者
非有煩惱非離煩惱非入定意非起定意非住
世間非住泥洹其有施者无大福无小福不
為益不為損是為正入佛道不依聲聞迦葉
若如是食為不空食人之施也時我世尊聞
說是語得未曾有即於一切菩薩深起敬心
復作是念斯有家名辯才智慧乃能如是其
誰不發阿耨多羅三藐三菩提心我從是來
不復勸人以聲聞辟支佛行是故不任詣彼
問疾
佛告須菩提汝行詣維摩詰問疾須菩提
白佛言世尊我不堪任詣彼問疾所以者何

BD05408號　維摩詰所說經卷上

（26–11）

復作是念斯有家名辯才智慧乃能如是其
誰不發阿耨多羅三藐三菩提心我從是來
不復勸人以聲聞辟支佛行是故不任詣彼
問疾
佛告須菩提汝行詣維摩詰問疾須菩提
白佛言世尊我不堪任詣彼問疾所以者何
憶念我昔入其舍從乞食時維摩詰取我鉢
盛滿飯謂我言唯須菩提若能於食等者諸
法亦等諸法等者於食亦等如是行乞乃可取
食若須菩提不斷婬怒癡亦不與俱不壞於
身而隨一相不滅癡愛起於明脫以五逆相
而得解脫亦不解不縛不見四諦非不見諦
非得果非凡夫非離凡夫法非聖人非不聖
人雖成就一切法而離諸法相乃可取食若
須菩提不見佛不聞法彼外道六師富蘭那
迦葉末伽梨拘賒梨子那闍夜毗羅胝子阿
耆多翅舍欽婆羅迦羅鳩䭾迦旃延尼揵陀
若提子等是汝之師因其出家彼師所墮汝
亦隨墮乃可取食若須菩提入諸邪見不到
彼岸住於八難不得无難同於煩惱離清淨
法汝得无諍三昧一切衆生亦得是定其施
汝者不名福田供養汝者墮三惡道為與衆
魔共一手作諸勞侶汝與衆魔及諸塵勞
等无有異於一切衆生而有怨心謗諸佛毀於
法不入衆數終不得滅度汝若如是乃可取
食時我世尊聞此茫然不識是何言不知以
何荅便置鉢欲出其舍維摩詰言唯須菩提

BD05408號　維摩詰所說經卷上

（26–12）

魔共一手住諸勞侶汝與衆魔及諸塵勞
等无有異於一切衆生而有怨心謗諸佛毀於
法不入衆數終不得滅度汝若如是乃可取
食時我世尊聞此茫然不識是何言不知以
何荅便置鉢欲出其舍維摩詰言唯須菩提
取鉢勿懼於意云何如來所作化人若以是
事詰寧有懼不我言不也維摩詰言一切諸
法如幻化想汝今不應有所懼也所以者何
一切言說不離是相至於智者不著文字故
无所懼何以故文字性離无有文字是則解
脫解脫相者則諸法也維摩詰說是法時二
百天子得法眼淨故我不任詣彼問疾
佛告富樓那弥多羅尼子汝行詣維摩詰問
疾富樓那白佛言世尊我不堪任詣彼問疾
所以者何憶念我昔於大林中在一樹下為
諸新學比丘說法時維摩詰來謂我言唯
富樓那先當入定觀此人心然後說法无以穢
食置於寶器當知是比丘心之所念无以琉
璃同彼水精汝不能知衆生根原无得發起
以小乘法彼自无瘡勿傷之也欲行大道莫
示小徑无以大海内於牛跡无以日光等彼
螢火富樓那此比丘久發大乘心中忘此意
如何以小乘法而教導之我觀小乘智慧微
淺猶如盲人不能分別一切衆生根之利鈍
時維摩詰即入三昧令此比丘自識宿命曾
於五百佛所殖衆德本迴向阿耨多羅三藐
三菩提即時豁然還得本心於是諸比丘稽

螢火富樓那此比丘久發大乘心中忘此意
如何以小乘法而教導之我觀小乘智慧微
淺猶如盲人不能分別一切衆生根之利鈍
時維摩詰即入三昧令此比丘自識宿命曾
於五百佛所殖衆德本迴向阿耨多羅三藐
三菩提即時豁然還得本心於是諸比丘稽
首禮維摩詰足時維摩詰因為說法於阿耨
多羅三藐三菩提不復退轉我念聲聞不觀
人根不應說法是故不任詣彼問疾
佛告摩訶迦旃延汝行詣維摩詰問疾迦旃
延白佛言世尊我不堪任詣彼問疾所以者
何憶念我昔佛為諸比丘略說法要我即於
後敷演其義謂无常義苦義空義无我義
寂滅義時維摩詰來謂我言唯迦旃延无以生
滅心行說實相法迦旃延諸法畢竟不生不
滅是无常義五受陰洞達空无所起是苦義
諸法究竟无所有是空義於我无我而不二
是无我義法本不然今則无滅是寂滅義說
是法時彼諸比丘心得解脫故我不任詣彼
問疾
佛告阿那律汝行詣維摩詰問疾阿那律白
佛言世尊我不堪任詣彼問疾所以者何憶
念我昔於一處經行時有梵王名曰嚴淨與
万梵俱放淨光明來詣我所稽首作禮問我
言幾何阿那律天眼所見我即荅言仁者吾
見此釋迦牟尼佛土三千大千世界如觀掌
中菴摩勒果時維摩詰來謂我言唯阿那

佛言世尊我不堪任詣彼問疾所以者何憶
念我昔於一處經行時有梵王名曰嚴淨與
万梵俱放淨光明來詣我所稽首作礼問我
言幾何阿那律天眼所見我即答言仁者吾
見此釋迦牟尼佛土三千大千世界如觀掌
中菴摩勒果時維摩詰來謂我言唯阿那
律天眼所見為作相耶无作相耶假使作相則
與外道五通等若无作相即是无為不應有
見世尊我時嘿然彼諸梵聞其言得未曾有
即為作礼而問曰世孰有真天眼者維摩詰言
有佛世尊得真天眼常在三昧悉見諸佛國
不以二相於是嚴淨梵王及其眷屬五百梵
天皆發阿耨多羅三藐三菩提心礼維摩詰
足已忽然不現故我不任詣彼問疾
佛告優波離汝行詣維摩詰問疾優波離白
佛言世尊我不堪任詣彼問疾所以者何憶
念昔者有二比丘犯律行以為恥不敢問佛
來問我言唯優波離我等犯律誠以為恥不
敢問佛願解疑悔得免斯咎我即為其如法
解說時維摩詰來謂我言唯優波離无重增
此二比丘罪當直除滅勿擾其心所以者何
彼罪性不在內不在外不在中間如佛所說
心垢故衆生垢心淨故衆生淨心亦不在內
不在外不在中間如其心然罪垢亦然諸法
亦然不出於如如優波離以心想得解脫時
寧有垢不我言不也維摩詰言一切衆生心
想无垢亦復如是唯優波離妄想是垢无妄

彼罪性不在內不在外不在中間如佛所說
心垢故衆生垢心淨故衆生淨心亦不在內
不在外不在中間如其心然罪垢亦然諸法
亦然不出於如如優波離以心想得解脫時
寧有垢不我言不也維摩詰言一切衆生心
相无垢亦復如是唯優波離妄想是垢无妄
想是淨顛倒是垢无顛倒是淨取我是垢不
取我是淨優波離一切法生滅不住如幻如電
諸法不相待乃至一念不住諸法皆妄見如
夢如炎如水中月如鏡中像以妄想生其
知此者是名奉律其知此者是名善解於是
二比丘言上智哉是優波離所不能及持律
之上不能說我答言自捨如來未有聲聞
及菩薩能制其樂說之辯其智慧明達為若
此也時二比丘疑悔即除發阿耨多羅三藐
三菩提心作是願言令一切衆生皆得是辯
故我不任詣彼問疾
佛告羅睺羅汝行詣維摩詰問疾羅睺羅
白佛言世尊我不堪任詣彼問疾所以者何憶
念昔時毗耶離諸長者子來詣我所稽首
作礼問我言唯羅睺羅汝佛之子捨轉輪王
位出家為道其出家者有何等利我即如法為
說出家功德之利時維摩詰來謂我言唯羅
睺羅不應說出家功德之利所以者何无利
无功德是為出家有為法者可說有利有功
德夫出家者為无為法无為法中无利无功
德羅睺羅夫出家者无彼无此亦无中間離

說出家功德之利時維摩詰來謂我言唯羅
睺羅不應說出家功德之利所以者何无利
无功德是為出家有為法者可說有利有功
德夫出家者為无為法无為法中无利无功
德羅睺羅夫出家者无彼无此亦无中間離
六十二見處於涅槃智者所受聖所行處降
伏衆魔度五道淨五眼得五力立五根不惱
於彼離衆雜惡摧諸外道超越假名出淤泥
无繫著无我所无所受无擾亂內懷喜護彼
意隨禪定離衆過若能如是是真出家於是
維摩詰語諸長者子汝等於正法中宜共出
家所以者何佛世難值諸長者子言居士我
聞佛言父母不聽不得出家維摩詰言然汝
等便發阿耨多羅三藐三菩提心是即出家
是即具足尒時三十二長者子皆發阿耨多
羅三藐三菩提心故我不任詣彼問疾
佛告阿難汝行詣維摩詰問疾阿難白佛言
世尊我不堪任詣彼問疾所以者何憶念昔
時世尊身小有疾當用牛乳我即持鉢詣大
婆羅門家門下立時維摩詰來謂我言唯阿
難何為晨朝持鉢住此我言居士世尊身小
有疾當用牛乳故來至此維摩詰言止止阿
難莫作是語如來身者金剛之體諸惡已斷
衆善普會當有何疾當有何惱嘿往阿難勿
謗如來莫使異人聞此麁言无令大威德諸
天及他方淨土諸來菩薩得聞斯語阿難轉
輪聖王以少福故尚得无疾豈況如來无量

衆善普會當有何疾當有何惱嘿往阿難勿
謗如來莫使異人聞此麁言无令大威德諸
天及他方淨土諸來菩薩得聞斯語阿難轉
輪聖王以少福故尚得无疾豈況如來无量
福會普勝者我行矣阿難勿使我等受斯恥
也外道梵志若聞此語當作是念何名為師
自疾不能救而能救諸疾人可密速去勿使
人聞當知阿難諸如來身即是法身非思欲
身佛為世尊過於三界佛身无漏諸漏已盡
佛身无為不墮諸數如此之身當有何疾時
我世尊實懷慚愧得无近佛而謬聽耶即聞
空中聲曰阿難如居士言但為佛出五濁惡世
現行斯法度脫衆生行矣阿難取乳勿慚世
尊維摩詰智慧辯才為若此也是故不任詣
彼問疾如是五百大弟子各各向佛說其本
緣稱述維摩詰所言皆曰不任詣彼問疾

菩薩品第四

於是佛告彌勒菩薩汝行詣維摩詰問疾彌
勒白佛言世尊我不堪任詣彼問疾所以者
何憶念我昔為兜率天王及其眷屬說不退
轉地之行時維摩詰來謂我言彌勒世尊授
仁者記一生當得阿耨多羅三藐三菩提為
用何生得受記乎過去耶未來耶現在耶若
過去生過去生已滅若未來生未來生未至
若現在生現在生无住如佛所說比丘汝今
即時亦生亦老亦滅若以无生得受記者无
生即是正位於正位中亦无受記亦无得阿

過去生過去生已滅若未來生未來生未至
若現在生現在生无住如佛所說比丘汝今
即時亦生亦老亦滅若以无生得受記者无
生即是正位於正位中亦无受記亦无得阿
耨多羅三藐三菩提云何弥勒受一生記乎
為從如生得受記耶為從如滅得受記耶若
以如生得受記者如无有生若以如滅得受
記者如无有滅一切衆生皆如也一切法亦
如也衆聖賢亦如也至於弥勒亦如也若弥
勒得受記者一切衆生亦應受記所以者何
夫如者不二不異若弥勒得阿耨多羅三藐
三菩提者一切衆生皆亦應得所以者何一切
衆生即菩提相若弥勒滅度者一切衆生亦
當滅度所以者何諸佛知一切衆生畢竟寂
滅即涅槃相不復更滅是故弥勒无以此法
誘諸天子實无發阿耨多羅三藐三菩提心
者亦无退者弥勒當令此諸天子捨於分別
菩提之見所以者何菩提者不可以身得不
可以心得寂滅是菩提滅諸相故不觀是菩
提離諸緣故不行是菩提无憶念故斷是菩
提捨諸見故離是菩提離諸妄想故鄣是
菩提鄣諸願故不入是菩提无貪著故順是
菩提順於如故住是菩提住法性故至是菩提
至實際故不二是菩提離意法故等是菩提
等虛空故无為是菩提无生住滅故智是菩
提了衆生心行故不會是菩提諸入不會故

菩提順於如故住是菩提住法性故至是菩提
至實際故不二是菩提離意法故等是菩提
等虛空故无為是菩提无生住滅故智是菩
提了衆生心行故不會是菩提諸入不會故
不合是菩提離煩惱習故无處是菩提无形
色故假名是菩提名字空故如化是菩提无
取捨故无亂是菩提常自靜故善寂是菩提
性淨清故无取是菩提離攀緣故无異是菩
提諸法等故无比是菩提无可喻故微妙是
菩提諸法難知故世尊維摩詰說是法時二
百天子得无生法忍故我不任詣彼問疾
佛告光嚴童子汝行詣維摩詰問疾光嚴白
佛言世尊我不堪任詣彼問疾所以者何憶
念我昔出毗耶離大城時維摩詰方入城我
即為作礼而問言居士從何所來答我言吾
從道場來我問道場者何所是答曰直心是道
場无虛假故發行是道場能辦事故深心是
道場增益功德故菩提心是道場无錯謬故
布施是道場不望報故持戒是道場得願具
故忍辱是道場於諸衆生心无閡故精進是
道場不懈退故禪定是道場心調柔故智慧
是道場現見諸法故慈是道場等衆生故悲
是道場忍疲苦故喜是道場悅樂法故捨是
道場憎愛斷故神通是道場成就六道故解
是道場能背捨故方便是道場教化衆生
故四攝是道場攝衆生故多聞是道場如

是道場現見諸法故慈是道場等衆生故悲
是道場忍疲苦故喜是道場悅樂法故捨是
道場憎愛斷故神通是道場成就六通故解
是道場能背捨故方便是道場教化衆生
故四攝是道場攝衆生故多聞是道場如
聞行故伏心是道場正觀諸法故三十七品是
道場捨有為法故諦是道場不誑世間故緣
起是道場无明乃至老死皆无盡故諸煩惱
是道場知如實故衆生是道場知无我故一
切法是道場知諸法空故降魔是道場不傾
動故三界是道場无所趣故師子吼是道場
无所畏故力无畏不共法是道場无諸過故
三明是道場无餘閡故一念知一切法是道場
成就一切智故如是善男子菩薩若應諸波
羅蜜教化衆生諸有所作舉足下足當知
皆從道場來住於佛法矣說是法時五百天
人皆發阿耨多羅三藐三菩提心故我不任詣
彼問疾
佛告持世菩薩汝行詣維摩詰問疾持世白
佛言世尊我不堪任詣彼問疾所以者何憶
念我昔住於靜室時魔波旬從萬二千天女
狀如帝釋鼓樂絃歌來詣我所與其眷屬稽
首我足合掌恭敬於一面立我意謂是帝釋
而語之言善來憍尸迦雖福應有不當自恣
當觀五欲无常以求善本於身命財而脩堅
法即語我言正士受是萬二千天女可備掃
灑我言憍尸迦无以此非法之物要我沙門

狀如帝釋鼓樂絃歌來詣我所與其眷屬稽
首我足合掌恭敬於一面立我意謂是帝釋
而語之言善來憍尸迦雖福應有不當自恣
當觀五欲无常以求善本於身命財而脩堅
法即語我言正士受是萬二千天女可備掃
灑我言憍尸迦无以此非法之物要我沙門
釋子此非我宜所言未訖維摩詰來謂我言
非帝釋也是為魔來嬈固汝耳即語魔言
是諸女等可以與我如我應受魔即驚懼念
維摩詰將无惱我欲隱形去而不能隱盡其
神力亦不得去即聞空中聲曰波旬以女與之
乃可得去魔以畏故俛仰而與尒時維摩詰
語諸女言魔以汝等與我今汝皆當發阿耨
多羅三藐三菩提心即隨所應而為說法令
發道意復言汝等已發道意有法樂可以自
娛不應復樂五欲樂也天女即問何謂法樂
荅言樂常信佛樂欲聽法樂供養衆樂離五
欲樂觀五陰如怨賊樂觀四大如毒蛇樂觀內
入如空聚樂隨護道意樂饒益衆生樂敬
養師樂廣行施樂堅持戒樂忍辱柔和樂
勤集善根樂禪定不亂樂離垢明慧樂廣菩
提心樂降伏衆魔樂斷諸煩惱樂淨佛國土樂
成就相好故脩諸功德樂嚴道場樂聞深法
不畏樂三脫門不樂非時樂近同學樂於非
同學中心无恚閡樂將護惡知識樂近善知
識樂心喜清淨樂脩无量道品之法是為菩
薩法樂於是波旬告諸女言我欲與汝俱還
天宮諸女言以我等與此居士有法樂我等

[illegible]
不畏樂三脫門不樂非時樂近同學樂於非
同學中心无恚閡樂將護惡知識樂近善知
識樂心喜清淨樂脩无量道品之法是為菩
薩法樂於是波旬告諸女言我欲與汝俱還
天宮諸女言以我等與此居士有法樂我等
甚樂不復樂五欲樂也魔言居士可捨此女
一切所有施於彼者是為菩薩維摩詰言我
已捨矣汝便將去令一切眾生得法願具足
於是諸女問維摩詰我等云何止於魔宮維
摩詰言諸姊有法門名无盡燈汝等當學无
盡燈者譬如一燈然百千燈冥者皆明明終
不盡如是諸姊夫一菩薩開導百千眾生令
發阿耨多羅三藐三菩提心於其道意亦不
滅盡隨所說法而自增益一切善法是名无
盡燈也汝等雖住魔宮以是无盡燈令无數
天子天女發阿耨多羅三藐三菩提心者為
報佛恩亦大饒益一切眾生尒時天女頭面
礼維摩詰足隨魔還宮忽然不現世尊維摩
詰有如是自在神力智慧辯才故我不任詣
彼問疾
佛告長者子善德汝行詣維摩詰問疾善德
白佛言世尊我不堪任詣彼問疾所以者何憶
念我昔自於父舍設大會施供養一切沙
門婆羅門諸外道貧窮下賤孤獨乞人期
滿七日時維摩詰入會中謂我言長者子夫
大施會不當如汝所設當為法施之會何
用是財施會為我言居士何謂法施之會法

BD05408 號　維摩詰所說經卷上　（26–23）

念我昔自於父舍設大會施供養一切沙
門婆羅門諸外道貧窮下賤孤獨乞人期
滿七日時維摩詰入會中謂我言長者子夫
大施會不當如汝所設當為法施之會何
用是財施會為我言居士何謂法施之會法
施會者无前无後一時供養一切眾生是名
法施之會曰何謂也謂以菩提起於慈心以
救眾生起大悲心以治正法起於喜心以
攝智慧行於捨心以攝慳貪起檀波羅蜜以化
犯戒起尸波羅蜜以无我法起羼提波羅蜜
以離身心相起毗梨耶波羅蜜以菩提相起
禪波羅蜜以一切智起般若波羅蜜以化眾
生而起於空不捨有為法而起无相示現受
壽而起无作護持正法起方便力以度眾生起
四攝法以敬事一切起除慢法於身命財起
三堅法於六念中起思念法於六和敬起質
直心正行善法起於淨命心淨歡喜起近賢
聖不憎惡人起調伏心以出家法起於深心
以如說行起於多聞以无諍法起空閑處趣
向佛慧起於宴坐解眾生縛起脩行地以具
相好及淨佛土起福德業知一切眾生心念
如應說法起於智業知一切法不取不捨入
一相門起於慧業斷一切煩惱一切鄣閡一
切不善法起一切善業以得一切智慧一切
善法起於一切助佛道法如是善男子是為
法施之會若菩薩住是法施會者為大施主
亦為一切世間福田世尊維摩詰說是法時
婆羅門眾中二百人皆發阿耨多羅三藐三

BD05408 號　維摩詰所說經卷上　（26–24）

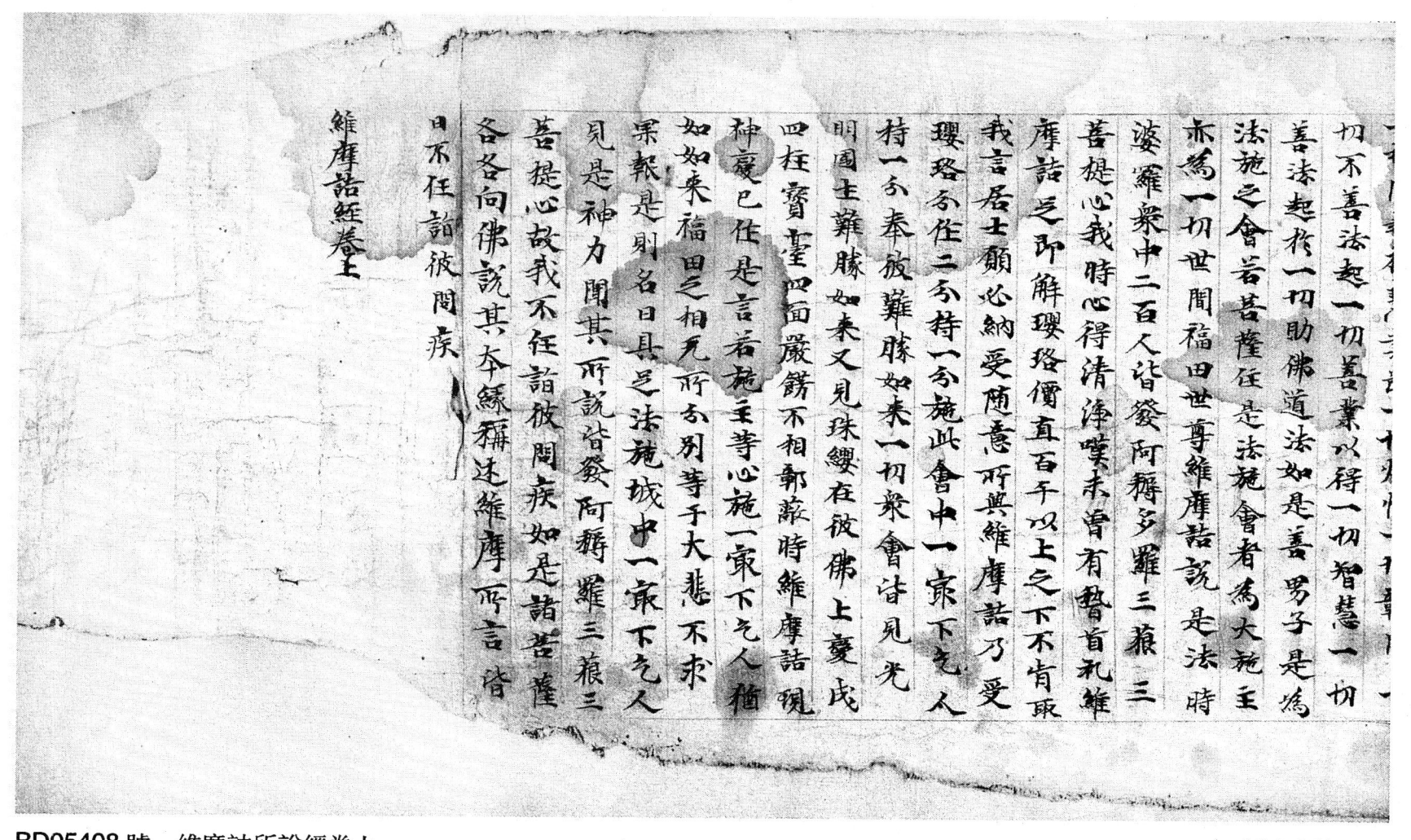

切不善法起一切善業以得一切智慧一切
善法起於一切助佛道法如是善男子是為
法施之會若菩薩住是法施會者為大施主
亦為一切世間福田世尊維摩詰說是法時
婆羅門衆中二百人皆發阿耨多羅三藐三
菩提心我時心得清淨歎未曾有稽首禮維
摩詰足即解瓔珞價直百千以上之下不肯取
我言居士願必納受隨意所與維摩詰乃受
瓔珞分作二分持一分施此會中一最下乞人
持一分奉彼難勝如來一切衆會皆見光
明國土難勝如來又見珠瓔在彼佛上變成
四柱寶臺四面嚴飾不相鄣蔽時維摩詰現
神變已作是言若施主等心施一最下乞人猶
如如來福田之相无所分別等于大悲不求
果報是則名曰具足法施城中一最下乞人
見是神力聞其所說皆發阿耨多羅三藐三
菩提心故我不任詣彼問疾如是諸菩薩
各各向佛說其本緣稱述維摩詰所言皆
曰不任詣彼問疾

維摩詰經卷上

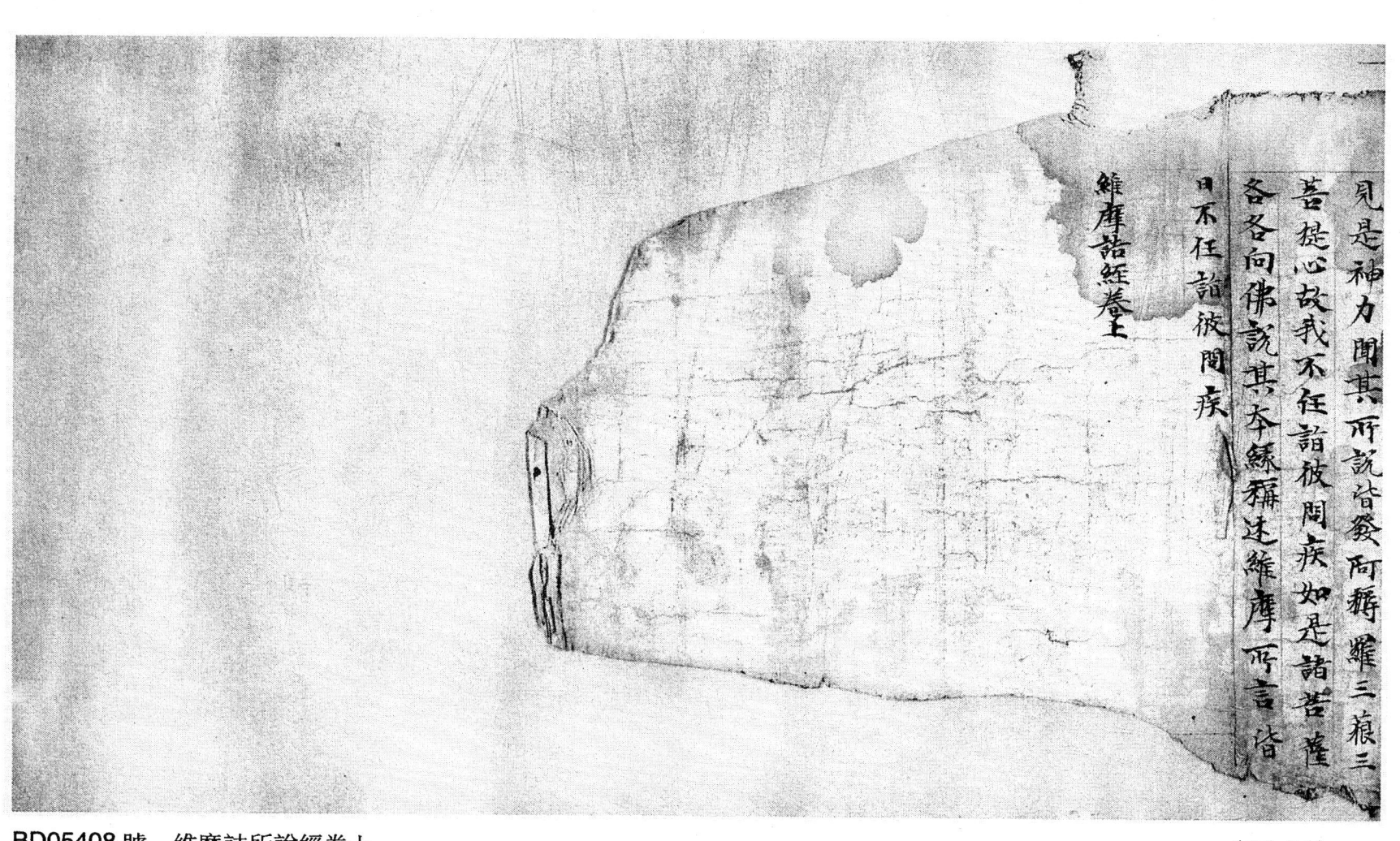

BD05408號　維摩詰所說經卷上　（26–25）

見是神力聞其所說皆發阿耨多羅三藐三
菩提心故我不任詣彼問疾如是諸菩薩
各各向佛說其本緣稱述維摩詰所言皆
曰不任詣彼問疾

維摩詰經卷上

BD05408號　維摩詰所說經卷上　（26–26）

應供正遍知明行足善逝世間解无上士調御
丈夫天人師佛世尊佛壽无量阿僧祇劫
尒時摩訶波闍波提比丘尼及耶輸陁羅比
丘尼并其眷屬皆大歡喜得未曾有即於
佛前而說偈言
世尊導師　安隱天人　我等聞記　心安具足
諸比丘尼說是偈已白佛言世尊我等亦能
於他方國土廣宣此經
尒時世尊視八万億那由他諸菩薩摩訶
薩是諸菩薩皆是阿惟越致轉不退法輪
得諸陁羅尼即從坐起至於佛前一心合掌
而作是念若世尊告勅我等持說此經者當
如佛教廣宣斯法復作是念今佛嘿然不見告
勅我當云何時諸菩薩敬順佛意并欲自
滿本願便於佛前作師子吼而發誓言世
尊我於如來滅後周旋往返十方世界能令衆
生書寫此經受持讀誦解說其義如法脩行
正憶念皆是佛之威力唯願世尊在於他方

BD05409號　妙法蓮華經卷四　（3–1）

勅我當云何時諸菩薩敬順佛意并欲自
滿本願便於佛前作師子吼而發誓言世
尊我於如來滅後周旋往返十方世界能令衆
生書寫此經受持讀誦解說其義如法脩行
正憶念皆是佛之威力唯願世尊在於他方
遥見守護即時諸菩薩俱同發聲而說
偈言
唯願不為慮　於佛滅度後　恐怖惡世中　我等當廣說
有諸无智人　惡口罵詈等　及加刀杖者　我等皆當忍
惡世中比丘　邪智心諂曲　未得謂為得　我慢心充滿
或有阿練若　納衣在空閑　自謂行真道　輕賤人間者
貪著利養故　與白衣說法　為世所恭敬　如六通羅漢
是人懷惡心　常念世俗事　假名阿練若　好出我等過
而作如是言　此諸比丘等　為貪利養故　說外道論義
自作此經典　誑惑世間人　為求名聞故　分別於是經
常在大衆中　欲毀我等故　向國王大臣　婆羅門居士
及餘比丘衆　誹謗說我惡　謂是邪見人　說外道論議
我等敬佛故　悉忍是諸惡　為斯所輕言　汝等皆是佛
如此輕慢言　皆當忍受之　濁劫惡世中　多有諸恐怖
惡鬼入其身　罵詈毀辱我　我等敬信佛　當著忍辱鎧
為說是經故　忍此諸難事　我不愛身命　但惜无上道
我等於來世　護持佛所囑　世尊自當知　濁世惡比丘
不知佛方便　隨宜所說法　惡口而顰蹙　數數見擯出
遠離於塔寺　如是等衆惡　念佛告勅故　皆當忍是事
諸聚落城邑　其有求法者　我皆到其所　說佛所囑法

BD05409號　妙法蓮華經卷四　（3–2）

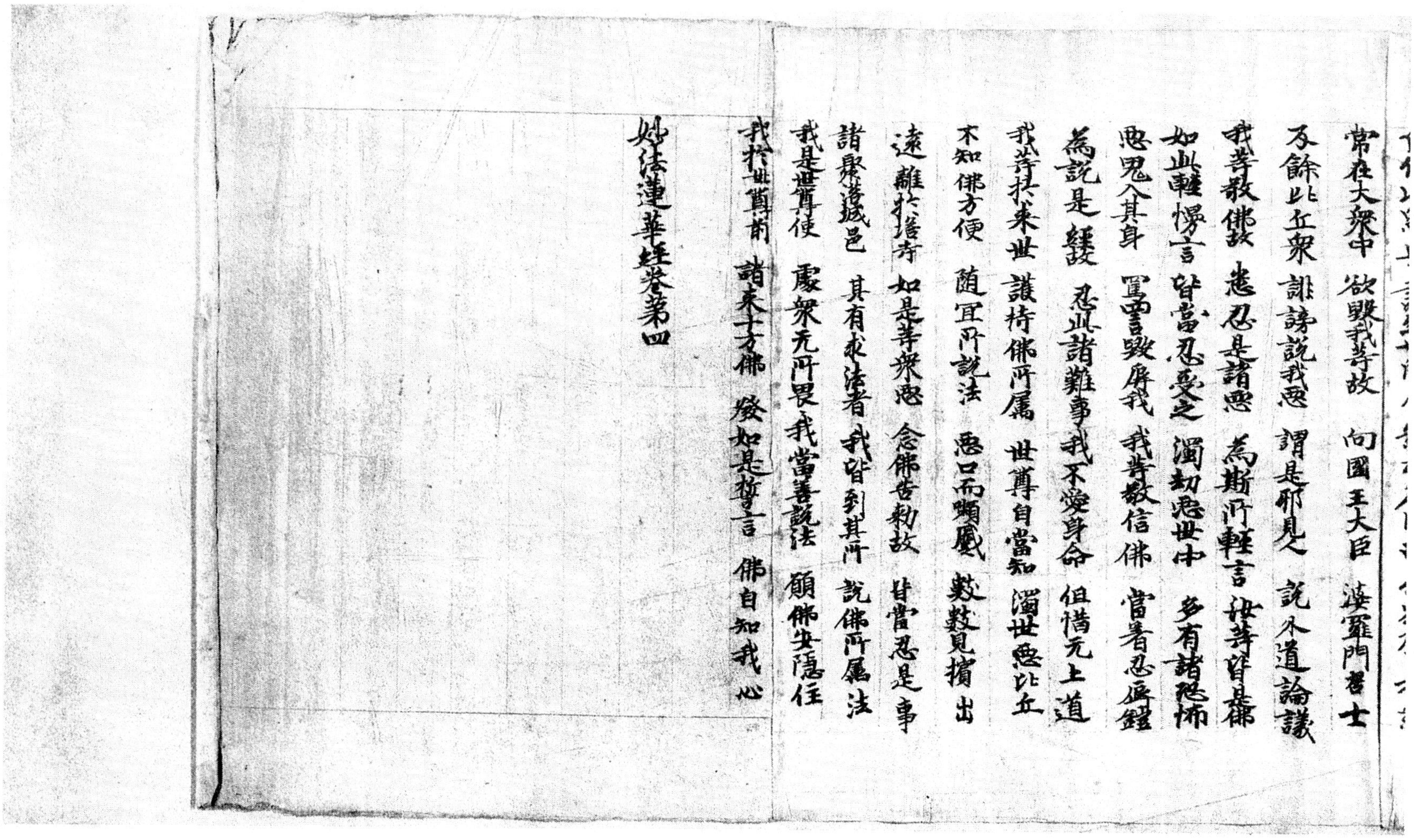
常在大衆中　欲毀我等故　向國王大臣　婆羅門居士
及餘比丘衆　誹謗說我惡　謂是邪見人　說外道論議
我等敬佛故　悉忍是諸惡　為斯所輕言　汝等皆是佛
如此輕慢言　皆當忍受之　濁劫惡世中　多有諸恐怖
惡鬼入其身　罵詈毀辱我　我等敬信佛　當著忍辱鎧
為說是經故　忍此諸難事　我不愛身命　但惜无上道
我等於來世　護持佛所屬　世尊自當知　濁世惡比丘
不知佛方便　隨宜所說法　惡口而顰蹙　數數見擯出
遠離於塔寺　如是等衆惡　念佛告勅故　皆當忍是事
諸聚落城邑　其有求法者　我皆到其所　說佛所屬法
我是世尊使　處衆无所畏　我當善說法　願佛安隱住
我於世尊前　諸來十方佛　發如是誓言　佛自知我心
妙法蓮華經卷第四

BD05409號　妙法蓮華經卷四　（3–3）

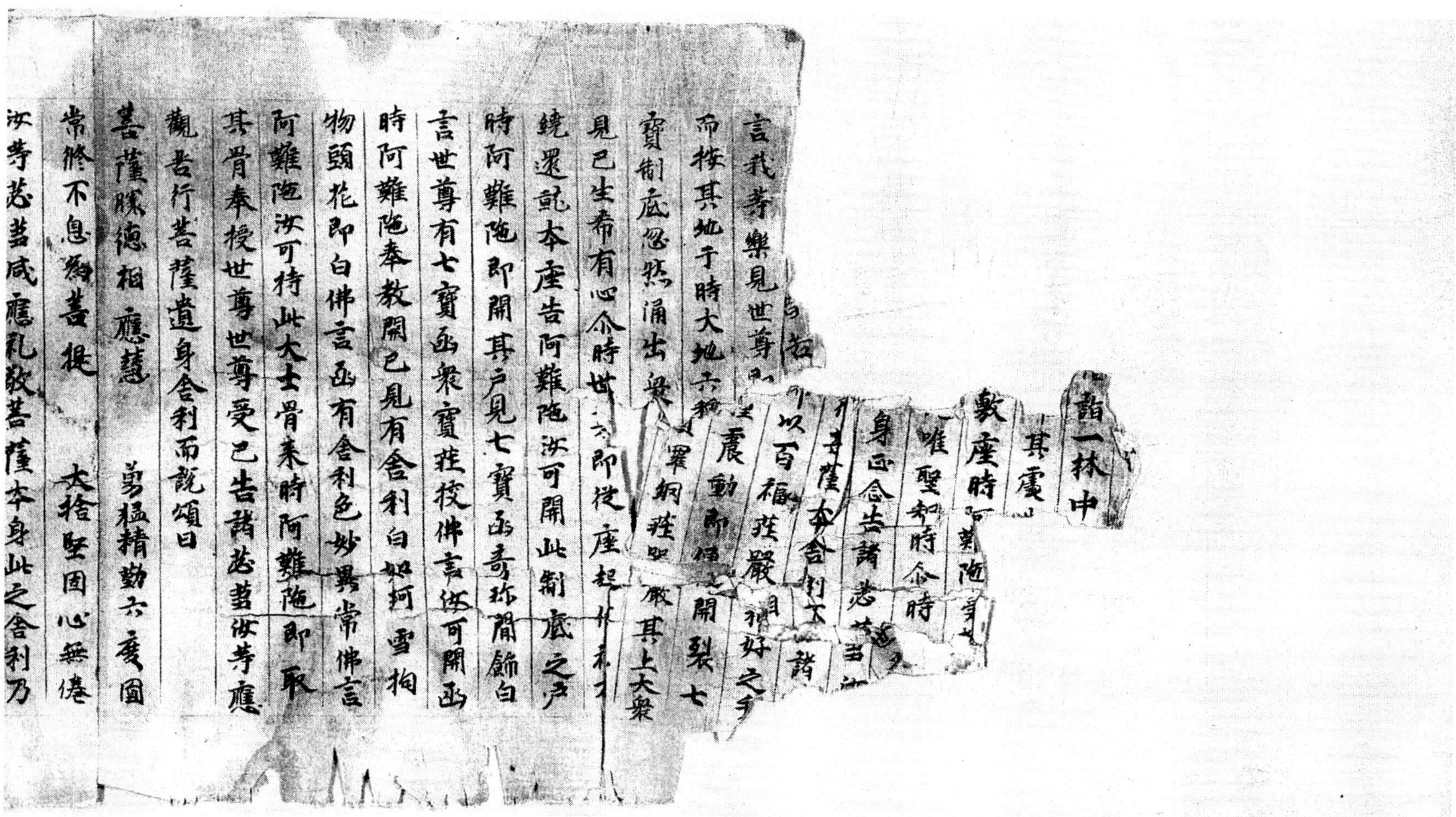
詣一林中
其處
敷座時
唯聖知時尒時
身正念告諸苾芻
菩薩本舍利不　諸
以百福莊嚴相好之手
震動即便開裂七
羅網莊嚴其上大衆
言我等樂見世尊
而按其地于時大地六種
寶制底忽然涌出衆
見已生希有心尒時世尊即從座起作禮右
繞還就本座告阿難陀汝可開此制底之戶
時阿難陀即開其戶見七寶函奇珍間飾白
言世尊有七寶函衆寶莊挍佛言汝可開函
時阿難陀奉教開已見有舍利白如珂雪拘
物頭花即白佛言函有舍利色妙異常佛言
阿難陀汝可持此大士骨來時阿難陀即取
其骨奉授世尊世尊受已告諸苾芻汝等應
觀苦行菩薩遺身舍利而說頌曰
菩薩勝德相應慧　勇猛精勤六度圓
常修不息為菩提　大捨堅固心無倦
汝等苾芻咸應禮敬菩薩本身此之舍利乃

BD05410號　金光明最勝王經卷一〇　（20–1）

牧頭於此白佛言[illegible]

阿難陀汝可持此大士骨來時阿難陀即取
其骨奉授世尊世尊受已告諸苾芻汝等應
觀苦行菩薩遺身舍利而說頌曰
菩薩勝德相應慧　勇猛精勤六度圓
常修不息為菩提　大捨堅固心無倦
汝等苾芻咸應禮敬菩薩本身此之舍利乃
是無量戒定慧香之所熏馥最上福田極難
逢遇時諸苾芻及諸大衆咸皆至心合掌恭
敬頂禮舍利歎未曾有時阿難陀前禮佛足
白言世尊如來大師出過一切為諸有情之
所恭敬何因緣故禮此身骨佛告阿難陀我
因此骨速得無上正等菩提為報往恩我今
致禮復告阿難陀吾今為汝及諸大衆斷除
疑惑說是舍利往昔因緣汝等善思當一心
聽阿難陀曰我等樂聞願為開闡阿難陀過
去世時有一國王名曰大車巨富多財庫藏
盈滿軍兵武勇衆所欽伏常以正法施化黔
黎人民熾盛無有怨敵國大夫人誕生三子
顏容端正人所樂觀太子名曰摩訶波羅次
子名曰摩訶提婆幼子名曰摩訶薩埵是時
大王為欲遊觀縱賞山林其三王子亦皆隨
從為求花果捨父周旋至大竹林於中憩息
第一王子作如是言我於今日心甚驚惶於
此林中將無猛獸損害於我第二王子復作
是言我於自身初無悋惜恐於所愛有別離
苦第三王子白二兄曰
此是神仙所居處　我無恐怖別離憂

從為求花果捨父周旋至大竹林於中憩息
第一王子作如是言我於今日心甚驚惶於
此林中將無猛獸損害於我第二王子復作
是言我於自身初無悋惜恐於所愛有別離
苦第三王子白二兄曰
此是神仙所居處　我無恐怖別離憂
身心充遍生歡喜　當獲殊勝諸功德
時諸王子各說本心所念之事次復前行見
有一虎產生七子纔經七日諸子圍繞飢渴
所逼身形羸瘦將死不久第一王子作如是
言哀哉此虎產來七日七子圍繞無暇求食
飢渴所逼必還噉子薩埵王子問言此虎每
常所食何物第一王子答曰
虎豹豺師子　唯噉熱血肉　更無餘飲食　可濟此虛羸
第二王子聞此語已作如是言此虎羸瘦飢
渴所逼餘命無幾我等何能為求如是難得
飲食誰復為斯自捨身命濟其飢苦第一王
子言一切難捨無過己身薩埵王子言我等
今者於自己身各生愛戀復無智慧不能於
他而興利益然有上士懷大悲心常為利他
忘身濟物復作是念我今此身於百千生虛
棄爛壞曾無所益云何今日而不能捨以濟
飢苦如捐涕唾時諸王子作是議已各起慈
心悽傷愍念共觀羸虎目不暫移徘徊久之
俱捨而去尒時薩埵王子便作是念我捨身
命今正是時何以故
我從久來持此身　臭穢膿流不可愛

飢苦如損滅嗟時諸王子作是議已各起慈
心悽傷愍念共觀羸虎目不暫移徘徊久之
俱捨而去尒時薩埵王子便作是念我捨身
命今正是時何以故
我從久來持此身　臭穢膿流不可愛
供給敷具并衣食　象馬車乘及珎財
變壞之法體無常　恒求難滿難保守
雖常供養懷怨害　終歸棄我不知恩
復次此身不堅於我無益可畏如賊不淨如
糞我於今日當使此身修廣大業於生死海
作大舟航棄捨輪迴令得出離復作是念若
捨此身則捨無量癰疽惡疾百千怖畏是身
唯有大小便利不堅如泡諸蟲所集血脉筋
骨共相連持甚可猒患是故我今應當棄捨
以求無上究竟涅槃永離憂患無常苦惱生
死休息斷諸塵累以定慧力圓滿熏修百福
莊嚴成一切智諸佛所讚微妙法身既證得
已施諸眾生無量法樂是時王子興大勇猛
發弘誓願以大悲念增益其心慮彼二兄情
懷怖懼共為留難不果所祈即便白言二兄
前去我且於後尒時王子摩訶薩埵還入林
中至其虎所脫去衣服置於竹上作是誓言
我為法界諸眾生　志求無上菩提處
起大悲心不傾動　當捨凡夫所愛身
菩提無患無熱惱　諸有智者之所樂
三界苦海諸眾生　我今拔濟令安樂
是時王子作是言已於餓虎前委身而臥由

中至其虎所脫去衣服置於竹上作是誓言
我為法界諸眾生　志求無上菩提處
起大悲心不傾動　當捨凡夫所愛身
菩提無患無熱惱　諸有智者之所樂
三界苦海諸眾生　我今拔濟令安樂
是時王子作是言已於餓虎前委身而臥由
此菩薩慈悲威勢虎無能為菩薩見已即上
高山投身于地復作是念虎今羸瘦不能食
我即起求刀竟不能得即以乾竹刺頸出血
漸近虎邊是時大地六種震動如風激水涌
沒不安日無精明如羅睺障諸方闇蔽無復
光輝天雨名花及妙香末繽紛亂墜遍滿林
中尒時虛空有諸天眾見是事已生隨喜心
歎未曾有咸共讚言善哉大士即說頌曰
大士救護運悲心　等視眾生如一子
勇猛大喜情無悋　捨身濟苦福難思
定至真常勝妙處　永離生死諸纏縛
不久當獲菩提果　寂靜安樂證無生
是時餓虎既見菩薩頸下血流即便舐血噉
肉皆盡唯留餘骨尒時第一王子見地動已
告其弟曰
大地山河皆震動　諸方闇蔽日無光
天花亂墜遍空中　定是我弟捨身相
第二王子聞兄語已說伽他曰
我聞薩埵作悲言　見彼餓虎身羸瘦
飢苦所纏恐食子　我今疑弟捨其身
時二王子生大愁苦啼泣悲歎即共相隨還

大地山河[illegible]
天花亂墜遍空中　定是我弟捨身相
第二王子聞兄語已說伽他曰
我聞薩埵作悲言　見彼飢虎身羸瘦
飢苦所纏恐食子　我今疑弟捨其身
時二王子生大愁苦　啼泣悲歎即共相隨還
至虎所見弟衣服在竹枝上骸骨及髮在處
縱橫流血成泥霑汙其地見已悶絕不能自
持投身骨上久得蘇即起舉手哀號大哭
俱時歎曰
我弟貌端嚴　父母偏愛念　云何俱共出　捨身而不歸
父母若問時　我等如何答　寧可同捐命　豈復自存身
時二王子悲泣懊惱漸捨而去時小王子所將
侍從互相謂曰王子何在宜共推求
尒時國大夫人寢高樓上便於夢中見不祥
相被割兩乳牙齒墮落得三鴿鶵一為鷹奪
二被驚怖地動之時夫人遂覺心大愁惱作
如是言
何故今時大地動　江河林樹皆搖震
日無精光如覆蔽　目瞤乳動異常時
如箭射心憂苦逼　遍身戰掉不安隱
我之所夢不祥徵　必有非常災變事
夫人兩乳忽然流出念此必有變怪之事時
有侍女聞外人言求覓王子今猶未得心大
驚怖即入宮中白夫人曰大家知不外聞諸
人散覓王子遍求不得時彼夫人聞是語已
生大憂惱悲淚盈目至大王所白言大王我
聞外人作如是語失我最小所愛之子王聞

我之所夢不祥徵　必有非常災變事
夫人兩乳忽然流出念此必有變怪之事時
有侍女聞外人言求覓王子今猶未得心大
驚怖即入宮中白夫人曰大家知不外聞諸
人散覓王子遍求不得時彼夫人聞是語已
生大憂惱悲淚盈目至大王所白言大王我
聞外人作如是語失我最小所愛之子王聞
語已驚惶失所悲哽而言苦哉今日失我愛
子即便抆淚慰喻夫人告言賢首汝勿憂感
吾今共出求覓愛子王與大臣及諸人眾即
共出城各各分散隨處求覓未久之頃有一
大臣前白王曰聞王子在願勿憂愁其最小
者今猶未見王聞是語悲歎而言苦哉苦哉
失我愛子
初有子時歡喜少　後失子時憂苦多
若使我兒重壽命　縱我身亡不為苦
夫人聞已憂惱纏懷如被箭中而嗟歎曰
我之三子并侍從　俱往林中共遊賞
最小愛子獨不還　定有乖離災厄事
次第二臣來至王所王問臣曰愛子何在第
二大臣懊惱啼泣喉舌乾燥口不能言竟無
所答夫人問曰
速報小子今何在　我身熱惱遍燒然
悶亂荒迷失本心　勿使我胷今破裂
時第二臣即以王子捨身之事具白王知王
及夫人聞其事已不勝悲噎望捨身處騶駕
前行詣竹林所至彼菩薩捨身之地見其骸
骨隨處交橫俱時投地悶絕將死猶如猛風

悶乱荒迷失本心　勿使我胷今破裂
時第二臣即以王子捨身之事具白王知　王
及夫人聞其事已不勝悲噎望捨身處驟駕
前行詣竹林所至彼菩薩捨身之地見其骸
骨隨處交橫俱時投地悶絶將死猶如猛風
吹倒大樹心迷失緒都無所知時大臣等以
水遍灑王及夫人良久乃穌舉手而坐啼哭
歎曰
禍哉愛子端嚴相　因何死苦先來逼
若我得在汝前亡　豈見如斯大苦事
尒時夫人迷悶稍止頭髮蓬乱兩手搥胷宛
轉于地如魚處陸若牛失子悲泣而言
我子誰屠割　餘骨散于地　失我所愛子　憂悲不自勝
苦哉誰殺子　致斯憂惱事　我心非金剛　云何而不破
我夢中所見　兩乳皆被割　牙齒悉墮落　今遭大苦痛
又夢三鴿鶵　一被鷹擒去　今失所愛子　惡相表非虛
尒時大王及於夫人并二王子盡哀號哭瓔
珞不御與諸人衆共收菩薩遺身舍利為於
供養置窣覩波中阿難陁汝等應知此即是
彼菩薩舍利復告阿難陁我於昔時雖具煩
惱貪瞋癡等能於地獄餓鬼傍生五趣之中
隨緣救濟令得出離何況今時煩惱都盡無
復餘習号天人師具一切智而不能為一一
衆生經於多劫在地獄中及於餘處代受衆
苦令出生死煩惱輪迴尒時世尊欲重宣此
義而說頌言
我念過去世　無量無數劫　或時作國王　或復為王子

BD05410 號　金光明最勝王經卷一〇　（20–8）

隨緣救濟令得出離何況今時煩惱都盡無
復餘習号天人師具一切智而不能為一一
衆生經於多劫在地獄中及於餘處代受衆
苦令出生死煩惱輪迴尒時世尊欲重宣此
義而說頌言
我念過去世　無量無數劫　或時作國王　或復為王子
常行於大施　及捨所愛身　願出離生死　至妙菩提處
昔時有大國　國主名大車　王子名勇猛　常施心無悋
王子有二兄　号大渠大天　三人同出遊　漸至山林所
見虎飢所逼　便生如是心　此虎飢火燒　更無餘可食
大王觀如斯　恐其將食子　捨身無所顧　救子不令傷
大地及諸山　一時皆震動　江海皆騰躍　驚波水逆流
天地失光明　昏冥無所見　林野諸禽獸　飛奔失所依
二兄怪不還　憂感生悲苦　即與諸侍從　林藪遍尋求
兄弟共籌議　復往深山處　四顧無所有　見虎處空林
其母并七子　口皆有血汙　殘骨并餘髮　縱橫在地中
復見有流血　散在竹林所　二兄既見已　心生大恐怖
悶絶俱躄地　荒迷不覺知　塵土坌其身　六情皆失念
王子諸侍從　啼泣心憂惱　以水灑令蘇　舉手號咷哭
菩薩捨身時　慈母在宮內　五百諸婇女　共受於妙樂
夫人之兩乳　忽然自流出　遍體如針刺　苦痛不能安
歎生失子想　憂箭傷苦心　即白大王知　陳斯苦惱事
悲泣不堪忍　哀聲向王說　大王今當知　我生大苦惱
兩乳忽流出　禁止不隨心　如針遍刺身　煩冤胷欲破
我先夢惡徵　必當失愛子　願王濟我命　知兒存與亡
夢見三鴿鶵　小者是愛子　忽被鷹擒去　悲愁難具陳
我今沒憂海　趣死將不久　恐子命不全　願為速求覓

BD05410 號　金光明最勝王經卷一〇　（20–9）

悲泣不堪忍　哀聲白王說　大王今當知　我生大苦惱
兩乳忽流出　禁止不隨心　如針遍刺身　煩冤胸欲破
我先夢惡徵　必當失愛子　願王濟我命　知兒存與亡
夢見三鴿鶵　小者是愛子　忽被鷹擒去　悲慼難具陳
我今沒憂海　趣死將不久　恐子命不全　願爲速求覓
又聞外人語　小子求不得　我今意不安　願王哀愍我
夫人白王已　舉身而躄地　悲痛心悶絕　荒迷不覺知
婇女見夫人　悶絕在於地　舉聲皆大哭　憂惶失所依
王聞如是語　懷憂不自勝　因命諸群臣　尋求所愛子
皆共出城外　隨處而追覓　涕淚問諸人　王子今何在
今者爲存亡　誰知所去處　云何令得見　適我憂惱心
諸人悉共傳　咸言王子死　聞者皆傷悼　悲歎苦難裁
爾時大車王　悲號從座起　即就夫人處　以水灑其身
夫人蒙水灑　久乃得醒悟　悲啼以問王　我兒今在不
王告夫人曰　我已使諸人　四向求王子　尚未有消息
王又告夫人　汝莫生煩惱　且當自安慰　可共出追尋
王即與夫人　嚴駕而前進　號動聲悽感　憂心若火然
士庶百千万　亦隨王出城　各欲求王子　悲號聲不絕
王求愛子故　目視於四方　見有一人來　被髮身塗血
遍體蒙塵土　悲泣逆前來　王見是惡相　倍復生憂惱
王便舉兩手　哀號不自裁　初有一大臣　急性至王所
進白大王曰　幸願勿悲哀　王之所愛子　今雖求未獲
不久當來至　以釋大王憂　王復更前行　見次大臣至
其臣詣王所　流淚白王言　二子今現在　被憂火所逼
其第三王子　已被無常吞　見餓虎初產　將欲食其子
彼薩埵王子　見此起悲心　願求無上道　當度一切眾
繫想妙菩提　廣大深如海　即上高山頂　投身餓虎前

其臣詣王所　流淚白王言　二子今現在　被憂火所逼
其第三王子　已被無常吞　見餓虎初產　將欲食其子
彼薩埵王子　見此起悲心　願求無上道　當度一切眾
繫想妙菩提　廣大深如海　即上高山頂　投身餓虎前
虎羸不能食　以竹自傷頸　遂噉王子身　唯有餘骸骨
時王及夫人　聞已俱悶絕　心沒於憂海　煩惱火燒然
臣以栴檀水　灑王及夫人　俱起大悲號　舉手推胸臆
第三大臣來　白王如是語　我見二王子　悶絕在林中
臣以冷水灑　尒乃甦蘇息　顧視於四方　如猛火周遍
蹔起而還伏　悲號不自勝　舉手以哀言　稱歎弟希有
王聞如是說　倍增憂火熾　夫人大號哭　高聲作是語
我之小子偏鍾愛　已爲無常羅剎吞
餘有二子今現存　復被憂火所燒逼
我今速可之山下　安慰令其保餘命
即便馳駕望前路　一心詣彼捨身崖
路逢二子行啼泣　推胸懊惱失容儀
父母見已抱憂悲　俱往山林捨身處
既至菩薩捨身地　共聚悲號生大苦
脫去瓔珞盡哀心　收取菩薩身餘骨
與諸人眾同供養　共造七寶窣覩波
以彼舍利置函中　整駕懷憂趣城邑
復告阿難陀　往時薩埵者　即我牟尼是　勿生於異念
王是父淨飯　后是母摩耶　太子謂慈氏　次男殊室利
虎是大世主　五兒五苾芻　一是大目連　一是舍利子
我爲汝等說　往昔利他緣　如是菩薩行　成佛因當學
菩薩捨身時　發如是弘誓　願我身餘骨　來世益眾生
此是捨身處　七寶窣覩波　以經無量時　遂沉於厚地

復告阿難陀　往時薩埵者　即我牟尼是　勿生於異念
王是父淨飯　后是母摩耶　太子謂慈氏　次是殊室利
虎是大世主　五兒五苾芻　一是大目連　一是舍利子
我為汝等說　往昔利他緣　如是菩薩行　成佛因當學
菩薩捨身時　發如是弘誓　願我身餘骨　來世益眾生
此是捨身處　七寶窣覩波　以經無量時　遂沉於厚地
由昔本願力　隨緣興濟度　為利於人天　從地而涌出

尒時世尊說是往昔因緣之時，無量阿僧企耶人天大眾皆大悲喜，歎未曾有，悉發阿耨多羅三藐三菩提心。復告樹神：我為報恩故，致礼敬。佛攝神力，其窣覩波還沒于地。

金光明最勝王經十方菩薩讚歎品第廿七

尒時釋迦牟尼如來說是經時，於十方世界有無量百千万億諸菩薩眾，各從本土詣鷲峯山，至世尊所，五輪著地，礼世尊已，一心合掌，異口同音而讚歎曰：

佛身微妙真金色　其光普照等金山
清淨柔軟若蓮花　無量妙彩而嚴飾
三十二相遍莊嚴　八十種好皆圓備
光明晒著無與等　離垢猶如淨滿月
其聲清徹甚微妙　如師子吼震雷音
八種微應妙群機　超勝迦陵頻伽等
百福妙相以嚴容　光明具足淨無垢
智慧澄明如大海　功德廣大若虛空
圓光遍滿十方界　隨緣普濟諸有情
煩惱愛染習皆除　法炬恒然不休息
哀愍利益諸眾生　現在未來能與樂
常為宣說第一義　令證涅槃真寂靜

百福妙相以嚴容　光明具足淨無垢
智慧澄明如大海　功德廣大若虛空
圓光遍滿十方界　隨緣普濟諸有情
煩惱愛染習皆除　法炬恒然不休息
哀愍利益諸眾生　現在未來能與樂
常為宣說第一義　令證涅槃真寂靜
佛說甘露殊勝法　能與甘露微妙義
引入甘露涅槃城　令受甘露無為樂
常於生死大海中　解脫一切眾生苦
令彼能住安隱路　恒與難思如意樂
如來德海甚深廣　非諸譬喻所能知
於眾常起大悲心　方便精勤恒不息
如來智海無邊際　一切人天共測量
假使千万億劫中　不能得知其少分
我今略讚佛功德　於德海中唯一渧
迴斯福聚施群生　皆願速證菩提果

尒時世尊告諸菩薩言：善哉善哉，汝等善能如是讚佛功德，利益有情，廣興佛事，能滅諸罪，生無量福。

金光明最勝王經妙幢菩薩讚歎品第廿八

尒時妙幢菩薩即從座起，偏袒右肩，右膝著地，合掌向佛而說讚曰：

牟尼百福相圓備　無量功德以嚴身
廣大清淨人樂觀　猶如千日光明照
燄彩無邊光熾盛　如妙寶聚相端嚴
如日初出暎虛空　紅白分明間金色
亦如金山光普照　悉能周遍百千土

地合掌向佛而說讚曰
牟尼百福相圓備　無量功德以嚴身
廣大清淨人樂觀　猶如千日光明照
燄彩無邊光熾盛　如妙寶聚相端嚴
如日初出暎虛空　紅白分明間金色
亦如金山光普照　悉能周遍百千土
能滅衆生無量苦　皆與無邊勝妙樂
諸相具足悉嚴淨　衆生樂觀無猒足
頸𩠐柔耎紺青色　猶如黑蜂集妙花
大喜大捨淨莊嚴　大慈大悲皆具足
衆妙相好為嚴飾　菩提分法之所成
如來能施衆福利　令彼常蒙大安樂
種種妙德共莊嚴　光明普照千万土
如來光明極圓滿　猶如赫日遍空中
佛如須弥功德具　亦現能周於十方
如來金口妙端嚴　齒白齊密如珂雪
如來面貌無倫匹　眉間毫相常右旋
光潤鮮白等頗梨　猶如滿月居空界
佛告妙幢菩薩汝能如是讚佛功德不可思
議利益一切令未知者隨順修學
金光明最勝王經菩提樹神讚歎品第廿
尒時菩提樹神亦以伽他讚世尊曰
敬礼如來清淨慧　敬礼常求正法慧
敬礼能離非法慧　敬礼恒無分別慧
希有世尊無邊行　希有難見比優曇
希有如海鎮山王　希有善逝光無量
希有調御和慈顧　希有釋種明逾日
能說如是經中寶　哀愍利益諸群生

敬礼能離非法慧　敬礼恒無分別慧
希有世尊無邊行　希有難見比優曇
希有如海鎮山王　希有善逝光無量
希有調御和慈顧　希有釋種明逾日
能說如是經中寶　哀愍利益諸群生
牟尼寂靜諸根定　能入寂靜涅槃城
能住寂靜等持門　能知寂靜深境界
兩足中尊住空寂　聲聞弟子身亦空
一切法體性皆無　一切衆生悉空寂
我常憶念於諸佛　我常樂見諸世尊
我常發起慇重心　常得值遇如來日
我常頂礼於世尊　願常渴仰心不捨
悲泣流淚情無間　常得奉事不知猒
唯願世尊起悲心　和顏常得令我見
佛及聲聞衆清淨　願常普濟於人天
佛身本淨若虛空　亦如幻燄及水月
願說涅槃甘露法　能生一切功德聚
世尊所有淨境界　慈悲正行不思議
聲聞獨覺非所量　大仙菩薩不能測
唯願如來哀愍我　常令覩見大悲身
三業無倦奉慈尊　速出生死歸真際
尒時世尊聞是讚已以梵音聲告樹神曰善
哉善哉善女天汝能於我真實無妄清淨法
身自利利他宣揚妙相以此功德令汝速證
最上菩提一切有情同所修習若得聞者皆
入甘露無生法門
金光明最勝王經大辯才天女讚歎品第卅

尒時世尊聞是語已[illegible]

我善我善女天汝能於我真實無妄清淨法
身白利利他宣揚妙相以此功德令汝速證
最上菩提一切有情同所修習若得聞者皆
入甘露無生法門

金光明最勝王經大辯才天女讚歎品第卅

尒時大辯才天女即從座起合掌恭敬以真
言詞讚世尊曰

南謨釋迦牟尼如來 應正等覺身真金色咽
如螺貝面如滿月目類青蓮脣口赤好如頗
梨色鼻高脩直如截金鋌齒白齊密如拘物
頭花身光普照如百千日光彩暎徹如贍部
金所有言詞皆無謬失示三解脫門開三菩
提路心常清淨意樂亦然佛所住處及所行
境亦常清淨離非威儀進止無謬六年苦行
三轉法輪度苦衆生令歸彼岸身相圓滿如
拘陁樹六度薰修三業無失具一切智自他
利滿所有宣說常為衆生言不虛設於釋種
中為大師子堅固勇猛具八解脫我今隨力
稱讚如來少分功德猶如蚊子飲大海水願
以此福廣及有情永離生死成無上道

尒時世尊告大辯天曰善我善我汝久修習
具大辯才今復於我廣陳讚歎令汝速證無
上法門相好圓明普利一切

金光明最勝王經付囑品第卅一

尒時世尊普告無量菩薩及諸人天一切大
衆汝等當知我於无量無數大劫勤脩苦行
獲甚深法菩提正因已為汝說汝等誰能發

具大辯才今復於我廣陳讚歎令汝速證無
上法門相好圓明普利一切

金光明最勝王經付囑品第卅一

尒時世尊普告無量菩薩及諸人天一切大
衆汝等當知我於无量無數大劫勤脩苦行
獲甚深法菩提正因已為汝說汝等誰能發
勇猛心恭敬守護我涅槃後於此法門廣宣
流布能令正法久住世間尒時衆中有六十
俱胝諸大菩薩六十俱胝諸天大衆異口同
音作如是語世尊我等咸有欣樂之心於佛
世尊無量大劫勤脩苦行所獲甚深微妙之
法菩提正因恭敬護持不惜身命佛涅槃後
於此法門廣宣流布當令正法久住世間尒
時諸大菩薩即於佛前說伽他曰

世尊真實語　安住於實法　由彼真實故　護持於此經
大悲為甲冑　安住於大慈　由彼慈悲力　護持於此經
福資糧圓滿　生起智資糧　由資糧滿故　護持於此經
降伏一切魔　破滅諸邪論　斷除惡見故　護持於此經
護世并釋梵　乃至阿蘇羅　龍神藥叉等　護持於此經
地上及虛空　久住於斯者　奉持佛教故　護持於此經
四梵住相應　四聖諦嚴飾　降伏四魔故　護持於此經
虛空成質礙　質礙成虛空　諸佛所護持　無能傾動者

尒時四大天王聞佛說此護持妙法各生隨
喜護正法心一時同聲說伽他曰

我今於此經　及男女眷屬　皆一心擁護　令得廣流通
若有持經者　能作菩提因　我常於四方　擁護而承事

尒時天帝釋合掌恭敬說伽他曰

尒時四大天王聞佛說此護持妙法各生隨
喜護正法心一時同聲說伽他曰
我今於此經　及男女眷屬　皆一心擁護　令得廣流通
若有持經者　能作菩提因　我常於四方　擁護而承事
尒時天帝釋合掌恭敬說伽他曰
諸佛證此法　為欲報恩故　饒益菩薩眾　出世演斯經
我於彼諸佛　報恩常供養　護持如是經　及以持經者
尒時覩史多天子合掌恭敬說伽他曰
佛說如是經　若有能持者　當住菩提位　來生覩史天
世尊我慶悅　捨天殊勝報　住於贍部洲　宣揚是經典
時索訶世界主梵天王合掌恭敬說伽他曰
諸靜慮無量　諸乘及解脫　皆從此經出　是故演斯經
若說是經處　我捨梵天樂　為聽如是經　亦常為擁護
尒時魔王子名曰商主合掌恭敬說伽他曰
若有受持此　正義相應經　不隨魔所行　淨除魔惡業
我等於此經　亦當勤守護　發大精進意　隨處廣流通
尒時魔王合掌恭敬說伽他曰
若有持此經　能伏諸煩惱　如是眾生類　擁護令安樂
若有說是經　諸魔不得便　由佛威神故　我當擁護彼
尒時妙吉祥天子亦於佛前說伽他曰
諸佛妙菩提　於此經中說　若持此經者　是供養如來
我當持此經　為俱胝天說　恭敬聽聞者　勸至菩提處
尒時慈氏菩薩合掌恭敬說伽他曰
若見住菩提　乃為不請友　乃至捨身命　為護此經王
我聞如是法　當往覩史天　由世尊加護　廣為人天說
尒時上座大迦攝波合掌恭敬說伽他曰
佛於聲聞乘　說我少智慧　我今隨自力　護持如是經

BD05410號　金光明最勝王經卷一〇　（20–18）

諸佛妙菩提　於此經中說　若持此經者　是供養如來
我當持此經　為俱胝天說　恭敬聽聞者　勸至菩提處
尒時慈氏菩薩合掌恭敬說伽他曰
若見住菩提　乃為不請友　乃至捨身命　為護此經王
我聞如是法　當往覩史天　由世尊加護　廣為人天說
尒時上座大迦攝波合掌恭敬說伽他曰
佛於聲聞乘　說我少智慧　我今隨自力　護持如是經
若有持此經　我當攝受彼　授其詞辯力　常隨讚善哉
尒時具壽阿難陀合掌向佛說伽他曰
我親從佛聞　無量眾經典　未曾聞如是　深妙法中王
我今聞是經　親於佛前受　諸樂菩提者　當為廣宣通
尒時世尊見諸菩薩人天大眾各各發心於此
經典流通擁護勸進菩薩廣利眾生讚言
善哉善哉汝等能於如是微妙經王虔誠流
布乃至於我般涅槃後不令散滅即是無上
菩提正因所獲功德於恒沙劫說不能盡若
有苾芻苾芻尼鄔波索迦鄔波斯迦及餘善
男子善女人等供養恭敬書寫流通為人解
說所獲功德亦復如是是故汝等應勤修習
尒時無量無邊恒沙大眾聞佛說已皆大歡
喜信受奉行
金光明最勝王經卷第十
䳸去例　航胡郎　鶵仕于　擒巨今　鋌　瘠精昔　硬五孟　技渠綺

BD05410號　金光明最勝王經卷一〇　（20–19）

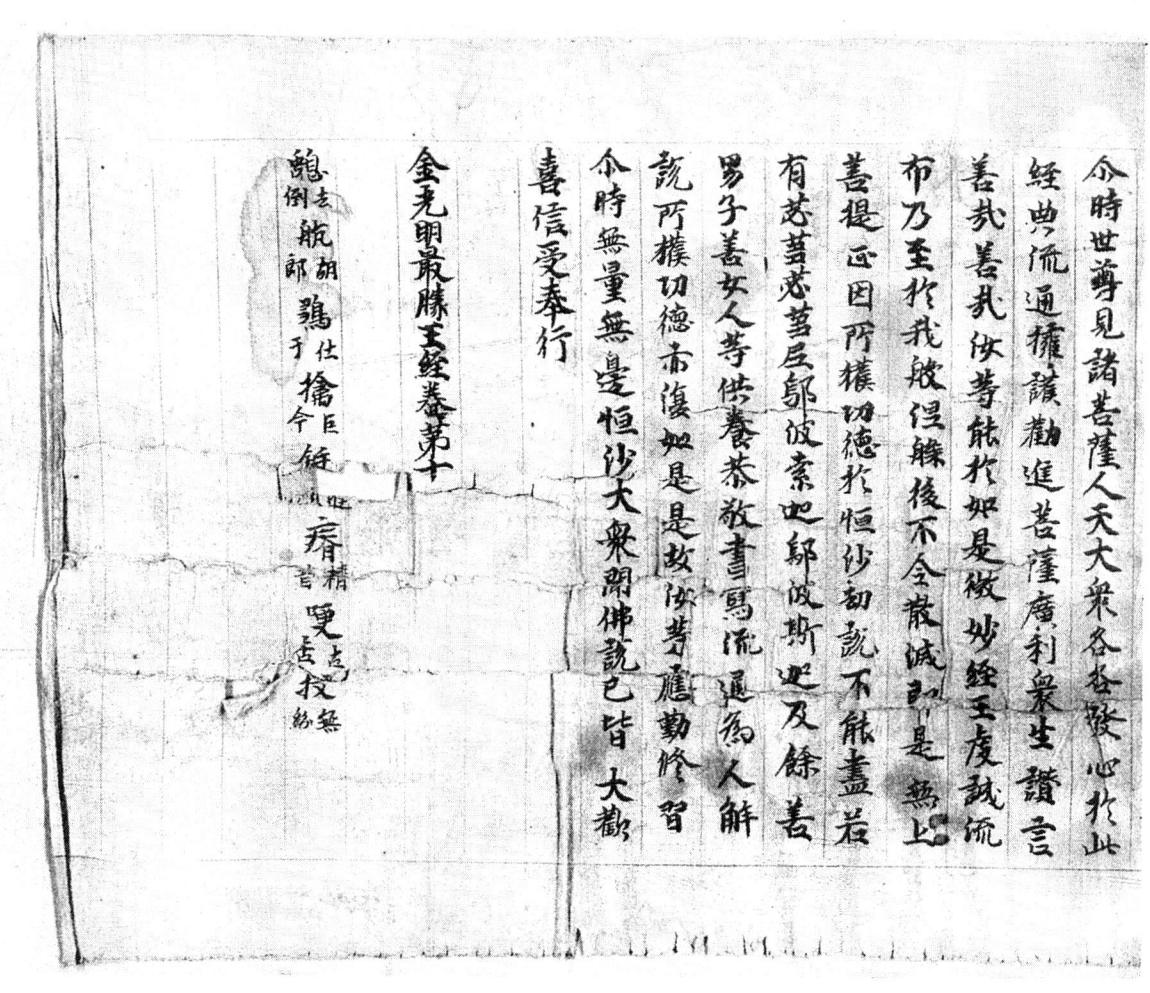

尒時世尊見諸菩薩人天大衆各各發心於此
經典流通擁護勸進菩薩廣利衆生讚言
善哉善哉汝等能於如是微妙經王虔誠流
布乃至於我般涅槃後不令散滅即是無上
菩提正因所獲功德於恒沙劫說不能盡若
有苾芻苾芻尼鄔波索迦鄔波斯迦及餘善
男子善女人等供養恭敬書寫流通為人解
說所獲功德亦復如是是故汝等應勤修習
尒時無量無邊恒沙大衆聞佛說已皆大歡
喜信受奉行

金光明最勝王經卷第十

鵢去倒 觥胡郎 鶵仕于 擒巨今 餧 瘠精昔 叆 投

BD05410號　金光明最勝王經卷一〇　（20–20）

……才　……
辯才　摩……
辯才　四大天王……
……辯才　金剛密主妙辯才
妙辯才　毗摩天女妙辯才
侍數天神妙辯才　室唎天女妙辯才
室唎末多妙辯才　醯哩言詞妙辯才
諸毋大毋妙辯才　訶哩底毋妙辯才
諸藥叉神妙辯才　十方諸王妙辯才
所有勝業資助我　令得无窮妙辯才
敬礼无欺誑　敬礼解脫者　敬礼離欲人　敬礼捨纏蓋
敬礼心清淨　敬礼光明者　敬礼真實語　敬礼无塵習
敬礼住勝義　敬礼大衆生　敬礼辯才天　令我詞无礙
願我所求事　皆悉速成就　无病常安隱　壽命得延長
善解諸明呪　勤修菩提道　廣饒益群生　求心願早遂
我說真實語　我說无誑語　天女妙辯才　令我得成就
唯願天女來　令我語无滯　速入身口內　聰明足辯才
願令我舌根　當得如來辯　由彼語威力　調伏諸衆生
我所出語時　隨事皆成就　聞者生恭敬　所作不唐捐
若我求辯才　事不成就者　天女之實語　皆悉成虛妄

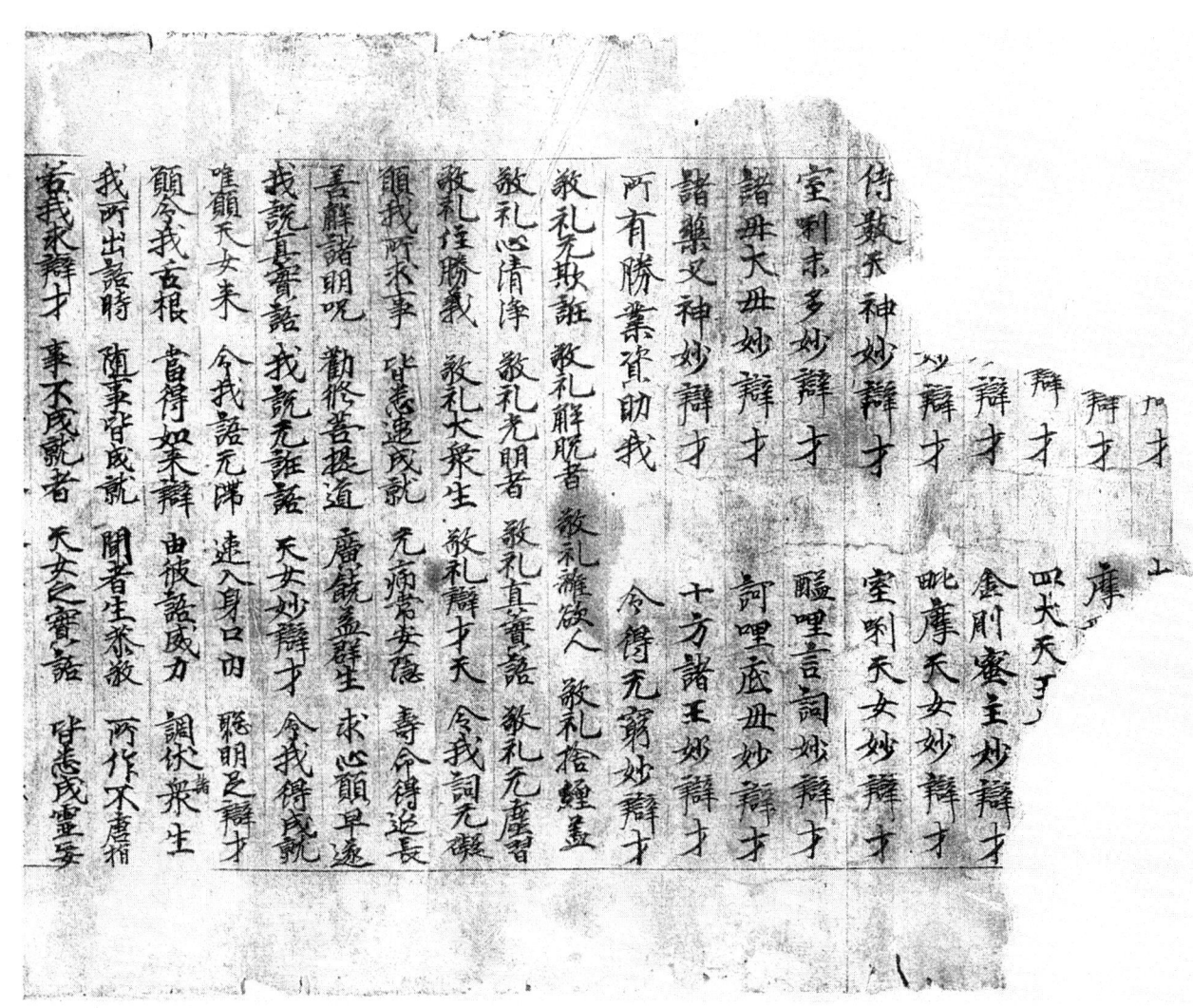

BD05411號　金光明最勝王經卷八　（19–1）

善辭諸明呪　勸將菩提道　廣饒益群生　求心願早遂
我說真實語　我說无誑語　天女妙辯才　令我得成就
唯願天女來　令我語无滞　速入身口中　聦明足辯才
願令我舌根　當得如來辯　由彼語威力　調伏衆生
我所出語時　隨事皆成就　聞者生恭敬　所作不唐捐
若我求辯才　事不成就者　天女之實語　皆悉成虛妄
有作无間罪　佛語令調伏　及以阿羅漢　所有報恩語
舍利子目連　世尊衆第一　斯等真實語　願我皆成就
我今皆召請　佛之聲聞衆　皆願速來至　成就我求心
所求真實語　皆願无虛誑　上從色究竟　及以淨居天
大梵及梵輔　一切梵王衆　及至遍三千　索訶世界主
并及諸眷屬　我今皆請召　唯願降慈悲　哀憐同攝受
他化自在天　及以樂變化　覩史多天衆　慈氏當成佛
夜摩諸天衆　及三十三天　四大王衆天　一切諸天衆
地水火風神　依妙高山住　七海山神衆　所有諸眷屬
滿財及五頂　日月諸星辰　如是諸天衆　令世間安隱
斯等諸天神　不樂作罪業　敬佛鬼子母　及最小愛兒
天龍藥叉衆　健闥阿蘇羅　及以緊那羅　莫呼洛伽等
我以世尊力　悉皆申請召　願降慈悲心　與我无礙辯
一切人天衆　能了他心者　皆願加神力　與我妙辯才
及至盡虛空　周遍於法界　所有含生類　與我妙辯才
尒時辯才天女聞是請已告婆羅門言善哉
大士若有男子女人能依如是呪及呪讚如前
所說受持法式歸敬三寶虔心正念於所求事
皆不唐捐兼復受持讀誦此金光明微妙經
典所願求者无不果遂速得成就除不至心
時婆羅門深心歡喜合掌頂受
尒時佛告辯才天女善哉善哉善女人汝能

BD05411 號　金光明最勝王經卷八　（19–2）

所說受持法式歸敬三寶虔心正念於所求事
皆不唐捐兼復受持讀誦此金光明微妙經
典所願求者无不果遂速得成就除不至心
時婆羅門深心歡喜合掌頂受
尒時佛告辯才天女善哉善哉善女人汝能
流布是妙經王擁護所有受持經者及能利
益一切衆生令得安樂說如是法施與辯才
不可思議得福无量諸發心者速趣菩提
金光明最勝王經大吉祥天女品第十六
尒時大吉祥天女即從座起前礼佛足合掌恭
敬白佛言世尊我若見有苾芻苾芻尼鄔波
索迦鄔波斯迦受持讀誦為人解說是金
光明最勝王經者我當專心恭敬供養此
等法師所謂飲食衣服卧具醫藥及餘一切
所須資具皆令圓滿无有乏少若晝若夜於
此經王所有句義觀察思量安樂而住令此經
典於贍部洲廣行流布為彼有情已於无量
百千佛所種善根者常使得聞不速隱沒
於无量百千億劫當受人天種種勝樂常得
豐稔永除飢饉一切有情恒受安樂亦得值
遇諸佛世尊於未來世速證无上大菩提果
永絕三塗輪迴苦難世尊我念過去有瑠璃
金山寶花光照吉祥功德海如來應正等覺
十号具足我於彼所種諸善根由彼如來慈
悲愍念威神力故令我今日隨所念處隨所
視方隨所至國能令无量百千万億衆生受
諸快樂乃至所須衣服飲食資生之具金銀

BD05411 號　金光明最勝王經卷八　（19–3）

金山寶花光照吉祥功德海如來佛應正等覺
十号具足我於彼所種諸善根由彼如來慈
悲愍念威神力故令我今日隨所念處隨所
視方隨所至國能令无量百千万億衆生受
諸快樂乃至所須衣服飲食資生之具金銀
瑠璃硨磲碼碯珊瑚虎珀真珠等寶悉令充
足若復有人至心讀誦是金光明最勝王經
亦當日月燒衆名香及諸妙花爲我供養
彼瑠璃金山寶花光照吉祥功德海如來應
正等覺復當每日於三時中稱念我名別以
香花及諸美食供養於我亦常聽受此妙
經王得如是福而說頌曰
由能如是持經故　自身眷屬離諸衰
所須衣食无乏時　威光壽命難窮盡
能使地味常增長　諸天降雨隨時節
令彼天衆咸歡悅　及以園林穀果神
叢林果樹並滋榮　所有苗稼咸成就
欲求珍財皆滿願　隨所念者遂其心
佛告大吉祥天女善哉善哉汝能如是憶
念昔因報恩供養利益安樂无邊衆生流
布是經功德无盡
金光明最勝王經大吉祥天女增長財物品第十七
尒時大吉祥天女復白佛言世尊北方薜室羅
末拏天王城名有財去城不遠有園名曰妙
花福光中有勝殿七寶所成世尊我常住
彼若復有人欲求五穀日日增多食庫盈溢
者應當發起敬信之心淨治一室瞿摩塗地

BD05411 號　金光明最勝王經卷八　（19–4）

尒時大吉祥天女復白佛言世尊北方薜室羅
末拏天王城名有財去城不遠有園名曰妙
花福光中有勝殿七寶所成世尊我常住
彼若復有人欲求五穀日日增多食庫盈溢
者應當發起敬信之心淨治一室瞿摩塗地
應畫我像種種瓔珞周帀莊嚴當洗浴身
著淨衣服塗以名香入淨室內發心爲我每
日三時稱彼佛名及此經名号而申礼敬南
謨瑠璃金山寶花光照吉祥功德海如來持諸
香花及以種種甘美飲食至心奉獻亦以香
花及諸飲食供養我像復持食散擲餘
方施諸神等實言邀請大吉祥天發所求
願若如所言是不虛者於我請勿令空尒于時
吉祥天女知是事已便生愍念令其宅中財
穀增長即當誦呪請召於我先稱佛名及
菩薩名字一心敬礼
南謨一切十方三世諸佛　南謨寶髻佛
南謨无垢光明寶幢佛　南謨金幢光佛
南謨百金光藏佛　南謨金蓋寶積佛
南謨金花光幢佛　南謨大燈光佛
南謨大寶幢佛　南謨東方不動佛
南謨南方寶幢佛　南謨西方无量壽佛
南謨北方天鼓音佛　南謨妙幢菩薩
南謨金光菩薩　南謨金藏菩薩
南謨常啼菩薩　南謨法上菩薩
南謨善安菩薩
敬礼如是佛菩薩已次當誦呪請召我大吉
祥天女由此呪力所求之事皆得成就即說呪曰

BD05411 號　金光明最勝王經卷八　（19–5）

南謨北方天鼓音佛　南謨妙幢菩薩
南謨金光菩薩　南謨金藏菩薩
南謨常啼菩薩　南謨法上菩薩
南謨善安菩薩
敬礼如是佛菩薩已次當誦呪請召我大吉
祥天女由此呪力所求之事皆得成就即說呪曰
南謨室唎莫訶天女　怛姪他
鉢唎脯嚟拏折囇　三曼頞
達唎設泥去聲下皆同尒　莫訶毗訶囉揭帝
三曼哆毗曇末泥　莫訶迦里也
鉢喇底瑟侘鉢泥　薩婆頞他娑彈泥
蘇鉢喇底脯囇　痾耶娜達摩多
莫訶毗俱比帝　莫訶迷咄嚕
鄔波僧呬羝　莫訶頡唎使
蘇僧近入里呬羝　三曼多頞他
阿奴波剌　泥　莎訶
世尊若人誦持如是神呪請召我時我聞
請已即至其所令願得遂世尊是灌頂法句定
成就句真實之句无虛誑句是平等行於諸
衆生是正善根若有受持讀誦呪者應七日
七夜受八支戒於晨朝時先嚼齒木淨漱
已及於晡後香花供養一切諸佛自陳其罪
當為己身及諸含識迴向發願令所希求速
得成就淨治一室或在空閑阿蘭若處瞿摩
為壇燒旃檀香而為供養置一勝座幡蓋莊
嚴以諸名花布列壇內應當至心誦持前
呪希望我至我於尒時即便護念觀察是人
来入其室就座而坐受其供養從是以後當令

BD05411 號　金光明最勝王經卷八

（19–6）

得成就淨治一室或在空閑阿蘭若處瞿摩
為壇燒旃檀香而為供養置一勝座幡蓋莊
嚴以諸名花布列壇內應當至心誦持前
呪希望我至我於尒時即便護念觀察是人
来入其室就座而坐受其供養從是以後當令
彼人於睡夢中得見於我隨所求事以實告
知若聚落空澤及僧住處隨所求者皆令圓
滿金銀財寶牛羊穀麦飲食衣服皆得隨
心受諸快樂既得如是勝妙果報當以上分
供養三寶及施於我廣脩法會設諸飲食布
列香花既供養已所有供食貨之取直復為
供養我當終身常住於此擁護是人令无闕
之隨所希求志皆稱意亦當時時給濟貧之
不應慳惜獨為己身當讀是經供養不絕當以
此福普施一切迴向菩提願出生死速得解脫
尒時世尊讚言善哉吉祥天女汝能如是流
布此經不可思議自他俱益
金光明最勝王經堅牢地神品第十八
金時堅牢地神即於衆中從座而起合掌恭
敬而白佛言世尊是金光明最勝王經若現
在世若未来世若在城邑聚落王宮樓觀及
阿蘭若山澤空林有此經王流布之處世尊
我當往詣其所供養恭敬擁護流通若有
方處為說法師敷置高座演說經者我以神
力不現本身在於座所頂戴其足我得聞法
深心歡喜得飡法味增益威光慶悅无量自
身既得如是利益亦令大地深十六万八千
踰繕那至金剛輪際令其地味悉皆增益乃

BD05411 號　金光明最勝王經卷八

（19–7）

方處為說法師敷置高座演說經者我以神
力不現本身在於座所頂戴其足我得聞法
深心歡喜得飡法味增益威光慶悅无量自
身既得如是利益亦令大地深十六万八千
踰繕那至金剛輪際令其地味悉皆增益乃
至四海所有土地亦使肥濃田疇沃壤倍勝常
日亦復令此贍部洲中江河池沼所有諸樹
藥草叢林種種花果根莖枝葉及諸苗稼
形相可愛眾所樂觀色香具足皆堪受用若諸
有情受用如是勝飲食已長命色力諸根安
隱增益光輝无諸痛惱心慧勇健无不堪能
又此大地凡有所須百千事業悉皆周備世
尊以是因緣諸贍部洲安隱豐樂人民熾盛
无諸衰惱所有眾生皆受安樂既受如是身
心快樂於此經王深加愛敬所在之處皆願受
持供養恭敬尊重讚歎又復於彼說法大師
法座之處悉皆往彼為諸眾生勸請說是
最勝經王何以故世尊由說此經我之自身
并諸眷屬咸蒙利益光輝氣力勇猛威勢
顏容端正倍勝於常世尊我堅牢地神蒙法
味已令贍部洲縱廣七千踰繕那地皆沃壤乃
至如前所有眾生皆受安樂是故世尊時彼
眾生為報我恩應作是念我當必定聽受是
經恭敬供養尊重讚歎作是念已即從住處
城邑聚落舍宅空地詣法會所頂礼法師聽
受是經既聽受已各還本處心生慶喜共作
是言我等今者得聞甚深无上妙法即是攝

BD05411 號　金光明最勝王經卷八　（19–8）

眾生為報我恩應作是念我當必定聽受是
經恭敬供養尊重讚歎作是念已即從住處
城邑聚落舍宅空地詣法會所頂礼法師聽
受是經既聽受已各還本處心生慶喜共作
是言我等今者得聞甚深无上妙法即是攝
受不可思議功德之聚由經力故我等當值无
量无邊百千俱胝那庾多佛承事供養永
離三塗極苦之處復於來世百千生中常生
天上及在人間受諸勝樂時彼諸人各還本
處為諸人眾說是經王若一喻一品一昔因緣
一如來名一菩薩名一四句頌或復一句為諸
眾生說是經典乃至首題名字世尊隨諸
眾生所住之處其地悉皆沃壤肥濃過於餘
處凡是土地所生之物悉得增長滋茂廣大
令諸眾生受於快樂多饒財寶好行惠施心
常堅固深信三寶作是語已尒時世尊告堅
牢地神曰若有眾生聞是金光明最勝經王
乃至一句命終之後當得往生三十三天及餘天
處若有眾生為欲供養是經王故莊嚴宅
宇乃至張一傘蓋懸一繒幡由是因緣六天之
上如念受生七寶妙宮隨意受用各各自然
有七千天女共相娛樂日夜常受不可思議
殊勝之樂作是語已尒時堅牢地神白佛言
世尊以是因緣若有四眾昇於法座說是法
時我當晝夜擁護是人自隱其身在於座
所頂戴其足世尊如是經典為彼眾生已於百
千佛所種善根者於贍部洲流布不滅是諸

BD05411 號　金光明最勝王經卷八　（19–9）

時我當晝夜擁護是人自隱其身在於座
所頂戴其足世尊如是經典為彼衆生已於百
千佛所種善根者於贍部洲流布不滅是諸
衆生聽斯經者於未來世无量百千俱胝那
庾多劫天上人中常受勝樂得遇諸佛速成
阿耨多羅三藐三菩提不歷三塗生死之苦
尒時堅牢地神白佛言世尊我有心呪能利
人天安樂一切若有男子女人及諸四衆欲
得親見我真身者應當至心持此陀羅尼
隨其所願皆悉遂心所謂資財珎寶伏藏及求
神通長年妙藥并療衆病降伏怨敵制諸
異論當持淨室安置道場洗浴身已著鮮潔
衣踞草座上於有舍利尊像之前或有舍利
制底之所燒香散花飲食供養於白月八日布
灑星合即可誦此請召之呪
怛姪他只里只里主 嚕主嚕句嚕句嚕
拘柱句柱覩柱覩柱 縛訶上 縛 訶
伐捨伐捨 莎 訶
世尊此之神呪若有四衆誦一百八遍請召
於我我為是人即來赴請又復世尊若 有
衆生欲得見我現身共語者亦應如前安
置法式誦此神呪
怛姪他頞祈 泥去 頞力剎泥室尸達哩
訶訶呬呬漚 嚕 伐曬莎訶莎
世尊若人持此呪時應誦一百八遍并誦前
呪我必現身隨其所願悉得成就終不虛然
若欲誦此呪時先誦護身呪曰

訶訶呬呬漚 嚕 伐曬莎訶莎
世尊若人持此呪時應誦一百八遍并誦前
呪我必現身隨其所願悉得成就終不虛然
若欲誦此呪時先誦護身呪曰
怛姪他你室里 朱捨羯徹㮈徹矩徹
勃地上勃地曬 底徹婢徹矩句徹
佉婆上只里 莎訶
世尊誦此呪時取五色綫誦呪二十一遍作
二十一結繫在左臂肘後即便護身无有
所懼若有至心誦此呪者所求必遂我不
妄語我以佛法僧寶而為要契證知是實
尒時世尊告地神曰善哉善哉汝能以是
實語神呪護此經王及說法者以是因緣令
汝獲得无量福報
金光明最勝王經僧慎尒耶藥叉大將品第十九
尒時僧慎尒耶藥叉大將并與二十八部藥
叉諸神於大衆中皆從座起偏袒右肩右膝
著地合掌向佛白言世尊此金光明最勝
經王若現在世及未來世所在宣揚流布之
處若於城邑聚落山澤空林或王宮殿或僧
住處世尊我僧慎尒耶藥叉大將并與二十八
部藥叉諸神俱詣其所各自隱形隨處擁護
彼說法師令離衰惱常受安樂及聽法者
若男若女童男童女於此經中乃至受持一四
句頌或持一句或此經王首題名号及此經中一
如來名一菩薩名發心稱念恭敬供養者我
當救護攝受令无災横離苦得樂世尊何

[illegible]

若男若女童男童女於此經中乃至受持一四
句頌或持一句或此經王首題名号及此經中一
如来名一菩薩名發心稱念恭敬供養者我
當救護攝受令无災橫離苦得樂世尊何
故我名正了知此之因緣是佛親證我知諸
法我曉一切法隨所有一切法如所有一切諸
法種類體性差別世尊如是諸法我能了知
我有難思智光我有難思智炬我有難思
智行我有難思智聚我於難思智境而
能通達世尊如我於一切法正知正曉正覺
能正觀察世尊以是因緣我藥叉大將名正
了知以是義故我能令彼說法之師言詞辯
了具足莊嚴亦令精氣從毛孔入身力充足
威光勇健難思智光皆得成就得正憶念
无有退屈增益彼身令无衰減諸根安樂常
生歡喜以是因緣為彼有情已於百千佛所殖
諸善根修福業者於贍部洲廣宣流布不速
隱沒彼諸有情聞是經已得不可思議大智
光明及以无量福智之聚於未来世當受无
量俱胝那庾多劫不可思量人天勝樂常
與諸佛共相值遇速證无上正等菩提閻羅
之界三塗極苦不復經過
尒時正了知藥叉大將白佛言世尊我有陁
羅尼今對佛前親自陳說為欲饒益憐愍諸
有情故即說呪曰
南謨佛陁　引也　南謨達摩　引也
南謨因達囉也　南謨析　咄　喃

尒時正了知藥叉大將白佛言世尊我有陁
羅尼今對佛前親自陳說為欲饒益憐愍諸
有情故即說呪曰
南謨佛陁　引也　南謨達摩　引也
南謨因達囉也　南謨析　咄　喃
莫曷囉闍　喃　怛姪他　呬里呬里
弭里弭里瞿　里　莫訶瞿里揵陁里
莫訶揵陁　里　達羅弭　雉
莫訶達羅弭里　單　茶曲勸馭問苐去
訶訶訶訶　呬呬呬呬
呼呼呼呼　漢魯雲　謹瞿曇謎
者者者　只只只只主主主主
旃茶彌之涉鉢攞　尸揭囉上　尸揭囉
嗢底瑟侘　呬　薄伽梵僧慎尒耶莎訶
若復有人於此明呪能受持者我當給與資
生樂具飲食衣服花果珎異或求男女童男
童女金銀珎寶諸瓔珞具我皆供給隨所願
求令无闕之此之明呪有大威力若誦呪時
我當速至其所令无障礙隨意成就若持此
呪時應知其法先畫一鋪僧慎尒耶藥叉形
像高四五尺手執鉾鑹於此像前作四方壇
安四滿瓶蜜水或沙糖水塗香抹香燒香及
諸花鬘又於壇前作地火爐中安炭火以蘇
摩芥子燒於爐中口誦前呪一百八遍一遍
一燒乃至我藥叉大將自来現身問呪人曰
尒何所須意所求者即以事答我即隨言於
所求事皆令滿足或須金銀及諸伏藏或欲
神仙乘空而去或求天眼通或知他心事於一切

摩夵子燒於爐中口誦前呪一百八遍一遍
一燒乃至我藥叉大將自來現身問呪人曰
汝何所須意所求者即以事答我即隨言為
所求事皆令滿足或須金銀及諸伏藏或欲
神仙乘空而去或求天眼通或知他心事於一切
有情隨意自在令斷煩惱速得解脫皆得成就
尒時世尊告正了知藥叉大將曰善哉善哉
汝能如是利益一切衆生說此神呪擁護正
法福利无邊

金光明最勝王經王法正論品第廿

尒時此大地神女名曰堅牢於大衆中從座而
起頂礼佛足合掌恭敬白佛言世尊於諸國
中為人王者若无正法不能治國安養衆生
及以自身長居勝位唯願世尊慈悲哀愍
當為我說王法正論治國之要令諸人王得
聞法已如說修行正化於世能令勝位永保安
寧國內居人咸蒙利益
尒時世尊於大衆中告堅牢地神曰汝當諦
聽過去有王名力尊幢其王有子名曰妙幢
受灌頂位未久之頃尒時父王告妙幢言有
王法正論名天主教法我於昔時受灌頂位
而為國主我父王名智力尊幢為我說是
王法正論我依此論於二万歲善治國土我
不曾憶起一念心行於非法汝於今日亦應
如是勿以非法而治於國云何名為王 法正
論汝今善聽當為汝說尒時力尊幢王即
為其子以妙伽他說正論曰
我說王法論　利安諸有情　為斷世間疑　滅除衆過失

BD05411號　金光明最勝王經卷八　（19-14）

不曾憶起一念心行於非法汝於今日亦應
如是勿以非法而治於國云何名為王 法正
論汝今善聽當為汝說尒時力尊幢王即
為其子以妙伽他說正論曰
我說王法論　利安諸有情　為斷世間疑　滅除衆過失
一切諸天主　及以人中王　當生歡喜心　合掌聽我說
往昔諸天衆　集在金剛山　四王從座起　請問於大梵
梵主最勝尊　天中大自在　願哀愍我等　為斷諸疑惑
云何處人世　而得名為天　復以何因緣　号名曰天子
云何生人間　獨得為人主　云何在天上　復得作天王
如是護世間　問彼梵王已　尒時梵天王　即便為彼說
護世汝當知　為利有情故　問我治國法　我說應善聽
由先善業力　生天得作王　若在於人中　統領為人主
諸天共加護　然後入母胎　既至母胎中　諸天復守護
雖生在人世　尊勝故名天　由諸天護持　亦得名天子
三十三天主　分力助人王　及一切諸天　亦資自在力
除滅諸非法　惡業令不生　教有情修善　使得生天上
人及蘇羅衆　并揵闥婆等　羅刹旃荼羅　悉皆資半力
父母資半力　令捨惡修善　諸天共護持　示其善惡報
若造善惡業　令於現世中　諸天共護持　示其善惡報
國人造惡業　王捨不禁制　斯非順正理　治擯當如法
若見惡不遮　非法便滋長　遂令王國內　姧詐日增多
王見國中人　造惡不遮止　三十三天衆　咸生忿怒心
因此損國政　諂偽行世間　被他怨敵侵　破壞其國土
居家及資具　積財皆散失　種種諂誑生　更互相侵奪
由正法得王　而不行其法　國人皆破散　如象踏蓮池
惡風起无恒　暴雨非時下　妖星多變怪　日月蝕无光
五穀衆花果　菓實皆不成　國土遭飢饉　由王捨正法

BD05411號　金光明最勝王經卷八　（19-15）

[illegible]
居家及資具 積財皆散失 種種諂誑生 更互相侵奪
由正法得王 而不行其法 國人皆破散 如象蹋蓮池
惡風起无恒 暴雨非時墮 妖星多變怪 日月蝕无光
五穀衆花果 苗實皆不成 國土遭飢饉 由王捨正法
若王捨正法 以惡法化人 諸天處本宮 見已生憂惱
彼諸天王衆 共作如是言 此王作非法 惡黨相親附
王位不久安 諸天皆忿恨 由彼懷忿故 其國當敗亡
以非法教人 流行於國內 鬪諍多姧僞 疾疫生衆苦
天主不護念 餘天咸捨棄 國土當滅亡 王身受苦厄
父母及妻子 兄弟并姊妹 俱遭愛別離 乃至身亡歿
變怪流星墮 二日俱時出 他方怨賊來 國人遭喪亂
國所重大臣 枉橫而身死 所愛象馬等 亦復皆散失
處處有兵戈 人多非法死 惡鬼來入國 疾疫遍流行
國中最大臣 及以諸輔相 其心懷諂佞 並悉行非法
見行非法者 而生於愛敬 於行善法人 苦楚而治罰
由愛敬惡人 治罰善人故 星宿及風雨 皆不以時行
有三種過生 正法當隱沒 衆生无光色 地肥皆下沉
由敬惡輕善 復有三種過 非時降霜雹 飢疫苦流行
穀稼諸果實 滋味皆損減 於其國土中 衆生多疾病
國中諸樹林 先生甘美果 由斯皆損減 苦澀无滋味
先有妙園林 可愛遊戲處 忽然皆枯悴 見者生憂惱
稻麥諸果實 美味漸消亡 食時心不喜 何能長諸大
衆生光色滅 勢力盡衰微 食噉雖復多 不能令飽足
於其國界中 所有衆生類 少力无勇勢 所作不堪能
國人多疾患 衆苦逼其身 鬼魅遍流行 隨處生羅剎
若王作非法 親近於惡人 令三種世間 因斯受衰損
如是无邊過 出在於國中 皆由見惡人 棄捨不治擯

BD05411號　金光明最勝王經卷八　（19–16）

於其國界中 所有衆生類 少力无勇勢 所作不堪能
國人多疾患 衆苦逼其身 鬼魅遍流行 隨處生羅剎
若王作非法 親近於惡人 令三種世間 因斯受衰損
如是无邊過 出在於國中 皆由見惡人 棄捨不治擯
由諸天加護 得作於國王 而不以正法 守護於國界
若人修善行 當得生天上 若造惡業者 死必墮三塗
若王見國人 縱其造過失 三十三天衆 皆生熱惱心
不順諸天教 及以父母言 此是非法人 非王非孝子
若於自國中 見行非法者 如法當治罰 不應生捨棄
是故諸天衆 皆護持此王 以滅諸惡法 能修善根故
王於此世中 必招於現報 由於善惡業 行捨勸衆生
為示善惡報 故得作人王 諸天共護持 一切咸隨喜
由自利利他 治國以正法 見有諂佞者 應當如法治
假使失王位 及以害命緣 終不行惡法 見惡而捨棄
害中極重者 无過失國位 皆因諂佞人 為此當治罰
若有諂誑人 當失於國位 由斯損王政 如象入花園
天主皆瞋恨 阿蘇羅亦然 以彼為人王 不以法治國
是故應如法 治罰於惡人 以善化衆生 不順於非法
寧捨於身命 不隨非法友 於親及非親 平等觀一切
若為正法王 國內无偏黨 法王有名稱 普聞三界中
三十三天衆 歡喜作是言 贍部洲法王 彼即是我子
以善化衆生 正法治於國 勸行於正法 當令生我宮
天及諸天子 及以蘇羅衆 因王正法化 常得心歡喜
天衆皆歡喜 共護於人王 衆星依位行 日月无乖度
和風常應節 甘雨順時行 苗實皆善成 人无飢饉者
一切諸天衆 充滿於自宮 是故汝人王 忘身弘正法
應尊重法寶 由斯衆安樂 常當親正法 功德自莊嚴
眷屬常歡喜 能遠離諸惡 以法化衆生 恒令得安隱

BD05411號　金光明最勝王經卷八　（19–17）

天衆皆歡喜 共護於人王 衆星依位行 日月无乖度
和風常應節 甘雨順時行 苗實皆善成 人无飢饉者
一切諸天衆 充滿於自宮 是故汝人王 忘身弘正法
應尊重法寶 由斯衆安樂 常當親正法 功德自莊嚴
眷屬常歡喜 能遠離諸惡 以法化衆生 恒令得安隱
令彼一切人 修行於十善 率土常豐樂 國土得安寧
王以法化人 善調於惡行 當得好名稱 安樂諸衆生
尒時大地一切人王及諸大衆聞佛說此古昔
人王治国要法得未曾有皆大歡喜信受奉持

金光明最勝王經卷第八

擬陁履 桎 誅主

BD05411 號　金光明最勝王經卷八　（19–18）

金光明最勝王經卷第八

擬陁履 桎 誅主

BD05411 號　金光明最勝王經卷八　（19–19）

兑

那梨吱羅樹次名波那婆樹次名无𢈔菓樹
次名多羅樹次名多摩羅樹次名卑耶羅樹
次名俱羅迦樹次名陁婆樹次名佉提羅樹
次名提羅迦樹次名阿殊那樹次名迦曇婆樹
次名泥荼羅婆樹次名佉殊羅樹次名菴婆
羅樹次名卑末𨻶陁樹次名婆多梨樹次名
婆吒樹次名甄炏迦樹次名龍次名无憂
樹次名斯隣陁樹次名吱多迦樹次名迦尼
迦羅樹次名阿提目多迦樹次名那浮摩利
迦樹次名波吒迦樹次名波吒羅樹次名迦
卑他樹次名毗羅婆樹次名天木香樹次名
波頭摩樹次名瞻波迦樹次名迦羅毗略迦
樹次名青无憂樹次名鳩羅婆迦樹次名軍
陁樹次名婆陁羅樹次名鳩吒闍樹多有如
是種種菓樹處處流泉楗闥婆王遊戲藂林
過此山已有一大海縱廣五百由旬名曰乳
木其水色如乳无異海有大魚長五由旬住

BD05412號　正法念處經（兌廢稿）卷七〇　（2–1）

迦樹次名波吒迦樹次名波吒羅樹次名迦
卑他樹次名毗羅婆樹次名天木香樹次名
波頭摩樹次名瞻波迦樹次名迦羅毗略迦
樹次名青无憂樹次名鳩羅婆迦樹次名軍
陁樹次名婆陁羅樹次名鳩吒闍樹多有如
是種種菓樹處處流泉楗闥婆王遊戲藂林
過此山已有一大海縱廣五百由旬名曰乳
木其水色如乳无異海有大魚長五由旬住
在海中過此海已有一沙山縱廣一千由旬无有
林樹及諸藥草過此山已有一大海名曰龍
滿縱廣六千由旬海有諸龍名榆𢈔羅住
此海中自相鬪諍樂注大雨過此海已有一
大海名蘊无陁羅縱廣二千由旬其水不動
羅魚蠡貝之屬
復次脩行者知業法果彼以聞慧或以天眼
見如說處山河海渚林樹之處无有一處不

BD05412號　正法念處經（兌廢稿）卷七〇　（2–2）

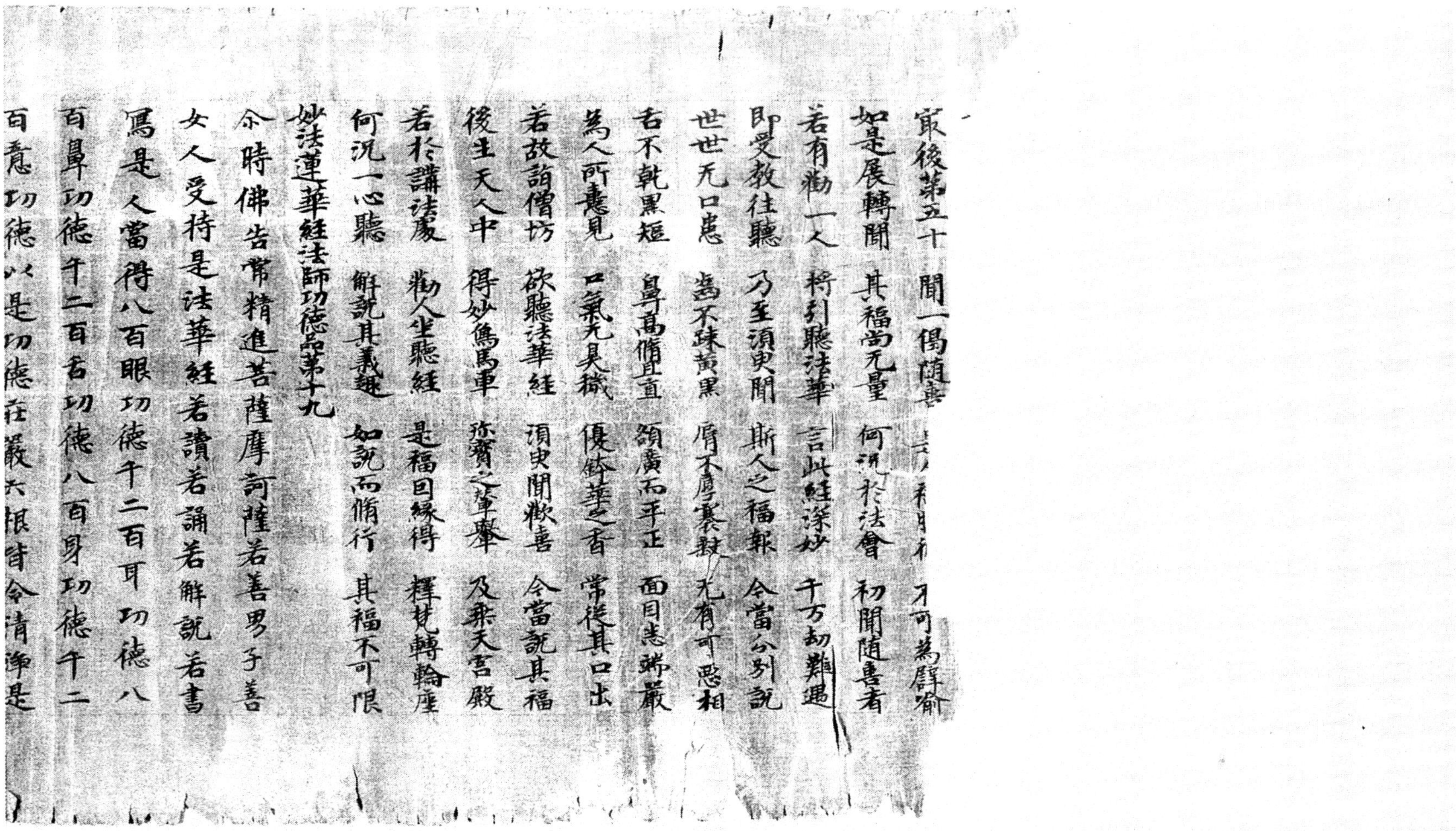
最後第五十　聞一偈隨喜　是人福勝彼　不可為譬喻
如是展轉聞　其福尚无量　何況於法會　初聞隨喜者
若有勸一人　將引聽法華　言此經深妙　千万劫難遇
即受教往聽　乃至須臾聞　斯人之福報　今當分別說
世世无口患　齒不踈黃黑　脣不厚褰缺　无有可惡相
舌不乾黑短　鼻高修且直　額廣而平正　面目悉端嚴
為人所憙見　口氣无臭穢　優鉢華之香　常從其口出
若故詣僧坊　欲聽法華經　須臾聞歡喜　今當說其福
後生天人中　得妙象馬車　珍寶之輦轝　及乘天宮殿
若於講法處　勸人坐聽經　是福因緣得　釋梵轉輪座
何況一心聽　解說其義趣　如說而修行　其福不可限
妙法蓮華經法師功德品第十九
尒時佛告常精進菩薩摩訶薩　若善男子善
女人受持是法華經　若讀若誦若解說若書
寫　是人當得八百眼功德　千二百耳功德　八
百鼻功德　千二百舌功德　八百身功德　千二
百意功德　以是功德莊嚴六根　皆令清淨　是

BD05413號　妙法蓮華經卷六　（2–1）

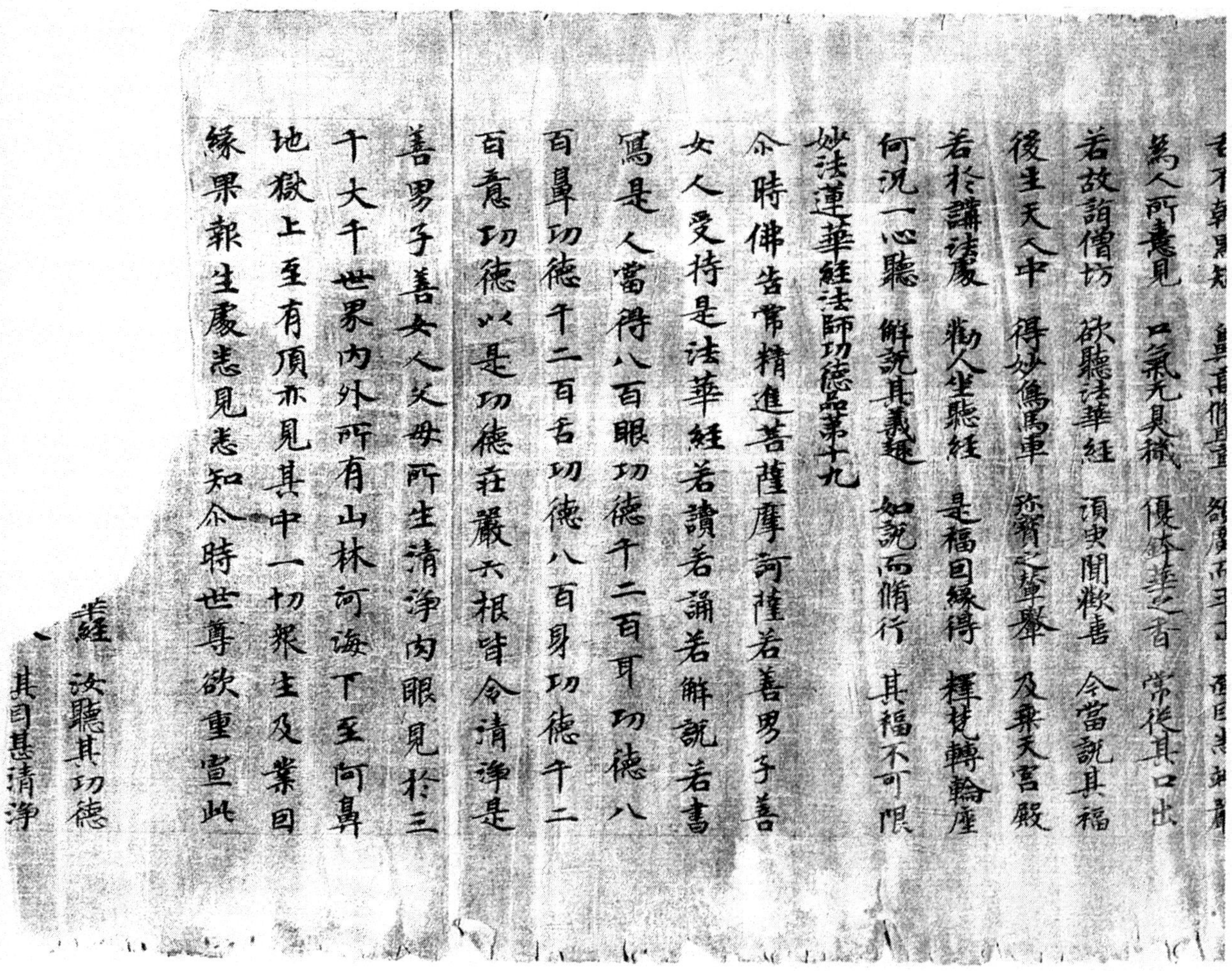
舌不乾黑短　鼻高修且直　額廣而平正　面目悉端嚴
為人所憙見　口氣无臭穢　優鉢華之香　常從其口出
若故詣僧坊　欲聽法華經　須臾聞歡喜　今當說其福
後生天人中　得妙象馬車　珍寶之輦轝　及乘天宮殿
若於講法處　勸人坐聽經　是福因緣得　釋梵轉輪座
何況一心聽　解說其義趣　如說而修行　其福不可限
妙法蓮華經法師功德品第十九
尒時佛告常精進菩薩摩訶薩　若善男子善
女人受持是法華經　若讀若誦若解說若書
寫　是人當得八百眼功德　千二百耳功德　八
百鼻功德　千二百舌功德　八百身功德　千二
百意功德　以是功德莊嚴六根　皆令清淨　是
善男子善女人父母所生清淨肉眼　見於三
千大千世界內外所有山林河海　下至阿鼻
地獄　上至有頂　亦見其中一切衆生　及業因
緣果報生處　悉見悉知　尒時世尊欲重宣此
華經　汝聽其功德
其目甚清淨

BD05413號　妙法蓮華經卷六　（2–2）

說大身則爲非大身是名大身
須菩提菩薩亦如是若作是言我當滅度无
量衆生則不名菩薩何以故須菩提實无有
法名爲菩薩是故佛說一切法无我无人无
衆生无壽者須菩提若菩薩作是言我當莊
嚴佛土是不名菩薩何以故如來說莊嚴佛
土者即非莊嚴是名莊嚴須菩提若菩薩通
達无我法者如來說名真是菩薩
須菩提於意云何如來有肉眼不如是世尊
如來有肉眼須菩提於意云何如來有天眼
不如是世尊如來有天眼須菩提於意云何
如來有慧眼不如是世尊如來有慧眼須菩
提於意云何如來有法眼不如是世尊如來
有法眼須菩提於意云何如來有佛眼不如
是世尊如來有佛眼須菩提於意云何恒河

BD05414號　金剛般若波羅蜜經　（6–1）

如來有肉眼須菩提於意云何如來有天眼
不如是世尊如來有天眼須菩提於意云何
如來有慧眼不如是世尊如來有慧眼須菩
提於意云何如來有法眼不如是世尊如來
有法眼須菩提於意云何如來有佛眼不如
是世尊如來有佛眼須菩提於意云何恒河
中所有沙佛說是沙不如是世尊如來說是
沙須菩提於意云何如一恒河中所有沙有
如是等恒河是諸恒河所有沙數佛世界如
是寧爲多不甚多世尊佛告須菩提尒所國
土中所有衆生若干種心如來悉知何以故
如來說諸心皆爲非心是名爲心所以者何
須菩提過去心不可得現在心不可得未來
心不可得須菩提於意云何若有人滿三千
大千世界七寶以用布施是人以是因緣得
福多不如是世尊此人以是因緣得福甚多
須菩提若福德有實如來不說得福德多
以福德无故如來說得福德多
須菩提於意云何佛可以具足色身見不不
也世尊如來不應以具足色身見何以故如
來說具足色身即非具足色身是名具足
色身須菩提於意云何如來可以具足諸相見
不不也世尊如來不應以具足諸相見何以
故如來說諸相具足即非具足是名諸相具
足須菩提汝勿謂如來作是念我當有所說

BD05414號　金剛般若波羅蜜經　（6–2）

來說具足色身即非具足色身是名具足
色身須菩提於意云何如來可以具足諸相見
不不也世尊如來不應以具足諸相見何以
故如來說諸相具足即非具足是名諸相具
足須菩提汝勿謂如來作是念我當有所說
法莫作是念何以故若人言如來有所說法
即為謗佛不能解我所說故須菩提說法
者无法可說是名說法
尒時慧命須菩提白佛言世尊頗有眾生
於未來世聞說是法生信心不佛言須菩提
彼非眾生非不眾生何以故須菩提眾生
者如來說非眾生是名眾生
須菩提白佛言世尊佛得阿耨多羅三藐三
菩提為无所得耶如是如是須菩提我於阿
耨多羅三藐三菩提乃至无有少法可得是
名阿耨多羅三藐三菩提
復次須菩提是法平等无有高下是名阿
耨多羅三藐三菩提以无我无人无眾生无壽
者脩一切善法則得阿耨多羅三藐三菩提
須菩提所言善法者如來說非善法是名
善法須菩提若三千大千世界中所有諸須
弥山王如是等七寶聚有人持用布施若人
以此般若波羅蜜經乃至四句偈等受持為
他人說於前福德百分不及一千万億分
乃至算數譬喻所不能及

BD05414號　金剛般若波羅蜜經　（6–3）

善法須菩提若三千大千世界中所有諸須
弥山王如是等七寶聚有人持用布施若人
以此般若波羅蜜經乃至四句偈等受持為
他人說於前福德百分不及一千万億分
乃至算數譬喻所不能及
須菩提於意云何汝等勿謂如來作是念我
當度眾生須菩提莫作是念何以故實无有
眾生如來度者若有眾生如來度者如來則
有我人眾生壽者須菩提如來說有我者則
非有我而凡夫之人以為有我須菩提凡夫
者如來說則非凡夫
須菩提於意云何可以卅二相觀如來不須
菩提言如是如是以卅二相觀如來佛言須
菩提若以卅二相觀如來者轉輪聖王則是
如來須菩提白佛言世尊如我解佛所說義
不應以卅二相觀如來尒時世尊而說偈言
若以色見我　以音聲求我　是人行邪道　不能見如來
須菩提汝若作是念如來不以具足相故得
阿耨多羅三藐三菩提須菩提莫作是念如
來不以具足相故得阿耨多羅三藐三菩提者
說諸法斷滅相莫作是念何以故發阿耨
多羅三藐三菩提者於法不說斷滅相
須菩提若菩薩以滿恒河沙等世界七寶布
施若復有人知一切法无我得成於忍此菩

BD05414號　金剛般若波羅蜜經　（6–4）

說諸法斷滅相莫作是念何以故發阿耨
多羅三藐三菩提者於法不說斷滅相
須菩提若菩薩以滿恒河沙等世界七寶布
施若復有人知一切法无我得成於忍此菩
薩勝前菩薩所得功德須菩提以諸菩薩
不受福德故須菩提白佛言世尊云何菩薩
不受福德須菩提菩薩所作福德不應貪
著是故說不受福德
須菩提若有人言如來若來若去若坐若
卧是人不解我所說義何以故如來者无所
從來亦无所去故名如來
須菩提若善男子善女人以三千大千世界
碎為微塵於意云何是微塵衆寧為多不
甚多世尊何以故若是微塵衆實有者佛則
不說是微塵衆所以者何佛說微塵衆則非
微塵衆是名微塵衆世尊如來所說三千大
千世界則非世界是名世界何以故若世界實有者則
是一合相如來說一合相則非一合相是名一合相須菩提
一合相者則是不可說但凡夫之人貪著其事
須菩提若人言佛說我見人見衆生見壽見者須
菩提於意云何是人解我所說義不世尊是人不
解如來所說義何以故世尊說我見人見衆生見
壽者見即非我見人見衆生見壽者見是名我

BD05414號　金剛般若波羅蜜經

（6–5）

一合相者則是不可說但凡夫之人貪著其事
須菩提若人言佛說我見人見衆生見壽見者須
菩提於意云何是人解我所說義不世尊是人不
解如來所說義何以故世尊說我見人見衆生見
壽者見即非我見人見衆生見壽者見是名我
見人見衆生見壽者見須菩提發阿耨多羅三藐
三菩提心者於一切法應如是知如是見如是信解不
生法相須菩提所言法相者如來說即非法相是
名法相須菩提若有人以滿无量阿僧祇世界七
寶持用布施若有善男子善女人發菩薩心者
持於此經乃至四句偈等受持讀誦為人演說其
福勝彼云何為人演說不取於相如來不動何以故
一切有為法　如夢幻泡影　如露亦如電　應作如是觀
佛說是經已長老須菩提及諸比丘比丘尼優
婆塞優婆夷一切世間天人阿脩羅聞佛
所說皆大歡喜信受奉行

金剛般若波羅蜜經

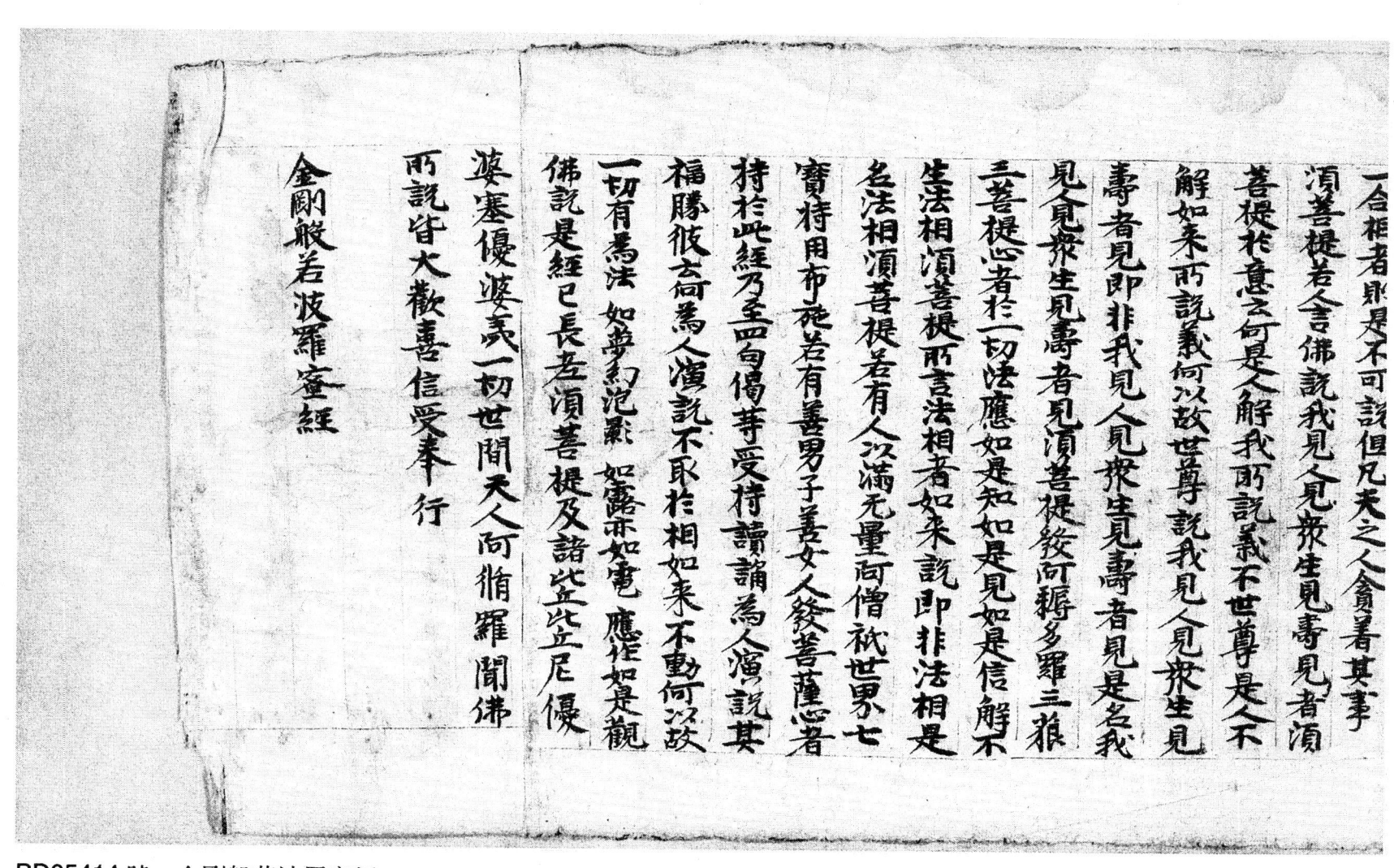

BD05414號　金剛般若波羅蜜經

（6–6）

鈴又於其上張設幰蓋亦以珎竒雜寶而嚴
飾之寶繩絞絡垂諸華纓重敷綩綖安置丹
枕駕以白牛膚色充潔形體姝好有大筋力
行步平正其疾如風又多僕從而侍衛之所
以者何是大長者財富无量種種諸藏悉皆
充溢而作是念我財物无極不應以下劣小
車與諸子等今此幼童皆是吾子愛无偏黨
我有如是七寶大車其數无量應當等心各
各與之不宜差別所以者何以我此物周給
一國猶尚不匱何況諸子是時諸子各乘大
車得未曾有非本所望舍利弗於汝意云何
彼長者等與諸子珎寶大車寧有虛妄不舍
利弗言不也世尊是長者但令諸子得免火
難全其軀命非為虛妄何以故若全身命便
為已得玩好之具況復方便於彼火宅而拔
濟之世尊若是長者乃至不與取小一車猶
不虛妄何以故是長者先作是意我以方便
令子得出以是因緣无虛妄也何況長者自
知財富无量欲饒益諸子等與大車佛告舍
利弗善哉善哉如汝所言舍利弗如來亦復
如是則為一切世間之父於諸怖畏衰惱憂

BD05415號　妙法蓮華經卷二　（20–1）

濟之世尊若是長者乃至不與取小一車猶
不虛妄何以故是長者先作是意我以方便
令子得出以是因緣无虛妄也何況長者自
知財富无量欲饒益諸子等與大車佛告舍
利弗善哉善哉如汝所言舍利弗如來亦復
如是則為一切世間之父於諸怖畏衰惱憂
患无明闇蔽永盡无餘而悉成就无量知見
力无所畏有大神力及智慧力具足方便智
慧波羅蜜大慈大悲常无懈惓恒求善事利
益一切而生三界朽故火宅為度衆生生老
病死憂悲苦惱愚癡闇蔽三毒之火教化令
得阿耨多羅三藐三菩提見諸衆生為生老
病死憂悲苦惱之所燒煑亦以五欲財利故
受種種苦又以貪著追求故現受衆苦後受
地獄畜生餓鬼之苦若生天上及在人間貧
窮困苦愛別離苦怨憎會苦如是等種種諸
苦衆生沒在其中歡喜遊戲不覺不知不驚
不怖亦不生猒不求解脫於此三界火宅東
西馳走雖遭大苦不以為患舍利弗佛見此
已便作是念我為衆生之父應拔其苦難與
无量无邊佛智慧樂令其遊戲舍利弗如來
復作是念若我但以神力及智慧力捨於方
便為諸衆生讚如來知見力无所畏者衆生
不能以是得度所以者何是諸衆生未免生
老病死憂悲苦惱而為三界火宅所燒何由
能解佛之智慧舍利弗如彼長者雖復身手
有力而不用之但以慇懃方便勉濟諸子火
宅之難然後各與珎寶大車如來亦復如是
雖有力无所畏而不用之但以智慧方便於

BD05415號　妙法蓮華經卷二　（20–2）

老病死憂悲苦惱而為三界火宅所燒何由
能解佛之智慧舍利弗如彼長者雖復身手
有力而不用之但以殷勤方便勉濟諸子火
宅之難然後各與珎寶大車如來亦復如是
雖有力无所畏而不用之但以智慧方便於
三界火宅拔濟衆生為說三乘聲聞辟支佛
佛乘而作是言汝等莫得樂住三界火宅勿
貪麁弊色聲香味觸也若貪著生愛則為所
燒汝等速出三界當得三乘聲聞辟支佛佛
乘我今為汝保任此事終不虛也汝等但當
勤脩精進如來以是方便誘進衆生復作是
言汝等當知此三乘法皆是聖所稱歎自在
无繫无所依求乘是三乘以无漏根力覺道
禪定解脫三昧等而自娛樂便得无量安隱
快樂舍利弗若有衆生内有智性從佛世尊
聞法信受殷勤精進欲速出三界自求涅槃
是名聲聞乘如彼諸子為求羊車出於火宅
若有衆生從佛世尊聞法信受殷勤精進求
自然慧樂獨善寂深知諸法因緣是名辟支
佛乘如彼諸子為求鹿車出於火宅若有衆
生從佛世尊聞法信受勤脩精進求一切智
佛智自然智无師智如來知見力无所畏愍
念安樂无量衆生利益天人度脫一切是名
大乘菩薩求此乘故名為摩訶薩如彼諸子
為求牛車出於火宅舍利弗如彼長者見諸
子等安隱得出火宅到无畏處自惟財富无
量等以大車而賜諸子如來亦復如是為一
切衆生之父若見无量億千衆生以佛教門
出三界苦怖畏險道得涅槃樂如來尒時便

念安樂无量衆生利益天人度脫一切是名
大乘菩薩求此乘故名為摩訶薩如彼諸子
為求牛車出於火宅舍利弗如彼長者見諸
子等安隱得出火宅到无畏處自惟財富无
量等以大車而賜諸子如來亦復如是為一
切衆生之父若見无量億千衆生以佛教門
出三界苦怖畏險道得涅槃樂如來尒時便
作是念我有无量无邊智慧力无畏等諸佛
法藏是諸衆生皆是我子等與大乘不令有
人獨得滅度皆以如來滅度而滅度之是諸
衆生脫三界者悉與諸佛禪定解脫等娛樂
之具皆是一相一種聖所稱歎能生淨妙第
一之樂舍利弗如彼長者初以三車誘引諸
子然後但與大車寶物莊嚴安隱第一然彼
長者无虛妄之咎如來亦復如是无有虛妄
初說三乘引導衆生然後但以大乘而度脫
之何以故如來有无量智慧力无所畏諸法
之藏能與一切衆生大乘之法但不盡能受
舍利弗以是因緣當知諸佛方便力故於一
佛乘分別說三佛欲重宣此義而說偈言
譬如長者　有一大宅　其宅久故　而復頓弊
堂舍高危　柱根摧朽　梁棟傾斜　基陛頹毀
牆壁圮坼　泥塗褫落　覆苫亂墜　椽梠差脫
周障屈曲　雜穢充遍　有五百人　止住其中
鵄梟鵰鷲　烏鵲鳩鴿　蚖蛇蝮蝎　蜈蚣蚰蜒
守宮百足　狖狸鼷鼠　諸惡虫輩　交橫馳走
屎尿臭處　不淨流溢　蜣蜋諸虫　而集其上
狐狼野干　咀嚼踐蹋　齧齧死屍　骨肉狼藉
由是羣狗　競來搏撮　飢羸慞惶　處處求食
鬪諍摣掣　嘊喍嘷吠　其舍恐怖　變狀如是

鵄梟鵰鷲 烏鵲鳩鴿 蚖虵蝮蠍 蜈蚣蚰蜒
守宫百足 狖狸鼷鼠 諸惡虫輩 交横馳走
屎尿臭處 不淨流溢 蜣蜋諸虫 而集其上
狐狼野干 咀嚼踐蹋 嚌齧死屍 骨肉狼藉
由是羣狗 競來搏撮 飢羸慞惶 處處求食
鬪諍攎掣 嘊喍嘷吠 其舍恐怖 變狀如是
處處皆有 魑魅魍魎 夜叉惡鬼 食噉人肉
毒虫之屬 諸惡禽獸 孚乳產生 各自藏護
夜叉競來 爭取食之 食之既飽 惡心轉熾
鬪諍之聲 甚可怖畏 鳩槃荼鬼 蹲踞土埵
或時離地 一尺二尺 往反遊行 縱逸嬉戲
捉狗兩足 撲令失聲 以脚加頸 怖狗自樂
復有諸鬼 其身長大 裸形黑瘦 常住其中
發大惡聲 叫呼求食 復有諸鬼 其咽如針
復有諸鬼 首如牛頭 或食人肉 或復噉狗
頭髮蓬亂 殘害凶險 飢渴所逼 叫喚馳走
夜叉餓鬼 諸惡鳥獸 飢急四向 窺看窓牖
如是諸難 恐畏无量 是朽故宅 屬于一人
其人近出 未久之間 於後宅舍 忽然火起
四面一時 其炎俱熾 棟梁椽柱 爆聲振裂
摧折墮落 牆壁崩倒 諸鬼神等 揚聲大叫
鵰鷲諸鳥 鳩槃荼等 周慞惶怖 不能自出
惡獸毒虫 藏竄孔穴 毗舍闍鬼 亦住其中
薄福德故 為火所逼 共相殘害 飲血噉肉
野干之屬 並已前死 諸大惡獸 競來食噉
臭烟熢㶿 四面充塞 蜈蚣蚰蜒 毒虵之類
為火所燒 爭走出穴 鳩槃荼鬼 隨取而食
又諸餓鬼 頭上火然 飢渴熱惱 周慞悶走
其宅如是 甚可怖畏 毒害火災 衆難非一

BD05415號　妙法蓮華經卷二　（20–5）

臭烟熢㶿 四面充塞 蜈蚣蚰蜒 毒虵之類
為火所燒 爭走出穴 鳩槃荼鬼 隨取而食
又諸餓鬼 頭上火然 飢渴熱惱 周慞悶走
其宅如是 甚可怖畏 毒害火災 衆難非一
是時宅主 在門外立 聞有人言 汝諸子等
先因遊戲 來入此宅 稚小无知 歡娛樂著
長者聞已 驚入火宅 方宜救濟 令无燒害
告喻諸子 說衆患難 惡鬼毒虫 災火蔓莚
衆苦次第 相續不絕 毒虵蚖蝮 及諸夜叉
鳩槃荼鬼 野干狐狗 鵰鷲鵄梟 百足之屬
飢渴惱急 甚可怖畏 此苦難處 況復大火
諸子无知 雖聞父誨 猶故樂著 嬉戲不已
是時長者 而作是念 諸子如此 益我愁惱
今此舍宅 无一可樂 而諸子等 耽湎嬉戲
不受我教 將為火害 即便思惟 設諸方便
告諸子等 我有種種 珍玩之具 妙寶好車
羊車鹿車 大牛之車 今在門外 汝等出來
吾為汝等 造作此車 隨意所樂 可以遊戲
諸子聞說 如此諸車 即時奔競 馳走而出
到於空地 離諸苦難 長者見子 得出火宅
住於四衢 坐師子座 而自慶言 我今快樂
此諸子等 生育甚難 愚小无知 而入險宅
多諸毒虫 魑魅可畏 大火猛炎 四面俱起
而此諸子 貪樂嬉戲 我已救之 令得脫難
是故諸人 我今快樂
尒時諸子 知父安坐 皆詣父所 而白父言
願賜我等 三種寶車 如前所許 諸子出來
當以三車 隨汝所欲 今正是時 唯垂給與
長者大富 庫藏衆多 金銀琉璃 車𤦲馬瑙

BD05415號　妙法蓮華經卷二　（20–6）

是故諸人　我今快樂
尒時諸子　知父安坐　皆詣父所　而白父言
願賜我等　三種寶車　如前所許　諸子出來
當以三車　隨汝所欲　今正是時　唯垂給與
長者大富　庫藏衆多　金銀琉璃　車𤦲馬瑙
以衆寶物　造諸大車　莊挍嚴飾　周帀欄楯
四面懸鈴　金繩絞絡　真珠羅網　張施其上
金華諸瓔　處處垂下　衆綵雜飾　周帀圍繞
柔軟繒纊　以為茵蓐　上妙細疊　價直千億
鮮白淨潔　以覆其上　有大白牛　肥壯多力
形體姝好　以駕寶車　多諸儐從　而侍衛之
如是妙車　等賜諸子　諸子是時　歡喜踊躍
乘是寶車　遊於四方　嬉戲快樂　自在无礙
告舍利弗　我亦如是　衆聖中尊　世間之父
一切衆生　皆是吾子　深著世樂　无有慧心
三界无安　猶如火宅　衆苦充滿　甚可怖畏
常有生老　病死憂患　如是等火　熾然不息
如來已離　三界火宅　寂然閑居　安處林野
今此三界　皆是我有　其中衆生　悉是吾子
而今此處　多諸患難　唯我一人　能為救護
雖復教詔　而不信受　於諸欲染　貪著深故
是以方便　為說三乘　令諸衆生　知三界苦
開示演說　出世間道　是諸子等　若心決定
具足三明　及六神通　有得緣覺　不退菩薩
汝舍利弗　我為衆生　以此譬喻　說一佛乘
汝等若能　信受是語　一切皆當　成得佛道
是乘微妙　清淨第一　於諸世間　為无有上
佛所悅可　一切衆生　所應稱讚　供養礼拜
无量億千　諸力解脫　禪定智慧　及佛餘法

BD05415號　妙法蓮華經卷二　（20–7）

汝等若能　信受是語　一切皆當　成得佛道
是乘微妙　清淨第一　於諸世間　為无有上
佛所悅可　一切衆生　所應稱讚　供養礼拜
无量億千　諸力解脫　禪定智慧　及佛餘法
得如是乘　令諸子等　日夜劫數　常得遊戲
與諸菩薩　及聲聞衆　乘此寶乘　直至道場
以是因緣　十方諦求　更无餘乘　除佛方便
告舍利弗　汝諸人等　皆是吾子　我則是父
汝等累劫　衆苦所燒　我皆濟拔　令出三界
我雖先說　汝等滅度　但盡生死　而實不滅
今所應作　唯佛智慧
若有菩薩　於是衆中　能一心聽　諸佛實法
諸佛世尊　雖以方便　所化衆生　皆是菩薩
若人小智　深著愛欲　為此等故　說於苦諦
衆生心喜　得未曾有　佛說苦諦　真實无異
若有衆生　不知苦本　深著苦因　不能暫捨
為是等故　方便說道　諸苦所因　貪欲為本
若滅貪欲　无所依止　滅盡諸苦　名第三諦
為滅諦故　脩行於道　離諸苦縛　名得解脫
是人於何　而得解脫　但離虛妄　名為解脫
其實未得　一切解脫　佛說是人　未實滅度
斯人未得　无上道故　我意不欲　令至滅度
我為法王　於法自在　安隱衆生　故現於世
汝舍利弗　我此法印　為欲利益　世間故說
在所遊方　勿妄宣傳
若有聞者　隨喜頂受　當知是人　阿鞞跋致
若有信受　此經法者　是人已曾　見過去佛
恭敬供養　亦聞是法

BD05415號　妙法蓮華經卷二　（20–8）

汝舍利弗　我此法印　為欲利益　世間故說
在所遊方　勿妄宣傳
若有聞者　隨喜頂受　當知是人　阿鞞跋致
若有信受　此經法者　是人已曾　見過去佛
恭敬供養　亦聞是法
若人有能　信汝所說　則為見我　亦見於汝
及比丘僧　并諸菩薩
斯法華經　為深智說　淺識聞之　迷惑不解
一切聲聞　及辟支佛　於此經中　力所不及
汝舍利弗　尚於此經　以信得入　況餘聲聞
其餘聲聞　信佛語故　隨順此經　非己智分
又舍利弗　憍慢懈怠　計我見者　莫說此經
凡夫淺識　深著五欲　聞不能解　亦勿為說
若人不信　毀謗此經　則斷一切　世間佛種
或復頻蹙　而懷疑惑　汝當聽說　此人罪報
若佛在世　若滅度後　其有誹謗　如斯經典
見有讀誦　書持經者　輕賤憎嫉　而懷結恨
此人罪報　汝今復聽
其人命終　入阿鼻獄　具足一劫　劫盡更生
如是展轉　至无數劫　從地獄出　當墮畜生
若狗野干　其形頯瘦　棃黮疥癩　人所觸嬈
又復為人　之所惡賤　常困飢渴　骨肉枯竭
生受楚毒　死被瓦石　斷佛種故　受斯罪報
若作駱駝　或生驢中　身常負重　加諸杖捶
但念水草　餘无所知　謗斯經故　獲罪如是
有作野干　來入聚落　身體疥癩　又无一目
為諸童子　之所打擲　受諸苦痛　或時致死
於此死已　更受蟒身　其形長大　五百由旬

BD05415號　妙法蓮華經卷二　（20–9）

生受楚毒　死被瓦石　斷佛種故　受斯罪報
若作駱駝　或生驢中　身常負重　加諸杖捶
但念水草　餘无所知　謗斯經故　獲罪如是
有作野干　來入聚落　身體疥癩　又无一目
為諸童子　之所打擲　受諸苦痛　或時致死
於此死已　更受蟒身　其形長大　五百由旬
聾騃无足　蜿轉腹行　為諸小虫　之所唼食
晝夜受苦　无有休息　謗斯經故　獲罪如是
若得為人　諸根闇鈍　矬陋攣躄　盲聾背傴
有所言說　人不信受　口氣常臭　鬼魅所著
貧窮下賤　為人所使　多病痟瘦　无所依怙
雖親附人　人不在意　若有所得　尋復忘失
若脩醫道　順方治病　更增他疾　或復致死
若自有病　无人救療　設服良藥　而復增劇
若他反逆　抄劫竊盜　如是等罪　橫羅其殃
如斯罪人　永不見佛　眾聖之王　說法教化
如斯罪人　常生難處　狂聾心亂　永不聞法
於无數劫　如恒河沙　生輒聾瘂　諸根不具
常處地獄　如遊園觀　在餘惡道　如己舍宅
駝驢猪狗　是其行處　謗斯經故　獲罪如是
若得為人　聾盲瘖瘂　貧窮諸衰　以自莊嚴
水腫乾消　疥癩癰疽　如是等病　以為衣服
身常臭處　垢穢不淨　深著我見　增益瞋恚
婬欲熾盛　不擇禽獸　謗斯經故　獲罪如是
告舍利弗　謗斯經者　若說其罪　窮劫不盡
以是因緣　我故語汝　无智人中　莫說此經
若有利根　智慧明了　多聞強識　求佛道者

BD05415號　妙法蓮華經卷二　（20–10）

深著我見　增益瞋恚　婬欲熾盛　不擇禽獸
謗斯經故　獲罪如是
告舍利弗　謗斯經者　若說其罪　窮劫不盡
以是因緣　我故語汝　无智人中　莫說此經
若有利根　智慧明了　多聞強識　求佛道者
如是之人　乃可為說
若人曾見　億百千佛　殖諸善本　深心堅固
如是之人　乃可為說
若人精進　常脩慈心　不惜身命　乃可為說
若人恭敬　无有異心　離諸凡愚　獨處山澤
如是之人　乃可為說
又舍利弗　若見有人　捨惡知識　親近善友
如是之人　乃可為說
若見佛子　持戒清潔　如淨明珠　求大乘經
如是之人　乃可為說
若人无瞋　質直柔軟　常愍一切　恭敬諸佛
如是之人　乃可為說
復有佛子　於大眾中　以清淨心　種種因緣
譬喻言辭　說法无礙　如是之人　乃可為說
若有比丘　為一切智　四方求法　合掌頂受
但樂受持　大乘經典　乃至不受　餘經一偈
如是之人　乃可為說
如人至心　求佛舍利　如是求經　得已頂受
其人不復　志求餘經　亦未曾念　外道典籍
如是之人　乃可為說
告舍利弗　我說是相　求佛道者　窮劫不盡
如是等人　則能信解　汝當為說　妙法華經
妙法蓮華經信解品第四
尒時慧命須菩提摩訶迦旃延摩訶迦葉摩

BD05415號　妙法蓮華經卷二　（20–11）

其人不復　志求餘經　亦未曾念　外道典籍
如是之人　乃可為說
告舍利弗　我說是相　求佛道者　窮劫不盡
如是等人　則能信解　汝當為說　妙法華經
妙法蓮華經信解品第四
尒時慧命須菩提摩訶迦旃延摩訶迦葉摩
訶目揵連從佛所聞未曾有法世尊授舍利
弗阿耨多羅三藐三菩提記發希有心歡喜
踊躍即從座起整衣服偏袒右肩右膝著地
一心合掌曲躬恭敬瞻仰尊顏而白佛言我
等居僧之首年並朽邁自謂已得涅槃无所
堪任不復進求阿耨多羅三藐三菩提世尊
往昔說法既久我時在座身體疲懈但念空
无相无作於菩薩法遊戲神通淨佛國土成
就眾生心不憙樂所以者何世尊令我等出
於三界得涅槃證又今我等年已朽邁於佛
教化菩薩阿耨多羅三藐三菩提不生一念
好樂之心我等今於佛前聞授聲聞阿耨多
羅三藐三菩提記心甚歡喜得未曾有不謂
於今忽然得聞希有之法深自慶幸獲大善
利无量珍寶不求自得世尊我等今者樂說
譬喻以明斯義譬若有人年既幼稚捨父逃
逝久住他國或十廿至五十歲年既長大加
復窮困馳騁四方以求衣食漸漸遊行遇向
本國其父先來求子不得中止一城其家大
富財寶无量金銀琉璃珊瑚虎珀頗梨珠等
其諸倉庫悉皆盈溢多有童僕臣佐吏民象
馬車乘牛羊无數出入息利乃遍他國商估
賈客亦甚眾多時貧窮子遊諸聚落經歷國

BD05415號　妙法蓮華經卷二　（20–12）

[illegible]
本國其父先來求子不得中止一城其家大
富財寶无量金銀琉璃珊瑚虎珀頗梨珠等
其諸倉庫悉皆盈溢多有童僕臣佐吏民象
馬車乘牛羊无數出入息利乃遍他國商估
賈客亦甚衆多時貧窮子遊諸聚落經歷國
邑遂到其父所止之城父每念子與子離別
五十餘年而未曾向人說如此事但自思惟
心懷悔恨自念老朽多有財物金銀珎寶倉
庫盈溢无有子息一旦終沒財物散失无所
委付是以殷勤每憶其子復作是念我若得
子委付財物坦然快樂无復憂慮世尊尒時
窮子傭賃展轉遇到父舍住立門側遙見其
父踞師子床寶机承足諸婆羅門刹利居士
皆恭敬圍遶以真珠瓔珞價直千万莊嚴其
身吏民童僕手執白拂侍立左右覆以寶帳
垂諸華幡香水灑地散衆名華羅列寶物出
內取與有如是等種種嚴飾威德特尊窮子
見父有大力勢即懷恐怖悔來至此竊作是
念此或是王或是王等非我傭力得物之處
不如往至貧里肆力有地衣食易得若久住
此或見逼迫強使我作作是念已疾走而去
時富長者於師子座見子便識心大歡喜即
作是念我財物庫藏今有所付我常思念此
子无由見之而忽自來甚適我願我雖年朽
猶故貪惜即遣傍人急追將還尒時使者疾
走往捉窮子驚愕稱怨大喚我不相犯何為
見捉使者執之逾急強牽將還于時窮子自
念无罪而被囚執此必定死轉更惶怖悶絕
[illegible]

[illegible]
猶故貪惜即遣傍人急追將還尒時使者疾
走往捉窮子驚愕稱怨大喚我不相犯何為
見捉使者執之逾急強牽將還于時窮子自
念无罪而被囚執此必定死轉更惶怖悶絕
躃地父遙見之而語使言不須此人勿強將
來以冷水灑面令得醒悟莫復與語所以者
何父知其子志意下劣自知豪貴為子所難
審知是子而以方便不語他人云是我子使
者語之我今放汝隨意所趣窮子歡喜得未
曾有從地而起往至貧里以求衣食尒時長
者將欲誘引其子而設方便密遣二人形色
憔悴无威德者汝可詣彼徐語窮子此有作
處倍與汝直窮子若許將來使作若言欲何
所作便可語之雇汝除糞我等二人亦共汝
作時二使人即求窮子既已得之具陳上事
尒時窮子先取其價尋與除糞其父見子愍
而恠之又以他日於窗牖中遙見子身羸瘦
憔悴糞土塵坌汙穢不淨即脫瓔珞細軟上
服嚴飾之具更著麁弊垢膩之衣塵土坌身
右手執持除糞之器狀有所畏語諸作人汝
等勤作勿得懈息以方便故得近其子後復
告言咄男子汝常此作勿復餘去當加汝價
諸有所須瓮器米麪鹽酢之屬莫自疑難亦
有老弊使人須者相給好自安意我如汝父
勿復憂慮所以者何我年老大而汝少壯汝
常作時无有欺怠瞋恨怨言都不見汝有此
諸惡如餘作人自今已後如所生子即時長
者更與作字名之為兒尒時窮子雖欣此遇

勿復憂慮所以者何我年老大而汝少壯汝
常作時无有欺怠瞋恨怨言都不見汝有此
諸惡如餘作人自今已後如所生子即時長
者更與作字名之為兒尒時窮子雖欣此遇
猶故自謂客作賤人由是之故於廿年中常
令除糞過是已後心相體信入出无難然其
所止猶在本處世尊尒時長者有疾自知將
死不久語窮子言我今多有金銀珎寶倉庫
盈溢其中多少所應取與汝悉知之我心如
是當體此意所以者何今我與汝便為不異
宜加用心无令漏失尒時窮子即受教勅領
知眾物金銀珎寶及諸庫藏而无悕取一飡
之意然其所止故在本處下劣之心亦未能
捨復經少時父知子意漸已通泰成就大志
自鄙先心臨欲終時而命其子并會親族國
王大臣刹利居士皆悉已集即自宣言諸君
當知此是我子我之所生於某城中捨吾逃
走跉跰辛苦五十餘年其本字某我名某甲
昔在本城懷憂推覓忽於是閒遇會得之此
實我子我實其父今吾所有一切財物皆是
子有先所出內是子所知世尊是時窮子聞
父此言即大歡喜得未曾有而作是念我本
无心有所悕求今此寶藏自然而至世尊大
富長者則是如來我等皆似佛子如來常說
我等為子世尊我等以三苦故於生死中受
諸熱惱迷惑无知樂著小法今日世尊令我
等思惟蠲除諸法戲論之糞我等於中勤加
精進得至涅槃一日之價既得此已心大歡

BD05415號　妙法蓮華經卷二

（20–15）

富長者則是如來我等皆似佛子如來常說
我等為子世尊我等以三苦故於生死中受
諸熱惱迷惑无知樂著小法今日世尊令我
等思惟蠲除諸法戲論之糞我等於中勤加
精進得至涅槃一日之價既得此已心大歡
喜自以為足便自謂言於佛法中勤精進故
所得弘多然世尊先知我等心著弊欲樂於
小法便見縱捨不為分別汝等當有如來知
見寶藏之分世尊以方便力說如來智慧我
等從佛得涅槃一日之價以為大得於此大
乘无有志求我等又因如來智慧為諸菩薩
開示演說而自於此无有志願所以者何佛
知我等心樂小法以方便力隨我等說而我
等不知真是佛子今我等方知世尊於佛智
慧无所悋惜所以者何我等昔來真是佛子
而但樂小法若我等有樂大之心佛則為我
說大乘法此經中唯說一乘而昔於菩薩前
毀呰聲聞樂小法者然佛實以大乘教化是
故我等說本无有心有所悕求今法王大寶
自然而至如佛子所應得者皆已得之尒時
摩訶迦葉欲重宣此義而說偈言
我等今日　聞佛音教　歡喜踊躍　得未曾有
佛說聲聞　當得作佛　无上寶聚　不求自得
譬如童子　幼稚无識　捨父逃逝　遠到他土
周流諸國　五十餘年　其父憂念　四方推求
求之既疲　頓止一城　造立舍宅　五欲自娛
其家巨富　多諸金銀　車𤦲馬瑙　真珠琉璃
象馬牛羊　輦輿車乘　田業童僕　人民眾多
出入息利　乃遍他國　商估賈人　无處不有

BD05415號　妙法蓮華經卷二

（20–16）

周流諸國　五十餘年　其父憂念　四方推求
求之既疲　頓止一城　造立舍宅　五欲自娛
其家巨富　多諸金銀　車渠馬瑙　真珠琉璃
象馬牛羊　輦輿車乘　田業童僕　人民衆多
出入息利　乃遍他國　商估賈人　无處不有
千万億衆　圍遶恭敬　常為王者　之所愛念
群臣豪族　皆共宗重　以諸緣故　往來者衆
豪富如是　有大力勢　而年朽邁　益憂念子
夙夜惟念　死時將至　癡子捨我　五十餘年
庫藏諸物　當如之何
介時窮子　求索衣食　從邑至邑　從國至國
或有所得　或无所得　飢餓羸瘦　體生瘡癬
漸次經歷　到父住城　傭賃展轉　遂至父舍
介時長者　於其門內　施大寶帳　處師子座
眷屬圍遶　諸人侍衛
或有計筭　金銀寶物　出內財產　注記券疏
窮子見父　豪貴尊嚴　謂是國王　若是王等
驚怖自怪　何故至此
覆自念言　我若久住　或見逼迫　強驅使作
思惟是已　馳走而去　借問貧里　欲往傭作
長者是時　在師子座　遥見其子　默而識之
即勅使者　追捉將來　窮子驚喚　迷悶躄地
是人執我　必當見殺　何用衣食　使我至此
長者知子　愚癡狹劣　不信我言　不信是父
即以方便　更遣餘人　眇目矬陋　无威德者
汝可語之　云當相雇　除諸糞穢　倍與汝價
窮子聞之　歡喜隨來　為除糞穢　淨諸房舍
長者於牖　常見其子　念子愚劣　樂為鄙事
於是長者　著弊垢衣　執除糞器　往到子所

BD05415號　妙法蓮華經卷二　（20–17）

即以方便　更遣餘人　眇目矬陋　无威德者
汝可語之　云當相雇　除諸糞穢　倍與汝價
窮子聞之　歡喜隨來　為除糞穢　淨諸房舍
長者於牖　常見其子　念子愚劣　樂為鄙事
於是長者　著弊垢衣　執除糞器　往到子所
方便附近　語令勤作
既益汝價　并塗足油　飲食充足　薦席厚煖
如是苦言　汝當勤作　又以軟語　若如我子
長者有智　漸令入出　經二十年　執作家事
示其金銀　真珠頗梨　諸物出入　皆使令知
猶處門外　止宿草菴　自念貧事　我无此物
父知子心　漸已曠大　欲與財物　即聚親族
國王大臣　剎利居士　於此大衆　說是我子
捨我他行　經五十歲　自見子來　已二十年
昔於某城　而失是子　周行求索　遂來至此
凡我所有　舍宅人民　悉以付之　恣其所用
子念昔貧　志意下劣　今於父所　大獲珍寶
并及舍宅　一切財物　甚大歡喜　得未曾有
佛亦如是　知我樂小　未曾說言　汝等作佛
而說我等　得諸无漏　成就小乘　聲聞弟子
佛勅我等　說最上道　脩習此者　當得成佛
我承佛教　為大菩薩　以諸因緣　種種譬喻
若干言辭　說无上道
諸佛子等　從我聞法　日夜思惟　精勤脩習
是時諸佛　即授其記　汝於來世　當得作佛
一切諸佛　秘藏之法　但為菩薩　演其實事
而不為我　說斯真要
如彼窮子　得近其父　雖知諸物　心不悕取

BD05415號　妙法蓮華經卷二　（20–18）

若干言[illegible]　説[illegible]上道
諸佛子等　從我聞法　日夜思惟　精勤脩習
是時諸佛　即授其記　汝於未世　當得作佛
一切諸佛　秘藏之法　但為菩薩　演其實事
而不為我　説斯真要
如彼窮子　得近其父　雖知諸物　心不悕取
我等雖説　佛法寶藏　自无志願　亦復如是
我等内滅　自謂為足　唯了此事　更无餘事
我等若聞　淨佛國土　教化衆生　都无欣樂
所以者何　一切諸法　皆悉空寂　无生无滅
无大无小　无漏无為　如是思惟　不生憙樂
我等長夜　於佛智慧　无貪无著　无復志願
而自於法　謂是究竟
我等長夜　脩習空法　得脱三界　苦惱之患
住冣後身　有餘涅槃　佛所教化　得道不虚
則為已得　報佛之恩
我等雖為　諸佛子等　説菩薩法　以求佛道
而於是法　永无願樂
導師見捨　觀我心故　初不勸進　説有實利
如富長者　知子志劣　以方便力　柔伏其心
然後乃付　一切財寶
佛亦如是　現希有事　知樂小者　以方便力
調伏其心　乃教大智
我等今日　得未曾有　非先所望　而今自得
如彼窮子　得无量寶
世尊我今　得道得果　於无漏法　得清淨眼
我等長夜　持佛淨戒　始於今日　得其果報
法王法中　久脩梵行　今得无漏　无上大果
我等今者　真是聲聞　以佛道聲　令一切聞

如彼窮子　得无量寶
世尊我今　得道得果　於无漏法　得清淨眼
我等長夜　持佛淨戒　始於今日　得其果報
法王法中　久脩梵行　今得无漏　无上大果
我等今者　真是聲聞　以佛道聲　令一切聞
我等今者　真阿羅漢　於諸世間　天人魔梵
普於其中　應受供養
世尊大恩　以希有事　憐愍教化　利益我等
无量億劫　誰能報者
手之供給　頭頂礼敬　一切供養　皆不能報
若以頂戴　兩肩荷負　於恒沙劫　盡心恭敬
又以美膳　无量寶衣　及諸卧具　種種湯藥
牛頭栴檀　及諸珎寶　以起塔廟　寶衣布地
如斯等事　以用供養　於恒沙劫　亦不能報
諸佛希有　无量无邊　不可思議　大神通力
无漏无為　諸法之王　能為下劣　忍于斯事
取相凡夫　隨宜為説　諸佛於法　得冣自在
知諸衆生　種種欲樂　及其志力　隨所堪任
以无量喻　而為説法
隨諸衆生　宿世善根　又知成熟　未成熟者
種種籌量　分別知已　於一乘道　隨宜説三

妙法蓮華經卷第二

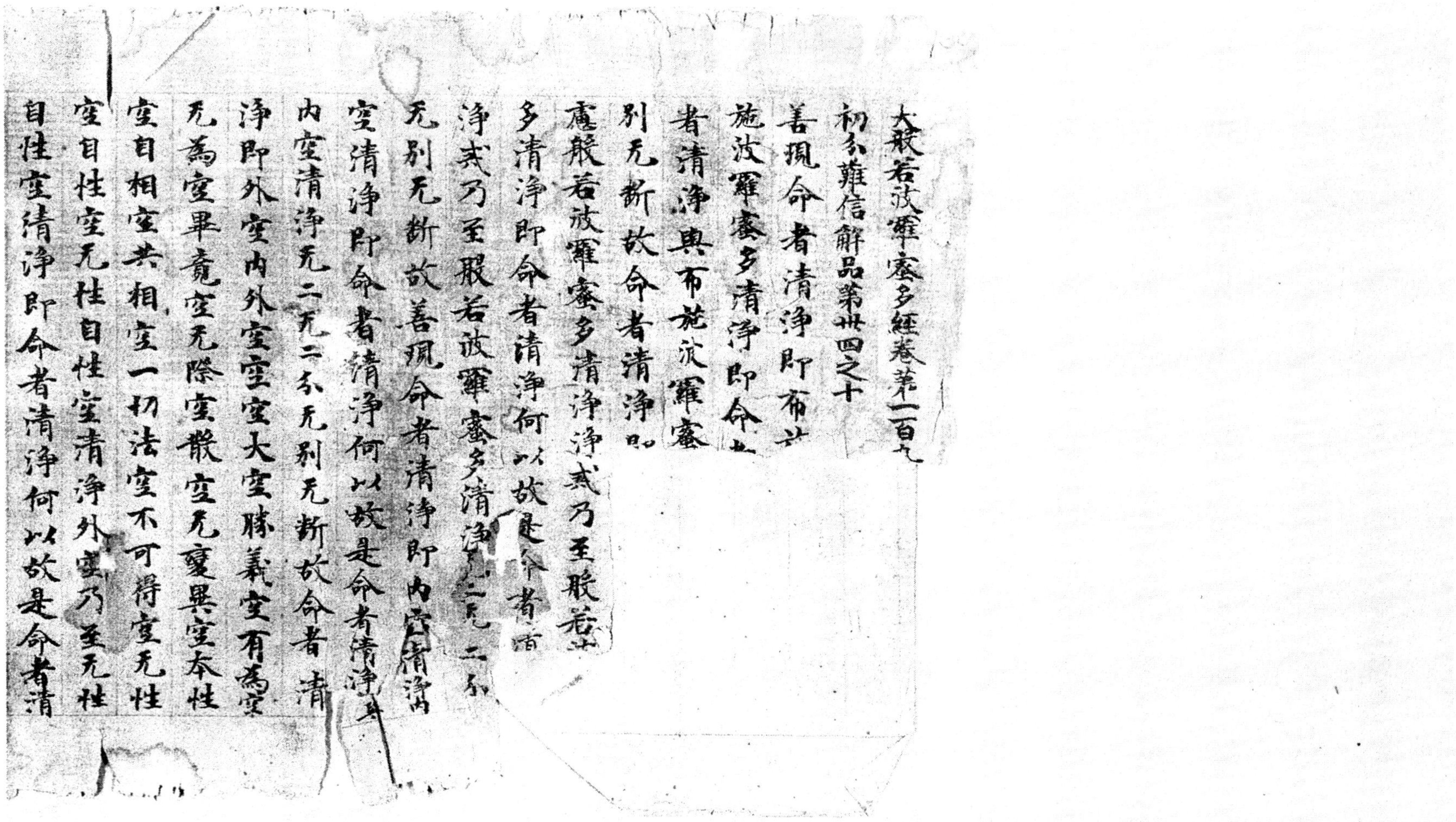

大般若波羅蜜多經卷第一百九
初分難信解品第卌四之十
善現命者清淨即布施
施波羅蜜多清淨即命者
者清淨與布施波羅蜜
別无斷故命者清淨即
慮般若波羅蜜多清淨淨戒乃至般若
多清淨即命者清淨何以故是命者清
淨戒乃至般若波羅蜜多清淨无二无二分
无別无斷故善現命者清淨即內空清淨內
空清淨即命者清淨何以故是命者清淨與
內空清淨无二无二分无別无斷故命者清
淨即外空內外空空空大空勝義空有為空
无為空畢竟空无際空散空无變異空本性
空自相空共相空一切法空不可得空无性
空自性空无性自性空清淨外空乃至无性
自性空清淨即命者清淨何以故是命者清

BD05416號　大般若波羅蜜多經卷一九一　（20–1）

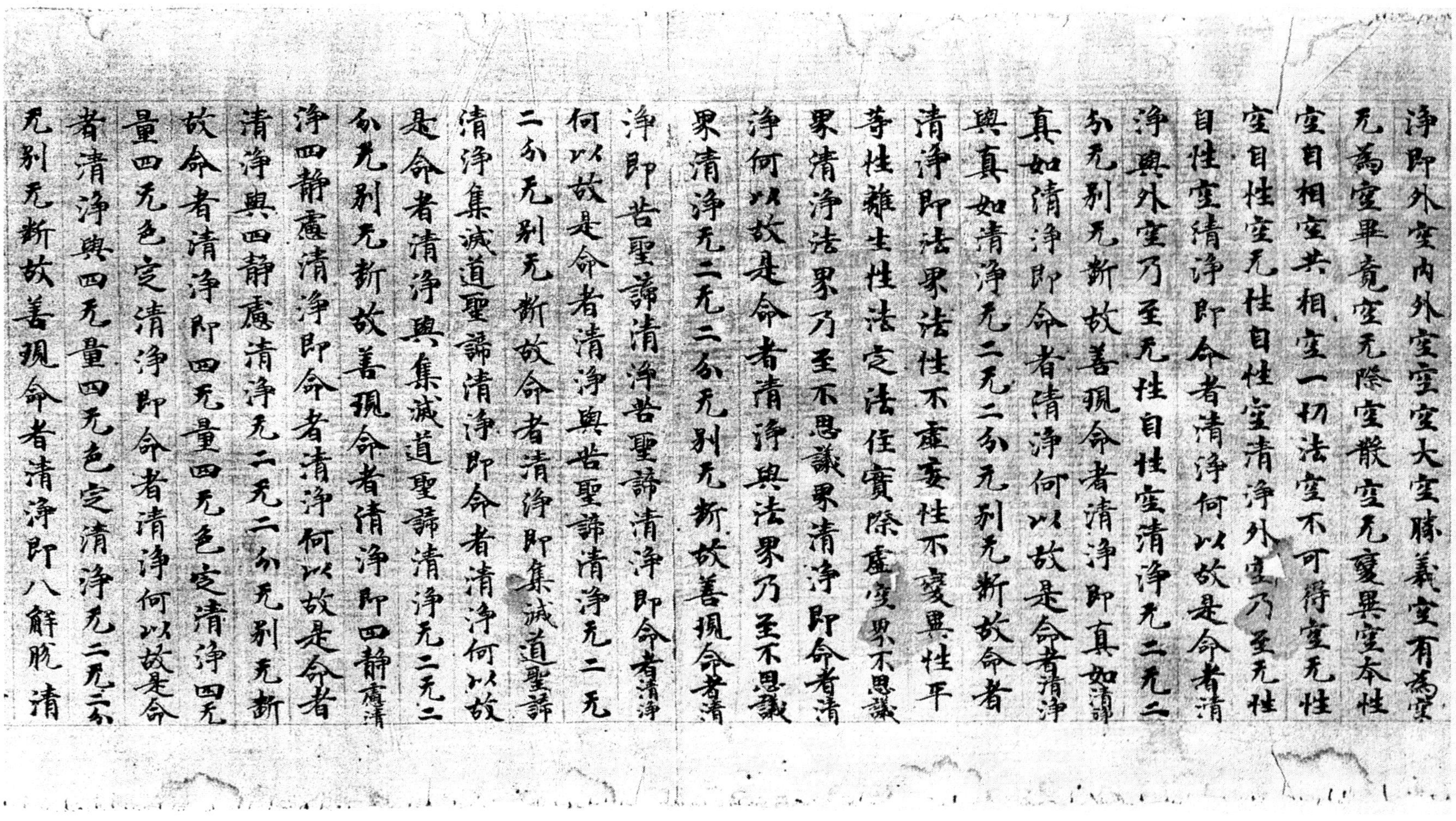

淨即外空內外空空空大空勝義空有為空
无為空畢竟空无際空散空无變異空本性
空自相空共相空一切法空不可得空无性
空自性空无性自性空清淨外空乃至无性
自性空清淨即命者清淨何以故是命者清
淨與外空乃至无性自性空清淨无二无二
分无別无斷故善現命者清淨即真如清淨
真如清淨即命者清淨何以故是命者清淨
與真如清淨无二无二分无別无斷故命者
清淨即法界法性不虛妄性不變異性平
等性離生性法定法住實際虛空界不思議
界清淨法界乃至不思議界清淨即命者清
淨何以故是命者清淨與法界乃至不思議
界清淨无二无二分无別无斷故善現命者清
淨即苦聖諦清淨苦聖諦清淨即命者清淨
何以故是命者清淨與苦聖諦清淨无二无
二分无別无斷故命者清淨即集滅道聖諦
清淨集滅道聖諦清淨即命者清淨何以故
是命者清淨與集滅道聖諦清淨无二无二
分无別无斷故善現命者清淨即四靜慮清
淨四靜慮清淨即命者清淨何以故是命者
清淨與四靜慮清淨无二无二分无別无斷
故命者清淨即四无量四无色定清淨四无
量四无色定清淨即命者清淨何以故是命
者清淨與四无量四无色定清淨无二无二分
无別无斷故善現命者清淨即八解脫清

BD05416號　大般若波羅蜜多經卷一九一　（20–2）

故命者清淨即四无量四无色定清淨四无
量四无色定清淨即命者清淨何以故是命
者清淨與四无量四无色定清淨无二无二分
无別无斷故善現命者清淨即八解脫清
淨八解脫清淨即命者清淨何以故是命者
清淨與八解脫清淨无二无二分无別无斷故
命者清淨即八勝處九次第定十遍處清
淨八勝處九次第定十遍處清淨即命者清
淨何以故是命者清淨與八勝處九次第
定十遍處清淨无二无二分无別无斷故善
現命者清淨即四念住清淨四念住清淨即
命者清淨何以故是命者清淨與四念住清
淨无二无二分无別无斷故命者清淨即四正
斷四神足五根五力七等覺支八聖道支清
四正斷乃至八聖道支清淨即命者清淨何
以故是命者清淨與四正斷乃至八聖道支
清淨无二无二分无別无斷故善現命者清
淨即空解脫門清淨空解脫門清淨即命
者清淨何以故是命者清淨與空解脫門清
淨无二无二分无別无斷故命者清淨即无
相无願解脫門清淨无相无願解脫門清
淨即命者清淨何以故是命者清淨與无相
无願解脫門清淨无二无二分无別无斷故
善現命者清淨即菩薩十地清淨菩薩十地
清淨即命者清淨何以故是命者清淨與菩
薩十地清淨无二无二分无別无斷故

善現命者清淨即菩薩十地清淨菩薩十地
清淨即命者清淨何以故是命者清淨與菩
薩十地清淨无二无二分无別无斷故
善現命者清淨即五眼清淨五眼清淨即
命者清淨何以故是命者清淨與五眼清淨无
二无二分无別无斷故善現命者清淨即六
神通清淨六神通清淨即命者清淨何以故
是命者清淨與六神通清淨无二无二分无別
斷故善現命者清淨即佛十力清淨佛十力
清淨即命者清淨何以故是命者清淨與佛
十力清淨无二无二分无別无斷故命者清
淨即四无所畏四无礙解大慈大悲大喜大捨
十八佛不共法清淨四无所畏乃至十八佛不
共法清淨即命者清淨何以故是命者清淨
與四无所畏乃至十八佛不共法清淨无二无二分
无別无斷故善現命者清淨即无忘失法清
淨无忘失法清淨即命者清淨何以故是命
者清淨與无忘失法清淨无二无二分无別
无斷故命者清淨即恒住捨性清淨恒住
捨性清淨即命者清淨何以故是命者清淨
與恒住捨性清淨无二无二分无別无斷故
善現命者清淨即一切智清淨一切智清
淨即命者清淨何以故是命者清淨與一切
智清淨无二无二分无別无斷故命者清淨
即道相智一切相智清淨道相智一切相智
清淨即命者清淨何以故是命者清淨與
道相智一切相智清淨无二无二分无別无斷故

智清淨无二无二分无別无斷故命者清淨
即道相智一切相智清淨道相智一切相智
清淨即命者清淨何以故是命者清淨與
道相智一切相智清淨无二无二分无別无斷故
善現命者清淨即一切陁羅尼門清淨一切陁
羅尼門清淨即命者清淨何以故是命者清
淨與一切陁羅尼門清淨无二无二分无別无
斷故命者清淨即一切三摩地門清淨一切三
摩地門清淨即命者清淨何以故是命者請
淨與一切三摩地門清淨无二无二分无別
无斷故
善現命者清淨即預流果清淨預流果清淨
即命者清淨何以故是命者清淨與預流果
清淨无二无二分无別无斷故命者清淨即
一來不還阿羅漢果清淨一來不還阿羅漢
果清淨即命者清淨何以故是命者清淨與
一來不還阿羅漢果清淨无二无二分无別无
斷故善現命者清淨即獨覺菩提清淨獨覺
菩提清淨即命者清淨何以故是命者清
淨與獨覺菩提清淨无二无二分无別无斷故
善現命者清淨即一切菩薩摩訶薩行清淨
一切菩薩摩訶薩行清淨即命者清淨何以
故是命者清淨與一切菩薩摩訶薩行清淨
无二无二分无別无斷故善現命者清淨即
諸佛无上正等菩提清淨諸佛无上正等
菩提清淨即命者清淨何以故是命者清
淨與諸佛无上正等菩提清淨无二无二分无

BD05416 號　大般若波羅蜜多經卷一九一　（20–5）

无二无二分无別无斷故善現命者清淨即
諸佛无上正等菩提清淨諸佛无上正等
菩提清淨即命者清淨何以故是命者清
淨與諸佛无上正等菩提清淨无二无二分无
別无斷故
復次善現生者清淨即色清淨色清淨即
生者清淨何以故是生者清淨與色清淨无
二无二分无別无斷故生者清淨即受想行
識清淨受想行識清淨即生者清淨何以故
是生者清淨與受想行識清淨无二无二分无
別无斷故善現生者清淨即眼處清淨眼處
清淨即生者清淨何以故是生者清淨與眼
處清淨无二无二分无別无斷故生者清淨即
耳鼻舌身意處清淨耳鼻舌身意處清淨
即生者清淨何以故是生者清淨與耳鼻舌
身意處清淨无二无二分无別无斷故善現
生者清淨即色處清淨色處清淨即生者清
淨何以故是生者清淨與色處清淨无二无
二分无別无斷故生者清淨即聲香味觸法
處清淨聲香味觸法處清淨即生者清淨
何以故是生者清淨與聲香味觸法處清淨
无二无二分无別无斷故善現生者清淨即
眼界清淨眼界清淨即生者清淨何以故是
生者清淨與眼界清淨无二无二分无別无斷
故生者清淨即色界眼識界及眼觸眼觸為
緣所生諸受清淨色界乃至眼觸為緣所生
諸受清淨即生者清淨何以故是生者清淨

BD05416 號　大般若波羅蜜多經卷一九一　（20–6）

生者清淨與眼界清淨无二无二分无別无斷
故生者清淨即色界眼識界及眼觸眼觸為
緣所生諸受清淨色界乃至眼觸為緣所生
諸受清淨即生者清淨何以故是生者清淨
與色界乃至眼觸為緣所生諸受清淨无二
无二分无別无斷故善現生者清淨即耳
界清淨耳界清淨即生者清淨何以故是生
者清淨與耳界清淨无二无二分无別无斷故
生者清淨即聲界耳識界及耳觸耳觸為
緣所生諸受清淨聲界乃至耳觸為緣所
生諸受清淨即生者清淨何以故是生者清
淨與聲界乃至耳觸為緣所生諸受清淨无
二无二分无別无斷故善現生者清淨即鼻
界清淨鼻界清淨即生者清淨何以故是生
者清淨與鼻界清淨无二无二分无別无斷故
生者清淨即香界鼻識界及鼻觸鼻觸為緣
所生諸受清淨香界乃至鼻觸為緣所生諸
受清淨即生者清淨何以故是生者清淨與
香界乃至鼻觸為緣所生諸受清淨无二无
无分无別无斷故善現生者清淨即舌界清
淨舌界清淨即生者清淨何以故是生者清
淨與舌界清淨无二无二分无別无斷故生者
清淨即味界舌識界及舌觸舌觸為緣所生
諸受清淨味界乃至舌觸為緣所生諸受清
淨即生者清淨何以故是生者清淨與味界
乃至舌觸為緣所生諸受清淨无二无二分

清淨即味界舌識界及舌觸舌觸為緣所生
諸受清淨味界乃至舌觸為緣所生諸受清
淨即生者清淨何以故是生者清淨與味界
乃至舌觸為緣所生諸受清淨无二无二分
无別无斷故善現生者清淨即身界清淨
身界清淨即生者清淨何以故是生者清淨與
身界清淨无二无二分无別无斷故生者清
淨即觸界身識界及身觸身觸為緣所生諸
受清淨觸界乃至身觸為緣所生諸受清淨
即生者清淨何以故是生者清淨與觸界乃
至身觸為緣所生諸受清淨无二无二分无
別无斷故善現生者清淨即意界清淨意界
清淨即生者清淨何以故是生者清淨與意
界清淨无二无二分无別无斷故生者清淨
即法界意識界及意觸意觸為緣所生諸
受清淨法界乃至意觸為緣所生諸受清淨
即生者清淨何以故是生者清淨與法界乃至
意觸為緣所生諸受清淨无二无二分无別无斷
故善現生者清淨即地界清淨地界清淨即生
者清淨何以故是生者清淨與地界清淨无
二无二分无別无斷故生者清淨即水火風
空識界清淨水火風空識界清淨即生者清
淨何以故是生者清淨與水火風空識界清
淨无二无二分无別无斷故善現生者清
淨即无明清淨无明清淨即生者清淨何
以故是生者清淨與无明清淨无二无二分

淨无二无二分无別无斷故善現生者清
淨即无明清淨无明清淨即生者清淨何
以故是生者清淨與无明清淨无二无二分
无別无斷故生者清淨即行識名色六處
觸受愛取有生老死愁歎苦憂惱清淨行
乃至老死愁歎苦憂惱清淨即生者清淨
何以故是生者清淨與行乃至老死愁歎苦
憂惱清淨无二无二分无別无斷故
善現生者清淨即布施波羅蜜多清淨布
施波羅蜜多清淨即生者清淨何以故是生者
清淨與布施波羅蜜多清淨无二无二分无
別无斷故生者清淨即淨戒安忍精進靜慮
般若波羅蜜多清淨淨戒乃至般若波羅蜜
多清淨即生者清淨何以故是生者清淨與
淨戒乃至般若波羅蜜多清淨无二无二分无
別无斷故善現生者清淨即內空清淨內空
清淨即生者清淨何以故是生者清淨與內
空清淨无二无二分无別无斷故生者清淨
即外空內外空空空大空勝義空有為空无
為空畢竟空无際空散空无變異空本性
空自相空共相空一切法空不可得空无性
空自性空无性自性空清淨外空乃至无性
自性空清淨即生者清淨何以故是生者清
淨與外空乃至无性自性空清淨无二无二分
无別无斷故善現生者清淨即真如清淨真
如清淨即生者清淨何以故是生者清淨與

BD05416 號　大般若波羅蜜多經卷一九一　（20–9）

自性空清淨即生者清淨何以故是生者清
淨與外空乃至无性自性空清淨无二无二分
无別无斷故善現生者清淨即真如清淨真
如清淨即生者清淨何以故是生者清淨與
真如清淨无二无二分无別无斷故生者清淨
即法界法性不虛妄性不變異性平等性離
生性法定法住實際虛空界不思議界清淨
法界乃至不思議界清淨即生者清淨何以
故是生者清淨與法界乃至不思議界清淨
无二无二分无別无斷故善現生者清淨即
苦聖諦清淨苦聖諦清淨即生者清淨何
以故是生者清淨與苦聖諦清淨无二无二
分无別无斷故生者清淨即集滅道聖諦
清淨集滅道聖諦清淨即生者清淨何以
故是生者清淨與集滅道聖諦清淨无二无
二分无別无斷故善現生者清淨即四靜慮
清淨四靜慮清淨即生者清淨何以故是生
者清淨與四靜慮清淨无二无二分无別无斷故
生者清淨即四无量四无色定清淨四无量四
无色定清淨即生者清淨何以故是生者清
淨與四无量四无色定清淨无二无二分无別无斷
故善現生者清淨即八解脫清淨八解脫清淨
即生者清淨何以故是生者清淨與八解脫
清淨无二无二分无別无斷故生者清淨即
八勝處九次第定十遍處清淨八勝處九次第
定十遍處清淨即生者清淨何以故是生

BD05416 號　大般若波羅蜜多經卷一九一　（20–10）

故善現生者清淨即八解脫清淨八解脫清淨
即生者清淨何以故是生者清淨與八解脫
清淨无二无二分无別无斷故生者清淨即
八勝處九次第定十遍處清淨八勝處九次第
定十遍處清淨即生者清淨何以故是生
者清淨與八勝處九次第定十遍處清淨无
二无二分无別无斷故善現生者清淨即四
念住清淨四念住清淨即生者清淨何以故
是生者清淨與四念住清淨无二无二分无
別无斷故生者清淨即四正斷四神足五根
五力七等覺支八聖道支清淨四正斷乃至
八聖道支清淨即生者清淨何以故是生者
清淨與四正斷乃至八聖道支清淨无二无二
分无別无斷故善現生者清淨即空解脫
門清淨空解脫門清淨即生者清淨何以
故是生者清淨與空解脫門清淨无二无二
分无別无斷故生者清淨即无相无願解脫
門清淨无相无願解脫門清淨即生者清
淨何以故是生者清淨與无相无願解脫門
清淨无二无二分无別无斷故善現生者清
淨即菩薩十地清淨菩薩十地清淨即生
者清淨何以故是生者清淨與菩薩十地清
淨无二无二分无別无斷故
善現生者清淨即五眼清淨五眼清淨即
生者清淨何以故是生者清淨與五眼清淨
无二无二分无別无斷故生者清淨即六神通清
淨六神通清淨即生者清淨何以故是生者

善現生者清淨即五眼清淨五眼清淨即
生者清淨何以故是生者清淨與五眼清淨
无二无二分无別无斷故生者清淨即六神通清
淨六神通清淨即生者清淨何以故是生者
清淨與六神通清淨无二无二分无別无斷
故善現生者清淨即佛十力清淨佛十力清
淨即生者清淨何以故是生者清淨與佛
十力清淨无二无二分无別无斷故生者清
淨即四无所畏四无礙解大慈大悲大喜大
捨十八佛不共法清淨四无所畏乃至十八
佛不共法清淨即生者清淨何以故是生者
清淨與四无所畏乃至十八佛不共法清淨
无二无二分无別无斷故善現生者清淨即
无忘失法清淨无忘失法清淨即生者清
淨何以故是生者清淨與无忘失法清淨无二
无二分无別无斷故生者清淨即恒住捨性清
淨恒住捨性清淨即生者清淨何以故是生
者清淨與恒住捨性清淨无二无二分无別
无斷故善現生者清淨即一切智清淨一切
智清淨即生者清淨何以故是生者清淨
與一切智清淨无二无二分无別无斷故生
者清淨即道相智一切相智清淨道相智一
切相智清淨即生者清淨何以故是生者清
淨與道相智一切相智清淨无二无二分二別
无斷故善現生者清淨即一切陀羅尼門清
淨一切陀羅尼門清淨即生者清淨何以故

切相智清淨即生者清淨何以故是生者清
淨與道相智一切相智清淨无二无二分无別
无斷故善現生者清淨即一切陁羅尼門清
淨一切陁羅尼門清淨即生者清淨何以故
是生者清淨與一切陁羅尼門清淨无二无二
分无別无斷故生者清淨即一切三摩地門
清淨一切三摩地門清淨即生者清淨何以
故是生者清淨與一切三摩地門清淨无二
无二分无別无斷故
善現生者清淨即預流果清淨預流果清淨
即生者清淨何以故是生者清淨與預流果
清淨无二无二分无別无斷故生者清淨即
一來不還阿羅漢果清淨一來不還阿羅漢
果清淨即生者清淨何以故是生者清淨與
一來不還阿羅漢果清淨无二无二分无別无
斷故善現生者清淨即獨覺菩提清淨獨
覺菩提清淨即生者清淨何以故是生者清
淨與獨覺菩提清淨无二无二分无別无斷故
善現生者清淨即一切菩薩摩訶薩行清
淨一切菩薩摩訶薩行清淨即生者清淨何
以故是生者清淨與一切菩薩摩訶薩行清
淨无二无二分无別无斷故善現生者清淨
即諸佛无上正等菩提清淨諸佛无上正等
菩提清淨即生者清淨何以故是生者清淨
與諸佛无上正等菩提清淨无二无二分无
別无斷故

即諸佛无上正等菩提清淨諸佛无上正等
菩提清淨即生者清淨何以故是生者清淨
與諸佛无上正等菩提清淨无二无二分无
別无斷故
復次善現養育者清淨即色清淨色清淨即
養育者清淨何以故是養育者清淨與色清
淨无二无二分无別无斷故養育者清淨即
受想行識清淨受想行識清淨即養育者清
淨何以故是養育者清淨與受想行識清淨
无二无二分无別无斷故善現養育者清淨
即眼處清淨眼處清淨即養育者清淨何
以故是養育者清淨與眼處清淨无二无二
分无別无斷故養育者清淨即耳鼻舌身
意處清淨耳鼻舌身意處清淨即養育者
清淨何以故是養育者清淨與耳鼻舌身
意處清淨无二无二分无別无斷故善現養
育者清淨即色處清淨色處清淨即養育
者清淨何以故是養育者清淨與色處清淨
无二无二分无別无斷故養育者清淨即
聲香味觸法處清淨聲香味觸法處清淨
即養育者清淨何以故是養育者清淨與
聲香味觸法處清淨无二无二分无別无斷故
善現養育者清淨即眼界清淨眼界清淨
即養育者清淨何以故是養育者清淨與眼界
清淨无二无二分无別无斷故養育者清淨
即色界眼識界及眼觸眼觸為緣所生諸
受清淨色界乃至眼觸為緣所生諸受清

即養育者清淨何以故是養育者清淨與眼界
清淨无二无二分无別无斷故養育者清淨
即色界眼識界及眼觸眼觸為緣所生諸
受清淨色界乃至眼觸為緣所生諸受清
淨即養育者清淨何以故是養育者清淨
與色界乃至眼觸為緣所生諸受清淨无二
无二分无別无斷故善現養育者清淨即
耳界清淨耳界清淨即養育者清淨何以
故是養育者清淨與耳界清淨无二无二分
无別无斷故養育者清淨即聲界耳識界
及耳觸耳觸為緣所生諸受清淨聲界乃
至耳觸為緣所生諸受清淨即養育者清
淨何以故是養育者清淨與聲界乃至耳
觸為緣所生諸受清淨无二无二分无別无
斷故善現養育者清淨即鼻界清淨鼻界
清淨即養育者清淨何以故是養育者清
淨與鼻界清淨无二无二分无別无斷故養育
者清淨即香界鼻識界及鼻觸鼻觸為緣
所生諸受清淨香界乃至鼻觸為緣所生諸
受清淨即養育者清淨何以故是養育者清
淨與香界乃至鼻觸為緣所生諸受清淨无
二无二分无別无斷故善現養育者清淨即
舌界清淨舌界清淨即養育者清淨何以故
是養育者清淨與舌界清淨无二无二分无別
无斷故養育者清淨即味界舌識界及舌觸
舌觸為緣所生諸受清淨味界乃至舌觸為

舌界清淨舌界清淨即養育者清淨何以故
是養育者清淨與舌界清淨无二无二分无別
无斷故養育者清淨即味界舌識界及舌觸
舌觸為緣所生諸受清淨味界乃至舌觸為
緣所生諸受清淨即養育者清淨何以故是
養育者清淨與味界乃至舌觸為緣所生諸
受清淨无二无二分无別无斷故善現養育者
清淨即身界清淨身界清淨即養育者清
淨何以故是養育者清淨與身界清淨无二
无二分无別无斷故養育者清淨即觸界身
識界及身觸身觸為緣所生諸受清淨觸界
乃至身觸為緣所生諸受清淨即養育者
清淨何以故是養育者清淨與觸界乃至身
觸為緣所生諸受清淨无二无二分无別无
斷故善現養育者清淨即意界清淨意界清
淨即養育者清淨何以故是養育者清淨
與意界清淨无二无二分无別无斷故養育
者清淨即法界意識界及意觸意觸為緣所
生諸受清淨法界乃至意觸為緣所生諸受清淨
即養育者清淨何以故是養育者清淨與法
界乃至意觸為緣所生諸受清淨无二无二
分无別无斷故善現養育者清淨即地界清
淨地界清淨即養育者清淨何以故是養育
者清淨與地界清淨无二无二分无別无斷故
養育者清淨即水火風空識界清淨水火風
空識界清淨即養育者清淨何以故是養育

分无別无斷故善現養育者……
淨地界清淨即養育者清淨何以故是養育
者清淨與地界清淨无二无二分无別无斷故
養育者清淨即水火風空識界清淨水火風
空識界清淨即養育者清淨何以故是養育
者清淨與水火風空識界清淨无二无二分
无別无斷故善現養育者清淨即无明清
淨无明清淨即養育者清淨何以故是養
育者清淨與无明清淨无二无二分无別
无斷故養育者清淨即行識名色六處觸受
愛取有生老死愁歎苦憂惱清淨行乃至
老死愁歎苦憂惱清淨即養育者清淨何
以故是養育者清淨與行乃至老死愁歎
苦憂惱清淨无二无二分无別无斷故
善現養育者清淨即布施波羅蜜多清淨布
施波羅蜜多清淨即養育者清淨何以故是
養育者清淨與布施波羅蜜多清淨无二
无二分无別无斷故養育者清淨即淨
戒安忍精進靜慮般若波羅蜜多清淨淨
戒乃至般若波羅蜜多清淨即養育者
清淨何以故是養育者清淨與淨戒乃至般
若波羅蜜多清淨无二无二分无別无斷故
善現養育者清淨即內空清淨內空清淨
即養育者清淨何以故是養育者清淨與
內空清淨无二无二分无別无斷故養育者
清淨即外空內外空空空大空勝義空有
為空无為空畢竟空无際空散空无變異

即養……
內空清淨无二无二分无別无斷故養育者
清淨即外空內外空空空大空勝義空有
為空无為空畢竟空无際空散空无變異
空本性空自相空共相空一切法空不可
得空无性空自性空无性自性空清淨外
空乃至无性自性空清淨即養育者清淨
何以故是養育者清淨與外空乃至无性自
性空清淨无二无二分无別无斷故善現
養育者清淨即真如清淨真如清淨即
養育者清淨何以故是養育者清淨與真
如清淨无二无二分无別无斷故養育者清
淨即法界法性不虛妄性不變異性平等性
離生性法定法住實際虛空界不思議界清
淨法界乃至不思議界清淨即養育者清淨
何以故是養育者清淨與法界乃至不思議
界清淨无二无二分无別无斷故善現養育
者清淨即苦聖諦清淨苦聖諦清淨即養
育者清淨何以故是養育者清淨與苦聖諦
清淨无二无二分无別无斷故養育者清
淨即集滅道聖諦清淨集滅道聖諦清淨
即養育者清淨何以故是養育者清淨與
集滅道聖諦清淨无二无二分无別无斷故
善現養育者清淨即四靜慮清淨四靜慮清
淨即養育者清淨何以故是養育者清淨
與四靜慮清淨无二无二分无別无斷故養
育者清淨即四无量四无色定清淨四无量

善現養育者清淨即四靜慮清淨四靜慮清
淨即養育者清淨何以故是養育者清淨
與四靜慮清淨无二无二分无別无斷故養
育者清淨即四无量四无色定清淨四无量
四无色定清淨即養育者清淨何以故是
養育者清淨與四无量四无色定清淨无二
无二分无別无斷故善現養育者清淨即
八解脫清淨八解脫清淨即養育者清
淨何以故是養育者清淨與八解脫清淨无
二无二分无別无斷故養育者清淨即八
勝處九次第定十遍處清淨八勝處九次第
定十遍處清淨即養育者清淨何以故是養
育者清淨與八勝處九次第定十遍處清
淨无二无二分无別无斷故善現養育者
清淨即四念住清淨四念住清淨即養育
者清淨何以故是養育者清淨與四念住
清淨无二无二分无別无斷故養育者清淨
即四正斷四神足五根五力七等覺支八聖
道支清淨四正斷乃至八聖道支清淨即
養育者清淨何以故是養育者清淨與四
正斷乃至八聖道支清淨无二无二分无別无
斷故善現養育者清淨即空解脫門清
淨空解脫門清淨即養育者清淨何以故
是養育者清淨與空解脫門清淨无二无
二分无別无斷故養育者清淨即无相
无願解脫門清淨无相无願解脫門清淨即
養育者清淨何以故是養育者清淨與无相

BD05416號　大般若波羅蜜多經卷一九一　（20–19）

者清淨何以故是養育者清淨與四念住
清淨无二无二分无別无斷故養育者清淨
即四正斷四神足五根五力七等覺支八聖
道支清淨四正斷乃至八聖道支清淨即
養育者清淨何以故是養育者清淨與四
正斷乃至八聖道支清淨无二无二分无別无
斷故善現養育者清淨即空解脫門清
淨空解脫門清淨即養育者清淨何以故
是養育者清淨與空解脫門清淨无二无
二分无別无斷故養育者清淨即无相
无願解脫門清淨无相无願解脫門清淨即
養育者清淨何以故是養育者清淨與无相
无願解脫門清淨无二无二分无別无斷故
善現養育者清淨即菩薩十地清淨菩薩
十地清淨即養育者清淨何以故是養育者
清淨與菩薩十地清淨无二无二分无別无
斷故

大般若波羅蜜多經卷第一百九十一

BD05416號　大般若波羅蜜多經卷一九一　（20–20）

眉細
鼻高脩直
一切世間殊妙香
世尊最勝身金色
紺青柔耎右旋文
初誕身有妙光明 令彼
能滅三有衆生苦 阿蘊羅
地獄傍生鬼道中 常受自然安
令彼除滅於衆苦
身色光明常普照 譬如鎔金妙無比
面貌圓明如滿月 脣色赤好喻頻婆
行步威儀類師子 身光朗耀同初日
臂肘纖長立過膝 狀等垂下娑羅枝
圓光一尋照無邊 赫奕猶如百千日
悉能遍至諸佛剎 隨緣所在覺群迷
淨光明網無倫比 流暉遍滿百千界
普照十方無障礙 一切冥闇悉皆除
善逝慈光能與樂 妙色暎徹等金山

BD05417 號 1 金光明最勝王經卷五 (19–1)

行步威儀類師子 身光朗耀同初日
臂肘纖長立過膝 狀等垂下娑羅枝
圓光一尋照無邊 赫奕猶如百千日
悉能遍至諸佛剎 隨緣所在覺群迷
淨光明網無倫比 流暉遍滿百千界
普照十方無障礙 一切冥闇悉皆除
善逝慈光能與樂 妙色暎徹等金山
流光悉至百千土 衆生遇者皆出離
佛身成就無量福 一切功德共莊嚴
超過三界獨稱尊 世間殊勝無與等
所有過去一切佛 數同大地諸微塵
未來現在十方尊 亦如大地微塵衆
我以至誠身語意 稽首歸依三世佛
讚歎無邊功德海 種種香花皆供養
設我口中有千舌 經無量劫讚如來
世尊功德不思議 最勝甚深難可說
假令我舌有百千 讚歎一佛一功德
於中少分尚難知 況諸佛德無邊際
假使大地及諸天 乃至有頂為海水
可以毛端滴知數 佛一功德甚難量
我以至誠身語意 礼讚諸佛德無邊
所有勝福果難思 迴施衆生速成佛
彼王讚歎如來已 倍復深心發弘願
願我當於未來世 生在無量無數劫
夢中常見大金鼓 得聞顯說懺悔音
讚佛功德喻蓮花 願證無生成正覺
諸佛出世時一現 於百千劫甚難逢

BD05417 號 1 金光明最勝王經卷五 (19–2)

彼王讚歎如來已　倍復深心發弘願
願我當於未來世　生在無量無數劫
夢中常見大金鼓　得聞顯說懺悔音
讚佛功德喻蓮花　願證無生成正覺
諸佛出世時一現　於百千劫甚難逢
夜夢常聞妙鼓音　晝則隨應而懺悔
我當圓滿修六度　拔濟衆生出苦海
然後得成無上覺　佛土清淨不思議
以妙金鼓奉如來　并讚諸佛實功德
因斯當見釋迦佛　記我當紹人中尊
金龍金光是我子　過去曾為善知識
世世願生於我家　共受無上菩提記
若有衆生無救護　長夜輪迴受衆苦
我於來世作歸依　令彼常得安隱樂
三有衆苦願除滅　悉得隨心安樂處
於未來世修菩提　皆如過去成佛者
願此金光懺悔福　永竭苦海罪消除
業障煩惱悉皆去　令我速招清淨果
福智大海量無邊　清淨離垢深無底
願我獲斯功德海　速成無上大菩提
以此金光懺悔力　當獲福德淨光明
既得清淨妙光明　常以智光照一切
願我身光等諸佛　福德智慧亦復然
一切世界獨稱尊　威力自在無倫匹
有漏苦海願超越　無為樂海願常遊
現在福海願恒盈　當來智海願圓滿
願我剎土超三界　殊勝功德量無邊

願我身光等諸佛　福德智慧亦復然
一切世界獨稱尊　威力自在無倫匹
有漏苦海願超越　無為樂海願常遊
現在福海願恒盈　當來智海願圓滿
願我剎土超三界　殊勝功德量無邊
諸有緣者悉同生　皆得速成清淨智
妙幢汝當知　國王金龍主　曾發如是願　彼即是汝身
往時有二子　金龍及金光　即銀相銀光　當受我所記
大衆聞是說　皆發菩提心　願現在未來　常依此懺悔

金光明最勝王經金勝陀羅尼品第八

尒時世尊復於衆中告善住菩薩摩訶薩善男子有陀羅尼名曰金勝若有善男子善女人欲求親見過去未來現在諸佛恭敬供養者當受持此陀羅尼何以故此陀羅尼乃是過現未來諸佛之母是故當知持此陀羅尼者具大福德已於過去無量佛所殖諸善本今得受持於戒清淨不毀不缺無有障礙決定能入甚深法門世尊即為說持呪法先稱諸佛及菩薩名至心礼敬然後誦呪

南謨十方一切諸佛　南无諸大菩薩摩訶薩
南无聲聞緣覺一切賢聖
南謨釋迦牟尼佛　南謨東方不動佛
南謨南方寶幢佛　南謨西方阿弥陀佛
南謨北方天鼓音王佛　南謨上方廣衆德佛
南謨下方明德佛　南謨寶藏佛
南謨普光佛　南謨普明佛
南謨香積王佛　南謨蓮花勝佛

南謨南方寶幢佛　南謨西方阿彌陁佛
南謨北方天鼓音王佛　南謨上方廣衆德佛
南謨下方明德佛　南謨寶藏佛
南謨普光佛　南謨普明佛
南謨香積王佛　南謨蓮花勝佛
南謨平等見佛　南謨寶髻佛
南謨寶上佛　南謨寶光佛
南謨無垢光明佛　南謨辯才莊嚴思惟佛
南謨淨月光稱相王佛　南謨花嚴光佛
南謨光明王佛　南謨善光無垢稱王佛
南謨觀察無畏自在佛　南謨無畏名稱佛
南謨最勝王佛
南謨觀自在菩薩摩訶薩　南謨地藏菩薩摩訶薩
南謨虛空藏菩薩摩訶薩　南謨妙吉祥菩薩摩訶薩
南謨金剛手菩薩摩訶薩　南謨普賢菩薩摩訶薩
南謨無盡意菩薩摩訶薩　南謨大勢至菩薩摩訶薩
南謨慈氏菩薩摩訶薩　南謨善慧菩薩摩訶薩
陁羅尼曰
南謨曷喇怛娜怛喇夜也　怛姪他
君睇　君睇　矩折囇　矩折囇
壹窒哩　蜜窒哩　莎訶
佛告善住菩薩此陁羅尼是三世佛母若有
善男子善女人持此咒者能生無量無邊福
德之聚即是供養恭敬尊重讚歎無數諸
佛如是諸佛皆與此人授阿耨多羅三藐三菩
提記善住若有人能持此咒者隨其所欲衣
食財寶多聞聰慧無病長壽獲福甚多隨所

BD05417 號 1　金光明最勝王經卷五　（19–5）

善男子善女人持此咒者能生無量無邊福
德之聚即是供養恭敬尊重讚歎無數諸
佛如是諸佛皆與此人授阿耨多羅三藐三菩
提記善住若有人能持此咒者隨其所欲衣
食財寶多聞聰慧無病長壽獲福甚多隨所
願求無不遂意善住持是咒者乃至未證
上菩提常與金城山菩薩慈氏菩薩大海菩
薩觀自在菩薩妙吉祥菩薩大氷伽羅菩薩
等而共居止為諸菩薩之所攝護善住當知
持此咒時作如是法先應誦持滿一万八遍
為前方便次於闇室莊嚴道場黑月一日清
淨洗浴著鮮潔衣燒香散花種種供養并諸
飲食入道場中先當稱礼如前所說諸佛菩
薩至心慇重悔先罪已右膝著地可誦前咒
滿一千八遍端坐思惟念其所願日未出時
於道場中食淨黑食日唯一食至十五日方
出道場能令此人福德威力不可思議隨所
願求無不圓滿若不遂意重入道場既稱心
已常持莫忘
金光明最勝王經顯空性品第九
尒時世尊說此咒已為欲利益菩薩摩訶薩
人天大衆令得悟解甚深真實第一義故重
明空性而說頌曰
我已於餘甚深經　廣說真空微妙法
今復於此經王內　略說空法不思議
於諸廣大甚深法　有情無智不能解
故我於斯重敷演　令於空法得開悟

BD05417 號 1　金光明最勝王經卷五　（19–6）

人天大衆令得悟解甚深真實第一義故重
明空性而說頌曰
我已於餘甚深經　廣說真空微妙法
今復於此經王內　略說空法不思議
於諸廣大甚深法　有情無智不能解
故我於斯重敷演　令於空法得開悟
大悲哀愍有情故　以善方便勝因緣
我今於此大衆中　演說令彼明空義
當知此身如空聚　六賊依止不相知
六塵諸賊別依根　各不相知亦如是
眼根常觀於色處　耳根聽聲不斷絕
鼻根恒齅於香境　舌根鎮嘗於美味
身根受於輕耎觸　意根了法不知厭
此等六根隨事起　各於自境生分別
識如幻化非真實　依止根處妄貪求
如人奔走空聚中　六識依根亦如是
心遍馳求隨處轉　託根緣境了諸事
常受色聲香味觸　於法尋思無暫停
隨緣遍行於六根　如鳥飛空無障礙
藉此諸根作依處　方能了別於外境
此身無知無作者　體不堅固託緣成
皆從虛妄分別生　譬如機關由業轉
地水火風共成身　隨彼因緣招異果
同在一處相違害　如四毒虵居一篋
此四大虵性各異　雖居一處有昇沉
或上或下遍於身　斯等終歸於滅法
於此四種毒虵中　地水二虵多沉下
風火二虵性輕舉　由此乖違衆病生

同在一處相違害　如四毒虵居一篋
此四大虵性各異　雖居一處有昇沉
或上或下遍於身　斯等終歸於滅法
於此四種毒虵中　地水二虵多沉下
風火二虵性輕舉　由此乖違衆病生
心識依止於此身　造作種種善惡業
當往人天三惡趣　隨其業力受身形
遭諸疾病身死後　大小便利悉盈流
膖爛蟲蛆不可樂　棄在屍林如朽木
汝等當觀法如是　云何執有我衆生
一切諸法悉無常　悉從無明緣力起
彼諸大種咸虛妄　本非實有體無生
故說大種性皆空　知此浮虛非實有
無明自性本是無　藉衆緣力和合有
於一切時失正慧　故我說彼為無明
行識為緣有名色　六處及觸受隨生
愛取有緣生老死　憂悲苦惱恒隨逐
衆苦惡業常纏迫　生死輪迴無息時
本來非有體是空　由不如理生分別
我斷一切諸煩惱　常以正知現前行
了五蘊宅悉皆空　求證菩提真實處
我開甘露大城門　示現甘露微妙器
既得甘露真實味　常以甘露施群生
我擊最勝大法鼓　我吹最勝大法螺
我然最勝大明燈　我降最勝大法雨
降伏煩惱諸怨結　建立無上大法幢
於生死海濟群生　我當閉絕三惡趣

既得甘露真實味 常以甘露施群生
我擊最勝大法鼓 我吹最勝大法螺
我然最勝大明燈 我降最勝大法雨
降伏煩惱諸怨結 建立無上大法幢
於生死海濟群迷 我當關閉三惡趣
煩惱熾火燒衆生 無有救護無依止
清涼甘露充足彼 身心熱惱並皆除
由是我於無量劫 恭敬供養諸如來
堅持禁戒趣菩提 求證法身安樂處
施他眼耳及手足 妻子僮僕心無悋
財寶七珎莊嚴具 隨來求者咸供給
忍辱諸度皆遍修 十地圓滿成正覺
故我得稱一切智 無有衆生度量者
假使三千大千界 盡此土地生長物
所有叢林諸樹木 稻麻竹葦及枝條
此等諸物皆伐取 並悉細末作微塵
隨處積集量難知 乃至充滿虛空界
一切十方諸剎土 所有三千大千界
地土皆悉末為塵 此微塵量不可數
假使一切衆生智 以此智慧與一人
如是智者量無邊 容可知彼微塵數
牟尼世尊一念智 令彼智人共度量
於多俱胝劫數中 不能筭知其少分
時諸大衆聞佛說此甚深空性有無量衆
生悉能了達四大五蘊體性俱空六根六
境妄生繫縛願捨輪迴正修出離深心慶
喜如說奉持

生悉能了達四大五蘊體性俱空六根六
境妄生繫縛願捨輪迴正修出離深心慶
喜如說奉持
金光明最勝王經依空滿願品第十
尒時如意寶光耀天女於大衆中聞說深法
歡喜踊躍從座而起偏袒右肩右膝著地合
掌恭敬白佛言世尊唯願為說於甚深理修
行之法而說頌言
我問照世界 兩足最勝尊 菩薩正行法 唯願慈聽許
佛言善女天 若有疑惑者 隨汝意所問 吾當分別說
是時天女請世尊曰
云何諸菩薩 行菩提正行 離生死涅槃 饒益自他故
佛告善女天依於法界行菩提法修平等行
云何依於法界行菩提法修平等行謂於五
蘊能現法界法界即是五蘊五蘊不可說非
五蘊亦不可說何以故若法界是五蘊即是
斷見若離五蘊即是常見離於二相不著二
邊不可見過所見無名無相是則名為說於
法界善女天云何五蘊能現法界如是五蘊
不從因緣生何以故若從因緣生者為已生
故生為未生故生若已生生者何用因緣若
未生生者不可得生何以故未生諸法即是
非有無名無相非校量譬喻之所能及非是
因緣之所生故善女天譬如鼓聲依木依皮
及桴手等故得出聲如是鼓聲過去亦空未
來亦空現在亦空何以故是鼓音聲不從木

未生生者不可得生何以故未生諸法即是
非有無名無相非校量譬喻之所能及非是
因緣之所生故善女天譬如鼓聲依木依皮
及桴手等故得出聲如是鼓聲過去亦空未
來亦空現在亦空何以故是鼓音聲不從木
生不從皮生及桴手生不於三世生是則不
生若不可生則不可滅若不可滅無所從來
若無所從來亦無所去若無所去則非常非
斷若非常非斷則不一不異何以故此若是
一則不異法界若如是者凡夫之人應見真
諦得於無上安樂涅槃既不如是故知不一
若言異者一切諸佛菩薩行相即是執著未
得解脫煩惱繫縛即不證阿耨多羅三藐三
菩提何以故一切聖人於行非行同真實性
是故不異故知五蘊非有非無不從因緣生
非無因緣生是聖所知非餘境故亦非言說
之所能及無名無相無因無緣亦無譬喻始
終寂靜本來自空是故五蘊能現法界善女
天若善男子善女人欲求阿耨多羅三藐三
菩提異真異俗難可思量於凡聖境體非一
異不捨於俗不離於真依於法界行菩提行
尒時世尊作是語已時善女天踊躍歡喜即
從座起偏袒右肩右膝著地合掌恭敬一心
頂礼而白佛言世尊如上所說菩提正行我
今當學是時索訶世界主大梵天王於大衆
中問如意寶光耀善女天曰此菩提行難可
修行汝今云何於菩提行而得自在尒時善

BD05417 號 1　金光明最勝王經卷五

（19–11）

從座起偏袒右肩右膝著地合掌恭敬一心
頂礼而白佛言世尊如上所說菩提正行我
今當學是時索訶世界主大梵天王於大衆
中問如意寶光耀善女天曰此菩提行難可
修行汝今云何於菩提行而得自在尒時善
女天答梵王曰大梵王如佛所說實是甚深
一切異生不解其義是聖境界微妙難知若
使我今依於此法得安樂住是實語者願令
一切五濁惡世無量無數無邊衆生皆得金
色卅二相非男非女坐寶蓮花受無量樂雨
天妙花諸天音樂不鼓自鳴一切供養皆悉
具足時善女天說是語已一切五濁惡世所有
衆生皆悉金色具大人相非男非女坐寶蓮
花受無量樂猶如他化自在天宮無諸惡道
寶樹行列七寶蓮花遍滿世界又雨七寶
上妙天花作天伎樂如意寶光耀善女天即
轉女身作梵天身時大梵王問如意寶光耀
菩薩言仁者如何行菩提行答言梵王若水
中月行菩提行我亦行菩提行若夢中行菩
提行我亦行菩提行若陽焰行菩提行我亦
行菩提行若谷響行菩提行我亦行菩提行
時大梵王聞此說已白菩薩言仁依何義而
說此語答言梵王無有一法是實相者但由
因緣而得成故梵王言若如是者諸凡夫人
皆悉應得阿耨多羅三藐三菩提答言仁以
何意而作是說愚癡人異智慧人異菩提異
非菩提異解脫異非解脫異梵王如是諸法

BD05417 號 1　金光明最勝王經卷五

（19–12）

時大梵王聞此說已白菩薩言仁何所義而
說此語菩言梵王無有一法是實相者但由
因緣而得成故梵王言若如是者諸凡夫人
皆悉應得阿耨多羅三藐三菩提菩言仁以
何意而作是說愚癡人異智慧人異菩提異
非菩提異解脫異非解脫異梵王如是諸法
平等無異於此法界真如不異無有中間而
可執著無增無減梵王譬如幻師及幻弟子
善解幻術於四衢道取諸沙土草木葉等聚
在一處作諸幻術使人覩見象衆馬衆車兵
等衆七寶之聚種種倉庫若有衆生愚癡
無智不能思惟不知幻本若見若聞作是思惟
我所見聞象馬等衆此是實有餘皆虛妄
於後更不審察思惟有智之人則不如是了
於幻本若見若聞作如是念如我所見象馬等
衆非是真實唯有幻事惑人眼目妄謂象等
及諸倉庫有名無實如我見聞不執為實後
時思惟知其虛妄是故智者了一切法皆無
實體但隨世俗如見如聞表宣其事思惟諦
理則不如是復由假說顯實義故梵王愚癡
異生未得出世聖慧之眼未知一切諸法真
如不可說故是諸凡愚若見若聞行非行法
如是思惟便生執著謂以為實於第一義不
能了知諸法真如是不可說是諸聖人若見
若聞行非行法隨其力能不生執著以為實
有了知一切無實行法無實非行法但妄思
量行非行相唯有名字無有實體是諸聖人

BD05417 號 1　金光明最勝王經卷五　（19–13）

能了知諸法真如是不可說是諸聖人若見
若聞行非行法隨其力能不生執著以為實
有了知一切無實行法無實非行法但妄思
量行非行相唯有名字無有實體是諸聖人
隨世俗說為欲令他知真實義如是梵王是
諸聖人以聖智見了法真如不可說故行非
行法亦復如是令他證知故說種種世俗名
言時大梵王問如意寶光耀菩薩言有衆
生能解如是甚深正法菩言梵王有衆幻人
心心數法能解如是甚深正法梵王曰此幻化
人體是非有此之心數從何而生菩曰若知
法界不有不無如是衆生能解深義
尒時梵王白佛言世尊是如意寶光耀菩薩
不可思議通達如是甚深之義佛言如是如
是梵王如汝所言此如意寶光耀已教汝等
發心修學無生忍法是時大梵天王與諸梵
衆從座而起偏袒右肩合掌恭敬頂礼如意
寶光耀菩薩足作如是言希有希有我等今
日幸遇大士得聞正法
尒時世尊告梵王言是如意寶光耀於未來
世當得作佛号寶餤吉祥藏如来應正遍知
明行圓滿善逝世間解無上士調御丈夫天
人師佛世尊說是品時有三千億菩薩於阿
耨多羅三藐三菩提得不退轉八千億天子
無量無數國王臣民遠塵離垢得法眼淨
尒時會中有五十億苾蒭行菩薩行欲退菩
提心聞如意寶光耀菩薩說是法時皆得堅

BD05417 號 1　金光明最勝王經卷五　（19–14）

人師佛世尊說是品時有三千億菩薩於阿
耨多羅三藐三菩提得不退轉八千億天子
無量無數國王臣民遠塵離垢得法眼淨
尒時會中有五十億苾芻行菩薩行欲退菩
提心聞如意寶光耀菩薩說是法時皆得堅
固不可思議滿足上願更復發起菩提之心
各自脫衣供養菩薩重發無上勝進之心作
如是願願令我等功德善根悉皆不退迴向阿
耨多羅三藐三菩提梵王是諸苾芻依此功
德如說修行過九十大劫當得解悟出離
生死尒時世尊即為授記汝諸苾芻過卌阿
僧祇劫當得作佛劫名難勝光王國名無垢
光同時得阿耨多羅三藐三菩提皆同一
号名願莊嚴聞飾王十号具足梵王是金光
明微妙經典若正聞持有大威力假使有人
於百千大劫行六波羅蜜無有方便若有善
男子善女人書寫如是金光明經半月半月
專心讀誦是功德聚於前功德百分不及一
乃至算數譬喻所不能及梵王是故我今令
汝修學憶念受持為他廣說何以故我於往
昔行菩薩道時猶如勇士入於戰陣不惜身
命流通如是微妙經王受持讀誦為他解說
梵王譬如轉輪聖王若王在世七寶不滅 王
若命終所有七寶自然滅盡梵王是金光明
微妙經王若現在世無上法寶悉皆不滅若
無是經隨處隱沒是故應當於此經王專心
聽聞受持讀誦為他解說勸令書寫行精進

BD05417 號 1　金光明最勝王經卷五　（19–15）

若命終所有七寶自然滅盡梵王是金光明
微妙經王若現在世無上法寶悉皆不滅若
無是經隨處隱沒是故應當於此經王專心
聽聞受持讀誦為他解說勸令書寫行精進
波羅蜜不惜身命不憚疲勞功德中勝我諸
弟子應當如是精勤修學
尒時大梵天王與無量梵眾帝釋四王及諸
藥叉俱從座起偏袒右肩右膝著地合掌恭
敬而白佛言世尊我等皆願守護流通是金
光明微妙經典及說法師若有諸難我當除
遣令具眾善色力充足辯才無礙身意泰然
時會聽者皆受安樂所在國土若有飢饉怨
賊非人為惱害者我等天眾皆為擁護使其
人民安隱豐樂無諸枉橫皆是我等天眾
之力若有供養是經典者我等亦當恭敬供
養如佛不異
尒時佛告大梵天王及諸梵眾乃至四王諸
藥叉等善哉善哉汝等得聞甚深妙法復
能於此微妙經王發心擁護及持經者當獲無
邊殊勝之福速成無上正等菩提時梵王等
聞佛語已歡喜頂受
金光明最勝王經四天王觀察人天品第十一
尒時多聞天王持國天王增長天王廣目天
王俱從座起偏袒右肩右膝著地合掌向佛
礼佛足已白言世尊是金光明最勝王經一
切諸佛常念觀察一切菩薩之所恭敬一切

BD05417 號 1　金光明最勝王經卷五　（19–16）

金光明最勝王經四天王觀察人天品第十一
尒時多聞天王持國天王增長天王廣目天
王俱從座起偏袒右肩右膝著地合掌向佛
礼佛足已白言世尊是金光明最勝王經一
切諸佛常念觀察一切菩薩之所恭敬一切
天龍常所供養及諸天衆常生歡喜一切護
世稱揚讚歎聲聞獨覺皆共受持悉能明照
諸天宮殿能與一切衆生殊勝安樂止息地
獄餓鬼傍生諸趣苦惱一切怖畏悉能除殄
所有怨敵尋即退散飢饉惡時皆令豐稔疾
疫病苦皆令蠲愈一切災變百千苦惱咸悉
消滅世尊是金光明最勝王經能為如是安
隱利樂饒益我等唯願世尊於大衆中廣為
宣說我等四王并諸眷屬聞此甘露無上法
味氣力充實增益威光精進勇猛神通倍勝
世尊我等四王修行正法常說正法以法化世
我等令彼天龍藥叉健闥婆阿蘇羅揭路
荼俱槃荼緊那羅莫呼羅伽及諸人王常以
正法而化於世遮去諸惡所有鬼神吸人精
氣無慈悲者悉令遠去世尊我等四王與二
十八部藥叉大將并與無量百千藥叉以淨
天眼過於世人觀察擁護此贍部洲世尊以
此因緣我等諸王名護世者又復於此洲中
若有國王被他怨賊常來侵擾及多飢饉疾
疫流行無量百千災厄之事世尊我等四王
於此金光明最勝王經恭敬供養若有苾芻
法師受持讀誦我等四王共往覺悟勸請其

天眼過於世人觀察擁護此贍部洲世尊以
此因緣我等諸王名護世者又復於此洲中
若有國王被他怨賊常來侵擾及多飢饉疾
疫流行無量百千災厄之事世尊我等四王
於此金光明最勝王經恭敬供養若有苾芻
法師受持讀誦我等四王共往覺悟勸請其
人時彼法師由我神通覺悟力故往彼國界
廣宣流布是金光明微妙經典由經力故令
彼無量百千衰惱災厄之事悉皆除遣世尊
若諸人王於其國內有持是經苾芻法師至
彼國時當知此經亦至其國世尊時彼國王
應往法師處聽其所說聞已歡喜於彼法師
恭敬供養深心擁護令無憂惱演說此經利
益一切世尊以是緣故我等四王皆共一心護
是人王及國人民令離災患常得安隱世尊
若有苾芻苾芻尼鄔波索迦鄔波斯迦持
是經者時彼人王隨其所須供給供養令無
乏少我等四王令彼國主及以國人悉皆安隱
遠離災患世尊若有受持讀誦是經典者人
王於此供養恭敬尊重讚歎我等當令彼
王於諸王中恭敬尊重最為第一諸餘國王
共所稱歎大衆聞已歡喜受持

金光明最勝王經卷第五

進善大臣令汝身是仙卿童子藉以前世善
釋煩惱利益衆生故先於我咸等正真水
龍漢初說法教化我方以令開重之始登元

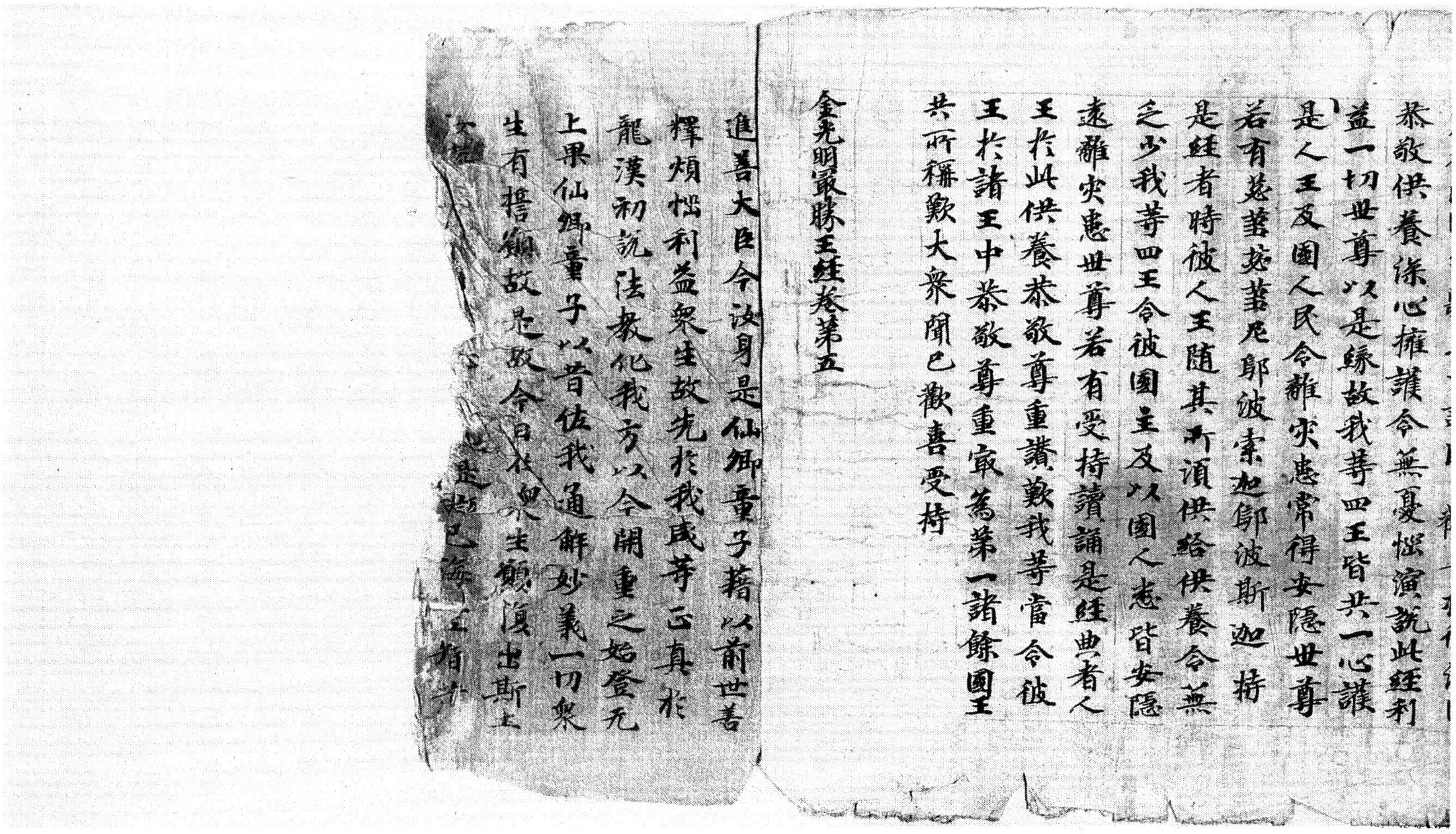
恭敬供養係心擁護令無憂惱演說此經利
益一切世尊以是緣故我等四王皆共一心護
是人王及國人民令離災患常得安隱世尊
若有苾芻苾芻尼鄔波索迦鄔波斯迦持
是經者時彼人王隨其所須供給供養令無
乏少我等四王令彼國主及以國人悉皆安隱
遠離災患世尊若有受持讀誦是經典者人
王於此供養恭敬尊重讚歎我等當令彼
王於諸王中恭敬尊重最為第一諸餘國王
共所稱歎大眾聞已歡喜受持

金光明最勝王經卷第五

進善大臣今汝身是仙鄉童子籍以前世善
釋煩惱利益眾生故先於我成等正真於
龍漢初說法教化我方以今開重之始登无
上果仙鄉童子以昔佐我通解妙義一切眾
生有攝念故是故今日在與生願復出斯上
[illegible]是斷已海[illegible]指

BD05417 號 2　太上一乘海空智藏经卷三　（19–19）

菩薩大士普

BD05417 號背　雜寫　（1–1）

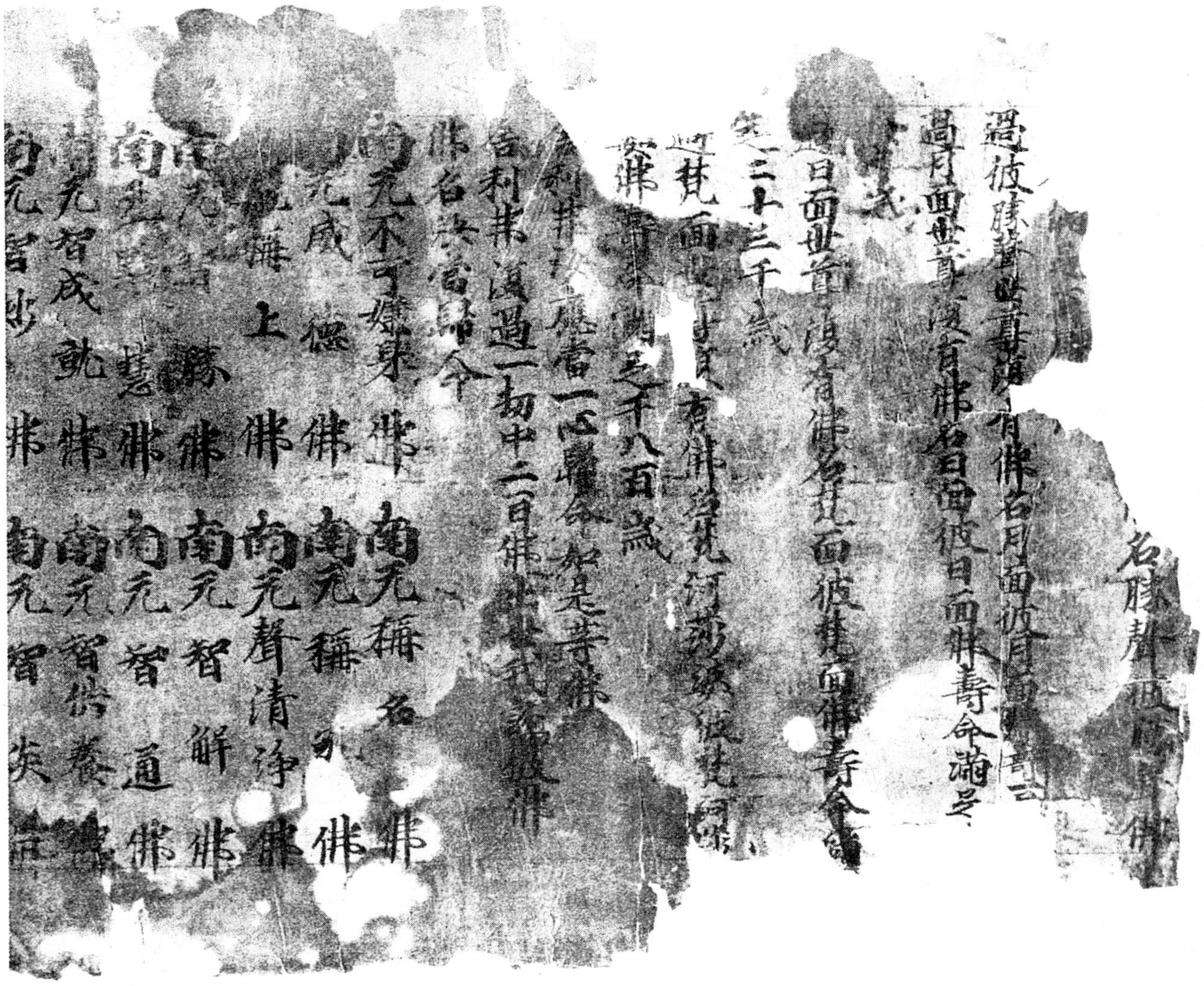
名勝聲[illegible]佛
過彼勝聲世尊[illegible]有佛名月面 彼月面[illegible]
過月面世尊 復有佛名日面 彼日面佛壽命滿足
[illegible]日面世尊 復有佛名梵面 彼梵面佛壽命[illegible]
[illegible]二十二千歲
過梵面世尊 復有佛名梵河[illegible] 彼梵河[illegible]
[illegible]佛壽命滿足千八百歲
舍利弗 汝應當一心歸命 如是等佛
舍利弗 滿過一切十二日佛[illegible]
佛名歸命
南无不可嫌棄佛　南无稱名佛
南无威德佛　南无稱吼佛
南无稱上佛　南无聲清淨佛
南无大勝佛　南无智解佛
南无[illegible]慧佛　南无智通佛
南无智成就佛　南无寶供養佛
南无智妙佛　南无智矣佛

BD05418號　佛名經（十六卷本）卷一〇　（20–1）

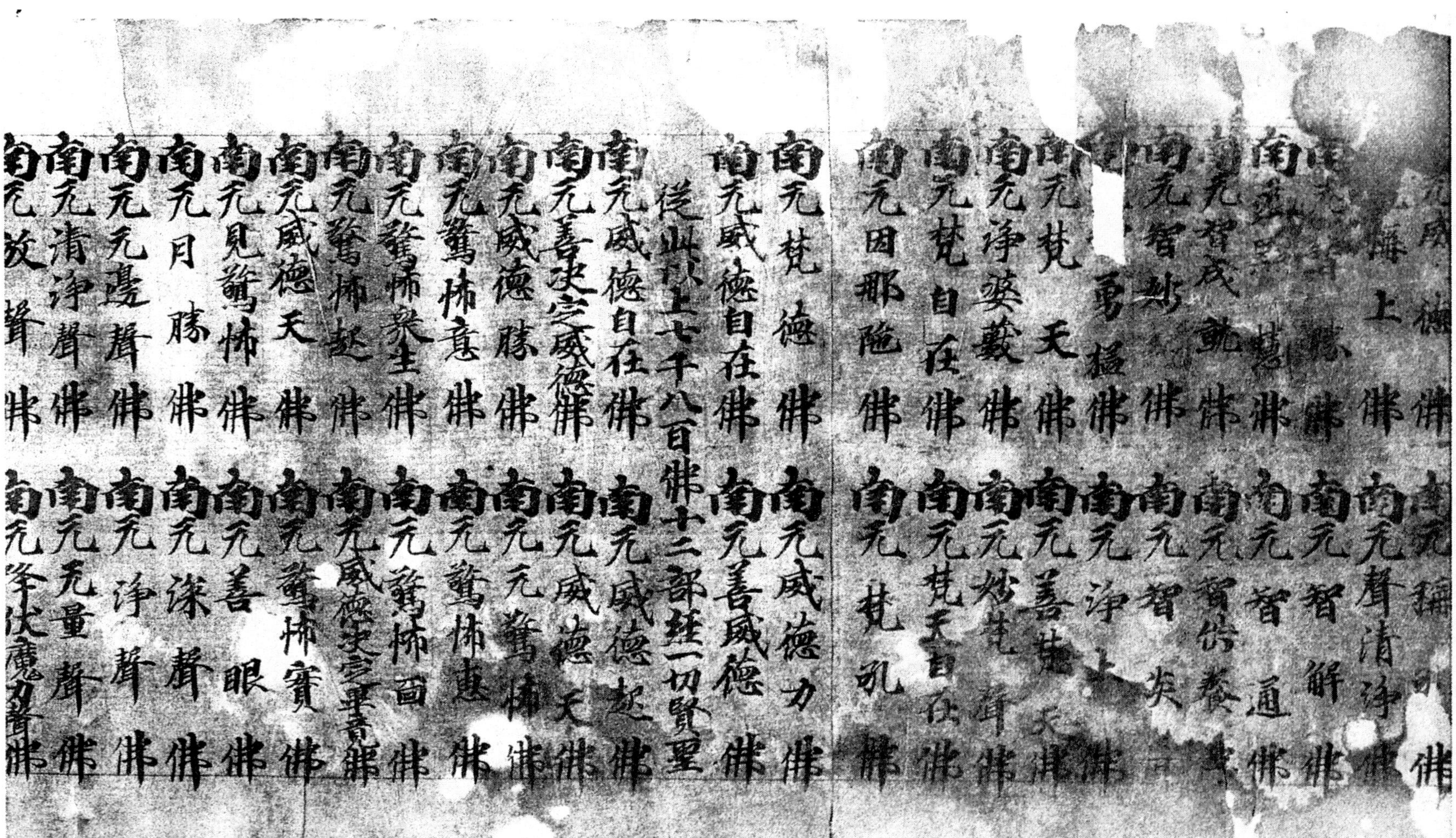
南无威德[illegible]佛　南无[illegible]佛
南无稱上佛　南无聲清淨佛
南无大勝佛　南无智解佛
南无[illegible]慧佛　南无智通佛
南无智成就佛　南无寶供養佛
南无智妙佛　南无智矣佛
南无勇猛佛　南无淨上佛
南无梵天佛　南无善生天佛
南无淨婆藪佛　南无炒生聲佛
南无梵自在佛　南无梵天自在佛
南无因那陁佛　南无梵吼佛
南无梵德佛　南无威德力佛
南无威德自在佛　南无善威德佛
從此以上七千八百佛十二部經一切賢聖
南无威德自在佛　南无威德起佛
南无善決定威德佛　南无威德天佛
南无威德勝佛　南无无鷲怖佛
南无鷲怖意佛　南无鷲怖惠佛
南无鷲怖衆生佛　南无鷲怖面佛
南无鷲怖起佛　南无威德決定畢竟佛
南无威德天佛　南无鷲怖寶佛
南无見鷲怖佛　南无善眼佛
南无月勝佛　南无深聲佛
南无無邊聲佛　南无淨聲佛
南无清淨聲佛　南无无量聲佛
南无放聲佛　南无降伏魔力聲佛

BD05418號　佛名經（十六卷本）卷一〇　（20–2）

南无財[illegible]佛　南无善[illegible]佛
南无月勝佛　南无深聲佛
南无无邊聲佛　南无淨聲佛
南无清淨聲佛　南无无量聲佛
南无放聲佛　南无降伏魔力聲佛
南无住持聲佛　南无善日佛
南无清淨面佛　南无善堅佛
南无无邊眼佛　南无普眼佛
南无稱眼佛　南无眼莊嚴佛
南无不可嫌眼佛　南无調柔語佛
南无調勝佛　南无善調心佛
南无善寂根佛　南无善寂意佛
南无善寂妙佛　南无善寂行佛
南无善寂去佛　南无善寂彼岸佛
南无善寂勇猛佛　南无住勝佛
南无善寂淨心佛　南无衆上首在王佛
南无有衆佛　南无衆自在佛
南无衆勝佛　南无清淨智佛
南无大衆自在佛　南无衆勇猛佛
南无放妙香佛　南无法方佛
南无法雞兜佛　南无法行佛
南无法寶佛　南无法力佛
南无〻法佛　南无善法佛
南无法勇猛佛　南无法樂決定佛
南无寶法決定一劫中八十億同名佛
第二劫中八十億亦同名決定佛

BD05418號　佛名經（十六卷本）卷一〇　（20–3）

南无法寶佛　南无法力佛
南无〻法佛　南无善法佛
南无法勇猛佛　南无法樂決定佛
南无寶法決定一劫中八十億同名佛
第二劫中八十億亦同名決定佛
南无決定佛　南无名勝成就佛
亦應一心敬礼
南无安隱佛　南无拘鄰佛
南无善歡喜佛　南无善眼佛
南无頭施羅吒佛　南无毗留博叉佛
南无善眼佛　南无妙眼佛
南无善見佛　南无善解佛
南无釋迦牟尼佛　南无妙去佛
南无勝佛　南无旃檀佛
南无度佛　南无滅惡佛
南无大功德佛　南无摩梨支佛
南无光眼佛　南无端月佛
南无淨名佛　南无淨德佛
南无淨住佛　南无喜勝佛
南无月幢佛　南无寶聚佛
南无无畏佛　南无然燈佛
南无妙法佛　南无高顯佛
南无稱妙佛　南无[illegible]勝妙釋迦牟尼佛
從此以上七千九百佛十二部經一切賢聖
南无吉沙佛　南无弗沙佛
南无毗婆尸佛　南无尸棄佛

BD05418號　佛名經（十六卷本）卷一〇　（20–4）

南无妙法佛　南无高顯佛
南无稱妙佛　南无淨勝妙幢遮牟尼佛
從此以上七千九百佛十二部經一切賢聖
南无吉沙佛　南无弗沙佛
南无毗婆尸佛　南无尸弃佛
南无毗舍浮佛　南无拘留孫佛
南无拘那含佛　南无迦葉佛
佛復告舍利弗現在東方可樂世界中名阿閦
佛應當一心敬礼
南无日藏佛　南无龍王自在王佛
南无日作佛　南无龍歡喜佛
南无自在佛　南无稱光明佛
南无山城佛　南无普次信佛
南无普寶佛　南无稱自在王佛
南无行法行稱佛　南无初智惠佛
南无智山佛　南无曰光明佛
南无生勝佛　南无孫留藏佛
南无智海佛　南无大精進佛
南无高山勝佛　南无一切德藏佛
南无智法界佛　南无无畏自在佛
南无大精進成就佛　南无智成就佛
南无无导王佛　南无地力精進佛
南无持佛　南无力王佛
南无善見佛　南无法光明王佛
南无降伏魔佛　南无不斷尖佛
南无一切德山佛　南无智齊佛

BD05418號　佛名經（十六卷本）卷一〇　（20–5）

南无持佛　南无力王佛
南无善見佛　南无法光明王佛
南无降伏魔佛　南无不斷尖佛
南无一切德山佛　南无智齊佛
南无无障力王佛　南无善思惟佛
南无師子歡喜佛　南无武光明佛
南无快勝王佛　南无盡智藏佛
南无寶面勝佛　南无智波婆佛
南无决定稱佛　南无无邊觀王佛
南无法華雨佛　南无住光明佛
南无高山王佛　南无成就法輪王佛
南无无垢眼佛　南无大名聲德佛
南无无导智力王佛　南无无导安隱佛
南无彌門佛　南无福德力精進佛
南无智衣王佛　南无法自在王佛
南无妨安隱佛　南无智成就佛
南无大力孫留藏佛　南无觀一切德精進佛
南无德无障不迷佛　南无香光明佛
南无一切德聚王佛　南无法齊底佛
南无聲自在王佛　南无護聲佛
南无種種力精進王佛　南无寶光明勝王佛
南无過一切須彌山王佛　南无寶孫留佛
南无不動法佛　南无堅固蓋王佛
南无普一切德佛　南无法沙羅孫留王佛
南无聚集智聲佛　南无智炎華月王佛
南无能王自在王佛　南[illegible]佛

BD05418號　佛名經（十六卷本）卷一〇　（20–6）

南无過一切須弥山王佛　南无寶弥留佛
南无不動法佛　南无堅固蓋王佛
南无普功德佛　南无法沙羅弥留佛
南无聚集智聲佛　南无智炎華月王佛
南无龍王自在王佛　南无憂曇禾華王佛
南无真金色王佛　南无增長法幢王佛
南无旃檀波羅光佛　南无住法功德稱佛
南无堅固意精進佛　南无然塵燈佛
南无精進步佛　南无无邊堅固幢佛
南无寂法稱佛　南无法王佛
南无降伏大眾佛　南无有光炎華高山佛
南无智勝照佛　南无示威德然燈佛
從此以上八千佛十二部經一切賢聖
南无无諍无畏佛　南无智化聲佛
南无二輪成就佛　南无妙身蓋佛
南无勝莊嚴王佛　南无師子善生佛
南无放月光華王佛　南
復次舍利弗現在南方佛汝應當一心歸命
南无法自在吼佛　南无初發心香自在莎羅佛
南无師子奮迅佛　南无那羅延自在藏弥留勝佛
南无寶山精進自在集功德佛
南无樹提藏佛　南无无量寶頂方便稱佛
南无功德力莎羅王佛　南无妙聲吼奮迅佛
南无得一切眾生意佛　南无大意佛
南无妙聲佛　南无寶地山佛

南无寶山精進自在集功德佛
南无樹提藏佛　南无无量寶頂方便稱佛
南无功德力莎羅王佛　南无妙聲吼奮迅佛
南无得一切眾生意佛　南无大意佛
南无妙聲佛　南无寶地山佛
南无法雲吼聲佛　南无光波婆吒佛
南无香波頭摩精進王成就佛
南无无垢光明佛　南无功德跡佛
南无因緣光明佛　南无无邊功德王佛
次禮十二部尊經大藏法輪
南无數東意章經　南无龍施本起經
南无道德章經　南无師子畜生王經
南无更出小品經　南无摩訶厥難問經
南无吳維摩詰經　南无摩經
南无浮光經　南无問所眼種經
南无摩調王經　南无勇伏經
南无色為非常念經　南无摩達經
南无盧夷亘經　南无照藏經
南无善法義經　南无
南无奇異道家難問住處經
南无奇異道家難問法本經
南无烏步經　南无治身經
南无舊首章經　南无眾祐經
南无澄方等經　南无獨居思惟息念經
南无長者須達經　南无獨生思惟章乎念生經
南无无本經

南无菩首章經 南无衆祐經
南无淨方等經 南无獨君思惟息念經
南无長者須達經 南无獨生思惟事念生經
南无无本經
次礼十方諸大菩薩
南无心无导菩薩 南无離諸陰菩薩
南无心无导菩薩 南无一切行淨菩薩
南无等見菩薩 南无等不等見菩薩
南无三昧遊戲菩薩 南无法自在菩薩
南无法相菩薩 南无明莊嚴菩薩
南无大莊嚴菩薩 南无寶頂菩薩
南无寶印道菩薩 南无常舉手菩薩
南无常下手菩薩 南无常慘菩薩
南无常喜菩薩 南无喜王菩薩
南无得辯手音聲菩薩 南无雷雲雷音菩薩
南无持寶炬菩薩 南无勇德菩薩
南无帝網菩薩 南无馬光菩薩
南无空无礙菩薩 南无寶勝菩薩
南无天王菩薩 南无破魔菩薩
南无雷得菩薩 南无自在菩薩
次礼聲聞緣覺一切賢聖
南无阿利多辟支佛 南无婆利多辟支佛
南无多伽樓辟支佛 南无稱辟支佛
南无見辟支佛 南无愛見辟支佛

BD05418號　佛名經（十六卷本）卷一〇　（20-9）

次礼聲聞緣覺一切賢聖
南无阿利多辟支佛 南无婆利多辟支佛
南无多伽樓辟支佛 南无稱辟支佛
南无見辟支佛 南无愛見辟支佛
南无見辟支佛 南无乾陁羅辟支佛
南无无妻辟支佛 南无梨沙婆辟支佛
歸命如是等无量无邊辟支佛
礼三寶已次復懺悔
次復懺悔劫盜之業經中說言若物屬他
他所守護於此物中一草一葉不與不取何况
盜竊但自衆生唯見現在利故以種種方便非
道而取致使未來受此殃累是故經言劫盜
之罪能令衆生墮於地獄餓鬼受苦若在畜
生則受牛馬驢騾駱駝等形以其所有身力血
肉償他宿債若生人中為他奴婢衣不蔽形食
不充命貧寒困苦人理殆盡劫盜既有如是
苦報是故弟子今日至到稽首歸依於佛
南无東方壞諸煩惱佛 南无南方妙音自在佛
南无西方大雲光佛 南无北方雲自在王佛
從此以上八千一百佛十二部經一切賢聖
南无東南方无緣莊嚴佛 南无西南方過諸魔界佛
南无西北方見无恐懼佛 南无東北方一切德嚴佛
南无下方妙善住王佛 南无上方蓮華藏光佛
如是十方盡虛空界一切三寶
弟子等自從无始以來至于今日或盜他財寶

BD05418號　佛名經（十六卷本）卷一〇　（20-10）

南无下方妙善住王佛　南无上方蓮華藏光佛
如是十方盡虛空界一切三寶
弟子等自從无始以來至于今日或盜他財寶
興刃強奪或自恃身逼迫而取或恃公威或假
勢力高衒大秤押良善吞納姦欺考直
為曲為此因緣身羅憲綱或邪治或領他財
物侵公益私侵私益公損彼利此損此利彼
剖他自饒口與心恪或竊沒租估偷度關稅匿
公謂輸藏隱使役如是等罪今悉懺悔或是
佛法僧物不與而取或經像物或治葺塔寺
物或供養常住僧物或擬招提僧物或盜取
悞用恃勢不還或自借或貸人或復換貸漏
忘或三寶物混乱雜用或以衆物穀米薪蒭
塩豉醤酢菜茹菓實錢帛竹木繒綵幡蓋
香花油燭隨情逐意或自用或與人或攜佛花
菓用僧鬘物因三寶財私自利已如是等罪
无量无邊今日慚愧皆悉懺悔
又復无始以來至于今日或作周旋朋友師僧
同學父母兄弟六親眷屬共住同止宿一所
須更相欺同或於鄉隣比近移蘺拓墻侵他
田宅改攙易相塋田園因公託私奪人邸店
以毛野如是等罪今悉懺悔
又復无始以來或攻城破邑燒村壞柵偷賣
良民誘他奴婢又復枉押无罪之人使其形
殂血肉身被徒鎖家業破散骨肉生離分張

以毛野如是等罪今悉懺悔
又復无始以來或攻城破邑燒村壞柵偷賣
良民誘他奴婢又復枉押无罪之人使其形
殂血肉身被徒鎖家業破散骨肉生離分張
異域生死隔絕如是等罪无量无邊今悉至
到皆盡懺悔
又復无始以來至於今日或商估博貨邸店
市易輕秤小斗減割尺寸盜竊分銖欺因圭
合以麁易細以短換長欺巧百端希望毫利
如是等罪今悉懺悔
又復无始以來至於今日穿窬墻壁斷道抄
掠抵捍債息負情違要面欺心兄或非道陵
奪鬼神禽獸四生之物或假託卜相取人財寶
如是乃至以利求利惡求多求无猒无足如
是等罪无量无邊不可說盡今日至到向十
方佛尊法聖衆皆悉懺悔
願弟子等承是懺悔劫盜等罪所生功德
生生世世得如意寶常雨七珎上妙衣服百味甘
露種種湯藥隨意所須應念即至令一切
衆生无偷奪想一切皆能少欲知足不耽不染
常樂惠行急濟貧道頭目髓腦捨身如棄
涕唾迴向滿足檀波羅蜜 依礼一拜
南无增長眼佛　南无師子聲奮迅佛
南无法華通佛　南无敬法清淨佛
南无天力師子奮迅佛　南无觀法佛
南无堅精進[illegible]佛　南无[illegible]清[illegible]佛

南无法華通佛　南无敬法清淨佛
南无天力師子奮迅佛　南无觀法佛
南无堅精進奮迅佛　南无自精進佛
南无弥留光佛　南无功德阿尼羅佛
南无淨根佛　南无喚智佛
南无智慧作佛　南无不破廣惠佛
南无力惠佛　南无憂頭鉢佛
南无法堅固歡喜佛　南无堅固意自在佛
南无平等須弥山面佛　南无發捨成就佛
南无清淨藏佛　南无一切衆生自在佛
南无勝業清淨見佛　南无智自在佛
南无善决奮迅佛　南无无障无著精進佛
南无世間自在佛　南无廣法行佛
南无功德成就佛　南无不怯弱成就佛
南无城如意通佛　南无如觀法佛
南无補擅鬚佛　南无敬重式王佛
南无寶名佛　南无龍王自在聲佛
南无大智莊嚴佛　南无无孤獨功德佛
南无阿羅摩佛　南无不滅莊嚴佛
南无淨功德莊嚴佛　南无自在相好莊嚴稱佛
南无行自在王佛　南无法華弥留佛
南无法性莊嚴佛　南无願滿足佛
南无大捨莊嚴佛　南无千法无畏佛
南无有自在成就佛　南无集法奮迅佛
南无彌王佛　南无解脫王佛

南无大捨莊嚴佛　南无千法无畏佛
南无有自在成就佛　南无集法奮迅佛
南无彌王佛　南无解脫王佛
南无肩弥留佛　南无如意力電王佛
南无无障佛月佛　南无不讚嘆世間勝佛
南无法王決定佛　南无寶星雲王佛
南无地勇名佛　南无无邊勝寶名佛
南无名智奮迅佛　南无名樹迦那伽王佛
南无名增長慧佛　南无法華通直心佛
南无名快照光明精進通集佛
南无名照觀佛王佛
南无名智盡天佛
南无名不著惡勝佛
南无名勝妙法佛
南无名大智聲智惠佛
南无名見一切世間不畏佛
南无名見无畏佛　南无名聲去佛
南无如來行无畏王佛
復次舍利弗現在西方佛法應當一心敬禮
南无初光明善慧照佛　南无妙聲脩行孔佛
南无住勝智稱佛　南无善現佛
南无住非住心華光佛　南无法行然燈佛
南无普勝佛　南无智孔稱王佛
南无梵聲歡喜孔佛　南无千眼佛
南无海香炎佛　南无千月自在藏佛

南无善勝佛 南无智乳稱王佛
南无梵聲歡喜乳佛 南无千眼佛
南无海香炎佛 南无千月自在藏佛
從此以上八千二百佛十二部經一切賢聖
南无法速樂行佛 南无身賢速光佛
南无師子廣眼佛 南无十力光明勝佛
南无智來佛 南无无邊精進勝王佛
南无大勝成就法佛 南无不空見佛
南无不可盡色佛 南无觀法智佛
南无无妨王佛 南无无邊德佛
南无智察法佛 南无一切善根菩提通佛
南无无量精進善思惟奮迅王佛
南无上智勝善住一切德佛
南无智香勝佛 南无智勝見尸棄王佛
南无妙一切德智佛 南无不夏法善乳王佛
南无法清淨來佛 南无勝上一切德佛
南无開法門藏佛 南无照法同王佛
南无力王善住法佛 南无善釋力得佛
南无无邊門見佛 南无善化莊嚴佛
南无不似見佛 南无離瞋一切德王佛
南无離塵憶勝佛 南无大力般若奮迅王佛
南无法鏡像佛 南无堅叉利成就佛
南无法人智一切德勝佛
南无不樂出一切德佛
南无精進遍精進自在王佛

BD05418號　佛名經（十六卷本）卷一〇　（20–15）

南无法鏡像佛 南无堅叉利成就佛
南无法人智一切德勝佛
南无不樂出一切德佛
南无精進遍精進自在王佛
南无一切世間自在搞眾勝佛
南无示現盡德佛 南无清淨戒功德王佛
南无華嚴莊嚴佛 南无獨王佛
南无得大通願力佛 南无乳聲速精進佛
南无勝身羅延智佛 南无那羅延佛
南无寶光阿尼羅勝佛 南无大海彌留勝王佛
南无不住生戒勝一切德王佛
南无初不濁天王佛 南无靈空藥說无量佛
南无勝惠佛 南无无比藏稱佛
南无天自在梵增上佛 南无善行見王佛
南无種種行王佛 南无靈舍那勝一切德佛
南无自在佛 南无住華佛
南无智善根成就性佛 南无无障身智成就佛
南无善決法佛 南无法性莊嚴觀樂說佛
南无三寶然燈佛 南无摩訶思惟藏佛
南无不可思議王佛 南无自在憶佛
南无師子匈藏佛 南无智王莊嚴佛
南无自在根佛 南无離聲眼佛
南无善香佛 南无不染佛
南无波頭摩佛 南无法身佛
南无廣戒王佛 南无心善行稱佛

BD05418號　佛名經（十六卷本）卷一〇　（20–16）

南无自在根佛　南无離聲眼佛
南无善香佛　南无不染佛
南无波頭摩佛　南无法身佛
南无廣武王佛　南无心善行稱佛
南无法自在佛　南无如意通觀藏佛
南无鈬貪燈王佛　南无世間意成就善稱佛
南无福德勝田佛　南无善觀佛法勝佛
復次舍利弗現在北方佛汝當一心歸命
南无初勝藏山佛　南无放光明佛
南无无邊智慧佛　南无龍華佛
南无一切龍奮迅勇猛佛　南无降伏一切魔佛
南无法世間鏡像佛　南无福德莊嚴佛
南无勝婆嗟山佛　南无法來王佛
南无普莊嚴樹行勝佛　南无佛花成就佛
南无寶積成就佛　南无一切成就稱佛
南无三世智勝佛　南无勝威善住佛
南无種種願光佛
從此以上八千三百佛十二部經一切賢聖
南无不退百勝光佛　南无分闍羅勝佛
南无棄一切邪見佛
南无得佛眼輪佛　南无得一切佛智佛
南无大慈悲救護勝佛　南无師子智橋梁佛
南无住實際王佛　南无諸善根福德法成就佛
南无大无垢智佛　南无智勝王佛
南无佛法波頭摩佛　南无與一切相佛

BD05418號　佛名經（十六卷本）卷一〇　（20–17）

南无得佛眼輪佛　南无得一切佛智佛
南无大慈悲救護勝佛　南无師子智橋梁佛
南无住實際王佛　南无諸善根福德法成就佛
南无大无垢智佛　南无智勝王佛
南无佛法波頭摩佛　南无與一切相佛
南无隨一切意法雲佛　南无滿足精進寶聚佛
南无大毗留嗏佛　南无勝光明佛
南无不動法智光佛　南无旃檀雲王佛
南无不染波頭摩聲佛　南无法增上聲王佛
南无揀擇法无尋華稱佛　南无无垢劫佛
南无佛眼无垢精進增上輪佛
南无智自在稱佛　南无无邊疑佛
南无廣成德自在王佛　南无无邊智奮迅无畏佛
南无法道善住佛　南无一切生智佛
南无降伏魔力堅固意佛
南无精進自在寶王佛　南无威德藏佛
南无見利益一切歡喜佛
南无大出佛王佛　南无種種日藏佛
南无聲分妙實乳佛　南无无垢法王佛
南无不退精進示現佛　南无莊嚴佛國土王佛
南无智根本華佛　南无不稱涅槃佛
南无一切龍摩尼藏佛　南无樂法自在佛
南无得法相自在佛　南无无邊寶功德藏佛
南无清淨華山佛　南无大法王拘摩勝佛
南无一切盡不盡藏佛　南无華彌留善佛
南无[illegible]空智山佛　南无[illegible]

BD05418號　佛名經（十六卷本）卷一〇　（20–18）

南无得法相自在佛　南无无邊寶功德藏佛
南无清淨華山佛　南无大法王務摩勝佛
南无一切盡不盡藏佛　南无華弥留善佛
南无虛空智山佛　南无智力王佛
南无无导聲智佛　南无无邊佛聲藏佛
南无智王不盡稱佛　南无心東奮迅王佛
南无自性清淨智佛　南无智自在法王佛
南无正見佛　南无語見佛
南无滿足法香見佛　南无龍月佛
南无白陀羅山无导王佛　南无寶自在弥羅王佛
南无見一切衆生佛　南无无木住持光明王佛
南无學一切法佛　南无智寶法勝佛
南无精進自在音法藏佛　南无无导山佛
南无无垢類佛　南无放光明照佛
南无弥留力自在藏佛　南无尖自在藏佛
南无精進自在弥留家自在佛
南无堅无畏功德佛　南无堅勇猛寶佛
南无堅猛寂靜王佛　南无降伏閻弥留山王佛
南无勝大丈夫菩薩梨佛
南无聖聲藏他佛　南无香賢菩薩利佛
南无法平等法身佛　南无難勝佛
南无難可意佛　南无不動佛
南无妙聲佛　南无勝聲佛
南无沙羅奮迅佛　南无寶勝佛
南无須弥劫佛　南无然燈佛

南无勝大丈夫菩薩梨佛
南无聖聲藏他佛　南无香賢菩薩利佛
南无法平等法身佛　南无難勝佛
南无難可意佛　南无不動佛
南无妙聲佛　南无勝聲佛
南无沙羅奮迅佛　南无寶勝佛
南无須弥劫佛　南无然燈佛
南无日上佛　南无佛
南无藥樹王佛　南无星宿佛
從此以上八千四百佛十二部經一切賢聖
南无覺法界佛　南无受記佛
南无愛作佛　南无无畏作佛
南无華寶旃檀佛
南无龍功德佛　南无盧舍那佛
南无无垢佛　南无无煩惱佛
南无善來佛　南无金色色佛
南无无根本佛　南无須弥燈佛
南无可樂見光佛　南无能作光佛
南无无一切濁佛　南无无染佛
南无淨去生佛　南无[illegible]佛

□□千諸煩惱門而諸□
□即以此法而作佛事是名
菩薩入此門者若見一切
□□□□□喜不貪不高若見一□
□□□□以為憂不礙不沒但於諸佛生清
□□恭敬未曾有也諸佛如來功德平
□□□眾生故而現佛土不同阿難汝見
佛國土地有若干而虛空無若干也如是
見諸佛色身有若干耳其無礙慧無若干
阿難諸佛色身威相種姓戒定智慧解脫解
脫知見力無所畏不共之法大慈大悲威儀
所行及其壽命說法教化成就眾生淨佛國
土具諸佛法悉皆同等是故名為三耶三菩
佛陁名為多陁阿伽度名為佛陁阿難若我
廣說此三句義汝以劫壽不能盡受正使三
千大千世界滿中眾生皆如阿難多聞第一
得念總持此諸人等以劫之壽亦不能受如
是阿難諸佛阿耨多羅三耶三菩提無有限
量智慧辯才不可思議阿難白佛言我從今已
往不敢自謂以為多聞佛告阿難勿起退意

BD05419號　維摩詰所說經卷下　（15–1）

廣說此三句義汝以劫壽不能盡受正使三
千大千世界滿中眾生皆如阿難多聞第一
得念總持此諸人等以劫之壽亦不能受如
是阿難諸佛阿耨多羅三耶三菩提無有限
量智慧辯才不可思議阿難白佛言我從今已
往不敢自謂以為多聞佛告阿難勿起退意
所以者何我說汝於聲聞中為最多聞非謂
菩薩且止阿難其有智者不應限度諸菩薩
也一切海淵尚可測量菩薩禪定智慧總持
辯才一切功德不可量也阿難汝等捨置菩
薩所行是維摩詰一時所現神通之力一切聲
聞辟支佛於百千劫盡力變化所不能作
尒時眾香世界菩薩來者合掌白佛言世尊
我等初見此土生下劣想今自悔責捨離是
心所以者何諸佛方便不可思議為度眾生
故隨其所應現佛國異唯然世尊願賜少法
還於彼土當念如來佛告諸菩薩有盡無盡
解脫法門汝等當學何謂為盡謂有為法何
謂無盡謂無為法如菩薩者不盡有為不住
無為何謂不盡有為謂不離大慈不捨大悲
深發一切智心而不忽忘教化眾生終不厭
惓於四攝法常念順行護持正法不惜軀命
種諸善根無有疲猒志常安住方便迴向求
法不懈說法無悋勤供諸佛故入生死而無
所畏於諸榮辱心無憂喜不輕未學敬學如
□□□□者令發□□□□□□□

BD05419號　維摩詰所說經卷下　（15–2）

惓於四攝法常念順行護持正法不惜軀命
種諸善根无有疲猒志常安住方便迴向求
法不懈說法无悋勤供諸佛故入生死而无
所畏於諸榮辱心无憂喜不輕未學敬學如
佛墮煩惱者令發正念於遠離樂不以為貴
不著己樂慶於彼樂在諸禪定如地獄想於
生死中如園觀想見來求者為善師想捨諸
所有具一切智想見毀戒人起救護想諸波
羅蜜為父母想道品之法為眷屬想發行善
根无有齊限以諸淨國嚴飾之事成己佛土
開門大施具足相好除一切惡淨身口意淨故
生死无數劫意而有勇聞佛无量德志而不
惓以智慧劍破煩惱賊出陰界入荷負衆生
永使解脫以大精進摧伏魔軍常求无念實
相智慧於世間法少欲知足而不捨世法於出
世間法求之无猒不壞威儀而能隨俗起神通慧
引導衆生得念惣持所聞不忘善別諸根斷衆
生疑以樂說辯演法无礙淨十善道受天人福
脩四无量開梵天道勸請說法隨喜讚善得
佛音聲身口意善得佛威儀深脩善法所行
轉勝以大乘教成菩薩僧心无放逸不失衆
善行如此法是名菩薩不盡有為何謂菩薩
不住无為謂脩學空不以空為證脩學无相
无作不以无相无作為證脩學无起不以无
起為證觀於无常而不猒善本觀世間苦而
不惡生死觀於无我而誨人不惓觀於寂滅

BD05419 號　維摩詰所說經卷下　（15–3）

不住无為謂脩學空不以空為證脩學无相
无作不以无相无作為證脩學无起不以无
起為證觀於无常而不猒善本觀世間苦而
不惡生死觀於无我而誨人不惓觀於寂滅
而不永寂滅觀於遠離而身心脩善觀无所
歸而歸趣善法觀於无生而以生法荷負一
切觀於无漏而不斷諸漏觀无所行而以行法
教化衆生觀於空无而不捨大悲觀正法位
而不隨小乘觀諸法虛妄无牢无人无主无
相本願未滿而不虛福德禪定智慧脩如此、
法是名菩薩不住无為又具福德故不住无
為具智慧故不盡有為大慈悲故不住无為
滿本願故不盡有為集法藥故不住无為隨
授藥故不盡有為知衆生病故不住无為滅
衆生病故不盡有為諸正士菩薩已脩此法不
盡有為不住无為是名盡无盡解脫法門汝
等當學尒時彼諸菩薩聞說是法皆大觀喜
以衆妙華若干種色若干種香散遍三千大
千世界供養於佛及此經法并諸菩薩已稽
首佛足歎未曾有言釋迦牟尼佛乃能於此
善行方便言已忽然不現還到彼國
維摩詰經見阿閦佛品第十二
尒時世尊問維摩詰汝欲見如來為以何等
觀如來乎維摩詰言如自觀身實相觀佛亦
然我觀如來前際不來後際不去今則不住
不觀色不觀色如不觀色性不觀受想行識

BD05419 號　維摩詰所說經卷下　（15–4）

維摩詰經見阿閦佛品第十二
尒時世尊問維摩詰汝欲見如来為以何等
觀如来乎維摩詰言如自觀身實相觀佛亦
然我觀如来前際不来後際不去今則不住
不觀色不觀色如不觀色性不觀受想行識
不觀識如不觀識性非四大起同於虛空六
入无積眼耳鼻舌身心已過不在三界三垢
已離順三脫門三明與无明等不一相不異
相不自相不他相非无相非取相不此岸不
彼岸不中流而化衆生觀於寂滅亦不永滅
不此不彼不以此不以彼不可以智知不可
以識識无晦无明无名无相无強无弱非淨
非穢不在方不離方非有為非无為无示无說
不施不慳不戒不犯不忍不恚不進不怠不定
不亂不智不愚不誠不欺不来不去不出不入
一切言語道斷非福田非不福田非應供養非
不應供養非取非捨非有相非无相同真際
等法性不可稱不可量過諸稱量非大非小
非見非聞非覺非知離衆結縛等諸智同衆生
於諸法无分別一切无失无濁无惱无作无
起无生无滅无畏无憂无喜无厭无著无已
有无當有无今有不可以一切言說分別顯
示世尊如来身為若也此作如是觀以斯觀者
名為正觀若他觀者名為邪觀
尒時舍利弗問維摩詰汝於何沒而来生此

BD05419號　維摩詰所說經卷下　（15–5）

有无當有无今有不可以一切言說分別顯
示世尊如来身為若也此作如是觀以斯觀者
名為正觀若他觀者名為邪觀
尒時舍利弗問維摩詰汝於何沒而来生此
維摩詰言汝所得法有沒生乎舍利弗言无沒
生也若諸法无沒生相云何問言汝於何
沒而来生此於意云何譬如幻師幻作男女
寧沒生耶舍利弗言无沒生也汝豈不聞佛
說諸法如幻相乎答曰如是若一切法如幻
相者云何問言汝於何沒而来生此舍利弗
沒者為虛誑法壞敗之相生者為虛誑法相
續之相菩薩雖沒不盡善本雖生不長諸惡
是時佛告舍利弗有國名妙喜佛号无動是
維摩詰於彼國沒而来生此舍利弗言未曾
有也世尊是人乃能捨清淨佛土而来樂此
多怒害處維摩詰語舍利弗於意云何日光
出時與冥合乎答曰不也日光出時則无衆
冥維摩詰言夫日何故行閻浮提答曰欲以明
照為之除冥維摩詰言菩薩如是雖生不
淨佛土為化衆生不與愚闇而共合也但滅衆
生煩惱闇耳
是時大衆渴仰欲見妙喜世界不動如来及
其菩薩聲聞之衆佛知一切衆會所念告維
摩詰言善男子為此衆會現妙喜國不動如
来及諸菩薩聲聞之衆衆皆欲見於是維摩

BD05419號　維摩詰所說經卷下　（15–6）

是時大衆渴仰欲見妙喜世界不動如來及
其菩薩聲聞之衆佛知一切衆會所念告維
摩詰言善男子為此衆會現妙喜國不動如
來及諸菩薩聲聞之衆衆皆欲見於是維摩
詰心念吾當不起于座接妙喜國鐵圍山川
溪谷江河大海泉源須弥諸山及日月星宿
天龍鬼神梵天等宫并諸菩薩聲聞之衆城
邑聚落男女大小乃至无動如來及菩提樹
諸妙蓮華能於十方作佛事者三道寶階從
閻浮提至忉利天以此寶階諸天來下悉為礼
敬无動如來聽受經法閻浮提人亦登其階
上昇忉利見彼諸天妙喜世界成就如是无量
功德上至阿迦膩吒天下至水際以右手斷取
如陶家輪入此世界猶持華鬘示一切衆作
是念已入於三昧現神通力以其右手斷取
妙喜世界置於此土彼得神通菩薩及聲聞
衆并餘天人俱發聲言唯然世尊誰取我
去願見救護无動佛言非我所為是維摩詰
神力所作其餘未得神通力者不覺不知已
之所往妙喜世界雖入此土而不增減於是
世界亦不迫隘如本无異
尒時釋迦牟尼佛告諸大衆汝等且觀妙喜
世界无動如來其國嚴飾菩薩行淨弟子清
白皆曰唯然已見佛言若菩薩欲得如是清
淨佛土當學无動如來所行之道現此妙喜
國時娑婆世界十四那由他人發阿耨多羅

BD05419號　維摩詰所說經卷下　（15–7）

世界无動如來其國嚴飾菩薩行淨弟子清
白皆曰唯然已見佛言若菩薩欲得如是清
淨佛土當學无動如來所行之道現此妙喜
國時娑婆世界十四那由他人發阿耨多羅
三藐三菩提心皆願生於妙喜佛土釋迦牟尼
佛即記之曰當生彼國時妙喜世界於此國
土所應饒益其事訖已還復本處舉衆皆見
佛告舍利弗汝見此妙喜世界及无動佛不
唯然已見世尊願使一切衆生得清淨土
如无動佛獲神通力如維摩詰世尊我等快
得善利得見是人親近供養其諸衆生若今
現在若佛滅後聞此經者亦得善利况復聞已
信解受持讀誦解說如法脩行若有手得
是經典者便為已得法寶之藏若有讀誦解
釋其義如說脩行則為諸佛之所護念其有
供養如是人者當知則為供養於佛其有書
持此經卷者當知其室則有如來若聞是經
能隨喜者斯人則為取一切智若能信解此
經乃至一四句偈為他說者當知此人即是
受阿耨多羅三藐三菩提記
維摩詰經法供養品第十三
尒時釋提桓因於大衆中白佛言世尊我雖
從佛及文殊師利聞百千經未曾聞此不可
思議自在神通决定實相經典如我解佛所
說義趣若有衆生聞是經法信解受持讀誦
之者必得是法不疑何况如說脩行斯人則

BD05419號　維摩詰所說經卷下　（15–8）

從佛及文殊師利聞百千經未曾聞此不可
思議自在神通決定實相經典如我解佛所
說義趣若有衆生聞是經法信解受持讀誦
之者必得是法不疑何况如說脩行斯人則
為閉衆惡趣開諸善門常為諸佛之所護念
降伏外學摧滅魔怨脩治菩提安處道場履
踐如來所行之跡世尊若有受持讀誦如說脩
行者我當與諸眷屬供養給事所在聚落城
邑山林曠野有是經處我亦與諸眷屬聽受
法故共到其所其未信者當令生信其已信
者當為作護佛言善哉善哉天帝如汝所
說吾助尒喜此經廣說過去未來現在諸佛
不可思議阿耨多羅三藐三菩提是故天帝
若善男子善女人受持讀誦供養是經者則
為供養去來今佛天帝正使三千大千世界
如來滿中譬如甘蔗竹葦稻麻叢林若有善
男子善女人或一劫或減一劫恭敬尊重讚
歎供養奉諸所安至諸佛滅後以一一全身
舍利起七寶塔縱廣一四天下高至梵天表
刹莊嚴以一切華香瓔珞幢幡伎樂微妙第
一若一劫若減一劫而供養之於天帝意云
何其人植福寧為多不釋提桓因言多矣世
尊彼之福德若以百千億劫說不能盡佛告
天帝當知是善男子善女人聞是不可思議
解脫經典信解受持讀誦脩行福多於彼所

何其人植福寧為多不釋提桓因言多矣世
尊彼之福德若以百千億劫說不能盡佛告
天帝當知是善男子善女人聞是不可思議
解脫經典信解受持讀誦脩行福多於彼所
以者何諸佛菩提皆從是生菩提之相不可
限量以是因緣福不可量
佛告天帝過去无量阿僧祇劫時世有佛号
曰藥王如來應供正遍知明行足善逝世間
解无上士調御丈夫天人師佛世尊世界曰
大莊嚴劫曰莊嚴佛壽廿小劫其聲聞僧卅
六億那由他菩薩僧有十二億天帝是時有轉
輪聖王名曰寶蓋七寶具足主四天下王有千子
端正勇健能伏怨敵尒時寶蓋與其眷屬供
養藥王如來施諸所安至滿五劫過五劫
已告其千子汝等亦當如我以深心供
養於佛於是千子受父王命供養藥王如來
復滿五劫一切施安其王一子名曰月蓋獨坐
思惟寧有供養殊過此者以佛神力空中有
天曰善男子法之供養勝諸供養即問何
謂法之供養天曰汝可往問藥王如來當廣
為汝說法之供養即時月蓋王子行詣藥王如
來稽首佛足却住一面白佛言世尊諸供養
中法供養勝云何為之法供養佛言善男子法
供養者諸佛所說深經一切世間難信難受
微妙難見清淨无染非但分別思惟之所能

来稽首佛足却住一面白佛言世尊諸供養
中法供養勝云何為之法供養佛言善男子法
供養者諸佛所説深經一切世間難信難受
微妙難見清淨无染非但分別思惟之所能
得菩薩法藏所攝陁羅尼印印之至不退轉成
就六度善分別義順菩提法衆經之上入
大慈悲離衆魔事及諸邪見順因緣法无我
无人无衆生无壽命空无相无作无起能令
衆生坐於道場而轉法輪諸天龍神乾闥婆
等所共歎譽能令衆生入佛法藏攝諸賢聖
一切智慧説衆菩薩所行之道依於諸法實
相之義明宣无常苦空无我寂滅之法能救一切
毀禁衆生諸魔外道及貪著者能使怖畏諸
佛賢聖所共稱歎背生死苦示涅槃樂十方
三世諸佛所説若聞如是等經信解受持讀
誦以方便力為諸衆生分別解説顯示分明
守護法故是名法之供養又於諸法如説脩
行隨順十二因緣離諸邪見得无生忍決定
无我无有衆生而於因緣果報无違无諍離
諸我所依於義不依語依於智不依識依了
義經不依不了義經依於法不依人隨順法
相无所入无所歸无明畢竟滅故諸行亦畢
竟滅乃至生畢竟滅故老死亦畢竟滅作如
是觀十二因緣无有盡相不復起見是名最
上法之供養

相无所入无所歸无明畢竟滅故諸行亦畢
竟滅乃至生畢竟滅故老死亦畢竟滅作如
是觀十二因緣无有盡相不復起見是名最
上法之供養
佛告天帝王子月蓋從藥王佛聞如是法得
柔順忍即解寶衣嚴身之具以供養佛白佛
言世尊如来滅後我當行法供養守護正法
願以威神加哀建立令我得降魔怨脩菩薩
行佛知其深心所念而記之曰汝於末後守
護法城天帝時王子月蓋見法清淨聞佛受
記以信出家脩集善法精進不久得五神通
具菩薩道得陁羅尼无斷辯才於佛滅後以
其所得神通揔持辯才之力滿十小劫藥王如
来所轉法輪隨而分布月蓋比丘以守護法
懃行精進即於此身化百萬億人於阿耨多
羅三狼三菩提立不退轉十四那由他人深發
聲聞辟支佛心无量衆生得生天上天帝時
王寶蓋豈異人乎今現得佛号寶炎如来其
王千子即賢劫中千佛是也從迦羅鳩孫大
為始得佛最後如来号曰樓至月蓋比丘則
我身是如是天帝當知此要以法供養於諸
供養為上為最第一无比是故天帝當以法
之供養供養於佛

維摩詰經囑累品第十四

於是佛告弥勒菩薩言弥勒我今以是无量
億阿僧祇劫所集阿耨多羅三狼三菩提法

供養為上為最第一无比是故天帝當以法
之供養供養於佛
維摩詰經囑累品第十四
於是佛告弥勒菩薩言弥勒我今以是无量
億阿僧祇劫所集阿耨多羅三藐三菩提法
付囑於汝如是輩經於佛滅後末世之中汝
等當以神力廣宣流布於閻浮提无令斷後
所以者何未來世中當有善男子善女人及
天龍鬼神乾闥婆羅剎等發阿耨多羅三藐
三菩提心樂于大法若使不聞如是等經則
失善利如此輩人聞是等經必多信樂發希
有心當以頂受隨諸衆生所應得利而為廣說
弥勒當知菩薩有二相何謂為二一者好
於雜句文飾之事二者不畏深義如實能入
若好雜句文飾事者當知是為新學菩薩若
於如是无染无著甚深經典无有恐畏能入
其中聞已心淨受持讀誦如說脩行當知是
為久脩道行弥勒復有二法名新學者不能
決定於甚深法何等為二一者所未聞深經
聞之驚怖生疑不能隨順毀謗不信而作是
言我初不聞從何所來二者若有護持解說
如是深經者不能親近供養恭敬或時於中
說其過惡有此二法當知是新學菩薩為自
毀傷不能於深法中調伏其心弥勒復有二
法菩薩雖信解深法猶自毀傷而不能得无

如是深經者不能親近供養恭敬或時於中
說其過惡有此二法當知是新學菩薩為自
毀傷不能於深法中調伏其心弥勒復有二
法菩薩雖信解深法猶自毀傷而不能得无
生法忍何等為二一者輕慢新學菩薩而不
教誨二者雖解深法而取相分別是為二法
弥勒菩薩聞說是已白佛言世尊未曾有也
如佛所說我當遠離如斯之惡奉持如來无
數阿僧祇劫所集阿耨多羅三藐三菩提法
若未來世中善男子善女人求大乘者當令手
得如是等經與其念力使受持讀誦為他廣
說世尊若後末世有能受持讀誦為他說者
當知是弥勒神力之所建立佛言善哉善哉弥
勒如汝所說佛助介喜於是一切菩薩合掌
白佛言我等亦於如來滅後十方國土廣宣流
布阿耨多羅三藐三菩提復當開導諸說法
者令得是經介時四天王白佛言世尊在在
處處城邑聚落山林曠野有是經卷讀誦解
說者我當率諸官屬為聽法故往詣其所擁
護其人面百由旬令无伺求得其便者是時
佛告阿難受持是經廣宣流布阿難言唯我
已受持要者世尊當何名斯經佛告阿難是
經名為維摩詰所說亦名不可思議解脫法
門如是受持佛說是經已長者維摩詰文殊
師利舍利弗阿難等及諸天人阿脩羅等一

說者我當率諸官屬為聽法故往詣其所擁
護其人面百由旬令无伺求得其便者是時
佛告阿難受持是經廣宣流布阿難言唯我
已受持要者世尊當何名斯經佛告阿難是
經名為維摩詰所說亦名不可思議解脫法
門如是受持佛說是經已長者維摩詰文殊
師利舍利弗阿難等及諸天人阿脩羅等一
切大眾聞佛所說皆大歡喜作礼而去

維摩詰經卷下

BD05419 號　維摩詰所說經卷下　（15–15）

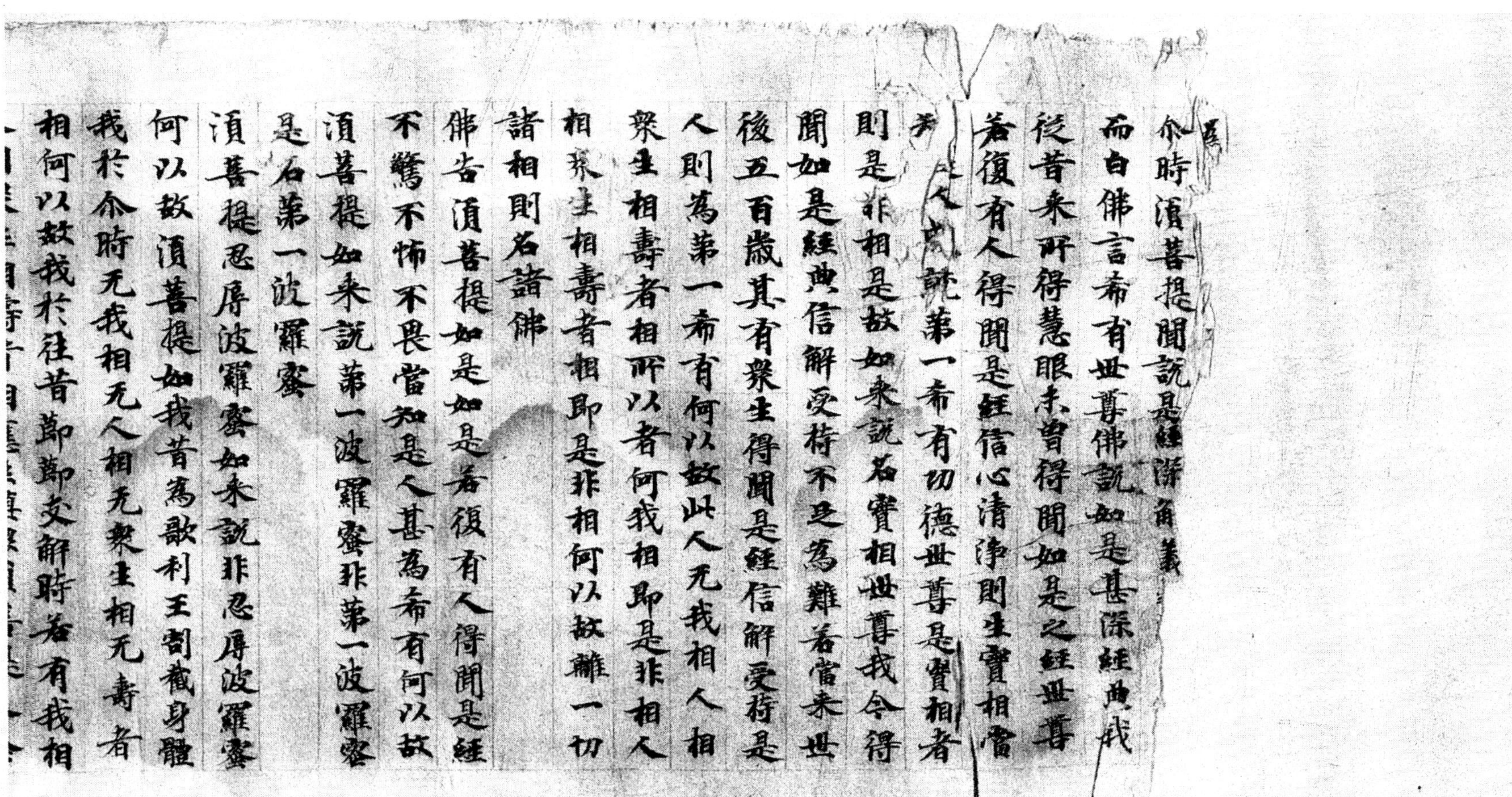
尒時須菩提聞說是經深解義
而白佛言希有世尊佛說如是甚深經典我
從昔來所得慧眼未曾得聞如是之經世尊
若復有人得聞是經信心清淨則生實相當
[illegible]人成就第一希有功德世尊是實相者
則是非相是故如來說名實相世尊我今得
聞如是經典信解受持不足為難若當來世
後五百歲其有眾生得聞是經信解受持是
人則為第一希有何以故此人无我相人相
眾生相壽者相所以者何我相即是非相人
相眾生相壽者相即是非相何以故離一切
諸相則名諸佛
佛告須菩提如是如是若復有人得聞是經
不驚不怖不畏當知是人甚為希有何以故
須菩提如來說第一波羅蜜非第一波羅蜜
是名第一波羅蜜
須菩提忍辱波羅蜜如來說非忍辱波羅蜜
何以故須菩提如我昔為歌利王割截身體
我於尒時无我相无人相无眾生相无壽者
相何以故我於往昔節節支解時若有我相

BD05420 號　金剛般若波羅蜜經　（7–1）

是名第一波羅蜜
須菩提忍辱波羅蜜如來說非忍辱波羅蜜
何以故須菩提如我昔為歌利王割截身體
我於尒時无我相无人相无衆生相无壽者
相何以故我於往昔節節支解時若有我相
人相衆生相壽者相應生瞋恨須菩提又念
過去於五百世作忍辱仙人於尒所世无我
相无人相无衆生相无壽者相是故須菩提
菩薩應離一切相發阿耨多羅三藐三菩提
心不應住色生心不應住聲香味觸法生心
應生无所住心若心有住則為非住是故佛
說菩薩心不應住色布施須菩提菩薩為利
益一切衆生應如是布施如來說一切諸相
即是非相又說一切衆生則非衆生須菩提
如來是真語者實語者如語者不誑語者不
異語者須菩提如來所得法此法无實无虛
須菩提若菩薩心住於法而行布施如人入
闇則无所見若菩薩心不住法而行布施如
人有目日光明照見種種色須菩提當來之
世若有善男子善女人能於此經受持讀誦
則為如來以佛智慧悉知是人悉見是人皆
得成就无量无邊功德
須菩提若有善男子善女人初日分以恒河
沙等身布施中日分復以恒河沙等身布施
後日分亦以恒河沙等身布施如是无量百

BD05420號　金剛般若波羅蜜經　（7–2）

得成就无量无邊功德
須菩提若有善男子善女人初日分以恒河
沙等身布施中日分復以恒河沙等身布施
後日分亦以恒河沙等身布施如是无量百
千万億劫以身布施若復有人聞此經典信
心不逆其福勝彼何況書寫受持讀誦為人
解說須菩提以要言之是經有不可思議不
可稱量无邊功德如來為發大乘者說為發
最上乘者說若有人能受持讀誦廣為人說
如來悉知是人悉見是人皆得成就不可量
不可稱无有邊不可思議功德如是人等則
為荷擔如來阿耨多羅三藐三菩提何以故
須菩提若樂小法者著我見人見衆生見壽
者見則於此經不能聽受讀誦為人解說須
菩提在在處處若[illegible]世間天人阿
脩羅所應供養當知此處則為是塔皆應恭
敬作禮圍繞以諸華香而散其處
復次須菩提善男子善女人受持讀誦此經
若為人輕賤是人先世罪業[illegible]以今
世人輕賤故先世罪業則為消[illegible]當得阿耨
多羅三藐三菩提須菩提我念過去无量阿
僧祇劫於然燈佛前得值八百四千万億那
由他諸佛悉皆供[illegible]復有
人於後末世能[illegible]德於
我所供養諸佛功德[illegible]千万億分

BD05420號　金剛般若波羅蜜經　（7–3）

多羅三藐三菩提須菩提我念過去无量阿
僧祇劫於然燈佛前得值八百四千万億那
由他諸佛悉皆供[illegible]若復有
人於後末世能[illegible]德於
我所供養諸佛功德[illegible]一千万億分
乃至筭數譬喻所不能及須菩提若善男子
善女人於後末世有受持讀誦此經所得功
德我若具說者或有人聞心則[illegible]不
信須菩提當知是經義不可思[illegible]果報亦不
可思議
尒時須菩提白佛言世尊善男子善女人發
阿耨多羅三藐三菩提心云何應住云何降
伏其心佛告須菩提善男子善[illegible]人發阿耨
多羅三藐三菩提者當生如是心我應滅度
一切衆生滅度一切衆生已而无有一衆生
實滅度者何以故若菩薩有我相人相衆生
相壽者相則非菩薩所以者何須菩提實无
有法發阿耨多羅三藐三菩提者須菩提於
意云何如來於然燈佛所有法得阿耨多羅
三藐三菩提不不也世尊如我解佛所說義
佛於然燈佛所无有法得阿耨多羅三藐三
菩提佛言如是如是須菩提實无有法如來
得阿耨多羅三藐三菩提須菩提若有法如
來得阿耨多羅三藐三菩提者然燈佛則不
與我受記汝於來世當得作佛号釋迦牟尼

BD05420號　金剛般若波羅蜜經　（7–4）

佛於然燈佛所无有法得阿耨多羅三藐三
菩提佛言如是如是須菩提實无有法如來
得阿耨多羅三藐三菩提須菩提若有法如
來得阿耨多羅三藐三菩提者然燈佛則不
與我受記汝於來世當得作佛号釋迦牟尼
以實无有法得阿耨多羅三藐三菩提是故
然燈佛與我受記作是言汝於來世當得作
佛号釋迦牟尼何以故如來者即諸法如義
若有人言如來得阿耨多羅三藐三菩提須
菩提實无有法佛得阿耨多羅三藐三菩提
須菩提如來所得阿耨多羅三藐三菩提於
是中无實无虛是故如來說一切法皆是佛
法須菩提所言一切法者即非一切法是故
名一切法須菩提譬如人身長大須菩提言
世尊如來說人身長大則為非大身是名大
身須菩提菩薩亦如是若作是言我當滅度
无量衆生則不名菩薩何以故須菩提實无
有法名為菩薩是故佛說一切法无我无人
无衆生无壽者須菩提若菩薩作是言我當
莊嚴佛土是不名菩薩何以故如來說莊嚴
佛土者即非莊嚴是名莊嚴須菩提若菩薩
通達无我法者如來說名真是菩薩
須菩提於意云何如來有肉眼不如是世尊
如來有肉眼須菩提於意云何如來有天眼
不如是世尊如來有天眼須菩提於意云何
如來有慧眼不如是世尊如來有慧眼須菩

BD05420號　金剛般若波羅蜜經　（7–5）

佛土者即非莊嚴是名莊嚴須菩提若菩薩
通達无我法者如来說名真是菩薩
須菩提於意云何如来有肉眼不如是世尊
如来有肉眼須菩提於意云何如来有天眼
不如是世尊如来有天眼須菩提於意云何
如来有慧眼不如是世尊如来有慧眼須菩
提於意云何如来有法眼不如是世尊如来
有法眼須菩提於意云何如来有佛眼不如
是世尊如来有佛眼須菩提於意云何恒河
中所有沙佛說是沙不如是世尊如来說是
沙須菩提於意云何如一恒河中所有沙有
如是等恒河是諸恒河所有沙數佛世界如
是寧為多不甚多世尊佛告須菩提尒所國
土中所有衆生若干種心如来悉知何以故如
来說諸心皆為非心是名為心所以者何須
菩提過去心不可得現在心不可得未来
心不可得須菩提於意云何若有人滿三千
大千世界七寶以用布施是人以是因緣得
福多不如是世尊此人以是因緣得福甚多
須菩提若福德有實如来不說得福德多以
福德无故如来說得福德多
須菩提於意云何佛可以具足色身見不不
也世尊如来不應以具足色身見何以故如来
說具足色身即非具足色身是名具足色身須
菩提於意云何如来可以具足諸相見不不

BD05420 號　金剛般若波羅蜜經　（7–6）

心不可得須菩提於意云何若有人滿三千
大千世界七寶以用布施是人以是因緣得
福多不如是世尊此人以是因緣得福甚多
須菩提若福德有實如来不說得福德多以
福德无故如来說得福德多
須菩提於意云何佛可以具足色身見不不
也世尊如来不應以具足色身見何以故如来
說具足色身即非具足色身是名具足色身須
菩提於意云何如来可以具足諸相見不不
也世尊如来不應以具足諸相見何以故如
来說諸相具足即非具足是名諸相具足須
菩提汝勿謂如来作是念我當有所說法莫
作是念何以故若人言如来有所說法即為
謗佛不能解我所說故須菩提說法者无法
可說是名說法須菩提白佛言世尊佛得阿
耨多羅三藐三菩提為无所得耶如是如是
須菩提我於阿耨多羅三藐三菩提乃至无
有少法可得是名阿耨多羅三藐三菩提復
次須菩提是法平等无有高下是名阿耨多
羅三藐三菩提以无我无人无衆生无壽者
脩一切善法則得阿耨多羅三藐三菩提須
菩提所言善法者如来說非善法是名善法
須菩提若三千大千世界中所有諸須弥山

BD05420 號　金剛般若波羅蜜經　（7–7）

生非生
住不動　如須弥山
觀一切法　皆无所有　猶如虛空　无有堅固
不生不出　不動不退　常住一相　是名近處
若有比丘　於我滅後　入是行處　及親近處
說斯經時　无有怯弱　菩薩有時　入於靜室
以正憶念　隨義觀法　從禪定起　為諸國王
王子臣民　婆羅門等　開化演暢　說斯經典
其心安隱　无有怯弱　文殊師利　是名菩薩
安住初法　能於後世　說法華經
又文殊師利如來滅後於末法中欲說是經
應住安樂行若口宣說若讀經時不樂說人
及經典過亦不輕慢諸餘法師不說他人好
惡長短於聲聞人亦不稱名說其過惡亦不
稱名讚歎其美又亦不生怨嫌之心善脩如
是安樂心故諸有聽者不逆其意有所難問
不以小乘法答但以大乘而為解說令得一
切種智尒時世尊欲重宣此義而說偈言
菩薩常樂　安隱說法　於清淨地　而施床座

BD05421號　妙法蓮華經卷五

（3–1）

經典過亦不輕慢諸餘法師不說他人好
惡長短於聲聞人亦不稱名說其過惡亦不
稱名讚歎其美又亦不生怨嫌之心善脩如
是安樂心故諸有聽者不逆其意有所難問
不以小乘法答但以大乘而為解說令得一
切種智尒時世尊欲重宣此義而說偈言
菩薩常樂　安隱說法　於清淨地　而施床座
以油塗身　澡浴塵穢　著新淨衣　內外俱淨
安處法座　隨問為說　若有比丘　及比丘尼
諸優婆塞　及優婆夷　國王王子　群臣士民
以微妙義　和顏為說　若有難問　隨義而答
因緣譬喻　敷演分別　以是方便　皆使發心
漸漸增益　入於佛道　除嬾惰意　及懈
離諸憂惱　慈心說法　晝夜常說　无上道
以諸因緣　无量譬喻　開示眾生　咸令歡喜
衣服臥具　飲食醫藥　而於其中　无所悕望
但一心念　說法因緣　願成佛道　令眾亦尒
是則大利　安樂供養　我滅度後　若有比丘
能演說斯　妙法華經　心无嫉恚　諸惱障礙
亦无憂愁　及罵詈者　又无怖畏　加刀杖等
亦无擯出　安住忍故　智者如是　善脩其心
能住安樂　如我上說　其人功德　千万億劫
筭數譬喻　說不能盡
又文殊師利菩薩摩訶薩於後末世法欲滅
時受持讀誦斯經典者无懷嫉妬諂誑之心
亦勿輕罵學佛道者求其長短若比丘比丘
尼優婆塞優婆夷求聲聞者求辟支佛者求

BD05421號　妙法蓮華經卷五

（3–2）

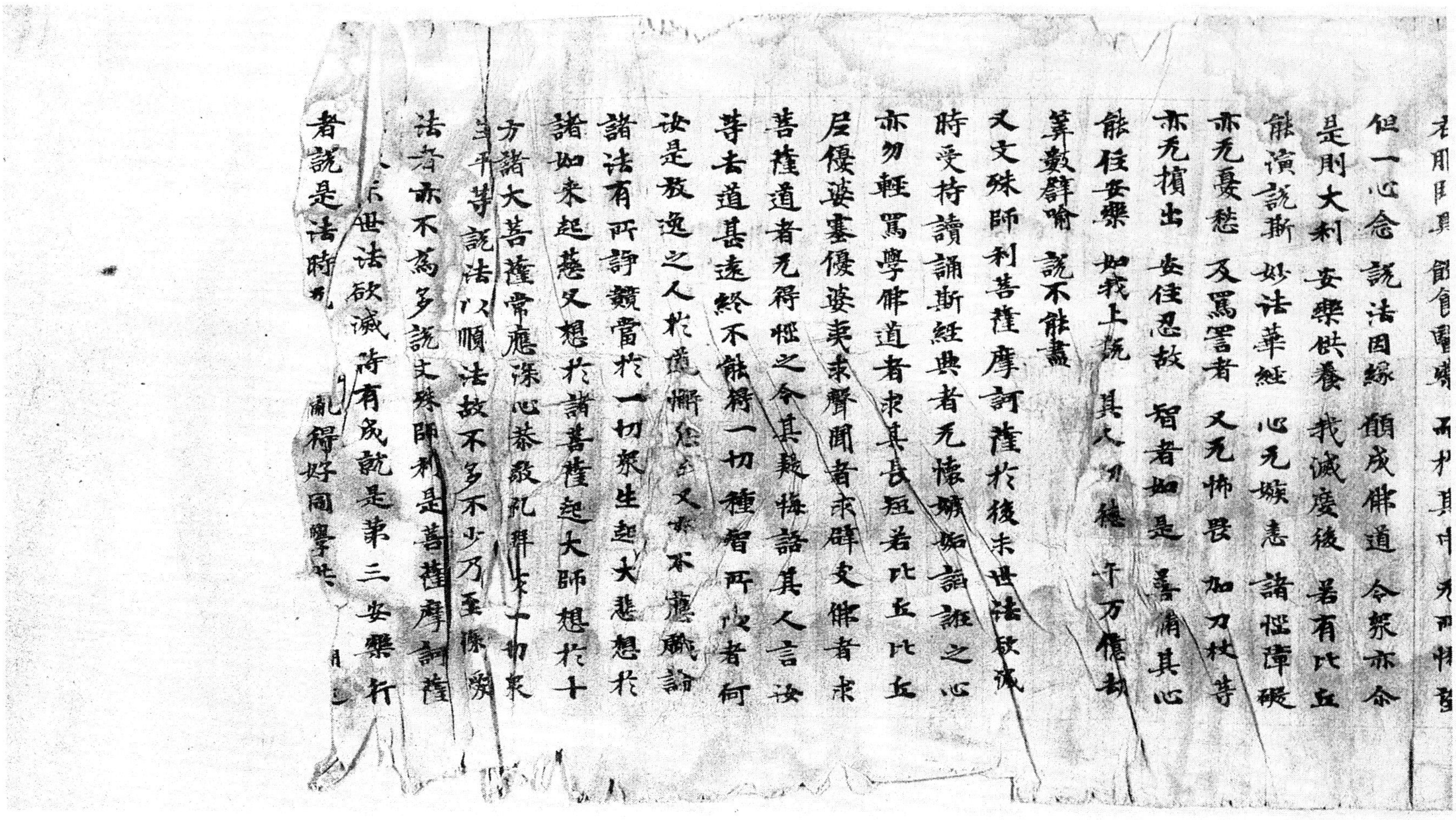
衣服臥具　飲食醫藥　而於其中　无所悕望
但一心念　說法因緣　願成佛道　令眾亦爾
是則大利　安樂供養　我滅度後　若有比丘
能演說斯　妙法華經　心无嫉恚　諸惱障礙
亦无憂愁　及罵詈者　又无怖畏　加刀杖等
亦无擯出　安住忍故　智者如是　善脩其心
能住安樂　如我上說　其人功德　千万億劫
筭數譬喻　說不能盡
又文殊師利菩薩摩訶薩於後末世法欲滅
時受持讀誦斯經典者无懷嫉妬諂誑之心
亦勿輕罵學佛道者求其長短若比丘比丘
尼優婆塞優婆夷求聲聞者求辟支佛者求
菩薩道者无得惱之令其疑悔語其人言汝
等去道甚遠終不能得一切種智所以者何
汝是放逸之人於道懈怠故又亦不應戲論
諸法有所諍競當於一切眾生起大悲想於
諸如來起慈父想於諸菩薩起大師想於十
方諸大菩薩常應深心恭敬禮拜於一切眾
生平等說法以順法故不多不少乃至深愛
法者亦不為多說文殊師利是菩薩摩訶薩
於後末世法欲滅時有成就是第三安樂行
者說是法時无能惱亂得好同學共

BD05421 號　妙法蓮華經卷五　（3–3）

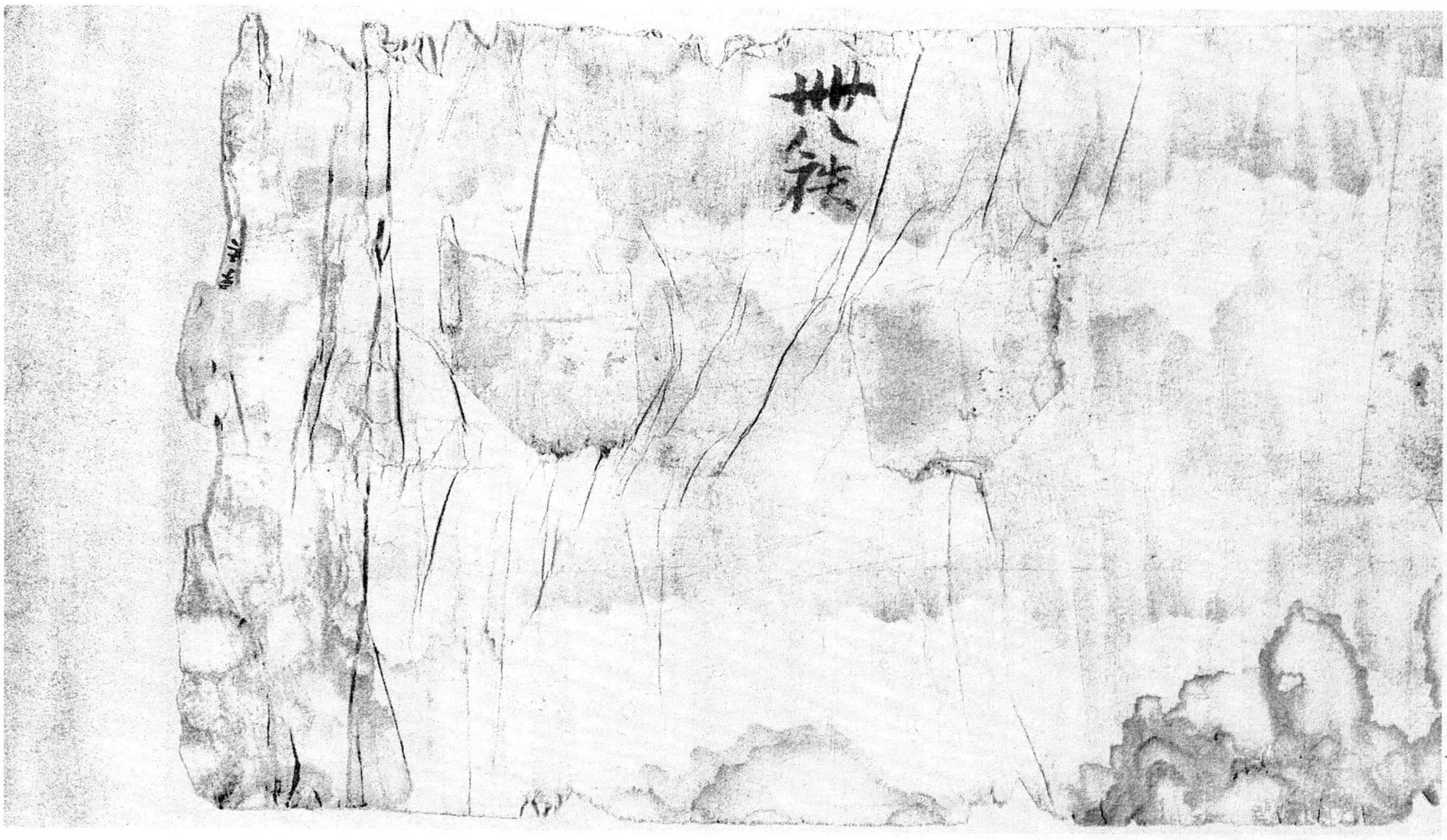

BD05421 號背　大般若波羅蜜多經袟皮（擬）　（1–1）

南无[illegible]

南无日月淨明[illegible]

南无淨莊嚴王佛

南无雲雷音王佛　南[illegible]

南无寶王佛　南无[illegible]

南无上威德寶王佛　南无[illegible]日王佛

南无百億定光佛　南无光遠佛

南无月光佛　南无栴檀香佛

南无善山王佛　南无須弥天冠佛

南无須弥等曜佛　南无月色佛

南无正念佛　南无无著佛

南无離垢佛　南无龍天佛

南无不動地佛　南无琉璃妙華佛

南无琉璃金色佛　南无金藏佛

南无炎光佛　南无炎根佛

南无地種佛　南无月像佛

南无日音佛　南无解脱華佛

南无莊嚴光明佛　南无海覺神通佛

BD05422號　佛名經（二十卷本）卷二〇　（25–1）

南无琉璃金色佛　南无金藏佛

南无炎光佛　南无炎根佛

南无地種佛　南无月像佛

南无日音佛　南无解脱華佛

南无莊嚴光明佛　南无海覺神通佛

南无水光佛　南无大香佛

南无離塵垢佛　南无捨癡意佛

南无寶炎佛　南无妙頂佛

南无勇立佛　南无功德持惠佛

南无弊日月光佛　南无日月琉璃光佛

南无无上瑠璃光佛　南无最上首佛

南无菩提華佛　南无月明佛

南无日光佛　南无華色王佛

南无水月光佛　南无除疑冥佛

南无度蓋行佛　南无淨信佛

南无善宿佛　南无威神佛

南无法慧佛　南无鷲音佛

南无師子音佛　南无龍音佛

南无處世佛　南无自在佛

南无无量壽佛　南无无量光佛

南无无邊光佛　南无无导光佛

南无无對光佛　南无光炎王佛

南无清淨光佛　南无歡喜光佛

南无智慧光佛　南无不斷光佛

南无難思光佛　南无无稱光佛

BD05422號　佛名經（二十卷本）卷二〇　（25–2）

南无无邊光佛　南无无㝵光佛
南无无對光佛　南无光炎王佛
南无清淨光佛　南无歡喜光佛
南无智慧光佛　南无不斷光佛
南无難思光佛　南无无稱光佛
南无超日月光佛　南无相好紫金佛
南无遠照佛　南无寶藏佛
南无无量音佛　南无甘露味佛
南无龍勝佛　南无勝力佛
南无師子音佛　南无離垢光佛
南无德首佛　南无妙德山佛
南无人王佛　南无无上華佛
南无无畏力王佛　南无龍自在王佛
南无師子衣王佛　南无自在王佛
南无普光佛　南无普明佛
南无普淨佛　南无多摩羅跋栴檀香佛
南无栴檀香佛　南无摩尼幢佛
南无歡喜藏寶積佛　南无上大精進佛
南无摩尼幢燈光佛　南无慧炬照佛
南无海德光明佛　南无金剛牢強普散金光佛
南无大強精進勇猛佛　南无大悲光佛
南无慈力王佛　南无慈藏王佛
南无栴檀窟莊嚴勝佛　南无賢善首佛
南无善意佛　南无莊嚴王佛
南无金山寶蓋佛　南无金華炎光明佛

BD05422號　佛名經（二十卷本）卷二〇　（25-3）

南无大強精進勇猛佛　南无大悲光佛
南无慈力王佛　南无慈藏王佛
南无栴檀窟莊嚴勝佛　南无賢善首佛
南无善意佛　南无莊嚴王佛
南无金山寶蓋佛　南无金華炎光明佛
南无大炬光明佛　南无寶蓋照空自在力王佛
南无金華光佛　南无虛空寶華光佛
南无琉璃莊嚴王佛　南无普現色身光佛
南无不動智光佛　南无降伏諸魔王佛
南无才光明佛　南无智慧勝佛
南无彌勒仙光佛　南无世淨光佛
南无善寂月音佛　南无妙尊智王佛
南无寶蓋燈王佛　南无龍種上智尊王佛
南无日月光佛　南无日月珠光佛
南无慧幢勝莊嚴王佛　南无无垢藏佛
南无光明相佛　南无金炎光明佛
南无金伯光明藏佛　南无師子乳自在力王佛
南无妙音勝王佛　南无常光幢佛
南无觀世燈王佛　南无須彌光佛
南无惠衣燈王佛　南无法勝王佛
南无須摩那華光佛　南无優鉢羅華光佛
南无殊勝力王佛　南无大慧力王佛
南无阿閦毗歡喜光佛　南无无量音聲王佛
南无才光佛　南无金海光佛

BD05422號　佛名經（二十卷本）卷二〇　（25-4）

南无須摩那華光佛　南无優鉢羅華光佛
南无殊勝力王佛　南无大慧力王佛
南无阿閦毗歡喜光佛　南无无量音聲王佛
南无才光佛　南无金海光佛
南无山海慧自在通王佛　南无大通光佛
南无一切法常滿王佛　南无現无愚佛
南无過去无量多身諸佛　南无過去一佛十佛
百佛千佛万佛能除无量劫以来生死重罪
南无一億十億百億千億万億那由他恒河沙
无量阿僧祇佛若人聞是過去无量阿僧祇
佛名是人八十万劫不墮地獄是故今敬礼
若人因礼拜　過去諸佛名　滅罪得本心　更不造十惡
及以五逆罪　常得聞正法　具足大乘戒　是故今敬礼
唯除二種人　一者謗方等　二者一闡提　若人心淨信
不名一闡提　常見无量佛　若有犯重罪　及以五无間
復能清淨信　亦使如法住　皆由敬礼故　滅除十惡業
悉信大乘戒　是故今敬礼
說是過去諸佛名時十千菩薩得无生忍八百
聲聞發少分心五千比丘得阿羅漢道一億
天人得法眼淨
南无現在无量諸佛　南无十億王明諸佛
南无離垢紫金沙佛　南无无量明佛
南无日轉光明王佛　南无香積佛
南无師子億像佛　南无師子遊戲佛

BD05422號　佛名經（二十卷本）卷二〇　（25–5）

天人得法眼淨
南无現在无量諸佛　南无十億王明諸佛
南无離垢紫金沙佛　南无无量明佛
南无日轉光明王佛　南无香積佛
南无師子億像佛　南无師子遊戲佛
南无普光一切德山王佛　南无善住功德寶王佛
南无寶華莊嚴王佛　南无難勝佛
南无須弥相佛　南无須弥登王佛
南无寶德佛　南无寶月佛
南无寶炎佛　南无寶嚴佛
南无難勝師子響佛　南无大光王佛
南无不動佛　南无藥王佛
南无莊嚴佛　南无樓王佛
南无月蓋佛　南无普光佛
南无寶王佛　南无唯越佛
南无式佛　南无隨葉佛
南无拘樓秦佛　南无拘那含牟尼佛
南无迦葉佛　南无雷音王佛
南无祇法藏佛　南无栴檀華佛
南无栴檀葉佛　南无妙音佛
南无无上勝佛　南无甘露鼓佛
南无毗婆尸佛　南无日月光明佛
南无无勝光佛　南无真足莊嚴王佛　一万二千八百
南无明遍照一切德王佛　南无破壞四魔師子吼王佛

BD05422號　佛名經（二十卷本）卷二〇　（25–6）

南无无上勝佛　南无甘露鼓佛
南无毗婆尸佛　南无日月光明佛
南无无勝光佛　南无具足莊嚴王佛 一万二千八百
南无光明遍照功德王佛　南无破壞四魔師子吼王佛
南无金剛不壞佛　南无流璃光佛
南无須弥山王佛　南无淨光明王佛
南无善德佛　南无无量光明佛
南无陁羅尼遊戲佛　南无首楞嚴三昧力王佛
南无善見定自在王佛　南无无上功德佛
南无神通自在佛　南无无色相佛
南无无聲相佛　南无无香相佛
南无无味相佛　南无无觸相佛
南无三昧定自在佛　南无慧定自在佛
南无相覺自在佛　南无普攝佛
南无寶德普光佛　南无尸棄佛
南无毗舍浮佛　南无迦羅鳩村大佛
南无迦那牟尼佛　南无迦葉佛
南无歡喜佛　南无意樂美音佛
南无阿閦佛　南无須弥相佛
南无師子音佛　南无師子相佛
南无雲自在佛　南无常滅佛
南无常相佛　南无阿弥陁佛
南无梵相佛　南无度一世間苦惱佛
南无摩羅跋栴檀香佛　南无須弥相佛
[illegible]

南无師子音佛　南无師子相佛
南无雲自在佛　南无常滅佛
南无常相佛　南无阿弥陁佛
南无梵相佛　南无度一世間苦惱佛
南无摩羅跋栴檀香佛　南无須弥相佛
南无雲自在王佛　南无壞一切世間怖畏佛
南无百億釋迦牟尼佛　南无現在一佛十佛
百佛千佛万佛能除无量劫以來生死重罪
南无一億十億百億千億万億那由他恒河沙
等无量阿僧祇佛　若人聞是現在无量阿
僧祇佛名是人六十万劫不墮地獄苦是故
今敬礼
若人因礼拜　現在十方佛　度脫諸惡業　除滅五逆等
常住清淨地　安住釋迦法　永離四惡道　得見弥勒佛
及見千佛　是故今敬礼
復見十方佛　常生清淨土　得聞第一義　了知如來常
說是現在諸佛名時二恒河沙菩薩得入陁
羅尼門卅二億諸天及人皆發无上菩提道心
南无未來賢劫无量諸佛　南无弥勒佛
南无淨身佛　南无華光佛
南无華足佛　南无光明佛
南无名相佛　南无閻浮那提金光佛
南无法明佛　南无寶明佛
南无普明佛　南无普相佛
南无光目佛　南无普光佛

南无華足佛　南无光明佛
南无名相佛　南无閻浮那提金光佛
南无法明佛　南无寶明佛
南无普明佛　南无普相佛
南无光相佛　南无普光佛
南无山海慧自在通王佛　南无寶莊嚴佛
南无弗沙佛　南无百億自在登王佛
南无寶相佛　南无喜見佛
南无三万光相莊嚴王佛　南无三万同号普德佛
南无雷音寶王佛　南无四万八千定光佛
南无寶月王佛　南无離垢光佛
南无妙色佛　南无妙色光明佛
南无破一切衆難佛　南无衆香佛
南无衆聲佛　南无千莊嚴光明佛
南无八十億莊嚴光明佛　南无寶華莊嚴佛
南无上首德王佛　南无紫金光明佛
南无五百授記華光佛　南无那羅延不壞佛
南无妙華莊嚴佛　南无金剛定自在佛
南无未來一佛十佛百佛千佛万佛能除无
量劫以來生死重罪
南无一億十億百億千億万億那由他恒河
沙无量阿僧祇佛若人聞是未來无量阿
僧祇佛名是人四十万劫不隨獄苦是故
今敬礼

南无一億十億百億千億万億那由他恒河
沙无量阿僧祇佛若人聞是未來无量阿
僧祇佛名是人四十万劫不隨獄苦是故
今敬礼
若人因礼拜　未來諸佛名　三障及五逆　雖除一闡提
悉皆得除滅　安住佛法中　得見无量佛　常得聞正法
是故今敬礼
若人因礼拜　三世十方佛　滅除過去罪　未來及現在
所造十惡業　今現得除滅　未來見佛性　是故諦信之
書寫讀誦礼　世世所生處　不生惡耶見　常正得解脫
不生在邊地　不生在惡國　不見惡國王　四億万劫中
不隨地獄苦　是故今敬礼　滅除十惡業　得大陀羅尼
說是未來諸佛名時五百万菩薩住不退地七
百比丘尼得羅漢道六十二億諸天人民得法
眼淨
南无阿遬達經　南无玉耶經
南无盂蘭盆經　南无灌臘經
南无報恩奉盆經　南无摩鄧女經
南无摩登女解形中六事經　南无離藏經
南无鬼問目連經　南无餓鬼報應經
南无琉璃王經　南无鴦崛髻經一万二千八百
南无力士移山經　南无三摩竭經
南无大愛道般泥洹經　南无須達經
南无行七行現報經　南无阿難同學經
南无增一阿含經　南无群牛譬經

南无力士稱山經　南无三摩提經
南无大愛道般泥洹經　南无須達經
南无行七行現報經　南无阿難同學經
南无增一阿含經　南无群牛譬經
南无摠持大陀羅尼十二部經脩多羅祇夜
受記伽陀憂陀那尼陀那阿波陀那伊帝日
多伽闍陀伽毗佛略阿浮陀達摩憂波提舍
所有大藏諸波羅蜜
若人聞是十二部經諸波羅蜜讃誦礼拜信
樂受持是人廿万劫中不墮地獄苦得宿
命智是故今敬礼
說是十二部經名時八万五千菩薩得金剛
三昧十億聲聞發大乘心十千比丘比丘尼
得阿羅漢道无量天人得法眼淨
南无諸大菩薩摩訶薩衆
南无十方无量菩薩　南无文殊師利菩薩
南无觀世音菩薩　南无得大勢菩薩
南无常精進菩薩　南无不休息菩薩
南无寶掌菩薩　南无藥王菩薩
南无勇施菩薩　南无寶月菩薩
南无月光菩薩　南无滿月菩薩
南无大力菩薩　南无无量力菩薩
南无越三界菩薩　南无颰陀波羅菩薩
南无弥勒菩薩　南无寶積菩薩
南无導師菩薩　南无德藏菩薩

南无大力菩薩　南无无量力菩薩
南无越三界菩薩　南无颰陀波羅菩薩
南无弥勒菩薩　南无寶積菩薩
南无導師菩薩　南无德藏菩薩
南无樂說菩薩　南无龍樹菩薩
南无寶幢華菩薩　南无上行菩薩
南无无邊行菩薩　南无安立行菩薩
南无淨行菩薩　南无陀羅尼菩薩
南无金剛那羅延菩薩　南无常不輕菩薩
南无宿王華菩薩　南无喜見菩薩
南无妙音菩薩　南无德勤精進力菩薩
南无无進意菩薩　南无淨藏菩薩
南无淨眼菩薩　南无普賢菩薩
南无妙德菩薩　南无慈氏菩薩
南无善思議菩薩　南无空无菩薩
南无神通華菩薩　南无光英菩薩
南无上慧菩薩　南无智幢菩薩
南无寂根菩薩　南无願慧菩薩
南无香像菩薩　南无寶英菩薩
南无中住菩薩　南无制行菩薩
南无解脫菩薩　南无法藏菩薩
南无等觀菩薩　南无不等觀菩薩
南无等不等觀菩薩　南无定自在王菩薩
南无法自在王菩薩　南无法相菩薩

南无解脫菩薩　南无法藏菩薩
南无等觀菩薩　南无不等觀菩薩
南无等不等觀菩薩　南无定自在王菩薩
南无法自在王菩薩　南无法相菩薩
南无光相菩薩　南无光嚴菩薩
南无大嚴菩薩　南无寶積菩薩
南无辯積菩薩　南无寶手菩薩
南无寶印手菩薩　南无常舉手菩薩
南无常下手菩薩　南无常慘菩薩
南无喜根菩薩　南无喜王菩薩
南无辯音菩薩　南无虛空藏菩薩
南无執寶炬菩薩　南无寶勇菩薩
南无寶見菩薩　南无帝網菩薩
南无明網菩薩　南无无緣觀菩薩
南无慧積菩薩　南无寶勝菩薩
南无天王菩薩　南无壞魔菩薩
南无電德菩薩　南无自在王菩薩
南无功德相嚴菩薩　南无師子吼菩薩
南无雷音菩薩　南无山相擊音菩薩
南无香象菩薩　南无白香象菩薩　一万三千
南无妙音菩薩　南无華嚴菩薩
南无梵網菩薩　南无寶杖菩薩
南无无勝菩薩　南无嚴土菩薩
南无金髻菩薩　南无珠髻菩薩
南无光嚴童子菩薩　南无持世菩薩

BD05422號　佛名經（二十卷本）卷二〇　（25–13）

南无梵網菩薩　南无寶杖菩薩
南无无勝菩薩　南无嚴土菩薩
南无金髻菩薩　南无珠髻菩薩
南无光嚴童子菩薩　南无持世菩薩
南无善德菩薩　南无難勝菩薩
南无照明菩薩　南无華光菩薩
南无寶檀華菩薩　南无薩陀波崙菩薩
南无曇无竭菩薩　南无法自在菩薩
南无德守菩薩　南无不眴菩薩
南无德頂菩薩　南无善宿菩薩
南无善眼菩薩　南无妙臂菩薩
南无弗沙菩薩　南无師子菩薩
南无師子意菩薩　南无淨解菩薩
南无那羅延菩薩　南无善意菩薩
南无現見菩薩　南无普守菩薩
南无電光菩薩　南无喜見菩薩
南无明相菩薩　南无妙意菩薩
南无无盡意菩薩　南无深慧菩薩
南无寂根菩薩　南无无导菩薩
南无上善菩薩　南无福田菩薩
南无華嚴菩薩　南无德藏菩薩
南无月上菩薩　南无寶印手菩薩
南无珠頂王菩薩　南无樂實菩薩
南无慧見菩薩　南无登王菩薩
南无深王菩薩　南无華王菩薩
[illegible]

BD05422號　佛名經（二十卷本）卷二〇　（25–14）

南无月上菩薩　南无寶印手菩薩
南无珠頂王菩薩　南无樂寶菩薩
南无慧見菩薩　南无登王菩薩
南无深王菩薩　南无華王菩薩
南无妙色菩薩　南无善問菩薩
南无善荅菩薩　南无子相菩薩
南无定相菩薩　南无定積菩薩
南无發喜菩薩　南无定住菩薩
南无怖魔菩薩　南无慧施菩薩
南无救脫菩薩　南无慧登菩薩
南无勇施菩薩　南无智道菩薩
南无顯慧菩薩　南无四攝菩薩
南无教音菩薩　南无海妙菩薩
南无法喜菩薩　南无道品菩薩
南无總持菩薩　南无慈王菩薩
南无大自在菩薩　南无梵音菩薩
南无妙色菩薩　南无檀林菩薩
南无師子音菩薩　南无妙聲菩薩
南无妙色形菩薩　南无種種莊嚴菩薩
南无釋幢菩薩　南无頂生菩薩
南无明王菩薩　南无大光菩薩
南无奢提菩薩　南无寂積菩薩
南无華睒菩薩　南无上首菩薩
南无普現色身菩薩　南无神通菩薩
南无海德菩薩　南无无邊身菩薩

南无明王菩薩　南无大光菩薩
南无奢提菩薩　南无寂積菩薩
南无華睒菩薩　南无上首菩薩
南无普現色身菩薩　南无神通菩薩
南无海德菩薩　南无无邊身菩薩
南无衣王自在菩薩　南无迦葉菩薩
南无无垢藏王菩薩　南无持一切菩薩
寃萬貴德王菩薩　南无流璃光菩薩一万三千百
南无无畏菩薩　南无海王菩薩
南无師子吼菩薩　南无信相菩薩
南无持地菩薩　南无光嚴菩薩
南无光明菩薩　南无大辯菩薩
南无慈力菩薩　南无大悲菩薩
南无依王菩薩　南无依力菩薩
南无依德菩薩　南无普濟菩薩
南无普攝菩薩　南无定光菩薩
南无普光菩薩　南无真光菩薩
南无拘樓菩薩　南无天光菩薩
南无寶王菩薩　南无弥光菩薩
南无教導師菩薩　南无大忍菩薩
南无華王菩薩　南无華積菩薩
南无慧光菩薩　南无海慧菩薩
南无堅意菩薩　南无釋魔男菩薩
南无金光明菩薩　南无金藏菩薩
南无常悲菩薩　南无法上菩薩

南无慧光菩薩　南无海慧菩薩
南无堅意菩薩　南无释魔男菩薩
南无金光明菩薩　南无金藏菩薩
南无常悲菩薩　南无法上菩薩
南无財首菩薩　南无山光菩薩
南无山慧菩薩　南无大明菩薩
南无揔持菩薩　南无山剛菩薩
南无登王菩薩　南无山頂菩薩
南无山幢菩薩　南无山王菩薩
南无伏魔菩薩　南无雷音菩薩
南无雨王菩薩　南无雷王菩薩
南无寶輪菩薩　南无寶英菩薩
南无寶首菩薩　南无寶藏菩薩
南无寶明菩薩　南无寶定菩薩
南无寶印菩薩　南无寶場菩薩
南无寶嚴菩薩　南无寶水菩薩
南无寶光菩薩　南无寶登菩薩
南无寶現菩薩　南无寶造菩薩
南无樂法菩薩　南无淨王菩薩
南无頂相菩薩　南无金光菩薩
南无寶髻菩薩　南无千光菩薩
南无原崘菩薩　南无照眛菩薩
南无月辯菩薩　南无月光菩薩
南无法輪菩薩　南无淨菩薩
南无常施菩薩　南无普德菩薩

南无原崘菩薩　南无照眛菩薩
南无月辯菩薩　南无月光菩薩
南无法輪菩薩　南无淨菩薩
南无常施菩薩　南无普德菩薩
南无普明菩薩　南无勝幢菩薩
南无濡音菩薩　南无德炎菩薩
南无相光菩薩　南无海月菩薩
南无海藏菩薩　南无勝月菩薩
南无淨慧菩薩　南无超光菩薩
南无月德菩薩　南无日光菩薩
南无金剛菩薩　南无炎幢菩薩
南无尊德菩薩　南无海明菩薩
南无海廣菩薩　南无照境菩薩
南无慧明菩薩　南无功德菩薩
南无明達菩薩　南无寂教菩薩
南无須耶菩薩　南无色力菩薩　一万三千言
南无調伏菩薩　南无隱身菩薩
南无華聚菩薩
南无一菩薩南无十菩薩南无百菩薩南
无千菩薩南无万菩薩南无一百万二百万三
百万四百万五百万六百万七百万八百万九
百万千千万諸大菩薩摩訶薩能除无
量劫以来生死重罪
南无一億十億百億千億万億南无万万億
諸大菩薩摩訶薩能除无量劫以来生死

百万千千万諸大菩薩摩訶薩能除无
量劫以来生死重罪
南无一億十億百億千億万億南无万万億
諸大菩薩摩訶薩能除无量劫以来生死
重罪南无一那由他十那由他百那由他千那由他
万那由他南无万万那由他諸大菩薩摩
訶薩能除无量劫以来生死重罪
南无一恒河沙南无二恒河沙南无三恒河沙
南无四恒河沙南无五恒河沙南无六恒河沙
南无七恒河沙南无八恒河沙南无九恒河沙
南无十恒沙河南无百恒河沙南无百億无量恒
河沙諸大菩薩摩訶薩能除无量劫以来生死
重罪若人聞是大士諸大菩薩摩訶薩名者是
人四十千劫中不墮地獄苦不屬三界獄常屬解脱
王不生邊地不生惡國不受惡身不生耶見
不生下姓不生外道身根具足常聞正法
不受禁式常得具足大乘威儀常見佛性
是故今敬礼安住佛法中来世得成佛
説是諸大菩薩名時八十八億清信男女悟
阿那含果九十四億諸天得斯陁含果七十
八億失心比丘還得本心悟阿羅漢果十億
菩薩得大陁羅尼来世成佛道
南无聲聞緣覺一切辟支佛
南无耳辟支佛　南无心得解脱辟支佛
南无憂波耳辟支佛　南无吉辟支佛

八億失心比丘還得本心悟阿羅漢果十億
菩薩得大陁羅尼来世成佛道
南无聲聞緣覺一切辟支佛
南无耳辟支佛　南无心得解脱辟支佛
南无憂波耳辟支佛　南无吉辟支佛
南无遮羅辟支佛　南无聲聞緣覺一切賢聖
南无過現未来三世諸佛歸命懺悔
弟子等已懺悔餓鬼畜生人天等報竟次當
懺悔五逆四重謗方等罪弟子等從曠劫以
来於其中間或作五逆等罪造一闡提行未
曾改悔自知定犯四重等罪十三僧残二不定
法三十捨墮九十一墮四懺悔法衆多學法七
滅諍等或謗毀三寶如是等罪自作教他
見作隨喜是故誠心發露懺悔今於釋迦遺法
法之中安施道場懸繒幡蓋尊形像燒衆
名香不睡不眠五體投地涕泣交流各自稱其
罪名自列過咎不敢覆藏是故弟子今日无
量怖畏无量慚愧歸依十方諸佛
南无東方須弥燈王佛　南无東南方一切覺華佛
南无南方大功德佛　南无西南方无量辯才佛
南无西方无量力佛　南无西北方蓮華生王佛
南无北方覺華生德佛　南无東北方滅一切憂佛
南无上方電燈王幢佛　南无下方至光明王佛
如是十方盡虚空界一切三寶
弟子等從曠劫以来至于今日身犯五逆重

南无北方覺華生德佛　南无東北方滅一切憂佛
南无上方電燈王幢佛　南无下方至光明王佛
如是十方盡虛空界一切三寶
弟子等從曠劫以來至于今日身犯五逆重
罪常隨生死流入苦海為諸煩惱勢力所侵
於魔境界不能自解而此愛賊為害滋多猛
火燒心飄風吹起扗色不停猶如奔馬不知
恭敬佛法聖僧菩薩緣覺父母師長憍慢
所覆樂習煩惱或破塔壞寺出佛身血或殺
真人羅漢三向四果或殺沙門婆羅門出家五
衆或殺五戒八齋菩薩律儀或殺菩提正
念衆生或殺五通神仙閑居隱士或殺脩禪
學道一切賢聖或殺比丘比丘尼或殺優婆塞
優婆夷或殺父害母殺兄害弟為人之臣殺
害其君為人妻妾殺害其夫為人奴婢殺害
本主為人子孫殺害狩祖或殺十方世界眷
屬如此等五逆重罪是故今日皆悉懺悔
弟子等從无始世界以來及今惡身狂或心
乱无量倒見煩惱惡業不可具陳所作衆罪
不自覺知惡心熾盛不覺後世但見現在欲樂
習煩惱遠離善根惡業鄣隔近惡知識於比
丘邊作非法比丘尼邊作非法父母邊作非法或
復自在用僧鬘物於五部僧邊或作是非或
說世間无量惡果或殺害菩提善根衆生
或謗法師法說非法非法說法謂如來无常正

習煩惱遠離善根惡業鄣隔近惡知識於比
丘邊作非法比丘尼邊作非法父母邊作非法或
復自在用僧鬘物於五部僧邊或作是非或
說世間无量惡果或殺害菩提善根衆生
或謗法師法說非法非法說法謂如來无常正
法无常僧寶无常不樂慧施信受耶法弟子
今日无量怖畏无量慚愧歸依三寶是故
誠心發露懺悔
弟子等或從无始世界以來至于今日或四倒
見四重之法說偷蘭遮偷蘭遮法說為四重
犯說非犯非犯說犯輕罪說重罪說輕淨見
不淨不淨見淨或復耶見讚說世典不敬佛
經諸惡論義畜八不淨真是佛語以為魔語
真是魔語以為佛語或復信受六師所說或作
是言如來今日畢竟涅槃三寶所說身心起
或无量倒見弟子今日无量怖畏无量慚愧
歸依三寶是故誠心發露懺悔
弟子等或從无始以來至于今日或偷佛物
或偷法物或偷常住僧物或犯招提僧物
或犯十方僧物或犯現前僧物或犯五部僧物
乃至一比丘物一切擅越物或復自稱我得正
法四禪四果由是惡業不善因緣或本出家
造作四重八禁六重十三僧殘二不定法三十
捨墮九十一墮四懺悔法衆多學法七滅諍
等或犯如是一一諸戒從突吉羅復至四

[illegible]
法四禅四果由是悪業不善因縁或本出家
造作四重八禁六重十三僧残二不定法三十
捨墮九十一墮四懺悔法衆多學法七滅諍
等或犯如是一一諸式從突吉羅復至四
重或復五逆誹謗正法甚深經典造一闡提
行覆藏不悔日夜增長曾聞佛説若犯四重
乃至五逆或謗正法若不發露定墮地獄諸佛
菩薩聲聞縁覺无能救護師僧父母諸天
世人亦不能救弟子今日无量慚愧歸依三寶
是故發露誠心懺悔
願弟子等承是懺悔生生世世得廣大心智
心照心殄方便心一向專求无上菩提以清慧
光普照法界攝三世劫國土差别廣陜長短
大小麁細倒側仰伏平坦方圓一一國土垢淨
成敗有佛无佛衆生多少如是世界无量无邊
如法界等虚空界等於一念中悉現前知盡
三世際令无有餘以巧方便隨其所冝住一
切劫淨諸世界盡未來際終不休息以此善
根迴向菩提令諸衆生拔心毒箭滅重
妄見乘无导通遊諸佛國
大乘蓮華寶達菩薩問荅報應沙門經
寶達菩薩復前更入一身然地獄　云何名
日身然地獄其地獄中縱廣五十由旬鐵壁
周迊猛火絶炎來燒罪人罪人身中亦皆火
[illegible]

妄見乘无导通遊諸佛國
大乘蓮華寶達菩薩問荅報應沙門經
寶達菩薩復前更入一身然地獄　云何名
日身然地獄其地獄中縱廣五十由旬鐵壁
周迊猛火絶炎來燒罪人罪人身中亦皆火
然罪人毛孔烟火俱出
尒時東門之中有八百罪人來入其中唱聲大
呼舉身自挺我今何罪來入其中馬頭羅刹
手捉三鈷鐵叉望背而鍾胷前而出來入其
中地有火然遍身有火亦復燒然六根之中
火流而出一日一夜受如是罪
寶達菩薩問馬頭羅刹曰此諸沙門作何等
罪受苦如是羅刹荅曰此沙門或是其師或
為弟子不相順從師不慈念弟子不敬師各
相瞋高聲大呼怒目諍競遂生怨憎墮此地
獄從地獄出世世相值恒相煞害寶達菩
薩聞之悲泣而去

佛名經卷第廿

大流而出一日一夜受如是罪
寶達菩薩問馬頭羅剎曰此諸沙門作何等
罪受苦如是羅剎荅曰此沙門或是其師或
為弟子不相順從師不慈念弟子不敬師各
相瞋高聲大呼怒目諍竟遂生怨憎墮此地
獄從地獄出世世相值恒相煞害寶達菩
薩聞之悲泣而去

佛名經卷第廿

BD05422號　佛名經（二十卷本）卷二〇　（25–25）

佛名經卷第廿

BD05422號背　勘記　（1–1）

地

命无限无有睡眠亦无飢渴心常在定无有
散動若於如來起諍論心是則不能見於如
來諸佛所說皆能利益有聽聞者无不解
脫諸惡禽獸惡人惡鬼不相逢值由聞法故
果報无盡然諸如來无无記事一切境界无
欲知心生死涅槃无有異想如來所說无不決
定諸佛如來四威儀中无非智攝一切諸法无
有不為慈悲所攝无有不為利益安樂諸衆
生者善男子若有善男子善女人於此金光
明經聽聞信解不墮地獄餓鬼傍生阿蘇
羅道常處人天不生下賤恒得親近諸佛
如來聽受正法常生諸佛清淨國土所以者
何由得聞此甚深法故是善男子善女人則
為如來已知已記當得不退阿耨多羅三藐三
菩提若善男子善女人於此甚深微妙之法
一經耳者當知是人不謗如來不毀正法不
輕聖衆一切衆生未種善根令得種故已種
善根令增長成熟故一切世界所有衆生皆
勸修行六波羅蜜多
尒時虛空藏菩薩梵釋四王諸天衆等即

BD05423號　金光明最勝王經卷二　（2–1）

如來聽受正法常生諸佛清淨國土所以者
何由得聞此甚深法故是善男子善女人則
為如來已知已記當得不退阿耨多羅三藐三
菩提若善男子善女人於此甚深微妙之法
一經耳者當知是人不謗如來不毀正法不
輕聖衆一切衆生未種善根令得種故已種
善根令增長成熟故一切世界所有衆生皆
勸修行六波羅蜜多
尒時虛空藏菩薩梵釋四王諸天衆等即
從座起偏袒右肩合掌恭敬頂禮佛足白
佛言世尊若所在處講說如是金光明王
微妙經典於其國土有四種利益何者為四
一者國王軍衆強盛无諸怨敵離於疾病壽命
延長吉祥安樂正法興顯二者中宮妃后王子
諸臣和悅无諍離於諂佞王所愛重三者沙
門婆羅門及諸國人修行正法无病安樂无
枉死者於諸福田悉皆修立四者於三時中

BD05423號　金光明最勝王經卷二　（2–2）

南无自在幢佛　南无寶中
南无无垢幢佛　南无大幢佛
南无月无垢幢佛　南无普照幢佛
南无弥留幢佛　南无護妙法幢佛
南无放光明幢佛　南无善清淨无垢照幢佛
南无善清淨光明幢佛　南无香光明佛
南无虛空光明佛　南无大光明光明佛
南无寶光明佛　南无火光明佛
南无日光明佛　南无月光明佛
南无日月光明佛　南无无垢光明佛
南无火輪光明佛　南无寶照佛
南无寶光明佛　南无勝威德香光明佛
南无種種多威德王勝光明佛
南无虛空清淨金色莊嚴威德光明佛
南无一法幻奮迅威德光明佛
南无清淨光明佛

BD05424號　佛名經（十六卷本）卷二　　（2–1）

南无日光明佛　南无月光明佛
南无日月光明佛　南无无垢光明佛
南无火輪光明佛　南无寶照佛
南无寶光明佛　南无勝威德香光明佛
南无種種多威德王勝光明佛
南无虛空清淨金色莊嚴威德光明佛
南无一法幻奮迅威德光明佛
南无清淨光明佛
南无功德寶光明佛　南无金光光明佛
南无高光明佛　南无放光光明佛
南无俱蘇摩光明佛　南无香光明佛
南无甘露光明佛　南无无量寶化光明佛
南无水月光明佛　南无寶月光明佛
……月……　南无聚集日輪佛
……娑伽華佛

BD05424號　佛名經（十六卷本）卷二　　（2–2）

即便為說令其開悟彼既聞已正念憶持發
心修行得精進力除懶墮障滅一切罪於諸
學處離不尊重息掉悔心入於初地依初地心
除利有情障得入二地於此地中除不逼惱障
入於三地於此地中除心軟淨障入於四地
於此地中除善方便障入於五地於此地中
除見真俗障入於六地於此地中除見行相
障入於七地於此地中除不見滅相障入於
八地於此地中除不見生相障入於九地於
此地中除六通障入於十地於此地中除所
知障除根本心入如來地如來地者由三淨
故名極清淨云何為三一者煩惱淨二者苦
淨三者相淨譬如真金鎔銷冶鍊既燒打已
无復塵垢為顯金性本清淨故金體清淨非
謂无金譬如濁水澄渟清淨无復滓穢為
顯水性本清淨故非謂无水如是法身與煩
惱離苦集除已无復餘習為顯佛性本清
淨故非謂无體譬如虛空烟雲塵霧之所障
蔽若除屏已是空界淨非謂无空如是法身
一切衆苦悉皆盡故說為清淨非謂无體譬
如有人於睡夢中見大河水漂泛其身運手
動足截流而渡得至彼岸由彼身心不懈退

BD05425號　金光明最勝王經卷二　（2–1）

无復塵垢為顯金性本清淨故金體清淨非
謂无金譬如濁水澄渟清淨无復滓穢為
顯水性本清淨故非謂无水如是法身與煩
惱離苦集除已无復餘習為顯佛性本清
淨故非謂无體譬如虛空烟雲塵霧之所障
蔽若除屏已是空界淨非謂无空如是法身
一切衆苦悉皆盡故說為清淨非謂无體譬
如有人於睡夢中見大河水漂泛其身運手
動足截流而渡得至彼岸由彼身心不懈退
故從夢覺已不見有水彼此岸別非謂无心
生死妄想既滅盡已是覺清淨非謂无覺
如是法界一切妄相不復生故說為清淨非
是諸佛无其實體
復次善男子是清身者惑障清淨能現應
身業障清淨能現化身智障清淨能現法

BD05425號　金光明最勝王經卷二　（2–2）

大寶積經寶梁聚會第四十之一　　沙門品第一
如是我聞一時佛在王舍城耆闍崛山中與大比丘眾八千人俱菩薩摩訶薩萬六千人
皆不退轉於阿耨多羅三藐三菩提盡是一生補處悉從十方諸佛世界而來集會爾時
摩訶迦葉白佛言世尊所言沙門云何為沙門佛告迦葉所謂沙門者寂滅故調伏故受
教故戒身淨故入禪定故得智慧故解如實義得解脫故於三脫門无所畏故安住聖人
所行法故善修四念處故離一切不善法故安住四正勤故善修四如意足故成就信根
故信佛法僧故不信餘道法故勤行離一切煩惱故善修七菩提
分離一切不善如實修一切善法故善知正念正智方便故專念一切諸善法故善知空
慧方便故成就五力故不為一切煩惱之所亂故善修七菩提分故善知一切法中因緣
方便故善知聖道方便故善知正見正定方便故得四辯力不信外道故依義不依語依
智不依識依了義經不依不了義經依法不依人故離四魔故善知五陰故斷一切煩惱
故得寂後身故離生死道故離一切愛故勤行知苦斷集證滅修道故善見四聖諦故於
佛法中不信餘道故所作已辦故斷一切漏故修八背捨故釋梵天王之所讚故從本已
來專心行道故樂阿蘭若處故安住聖法中故樂佛法儀式故心不傾動故不親近出家
在家眾故心樂獨行如犀角故畏於人眾多惱亂故樂住獨處故常怖畏三界故得
沙門果故離一切希望故離世八法故所謂利衰毀譽稱譏苦樂堅心不動如地故讚彼我意
无所犯故不濁故正行故心行成就如虛空故於諸形相心无染著如虛空中動手无所
礙故迦葉若能成就如是行法是名沙門爾時摩訶迦葉白佛言世尊未曾有也如來善
說沙門德行世尊若未來世有諸沙門非實沙門自言我是沙門非梵行人自言我有梵
行如是之人即已毀損如來无量阿僧祇劫所修集阿耨多羅三藐三菩提佛告迦葉如
是毀損如來菩提之罪說不可盡迦葉我滅度後汝及餘大弟子等亦皆滅度善業
諸大菩薩皆至他方諸佛世界爾時於我法中當有比丘於諸所行心多諂曲迦葉我今
當說沙門之垢沙門過罪迦葉後末法中當有比丘不修身不修戒不修心不修慧癡如
小兒向於闇冥而无所知心不調伏成沙門垢迦葉云何沙門垢迦葉沙門垢有三十二

无所犯故不濁故正行故心行成就如虛空故於諸形相心无染著如虛空中動手无所
礙故迦葉若能成就如是行法是名沙門爾時摩訶迦葉白佛言世尊未曾有也如來善
說沙門德行世尊若未來世有諸沙門非實沙門自言我是沙門非梵行人自言我有梵
行如是之人即已毀損如來无量阿僧祇劫所修集阿耨多羅三藐三菩提佛告迦葉如
是毀損如來菩提之罪說不可盡迦葉我滅度後汝及餘大弟子等亦皆滅度善業
諸大菩薩皆至他方諸佛世界爾時於我法中當有比丘於諸所行心多諂曲迦葉我今
當說沙門之垢沙門過罪迦葉後末法中當有比丘不修身不修戒不修心不修慧癡如
小兒向於闇冥而无所知心不調伏成沙門垢迦葉云何沙門垢迦葉沙門垢有三十二
出家之人所應遠離何等三十二欲覺是沙門垢瞋覺是沙門垢惱覺是沙門垢自讚
是沙門垢毀他是沙門垢邪求利養是沙門垢因利求利是沙門垢損他施福是沙門垢
覆藏罪過是沙門垢親近出家人是沙門垢親近在家人是沙門垢樂於眾閙是沙門
垢未得利養作方便求是沙門垢於他利養心生希望是沙門垢自於利養心不知足是沙
門垢於他利養中心生嫉妬是沙門垢常求他過是沙門垢不見己過是沙門垢於解脫
戒而不堅持是沙門垢不知慚愧是沙門垢无恭恪意心憍掉動无有羞恥是沙門垢
起諸結使是沙門垢著十二因緣是沙門垢攝取邊見是沙門垢不求寂滅不離貪欲是沙
門垢樂於生死不樂涅槃是沙門垢好樂外典是沙門垢五蓋覆心起諸煩惱是沙門垢不信業
報是沙門垢畏三脫門是沙門垢謗深妙法不寂滅行是沙門垢於三寶中心不尊敬是
沙門垢迦葉是名沙門三十二垢若能離此諸垢是名沙門迦葉又有八法覆沙門行何
等八一者不敬順師長二者不尊敬法三不善思惟四所未聞法聞已誹謗五聞无眾生无
我无命无人法已心生驚畏六聞一切行本來无生已而離有為法不離无為法七聞說
空等法已隨大深處八聞一切法无生无住无出已而心迷沒迦葉是名八法覆於沙
門行如是八法出家沙門應當遠離迦葉我不說剃頭法服名為沙門所謂有功德儀
式具足者乃名為沙門迦葉沙門身服袈裟心應遠離貪恚癡行何以故无貪恚癡者
為聽著袈裟迦葉若心有貪恚癡法而身著袈裟除專心持戒餘不持戒人則為燒滅袈
裟何以故袈裟是聖人表式隨順寂滅行慈悲心離欲滅者之所應服迦葉汝今聽我說聖人
表式有十二事何等十二迦葉持戒是聖人表式禪定是聖人表式智慧是聖人表式解
脫是聖人表式解脫知見是聖人表式入四聖諦是聖人表式觀解十二因緣是聖人表式
行四无量心是聖人表式行於四禪是聖人表式行四无色是聖人表式入四向正定是
聖人表式斷一切漏是聖人表式迦葉是名聖人十二表式迦葉若有比丘不具足聖人
十二表式身服袈裟者我說此比丘是邪法行非寂滅行離佛法行不近涅槃頭生
死行為魔所鉤不度生死於正法退而行邪法迦葉是故出家比丘身服袈裟時若未得
沙門果者應以八法敬重袈裟何等八於身袈裟起塔想寂滅想慈想敬如佛想
慚想愧想令我來世離貪恚癡具沙門法想迦葉是名八法敬重如來袈裟迦葉若有比丘四

聖人表戒斷一切漏是聖人表戒迦葉是名聖人十二表戒迦葉若有比丘不具足聖人
十二表戒身服袈裟者我說此比丘是邪法行非寂滅行離佛法行不直涅槃頭安
死行為魔所鉤不度生死於正法退而行邪法迦葉是故出家比丘身服袈裟時當未得
沙門果者應以八法敬重袈裟何等八於身袈裟起塔想寂滅想慈想敬如佛想
慚想愧想令我來世離貪恚癡具沙門法想迦葉是名八法敬重袈裟迦葉若有比丘
聖種不行知足離沙門法亦不以此八法敬重袈裟者而彼別有似沙門墮大地獄迦葉
彼地獄中似沙門者於中受罪衣鉢支體皆悉熾然坐臥之處凡有所用物亦皆熾然
如大火聚似沙門者受如是罪何以故成就不淨身口意業故墮是罪處迦葉若非沙門
自言我是沙門非梵行者自言我有梵行者有持戒有德具足人所有統恭敬尊重者若
破戒比丘受其禮敬供養而不自知惡彼惡比丘以不善根故得八輕法何等八一作愚癡
二口齊瘂三受身矬陋四顏貌醜惡其面側戾見者生疑五轉受女人身作人奴
婢使六其形羸瘦七貧窮壽命七人所不敬常有惡名八不值佛世迦葉是破戒比丘受持戒者
禮敬供養得如是八輕法迦葉破戒比丘聞如是法已應當不受持戒比丘禮敬供養迦
葉若有非沙門自言我是沙門非梵行自言我有梵行於此大地乃至無有涕唾分處
況舉足之下足處迦葉何以故過去大王持此大地施與持戒有行德者其於中行道迦葉
是破戒比丘舉足下足處一切信施不及此人況僧坊及招提僧舍經行之處若有房舍
牀敷園林所有衣鉢臥具醫藥一切信施所不應受迦葉我今當說若有非沙門自言
我是沙門非梵行自言我有梵行不能消信施如一毛端何以故聖衆福田猶如大海
[illegible]於中若有施主淨心信故以施種子種福田中如此施主起無量無邊想迦葉若有
破戒比丘如一毛以為百分若惡比丘受信施如一毛分隨所受毛分即損失施主亦所
大海福報之分不能畢報迦葉是故應淨其心受他信施迦葉應如是學亦時衆中
有淨行欲離施比丘二百人聞說是已捫淚而白世尊我今當死不欲以不得沙門果受他
信施乃至一食佛言善哉善哉善男子汝如是慚愧畏於後世賢如金剛即是現世瓔珞
善男子我今當說世有二人應受信施何等二一者勤行精進二者得解脫者佛告比丘
若有比丘得解脫者行善法者如我所說堅持戒者觀所行無常苦一切法無我者
觀涅槃寂滅願求欲得如是比丘受他信施猶如須彌亦能報是信施之福若有比丘受信
施主施令此施主得大利益得大果報何以故常生福德有三種福一常施食二僧坊舍
三行慈心此三福中慈心最勝佛告諸比有比丘從施主受施若衣鉢臥具飲食湯藥
受已若入無量定令彼施主得無量功德無量報迦葉譬如三千大千世界所有大海尚
可竭盡而此施主所得福報不可得盡迦葉當知破戒比丘損於施主亦損福德若受施
主施已行於惡法損他信施迦葉如是說沙門垢沙門過罪沙門諂曲沙門中賊迦葉持
戒比丘應當專念遠離如是一切惡法迦葉所謂沙門者眼不流色中耳鼻舌身意不
流法中是故謂之沙門選擇六入了達六通專念六念安六敬法行六重法是謂沙門

施主施令此施主得大利益得大果報何以故常生福德有三種福一常施食二僧坊舍
三行慈心此三福中慈心最勝佛告諸比有比丘從施主受施若衣鉢臥具飲食湯藥
受已若入無量定令彼施主得無量功德無量報迦葉譬如三千大千世界所有大海尚
可竭盡而此施主所得福報不可得盡迦葉當知破戒比丘損於施主亦損福德若受施
主施已行於惡法損他信施迦葉如是說沙門垢沙門過罪沙門諂曲沙門中賊迦葉持
戒比丘應當專念遠離如是一切惡法迦葉所謂沙門者眼不流色中耳鼻舌身意不
流法中是故謂之沙門選擇六入了達六通專念六念安六敬法行六重法是謂沙門
比丘品第二　　　　亦時佛告迦葉所言比丘比丘者能破煩惱
故名比丘破我想衆生想人想男想女想是謂比丘復次迦葉有修戒修慧是名比丘復
次迦葉離怖畏故度三有四流故見有及流諸過患故離一切有及流故安處無畏道故
是名比丘迦葉若有比丘自知不成就如是之法及餘善法又離是法行於餘道迦葉
彼比丘非我弟子我非彼師迦葉多有惡比丘能毀我佛法迦葉非九十五種外道能壞我法
亦非諸餘外道能壞我法除我法中所有癡人此癡人輩能壞我法迦葉譬如師子獸中
之王若其死已虎狼鳥獸無有能得食其肉者迦葉師子身中自生諸蟲還食其肉迦葉
於我法中出如是等諸惡比丘貪惜利養為貪利所覆不滅惡法不修善法不離妄語迦
葉如是比丘能壞我法迦葉有四法成就當知是惡比丘何等四貪恚癡及我慢者是名
惡比丘復有四法成就當知是惡比丘何等四憍慢自大無慚無愧不填言過是名惡比
丘復有四法成就當知是惡比丘何等四輕動輕他貪求利養多行非法是名惡比丘復
有四法成就當知是惡比丘何等四多有對為於人多行邪命多論惡言是名惡比
丘復有四法成就當知是惡比丘何等四現受他恩不念報之不恩於他責望大報先受
他恩而不憶念侵損親友是名惡比丘復有四法成就當知是惡比丘何等四受人信施
失他福報不善護戒輕所受戒不堅持律是名惡比丘復有四法成就當知是惡比丘
何等四有我論有衆生論有命論有人論是名惡比丘復有四法成就當知是惡比丘有
等四不敬佛不敬法不敬僧不敬戒是名惡比丘復有四法成就當知是惡比丘何等四
若僧和合不心不肬不樂獨處樂於衆中常論世俗所有言說是名惡比丘復有四法成
就當知是惡比丘何等四求於利養求大名稱求多知識不住聖種是名惡比丘復有四
法成就當知是惡比丘何等四繫屬於魔為魔所守多求睡眠作善不善是名惡比丘復
有四法成就當知是惡比丘何等四於佛法中杇敗心壞諂曲為煩惱所牽離沙門果是
名惡比丘復有四法成就當知是惡比丘何等四為婬欲所燒瞋恚所燒愚癡所燒亦為一
切煩惱所燒是名惡比丘復有四法成就當知是惡比丘何等四多進婦家不知過惡不知
智之雖多學問不知知足於所須物常懷疾心不能施他是名惡比丘復有四法成就
當知是惡比丘何等四從闇入闇從癡入癡不見聖諦多生疑惑常為生死之所繫縛閉
涅槃門是名惡比丘復有四法成就當知是惡比丘何等四身多犯行口多犯行意多犯

有四法成就當知是惡比丘何等四於佛法中捨敬心壞諂誑為煩惱所害離沙門果是
名惡比丘復有四法成就當知是惡比丘何等四為婬欲所燒瞋恚所燒愚癡所燒亦為一
切煩惱所燒是名惡比丘復有四法成就當知是惡比丘何等四多造嫉妬不知過惡不知
智者難多學問不知知足於所須物常懷疾心不能施他是名惡比丘復有四法成就
當知是惡比丘何等四從闇入闇從癡入癡不見聖諦多生疑惑常為生死之所繫縛閉
涅槃門是名惡比丘復有四法成就當知是惡比丘何等四身多躁行口多躁行意多躁
行儀式多躁行云何身多躁行安詳而行是身躁行不左右視是身躁行若左右視不
過一尋是身躁行邪命著衣是身躁行諂誑行於空閑之處不求空閑寂法諂詐乞

食不觀乞食相諂誑著糞掃衣不知為慚愧故諂誑行於樹下不知分別十二緣行
諂誑服於陳棄藥不求甘露法藥迦葉是名身多躁行迦葉云何口多躁行他識我他
請我如所求我已得我不求利養而他送與我細妙供養我皆得多利養我亦得衆僧
善法應受供養我善問答我能順法相我能於法相我於一切法解義非義他若如是問
我我能如是答答已伏彼令其嘿然我說是已能令天衆一切喜悅亦令一切歎言善哉
令彼衆人請我供養得供養已復令施主請言數來迦葉若有不調伏口而有所說一
切所言皆非正言是口多躁行迦葉是名口多躁行迦葉云何意多躁行心常速貪求
利養衣鉢卧具飲食醫藥而口說言一切利養我所不須心實貪多求而詐言知足是名
意多躁行尒時世尊而說偈言

心求利養　口言知足　邪命求利　常无慚愧
其心多躁　欺誑一切　如蛇之心　都不清淨
諸天龍神　有天眼者　諸佛世尊　咸共覩見

迦葉如是惡比丘離善法儀式作邪命行墮三惡道

旃陀羅沙門品第三

佛告迦葉云何旃陀羅沙門迦葉譬如旃陀羅常於冢間行求死屍无慈悲心視於衆生
得見死屍心大喜悅迦葉如是沙門旃陀羅常无慈心至施主家行不善心常求得已貪
重惡從施主家受利養已不教施主佛法毗尼為利養故親近在家不為法故亦不
心常求利養迦葉是名沙門旃陀羅迦葉如旃陀羅為一切人之所棄離所謂大臣長者
及諸小王刹利婆羅門并餘庶民乃至下賤之所遠離不欲共作知識迦葉如是沙門旃
陀羅亦為一切之所遠離所謂持戒有德人所敬者比丘比丘尼優婆塞優婆夷天龍鬼
神及乾闥婆知其破戒行惡法故迦葉是名沙門旃陀羅迦葉旃陀羅所有衣服飲食
諸所用物盡是非好人之所愛樂亦不受用迦葉如是沙門旃陀羅若有衣鉢所用之物皆
是破戒非法身口意業諂誑所得持戒沙門婆羅門捨不愛樂亦不受用我與人所生憂惱
心迦葉是名沙門旃陀羅迦葉如旃陀羅以愧恥心持所用器從他乞食迦葉如是沙門
旃陀羅以愧恥心入於房舍及至他家或到衆中亦以愧恥心至於佛所亦以愧心礼如來
塔亦以愧心去來屈申亦以愧心行住坐卧一切所行皆有愧心覆藏惡法故迦葉我
今當說旃陀羅人所至之處皆不到善處何以故自行惡法故迦葉如是沙門旃陀羅所
至之處亦不到善道多作惡業无遮惡道法故迦葉是名沙門旃陀羅迦葉云何沙門敗壞

BD05426號　大寶積經卷一一三　（10-5）

是破戒非法身口意業諂誑所得持戒沙門婆羅門捨不愛樂亦不受用我與人所生憂惱
心迦葉是名沙門旃陀羅迦葉如旃陀羅以愧恥心持所用器從他乞食迦葉如是沙門
旃陀羅以愧恥心入於房舍及至他家或到衆中亦以愧恥心至於佛所亦以愧心礼如來
塔亦以愧心去來屈申亦以愧心行住坐卧一切所行皆有愧心覆藏惡法故迦葉我
今當說旃陀羅人所至之處皆不到善處何以故自行惡法故迦葉如是沙門旃陀羅所
至之處亦不到善道多作惡業无遮惡道法故迦葉是名沙門旃陀羅迦葉云何沙門敗壞
迦葉譬如好酒香味具者是酒之饌關楗取已蓋下有糟滓人所惡賤无所施用迦葉如
是敗壞沙門離於法味取煩惱滓人所惡賤无所施用雖持戒香臭諸煩惱若有云處
不能自利亦益他迦葉是名敗壞沙門迦葉敗壞者如有所食變為糞穢臭惡不淨人所
棄離迦葉如是敗壞沙門猶如糞穢以身口意業不清淨故迦葉是名敗壞沙門迦葉譬
如敗種種大地中終不生牙實迦葉如是敗壞沙門雖在佛法不生善根不得沙門果迦
葉是名敗壞沙門迦葉云何沙門瓶迦葉譬如畫瓶巧工所成中藏臭穢種種不淨迦
葉如是沙門瓶外現成就似沙門行內有種種垢穢行諸惡業迦葉是名沙門瓶迦葉云何
沙門枸攔菓迦葉譬如枸攔菓華色顏鮮好其體堅硬猶如木石其氣臭穢猶若糞塗
有智之人若見此華不近不觸遠避而去愚若見不知過患近而臭之迦葉如是沙門枸攔
菓現似沙門行而有威儀憍慢自高臭穢不淨又作破戒无儀式行破於正見迦葉如
是沙門枸攔菓智者不親近不礼敬右繞以惡人故遠離之迦葉若有癡人不見彼諸癡
人之所親近礼敬右繞信受其語如枸攔菓華為癡人所愛迦葉是名沙門枸攔菓迦葉
云何沙門求利迦葉譬如諂誑之心常懷悋惜為貪所覆若見他財物希望欲得貪利
牙伏无慚愧心无寡欲心常有害心若行空澤山林聚落及如是心於他財物希求欲
得常自藏身不令他見迦葉如是沙門求利心常慳惜為貪所覆於所得利心无知足於他
財物希望欲得有所至處聚落城邑常為利養不為善法覆藏諸惡謂善比丘知喜足
戒知足若說戒時或驅我出於善比丘恒生怖畏心常諂誑現行儀式一切天龍鬼神有
天眼者知此比丘來時賊來去時賊去行時賊行坐時賊坐卧時賊卧取衣時賊取衣著衣
時賊著衣入聚落時賊入聚落出聚落時賊出聚落食時賊食飲時賊飲臨時賊臨
跃迦葉如是癡人去來儀式皆為天龍鬼神之所知見見已訶罵如此惡人即為壞戒釋迦
牟尼佛法作是訶責諸惡比丘又彼諸天龍鬼神見持戒梵行沙門婆羅門增益信心
礼敬尊重與人於佛法中應受利養者迦葉與名沙門求利於佛法中出家不能生喜离
滅離欲之心死得沙門果若有得者无有是處迦葉是名沙門求利迦葉云何稗沙門迦葉
譬如麥田中生稗麥其形似麥不可分別尒時田夫作如是念謂此稗麥盡是好麥後
見穟生尒乃知非不得名言一切是麥迦葉如是稗沙門在於衆中似是持戒有得行者
檀越主見時謂盡是沙門而彼癡人實非沙門言是沙門非梵行人自言梵行先來敗壞離
於持戒亦不入衆數於佛法中无智慧命當墮惡道猶如稗麥在好麥中尒時天龍鬼神

BD05426號　大寶積經卷一一三　（10-6）

牟尼佛法作是說言貴說惡比丘又破戒者天龍鬼神沙門婆羅門[illegible]信心
礼敬尊重與人於佛法中應受利養者迦葉此名沙門求利於佛法中出家不能生一念
滅離欲之心況得沙門果若有得者无有是處迦葉是名沙門求利迦葉云何稗沙門迦葉
譬如麥田中生稗麥其形似麥不可分別尒時田夫作如是念謂此稗麥盡是好麥後
見穗生尒乃知非不得名言一切是麥迦葉如是稗沙門在於衆中似是持戒有得行者
施主見時謂盡是沙門而彼癡人實非沙門言是沙門非梵行人自言梵行既來敗壞離
於持戒亦不入衆數於佛法中无智慧命當墮惡道猶如稗麥在好麥中尒時天龍鬼神
有天眼者見彼癡人墮於地獄見已各相謂言此是癡人先似沙門行不善法今當墮於
大地獄中從今已後終不能得沙門德行及沙門果猶如稗麥在好麥中迦葉是名稗沙
門迦葉云何遁生沙門迦葉譬如遁生稻苗以不熟故名為遁生以无實故風所吹去无堅重
力似稻非稻迦葉如是遁生沙門亦似沙門無念教可无有德力為魔風所吹亦无血氣
持戒之力雜於多聞損失定力亦遠於智不能破壞諸煩惱賊名如是人輕劣无力繫
屬於魔為魔所鉤沒在一切煩惱之中為魔風所吹如遁生稻迦葉遁生之稻不中為種
亦不生牙迦葉如是遁生沙門於佛法中无道種子於賢聖法中不得解脫迦葉遁生沙
門者所謂破戒行惡是名遁生沙門迦葉云何似沙門迦葉譬如巧工以金塗銅其色似
金價不同金若揩磨時乃知非金迦葉如是似沙門者好自嚴飾常澡浴身齊整著衣
作沙門儀式一切具足去來屈申常正儀式而彼常為貪恚癡所害亦為利養礼敬讚歎所
害亦為我慢增上慢一切煩惱所害雖為人所貴无貴重法常勤嚴身希望飲食不求
聖法不畏後世現見尊重非將來尊重種長肌肥依於利養非依求法種種莊嚴身求
業纏在家心亦隨所愛苦時受苦樂時受樂為愛增所害於沙門法无心欣行雜諸儀式當
墮於地獄餓鬼畜生彼人无沙門實无沙門稱不與沙門等迦葉是名似沙門迦葉云何
失沙門血氣迦葉譬如男子若女人若童男若童女非人食其血氣彼人羸瘦无有色力
由失血氣故迦葉如是之人失血氣故諸藥呪術及諸刀杖所不能治必至於死迦葉如是
沙門无有持戒定慧解脫解脫知見血氣及慈悲喜捨血氣亦无行施調伏護身口意
業血氣亦无安住四聖種血氣无有儀式血氣亦无淨身口意血氣迦葉是名沙門失於血
氣迦葉此失血氣沙門雖受如來法藥不以自度法藥者所謂若起婬欲應觀不淨若
起瞋恚應行慈心若起愚癡應觀十二因緣於諸煩惱應正思惟離於衆衆捨我所有
出家三事應當受護三事者所謂持戒清淨其心調伏令不亂迦葉如是法藥我之所說
我所聽服雖受此藥不以自度迦葉又有出世法所謂空觀无相无作觀陰界入知四聖諦
及十二因緣迦葉如是法藥彼人亦復不以自度迦葉如是沙門臭穢不淨以破戒故薄
福德故生於下處以憍慢故於此命終不生餘處必當墮在大地獄中如失於血氣必
定至死如是沙門於此命終必墮地獄迦葉是名失血氣沙門如是說已五百比丘捨戒
罷俗尒時有諸比丘訶彼比丘言若大德於佛法中退還家者如是非善如是非法佛

BD05426號　大寶積經卷一一三

(10-7)

出家三事應當受護三事者所謂持戒清淨其心調伏令不亂迦葉如是法藥我之所說
我所聽服雖受此藥不以自度迦葉又有出世法所謂空觀无相无作觀陰界入知四聖諦
及十二因緣迦葉如是法藥彼人亦復不以自度迦葉如是沙門臭穢不淨以破戒故薄
福德故生於下處以憍慢故於此命終不生餘處必當墮在大地獄中如失於血氣必
定至死如是沙門於此命終必墮地獄迦葉是名失血氣沙門如是說已五百比丘捨戒
罷俗尒時有諸比丘訶彼比丘言若大德於佛法中退還家者如是非善如是非法佛
告諸比丘莫作是語何以故若如是者名為順法若比丘不欲受人信施退還家者是名
順法彼諸比丘信解心多故生悔心說此語時彼得聞已作如是念我等戒能行不淨行
受他信施應生悔心退而還家迦葉我今說此諸比丘等於此命終生兜率天彌勒菩薩
所於彌勒如來出於世時彼諸比丘在初會數中

營事比丘品第四

尒時摩訶迦葉白佛言世尊云何比丘能營衆事佛告迦葉我聽二種比丘得營衆事何
等二一者能淨持戒二者畏於後世喻如金剛復有二種何等二一者識知業報二者有
諸慚愧及以悔心復有二種何等二一者阿羅漢二者能修八背捨者迦葉如是二種比
丘我聽營事自无瘡疣何以故迦葉護他人意此事難故迦葉於佛法中種種出家種種
性種種心種種解脫種種斷結或有阿蘭若或有乞食或有樂住山林或有樂近聚落清
淨持戒或有能離四邪或有勤修多聞或有辯說諸法或有善持戒律或有善持毗
尼儀式或有遊諸城邑聚落為人說法有如是等諸比丘僧營事比丘善取如是意迦
葉若阿蘭若比丘樂空閑處營事比丘一切役使不應令作有時阿蘭若比丘若比丘僧
次役使而營事比丘應當代作若自不作應情他人令代為之不應役使阿蘭若比丘
若非行道時可次令作迦葉若有乞食比丘彼營事比丘於乞食比丘應與好食若有比丘能
離四邪營事比丘隨所須物應當供給所謂衣服飲食臥具醫藥若離垢比丘所住之
處營事比丘於其住處不應高聲大喚亦不令高聲大喚欲護離垢比丘故營事比
丘於離垢比丘應生尊敬如世尊想生如是念如是比丘於佛法中能作法柱當隨所須
而供給之迦葉若有勤修多聞比丘營事比丘應當勸脩作如是言大德勤脩多聞讀誦
令利我當為諸大德供給使令若諸大德勤修多聞於比丘僧中是好瓔珞能廣當生廣
說正法亦自生智慧營事比丘不應非時役使應當擁護令修多聞迦葉若有說法比丘
營事比丘應事事供給應持說法比丘至城邑聚落勸發諸人令就聽法說法之處亦
應供給為說法人敷好高座若有比丘樂自以力欲壞說法者營事比丘應往和解亦應數
往說法人所稱言善哉迦葉若有比丘善持戒律善持毗尼義營事比丘應往其所數數
問義我云何營事令不得罪自无所損不害於他持毗尼義比丘應觀營事者心隨所營
事而為說法所謂是應作是不應作營事比丘於持律人所心信礼敬供養若比丘
僧所有衆物應當隨三時供給於僧不應藏舉隨僧所須應當分與應與時與不應忘與
不以非法與非欲心與非瞋心與非癡心與非畏心與隨僧法行非隨在家行非僧制行非自

BD05426號　大寶積經卷一一三

(10-8)

營事比丘應事事供給應往說法比丘至城邑聚落勸諭諸人令詣聽法說法之處亦
應供給為說法人敷好高座若有比丘樂自以力欲壞說法者營事比丘應往和解亦應數
往說法人所稱言善哉迦葉若有比丘善持戒律善持毗尼義營事比丘應往其所數數
問義我云何營事令不得罪自无所損不害於他持毗尼義比丘應觀營事者心隨所營
事而為說法所謂是應作是不應作營事比丘於持律人所一心信敬供養若比丘
僧所有多物應當隨三時供給於僧不應藏舉隨僧所須應當令與應與時與不惡心與
不以非法與非欲心與非瞋心與非癡心與非畏心與隨僧法行非隨在家行非僧制行非自
隨制行不於僧物生自在想乃至小事與僧共斷非自在斷若所用物所謂常住僧物及
與佛物若招提僧物彼營事比丘應當分別常住僧物不應與招提僧物共雜常住僧物不應與
常住僧常住僧物不應與招提僧物共雜招提僧物不與常住僧物共雜常住僧物招提
僧物不與佛物共雜佛物不與常住僧物招提僧物共雜若常住僧物多而招提僧有所
須者營事比丘應集僧作羯磨索欲若僧和合應以常住僧物分與招提僧迦葉若如來
塔或有所須若欲敗壞者若常住僧物若招提僧物多營事比丘應集僧作羯磨索欲作
如是言是佛塔壞今有所須此常住僧物招提僧物多大德僧聽若僧時到僧忍聽若僧
不惜所得施物若常住僧物若招提僧物我今持用修治佛塔若僧和合營事比丘應以僧
物修治佛塔若僧不和合營事比丘應餘勸化在家人輩求索財物修治佛塔迦葉若佛
物多者營事比丘不得以佛物分與常住僧及招提僧何以故於此物中應生世尊想佛
所有物乃至一綫皆是施主信心施佛是諸天世人於此物中生佛塔想而況寶物若
於佛塔先以衣施此衣於塔中寧令風吹雨爛破盡不應以此衣貿易寶物何以故如
來塔物无人能與作價者又佛无所須故迦葉有如是善淨營事人者三寶之物不應
令雜又於自利養心常知足三寶物中不生我所有想迦葉若營事比丘若生瞋心於持戒大
德人所若繞私敬之者以自在故驅令使使是營事比丘以瞋心緣故墮大地獄若得為人
作他奴僕常為其主苦驅使使人所鞭打復次迦葉若營事比丘以自在故更作重制
過僧常限謫罰比丘非時令作是營事比丘以此不善根故墮於多釘小地獄中生此中
已以百千釘釘挓其身其身燋然出大火焰如大火聚若於持戒有大德者以重事怖之
以瞋心語故彼營事比丘生地獄中其所得舌長五百由旬以百千釘而釘其舌一一釘
中出大火焰迦葉若營事比丘數得僧物慳惜藏舉或非時與僧或復難與或因苦與或
小與或不與或有與者或不與者營事比丘以此不善根故墮餓鬼餓鬼常食糞丸此人
命終當生是中爾時更有餓鬼以食示之而復不與此鬼爾時悕望欲得諦視此食目不
曾眴受飢渴苦於百千歲中常不得食或時得食變為糞穢或作膿血何以故有持戒之
人所敬礼僧所有物以自在故而難與之迦葉若營事比丘以常住僧物若招提僧物及
以佛物輒自雜用得大苦報若受一劫若過一劫何以故以侵三寶物故迦葉若營事
比丘聞如是罪知如是罪而故生瞋心於持戒者我今說此諸佛世尊所不能治迦葉是
[illegible]

於佛塔先以衣施此衣於塔中寧令風吹雨爛破盡不應以此衣貿易寶物何以故如
來塔物无人能與作價者又佛无所須故迦葉有如是善淨營事人者三寶之物不應
令雜又於自利養心常知足三寶物中不生我所有想迦葉若營事比丘若生瞋心於持戒大
德人所若繞私敬之者以自在故驅令使使是營事比丘以瞋心緣故墮大地獄若得為人
作他奴僕常為其主苦驅使使人所鞭打復次迦葉若營事比丘以自在故更作重制
過僧常限謫罰比丘非時令作是營事比丘以此不善根故墮於多釘小地獄中生此中
已以百千釘釘挓其身其身燋然出大火焰如大火聚若於持戒有大德者以重事怖之
以瞋心語故彼營事比丘生地獄中其所得舌長五百由旬以百千釘而釘其舌一一釘
中出大火焰迦葉若營事比丘數得僧物慳惜藏舉或非時與僧或復難與或因苦與或
小與或不與或有與者或不與者營事比丘以此不善根故墮餓鬼餓鬼常食糞丸此人
命終當生是中爾時更有餓鬼以食示之而復不與此鬼爾時悕望欲得諦視此食目不
曾眴受飢渴苦於百千歲中常不得食或時得食變為糞穢或作膿血何以故有持戒之
人所敬礼僧所有物以自在故而難與之迦葉若營事比丘以常住僧物若招提僧物及
以佛物輒自雜用得大苦報若受一劫若過一劫何以故以侵三寶物故迦葉若營事
比丘聞如是罪知如是罪而故生瞋心於持戒者我今說此諸佛世尊所不能治迦葉是
故營事比丘聞如是非法罪已應當善護身口意業自護亦護他迦葉營事比丘寧自敢
身肉終不雜用三寶之物作衣鉢飲食爾時摩訶迦葉白佛言世尊未曾有也如來自以

若自有病　无人救療　設服良藥　而復增劇
若他反逆　抄劫竊盜　如是等罪　橫羅其殃
如斯罪人　永不見佛　衆聖之王　說法教化
如斯罪人　常生難處　狂聾心亂　永不聞法
扵无數劫　如恒河沙　生輒聾瘂　諸根不具
常處地獄　如遊園觀　在餘惡道　如己舍宅
駝驢猪狗　是其行處　謗斯經故　獲罪如是
若得為人　聾盲瘖瘂　貧窮諸衰　以自莊嚴
水腫乾痟　疥癩癰疽　如是等病　以為衣服
身常臭處　垢穢不淨　深著我見　增益瞋恚
婬欲熾盛　不擇禽獸　謗斯經故　獲罪如是
告舍利弗　謗斯經者　若說其罪　窮劫不盡
以是因緣　我故語汝　无智人中　莫說此經
若有利根　智慧明了　多聞強識　求佛道者
如是之人　乃可為說　若人曾見　億百千佛
殖諸善本　深心堅固　如是之人　乃可為說
若人精進　常脩慈心　不惜身命　乃可為說
若人恭敬　无有異心　離諸凡愚　獨處山澤
如是之人　乃可為說　又舍利弗　若見有人

BD05427號　妙法蓮華經卷二　（3–1）

若有利根　智慧明了　多聞強識　求佛道者
如是之人　乃可為說　若人曾見　億百千佛
殖諸善本　深心堅固　如是之人　乃可為說
若人精進　常脩慈心　不惜身命　乃可為說
若人恭敬　无有異心　離諸凡愚　獨處山澤
如是之人　乃可為說　又舍利弗　若見有人
捨惡知識　親近善友　如是之人　乃可為說
若見佛子　持戒清潔　如淨明珠　求大乘經
如是之人　乃可為說　若人无瞋　質直柔軟
常愍一切　恭敬諸佛　如是之人　乃可為說
復有佛子　扵大衆中　以清淨心　種種因緣
譬喻言辭　說法无礙　如是之人　乃可為說
若有比丘　為一切智　四方求法　合掌頂受
但樂受持　大乘經典　乃至不受　餘經一偈
如是之人　乃可為說　如人至心　求佛舍利
如是求經　得已頂受　其人不復　志求餘經
亦未曾念　外道典籍　如是之人　乃可為說
告舍利弗　我說是相　求佛道者　窮劫不盡
如是等人　則能信解　汝當為說　妙法華經

妙法蓮華經信解品第四

尒時慧命須菩提摩訶迦旃延摩訶迦葉摩
訶目揵連從佛所聞未曾有法世尊授舍利
弗阿耨多羅三藐三菩提記發希有心歡喜
踊躍即從座起整衣服偏袒右肩右膝著地
一心合掌曲躬恭敬瞻仰尊顏而白佛言我
等居僧之首年並朽邁自謂已得涅槃无所

BD05427號　妙法蓮華經卷二　（3–2）

弗阿耨多羅三藐三菩提記發希有心歡喜
踊躍即從座起整衣服偏袒右肩右膝著地
一心合掌曲躬恭敬瞻仰尊顏而白佛言我
等居僧之首年並朽邁自謂已得涅槃无所
堪任不復進求阿耨多羅三藐三菩提世尊
往昔說法既久我時在座身體疲懈但念空
无相无作於菩薩法遊戲神通淨佛國土成
就眾生心不憙樂所以者何世尊令我等出
於三界得涅槃證又今我等年已朽邁於佛
教化菩薩阿耨多羅三藐三菩提不生一念
好樂之心我等今於佛前聞授聲聞阿耨多
羅三藐三菩提記心甚歡喜得未曾有不謂
於今忽然得聞希有之法深自慶幸獲大善
利无量珎寶不求自得世尊我等今者樂說
譬喻以明斯義譬若有人年既幼稚捨父逃
逝久住他國或十二十至五十歲年既長大
加復窮困馳騁四方以求衣食漸漸遊行遇
向本國其父先來求子不得中止一城其家
大富財寶无量金銀琉璃珊瑚虎珀頗梨珠
等其諸倉庫悉皆盈溢多有僮僕臣佐吏民
象馬車乘牛羊无數出入息利乃遍他國商

BD05427 號　妙法蓮華經卷二　（3–3）

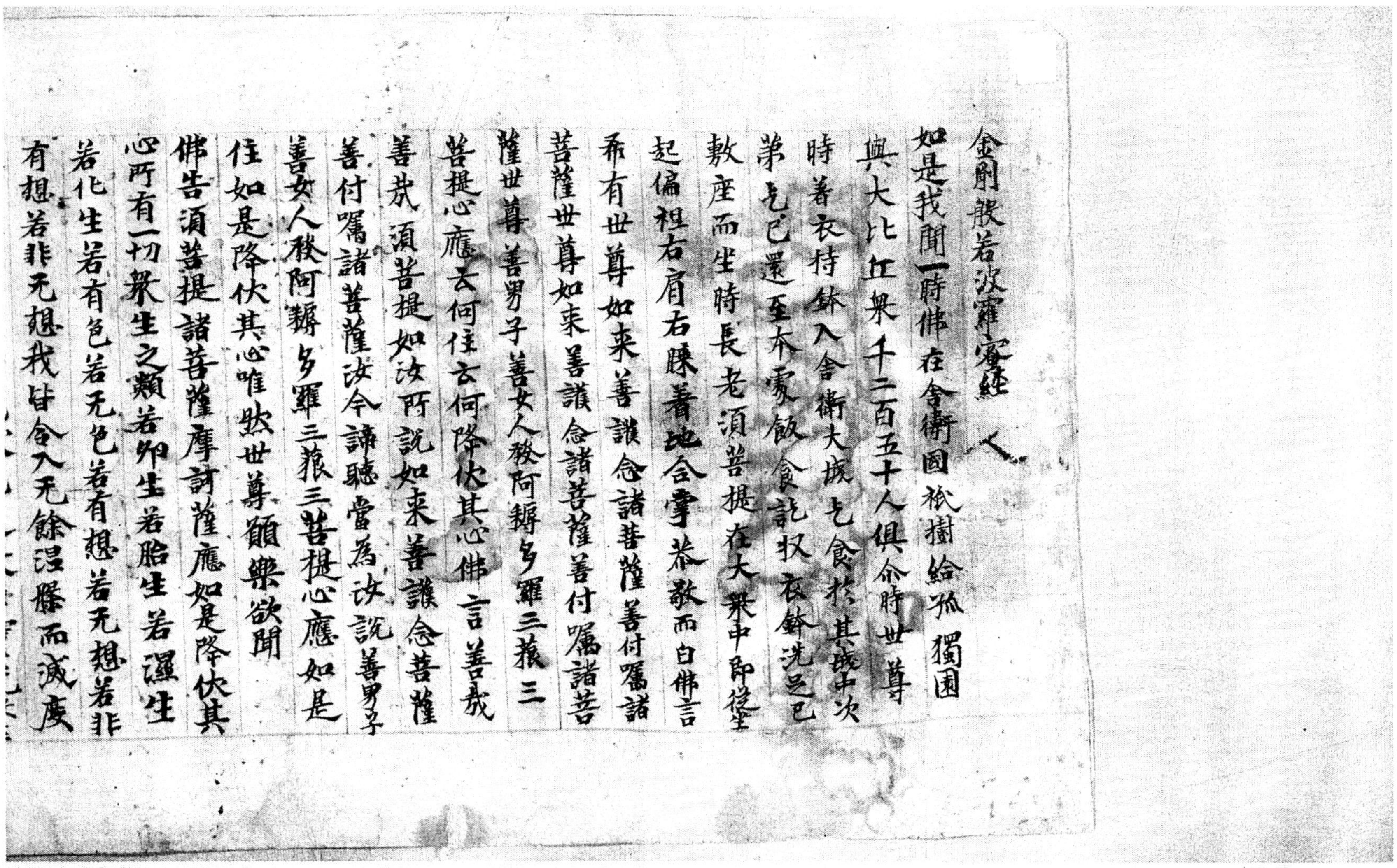
金剛般若波羅蜜經
如是我聞一時佛在舍衛國祇樹給孤獨園
與大比丘眾千二百五十人俱爾時世尊
時著衣持鉢入舍衛大城乞食於其城中次
第乞已還至本處飯食訖收衣鉢洗足已
敷座而坐時長老須菩提在大眾中即從座
起偏袒右肩右膝著地合掌恭敬而白佛言
希有世尊如來善護念諸菩薩善付囑諸
菩薩世尊如來善護念諸菩薩善付囑諸菩
薩世尊善男子善女人發阿耨多羅三藐三
菩提心應云何住云何降伏其心佛言善哉
善哉須菩提如汝所說如來善護念諸菩薩
善付囑諸菩薩汝今諦聽當為汝說善男子
善女人發阿耨多羅三藐三菩提心應如是
住如是降伏其心唯然世尊願樂欲聞
佛告須菩提諸菩薩摩訶薩應如是降伏其
心所有一切眾生之類若卵生若胎生若濕生
若化生若有色若无色若有想若无想若非
有想若非无想我皆令入无餘涅槃而滅度

BD05428 號　金剛般若波羅蜜經　（6–1）

善女人發阿耨多羅三藐三菩提心應如是
住如是降伏其心唯然世尊願樂欲聞
佛告須菩提諸菩薩摩訶薩應如是降伏其
心所有一切眾生之類若卵生若胎生若濕生
若化生若有色若无色若有想若无想若非
有想若非无想我皆令入无餘涅槃而滅度
之如是滅度无量无數无邊眾生實无眾生
得滅度者何以故須菩提若菩薩有我想人
相眾生相壽者相即非菩薩
復次須菩提菩薩於法應无所住行於布施
所謂不住色布施不住聲香味觸法布施須
菩提菩薩應如是布施不住於相何以故須
菩薩不住相布施其福德不可思量須菩提
於意云何東方虛空可思量不不也世尊須
菩提南西北方四維上下虛空可思量不不
也世尊須菩提菩薩无住相布施福德亦復
如是不可思量須菩提菩薩但應如所教住
須菩提於意云何可以身相見如來不不也
世尊不可以身相得見如來何以故如來所
說身相即非相佛告須菩提凡所有相皆
是虛妄若見諸相非相則見如來
須菩提白佛言世尊頗有眾生得聞如是言
說章句生實信不佛告須菩提莫作是說
如來滅後後五百歲有持戒脩福者於此章
句能生信心以此為實當知是人不於一佛二
佛三四五佛而種善根已於无量千万佛所
種諸善根聞是章句乃至一念生淨信者

須菩提白佛言世尊頗有眾生得聞如是言
說章句生實信不佛告須菩提莫作是說
如來滅後後五百歲有持戒脩福者於此章
句能生信心以此為實當知是人不於一佛二
佛三四五佛而種善根已於无量千万佛所
種諸善根聞是章句乃至一念生淨信者
菩提如來悉知悉見是諸眾生得如是无量
福德何以故是諸眾生无復我相人相眾
生相壽者相无法相亦无非法相何以故是諸
眾生若心取相則為著我人眾生壽者若取法
相即著我人眾生壽者何以故若取非法相
即著我人眾生壽者是故不應取法不應
取非法以是義故如來常說汝等比丘知我說
法如筏喻者法尚應捨何況非法
須菩提於意云何如來得阿耨多羅三藐三
菩提耶如來有所說法耶須菩提言如我解
佛所說義无有定法名阿耨多羅三藐三菩
提亦无有定法如來可說何以故如來所說法
皆不可取不可說非法非非法所以者何一切
賢聖以无為法而有差別
須菩提於意云何若人滿三千大千世界七
寶以用布施是人所得福德寧為多不須菩
提言甚多世尊何以故是福德即非福德性
是故如來說福德多若復有人於此經中受
持乃至四句偈等為他人說其福勝彼何以故
須菩提一切諸佛及諸佛阿耨多羅三藐三
菩提法皆從此經出須菩提所謂佛法者即

是故如来說福德多若復有人於此經中受
持乃至四句偈等為他人說其福勝彼何以故
須菩提一諸佛及諸佛阿耨多羅三藐三
菩提法皆從此經出須菩提所謂佛法者即
非佛法
須菩提於意云何須陁洹能作是念我得
須陁洹果不須菩提言不也世尊何以故須陁
洹名為入流而无所入不入色聲香味觸法
是名須陁洹須菩提於意云何斯陁含能
作念我得斯陁含果不須菩提言不也世尊
何以故斯陁含名一往来而實无往来是名
斯陁含須菩提於意云何阿那含能作是
我得阿那含果不須菩提言不也世尊何以
故阿那含名為不来而實无来是故名阿那
含須菩提於意云何阿羅漢能作是念我得
阿羅漢道不須菩提言不也世尊何以故實
无有法名阿羅漢世尊若阿羅漢作是念我
得阿羅漢道即為著我人衆生壽者世尊
佛說我得无諍三昧人中最為第一是第一
離欲阿羅漢我不作是念我是離欲阿羅
漢世尊我若作是念我得阿羅漢道世尊則
不說須菩提是樂阿蘭那行者以須菩提
實无所行而名須菩提是樂阿蘭那行
佛告須菩提於意云何如来昔在然燈佛
所於法有所得不世尊如来在然燈佛所於
法實无所得須菩提於意云何菩薩莊嚴

BD05428號　金剛般若波羅蜜經

（6–4）

實无所行而名須菩提是樂阿蘭那行
佛告須菩提於意云何如来昔在然燈佛
所於法有所得不世尊如来在然燈佛所於
法實无所得須菩提於意云何菩薩莊嚴
佛土不不也世尊何以故莊嚴佛土者則非
莊嚴是名莊嚴是故須菩提諸菩薩摩訶
薩應如是生清淨心不應住色生心不應住聲
香味觸法生心應无所住而生其心須菩提
譬如有人身如須弥山王於意云何是身為
大不須菩提言甚大世尊何以故佛說非身
是名大身
須菩提如恒河中所有沙數如是沙等恒河
於意云何是諸恒河沙寧為多不須菩提
言甚多世尊但諸恒河尚多无數何況其沙
須菩提我今實言告汝若有善男子善女
人以七寶滿尒所恒河沙數三千大千世界以
用布施得福多不須菩提言甚多世尊佛告
須菩提若善男子善女人於此經中乃至受
持四句偈等為他人說而此福德勝前福德
復次須菩提隨說是經乃至四句偈等當知
此處一切世間天人阿脩羅皆應供養如佛
塔廟何況有人盡能受持讀誦須菩提當
知是人成就最上第一希有之法若是經典
在之處則為有佛若尊重弟子
尒時須菩提白佛言世尊當何名此經我等
云何奉持佛告須菩提是經名為金剛般若
波羅蜜以是名字汝當奉持所以者何須菩

BD05428號　金剛般若波羅蜜經

（6–5）

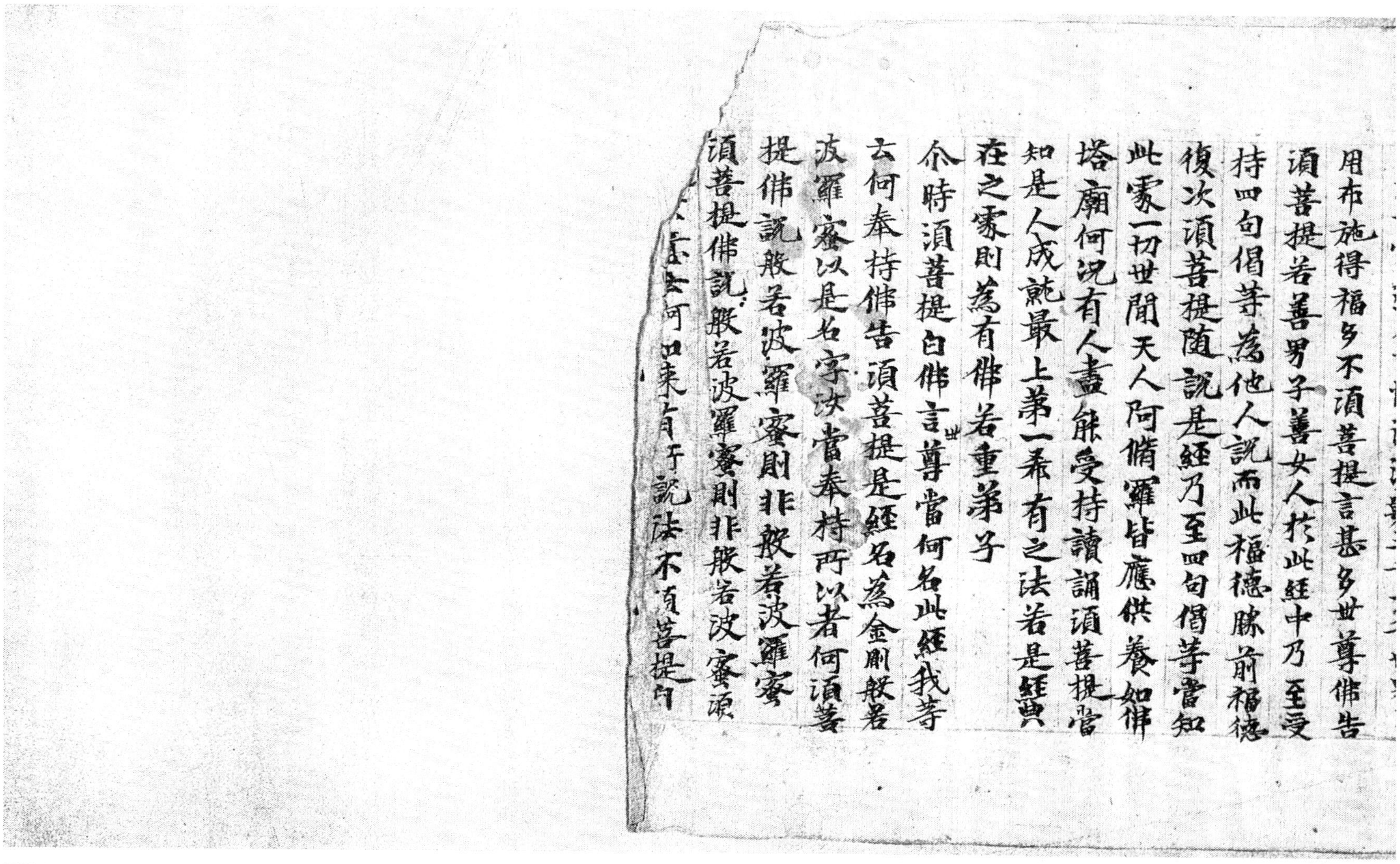
用布施得福多不須菩提言甚多世尊佛告
須菩提若善男子善女人於此經中乃至受
持四句偈等為他人說而此福德勝前福德
復次須菩提隨說是經乃至四句偈等當知
此處一切世間天人阿脩羅皆應供養如佛
塔廟何況有人盡能受持讀誦須菩提當
知是人成就最上第一希有之法若是經典
在之處則為有佛若尊重弟子
尒時須菩提白佛言世尊當何名此經我等
云何奉持佛告須菩提是經名為金剛般若
波羅蜜以是名字汝當奉持所以者何須菩
提佛說般若波羅蜜則非般若波羅蜜
須菩提佛說般若波羅蜜則非般若波蜜須
菩提於意云何如來有所說法不須菩提白

BD05428 號　金剛般若波羅蜜經　（6–6）

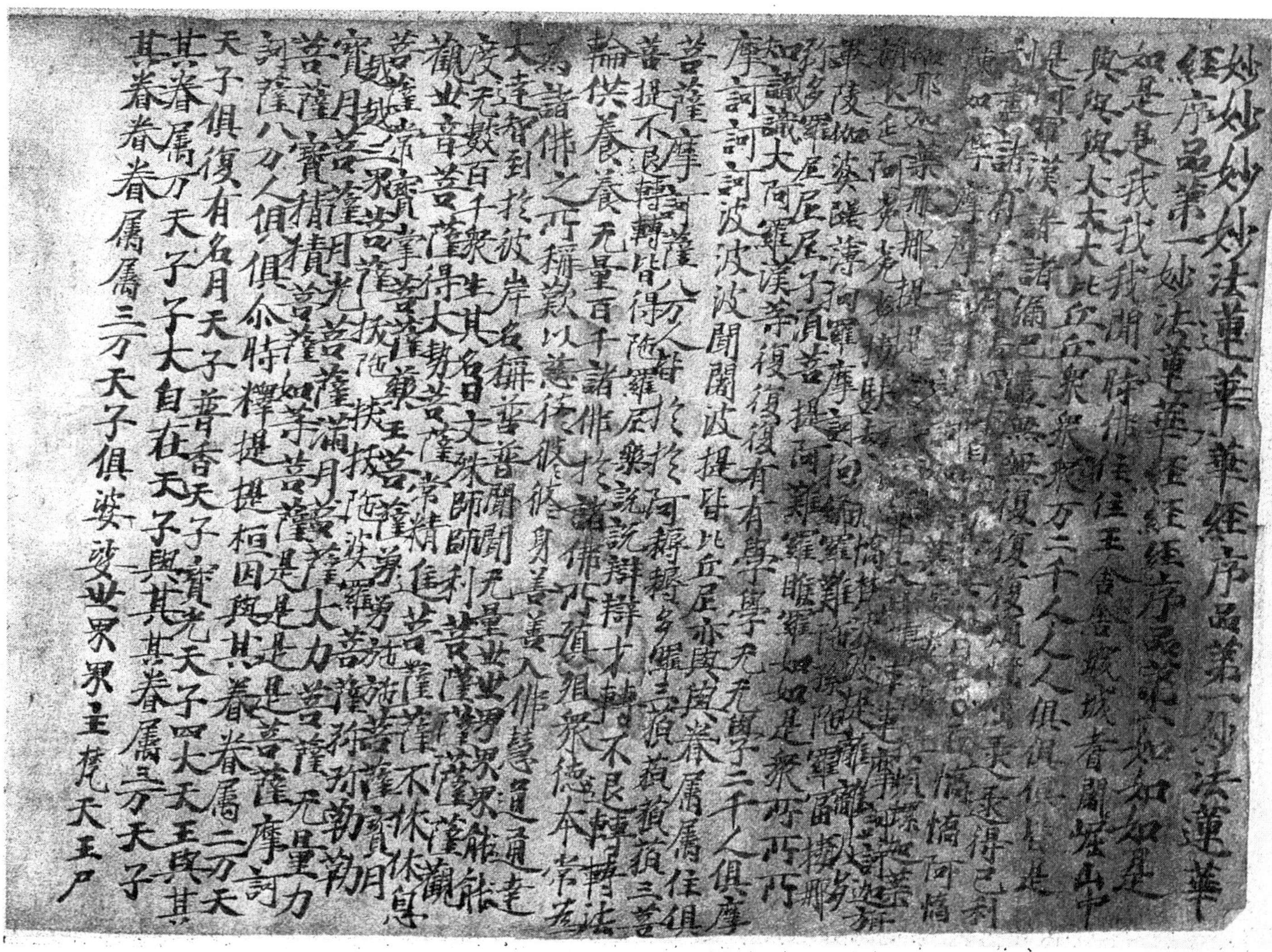

BD05428 號背　妙法蓮華經習字雜寫（擬）　（1–1）

兑

無忘失法清淨若無願解脫門清淨無二
無二分無別無斷故一切智智清淨故恒住
捨性清淨恒住捨性清淨故無願解脫門清
淨若無願解脫門清淨無二無二分無別無
斷故善現一切智智清淨故一切智清淨一
切智清淨故無願解脫門清淨何以故若一
切智智清淨若一切智清淨若無願解脫門
清淨無二無二分無別無斷故一切智智清
淨故道相智一切相智清淨道相智一切相
智清淨故無願解脫門清淨何以故若一切
智智清淨若道相智一切相智清淨若無願
解脫門清淨無二無二分無別無斷故善現一
切智智清淨故一切陁羅尼門清淨一切陁
羅尼門清淨故無願解脫門清淨何以故若
一切智智清淨若一切陁羅尼門清淨若無
願解脫門清淨無二無二分無別無斷故一
切智智清淨故一切三摩地門清淨一切三
摩地門清淨故無願解脫門清淨何以故若
一切智智清淨若一切三摩地門清淨若無

BD05429號　大般若波羅蜜多經（兑廢稿）卷二七三　（2–1）

兑

切智智清淨若一切智清淨若無願解脫門
清淨無二無二分無別無斷故一切智智清
淨故道相智一切相智清淨道相智一切相
智清淨故無願解脫門清淨何以故若一切
智智清淨若道相智一切相智清淨若無願
解脫門清淨無二無二分無別無斷故善現一
切智智清淨故一切陁羅尼門清淨一切陁
羅尼門清淨故無願解脫門清淨何以故若
一切智智清淨若一切陁羅尼門清淨若無
願解脫門清淨無二無二分無別無斷故一
切智智清淨故一切三摩地門清淨一切三
摩地門清淨故無願解脫門清淨何以故若
一切智智清淨若一切三摩地門清淨若無
願解脫門清淨無二無二分無別無斷故
善現一切智智清淨故預流果清淨預流果
清淨故無願解脫門清淨何以故若一切智
智清淨若預流果清淨若無願解脫門清淨
無二無二分無別無斷故一切智智清淨故
一來不還阿羅漢果清淨一來不還阿羅漢

BD05429號　大般若波羅蜜多經（兑廢稿）卷二七三　（2–2）

衆寶廁填上妙宮宅
滕銀栗銀滕金栗數各一百以施一
辰轉盡閻浮提所得功德不如有人於
步詣如來所須達多言善男子汝是誰耶天
言長者我是勝相婆羅門子是汝往昔善知
識也我因往日見舍利弗大目揵連心生歡
喜捨身得作北方天王毗沙門子專知守護
此王舍城我因礼拜舍利弗等生歡喜心尚
得如是妙好之身況當得見如來大師礼拜
供養須達長者聞是事已即還復道來詣我
所到已頭面敬礼我之我時即為如應說法
長者聞已得須陁洹果既獲果證復請我言
如來大慈唯願臨顧至舍衛城受我微供我
即問言卿舍衛國頗有精舍相容受不須達
多言若佛哀愍必見垂顧便當自竭營辨成
立善男子我於尒時嘿然受請須達長者已
蒙聽許即白我言我從昔來未為斯事唯願
如來遣[illegible]

BD05430 號　大般涅槃經（北本　異卷）卷三〇　（25–1）

所到已頭面敬礼我之我時即為如應說法
長者聞已得須陁洹果既獲果證復請我言
如來大慈唯願臨顧至舍衛城受我微供我
即問言卿舍衛國頗有精舍相容受不須達
多言若佛哀愍必見垂顧便當自竭營辨成
立善男子我於尒時嘿然受請須達長者已
蒙聽許即白我言我從昔來未為斯事唯願
如來遣舍利弗指授儀則我即顧命勅令營
佐時舍利弗与須達多共載一車往舍衛城
我神力故經一日夜便到所止時須達多白
舍利弗大德此大城外何處有地不近不遠
多饒泉池有好林樹華菓欝茂清淨閑豫我
當於中為佛世尊及比丘僧造立精舍舍利
弗言秪陁薗林不近不遠清淨寂漠多有泉
流樹木華菓隨時而有此處宜可安立精舍
時須達多聞是語已即往秪陁大長者所告
秪陁言我今欲為无上法王造立僧坊唯仁
薗地任中造立吾今欲買能見与不秪陁答
言設以真金遍布其地猶不相与須達多言
善哉秪陁林地屬我汝便取金秪陁答言我
薗不賣云何取金須達多言若意不了當共
往詣斷事人所時二長者即共俱往斷事者
言薗屬須達秪陁取金即時使人車馬載負
隨集布地一日之中唯五百步金未周遍秪
陁言日長者若悔隨意聽止須達多言吾不
悔也自念當出何藏金足秪陁念言如來法

BD05430 號　大般涅槃經（北本　異卷）卷三〇　（25–2）

往詣斷事人所時二長者即共俱往斷事者
言薗屬須達秖陁取金即時使人車馬載負
隨集布地一日之中唯五百步金未周遍秖
陁言曰長者若悔隨意聽止須達多言吾不
悔也自念當出何藏金足秖陁念言如來法
王真實无上所說妙法清淨无染故使斯人
輕寶乃尒即語須達餘未遍者不復須金請
以見與我自為佛造立門樓常使如來經由
入出秖陁長者自立門坊須達長者七日之
中成立大房足三百口禪坊靜處六十三所
冬屋夏堂各各別異廚坊浴室洗脚之處大
小清廁无不備足所設已訖即執香爐向王
舍城遥作是言所設已辦唯願如來慈哀憐
愍為諸衆生受是住處我時玄知是長者心
即与大衆發王舍城譬如壯士屈申臂頃至
舍衛城秖陁薗林須達精舍我既到已須達
長者以其所設奉施於我我時受已即住其
中時諸六師心生嫉妬恚共集詣波斯匿王
作如是言大王當知王之土境清夷閑靜真
是出家住止之處是以我等為斯事故而來
至此大王以法正治為民除患沙門瞿曇年
既幼稚學日又淺道術无施此國先有耆舊
宿德自怙王種不生恭敬若是王種法應治
民如其出家應敬宿德大王善聽沙門瞿曇
真實不生王種之中瞿曇沙門若有父母何
由劫奪他之父母大王我經中說過千歲已

宿德自怙王種不生恭敬若是王種法應治
民如其出家應敬宿德大王善聽沙門瞿曇
真實不生王種之中瞿曇沙門若有父母何
由劫奪他之父母大王我經中說過千歲已
有一妖祥幻化物出所謂沙門瞿曇是也是
故當知沙門瞿曇无父无母若有父母云何
說言諸法无常苦空无我无作无受以幻術
故誑惑衆生愚者信受智者捨之大王夫人
王者天下父母如稱如地如風如火如道如
河如橋如燈如日如月如法斷事不擇怨親
沙門瞿曇不聽我活隨我去處追逐不捨唯
願大王聽我等輩与彼瞿曇捔其道力若彼
勝我我當屬彼我若勝彼彼當屬我王言大
德汝等各各自有行法止住之處亦各不同我
今定知如來世尊於汝无妨六師荅言云何
无妨沙門瞿曇以幻術故誘誑諸人及婆羅
門歸伏已盡王若聽我与捔道力王之善名
流布八方如其不者惡聲盈路王言大德汝
以未知如來道力威神巍巍故求捔試若定
知者恐不能也大王汝今已受瞿曇幻耶唯
願大王留神聽察莫輕我等攝之虛言不如
驗之以寶王言善哉善哉六師之使歡喜而
去時波斯匿王即勑嚴駕來至我所頭面敬
礼右遶三匝退坐一面而白我言世尊六師
向來求捔道力我不量度敢已許之佛言大
王善哉善哉但當更於此國處處造立僧坊

頞大王留神聽察莫輕我等播之虛言不如
驗之以實王言善哉善哉六師之徒歡喜而
去時波斯匿王即勑嚴駕来至我所頭面敬
礼右遶三匝退坐一面而白我言世尊六師
向来求捔道力我不量度敢已許之佛言大
王善哉善哉但當更於此國處處造立僧坊
何以故我若与彼捔其神力彼衆之中受化
者多此處俠小云何容受善男子我於尒時
爲六師故從初一日至十五日現大希有神
通變化當是時也无量衆生發阿耨多羅三
藐三菩提心无量衆生於三寶所生信不疑
六師徒衆其數无量破邪見心正法出家无
量衆生於菩提中得不退心无量衆生得陁
羅尼諸三昧門无量衆生得須陁洹果至阿
羅漢果尒時六師内心慚愧相与圍遶至婆
枳多城教彼人民信受邪法瞿曇沙門但說
空事善男子我時爲母處忉利天波利質多
樹安居說法是時六師心大歡喜唱言善哉
瞿曇幻術今已滅沒復教无量无數衆生增
長邪見尒時頻婆娑羅王波斯匿王及四部
衆白目連言大德此閻浮提邪見增長衆生
可愍行大黑闇唯願大德至彼天上稽首世
尊如我言曰譬如犢子其生未久若不得乳
必死无疑我等衆生亦復如是唯願如来哀
愍衆生還来住此時目揵連嘿然而許如大
力士屈申臂頃住彼天上至世尊所白佛言

可愍行大黑闇唯願大德至彼天上稽首世
尊如我言曰譬如犢子其生未久若不得乳
必死无疑我等衆生亦復如是唯願如来哀
愍衆生還来住此時目揵連嘿然而許如大
力士屈申臂頃住彼天上至世尊所白佛言
閻浮提中所有四衆渴仰如来思見聞法頻
婆娑羅王波斯匿王及四衆等稽首足下此
閻浮提所有衆生邪見增長行大黑闇甚可
憐愍譬如犢子其生未久若不得乳必死无
疑我等亦尒唯願如来爲衆生故還来在此
閻浮提中佛告目連汝今速還至閻浮提告
諸國王及四部衆却後七日我當還下爲六
師故復當至彼娑枳多城過七日已我与釋
天梵天魔天无量天子及首陁會一切天人
前後圍遶至娑枳多城大師子吼作如是言
唯我法中獨有沙門及婆羅門一切諸法无
常无我涅槃寂靜離諸過惡若言他法亦有
沙門及婆羅門有常有我有涅槃者无有是
處尒時无量无邊衆生發阿耨多羅三藐三
菩提心是時六師各相謂言若我法中實无
沙門婆羅門者云何而得世間供養於是六
師復共集聚詣毗舍離善男子我於一時住
毗舍離菴羅林間時菴羅女知我在中欲来
我所我於尒時告諸比丘當觀念處善脩習
慧隨所脩習心莫放逸云何名爲觀於念處
若有比丘觀察内身不見於我及以我所觀

師復共集衆詣毗舍離善男子我於一時住
毗舍離菴羅林間時菴羅女知我在中欲來
我所我於尒時告諸比丘當觀念處善脩智
慧隨所脩習心莫放逸云何名爲觀於念處
若有比丘觀察内身不見於我及以我所觀
察外身及内外身不見於我及以我所觀受
心法亦復如是是名念處云何名爲脩習智
慧若有比丘真實而見苦集滅道是名比丘
脩習智慧云何名爲心不放逸若有比丘念
佛念法念僧念戒念捨念天是名比丘心不
放逸時菴羅女即至我所頭面作礼右遶三
匝脩敬已畢却坐一面善男子我於尒時爲
菴羅女如應說法是女聞已發阿耨多羅三
藐三菩提心時彼城中有梨車子其數五百
來至我所頭面作礼右遶三匝脩敬已畢却
坐一面我時復爲諸梨車子如應說法諸善
男子夫放逸者有五事果何等爲五一者不
得自在財利二者惡名流布于外三者不樂
惠施窮之四者不樂見於四衆五者不得諸
天之身諸善男子因不放逸能生世法出世
間法若有欲得阿耨多羅三藐三菩提者應
當懃脩不放逸法夫放逸者復有十三果報
何等十三一者樂爲世間作業二者樂說无
益之言三者常樂久寢睡眠四者樂說世間
之事五者常樂親近惡友六者懈怠懶惰七

BD05430號　大般涅槃經（北本　異卷）卷三〇　（25–7）

間法若有欲得阿耨多羅三藐三菩提者應
當懃脩不放逸法夫放逸者復有十三果報
何等十三一者樂爲世間作業二者樂說无
益之言三者常樂久寢睡眠四者樂說世間
之事五者常樂親近惡友六者懈怠懶惰七
者常爲他人所輕八者雖有所聞尋復忘失
九者樂處邊地十者不能調伏諸根十一者
食不知足十二者不樂空寂十三者所見不
正是名十三善男子夫放逸者雖得近佛及
佛弟子猶故爲遠諸梨車子言我等自知是
放逸人何以故如其我等不放逸者如來法
王當出我土時大會中有婆羅門子名曰无
勝語諸梨車善哉善哉如汝所言頻婆娑羅
王已獲大利如來世尊出其國土猶如大池
生妙蓮華雖生在水水不能汙諸梨車子佛
亦如是雖生彼國不爲世法之所滯导諸佛
世尊无出无入爲衆生故出現於世不爲世
法之所滯导仁等自迷耽荒五欲不知親近
注如來所是故名爲放逸之人非佛出於摩
伽陁國名放逸也何以故如來世尊猶彼日
月非爲一人二人出世時諸梨車聞是語已
尋發阿耨多羅三藐三菩提心復作是言善
哉善哉无勝童子快說如是善妙之言時諸
梨車各各脫身所著一衣以施无勝无勝受
已轉以奉我復作是言世尊我從梨車得是
衣物唯願如來哀愍衆生受我所獻我於尒

BD05430號　大般涅槃經（北本　異卷）卷三〇　（25–8）

尋發阿耨多羅三藐三菩提心復作是言善
哉善哉无勝童子快說如是善妙之言時諸
梨車各各脫身所著一衣以施无勝无勝受
已轉以奉我復作是言世尊我從梨車得是
衣物唯願如來哀愍衆生受我所獻我於尒
時愍彼无勝即為納受時諸梨車同時合掌
作如是言唯願如來於此土地一時安居受
我微供我時嘿然受梨車請是時六師聞是
事已師宗相與詣波羅㮈尒時我復往波羅
㮈住婆羅河邊時波羅㮈有長者子名曰寶
稱躭荒五欲不知非常以我到故自然而得
白骨觀法見其殿舍宮人婇女悉為白骨心
生怖懼如刀毒虵如賊如火即出其舍來詣
我所隨路並言瞿曇沙門我今如為賊所追
逐甚大怖懼願見救濟佛言善男子佛法衆
僧安隱无懼長者子言若三寶中无所畏者
我今亦當得无所畏我即聽其出家為道時
長者子復有同友其數五十遂聞寶稱厭離
出家即共和順相与出家六師聞已展轉復
詣瞻婆大城時瞻婆國一切人民悉共奉事
六師之徒初未曾聞佛法僧名多有諸人作
極惡業我於尒時為衆生故往瞻婆城時彼
城中有大長者无有繼嗣供事六師以求子
息其後不久婦則懷任長者知已往六師所
歡喜而言我婦任身男耶女耶六師答言生
必是女長者聞已心生愁惱復有知識來謂

極惡業我於尒時為衆生故往瞻婆城時彼
城中有大長者无有繼嗣供事六師以求子
息其後不久婦則懷任長者知已往六師所
歡喜而言我婦任身男耶女耶六師答言生
必是女長者聞已心生愁惱復有知識來謂
長者何故愁惱乃如是耶長者答言我婦懷
任未知男女故問六師六師見語如我相法
生必是女我聞是語自惟年老財富无量如
其非男无所付屬是故我愁知識復言汝无
智慧先不聞耶優樓頻螺迦葉兄弟為誰弟
子佛耶六師耶六師若是一切智者迦葉何
故捨之不事為佛弟子又舍利弗目揵連等
及諸國王頻婆娑羅等諸王夫人末利夫人
等諸國長者須達多等如是諸人非佛弟子
耶曠野鬼神阿闍世王護財醉象鴦崛摩羅
惡心熾盛欲害其母如是等輩斯非如來所
調伏耶長者如來世尊於一切法知見无导
故名為佛發言无二故名如來斷煩惱故名
阿羅呵世尊所說終无有二六師不尒云何
可信如來今者近在此住若欲實知當詣佛
所尒時長者即与是人來詣我所頭面作礼
右遶三匝合掌長跪而作是言世尊於諸衆
生平等无二怨親一相我為愛結之所繫縛
於怨親中未能无二我今欲問如來世事深
自愧懼未敢發言世尊我婦懷任六師相言
生必是女是事云何佛言長者汝婦所任是

於怨親中未能无二我今欲問如來世事深
自愧懼未敢發言世尊我婦懷任六師相言
生必是女是事云何佛言長者汝婦所任是
男无疑其兒生已福德无比尒時長者聞我
語已生大歡喜便退還家尒時六師聞我玄
記生者必男有大福德心生嫉妬以菴羅菓
和合毒藥持往其家語長者言快哉瞿曇善
說其相汝婦臨月可服此藥服此藥已兒則
端政產者无患長者歡喜受其毒藥与婦令
服服已尋死六師歡喜周遍城市高聲唱言
沙門瞿曇記彼長者婦當生男其兒福德天
下无勝今兒未生母已喪命尒時長者復於
我所生不信心即依世法殯歛棺蓋送至城
外多積乾薪以火焚之我以道眼明見此事
顧命阿難取我衣來吾欲往彼摧滅邪見時
毗沙門天告摩尼跋陀大將亦作是言如來
今欲詣彼冢門卿可速往平治掃灑安師子
坐求妙華香莊嚴其地尒時六師遥見我往
各相謂言瞿曇沙門至此冢間欲噉肉耶是
時多有未得法眼諸優婆塞各懷吞愧而白
我言彼婦已死唯願莫往尒時阿難語諸人
言且待須臾如來不久當廣開闡諸佛境界
我既到已坐師子坐長者難言所言无二可
名世尊母已終亡云何生子我言長者卿於
尒時覩不見問母命脩短但問所懷為是男

言且待須臾如來不久當廣開闡諸佛境界
我既到已坐師子坐長者難言所言无二可
名世尊母已終亡云何生子我言長者卿於
尒時覩不見問母命脩短但問所懷為是男
女諸佛如來發言无二是故當知定必得子
是時死尸火燒腹裂子從中出端坐火中猶
如鴛鴦處蓮華臺六師見已復作是言妖哉
瞿曇善為幻術長者見已心復歡喜呵責六
師若言幻者汝何不作我於尒時尋告耆婆
汝往火中抱是兒來耆婆欲往六師前牽語
耆婆言瞿曇沙門所作幻術未必常尒或能
不能如其不能脫能相害汝尒云何信受其
言耆婆荅言如來使者阿鼻地獄所有猛火
尚不能燒況世間火尒時耆婆前入大聚猶
入清涼大河水中抱持是兒還詣我所授兒
与我我受兒已告長者言一切眾生壽命不
定如水上泡眾生若有𢡖重業果火不能燒
毒不能害是兒業果非我所作時長者言善
哉世尊是兒若得盡其天命唯願如來為立
名字佛言長者是兒生於猛火之中火名樹
提應名樹提尒時會中見我神化无量眾生
發阿耨多羅三藐三菩提心尒時六師周遍
六城不得停止慚愧低頭復來至此拘尸那
城既至此已唱如是言諸人當知沙門瞿曇
是大幻師誑惑天下遍六大城譬如幻師幻
作四兵所謂車兵馬兵象兵步兵又復幻作

六城不得便之惆悵低頭復來至此拘尸那
城既至此已唱如是言諸人當知沙門瞿曇
是大幻師誑惑天下遍六大城譬如幻師幻
作四兵所謂車兵馬兵象兵步兵又復幻作
種種瓔珞城郭宮宅河池樹木沙門瞿曇亦
復如是幻作王身爲說法故或沙門身婆羅
門身男身女身小身大身或作畜生鬼神之
身或說无常或說有常或時說苦或復說樂
或說有我或說无我或說有淨或說无淨或
時說有或時說无所爲虛妄故名爲幻譬如
因子隨子得果瞿曇沙門亦復如是摩耶所
生母既是幻子不得非沙門瞿曇无實知見
諸婆羅門經年積歲脩習苦行護持禁戒尚
言未有真實知見何況瞿曇年少學淺不脩
苦行云何而有真實知見若能具滿七年苦
行見猶不多況所脩習不滿六年愚人无智
信受其教如大幻師誑惑愚者沙門瞿曇亦
復如是善男子如是六師於此城中大爲衆
生增長耶見善男子我見是事心生憐愍以
其神力請名十方諸大菩薩運集此林周迊
弥滿卅由旬今於此中大師子吼善男子雖
於空處多有所說則不得名師子吼也於此
智人大衆之中真得名爲大師子吼師子吼
者說一切法悉无常苦无我不淨唯說如來
常樂我淨尒時六師復作是言若瞿曇有我
我亦有我所言我者見者名我瞿曇譬如有

BD05430號　大般涅槃經（北本　異卷）卷三〇　　（25–13）

智人大衆之中真得名爲大師子吼師子吼
者說一切法悉无常苦无我不淨唯說如來
常樂我淨尒時六師復作是言若瞿曇有我
我亦有我所言我者見者名我瞿曇譬如有
人𥦗中見物我亦如是𥦗喻於眼見者喻我
佛告六師若言見者名我是義不然何以故
汝所引喻因𥦗見者人在一𥦗六根俱用若
定有我因眼見者何不如彼一根之中俱伺
諸塵若一根中不能一時聞見六塵當知无
我所引𥦗喻雖逕百年見者因之所見无異
眼根若尒年邁根熟亦應无異人𥦗異故見
內見外眼根若尒亦應內外一時俱見若不
見者云何有我六師復言瞿曇若无我者誰
能見耶佛言有色有明有心有眼是四和合
故名爲見是中實无見者受者衆生顛倒言
有見者及以受者以是義故一切衆生所見
顛倒諸佛菩薩所見真實六師若言色是我
者是亦不然何以故色實非我色若是我不
應而得醜陋矬陋何故復有四姓差別悉不
一種婆羅門耶何故屬他不得自在諸根缺
漏生不具足何故不作諸天之身而受地獄
畜生餓鬼種種諸身若不能得隨意作者當
知必定无有我也以无我故名爲无常无常
故苦苦故爲空空故顛倒以顛倒故一切衆
生輪轉生死受想行識亦復如是六師如來
世尊永斷色縛乃至識縛是故名爲常樂我

BD05430號　大般涅槃經（北本　異卷）卷三〇　　（25–14）

知必定无有我也以无我故名為无常无常
故苦苦故為空空故顛倒以顛倒故一切衆
生輪轉生死受想行識亦復如是六師如來
世尊永斷色縛乃至識縛是故名為常樂我
淨復次色者即是因緣若是因緣則名无我
若是无我則名苦空如來之身非是因緣非
因緣故則名有我若有我者即常樂我淨六
師復言瞿曇色亦非我乃至識亦非我我者
遍一切處猶如虚空佛言若遍有者則不應
言我初不見若初不見則知是見本无今有
若本无今有是名无常若无常者云何言遍
若遍有者五道之中應具有身若有身者應
各受報若各受報云何而言轉受人天汝言
遍者一耶多耶我若一者則无父母親怨中
人我若多者一切衆生所有五根悉應平等
所有業慧亦應如是若如是者云何說言根
有具足不具足者善業惡業愚智差別瞿曇
衆生我者无有邊際法与非法則有分齊衆
生脩法則得好身若行非法則得惡身以是
義故衆生業果不得无差佛言善男子法与
非法若如是者我則不遍我若遍者則應悉
到如其到者脩善之人亦應有惡行惡之人
亦應有善若不尒者云何言遍瞿曇辟如一
室燃百千燈各各自明不相妨㝵衆生我者
亦復如是脩善行惡不相雜合善男子我如
燈者是義不然何以故彼燈之明從緣而有

到如其到者脩善之人亦應有惡行惡之人
亦應有善若不尒者云何言遍瞿曇辟如一
室燃百千燈各各自明不相妨㝵衆生我者
亦復如是脩善行惡不相雜合善男子我如
燈者是義不然何以故彼燈之明從緣而有
燈增長故明亦增長衆生我者則不如是明
從燈出住在異處衆生我者不得如是從身
而出住在異處彼燈光明与闇共住何以故
如闇室中燃一燈時照則不了乃至多燈乃
得明了若初燈破闇則不須後燈若須後燈
當知初明与闇共住瞿曇若无我者誰作善
惡佛言若我作者云何名常如其常者云何
而得有時作善有時作惡若言有時作善惡
者云何復得言我无邊若我作者何故而復
習行惡法如其我是作是知者何故生疑衆
生无我以是義故外道法中定无有我若言
我者則是如來何以故身无邊故无疑网故
不作不受故名為常不生不滅故名為樂无
煩惱垢故名為淨无有十相故名為空是故
如來常樂我淨空无諸相諸外道言若言如
來常樂我淨无相故空當知瞿曇所說之法
則非空也是故我今當頂戴受持尒時外道
其數无量於佛法中信心出家善男子以是
因緣故我於此娑羅雙樹大師子吼師子吼
者名大涅槃善男子東方雙者破於无常獲
得於常乃至北方雙者破於不淨而得於淨
善男子此中衆生為雙樹故護娑羅林不令

因缘故我於此娑羅雙樹大師子吼師子吼
者名大涅槃善男子東方雙者破於无常獲
得於常乃至北方雙者破於不淨而得於淨
善男子此中衆生為雙樹故護娑羅林不令
外人取其枝葉斫截破壞我亦如是為四法
故令諸弟子護持佛法何等為四常樂我淨
此四雙樹四王典掌我為四王護持我法是
故於中而般涅槃善男子娑羅雙樹華菓常
茂常能利益无量衆生我亦如是常能利益
聲聞緣覺華者喻我菓者喻樂以是義故我
於此間娑羅雙樹入大寂定之大寂定者名大
涅槃師子吼言世尊如來何故二月涅槃善
男子二月名春春陽之月万物生長種殖根
栽華菓敷榮江河盈滿百獸孚乳是時衆生
多生常想為破衆生如是常心說一切法悉
是无常唯說如來常住不變善男子於六時
中益冬枯悴衆不愛樂陽春和液人所貪愛
為破衆生世間樂故演說常樂我淨亦尒如
來為破世我世淨故說如來真實我淨言二
月者喻於如來二種法身冬不樂者智者不
樂如來无常入於涅槃二月樂者喻於智者
愛樂如來常樂我淨種殖者喻諸衆生聞法
歡喜發阿耨多羅三藐三菩提心種諸善根
河者喻於十方諸大菩薩來詣我所諮受如
是大涅槃典百獸孚乳者喻我弟子生諸善

愛樂如來常樂我淨種殖者喻諸衆生聞法
歡喜發阿耨多羅三藐三菩提心種諸善根
河者喻於十方諸大菩薩來詣我所諮受如
是大涅槃典百獸孚乳者喻我弟子生諸善
根華喻七覺菓喻四果以是義故我於二月
入大涅槃師子吼言如來初生出家成道轉
妙法輪皆以八日何故涅槃獨十五日佛言
善哉善哉善男子如十五日月无虧盈諸佛
如來亦復如是入大涅槃无有虧盈以是義
故以十五日入般涅槃善男子如十五日月
盛滿時有十一事何等十一一能破闇二令
衆生見道非道三令衆生見道耶正四除欝
烝得清涼樂五能破壞熒火高心六息一切
賊盜之想七除衆生畏惡獸心八能開敷優
鉢羅華九合蓮華十發行人進路之心十一
令諸衆生樂受五欲多獲快樂善男子如來
滿月亦復如是一者破壞无明大闇二者演
說正道耶道三者開示生死耶嶮涅槃平正
四者令人遠離貪欲瞋恚癡熱五者破壞外
道光明六者破壞煩惱結賊七者除滅畏五
蓋心八者開敷衆生種善根心九者覆蓋衆
生五欲之心十者起發衆生進脩趣向大涅
槃行十一者令諸衆生樂脩解脫以是義故
於十五日入大涅槃而我真實不入涅槃我
弟子中愚癡惡人定謂如來入於涅槃辟如
母人多有諸子其母捨行至他國土未還之

生五欲之心十者起發衆生進脩趣向大涅
槃行十一者令諸衆生樂脩解脫以是義故
於十五日入大涅槃而我真實不入涅槃我
弟子中愚癡惡人定謂如來入於涅槃辟如
母人多有諸子其母捨行至他國土未還之
頃諸子各言我母已死而是母人實不死也
師子吼菩薩言世尊何等比丘能莊嚴此娑
羅雙樹善男子若有比丘受持讀誦十二部
經正其文句通達深義為人解說初中後善
為欲利益无量衆生演說梵行如是比丘則
能莊嚴娑羅雙樹師子吼菩薩言世尊如我
解佛所說義者阿難比丘即其人也何以故
阿難比丘受持讀誦十二部經為人開說正
語正義猶如寫水置之異器阿難比丘亦復
如是從佛所聞如聞轉說善男子若有比丘
得淨天眼見於十方三千大千世界所有如
觀掌中菴摩羅菓如是比丘亦能莊嚴娑羅
雙樹師子吼言世尊若如是者阿尼樓馱比
丘即其人也何以故阿尼樓馱天眼見於三
千大千世界所有乃至中陰悉能明了无鄣
㝵故善男子若有比丘少欲知足心樂寂靜
懃行精進念定慧解如是比丘則能莊嚴娑
羅雙樹師子吼言世尊若如是者迦葉比丘
即其人也何以故迦葉比丘善脩少欲知足
等法善男子若有比丘為益衆生不為利養
脩習通達无諍三昧聖行空行如是比丘則
能莊嚴娑羅雙樹師子吼言世尊若如是者

即其人也何以故迦葉比丘善脩少欲知足
等法善男子若有比丘為益衆生不為利養
脩習通達无諍三昧聖行空行如是比丘則
能莊嚴娑羅雙樹師子吼言世尊若如是者
須菩提比丘即其人也何以故須菩提者善
脩无諍聖行空行故善男子若有比丘善脩
神通一念之中能作種種神通變化一心一
定能作二果所謂火水如是比丘則能莊嚴
娑羅雙樹師子吼言世尊若如是者目連比
丘即其人也何以故目揵連者善脩神通无
量變化故善男子若有比丘脩習大智利智
疾智解脫智甚深智廣智无邊智无勝智實
智具足成就如是慧根於怨親中心无差別
若聞如來涅槃无常心不憂慼若聞常住不
入涅槃不生欣慶如是比丘則能莊嚴娑羅
雙樹師子吼言世尊若如是者舍利弗比丘
即其人也何以故舍利弗者善能成就具足
如是大智慧故善男子若有比丘能說衆生
悉有佛性得金剛身无有邊際常樂我淨身
心无㝵得八自在如是比丘則能莊嚴娑羅
雙樹師子吼言世尊若如是者唯有如來即
其人也何以故如來之身金剛无邊常樂我
淨身心无㝵具八自在故世尊唯有如來乃
能莊嚴娑羅雙樹如其无者則不端嚴唯願
大慈為莊嚴故常住於此娑羅林中佛言善
男子一切諸法性无住住汝云何言願如來

具人也何以故如来之身金剛无邊常樂我
淨身心无导具八自在故世尊唯有如来乃
能莊嚴娑羅雙樹如其无者則不端嚴唯願
大慈為莊嚴故常住於此娑羅林中佛言善
男子一切諸法性无住住汝云何言願如来
住善男子凡言住者名為色法從因緣生故
名為住因緣无處故名不住住如来已斷一
切色縛云何當言如来住耶受想行識亦復
如是善男子住名憍慢以憍慢故不得解脫
不得解脫故名為住誰有憍慢從何處来是
故得名為无住住如来永斷一切憍慢云何
而言願如来住住者名有為法如来已斷有
為之法是故不住住名空法如来已斷如是
空法是故獲得常樂我淨云何而言願如来
住住者名為二十五有如来已斷二十五有
云何言住住者即是一切凡夫諸聖无去无
来无住如来已斷去来住相云何言住夫无
住者名无邊身身无邊故云何而言唯願如
来住娑羅林若住此林則是有邊身若有邊
則是无常如来是常云何言住夫无住者名
曰虛空如来之性同於虛空云何言住又无
住者名金剛三昧金剛三昧壞一切住金剛
三昧即是如来云何言住又无住者則名為
幻如来同幻云何言住又无住者名无始終
如来之性无有始終云何言住又无住者名无
邊法界无邊法界即是如来云何言住又无

任者名金剛三昧金剛三昧壞一切住金剛
三昧即是如来云何言住又无住者則名為
幻如来同幻云何言住又无住者名无始終
如来之性无有始終云何言住又无住者名无
邊法界无邊法界即是如来云何言住又无
住者名首楞嚴三昧首楞嚴三昧知一切法
而无所著以无著故名首楞嚴如来具足首
楞嚴定云何言住又无住者名處非處力如
来成就處非處力云何言住又无住者名檀
波羅蜜檀波羅蜜若有住者則不得至尸波
羅蜜乃至般若波羅蜜以是故檀波羅蜜名
為无住如来乃至不住般若波羅蜜云何願
言如来常住娑羅樹林又无住者名脩四念
處如来若住四念處者則不能得阿耨多羅
三藐三菩提是名不住住又无住者名无邊
衆生界如来悉到一切衆生无邊界分而无
所住又无住者名无屋宅无屋宅者名為无
有无有者名為无生无生者名為无死无死
者名為无相无相者名為无繫无繫者名為
无著无著者名為无漏无漏者即善善即无
為无為者即大涅槃大涅槃者常常者即我
我者即淨淨者即樂常樂我淨即是如来善
男子辟如虛空不住東方南西北方四維上
下如来亦尒不住東方南西北方四維上下
善男子若有說言身口意惡得善果者无有
是處身口意善得惡果者亦无是處若言凡
夫得見佛性十住菩薩不得見者亦无是處

男子譬如虛空不住東方南西北方四維上
下如來亦尒不住東方南西北方四維上下
善男子若有說言身口意惡得善果者无有
是處身口意善得惡果者亦无是處若言凡
夫得見佛性十住菩薩不得見者亦无是處
一闡提犯五逆罪謗方等經毀四重禁得
阿耨多羅三藐三菩提者亦无是處六住菩
薩煩惱因緣墮三惡道亦无是處菩薩摩訶
薩以真女身得阿耨多羅三藐三菩提者亦
无是處一闡提常三寶无常亦无是處如來
住於拘尸那城亦无是處善男子如來今於
此拘尸那入大三昧深禪定窟眾不見故名
大涅槃師子吼言如來何故入禪定窟善男
子為欲度脫諸眾生故未種善根令得種故
已種善根者得增長故善果未熟令得熟故
為已熟者說趣阿耨多羅三藐三菩提故輕
賤善法者令生尊貴故諸有放逸者令離放
逸故為與文殊師利等諸大香象共論議故
為欲教化樂讀誦者深愛禪定故為以聖行
梵行天行教化眾生故為觀不共深法藏故
為欲呵責放逸弟子故如來常寂猶尚樂定
況汝等輩煩惱未盡而生放逸為欲呵責諸
惡比丘受畜八種不淨之物及不少欲不知
足故為令眾生尊重所聞禪定法故以是因
緣入禪定窟師子吼言世尊无相定者名大
涅槃是故涅槃名為无相以何因緣名為无

梵行天行教化眾生故為觀不共深法藏故
為欲呵責放逸弟子故如來常寂猶尚樂定
況汝等輩煩惱未盡而生放逸為欲呵責諸
惡比丘受畜八種不淨之物及不少欲不知
足故為令眾生尊重所聞禪定法故以是因
緣入禪定窟師子吼言世尊无相定者名大
涅槃是故涅槃名為无相以何因緣名為无
相善男子无十相故何等為十所謂色相聲
相香相味相觸相生住壞相男相女相是名
十相无如是相故名无相善男子夫著相者
則能生癡癡故生愛愛故繫縛縛故受生生
故有死死故无常不著相者則不生癡不生
癡故則无有愛无有愛故則无繫縛无繫縛
故則不受生不受生故則无有死无有死故
則名為常以是義故涅槃名常師子吼言世
尊何等比丘能斷十相佛言善男子若有比
丘數數脩習三種相者則斷十相數數脩習
三昧定相數數脩習智慧之相數數脩習捨
相是名三昧師子吼言世尊云何名為定慧
捨相若定是三昧者一切眾生皆有三昧云
何方言脩習三昧若心在一境則名三昧若
更餘緣則不名三昧如其不定非一切智非
一切智云何名定若以一行得三昧者其餘
諸行亦非三昧若非三昧則非一切智若非
一切智云何名三昧慧捨二相亦復如是

大般涅槃經卷第卅

故則不受生不受生故則无有无无有无故
則名為常以是義故涅槃名常師子吼言世
尊何等比丘能斷十相佛言善男子若有比
丘數數脩習三種相者則斷十相數數脩習
三昧定相數數脩習智慧之相數數脩習捨
相是名三昧師子吼言世尊云何名為定慧
捨相若定是三昧者一切眾生皆有三昧云
何方言脩習三昧若心在一境則名三昧若
更餘緣則不名三昧如其不定非一切智非
一切智云何名定若以一行得三昧者其餘
諸行亦非三昧若非三昧則非一切智若非
一切智云何名三昧慧捨二相亦復如是

大般涅槃經卷第卅

BD05430 號　大般涅槃經（北本　異卷）卷三〇　（25–25）

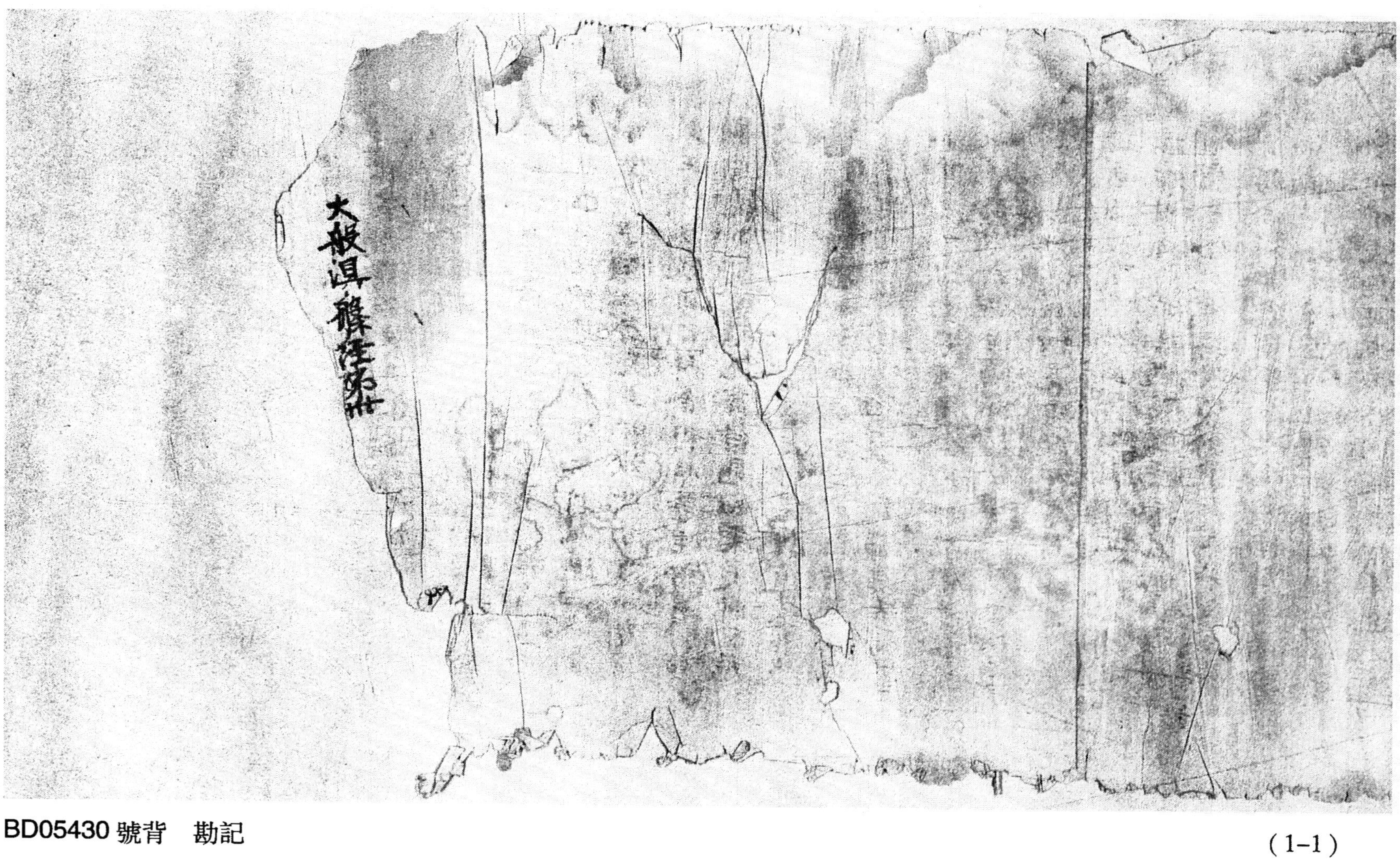

大般涅槃經第卅

BD05430 號背　勘記　（1–1）

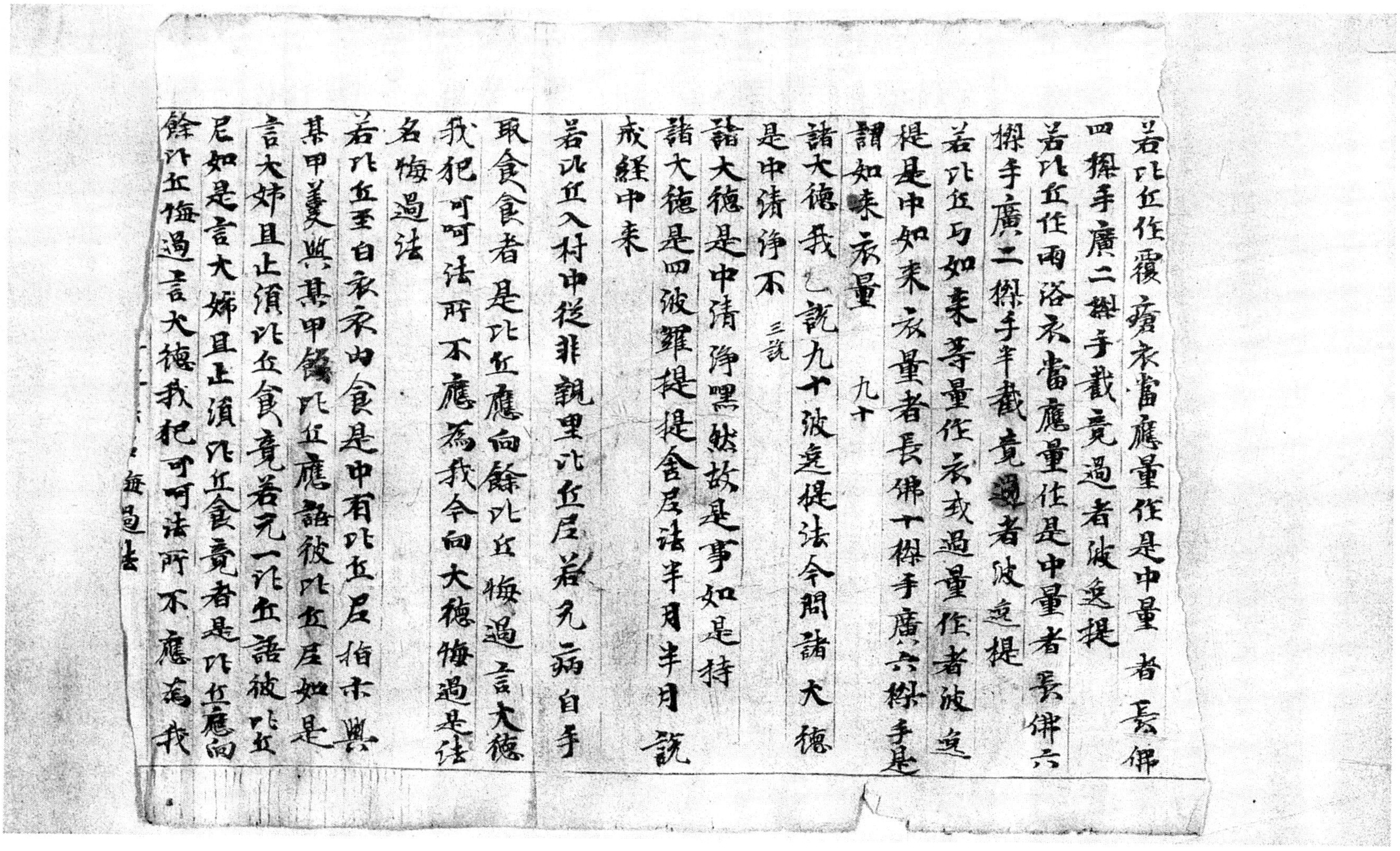
若比丘作覆瘡衣當應量作是中量者長佛
四搩手廣二搩手截竟過者波逸提
若比丘作雨浴衣當應量作是中量者長佛六
搩手廣二搩手半截竟過者波逸提
若比丘與如來等量作衣或過量作者波逸
提是中如來衣量者長佛十搩手廣六搩手是
謂如來衣量　九十
諸大德我已說九十波逸提法今問諸大德
是中清淨不　三說
諸大德是中清淨默然故是事如是持
諸大德是四波羅提提舍尼法半月半月說
戒經中來
若比丘入村中從非親里比丘尼若無病自手
取食食者是比丘應向餘比丘悔過言大德
我犯可呵法所不應為我今向大德悔過是法
名悔過法
若比丘至白衣家內食是中有比丘尼指示與
某甲羹與某甲飯比丘應語彼比丘尼如是
言大姊且止須比丘食竟若無一比丘語彼比丘
尼如是言大姊且止須比丘食竟者是比丘應向
餘比丘悔過言大德我犯可呵法所不應為我
[illegible]悔過法

BD05431號　四分律比丘戒本　（1–1）

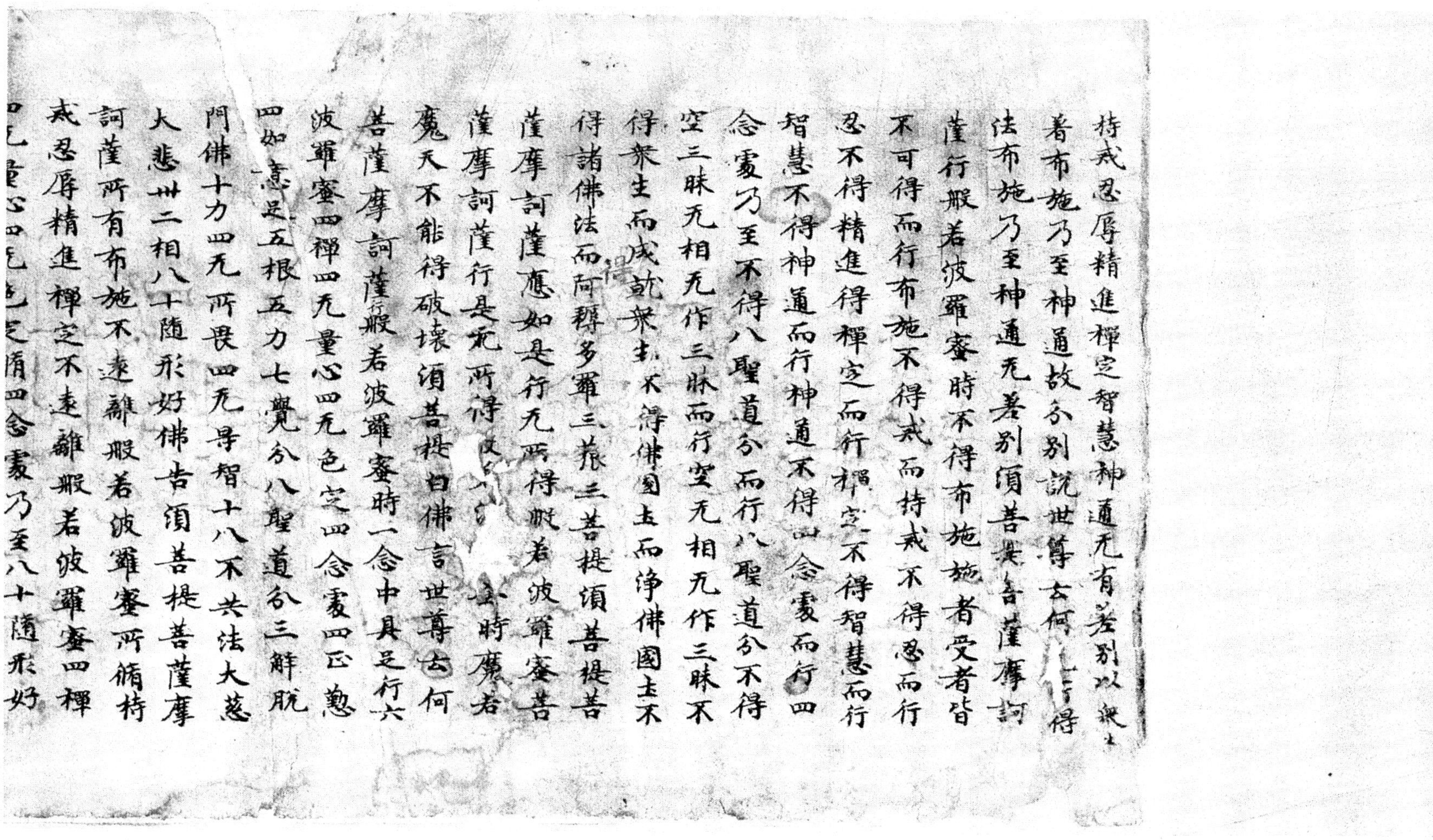
持戒忍辱精進禪定智慧神通无有差別以[illegible]
着布施乃至神通故分別說世尊云何[illegible]得
法布施乃至神通无差別須菩提菩薩摩訶
薩行般若波羅蜜時不得布施施者受者皆
不可得而行布施不得戒而持戒不得忍而行
忍不得精進得禪定而行禪定不得智慧而行
智慧不得神通而行神通不得四念處而行四
念處乃至不得八聖道分而行八聖道分不得
空三昧无相无作三昧而行空无相无作三昧不
得衆生而成就衆生不得佛國土而淨佛國土不
得諸佛法而得阿耨多羅三藐三菩提須菩提菩
薩摩訶薩行是无所得[illegible]時魔若
薩摩訶薩應如是行无所得般若波羅蜜菩
魔天不能得破壞須菩提白佛言世尊云何
菩薩摩訶薩般若波羅蜜時一念中具足行六
波羅蜜四禪四无量心四无色定四念處四正懃
四如意足五根五力七覺分八聖道分三解脫
門佛十力四无所畏四无导智十八不共法大慈
大悲卅二相八十隨形好佛告須菩提菩薩摩
訶薩所有布施不遠離般若波羅蜜所脩持
戒忍辱精進禪定不遠離般若波羅蜜四禪
四无量心四无色定脩四念處乃至八十隨形好

BD05432號　摩訶般若波羅蜜經卷二三　（11–1）

四如意足五根五力七覺分八聖道分三解脫
門佛十力四无所畏四无导智十八不共法大慈
大悲卅二相八十隨形好佛告須菩提菩薩摩
訶薩所有布施不遠離般若波羅蜜所循持
戒忍辱精進禪定不遠離般若波羅蜜四禪
四无量心四无色定循四念處乃至八十隨形好
不遠離般若波羅蜜須菩提白佛言世尊云何
菩薩摩訶薩不遠離般若波羅蜜故一念中
具足行六波羅蜜乃至八十隨形好佛言菩薩
行般若波羅蜜時所有布施不遠離般若波
羅蜜不二相持戒時亦不二相循忍辱懃精進入禪
定亦不二相乃至八十隨形好亦不二相須菩提
白佛言世尊云何菩薩摩訶薩布施時不二
相乃至循八十隨形好不二相須菩提菩薩摩
訶薩行般若波羅蜜時欲具足檀波羅蜜檀
波羅蜜中攝諸波羅蜜及四念處乃至八十隨
形好世尊云何菩薩布施時攝諸无漏法佛告
須菩提若菩薩摩訶薩行般若波羅蜜住无
漏心布施於无漏心中不見相所謂誰施誰受
所施何物以是无相心无漏心斷受斷慳貪心
而行布施是時不見布施乃至不見阿耨多羅
三藐三菩提法是菩薩无相心无漏心持戒不
見戒乃至不見一切佛法无相心无漏忍辱不見
是忍乃至不見一切佛法无相心无漏心精進不
見是精進乃至不見一切佛法以无相心无漏心
入禪定不見是禪定乃至不見一切佛法以无相
心无漏心循智慧不見是智慧乃至不見一切佛

BD05432號　摩訶般若波羅蜜經卷二三　（11–2）

見是精進乃至不見一切佛法以无相心无漏心
入禪定不見是禪定乃至不見一切佛法以无相
心无漏心循智慧不見是智慧乃至不見一切佛
法以无相心无漏心循四念處不見是四念處乃
至八十隨形好世尊若諸法无相无作云何具足
檀波羅蜜尸羅波羅蜜羼提波羅蜜毗梨耶
波羅蜜禪波羅蜜般若波羅蜜云何具足四念
處四正懃四如意足五根五力七覺分八聖道
分云何具足空三昧无相无作三昧佛十力四无所
畏四无导智十八不共法大慈大悲云何具足卅二
相八十隨形好佛告須菩提菩薩摩訶薩行般
若波羅蜜以无相心无漏心布施須食與食乃至
種種所須盡給與之若內若外支解其身若
國城妻子布施眾生若有人來語菩薩言
何用是布施為是无所益行般若波羅蜜菩
薩作是念是人雖來訶我布施我終不悔我
當懃行布施不應不與施已與一切眾生共之
迴向阿耨多羅三藐三菩提亦不見是相誰施
誰受所施何物迴向者誰何等是迴向法何等
是迴向處所謂阿耨多羅三藐三菩提是相皆
不可見何以故一切法以內空故空外空故空內
外空故空空空有為空无為空畢竟空无始空
散空性空一切法空自相空故空如是觀作是
念迴向者誰迴何何處用何法迴向是名正迴向
介時菩薩能成就眾生淨佛國土能具足檀波羅蜜
尸波羅蜜羼提波羅蜜毗梨耶波羅蜜禪
波羅蜜般若波羅蜜乃至卅七助道法空无相

BD05432號　摩訶般若波羅蜜經卷二三　（11–3）

散空性空一切法空自相空故空如是觀作是
念迴向者誰迴何向用何法迴向是名正迴向
尒時菩薩能成就衆生淨佛國土能具足檀波羅蜜
尸波羅蜜羼提波羅蜜毗梨耶波羅蜜禪
波羅蜜般若波羅蜜乃至卅七助道法空无相
无作三昧乃至十八不共法是菩薩如是具足
檀波羅蜜而不受世間果報辟如他化自在
諸天隨意所須即皆得之菩薩亦如是心生
所願隨意即得是菩薩摩訶薩以是布施
果報故能供養諸佛亦能滿足一切衆生天
及人阿循羅是菩薩以檀波羅蜜攝取衆生
用方便力以三乘法度脫衆生如是須菩提菩
薩摩訶薩於无相无得无作諸法中具足檀
波羅蜜須菩提菩薩摩訶薩云何於无相
无得无作法中具足尸羅波羅蜜須菩提是
菩薩摩訶薩行尸羅波羅蜜時持種種戒
所謂八聖道戒自然戒報得戒受得戒心生戒
如是等不缺不破不雜不濁不著自在戒智
所讚戒用是戒无所取若色若受相行識若
卅二相八十隨形好若剎利大姓若婆羅門大
姓居士大家若四天王天卅三天夜摩天兜率
陁天化樂天他化自在天梵衆天光音天遍
淨天廣果天无相天无廣天无熱天妙見天
喜見天阿迦尼吒天空處天識處天无所有
處天非有想非无想處天若須陁洹果若斯
陁含果若阿那含果若阿羅漢果若辟支佛
道若轉輪聖王但為一切衆生共之迴向阿耨

BD05432 號　摩訶般若波羅蜜經卷二三　（11–4）

淨天廣果天无相天无廣天无熱天妙見天
喜見天阿迦尼吒天空處天識處天无所有
處天非有想非无想處天若須陁洹果若斯
陁含果若阿那含果若阿羅漢果若辟支佛
道若轉輪聖王但為一切衆生共之迴向阿耨
多羅三藐三菩提以无相无得无二迴向故為世
俗法故非第一實義是菩薩具足尸羅波羅
蜜以方便力起四禪不味著故得五神通因四禪
得天眼是菩薩住二種天眼循得報得得天眼
已見東方現在諸佛乃至得阿耨多羅三藐三
菩提如所見事不失南西北方四維上下現在
諸佛乃至得阿耨多羅三藐三菩提如所見不失
是菩薩用天耳淨過於人耳聞十方諸佛說法
如所聞不失能自饒益亦益他人是菩薩以知
他心智知十方諸佛心及知一切衆生心亦能饒
益一切衆生是菩薩用宿命智知過去諸業緣
是業因緣不失故是衆生在在處處所生悉
知是菩薩用是漏盡智命衆生得須陁洹果
乃至阿羅漢辟支佛道在在處處能令衆生
入善法中如是須菩提菩薩摩訶薩於諸法无
相无得无作具足尸羅波羅蜜世尊云何諸法
无相无作无得菩薩摩訶薩能具足羼提波
羅蜜須菩提菩薩摩訶薩從初發意已來
乃至坐道場於其中間若一切衆生來以瓦石刀
杖加是菩薩摩訶薩是時不起瞋心乃至不生
一念尒時菩薩應循二種忍一者一切衆生惡口
罵詈若加刀杖瓦石瞋心不起二者一切法无生

BD05432 號　摩訶般若波羅蜜經卷二三　（11–5）

羅蜜須菩提菩薩摩訶薩從初發意已來
乃至坐道場於其中間若一切衆生來以瓦石刀
杖加是菩薩摩訶薩是時不起瞋心乃至不生
一念尒時菩薩應脩二種忍一者一切衆生惡口
罵詈若加刀杖瓦石瞋心不起二者一切法无生
无生法忍菩薩若人來惡口罵詈或以瓦石刀
杖加之尒時菩薩應如是思惟罵我者誰讒訶
者誰誰打擲者誰有受者即菩薩應思惟諸
法實性所謂畢竟空无法无衆生諸法尚不
可得何况有衆生如是觀諸法相時不見罵者
不見割截者是菩薩如是觀諸法相時即得
无生法忍云何名无生法忍知諸法相常不生
諸煩惱從本已來亦常不生是菩薩摩訶薩
住是二忍能具足四禪四无量心四无色定四念處
乃至八聖道分三解脫門佛十力四无所畏四无
导智十八不共法大慈大悲是菩薩住是聖无
漏出世間法不共一切聲聞辟支佛具足聖神
通住聖神通已以天眼見東方諸佛是人得念
佛三昧乃至阿耨多羅三藐三菩提終不斷絕
南西北方四維上下亦如是是菩薩用天耳聞
十方諸佛所說法如所聞為衆生說是菩薩
亦知十方諸佛心及知一切衆生念知已隨其心
而說法是菩薩以宿命智知一切衆生宿世善
根為衆生說法令其歡喜是菩薩以漏盡
神通教化衆生令得三乘是菩薩摩訶薩行
般若波羅蜜以方便力成就衆生具足一切種
智得阿耨多羅三藐三菩提轉法輪如是須菩
提菩薩摩訶薩无相无得无作法中具足羼

BD05432 號　摩訶般若波羅蜜經卷二三

（11-6）

根為衆生說法令其歡喜是菩薩以漏盡
神通教化衆生令得三乘是菩薩摩訶薩行
般若波羅蜜以方便力成就衆生具足一切種
智得阿耨多羅三藐三菩提轉法輪如是須菩
提菩薩摩訶薩无相无得无作法中具足羼
提波羅蜜須菩提言世尊菩薩摩訶薩云何
於諸法无相无作无得能具足毗梨耶波羅蜜
佛告須菩提菩薩摩訶薩行般若波羅蜜時
成就身精進心精進入初禪乃至入第四禪受種
種神通力能分一身為多身乃至手捫摸日月
成就身精進故飛到東方過无量百千万諸佛
國土供養諸佛飲食衣服醫藥臥具華香瓔
珞種種所須乃至阿耨多羅三藐三菩提福德
果報終不賊盡是菩薩得阿耨多羅三藐三
菩提時一切世間天人恭設供養衣服飲食乃
至入无餘涅槃後舍利及弟子得供養亦以是
神通力故至諸佛所聽受法教乃至阿耨多羅
三藐三菩提終不遠失是菩薩脩一切種智時
淨佛國土成就衆生如是須菩提菩薩摩訶
行般若波羅蜜成就身精進能具足毗梨耶波
羅蜜須菩提云何菩薩成就心精進能具足毗梨
耶波羅蜜須菩提菩薩摩訶薩心精進以是
心精進聖无漏入八聖道分精進不令身口不善
業得入亦不取諸法相若常若无常若苦若
樂若我无我若有為若无為若欲界若色界
若无色界若有漏性若无漏性若初禪乃至
第四禪若慈悲喜捨若无邊虛空處乃至非

BD05432 號　摩訶般若波羅蜜經卷二三

（11-7）

心精進聖无漏入八聖道分精進不令身口不善
業得入亦不取諸法相若常若无常若苦若
樂若我无我若有爲若无爲若欲界若色界
若无色界若有漏性若无漏性若初禪乃至
第四禪若慈悲喜捨若无邊虛空處乃至非
有相非无相處若四念處四正懃四如意足五根
五力七覺分八聖道分若空无相无作若佛十力乃
乃十八不共法不取相若常若无常若苦若樂
若我若无我若須陁洹果若斯陁含果若阿那
含果若阿羅漢果若辟支佛道若菩薩道若
阿耨多羅三藐三菩提若是須陁洹斯陁含阿
那含阿羅漢若是辟支佛是菩薩是佛不取
相是衆生斷三結故得須陁洹是衆生三毒薄
故得斯陁含是衆生斷下結故得阿那含是衆
生斷上結故得阿羅漢是衆生以辟支佛道故
作辟支佛是衆生行道種智故名菩薩亦不取是
諸法相何以故所可以性取相是性无故是菩薩
以是心精進故廣利益衆生亦不得是衆生是
爲菩薩具毗梨耶波羅蜜具足諸佛法淨佛
國土成就衆生不可得故是菩薩身精進心精
進成就故攝取一切諸善法是法亦不著故從一
佛國至一佛國爲利益衆生所作神通隨意无导
若雨諸華若散諸名香若作伎樂若動大地若
放光明若示七寶莊嚴國土若現種種身若放
大智光明令知聖道令遠離煞生乃至耶見或
以布施利益衆生或以持戒或以支解身體或以妻
子或以國土或以己身給施隨所方便利益衆生

若雨諸華若散諸名香若作伎樂若動大地若
放光明若示七寶莊嚴國土若現種種身若放
大智光明令知聖道令遠離煞生乃至耶見或
以布施利益衆生或以持戒或以支解身體或以妻
子或以國土或以己身給施隨所方便利益衆生
如是須菩提菩薩摩訶薩行般若波羅蜜无相
无作无得諸法中用身心精進能具足毗梨耶波
羅蜜世尊云何菩薩摩訶薩行般若波羅蜜住无
相无作无得法中能具足禪波羅蜜須菩提
菩薩摩訶薩除佛諸禪定餘一切諸禪三
昧皆能具足是菩薩離諸欲諸惡不善法離
生喜樂有覺有觀入初禪乃至入第四禪以
是慈悲喜捨心遍滿一方乃至十方一切世間遍
滿是菩薩過一切色相滅有對相不念別異相
故入无邊虛空處乃至入非有相非无相處
是菩薩於禪波羅蜜中住中住逆順入八背捨
九弟定入空三昧无相无作三昧或時入无相三昧
或時入如電光三昧或時入聖正三昧或時入如金
剛三昧是菩薩住禪波羅蜜中循卅七助道法
用道種智入一切禪定過乾慧地性地八人地見
地薄地離欲地已辦地辟支佛地入菩薩位已
具足佛地是諸地中行乃至阿耨多羅三藐三
菩提不中道取道果是菩薩住是禪波羅蜜
中從一佛國至一佛國供養諸佛從諸佛所殖
諸善根淨佛國土從一佛國至一佛國利益衆生
以布施攝取衆生或以持戒或以三昧或以智慧
或以解脫或以解脫知見攝取衆生教衆生

菩提不中道取道果是菩薩住是禪波羅蜜
中從一佛國至一佛國供養諸佛從諸佛所殖
諸善根淨佛國土從一佛國至一佛國利益衆生
以布施攝取衆生或以持戒或以三昧或以智慧
或以解脫或以解脫知見攝取衆生教衆生
令得須陁洹斯陁含果阿那含果阿羅漢果
辟支佛道諸有善法能令衆生得道皆教令得
是菩薩住此禪波羅蜜中能生一切陁羅尼門
得四无㝵智得報得諸神通是菩薩終不入母
人胞胎終不受五欲无生不生雖生不為生法所
汙何以故是菩薩見一切作法如幻而利益衆生亦
不得衆生及一切法教衆生令得无所得處是世
俗法非第一實義住是禪波羅蜜一切行禪定解
脫三昧乃至阿耨多羅三藐三菩提終不離禪
波羅蜜是菩薩行如是道種智時得一切種智
斷一切煩惱習斷已自益其身亦益他人自益益
他已為一切世間天及人阿脩羅作福田如是須菩
提菩薩摩訶薩行般若波羅蜜時能具足无相
禪波羅蜜世尊云何菩薩摩訶薩行般若波羅
蜜時住无相无作无得法中脩具足般若波羅蜜
須菩提菩薩摩訶薩行般若波羅蜜時於諸法
不見空相是菩薩見色不空非實相乃至見識
不空非實相不見色生乃至不見識生若不見色
生乃至不見識生一切法若有漏若无漏不見來
處不見去處亦不見集處如是觀時不得色性
乃至識性亦不得有漏无漏法性是菩薩行般
若波羅蜜時信解一切諸法无所有相如是信解
[illegible]

BD05432號　摩訶般若波羅蜜經卷二三

（11–10）

斷一切煩惱習斷已自益其身亦益他人自益益
他已為一切世間天及人阿脩羅作福田如是須菩
提菩薩摩訶薩行般若波羅蜜時能具足无相
禪波羅蜜世尊云何菩薩摩訶薩行般若波羅
蜜時住无相无作无得法中脩具足般若波羅蜜
須菩提菩薩摩訶薩行般若波羅蜜時於諸法
不見空相是菩薩見色不空非實相乃至見識
不空非實相不見色生乃至不見識生若不見色
生乃至不見識生一切法若有漏若无漏不見來
處不見去處亦不見集處如是觀時不得色性
乃至識性亦不得有漏无漏法性是菩薩行般
若波羅蜜時信解一切諸法无所有相如是信解
已行內空乃至无法有法空於諸法无所著若
色若受想行識乃至阿耨多羅三藐三菩提是

BD05432號　摩訶般若波羅蜜經卷二三

（11–11）

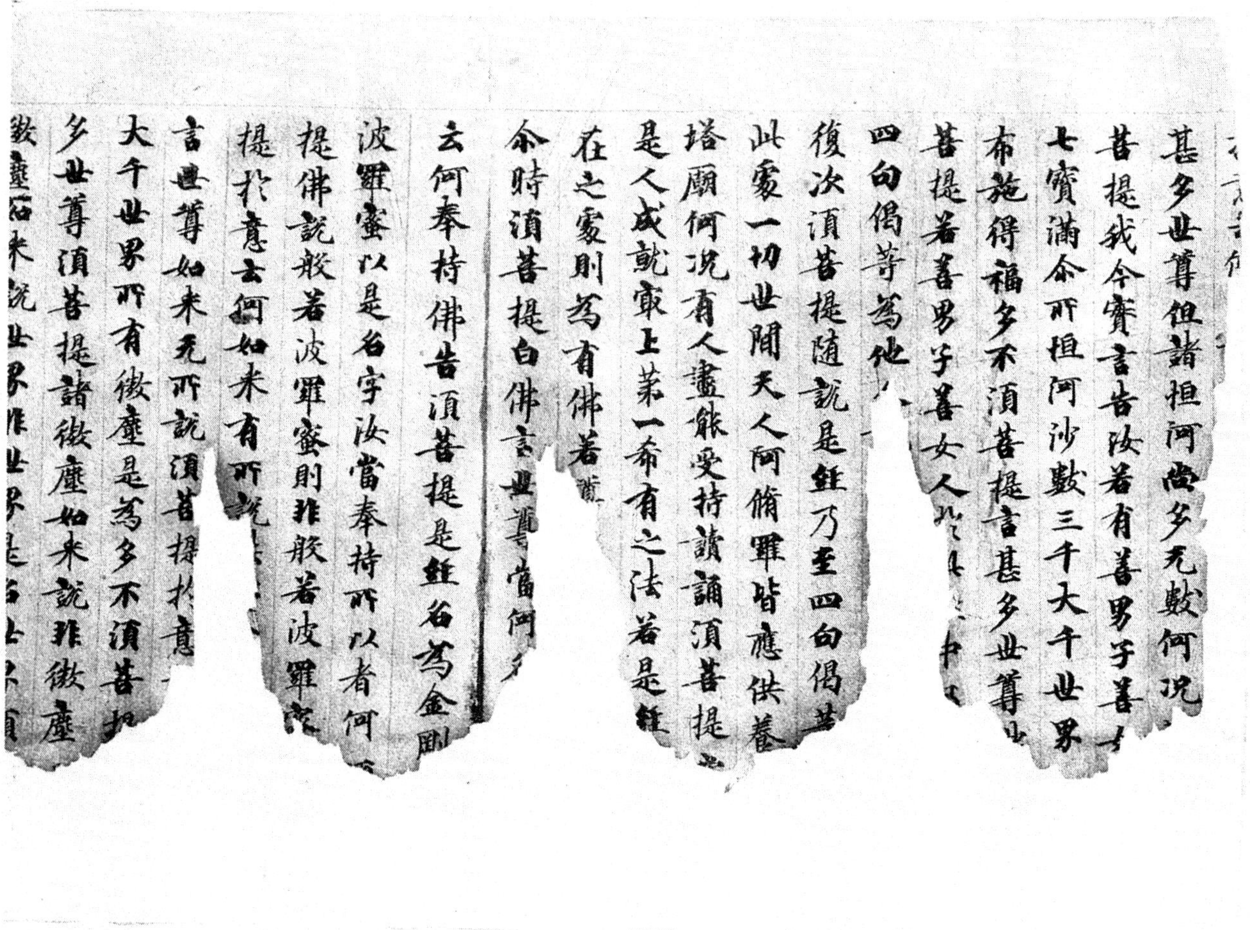

甚多世尊但諸恒河尚多无數何況
菩提我今實言告汝若有善男子善
七寶滿尒所恒河沙數三千大千世界
布施得福多不須菩提言甚多世尊
菩提若善男子善女人
四句偈等為他
復次須菩提隨說是經乃至四句偈等
此處一切世間天人阿脩羅皆應供養
塔廟何況有人盡能受持讀誦須菩提
是人成就最上第一希有之法若是經
在之處則為有佛若
尒時須菩提白佛言世尊當何
云何奉持佛告須菩提是經名為金剛
波羅蜜以是名字汝當奉持所以者何
提佛說般若波羅蜜則非般若波羅
提於意云何如來有所說
言世尊如來无所說須菩提於意
大千世界所有微塵是為多不須菩
多世尊須菩提諸微塵如來說非微塵
微塵如來說世界非世界是名世界

BD05433 號　金剛般若波羅蜜經　（11–1）

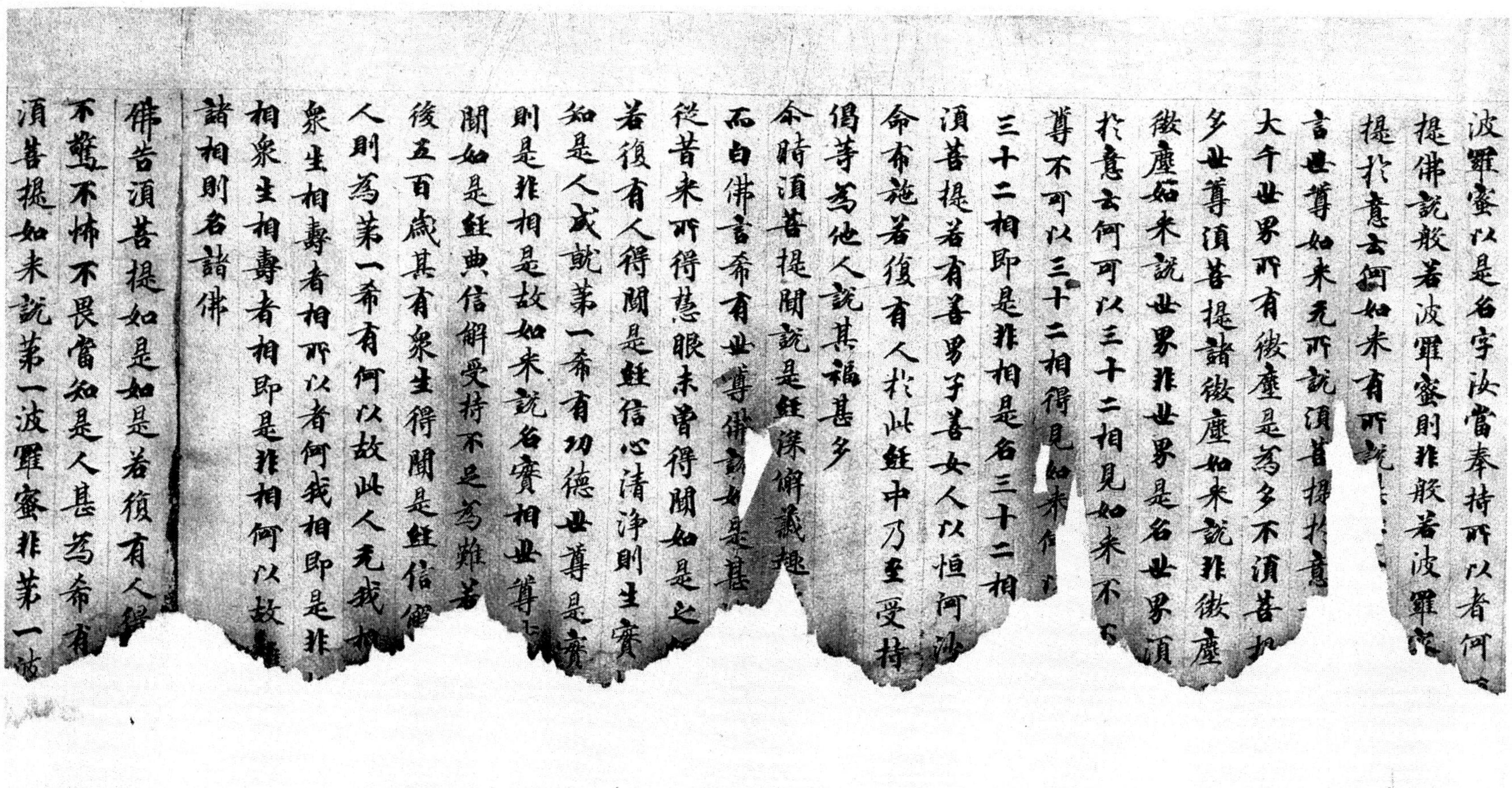

波羅蜜以是名字汝當奉持所以者何
提佛說般若波羅蜜則非般若波羅蜜
提於意云何如來有所說
言世尊如來无所說須菩提於意
大千世界所有微塵是為多不須菩
多世尊須菩提諸微塵如來說非微塵
微塵如來說世界非世界是名世界須
於意云何可以三十二相見如來不
尊不可以三十二相得見如來
三十二相即是非相是名三十二相
須菩提若有善男子善女人以恒河沙
命布施若復有人於此經中乃至受持
偈等為他人說其福甚多
尒時須菩提聞說是經深解義趣
而白佛言希有世尊佛說如是甚
從昔來所得慧眼未曾得聞如是之
若復有人得聞是經信心清淨則生實
知是人成就第一希有功德世尊是實
則是非相是故如來說名實相世尊
聞如是經典信解受持不足為難若
後五百歲其有衆生得聞是經信解
人則為第一希有何以故此人无我
衆生相壽者相所以者何我相即是非
相衆生相壽者相即是非相何以故
諸相則名諸佛
佛告須菩提如是如是若復有人得
不驚不怖不畏當知是人甚為希有
須菩提如來說第一波羅蜜非第一

BD05433 號　金剛般若波羅蜜經　（11–2）

相衆生相壽者相即是非相何以故
諸相則名諸佛
佛告須菩提如是如是若復有人得
不驚不怖不畏當知是人甚為希有
須菩提如来說第一波羅蜜非第一波
是名第一波羅蜜
須菩提忍辱波羅蜜如来說非忍辱
何以故須菩提如我昔為歌利王割
我於尒時无我相无人相无衆生相
相何以故我於往昔節節支解時若有
人相衆生相壽者相應生瞋恨須菩
過去於五百世作忍辱仙人於尒所
相无人相无衆生相无壽者相是故
菩薩應離一切諸相發阿耨多羅三藐
心不應住色生心不應住聲香味觸法
應生无所住心若心有住則為非住是
說菩薩心不應住色布施須菩提
益一切衆生應如是布施如来說一
即是非相又說一切衆生則非衆生
如来是真語者實語者如語者不誑語
異語者須菩提如来所得法此法无實
須菩提若菩薩心住於法而行布施
闇則无所見若菩薩心不住法而行
人有目日光明照見種種色
須菩提當来之世若有善男子善女人
此經受持讀誦則為如来以佛智慧悉
人悉見是人皆得成就无量无邊功
須菩提若有善男子善女人初日

須菩提當来之世若有善男子善女人
此經受持讀誦則為如来以佛智慧悉
人悉見是人皆得成就无量无邊功
須菩提若有善男子善女人初日
沙等身布施中日分復以恒河沙等
後日分亦以恒河沙等身布施如是无
千万億劫以身布施若復有人聞此經
心不逆其福勝彼何況書寫受持讀
解說
須菩提以要言之是經有不可思議不
量无邊功德如来為發大乘者說為發
乘者說若有人能受持讀誦廣為人說
悉知是人悉見是人皆得成就不可
稱无有邊不可思議功德如是人等
擔如来阿耨多羅三藐三菩提何以故
提若樂小法者著我見人見衆生見壽
則於此經不能聽受讀誦為人解說
在在處處若有此經一切世間天人
所應供養當知此處則為是塔皆
禮圍遶以諸華香而散其處
復次須菩提善男子善女人受持讀誦
若為人輕賤是人先世罪業應墮惡
世人輕賤故先世罪業則為消滅當
多羅三藐三菩提須菩提我念過去
僧祇劫於然燈佛前得值八百四千万
由他諸佛悉皆供養承事无空過者若
人於後末世能受持讀誦此經所得功
我所供養諸佛功德百分不及一千

…羅三藐三菩提…
僧祇劫於然燈佛前得值八百四千万…
由他諸佛悉皆供養承事无空過者若…
人於後末世能受持讀誦此經所得功…
我所供養諸佛功德百分不及一千…
乃至筭數譬喻所不能及須菩提若…
子善女人於後末世有受持讀誦此經所…
德我若具說者或有人聞心則狂亂狐…
信須菩提當知是經義不可思議果…
可思議
尒時須菩提白佛言世尊善男子善女…
阿耨多羅三藐三菩提心云何應住云何…
其心佛告須菩提善男子善女人發阿…
羅三藐三菩提者當生如是心我應滅…
切衆生滅度一切衆生已而无有一衆…
滅度者何以故若菩薩有我相人相衆…
壽者相則非菩薩所以者何須菩提實…
法發阿耨多羅三藐三菩提者
須菩提於意云何如來於然燈佛所…
阿耨多羅三藐三菩提不不也世尊如…
佛所說義佛於然燈佛所无有法得阿…
羅三藐三菩提佛言如是如是須菩提…
有法如來得阿耨多羅三藐三菩提…
若有法如來得阿耨多羅三藐三菩提…
燈佛則不與我受記汝於來世當得作佛…
釋迦牟尼以實无有法得阿耨多羅三藐…
提是故然燈佛與我受記作如是言汝…
當得作佛号釋迦牟尼何以故如來者…

燈佛則不與我受記汝於來世當得作佛…
釋迦牟尼以實无有法得阿耨多羅三藐…
提是故然燈佛與我受記作如是言汝…
當得作佛号釋迦牟尼何以故如來者…
法如義若有人言如來得阿耨多羅三…
菩提須菩提實无有法佛得阿耨多羅…
三菩提須菩提如來所得阿耨多羅…
菩提於是中无實无虛是故如來說…
皆是佛法須菩提所言一切法者即非…
法是故名一切法
須菩提譬如人身長大須菩提言世…
說人身長大則爲非大身是名大身…
須菩提菩薩亦如是若作是言我當滅…
量衆生則不名菩薩何以故須菩提實…
法名爲菩薩是故佛說一切法无我…
衆生无壽者須菩提若菩薩作是言…
嚴佛土是不名菩薩何以故如來說…
土者即非莊嚴是名莊嚴須菩提若菩薩…
達无我法者如來說名真是菩薩
須菩提於意云何如來有肉眼不如…
如來有肉眼須菩提於意云何如來…
不如是世尊如來有天眼須菩提於意…
如來有慧眼不如是世尊如來有慧…
提於意云何如來有法眼不如是世…
有法眼須菩提於意云何如來有佛…
是世尊如來有佛眼須菩提於意云何…
河中所有沙佛說是沙不如是世尊如…
沙須菩提於意云何如一恒河中所有…

提於意云何如來有法眼不如是世
有法眼須菩提於意云何如來有佛
是世尊如來有佛眼須菩提於意云何
河中所有沙佛說是沙不如是世尊如來
沙須菩提於意云何如一恒河中所有
如是等恒河是諸恒河所有沙數佛
是寧為多不甚多世尊佛告須菩提尒
土中所有眾生若干種心如來悉知何
如來說諸心皆為非心是名為心所
須菩提過去心不可得現在心不可
心不可得須菩提於意云何若有人滿
大千世界七寶以用布施是人以是因
福多不如是世尊此人以是因緣得福
須菩提若福德有實如來不說得福德
福德无故如來說得福德多
須菩提於意云何佛可以具足色身
也世尊如來不應以具足色身見何以
來說具足色身即非具足色身是名具
身須菩提於意云何如來可以具足諸
不不也世尊如來不應以具足諸相
故如來說諸相具足即非具足是名諸
足須菩提汝勿謂如來作是念我當有
法莫作是念何以故若人言如來有所
即為謗佛不能解我所說故須菩提
无法可說是名說法
須菩提白佛言世尊佛得阿耨多羅三
菩提為无所得耶如是如是須菩提
耨多羅三藐三菩提乃至无有少法可

BD05433號　金剛般若波羅蜜經

（11–7）

即為謗佛不能解我所說故須菩提
无法可說是名說法
須菩提白佛言世尊佛得阿耨多羅三
菩提為无所得耶如是如是須菩提我
耨多羅三藐三菩提乃至无有少法可
名阿耨多羅三藐三菩提復次須菩提
平等无有高下是名阿耨多羅三藐三
以无我无人无眾生无壽者脩一切善
得阿耨多羅三藐三菩提須菩提所言
者如來說非善法是名善法
須菩提若三千大千世界中所有諸須
王如是等七寶聚有人持用布施若人
般若波羅蜜經乃至四句偈等受持讀誦
他人說於前福德百分不及一百千万億
乃至筭數譬喻所不能及
須菩提於意云何汝等勿謂如來作是念
當度眾生須菩提莫作是念何以故實
眾生如來度者若有眾生如來度者
有我人眾生壽者須菩提如來說有我
非有我而凡夫之人以為有我須菩提
者如來說則非凡夫
須菩提於意云何可以卅二相觀如來
菩提言如是如是以卅二相觀如來佛言
菩提若以卅二相觀如來者轉輪聖王則
如來須菩提白佛言世尊如我解佛所
不應以卅二相觀如來尒時世尊而說偈
若以色見我　以音聲求我　是人行邪道　不能見
須菩提汝若作是念如來不以具足相故
耨多羅三藐三菩提須菩提莫作是念

BD05433號　金剛般若波羅蜜經

（11–8）

如来須菩提白佛言世尊如我解佛所
不應以卅二相觀如来尒時世尊而説偈
若以色見我　以音聲求我　是人行邪道　不能見
須菩提汝若作是念如来不以具足相故
耨多羅三藐三菩提須菩提莫作是念
不以具足相故得阿耨多羅三藐三菩提
菩提汝若作是念發阿耨多羅三藐三
提者説諸法斷滅莫作是念何以故發
多羅三藐三菩提者於法不説斷滅相須
提若菩薩以滿恒河沙等世界七寶布
復有人知一切法无我得成於忍此菩
前菩薩所得功德須菩提以諸菩薩不
德故須菩提白佛言世尊云何菩薩不
德須菩提菩薩所作福德不應貪著是
不受福德
須菩提若有人言如来若来若去若坐
是人不解我所説義何以故如来者无
来亦无所去故名如来
須菩提若善男子善女人以三千大千
碎為微塵於意云何是微塵衆寧為多
多世尊何以故若是微塵衆實有者佛
説是微塵衆所以者何佛説微塵衆則
塵衆是名微塵衆世尊如来所説三千
世界則非世界是名世界何以故若世
有者則是一合相如来説一合相則非一
是名一合相須菩提一合相者則是不可
但凡夫之人貪著其事須菩提若人言
我見人見衆生見壽者見須菩提於意

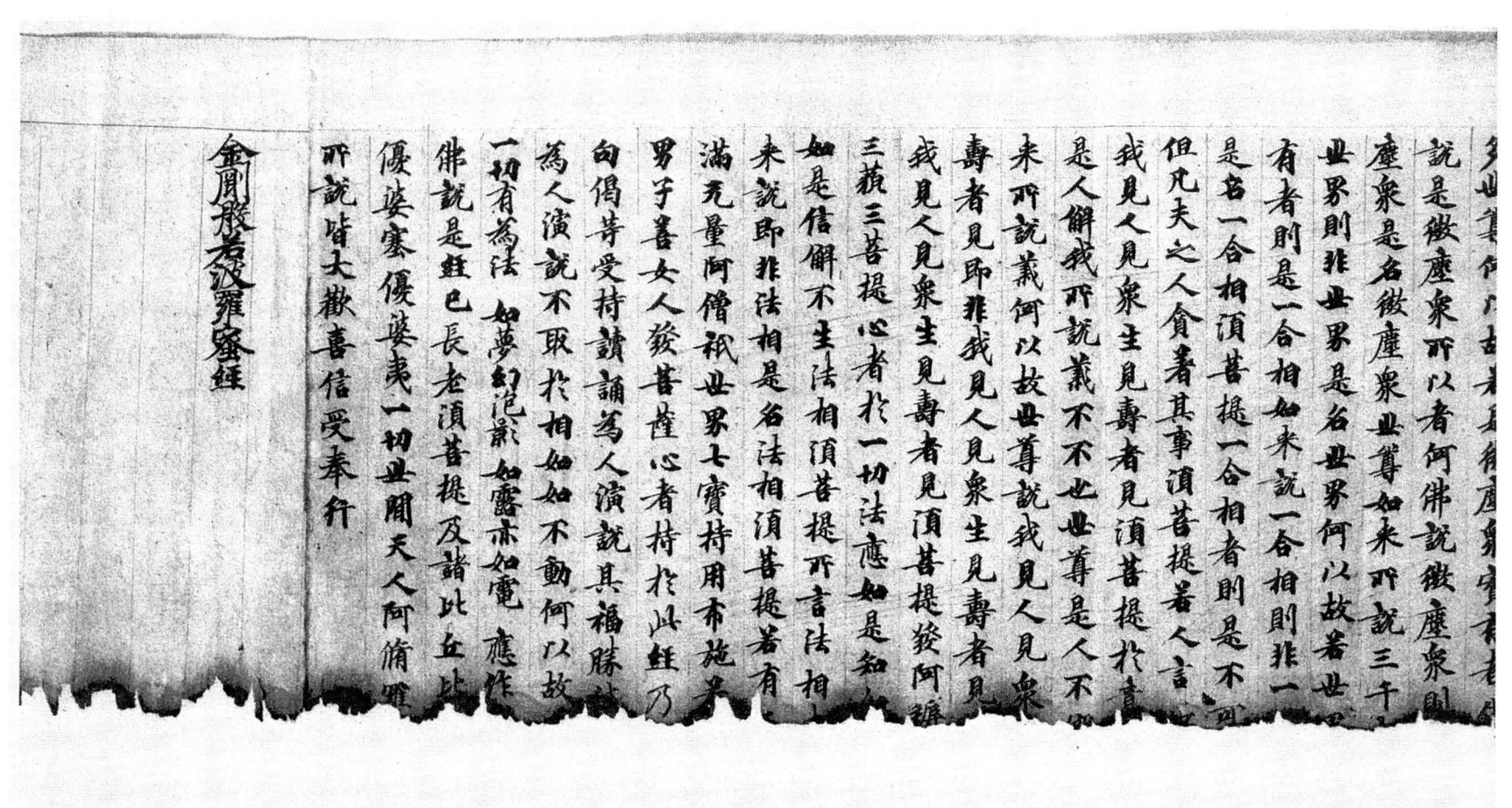

多世尊何以故若是微塵衆實有者佛
説是微塵衆所以者何佛説微塵衆則
塵衆是名微塵衆世尊如来所説三千
世界則非世界是名世界何以故若世
有者則是一合相如来説一合相則非一
是名一合相須菩提一合相者則是不可
但凡夫之人貪著其事須菩提若人言
我見人見衆生見壽者見須菩提於意
是人解我所説義不不也世尊是人不
来所説義何以故世尊説我見人見衆
壽者見即非我見人見衆生見壽者見
我見人見衆生見壽者見須菩提發阿耨
三藐三菩提心者於一切法應如是知
如是信解不生法相須菩提所言法相
来説即非法相是名法相須菩提若有
滿无量阿僧祇世界七寶持用布施若
男子善女人發菩薩心者持於此經乃
句偈等受持讀誦為人演説其福勝彼
為人演説不取於相如如不動何以故
一切有為法　如夢幻泡影　如露亦如電　應作
佛説是經已長老須菩提及諸比丘比
優婆塞優婆夷一切世間天人阿脩羅
所説皆大歡喜信受奉行

金剛般若波羅蜜經

我見人見衆生見壽者見須菩提發阿耨
三藐三菩提心者於一切法應如是知如
如是信解不生法相須菩提所言法相
來說即非法相是名法相須菩提若有
滿无量阿僧祇世界七寶持用布施若
男子善女人發菩薩心者持於此經乃
句偈等受持讀誦為人演說其福勝彼
為人演說不取於相如如不動何以故
一切有為法　如夢幻泡影　如露亦如電　應作
佛說是經已長老須菩提及諸比丘比
優婆塞優婆夷一切世間天人阿脩羅
所說皆大歡喜信受奉行

金剛般若波羅蜜經

BD05433號　金剛般若波羅蜜經　（11–11）

[illegible]不染不淨故般
若波羅蜜多清淨一來不還阿羅漢果不生
不滅不染不淨故般若波羅蜜多清淨世尊
云何預流果不生不滅不染不淨故般若波
羅蜜多清淨一來不還阿羅漢果不生不滅
不染不淨故般若波羅蜜多清淨善現預流
果畢竟空故不生不滅不染不淨一來不還
阿羅漢果畢竟空故不生不滅不染不淨由
此般若波羅蜜多清淨佛言善現獨覺菩提
不生不滅不染不淨故般若波羅蜜多清淨
世尊云何獨覺菩提不生不滅不染不淨故
般若波羅蜜多清淨善現獨覺菩提畢竟空
故不生不滅不染不淨由此般若波羅蜜多
清淨佛言善現一切菩薩摩訶薩行不生不
滅不染不淨故般若波羅蜜多清淨世尊云
何一切菩薩摩訶薩行不生不滅不染不淨
故般若波羅蜜多清淨善現一切菩薩摩訶
薩行畢竟空故不生不滅不染不淨由此般
若波羅蜜多清淨佛言善現諸佛无上正等
菩提不生不滅不染不淨故般若波羅蜜多
[illegible]菩提不生不

BD05434號　大般若波羅蜜多經卷二九六　（3–1）

清淨佛言善現一切菩薩摩訶……
滅不染不淨故般若波羅蜜多清淨世尊云
何一切菩薩摩訶薩行不生不滅不染不淨
故般若波羅蜜多清淨善現一切菩薩摩訶
薩行畢竟空故不生不滅不染不淨由此般
若波羅蜜多清淨佛言善現諸佛无上正等
菩提不生不滅不染不淨故般若波羅蜜多
清淨世尊云何諸佛无上正等菩提不生不
滅不染不淨故般若波羅蜜多清淨善現諸
佛无上正等菩提畢竟空故不生不滅不染
不淨由此般若波羅蜜多清淨復次善現虛
空不生不滅不染不淨故般若波羅蜜多清
淨世尊云何虛空不生不滅不染不淨故般
若波羅蜜多清淨善現虛空畢竟空故不生
不滅不染不淨由此般若波羅蜜多清淨
尒時具壽善現白佛言世尊若善男子善
女人等於此般若波羅蜜多受持讀誦如理思
惟為他演說是善男子善女人等六根无患
支體具足身不衰朽亦无夭壽常為无量百
千天神恭敬圍遶隨逐護念是善男子善女
人等於黑白月各第八日第十四日第十五日
讀誦宣說如是般若波羅蜜多是時四大
王衆天三十三天夜摩天覩史多天樂變化
天他化自在天梵衆天梵輔天梵會天大
梵天光天少光天无量光天極光淨天淨天少
淨天无量淨天遍淨天廣天少廣天无量廣
天廣果天无繁天无熱天善現天善見天色
究竟天是諸天衆俱來集會此法師所……

BD05434號　大般若波羅蜜多經卷二九六　（3–2）

淨世尊云何虛空不生不滅不染不淨故般
若波羅蜜多清淨善現虛空畢竟空故不生
不滅不染不淨由此般若波羅蜜多清淨
尒時具壽善現白佛言世尊若善男子善
女人等於此般若波羅蜜多受持讀誦如理思
惟為他演說是善男子善女人等六根无患
支體具足身不衰朽亦无夭壽常為无量百
千天神恭敬圍遶隨逐護念是善男子善女
人等於黑白月各第八日第十四日第十五日
讀誦宣說如是般若波羅蜜多是時四大
王衆天三十三天夜摩天覩史多天樂變化
天他化自在天梵衆天梵輔天梵會天大
梵天光天少光天无量光天極光淨天淨天少
淨天无量淨天遍淨天廣天少廣天无量廣
天廣果天无繁天无熱天善現天善見天色
究竟天是諸天衆俱來集會此法師所聽
受般若波羅蜜多是善男子善女人等由於
无量大集會中讀誦宣說甚深般若波羅蜜
多便獲无量无數无邊不可思議不可稱量殊

BD05434號　大般若波羅蜜多經卷二九六　（3–3）

佛滅度之後　正法住於世　三十二小劫　廣度諸眾生
正法滅盡已　像法三十二　舍利廣流布　天人普供養
華光佛所為　其事皆如是　其兩足聖尊　最勝无倫匹
彼即是汝身　宜應自欣慶
尒時四部眾比丘比丘尼優婆塞優婆夷天
龍夜叉乾闥婆阿脩羅迦樓羅緊那羅摩睺
羅伽等大眾見舍利弗於佛前受阿耨多羅
三藐三菩提記心大歡喜踊躍无量各各脫
身所著上衣以供養佛釋提桓因梵天王等
與无數天子亦以天妙衣天曼陁羅華摩訶
曼陁羅華等供養於佛所散天衣住虛空中
而自迴轉諸天伎樂百千万種於虛空中一
時俱作雨眾天華而作是言佛昔於波羅柰
初轉法輪今乃復轉无上最大法輪尒時諸
天子欲重宣此義而說偈言
昔於波羅柰　轉四諦法輪　分別說諸法　五眾之生滅
今復轉最妙　无上大法輪　是法甚深奧　少有能信者
我等從昔來　數聞世尊說　未曾聞如是　深妙之上法
世尊說是法　我等皆隨喜　大智舍利弗　今得受尊記
我等亦如是　必當得作佛　於一切世間　最尊无有上
佛道叵思議　方便隨宜說　我所有福業　今世若過世

BD05435 號　妙法蓮華經卷二　（2–1）

羅伽等大眾見舍利弗於佛前受阿耨多羅
三藐三菩提記心大歡喜踊躍无量各各脫
身所著上衣以供養佛釋提桓因梵天王等
與无數天子亦以天妙衣天曼陁羅華摩訶
曼陁羅華等供養於佛所散天衣住虛空中
而自迴轉諸天伎樂百千万種於虛空中一
時俱作雨眾天華而作是言佛昔於波羅柰
初轉法輪今乃復轉无上最大法輪尒時諸
天子欲重宣此義而說偈言
昔於波羅柰　轉四諦法輪　分別說諸法　五眾之生滅
今復轉最妙　无上大法輪　是法甚深奧　少有能信者
我等從昔來　數聞世尊說　未曾聞如是　深妙之上法
世尊說是法　我等皆隨喜　大智舍利弗　今得受尊記
我等亦如是　必當得作佛　於一切世間　最尊无有上
佛道叵思議　方便隨宜說　我所有福業　今世若過世
及見佛功德　盡迴向佛道
尒時舍利弗白佛言世尊我今无復疑悔親
於佛前得受阿耨多羅三藐三菩提記是諸
千二百心自在者昔住學地佛常教化言我
法能離生老病死究竟涅槃是學无學人亦
各自以離我見及有无見等謂得涅槃而今
於世尊前聞所未聞皆墮疑惑善哉世尊願

BD05435 號　妙法蓮華經卷二　（2–2）

是寧為多不甚多世尊佛告須菩提尒所
國土中所有衆生若干種心如来悉知何以故如
来說諸心皆為非心是名為心所以者何須
菩提過去心不可得現在心不可得未来
心不可得須菩提於意云何若有人滿三千
大千世界七寶以用布施是人以是因緣得
福多不如是世尊此人以是因緣得福甚多
須菩提若福德有實如来不說得福德多以
福德无故如来說得福德多
須菩提於意云何佛可以具足色身見不不
也世尊如来不應以具足色身見何以故如
来說具足色身即非具足色身是名具足色
身須菩提於意云何如来可以具足諸相見
不不也世尊如来不應以具足諸相見何以
故如来說諸相具足即非具足是名諸相具
足須菩提汝勿謂如来作是念我當有所說
法莫作是念何以故若人言如来有所說法
即為謗佛不能解我所說故須菩提說法者
[illegible]

BD05436 號　金剛般若波羅蜜經　（5–1）

来說具足色身即非具足色身是名具足色
身須菩提於意云何如来可以具足諸相見
不不也世尊如来不應以具足諸相見何以
故如来說諸相具足即非具足是名諸相具
足須菩提汝勿謂如来作是念我當有所說
法莫作是念何以故若人言如来有所說法
即為謗佛不能解我所說故須菩提說法者
无法可說是名說法須菩提白佛言世尊佛
得阿耨多羅三藐三菩提為无所得耶如是
如是須菩提我於阿耨多羅三藐三菩提乃
至无有少法可得是名阿耨多羅三藐三菩
提復次須菩提是法平等无有高下是名阿
耨多羅三藐三菩提以无我无人无衆生无
壽者脩一切善法則得阿耨多羅三藐三菩
提須菩提所言善法者如来說非善法是名
善法須菩提若三千大千世界中所有諸須
弥山王如是等七寶聚有人持用布施若人
以此般若波羅蜜經乃至四句偈等受持讀
誦為他人說於前福德百分不及一百千万億
分乃至筭數譬喻所不能及
須菩提於意云何汝等勿謂如来作是念我
當度衆生須菩提莫作是念何以故實无有
衆生如来度者若有衆生如来度者如来則
有我人衆生壽者須菩提如来說有我者則
非有我而凡夫之人以為有我須菩提凡夫
者如来說則非凡夫須菩提於意云何可以

BD05436 號　金剛般若波羅蜜經　（5–2）

當度衆生須菩提莫作是念何以故實无有
衆生如来度者若有衆生如来度者如来則
有我人衆生壽者須菩提如来說有我者則
非有我而凡夫之人以為有我須菩提凡夫
者如来說則非凡夫須菩提於意云何可以
卅二相觀如来不須菩提言如是如是以卅
二相觀如来佛言須菩提若以卅二相觀如
来者轉輪聖王則是如来須菩提白佛言世
尊如我解佛所說義不應以卅二相觀如来
尒時世尊而說偈言
若以色見我　以音聲求我　是人行邪道　不能見如来
須菩提汝若作是念如来不以具足相故得
阿耨多羅三藐三菩提須菩提莫作是念如
来不以具足相故得阿耨多羅三藐三菩提
須菩提汝若作是念發阿耨多羅三藐三菩
提者說諸法斷滅相莫作是念何以故發阿
耨多羅三藐三菩提者於法不說斷滅相須
菩提若菩薩以滿恒河沙等世界七寶布施
若復有人知一切法无我得成於忍此菩薩
勝前菩薩所得功德須菩提以諸菩薩不
受福德故須菩提白佛言世尊云何菩薩不
受福德須菩提菩薩所作福德不應貪著是
故說不受福德須菩提若有人言如来若来
若去若坐若卧是人不解我所說義何以故
如来者无所從来亦无所去故名如来
須菩提若善男子善女人以三千大千世界

勝前菩薩所得功德須菩提以諸菩薩不
受福德故須菩提白佛言世尊云何菩薩不
受福德須菩提菩薩所作福德不應貪著是
故說不受福德須菩提若有人言如来若来
若去若坐若卧是人不解我所說義何以故
如来者无所從来亦无所去故名如来
須菩提若善男子善女人以三千大千世界
碎為微塵於意云何是微塵衆寧為多不
甚多世尊何以故若是微塵衆實有者佛則
不說是微塵衆所以者何佛說微塵衆則非微
塵衆是名微塵衆世尊如来所說三千大千
世界則非世界是名世界何以故若世界實
有者則是一合相如来說一合相則非一合
相是名一合相須菩提一合相者則是不可
說但凡夫之人貪著其事須菩提若人言佛
說我見人見衆生見壽者見須菩提於意云
何是人解我所說義不不也世尊是人不解如
来所說義何以故世尊說我見人見衆生見
壽者見即非我見人見衆生見壽者見是名我
見人見衆生見壽者見須菩提發阿耨多羅
三藐三菩提心者於一切法應如是知如是見
如是信解不生法相須菩提所言法相者如
来說即非法相是名法相須菩提若有人以
滿无量阿僧祇世界七寶持用布施若有
善男子善女人發菩薩心者持於此經乃至
四句偈等受持讀誦為人演說其福勝彼云
何為人演說不取於相如如不動何以故

見人見衆生見壽者見須菩提發阿耨多羅
三藐三菩提心者於一切法應如是知如是見
如是信解不生法相須菩提所言法相者如
來說即非法相是名法相須菩提若有人以
滿无量阿僧祇世界七寶持用布施若有
善男子善女人發菩薩心者持於此經乃至
四句偈等受持讀誦為人演說其福勝彼云
何為人演說不取於相如如不動何以故
一切有為法 如夢幻泡影 如露亦如電 應作如是觀
佛說是經已長老須菩提及諸比丘比丘尼
優婆塞優婆夷一切世間天人阿脩羅聞
佛所說皆大歡喜信受奉行

BD05436 號　金剛般若波羅蜜經　（5–5）

大悲大喜大捨十八佛
現如是般若波羅蜜多於無忘失法不與不
捨於恒住捨性不與不捨善現如是般若波
羅蜜多於一切智不與不捨於道相智一切
相智不與不捨善現如是般若波羅蜜多於
一切陀羅尼門不與不捨於一切三摩地門
不與不捨善現如是般若波羅蜜多於預流
果不與不捨於一來不還阿羅漢果不與不
捨善現如是般若波羅蜜多於獨覺菩提不
與不捨善現如是般若波羅蜜多於一切菩
薩摩訶薩行不與不捨善現如是般若波羅
蜜多於諸佛無上正等菩提不與不捨善現
如是般若波羅蜜多不與聲聞法不捨異生
法不與獨覺法不捨聲聞法不與諸佛法不
捨獨覺法不與無為法不捨有為法所以者
何善現若佛出世若不出世如是諸法常無
變易法性法界法定法住一切如來等覺現
觀既自等覺自現觀已為諸有情宣說開示
分別顯了令同悟入離諸妄想分別顛倒
[illegible]

BD05437 號　大般若波羅蜜多經卷二九六　（5–1）

如是般若波羅蜜多不與聲聞法不捨異生
法不與獨覺法不捨聲聞法不與諸佛法不
捨獨覺法不與無為法不捨有為法所以者
何善現若佛出世若不出世如是諸法常無
變易法性法界法定法住一切如來等覺現
觀既自等覺自現觀已為諸有情宣說開示
分別顯了令同悟入離諸妄想分別顛倒
尒時無量百千天子住虛空中歡喜踊躍以
天所有嗢鉢羅華鉢特摩花拘母陁華奔荼
利華微妙香華及諸香末而散佛上互相慶
慰同聲唱言我等今者於贍部洲見佛第二
轉妙法輪此中無量百千天子聞說般若波
羅蜜多俱時證得無生法忍
尒時佛告具壽善現言如是法輪非第一轉
非第二轉所以者何善現如是般若波羅蜜
多於一切法不為轉故不為還故出現於世
何以故以無性自性空故具壽善現白佛言
世尊以何等法無性自性空故如是般若波
羅蜜多於一切法不為轉故不為還故出現
於世佛言善現以般若波羅蜜多般若波羅
蜜多性空故靜慮精進安忍淨戒布施波羅
蜜多靜慮乃至布施波羅蜜多性空故善現
以內空性空故外空內外空空空大空
勝義空有為空無為空畢竟空無際空散空
無變異空本性空自相空共相空一切法空
不可得空無性空自性空無性自性空外空
[illegible]無性自性空故善現以真如真如

BD05437號　大般若波羅蜜多經卷二九六　（5–2）

蜜多性空故靜慮精進安忍淨戒布施波羅
蜜多靜慮乃至布施波羅蜜多性空故善現
以內空性空故外空內外空空空大空
勝義空有為空無為空畢竟空無際空散空
無變異空本性空自相空共相空一切法空
不可得空無性空自性空無性自性空外空
乃至無性自性空性空故善現以真如真如
性空故法界法性不虛妄性不變異性平等
性離生性法定法住實際虛空界不思議界
法界乃至不思議界性空故善現以苦聖諦苦
聖諦性空故集滅道聖諦集滅道聖諦性空
故善現以四靜慮四靜慮性空故四無量四
無色定四無量四無色定性空故善現以八
解脫八解脫性空故八勝處九次第定十遍
處八勝處九次第定十遍處性空故善現以
四念住四念住性空故四正斷四神足五根
五力七等覺支八聖道支四正斷乃至八聖
道支性空故善現以空解脫門空解脫門性
空故無相無願解脫門無相無願解脫門性
空故善現以菩薩十地菩薩十地性空故善
現以佛十力佛十力性空故四無所畏四無
礙解大慈大悲大喜大捨十八佛不共法四
無所畏乃至十八佛不共法性空故善現以
無忘失法無忘失法性空故恒住捨性恒住
捨性性空故善現以一切智一切智性空故
道相智一切相智道相智一切相智性空故
善現以一切陁羅尼門一切陁羅尼門性空

BD05437號　大般若波羅蜜多經卷二九六　（5–3）

礙解大慈大悲大喜大捨十八佛不共法四
無所畏乃至十八佛不共法性空故善現以
無忘失法無忘失法性空故恒住捨性恒住
捨性性空故善現以一切智一切智性空故
道相智一切相智道相智一切相智性空故
善現以一切陁羅尼門一切陁羅尼門性空
故一切三摩地門一切三摩地門性空故善
現以預流果預流果性空故一來不還阿羅
漢果一來不還阿羅漢果性空故善現以獨
覺菩提獨覺菩提性空故善現以一切菩薩
摩訶薩行一切菩薩摩訶薩行性空故善現
以諸佛無上正等菩提諸佛無上正等菩提
性空故善現以如是等法無性自性空故如
是般若波羅蜜多於一切法不為轉故不為
還故出現於世
具壽善現復白佛言世尊菩薩摩訶薩般若
波羅蜜多是大波羅蜜多達一切法自性空
故雖達一切法自性皆空而諸菩薩摩訶薩
因此般若波羅蜜多證得無上正等菩提轉
妙法輪度無量衆雖證菩提而無所證證不
證法不可得故雖轉法輪而無所轉轉法還
法不可得故雖度有情而無所度見不見法
不可得故世尊如是大般若波羅蜜多中轉
法輪事畢竟不可得以一切法皆永不生故
所以者何非空無相無願法中可有能轉及
能還事世尊於此般若波羅蜜多若能如是
宣說開示分別顯了令易悟入是名善淨宣

具壽善現復白佛言世尊菩薩摩訶薩般若
波羅蜜多是大波羅蜜多達一切法自性空
故雖達一切法自性皆空而諸菩薩摩訶薩
因此般若波羅蜜多證得無上正等菩提轉
妙法輪度無量衆雖證菩提而無所證證不
證法不可得故雖轉法輪而無所轉轉法還
法不可得故雖度有情而無所度見不見法
不可得故世尊如是大般若波羅蜜多中轉
法輪事畢竟不可得以一切法皆永不生故
所以者何非空無相無願法中可有能轉及
能還事世尊於此般若波羅蜜多若能如是
宣說開示分別顯了令易悟入是名善淨宣
說般若波羅蜜多此中都無說者受者既無
說者及受者故諸能證者亦不可得無證者
故亦無有能得涅槃者於此般若波羅蜜多
善說法中亦無福田施受施物皆性空故
初分波羅蜜多品第廿八

國土中所有衆生若干種心如來悉知何
故如来說諸心皆爲非心是名爲心所以者
何須菩提過去心不可得現在心不可得未
来心不可得須菩提於意云何若有人滿三
千大千世界七寶以用布施是人以是因緣得
福多不如是世尊此人以是因緣得福甚多
須菩提若福德有實如來不說得福德多
以福德无故如來說得福德多
須菩提於意云何佛可以具足色身見不不
也世尊如來不應以色身見何以故如來說具
足色身即非具足色身是名具足色身須
菩提於意云何如來可以具足諸相見不不
也世尊如來不應以具足諸相見何以故如來
說諸相具足即非具足是名諸相具足須
菩提汝勿謂如來作是念我當有所說法莫
作是念何以故若人言如來有所說法即爲謗
佛不能解我所說故須菩提說法者无法可
說是名說法須菩提白佛言世尊佛得阿耨
多羅三藐三菩提爲无所得耶如是如是須

BD05438號　金剛般若波羅蜜經　（5–1）

菩提汝勿謂如來作是念我當有所說法莫
作是念何以故若人言如來有所說法即爲謗
佛不能解我所說故須菩提說法者无法可
說是名說法須菩提白佛言世尊佛得阿耨
多羅三藐三菩提爲无所得耶如是如是須
菩提我於阿耨多羅三藐三菩提乃至无有
少法可得是名阿耨多羅三藐三菩提復次
須菩提是法平等无有高下是名阿耨多羅
三藐三菩提以无我无人无衆生无壽者脩
一切善法則得阿耨多羅三藐三菩提須菩
提所言善法者如來說非善法是名善法
須菩提若三千大千世界中所有諸須弥山
王如是等七寶聚有人持用布施若人以此
般若波羅蜜經乃至四句偈等受持讀誦爲
他人說於前福德百分不及一百千万億分
乃至筭數譬喻所不能及
須菩提於意云何汝等勿謂如來作是念我
當度衆生須菩提莫作是念何以故實无有
衆生如來度者若有衆生如來度者如來則
有我人衆生壽者須菩提如來說有我者則
非有我而凡夫之人以爲有我須菩提凡夫
者如來說則非凡夫須菩提於意云何可以
三十二相觀如來不須菩提言如是如是以三
十二相觀如來佛言須菩提若以三十二相觀
如來者轉輪聖王則是如來須菩提白佛言
世尊如我解佛所說義不應以三十二相觀

BD05438號　金剛般若波羅蜜經　（5–2）

者如來說則非凡夫須菩提於意云何可以
三十二相觀如來不須菩提言如是如是以三
十二相觀如來佛言須菩提若以三十二相觀
如來者轉輪聖王則是如來須菩提白佛言
世尊如我解佛所說義不應以三十二相觀
如來尒時世尊而說偈言
若以色見我 以音聲求我 是人行邪道 不能見如來
須菩提汝若作是念如來不以具足相故
得阿耨多羅三藐三菩提須菩提莫作是念
如來不以具足相故得阿耨多羅三藐三菩提
須菩提汝若作是念發阿耨多羅三藐三菩
提者說諸法斷滅相莫作是念何以故發阿耨
多羅三藐三菩提者於法不說斷滅相須菩
提若菩薩以滿恒河沙等世界七寶布施若
復有人知一切法无我得成於忍此菩薩勝
前菩薩所得功德須菩提以諸菩薩不受福
德故須菩提白佛言世尊云何菩薩不受福
德須菩提菩薩所作福德不應貪著是故說
不受福德須菩提若有人言如來若來若去
若坐若臥是人不解我所說義何以故如來
者无所從來亦无所去故名如來須菩提若
善男子善女人以三千大千世界碎為微塵
於意云何是微塵衆寧為多不甚多世尊何
以故若是微塵衆實有者佛則不說是微塵
衆所以者何佛說微塵衆則非微塵衆是名
微塵衆世尊如來所說三千大千世界則非世

BD05438號　金剛般若波羅蜜經　（5–3）

者无所從來亦无所去故名如來須菩提若
善男子善女人以三千大千世界碎為微塵
於意云何是微塵衆寧為多不甚多世尊何
以故若是微塵衆實有者佛則不說是微塵
衆所以者何佛說微塵衆則非微塵衆是名
微塵衆世尊如來所說三千大千世界則非世
界是名世界何以故若世界實有者則是一
合相如來說一合相則非一合相是名一合
相須菩提一合相者則是不可說但凡夫之
人貪著其事須菩提若人言佛說我見人見
衆生見壽者見須菩提於意云何是人解我
所說義不世尊是人不解如來所說義何以
故世尊說我見人見衆生見壽者見即非我
見人見衆生見壽者見是名我見人見衆生
見壽者見須菩提發阿耨多羅三藐三菩提
心者於一切法應如是知如是見如是信解
不生法相須菩提所言法相者如來說即非法
相是名法相須菩提若有人以滿无量阿僧
祇世界七寶持用布施若有善男子善女人
發菩薩心者持於此經乃至四句偈等受持
讀誦為人演說其福勝彼云何為人演說不
取於相如如不動何以故
一切有為法 如夢幻泡影 如露亦如電 應作如是觀
佛說是經已長老須菩提及諸比丘比丘尼
優婆塞優婆夷一切世間天人阿脩羅聞
佛所說皆大歡喜信受奉行

BD05438號　金剛般若波羅蜜經　（5–4）

衆生見壽者見須菩提於意云何是人解我
所說義不世尊是人不解如來所說義何以
故世尊說我見人見衆生見壽者見即非我
見人見衆生見壽者見是名我見人見衆生
見壽者見須菩提發阿耨多羅三藐三菩提
心者於一切法應如是知如是見如是信解
不生法相須菩提所言法相如來說即非法
相是名法相須菩提若有人以滿无量阿僧
祇世界七寶持用布施若有善男子善女人
發菩薩心者持於此經乃至四句偈等受持
讀誦為人演說其福勝彼云何為人演說不
取於相如如不動何以故
一切有為法　如夢幻泡影　如露亦如電　應作如是觀
佛說是經已長老須菩提及諸比丘比丘尼
優婆塞優婆夷一切世間天人阿脩羅聞
佛所說皆大歡喜信受奉行
金剛般若波羅蜜經

BD05438 號　金剛般若波羅蜜經　（5–5）

門定力護持等
舍利子如是名為諸菩薩摩訶薩脩行靜
波羅蜜多時擐淨戒波羅蜜多大功德鎧復
次舍利子諸菩薩摩訶薩脩行靜慮波羅
蜜多時以應一切智智心而脩靜慮波羅蜜多
以無所得而為方便與一切有情同共迴向
阿耨多羅三藐三菩提住慈悲定而脩安忍
令忿恚等不復現前舍利子如是名為諸菩
薩摩訶薩脩行靜慮波羅蜜多時擐安忍波
羅蜜多大功德鎧復次舍利子諸菩薩摩訶
薩脩行靜慮波羅蜜多時以應一切智智心
而脩靜慮波羅蜜多以無所得而為方便與
一切有情同共迴向阿耨多羅三藐三菩提
安住淨定勤脩功德令諸懈怠不復現前舍
利子如是名為諸菩薩摩訶薩脩行靜慮波
羅蜜多時擐精進波羅蜜多大功德鎧復次
舍利子諸菩薩摩訶薩脩行靜慮波羅蜜多
時以應一切智智心而脩靜慮波羅蜜多以
無所得而為方便與一切有情同共迴向阿
耨多羅三藐三菩提依靜慮等引發勝定令

BD05439 號　大般若波羅蜜多經卷四八　（14–1）

羅蜜多時擐精進波羅蜜多大功德鎧復次
舍利子諸菩薩摩訶薩脩行靜慮波羅蜜多
時以應一切智智心而脩靜慮波羅蜜多以
無所得而為方便與一切有情同共迴向阿
耨多羅三藐三菩提依靜慮等引發勝定令
味能障不復現前舍利子如是名為諸菩薩
摩訶薩脩行靜慮波羅蜜多時擐靜慮波羅
蜜多大功德鎧復次舍利子諸菩薩摩訶薩
脩行靜慮波羅蜜多時以應一切智智心而
脩靜慮波羅蜜多以無所得而為方便與一
切有情同共迴向阿耨多羅三藐三菩提依
靜慮等引發勝慧觀一切法皆如幻等令諸
惡慧不復現前舍利子如是名為諸菩薩摩
訶薩脩行靜慮波羅蜜多時擐般若波羅蜜
多大功德鎧舍利子是菩薩摩訶薩脩行靜
慮波羅蜜多時具擐六種波羅蜜多大功德
鎧舍利子若菩薩摩訶薩以應一切智智心
脩行靜慮波羅蜜多時於六波羅蜜多相不
取不著當知是菩薩摩訶薩擐大功德鎧舍
利子如是名為菩薩摩訶薩為欲利樂一切
有情擐大功德鎧
復次舍利子諸菩薩摩訶薩脩行般若波羅
蜜多時以應一切智智心而脩般若波羅蜜
多以無所得而為方便與一切有情同共迴
向阿耨多羅三藐三菩提不見施者受者施
物三輪清淨而行布施舍利子如是名為諸

BD05439號　大般若波羅蜜多經卷四八　（14–2）

復次舍利子諸菩薩摩訶薩脩行般若波羅
蜜多時以應一切智智心而脩般若波羅蜜
多以無所得而為方便與一切有情同共迴
向阿耨多羅三藐三菩提不見施者受者施
物三輪清淨而行布施舍利子如是名為諸
菩薩摩訶薩脩行般若波羅蜜多時擐布
施波羅蜜多大功德鎧復次舍利子諸菩薩摩
訶薩脩行般若波羅蜜多時以應一切智智
心而脩般若波羅蜜多以無所得而為方便
與一切有情同共迴向阿耨多羅三藐三菩
提不見持戒及破戒等以無著心而脩淨戒
舍利子如是名為諸菩薩摩訶薩脩行般若
波羅蜜多時擐淨戒波羅蜜多大功德鎧復
次舍利子諸菩薩摩訶薩脩行般若波羅蜜
多時以應一切智智心而脩般若波羅蜜多
以無所得而為方便與一切有情同共迴向
阿耨多羅三藐三菩提不見能忍所忍等事
以勝空慧而脩安忍舍利子如是名為諸菩
薩摩訶薩脩行般若波羅蜜多時擐安忍波
羅蜜多大功德鎧復次舍利子諸菩薩摩訶
薩脩行般若波羅蜜多時以應一切智智心
而脩般若波羅蜜多以無所得而為方便與
一切有情同共迴向阿耨多羅三藐三菩提
觀一切法皆畢竟空以大悲心而行精進舍
利子如是名為諸菩薩摩訶薩脩行般若波
羅蜜多時擐精進波羅蜜多大功德鎧復次

BD05439號　大般若波羅蜜多經卷四八　（14–3）

一切有情同共迴向阿耨多羅三藐三菩提
觀一切法皆畢竟空以大悲心而行精進舍
利子如是名為諸菩薩摩訶薩脩行般若波
羅蜜多時攝精進波羅蜜多大功德鎧復次
舍利子諸菩薩摩訶薩脩行般若波羅蜜多
時以應一切智智心而脩般若波羅蜜多以
無所得而為方便與一切有情同共迴向阿耨
多羅三藐三菩提觀入住出定及定境皆
畢竟空而脩等至舍利子如是名為諸菩薩
摩訶薩脩行般若波羅蜜多時攝靜慮波羅
蜜多大功德鎧復次舍利子諸菩薩摩訶薩
脩行般若波羅蜜多時以應一切智智心而
脩般若波羅蜜多以無所得而為方便與一
切有情同共迴向阿耨多羅三藐三菩提於
一切法一切有情一切波羅蜜多住如幻如
夢如像如響如光影如空花如尋香城如變
化事想而脩種種無取著慧舍利子如是名
為諸菩薩摩訶薩脩行般若波羅蜜多時攝
般若波羅蜜多大功德鎧舍利子是菩薩摩
訶薩脩行般若波羅蜜多時具攝六種波羅
蜜多大功德鎧舍利子若菩薩摩訶薩以應
一切智智心脩行般若波羅蜜多時於六波
羅蜜多相不取不著當知是菩薩摩訶薩攝
大功德鎧舍利子如是名為菩薩摩訶薩為
欲利樂一切有情攝大功德鎧舍利子諸菩
薩摩訶薩如是安住一一波羅蜜多皆備六

BD05439 號　大般若波羅蜜多經卷四八

（14–4）

一切智智心脩行般若波羅蜜多時於六波
羅蜜多相不取不著當知是菩薩摩訶薩攝
大功德鎧舍利子如是名為菩薩摩訶薩為
欲利樂一切有情攝大功德鎧舍利子諸菩
薩摩訶薩如是安住一一波羅蜜多皆備六
波羅蜜多令得圓滿是故名攝大功德鎧
復次舍利子諸菩薩摩訶薩雖入諸靜慮及
無量無色定而不味著亦不為彼勢力所引
亦不隨彼勢力受生舍利子是為菩薩摩訶
薩脩行靜慮波羅蜜多時方便善巧般若
波羅蜜多大功德鎧復次舍利子諸菩薩摩
訶薩雖入諸靜慮及無量無色定住遠離見
寂靜見空無相無願見而不證實際不入聲
聞及獨覺地勝伏一切聲聞獨覺舍利子如
是名為菩薩摩訶薩脩行靜慮波羅蜜多時
攝方便善巧般若波羅蜜多大功德鎧舍利
子以諸菩薩由為利樂一切有情攝如是等
大功德鎧故復名摩訶薩
舍利子如是為欲利樂一切有情攝大功德
鎧菩薩摩訶薩普為十方各如殑伽沙等世
界諸佛世尊於大眾中歡喜讚歎作如是言
某方某世界中有某名菩薩摩訶薩為欲利
樂一切有情攝大功德鎧成熟有情嚴淨佛
土遊戲神通作所應作如是展轉聲遍十方
天人等眾聞皆歡喜咸作是言如是菩薩速
當作佛利益安樂一切有情

BD05439 號　大般若波羅蜜多經卷四八

（14–5）

主遊戲神通作所應作如是展轉聲遍十方
天人等衆聞皆歡喜咸作是言如是菩薩速
當作佛利益安樂一切有情
尒時具壽舍利子問滿慈子言云何名為菩
薩摩訶薩為欲利樂諸有情故發趣大乘滿
慈子言舍利子菩薩摩訶薩為欲利樂一切
有情擐六波羅蜜多大功德鎧已復為利樂
諸有情故離欲惡不善法有尋有伺離生喜
樂入初靜慮具足住尋伺寂靜內等淨心一
趣性無尋無伺定生喜樂入第二靜慮具足
住離喜住捨具念正知身受樂聖說住捨具
念樂住入第三靜慮具足住斷樂斷苦先喜
憂沒不苦不樂捨念清淨入第四靜慮具足
住復依靜慮趣慈俱心行相廣大無二無量
無怨無害無恨無惱遍滿善脩勝解周普充
溢十方盡虛空窮法界慈心勝解具足而住
悲喜捨俱心勝解行相亦復如是依此加行
復超一切色想滅有對想不思惟種種想入
無邊空空無邊處具足住超一切空無邊
處入無邊識識無邊處具足住超一切識無
邊處入無所有無所有處具足住超一切無所
有處入非想非非想處具足住舍利子是菩
薩摩訶薩以無所得而為方便持此靜慮無
量無色與一切有情同共迴向阿耨多羅三
藐三菩提舍利子是為菩薩摩訶薩為欲利
樂諸有情故發趣大乘

薩摩訶薩以無所得而為方便持此靜慮無
量無色與一切有情同共迴向阿耨多羅三
藐三菩提舍利子是為菩薩摩訶薩為欲利
樂諸有情故發趣大乘
復次舍利子諸菩薩摩訶薩為欲利樂諸有
情故先自安住如是靜慮無量無色於入住
出諸行相狀善分別知得自在已復作是念
我當以應一切智智心大悲為上首為斷一
切有情諸煩惱故說諸靜慮無量無色剎
開示令善了知諸定愛味過患出離及入住
出諸行相狀舍利子是為菩薩摩訶薩依靜
慮波羅蜜多脩布施波羅蜜多為欲離樂
諸有情故發趣大乘若菩薩摩訶薩以應一切
智智心大悲為上首說諸靜慮無量無色時
不為聲聞獨覺心等之所間雜舍利子是為
菩薩摩訶薩依靜慮波羅蜜多脩淨戒波羅
蜜多為欲利樂諸有情故發趣大乘若菩薩
摩訶薩以應一切智智心大悲為上首說諸
靜慮無量無色時於如是法信忍欲樂舍利
子是為菩薩摩訶薩依靜慮波羅蜜多脩
安忍波羅蜜多為欲利樂諸有情故發趣大乘
若菩薩摩訶薩以應一切智智心大悲為上
首脩諸靜慮無量無色時以自善根為有情
故迴求無上正等菩提於諸善根勤脩不息
舍利子是為菩薩摩訶薩依靜慮波羅蜜多
脩精進波羅蜜多為欲利樂諸有情故發趣
大乘若菩薩摩訶薩以應一切智智心大悲

首脩諸靜慮無量無色時以自善根為有情
故迴求無上正等菩提於諸善根勤脩不息
舍利子是為菩薩摩訶薩依靜慮波羅蜜多
脩精進波羅蜜多為欲利樂諸有情故發趣
大乘若菩薩摩訶薩以應一切智智心大悲
為上首依諸靜慮無量無色引發殊勝等至
等持解脫勝處遍處等定於入住出皆得自
在不墮聲聞獨覺等地舍利子是為菩薩摩
訶薩依靜慮波羅蜜多脩靜慮波羅蜜多為
欲利樂諸有情故發趣大乘若菩薩摩訶薩
以應一切智智心大悲為上首脩諸靜慮无
量无色時於諸靜慮無量无色及靜慮支以
無常行相苦行相無我行相空行相無相行
相无願行相如實觀察不捨大悲不墮聲聞
及獨覺地舍利子是為菩薩摩訶薩依靜慮
波羅蜜多脩般若波羅蜜多為欲利樂諸有
情故發趣大乘
復次舍利子若菩薩摩訶薩以應一切智智
心大悲為上首入慈定時作如是念我當拔
濟一切有情令得安樂入悲定時作如是念我
當救拔一切有情令得離苦入喜定時作
如是念我當讚勸一切有情令得解脫入捨
定時作如是念我當等益一切有情令渐諸
漏舍利子是為菩薩摩訶薩依無量定脩布
施波羅蜜多為欲利樂諸有情故發趣大乘
若菩薩摩訶薩以應一切智智心大悲為上
首於四无量入住出時終不趣向聲聞獨覺

定時作如是念我當等益一切有情令渐諸
漏舍利子是為菩薩摩訶薩依無量定脩布
施波羅蜜多為欲利樂諸有情故發趣大乘
若菩薩摩訶薩以應一切智智心大悲為上
首於四无量入住出時終不趣向聲聞獨覺
唯求無上正等菩提舍利子是為菩薩摩訶
薩依無量定脩淨戒波羅蜜多為欲利樂諸
有情故發趣大乘若菩薩摩訶薩以應一切
智智心大悲為上首於四無量入住出時不
趣雜聲聞獨覺作意專心信忍欲樂無上正等
菩提舍利子是為菩薩摩訶薩依無量定脩
安忍波羅蜜多為欲利樂諸有情故發趣大
乘若菩薩摩訶薩以應一切智智心大悲為
上首於四無量入住出時勤斷惡法勤脩善
法專趣菩提曾無暫捨舍利子是為菩薩摩
訶薩依無量定脩精進波羅蜜多為欲利樂
諸有情故發趣大乘若菩薩摩訶薩以應一
切智智心大悲為上首於四無量入住出時引
發種種等持等至能於其中得大自在不
為彼定之所引奪亦不隨彼勢用受生舍利
子是為菩薩摩訶薩依無量定脩靜慮波羅
蜜多為欲利樂諸有情故發趣大乘若菩薩
摩訶薩以應一切智智心大悲為上首脩四
無量於無量中以无常行相苦行相無我行
相空行相無相行相無願行相如實觀察不
捨大悲不墮聲聞及獨覺地舍利子是為菩
薩摩訶薩依無量定脩般若波羅蜜多為欲

蜜多為欲利樂諸有情故發趣大乘若菩薩
摩訶薩以應一切智智心大悲為上首脩四
無量於無量中以无常行相苦行相無我行
相空行相無相行相無願行相如實觀察不
捨大悲不墮聲聞及獨覺地舍利子是為菩
薩摩訶薩依无量定脩般若波羅蜜多為欲
利樂諸有情故發趣大乘舍利子諸菩薩摩
訶薩依如是等方便善巧脩習六種波羅蜜
多為欲利樂諸有情故發趣大乘
復次舍利子若菩薩摩訶薩以應一切智智
心大悲為上首具脩一切種四念住四正斷
四神足五根五力七等覺支八聖道支以無
所得而為方便與一切有情同共迴向阿耨
多羅三藐三菩提舍利子是為菩薩摩訶薩
為欲利樂諸有情故發趣大乘若菩薩摩訶
薩以應一切智智心大悲為上首具脩一切種
空解脫門無相解脫門無願解脫門以無
所得而為方便與一切有情同共迴向阿耨
多羅三藐三菩提舍利子是為菩薩摩訶薩
為欲利樂諸有情故發趣大乘若菩薩摩訶
薩以應一切智智心大悲為上首具脩一切
種布施愛語利行同事以無所得而為方便
與一切有情同共迴向阿耨多羅三藐三菩
提舍利子是為菩薩摩訶薩為欲利樂諸有
情故發趣大乘若菩薩摩訶薩以應一切智
智心大悲為上首具脩一切種五眼六神通
以無所得而為方便與一切有情同共迴向

BD05439號　大般若波羅蜜多經卷四八　（14–10）

種布施愛語利行同事以無所得而為方便
與一切有情同共迴向阿耨多羅三藐三菩
提舍利子是為菩薩摩訶薩為欲利樂諸有
情故發趣大乘若菩薩摩訶薩以應一切智
智心大悲為上首具脩一切種五眼六神通
以無所得而為方便與一切有情同共迴向
阿耨多羅三藐三菩提舍利子是為菩薩摩
訶薩為欲利樂諸有情故發趣大乘若菩薩
摩訶薩以應一切智智心大悲為上首具脩
一切種佛十力四無所畏四無礙解大慈大悲
大喜大捨十八佛不共法一切智道相智
一切相智以無所得而為方便與一切有情同
共迴向阿耨多羅三藐三菩提舍利子是
為菩薩摩訶薩為欲利樂諸有情故發趣大
乘
復次舍利子若菩薩摩訶薩以應一切智智
心大悲為上首無所得為方便起內空智外
空智內外空智空空智大空智勝義空智
有為空智無為空智畢竟空智無際空智散
空智無變異空智本性空智自相空智共相空
智一切法空智不可得空智無性空智自性
空智無性自性空智以無所得而為方便與
一切有情同共迴向阿耨多羅三藐三菩提
舍利子是為菩薩摩訶薩為欲利樂諸有
情故發趣大乘若菩薩摩訶薩以應一切智
智大悲為上首無所得為方便於一切法起
非亂非定智以無所得而為方便與一切有

BD05439號　大般若波羅蜜多經卷四八　（14–11）

舍利子是為菩薩摩訶薩為欲利樂諸有
情故發趣大乘若菩薩摩訶薩以應一切智
智大悲為上首無所得為方便於一切法起
非亂非定智以無所得而為方便與一切有
情同共迴向阿耨多羅三藐三菩提舍利子
是為菩薩摩訶薩為欲利樂諸有情故發趣
大乘若菩薩摩訶薩以應一切智智心大悲
為上首無所得而為方便於一切法起非常
非無常智非樂非苦智非我非無我智非淨
非不淨智非空非不空智非有相非無相智
非有願非無願智非寂靜非不寂靜智非遠
離非不遠離智以無所得而為方便與一切
有情同共迴向阿耨多羅三藐三菩提舍利
子是為菩薩摩訶薩為欲利樂諸有情故發
趣大乘
復次舍利子若菩薩摩訶薩以應一切智智
心大悲為上首無所得為方便智不知過去
智不知未來智不知現在非不知三世法以
無所得而為方便與一切有情同共迴向阿
耨多羅三藐三菩提舍利子是為菩薩摩
訶薩為欲利樂諸有情故發趣大乘若菩薩
摩訶薩以應一切智智心大悲為上首無所得
而為方便智不知善智不知不善智不知無
記非不知三性法智不知欲界智不知色界
智不知無色界非不知三界法智不知學智
不知無學智不知非學非無學非不知學無

摩訶薩以應一切智智心大悲為上首無所得
而為方便智不知善智不知不善智不知無
記非不知三性法智不知欲界智不知色界
智不知無色界非不知三界法智不知學智
不知無學智不知非學非無學非不知學無
學非學非無學法智不知見所斷智不知脩
所斷智不知非所斷非不知見所斷脩所斷
非所斷法以無所得而為方便與一切有情
同共迴向阿耨多羅三藐三菩提舍利子是
為菩薩摩訶薩為欲利樂諸有情故發趣大
乘若菩薩摩訶薩以應一切智智心大悲為
上首無所得而為方便智不知世間智不知
出世間非不知世間出世間法以無所得而
為方便與一切有情同共迴向阿耨多羅三
藐三菩提舍利子是為菩薩摩訶薩為欲利
樂諸有情故發趣大乘若菩薩摩訶薩以應
一切智智心大悲為上首無所得為方便智
不知色智不知無色非不知色無色法智不
知有見智不知無見非不知有見無見法智不
知有對智不知無對非不知有對無對法智
不知有漏智不知無漏非不知有漏無漏法
智不知有為智不知無為非不知有為無為
法以無所得而為方便與一切有情同共迴
向阿耨多羅三藐三菩提舍利子是為菩薩
摩訶薩為欲利樂諸有情故發趣大乘舍利
子以諸菩薩由如是等方便善巧為欲利樂
一切有情發趣大乘故復名摩訶薩

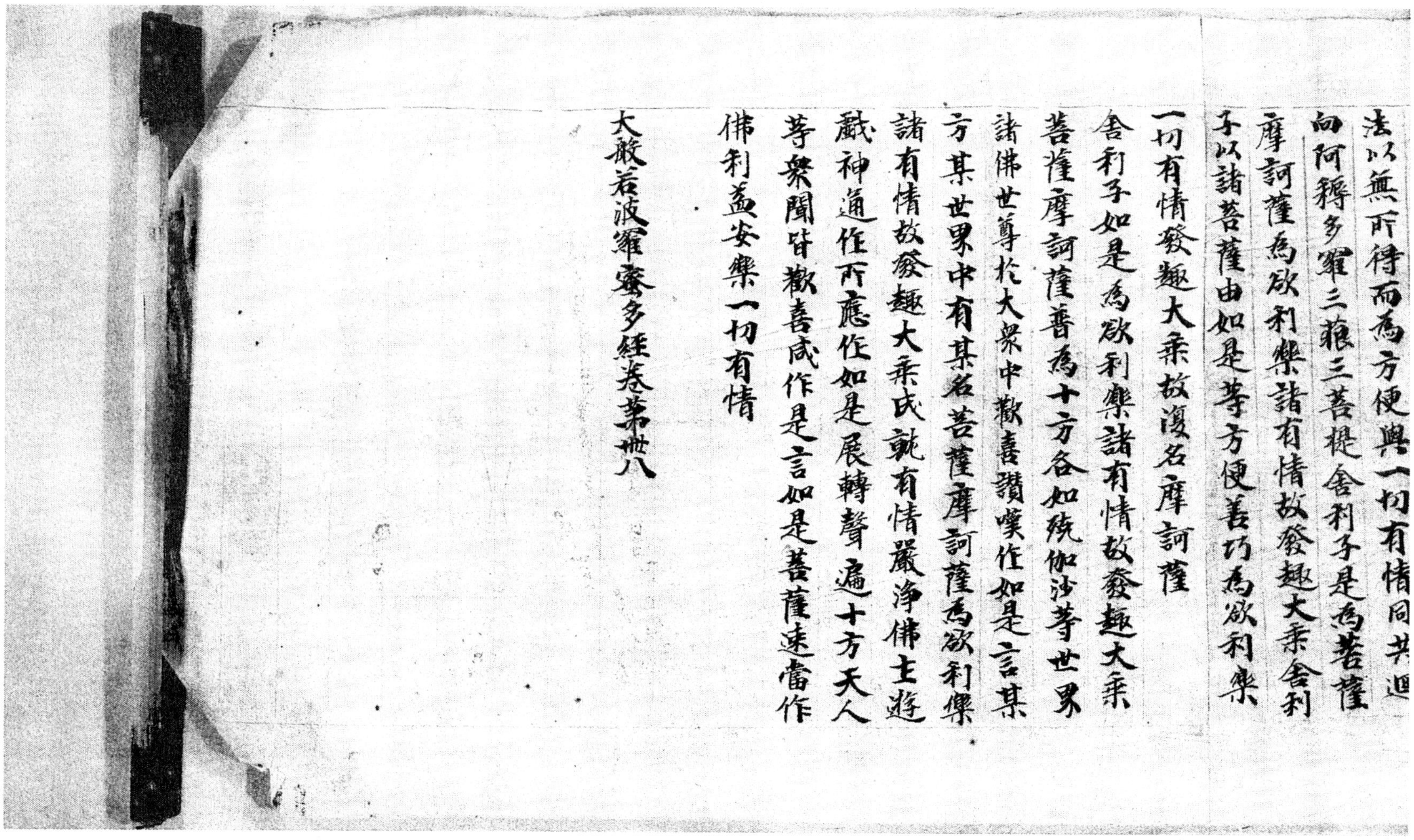

法以無所得而為方便與一切有情同共迴
向阿耨多羅三藐三菩提舍利子是為菩薩
摩訶薩為欲利樂諸有情故發趣大乘舍利
子以諸菩薩由如是等方便善巧為欲利樂
一切有情發趣大乘故復名摩訶薩
舍利子如是為欲利樂諸有情故發趣大乘
菩薩摩訶薩普為十方各如殑伽沙等世界
諸佛世尊於大衆中歡喜讚嘆作如是言某
方某世界中有某名菩薩摩訶薩為欲利樂
諸有情故發趣大乘成就有情嚴淨佛土遊
戲神通作所應作如是展轉聲遍十方天人
等衆聞皆歡喜咸作是言如是菩薩速當作
佛利益安樂一切有情
大般若波羅蜜多經卷第卌八

BD05439 號　大般若波羅蜜多經卷四八　　（14–14）

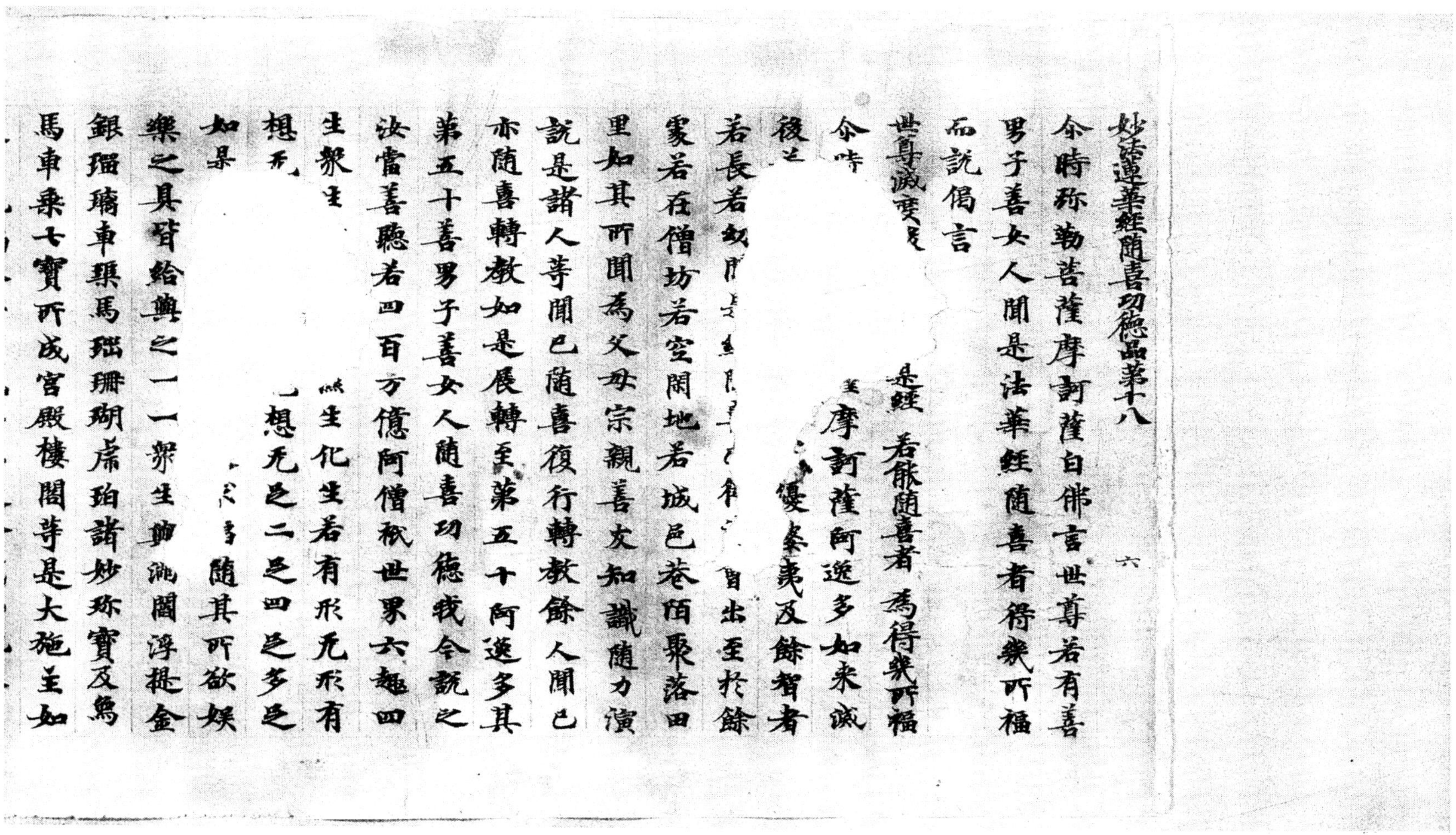

妙法蓮華經隨喜功德品第十八　六
尒時彌勒菩薩摩訶薩白佛言世尊若有善
男子善女人聞是法華經隨喜者得幾所福
而說偈言
世尊滅度[illegible]是經　若能隨喜者　為得幾所福
尒時[illegible]摩訶薩阿逸多如來滅
後[illegible]優婆夷及餘智者
若長若幼[illegible]自出至於餘
處若在僧坊若空閑地若城邑巷陌聚落田
里如其所聞為父母宗親善友知識隨力演
說是諸人等聞已隨喜復行轉教餘人聞已
亦隨喜轉教如是展轉至第五十阿逸多其
第五十善男子善女人隨喜功德我今說之
汝當善聽若四百萬億阿僧祇世界六趣四
生衆生[illegible]生化生若有形無形有
想無[illegible]想無足二足四足多足
如是[illegible]隨其所欲娛
樂之具皆給與之一一衆生與滿閻浮提金
銀瑠璃車𤦲馬瑙珊瑚虎珀諸妙珎寶及象
馬車乘七寶所成宮殿樓閣等是大施主如

BD05440 號　妙法蓮華經卷六　　（7–1）

如是[illegible]隨其所欲娛
樂之具皆給與之一一衆生與滿閻浮提金
銀瑠璃車𤦲馬瑙珊瑚虎珀諸妙珎寶及象
馬車乘七寶所成宮殿樓閣等是大施主如
是布施滿八十年已而作是念我已施衆生
娛樂之具隨意所欲然此衆生皆已衰老年
過八十髮白面皺將死不久我當以佛法而
訓導之即集此衆生宣布法化示教利喜一
時皆[illegible]斯陁含道阿那含道阿羅
漢道[illegible]禪定皆得自在具八解
脫於汝意云何[illegible]功德寧為多
不弥勒白佛言世尊是人功德甚多无量无
邊若是施主但施衆生一切樂具功德无量
何況令得阿羅漢果佛告弥勒我今分明語
汝是人以一切樂具施於四百万億阿僧祇
世界六趣衆生又令得阿羅漢果所得功德
不如是第五十人聞法華經一偈隨喜功德
百分千[illegible]億分不及其一乃至筭數
譬喻[illegible]多如是第五十人展轉
聞法華經隨喜[illegible]无邊阿僧祇何
況最初於會中聞而隨喜者其福復勝无量
无邊阿僧祇不可得比又阿逸多若人為是
經故往詣僧坊若坐若立須臾聽受緣是功
德轉身所生得好上妙象馬車乘珎寶輦轝
及乘天宮若復有人於講法處坐更有人來

BD05440號　妙法蓮華經卷六

（7-2）

无邊阿僧祇不可得比又阿逸多若人為是
經故往詣僧坊若坐若立須臾聽受緣是功
德轉身所生得好上妙象馬車乘珎寶輦轝
及乘天宮若復有人於講法處坐更有人來
勸令坐聽若分座令坐是人功德轉身得帝
釋坐處[illegible]坐處若轉輪聖王所坐之處
阿逸[illegible]餘人言有經名法華可
共往[illegible]臾聞是人功德
轉身得與陁羅尼菩薩共生一處利根智慧
百千万世終不瘖瘂口氣不臭舌常无病口
亦无病齒不垢黑不黃不踈亦不缺落不差
不曲脣不下垂亦不褰縮不麁澁不瘡緊亦
不缺壞亦不喎斜不厚不大亦不黧黑无諸
可惡鼻不㔸𠉀亦不曲戾面色不黑亦不狹
長亦不窊曲无有一切不可喜相脣舌牙齒
悉皆[illegible]正面貌圓滿眉高而長額
廣平正人相[illegible]生見佛聞法信受
教誨阿逸多汝且觀是勸於一人令往聽法
功德如此何況一心聽說讀誦而於大衆為
人分別如說脩行介時世尊欲重宣此義而
說偈言
若人於法會　得聞是經典　乃至於一偈　隨喜為他說
如是展轉教　至于第五十　最後人獲福　今當分別之
如有大施主　[illegible]无量衆　具滿八十歲　隨意之所欲
見彼衰[illegible]　齒踈形枯竭　念其死不久

BD05440號　妙法蓮華經卷六

（7-3）

若人於法會　得聞是經典　乃至於一偈　隨喜為他說
如是展轉教　至于第五十　最後人獲福　今當分別之
如有大施主　供給无量衆　具滿八十歲　隨意之所欲
見彼衰老相　髮白而面皺　齒踈形枯竭　念其无不久
我今應當教　令得於道果　即為方便說　涅槃真實法
世皆不牢固　如水沫泡焰　汝等咸應當　疾生猒離心
諸人聞是法　皆得阿羅漢　具足六神通　三明八解脫
最後第五十　聞一偈隨喜　是人福勝彼　不可為譬喻
如是展轉聞　其福尚无量　何況於法會　初聞隨喜者
若有勸一人　將引聽法華　言此經深妙　千万劫難遇
即受教往聽　乃至須臾聞　斯人之福報　今當分別說
世世无口患　齒不踈黃黑　脣不厚褰缺　无有可惡相
舌不乾黑短　鼻高修且直　額廣而平正　面目悉端嚴
為人所憙見　口氣无臭穢　優鉢華之香　常從其口出
若故詣僧坊　欲聽法華經　須臾聞歡喜　今當說其福
後生天人中　得妙象馬車　珎寶之輦轝　及乘天宮殿
若於講法處　勸人坐聽經　是福因緣得　釋梵轉輪座
何況一心聽　解說其義趣　如說而脩行　其福不可限

妙法蓮華經法師功德品第十九

尒時佛告常精進菩薩摩訶薩　若善男子善
女人受持是法華經若讀若誦若解說若書
寫是人當得八百眼功德千二百耳功德八
百鼻功德千二百舌功德八百身功德千二
百意功德以是功德莊嚴六根皆令清淨是
善男子善女人父母所生清淨肉眼見於三
千大千世界內外所有山林河海下至阿鼻

BD05440號　妙法蓮華經卷六　（7–4）

百鼻功德千二百舌功德八百身功德千二
百意功德以是功德莊嚴六根皆令清淨是
善男子善女人父母所生清淨肉眼見於三
千大千世界內外所有山林河海下至阿鼻
地獄上至有頂亦見其中一切衆生及業因
緣果報生處悉見悉知尒時世尊欲重宣此
義而說偈言
若於大衆中　以无所畏心　說是法華經　汝聽其功德
是人得八百　功德殊勝眼　以是莊嚴故　其目甚清淨
父母所生眼　悉見三千界　內外弥樓山　須弥及鐵圍
并諸餘山林　大海江河水　下至阿鼻獄　上至有頂處
其中諸衆生　一切皆悉見　雖未得天眼　肉眼力如是
復次常精進若善男子善女人受持此經若
讀若誦若解說若書寫得千二百耳功德以
是清淨耳聞三千大千世界下至阿鼻地獄
上至有頂其中內外種種語言音聲象聲馬
聲牛聲車聲啼哭聲愁歎聲螺聲鼓聲鐘聲
鈴聲咲聲語聲男聲女聲童子聲童女聲法
聲非法聲苦聲樂聲凡夫聲聖人聲喜聲不
喜聲天聲龍聲夜叉聲乾闥婆聲阿脩羅聲
迦樓羅聲緊那羅聲摩睺羅伽聲火聲水聲
風聲地獄聲畜生聲餓鬼聲比丘聲比丘尼
聲聲聞聲辟支佛聲菩薩聲佛聲以要言之
三千大千世界中一切內外所有諸聲雖未
得天耳以父母所生清淨耳皆悉聞知如

BD05440號　妙法蓮華經卷六　（7–5）

風聲地獄聲畜生聲餓鬼聲比丘聲比丘尼
聲聞聲辟支佛聲菩薩聲佛聲以要言之
三千大　一切內外所有諸聲雖未
得天耳以父母所生清淨常耳皆悉聞知如
是分別種種音聲而不壞耳根尒時世尊欲
重宣此義而說偈言
父母所生耳　清淨无濁穢　以此常耳聞　三千世界聲
象馬車牛聲　鍾鈴螺鼓聲　琴瑟箜篌聲　簫笛之音聲
清淨好歌聲　聽之而不著　无數種人聲　聞悉能解了
又聞諸天聲　微妙之歌音　及聞男女聲　童子童女聲
山川嶮谷　　　命命等諸鳥　悉聞其音聲
地獄眾苦痛　種種楚毒聲　餓鬼飢渴逼　求索飲食聲
諸阿脩羅等　居在大海邊　自共語言時　出于大音聲
如是說法者　安住於此間　遙聞是眾聲　而不壞耳根
十方世界中　禽獸鳴相呼　其說法之人　於此悉聞之
其諸梵天上　光音及遍淨　乃至有頂天　言語之音聲
法師住於此　悉皆得聞之　一切比丘眾　及諸比丘尼
若讀誦經典　若為他人說　法師住於此　悉皆得聞之
復有諸菩薩　　經法　若為他人說　撰集解其義
如是諸音聲　悉皆得聞之　諸佛大聖尊　教化眾生者
於諸大眾中　演說微妙法　持此法華者　悉皆得聞之
三千大千界　內外諸音聲　下至阿鼻獄　上至有頂天
皆聞其音聲　而不壞耳根　其耳聰利故　悉能分別知
持是法華者　雖未得天耳　但用所生耳　功德已如是
復次常精進若善男子善女人受持是經若
讀若誦若解說若書寫成就八百鼻功德以

BD05440 號　妙法蓮華經卷六　（7–6）

於諸大眾中　演說微妙法　持此法華者　悉皆得聞之
三千大千界　內外諸音聲　下至阿鼻獄　上至有頂天
皆聞其音聲　而不壞耳根　其耳聰利故　悉能分別知
持是法華者　雖未得天耳　但用所生耳　功德已如是
復次常精進若善男子善女人受持是經若
讀若誦若解說若書寫成就八百鼻功德以
是清淨　三千大千世界上下內外
種種諸香須曼那華香闍提華香末利華香
瞻蔔華香波羅羅華香赤蓮華香青蓮華香
白蓮華香華樹香菓樹香栴檀香沉水香多
摩羅跋香多伽羅香及千万種和香若末若
丸若塗香持是經者於此間住悉能分別又
復別知眾生之香象香馬香牛羊等香男香
女香童子香童女香及草木叢林香若近若
遠所有　得聞分別不錯持是經者
雖住於此亦聞天上諸天之香波利質多羅
拘鞞陀羅樹香及曼陀羅華香摩訶曼陀羅
華香曼殊沙華香摩訶曼殊沙華香栴檀沉

BD05440 號　妙法蓮華經卷六　（7–7）

夕別声
西對室置道場有
誠重發誓願直入道場自說
一切罪愆悉皆陳白即便悲泣
懺已後所作恒沙罪業一時
滅三四懇到自撲若啟五會
者六人已上更不得着入道場
須歎佛然後歎宅家宰相師僧
又丹十方信施檀越八部龍天帝釋梵王羅漢賢聖俱来赴
會咸悉歡之作道場時先須作梵ㄅ了啟ㄟ請了即須發願了
即須誦散花樂讚了即四字念佛三五十口即誦阿弥経陁衆
和了即五會念佛了即誦散花樂讚即至誠懺悔佛前懇到
至心發願作清淨梵唱四礼即散正作道場時若有難起魔
事起念法照名當須至心稱念當本遺言作道場時若有
諸惡事起時念我名隨聲即救若不入道場人若不入道場

所須誦散花樂讚[illegible]
和了即五會念佛了即誦散花樂讚即至誠懺悔佛前懸列
至心發願往清淨梵唱四礼即散王往道場時若有難起魔
事起念法照名當須至心稱念當本遺言往道場時若有
諸惡事起時念我名隨聲即救若不入道場人若不入道場
時空念無益念佛了欲散時起數念一百法照名　南无法照和上
散花樂讚　散々花々樂々　奉請釋迦如来入道場　散花樂
散々花々樂々　奉請十方如来入道場散花樂　散々花々樂々
奉請阿弥陁如来入道場　散花樂　散々花々樂々　奉請觀音勢
志入道場　散花樂　道場莊嚴極清淨　散花樂　天下人間無比量
散花樂　極樂莊嚴間雜飾　寶是希奇聞未聞　寶鳥臨空讚佛
會　哀婉鳥雅亮發人心（晝夜連聲無有息）文文句句理相同　或說五覺根七覺分
或說地獄對人天　或說他方離惡道　或說八聖慈悲門　或說讚
善波羅蜜　或說定慧入深禪　或說長時脩苦行　或說无上菩提因
菩薩聲聞聞此法　處々分身轉法輪　願此法輪相續轉　道場衆等益
長年　衆等迴心生淨土　手執香花往西方　極樂閻浮欣歡讚
釋迦昔日同凡夫　歷劫苦行守真如　成佛往来八千返
蒼生元未出閻浮　閻浮衆生實苦哉　遞代相送哭哀々
暫得人身還却去　須臾万劫不迴来　沙門靈振自長吁
每常歡恨在閻浮　不見如来興出世　今逢末法落凡夫
自嗔自恨自吹尋　万劫千生罪彰深　雖得丈夫披法服
不那生於殊法中　乘法去聖漸遙遠　行門若箇獨能超
今生但念弥陁佛　必免洗輪火宅燒　專心念佛莫疑籠

毎常歎恨在閻浮 不見如来興出世 今逢末法落凡夫
自嗔自恨自吹尋 万劫千生罪彰深 雖得丈夫披法服
不鄉生於末法中 末法去聖漸遥遠 行門若箇獨能起
今生但念弥陁佛 必免沉輪火宅燒 專心念佛莫睞籠
得生閻浮何可論 若人不信生疑惑 自看聖教勘經文
經文專遣念弥陁 急要之門更不過 若能深信無疑惑
今生便得出娑婆 弥陁經上自稱揚 七日專念往西方
六方恒沙諸佛讚 功德咸言不可量 七日念佛上如斯
何況盡命至心持 諸餘功德無希疋 速疾之門唯佛知
衆生疑之審思量 地獄三 可當 一失人身經万劫
緣何不樂往西方 西方極樂饒歡娛 直与天堂万倍殊
普告衆生須速往 緣何苦死戀閻浮 閻浮田地足丘坑
山岳堆埠不觸平 只爲人心多不善 一切雜惡在中生
西方極樂掌中平 一無堆埠及丘坑 瑠璃作地黄金界
雜色蓮花遍滿生 閻浮大海衆江河 魚鼈黿鼉甚色多
一朝而墮衡山谷 漂流雜惡共相和 西方極樂七寶池
八功德水不思議 底有金沙岸香樹 蓮花踊出化生兒
閻浮託報女人胎 生熟二藏裏纏繞 亦至平安仍未語
無明人我逐身来 西方極樂有瓔珞 一託報出蓮臺
親見如来說妙法 自然解脫悟心開 念佛讚 念佛一聲一化佛
皆從口出坐紅蓮 念佛千聲千化佛 跏趺正座在吾前
每日常稱一万佛 計佛高位出梵天 歎我臨終值諸仏
迎將淨土證三賢 校量修禪念佛讚 如来說法元無二
只是衆生心不平 修禪志願禪心淨 念佛唯求化佛迎
一箇駕車山上走 一箇乘船水裏行 山木高低雖有異

皆從口出坐紅蓮　念佛千聲千化佛　跏趺玉座在吾前
每日常稱一万佛　計佛高位出梵天　取我臨終值諸佛
迎將淨土證三賢　校量於禪念佛讚　如來說法无無二
只是衆生心不平　於禪志願禪心淨　念佛唯求化佛迎
一箇駕車山上走　一箇乘船水東行　山峯高位雖有異
成功得雨俱平安　大衆欲往西方業　有罪无罪自應知
聞身康强不修福　臨渴掘井永難求　昔日少年兇猛盛
知今白髮亂如絲　眼見死時歸大地　不修十善待何時
觀彼弥陀極樂界　廣大寬平衆寶成　四十八願莊嚴起
超過佛刹最爲精　大國他方大海衆　窮劫算數不知名
普勸生西方同彼會　恒沙三昧自然成　釋迦慈悲遍諸界
蠢動含識普皆聆　意欲化令俱解脫　衆生罪業共無緣
所以總教歸淨土　弥陀宿昔共成因　非但娑婆人獨往
他方去者亦無邊　上行上輩上根人　求生淨土斷貪瞋
就行差品分三品　五門相續助三因　一日七日專精進
畢命乘臺出六塵　慶哉難逢今得遇　永證無爲法性身
中輩中行中根人　一日齋戒處金蓮　孝養父母教迴向
爲說西方快樂因　佛與聲聞衆來取　直到西方花座邊
百寶花籠經七日　三品蓮開證小真　下輩下行下根人
十惡五逆等貪瞋　四重偷僧謗正法　未曾慚愧悔前愆
終時苦相皆雲集　地獄猛火罪人前　忽遇往生善知識
急勸專稱彼佛名　弥陀攝化無厭足　悲心常遶世間行
但有傾心能念佛　毫相直照目前明　十方世界微塵衆
同時命盡願皆生　許彼衆生心樂欲　今身遍布一時迎

十惡五逆等貪嗔　四重偷僧謗正法　未曾慚愧悔前愆
終時苦相皆雲集　地獄猛火罪人前　忽遇往生善知識
急勸專稱彼佛名　彌陀攝化無厭足　悲心常逐世間行
但有須成能念佛　毫相直照目前明　十方世界薇塵眾
同時命盡願皆生　許彼眾生心樂欲　令身遍布一時迎
眾生未熟道成難　為待化緣兜率往　時乙句下諦心觀
人年八万方成道　三會途緣證卅　且共迴心生淨土
臨時隨意往生看　觀彼彌陀与眷屬　久於曩劫殖洪因
凡聖等皆同相好　人天一種紫金身　寶樹寶樓飛寶閣
寶池寶地寶成蓮　地及虛空賢聖滿　花中總是往生人
寶沙寶岸寶金沙　天樂音聲常遍滿　寶渠寶葉寶蓮花
十二由旬皆正等　寶羅寶網寶欄遮　德水分流尋寶樹
聞彼觀樂證悟訖　寄語有緣同行者　努力翻迷還本家
十方聲聞三世眾　窮劫算數不能知　諸佛如來方便化
咸令至果斷貪癡　指示西方安樂國　聞名皆恨往生遲
解脫之人猶願樂　凡夫不去欲何為　樂何諦樂難思議
无邊菩薩為同學　性海如來盡是師　渴聞般若絕思求
念食無生即斷飢　一切莊嚴皆說法　無心領納自然知
七覺花池隨意入　八輩凝神會一枝　彌陀心水沐身頂
觀音勢志與衣披　欻尒騰空遊法界　須臾受記号無為
如此逍遙快樂處　人今不去待何時　願共諸眾生往生安樂國
十五願　一願眾生普修道　二願一切莫生疑
[illegible]

觀音勢志與衣被　欻尒騰空与諸界　須臾受記号無爲
如此逍遥快樂處　人今不去待何時　願共諸衆生往生安樂國
十五願　一願衆生普修道　二願一切莫生疑
三願袈裟來掛躰　四願莫着女人衣　五願蔬終身斷
六願素面見如來　七願三塗無罪苦　八願捨離去慳財
九願衆生勤念佛　十願一切法門開　十一願衆生勤發願
十二願過往坐花臺　十三願衆生敬三寶　十四願惣向佛期
十五願西方生淨土　更莫閻浮重受胎　西方念佛讚
前緣正初同發願　共理今日道場緣　別後不知誰凶吉
唯聞哭泣遍村隣　攀目略觀大徒衆　不見一半去年人
衆生苦就戀攀緣　誰保更得見來春　天堂地獄門相對
草命无常難可惻　酒宍坐中爭覓走　彌陀會裏不來過
平安未曾聞礼拜　病痛始欲念彌陀　捨命定歸三惡道
男女哭泣祭君何　人身難得今皆得　中國難生復得生
何不於中勤精進　徒勞虛失一生年　贖香鋪前无箇往
賣宍行衆覓頭爭　其宍不是樹頭得　皆因煞害諸衆生
亦夫食宍无厭足　畜生常日怕刀光　猛火燒他骨觧爛
斬斫笇煎抄宍燋黃　三塗地獄皆親戚　眷屬輪轉作豬羊
欲識坐中盤上宍　還是過去向耶孃　一恨前身不修福
二恨託生在閻浮　三恨不逢善知識　四恨火宅難出頭
五恨貪財愛五欲　六恨長作務牛田　七恨前頭无住路
八恨虛然一代休　九恨命如當風燭　十恨死去沒人留

二恨託生在閻浮　三恨不逢善知識　四恨火宅難出頭
五恨貪財愛五欲　六恨長作務牛田　七恨前頭无住路
八恨虛然一代休　九恨命如當風燭　十恨死去没人留
死去緣何墮惡道　皆由男女被災殃　父母生時怜愛重
婚姻聚集作豬羊　地獄不見兒來代　受苦還是自身當
若有報恩慈孝子　布施修福爲卮攘　年命朝朝漸向盡
白髮日日驅前班　无常念念相催促　時流節氣改紅顏
譬知牽羊上市賣　步步餓死覓生難　人人不免黃泉路
一去无有得迴還　人生惜財不修福　譬如圈裏桂豬羊
繩索繫頸擬祭祀　還須乞乞食糟糠　地獄長抱眞乞苦
終日不聞弥陀聲　唯見牛頭叉雷震吼　刀山劍樹破身於
兩石碎身血流出　歷劫受苦更無停　一日千生還万死
斧頭割肉故嫌輕　阿鼻地獄終无間　鑊湯地獄未曾停
鐵犁牛地獄耕人舌　灰河地獄死還生　鐵床地獄燒身爛
黑闇地獄未曾明　八万劫中恒受苦　弥陀名号不聞聲
人生惜財不修福　愚癡顛倒寶難聞　莫言利得閻浮地
擧目誰保滿百年　捨命但知空手去　終不將錢入塚門
槽上龍馬千餘疋　終歸步步入黃泉

淨土樂讚　作法事了應誦此讚讚了即散

淨土樂　淨土樂　淨土不思議　淨土樂
弥陀住在寶城樓　淨土樂　傾心念念向西方　淨土樂
到彼三明八解脫　淨土樂　長樂五濁更何憂　淨土樂

淨土樂　淨土樂　淨土不思議　淨土樂
弥陀住在寶城樓　淨土樂　傾心念念向西方　淨土樂
到彼三明八解脫　淨土樂　長樂五濁更何憂　淨土樂
淨土樂　淨土樂　淨土不思議　淨土樂　已後准前偈和
寶樓寶閣寶金擎　池水金沙暎底清　法曲時時常供養
蓮花會裏說無為　寶臺寶閣寶真珠　寶殺端嚴金色軀
菩薩化生奏王調　嶽風五會演真如　渌水波浪透寶臺
寶殿光暉玉戶開　慈主遠聞三界子　惣須發願往生來
淨土樂　淨土樂　西方淨土甚快樂　淨土樂已後准前讚偈和
弥陀身量廣無涯　面似檀金裊鋒花　目若青蓮四大海
圓光化佛喻恒沙　弥陀本願大慈悲　此地愚人不覺知
九品蓮開化生子　愍念衆生出世運　弥陀香樹覺花開
切德池中座寶臺　三昧亭前求下脫　摩尼殿上礼如來
西方異鳥數無窮　白鶴孔雀及迦陵　鸚鵡頻伽說妙法
聲中演出大乘宗　如來尊號甚分明　十方世界普流行
但有稱名皆得往　觀音勢至自來迎　弥陀徒衆普慈心
怜愍衆生至意深　水鳥樹林說妙法　何況如來發妙音
如來本願特超殊　慈悲方便引凡愚　不問衆生皆度脫
稱名即得罪消除　弥陀端坐寶金樓　恒沙菩薩四邊遊
九類蒙光說妙法　聞者悟解永無憂　西方淨土離塵
衆生到即斷貪嗔　惣是善人菩薩衆　亦無惡趣及惡親
花幢八面掛金鈴　上下和音出妙聲　聞者皆言稱快樂
長劫不聞者上[illegible]　凡夫今得到西方　廣劫恒沙罪成亡

九類家光說妙法　聞者悟解永無憂　西方淨土離囂塵
衆生到即斷貪嗔　捴是善人菩薩衆　亦無惡趣及怨親
花幢八面掛金鈴　上下和音出妙聲　聞者皆言稱快樂
長劫不聞諸苦名　凡夫若得到西方　曠劫恒沙罪滅亡
具六神通得自在　永除老病離無常　西方淨土離胞胎
衆生到即出蓮臺　上品尋光昇寶座　下生障盡始花開
西方淨土七重欄　七寶莊嚴數百般　瑠璃作地黃金色
諸天樓閣与天連　西方淨土十方布　努力專求莫致疑
上品即證無生忍　下生障盡出娑婆　西方淨土更無過
閻浮撩苦罪人多　欲得今生出三界　唯願至意念彌陀
西方礼讃偈文　欲知何處苦偏多　唯有泥犁更莫過
罪人入逕後塵劫　受苦從頭無奈何　渴飲融銅餐鐵樹
飢飡猛火度灰河　願離此苦生安樂　來生淨土見彌陀
願共諸衆生往生安樂國　普勸道場敬三寶
地獄寒心不忍聞　一墮此苦恒沙劫　不知年歲永沉淪
遍身猛火鑊心出　五百銅狗競來多　灰河一日千回度
猶被拔舌絞刀輪　衆生如何不念佛　故乙將身入苦門
思惟餓鬼實堪怜　遍體由來猛燄然　兩耳不聞漿水字
一身惟有骨相連　值食將飡便作火　臨河欲飲見枯泉
願離此苦生安樂　長處西方坐寶蓮　迷逢一配畜生身
逕歷多年受苦辛　嚴冬露地居寒雪　盛夏當街卧閣塵
衣裳盡用皮毛覆　飲食唯將水草弥　願離此苦生安樂
長處西方坐寶蓮　人身雖復甚難求　得已還生万種憂

逕歷多年受苦辛　嚴冬露地居寒雪　盛夏當街卧闇塵
衣裳盡用皮毛覆　飲食唯將水草珎　願離此苦生安樂
長處西方坐寶蓮　人身雖復甚難求　得已還生万種憂
始見紅顏花欲茂　俄然白髮颾成秋　魂魄散身歸塚
命盡形消肉重坵　如何不樂生安樂　永座金臺佛國遊
五濁衆生難共語　十惡凡夫異種癡　貪愛眼前財色利
不覺此身霜露危　無常煞鬼臨頭上　忽被他將誰得知
不肯今時專念佛　臨時懺悔欲何為
迴向發願文　願弟子厶乙衆等普及法界衆生臨命終
時心不顛倒心不錯乱身心無諸苦痛身心安隱身心快樂
如入禪定聖衆現前乘佛本願上品往生弥陁佛國到彼
國已得六神通迴入十方界救受苦衆生虛空無有盡我願
亦如是發願已至心歸命頂礼西方阿弥陁佛　善道禪師勸善文
至心歸命礼西方阿弥陁佛　欲覓當生處　西方最可歸　蘘樹開重閣
寶殿逐身非　香飯隨心至　蓮路普仙衣　有緣皆得往　自恨去人希
願共諸衆生往生安樂　至心歸命礼西方阿弥陁佛　佛在西方極樂國
普勸同心一處生　无問貴賤皆昭引　只是凡夫業不成　第一念佛常莫妄
第二心口會須明　三者勸脩六度行　四者莫聞外道及聲名　若能合如佛意
彼國蓮華向東傾　臨欲終時逐往彼　隨佛六道救衆生　願共諸衆生往生安
樂國　至心歸命礼西方阿弥陁佛　六道衆生不可救　見仏光明不發心　弥陁親喚
不肯去　牛頭獄卒驚來擒　業政佛救亦不免　鑊湯爐炭轉加深　佛問此人有
何罪　飲酒食肉及邪婬　並勸道場諸貴等　願捨閻浮農血身
願共諸衆生往生安樂國　至心歸命礼西方阿弥陁佛　今觀此身實可厭

樂國　至心歸命礼西方阿弥陀佛　六道衆生不可救　見仏光明不發心　弥陀親喚
不肯去　牛頭獄卒競來擒　業政佛救亦不免　鑊湯爐炭轉加深　佛問此人有
何罪　飲酒食肉及邪婬　並勸道場諸貴等　願捨閻浮農血身
願共諸衆生往生安樂國　至心歸命礼西方阿弥陀佛　今觀此身實可厭
種種不淨實名人　三百硊骨相交發　處處何曾有分真　只為四大從疾餓
終歸地下成灰塵　煩惱熾盛無休息　並是三塗波浪因　普勸道場諸貴
等　願捨閻浮農血身　願共諸衆生往生安樂國　至心歸命礼西方阿弥陀
佛　三塗一入難迴出　歷劫受罪自身當　臨欲命終無善業　心中怕懼實
佪惶　阿賴耶識受諸苦　大四深理玉底藏　今得人身不念佛　來生還界
作毛衣　願共諸衆生往生安樂國　至心歸命礼西方阿弥陀佛　毛裹帶角
甲畜生身　与我前身無善因　煞生偷盜無休息　輕慢師僧傍二親　飲酒
食肉無慚愧　今日受苦向誰陳　口中横罵語不得　種種從他鞭打身
不覺眼前番類下　普勸衆生皆發心　願共諸衆生往生安樂國　至心歸
命礼西方阿弥陀佛　大衆長迷於闇室　昏昏惠瞎未曾明　今日希逢善友
教　宿夜思量心自驚　无常大像恒吞噉　察命司錄鎮相迎　一朝无
常黄泉下　三塗受苦苦為生　願共諸衆生往生安樂國　至心歸命
礼西方阿弥陀佛　天堂快樂人希見　地獄有苦覓來投　眼覓覓行

善得善報　眼覓行惡惡多憂　憂去一身不惜命　善法不肯至心求　定墮阿
鼻十八獄　輪迴六道趣何休　普勸道場諸貴等　一切衆等普慈流
願共諸衆生往生安樂國　至心歸命礼西方阿弥陀佛　大衆欲往西方業
有罪無罪自然知　舊日少年免猛盛　如今白髮乱如絲　眼覓時年歸
大地　不脩十善待何時　獨坐蓮華合兩首　如此去者世間希　願共諸
衆生往生安樂國　至心歸命礼西方阿弥陀佛　憶想母腸受胎時　農血
衆業風吹　五母台中成人相　唯食不淨乃充飢　月滿當時欲分解
慈母悶絶徹心髀　孝順男女身安穩　不孝兒子母身衰　憶想母生受

大地　不備十善待何時　獨坐蓮華合兩首　如此去者世間希　願共諸
衆生往生安樂國　至心歸命禮西方阿彌陀佛　憶想母腸受台時　農血
衆葉風吹　五母台中成人相　唯食不淨乃充飢　月滿當時欲分解
慈母悶絶徹心髀　孝順男女身安穩　不孝兒子母身衰　憶想母生受
新苦　努力報慈恩　願共諸衆生往生安樂國　至心歸命禮西方阿
彌陀佛　並爲帝主人王師僧父母　同發善心　歸命懺悔　弟子自從无量
生死已來所作衆罪加因緣　不孝父母謗三寶　我今懺悔願滅除　唯願
速見彌陀佛　何將卧禪偈　吾有方寸珎　及与世間人不同　鑚之即大出
斫之即大通　海水朝毛孔　須彌納介中　願共諸衆生往生安樂國　至心
歸命禮西方阿彌陀佛　達摩禪師偈　口傳文字界　思遊妄想禪
佛法无南北　何處覓西東　細心不用求　布施不須十　定心單念佛　端
坐見如來　我交如來有威德　坐卧談論妙法華　口卧恒宣般若偈　足蹈
千葉是蓮華　四天門王爲弟子　遮莫耶摩盧度沙　願共諸衆生
往生安樂國　至心歸命禮西方阿彌陀佛　歇却无明被　端坐向心看
乹闥婆戍食香飯　端毛孔裊坐三禪　願共諸衆生往生安樂國　至心
歸命禮西方阿彌陀佛　涅槃噬鐵法　秘密不交人　心中恒用識　當度
有緣人　願共諸衆生往生安樂國
西方淨土讚文一卷

大般若波羅蜜多經卷第三百九十二
初分成熟有情品第七十一之三
具壽舍利子白佛言世尊云何
脩行般若波羅蜜多時方便善巧
善巧力故雖觀諸法皆無自性都
依世俗發趣無上正等菩提爲諸有情
宣說令得正解遠離顛倒佛告舍利子諸菩
薩摩訶薩脩行般若波羅蜜多時方便善巧
者謂都不見有少實法可於中住由於中住
而有罣礙由罣礙故而有退沒由退沒故心

BD05442號　大般若波羅蜜多經卷三九二　（21–1）

脩行般若波羅蜜多時方便善
善巧力故雖觀諸法皆無自性都
依世俗發趣無上正等菩提爲諸有情
宣說令得正解遠離顛倒佛告舍利子諸菩
薩摩訶薩脩行般若波羅蜜多時方便善巧
者謂都不見有少實法可於中住由於中住
而有罣礙由罣礙故而有退沒由退沒故心
便劣弱心劣弱故便生懈怠舍利子以一切
法都無實事無我我所皆以無性而爲自性
本性空寂自相空寂唯有一切愚夫異生迷
謬顛倒執著色蘊執著受想行識蘊執著眼
處執著耳鼻舌身意處執著色處執著聲香
味觸法處執著眼界執著耳鼻舌身意界執
著色界執著聲香味觸法界執著眼識界執
著耳鼻舌身意識界執著眼觸執著耳鼻舌
身意觸執著眼觸爲緣所生諸受執著耳鼻
舌身意觸爲緣所生諸受執著地界執著水
火風空識界執著因緣執著等無間緣所緣
緣增上緣執著從緣所生諸法執著無明執
著行識名色六處觸受愛取有生老死愁歎
苦憂惱執著布施波羅蜜多執著淨戒安忍
精進靜慮般若波羅蜜多執著內空執著外
空內外空空空大空勝義空有爲空無爲空
畢竟空無際空散空無變異空本性空自相
空共相空一切法空不可得空無性空自性
空無性自性空執著四念住執著四正斷四
神足五根五力七等覺支八聖道支執著苦
聖諦執著集滅道聖諦執著四靜慮執著四

BD05442號　大般若波羅蜜多經卷三九二　（21–2）

畢竟空無際空散空無變異空本性空自相
空共相空一切法空不可得空無性空自性
空無性自性空執著四念住執著四正斷四
神足五根五力七等覺支八聖道支執著苦
聖諦執著集滅道聖諦執著四靜慮執著四
無量四無色定執著八解脫執著八勝處九
次第定十遍處執著陁羅尼門執著三摩地
門執著空解脫門執著無相無願解脫門執
著極喜地執著離垢地發光地焰慧地極難
勝地現前地遠行地不動地善慧地法雲地
執著五眼執著六神通執著佛十力執著四
無所畏四無礙解大慈大悲大喜大捨十八
佛不共法執著三十二大士相執著八十隨
好執著無忘失法執著恒住捨性執著一切
智執著道相智一切相智執著預流果執著
一來不還阿羅漢果獨覺菩提執著一切菩
薩摩訶薩行執著諸佛無上正等菩提執著
異生執著預流一來不還阿羅漢獨覺菩薩
摩訶薩如來應正等覺
舍利子由是因緣諸菩薩摩訶薩觀一切法
都無實事無我我所皆以無性而為自性本
性空寂自相空寂脩行般若波羅蜜多自立
如幻師為有情說法謂慳貪者為說布施令
脩布施波羅蜜多若破戒者為說淨戒令脩
淨戒波羅蜜多若瞋忿者為說安忍令脩安
忍波羅蜜多若懈怠者為說精進令脩精進
波羅蜜多若散亂者為說靜慮令脩靜慮波

性空寂自相空寂脩行般若波羅蜜多自立
如幻師為有情說法謂慳貪者為說布施令
脩布施波羅蜜多若破戒者為說淨戒令脩
淨戒波羅蜜多若瞋忿者為說安忍令脩安
忍波羅蜜多若懈怠者為說精進令脩精進
波羅蜜多若散亂者為說靜慮令脩靜慮波
羅蜜多若愚癡者為說般若令脩般若波羅
蜜多舍利子是菩薩摩訶薩安立有情令住
布施淨戒安忍精進靜慮般若波羅蜜多已
復為宣說能出生死殊勝聖法諸有情類依
之脩學或得預流果或得一來果或得不還
果或得阿羅漢果或得獨覺菩提或入菩薩
摩訶薩位或得無上正等菩提
尒時舍利子白佛言世尊諸菩薩摩訶薩脩
行般若波羅蜜多時云何不名有所得者謂
諸有情實無所有而令安住布施淨戒安忍
精進靜慮般若波羅蜜多復為宣說能出生
死殊勝聖法或令得預流果或令得一來不
還阿羅漢果獨覺菩提或令入菩薩摩訶薩
位或令得無上正等菩提佛告舍利子諸菩
薩摩訶薩脩行般若波羅蜜多時於諸有情
非有所得何以故舍利子是菩薩摩訶薩脩
行般若波羅蜜多時不見有情少實可得唯
有世俗假說有情舍利子是菩薩摩訶薩脩
行般若波羅蜜多時安住二諦為諸有情宣
說正法何謂二諦謂世俗諦及勝義諦舍利
子雖二諦中有情不可得有情施設亦不可

行般若波羅蜜多時不見有情少實可得唯
有世俗假說有情舍利子是菩薩摩訶薩脩
行般若波羅蜜多時安住二諦為諸有情宣
說正法何謂二諦謂世俗諦及勝義諦舍利
子雖二諦中有情不可得有情施設亦不可
得而諸菩薩摩訶薩脩行般若波羅蜜多方
便善巧為諸有情宣說法要諸有情類聞是
法已於現法中尚不得我何况當得所求果
證如是舍利子菩薩摩訶薩脩行般若波羅
蜜多方便善巧雖為有情宣說正法令脩正
行得所證果而心於彼都無所得
具壽舍利子白佛言世尊此諸菩薩摩訶薩
是真菩薩摩訶薩雖於諸法不得一性不得
異性不得揔性不得別性而攝如是大功德
鎧由攝如是大功德鎧不現欲界不現色界
不現無色界不現有為界不現無為界雖化
有情令脫三界而於有情都無所得亦復不
得有情施設有情施設不可得故無縛無解
無縛解故無染無淨無染淨故諸趣差別不
可了知諸趣差別不可了知故無業無煩惱
無業煩惱故亦無異熟果既無異熟果如何
得有我及有情流轉諸趣現於三界種種差
別佛告舍利子如是如是如汝所說舍利子
若有情類先有後無菩薩如來應有過失若
諸趣生死先有後無則菩薩如來亦有過失
先無後有理亦不然是故舍利子如來出世
若不出世法相常住終無改轉以一切法法

BD05442號　大般若波羅蜜多經卷三九二　(21–5)

別佛告舍利子如是如是如汝所說舍利子
若有情類先有後無菩薩如來應有過失若
諸趣生死先有後無則菩薩如來亦有過失
先無後有理亦不然是故舍利子如來出世
若不出世法相常住終無改轉以一切法法
性法界法住法定真如實際不虛妄性不變
異性猶如虛空此中尚無我無有情無命者
無生者無養者無士夫無補特伽羅無意生
無儒童無作者無使作者無起者無使起者
無受者無使受者無知者無使知者無見者
無使見者况當有色有受想行識有眼處有
耳鼻舌身意處有色處有聲香味觸法處有
眼界有耳鼻舌身意界有色界有聲香味觸
法界有眼識界有耳鼻舌身意識界有眼觸
有耳鼻舌身意觸有眼觸為緣所生諸受有
耳鼻舌身意觸為緣所生諸受有地界有水
火風空識界有諸緣起有緣生法有緣起支
既無如是所說諸法云何當有諸趣生死諸
趣生死既不可得云何當有成熟有情令其
解脫唯依世俗假說為有
舍利子以如是法自性皆空諸菩薩摩訶薩
從過去佛如實聞已為脫有情顛倒執著發
趣無上正等菩提於發趣時不作是念我於
此法已得當得令彼有情已度當度所執著
處生死衆苦舍利子是菩薩摩訶薩為脫有
情顛倒執著攝功德鎧大誓莊嚴勇猛正勤
無所顧悋不退無上正等菩提常於菩提不

BD05442號　大般若波羅蜜多經卷三九二　(21–6)

趣無上正等菩提於彼趣時不作是念我拔
此法已得當得令彼有情已度當度所執著
處生死衆苦舍利子是菩薩摩訶薩爲脫有
情顛倒執著擐功德鎧大誓莊嚴勇猛正勤
無所顧恡不退無上正等菩提常於菩提不
起猶豫謂我當證不當證耶恒作是思我必
當證所求無上正等菩提作諸有情真實饒
益謂令解脫迷謬顛倒諸趣往來受生死苦
舍利子是菩薩摩訶薩雖脫有情迷謬顛倒
諸趣生死而無所得但依世俗說有是事
舍利子如巧幻師或彼弟子用帝網術化作
無量百千俱胝諸有情類復化種種上妙飲
食與化有情皆令飽滿作是事已歡喜唱言
我已獲得廣大福聚舍利子於汝意云何如
是幻師或彼弟子實令有情得飽滿不舍利
子言不也世尊不也善逝佛告舍利子菩薩
摩訶薩亦復如是從初發心爲欲度脫諸有
情故脩行布施波羅蜜多脩行淨戒安忍精
進靜慮般若波羅蜜多安住內空安住外空
內外空空空大空勝義空有爲空無爲空畢
竟空無際空散空無變異空本性空自相空
共相空一切法空不可得空無性空自性空
無性自性空脩行四念住脩行四正斷四神
足五根五力七等覺支八聖道支安住苦聖
諦安住集滅道聖諦脩行四靜慮脩行四無
量四無色定脩行八解脫脩行八勝處九次
第定十遍處脩行陀羅尼門脩行三摩地門

BD05442號　大般若波羅蜜多經卷三九二

（21–7）

無性自性空脩行四念住脩行四正斷四神
足五根五力七等覺支八聖道支安住苦聖
諦安住集滅道聖諦脩行四靜慮脩行四無
量四無色定脩行八解脫脩行八勝處九次
第定十遍處脩行陀羅尼門脩行三摩地門
脩行空解脫門脩行無相無願解脫門脩行
極喜地脩行離垢地發光地焰慧地極難勝
地現前地遠行地不動地善慧地法雲地脩
行五眼脩行六神通脩行佛十力脩行四無
所畏四無礙解大慈大悲大喜大捨十八佛
不共法脩行三十二大士相脩行八十隨好
脩行無忘失法脩行恒住捨性脩行一切智
脩行道相智一切相智圓滿菩薩摩訶薩大
菩提道成熟有情嚴淨佛土舍利子諸菩薩
摩訶薩雖作是事而於有情及一切法都無
所得不作是念我以此法調伏如是諸有情
類
尒時具壽善現白佛言世尊何謂菩薩摩訶
薩大菩提道諸菩薩摩訶薩脩行此道方便
善巧成熟有情嚴淨佛土佛告善現諸菩薩
摩訶薩從初發心所行布施波羅蜜多所行
淨戒安忍精進靜慮般若波羅蜜多所行內
空所行外空內外空空空大空勝義空有爲
空無爲空畢竟空無際空散空無變異空本
性空自相空共相空一切法空不可得空無
性空自性空無性自性空所行四念住所行
四正斷四神足五根五力七等覺支八聖道
支所行苦聖諦所行集滅道聖諦所行

BD05442號　大般若波羅蜜多經卷三九二

（21–8）

空所行外空內外空空空大空勝義空有爲
空無爲空畢竟空無際空散空無變異空本
性空自相空共相空一切法空不可得空無
性空自性空無性自性空所行四念住所行
四正斷四神足五根五力七等覺支八聖道
支所行苦聖諦所行集滅道聖諦所行四靜
慮所行四無量四無色定所行八解脫所行
八勝處九次第定十遍處所行陁羅尼門所
行三摩地門所行空解脫門所行無相無願
解脫門所行極喜地所行離垢地發光地焰慧
地極難勝地現前地遠行地不動地善慧
地法雲地所行五眼所行六神通所行佛十
力所行四無所畏四無礙解大慈大悲大喜
大捨十八佛不共法所行無忘失法所行恒
住捨性所行一切智所行道相智一切相智
及餘無量無邊佛法皆是菩薩摩訶薩大菩
提道諸菩薩摩訶薩脩行此道方便善巧成
熟有情嚴淨佛土而無有情佛土等想
具壽善現白佛言世尊云何菩薩摩訶薩脩
行布施波羅蜜多方便善巧成熟有情佛告
善現有菩薩摩訶薩脩行布施波羅蜜多時
方便善巧自行布施亦勸他行布施殷勤教
授教試彼言諸善男子勿著布施若著布施
當更受身若更受身由斯展轉當受無量極
利大苦諸善男子勝義諦中都無布施亦無
施者亦無受者亦無施物亦無施果如是諸
法皆本性空本性空中無法可取諸法空性
亦不可取如是善現諸菩薩摩訶薩脩行布

BD05442號　大般若波羅蜜多經卷三九二　（21–9）

當更受身若更受身由斯展轉當受無量極
利大苦諸善男子勝義諦中都無布施亦無
施者亦無受者亦無施物亦無施果如是諸
法皆本性空本性空中無法可取諸法空性
亦不可取如是善現諸菩薩摩訶薩脩行布
施波羅蜜多時雖於有情自行於施亦勸他
施而於布施施者受者施物施果皆無所得
如是布施波羅蜜多名無所得波羅蜜多是
菩薩摩訶薩於此諸法無所得時方便善巧
能化有情得預流果或一來果或不還果或
阿羅漢果或獨覺菩提或趣無上正等菩提
如是善現諸菩薩摩訶薩脩行布施波羅蜜
多時依布施法成熟有情令獲利樂
善現是菩薩摩訶薩自行布施波羅蜜多亦
勸他行布施波羅蜜多無倒稱揚行布施波
羅蜜多法歡喜讚歎行布施波羅蜜多者善
現是菩薩摩訶薩脩行如是大布施已或生
刹帝利大族或生婆羅門大族衆
同分中或生長者大族衆同分中或生居士
大族衆同分中或作小王於小國土富貴自
在或作大王於大國土富貴自在或作輪王
於四洲界富貴自在善現是菩薩摩訶薩生
如是等諸尊貴處以四攝事攝諸有情何等
爲四一者布施二者愛語三者利行四者同
事是菩薩摩訶薩以四攝事攝有情時先教
有情安住布施由是漸次令住淨戒安忍精
進靜慮般若復令安住四靜慮四無量四無

BD05442號　大般若波羅蜜多經卷三九二　（21–10）

爲四一者布施二者愛語三者利行四者同
事是菩薩摩訶薩以四攝事攝有情時先教
有情安住布施由是漸次令住淨戒安忍精
進靜慮般若復令安住四靜慮四無量四無
色定復令安住四念住四正斷四神足五根
五力七等覺支八聖道支復令安住空三摩
地無相三摩地無願三摩地是菩薩摩訶薩
令諸有情住如是等諸善法已或令趣入正
性離生得預流果得一來果得不還果得阿
羅漢果或令趣入正性離生漸次證得獨覺
菩提或令趣入正性離生漸次脩學諸菩薩
地速趣無上正等菩提復告彼言諸善男子
當發大願速趣無上正等菩提作諸有情利
益安樂諸有情類所著諸法都無自性但由
顛倒虛妄分別謂之爲有是故汝等常當精
勤自斷顛倒亦應教化令斷顛倒自脫生死
亦應教他令脫生死自獲大利亦應教他令
獲大利

善現諸菩薩摩訶薩常應如是脩行布施波
羅蜜多由此布施波羅蜜多從初發心乃至
究竟不墮惡趣爲欲饒益諸有情故多生人
趣作轉輪王所以者何隨種勢力獲如是果
謂彼菩薩作輪王時見乞者來便作是念我
爲何事流轉生死作轉輪王豈我不爲利樂
有情住生死中受斯勝果不由餘事作是念
已告乞者言隨汝所須皆當施與汝取物時
如取己物勿作他想所以者何我爲汝等得

爲何事流轉生死作轉輪王豈我不爲利樂
有情住生死中受斯勝果不由餘事作是念
已告乞者言隨汝所須皆當施與汝取物時
如取己物勿作他想所以者何我爲汝等得
利樂故而受此身積集財物故此財物是汝
等有隨汝自取若自受用若轉施他莫有疑
難是菩薩摩訶薩如是饒益諸有情時無緣
大悲速得圓滿由此大悲速圓滿故雖常利
樂無量有情而於有情都無所得亦復不得
所獲勝果能如實知但由假想世俗言說施
設利樂諸有情事又如實知所施設事皆如
谷響雖現似有而無真實由此於法都無所
取

善現諸菩薩摩訶薩常應如是脩行布施波
羅蜜多謂於有情都無所悋乃至能施自身
骨肉况不能捨諸外資具謂諸資具攝受有
情令速解脫生老病死時具壽善現白佛言
世尊何等資具攝諸有情令速解脫生老病
死佛告善現所謂布施波羅蜜多資具若淨
戒安忍精進靜慮般若波羅蜜多資具若內
空資具若外空內外空空空大空勝義空有
爲空無爲空畢竟空無際空散空無變異空
本性空自相空共相空一切法空不可得空
無性空自性空無性自性空資具若四念住
資具若四正斷四神足五根五力七等覺支
八聖道支資具若苦聖諦資具若集滅道聖

為空無為空畢竟空無際空散空無變異空
本性空自相空共相空一切法空不可得空
無性空自性空無性自性空資具若四念住
資具若四正斷四神足五根五力七等覺支
八聖道支資具若苦聖諦資具若集滅道聖
諦資具若四靜慮資具若四無量四無色定
資具若八解脫資具若八勝處九次第定十
遍處資具若陀羅尼門資具若三摩地門資
具若空解脫門資具若無相無願解脫門資
具若極喜地資具若離垢地發光地焰慧地
極難勝地現前地遠行地不動地善慧地法
雲地資具若五眼資具若六神通資具若佛
十力資具若四無所畏四無礙解大慈大悲
大喜大捨十八佛不共法資具若無忘失法
資具若恒住捨性資具若一切智資具若道
相智一切相智資具若預流果資具若一來
不還阿羅漢果獨覺菩提資具若一切菩薩
摩訶薩行資具若諸佛無上正等菩提資具
善現如是資具攝諸有情令速解脫生老病
死諸菩薩摩訶薩恒以如是種種資具攝諸
有情令得解脫生老病死獲大義利
復次善現諸菩薩摩訶薩安住布施波羅蜜
多自行布施勸諸有情行布施已見諸有情
毀犯淨戒深生憐愍而告彼言汝等皆應受
持淨戒我當供汝所須飲食衣服卧具舍宅
車乘末尼真珠吠瑠璃寶頗胝迦寶帝青大
青金銀璧玉螺貝珊瑚及餘種種多價珎寶

BD05442號　大般若波羅蜜多經卷三九二　（21–13）

毀犯淨戒深生憐愍而告彼言汝等皆應受
持淨戒我當供汝所須飲食衣服卧具舍宅
車乘末尼真珠吠瑠璃寶頗胝迦寶帝青大
青金銀璧玉螺貝珊瑚及餘種種多價珎寶
香花幡蓋病緣醫藥乃至種種餘資生具
皆相給施令無所乏汝等由之諸資生具
毀犯淨戒作諸惡業我當隨汝所乏資具飲
食乃至病緣醫藥及餘所乏皆當供施汝等
安住律儀戒已漸次當能作苦邊際或依聲
聞乘而得出離或依獨覺乘而得出離或依
無上乘而得出離善現是菩薩摩訶薩安住
布施波羅蜜多自受持淨戒亦勸他受持淨
戒無倒稱揚受持淨戒法歡喜讚歎受持淨
戒者如是善現諸菩薩摩訶薩脩行布施波
羅蜜多勸諸有情安住淨戒解脫生死得勝
利樂
復次善現諸菩薩摩訶薩安住布施波羅蜜
多見諸有情更相瞋忿深生憐愍而告之言
汝等何緣手起憤恚汝等若為有所遺乏展
轉相緣起斯惡者應從我索我當濟汝隨汝
所須飲食衣服卧具宅舍車乘僮僕珎寶花
香病緣醫藥伎樂幡蓋纓絡燈明及餘種種
所須資具皆當施汝令無遺乏汝等不應手
相瞋忿應脩安忍共起慈心善現是菩薩摩
訶薩安住布施波羅蜜多勸諸有情脩安忍
已欲令堅固復告之言瞋忿因緣都無定實
皆從虛妄分別所生以一切法本性空故汝

BD05442號　大般若波羅蜜多經卷三九二　（21–14）

相瞋忿應脩安忍共起慈心善現是菩薩摩
訶薩安住布施波羅蜜多勸諸有情脩安忍
已欲令堅固復告之言瞋忿因緣都無定實
皆從虛妄分別所生以一切法本性空故汝
等何緣於無實事妄起憤恚手相罵辱執刀
杖等而相加害汝等勿緣虛妄分別横生瞋忿
造諸惡業當墮地獄傍生鬼界及餘惡處受
諸劇苦其苦楚毒剛強猛利遍切身心冣極
難忍汝等勿執非實有事妄起憤恚作斯罪
業因此罪業下劣人身尚難可得况生佛世
汝等應知人身難得佛世難值生信復難汝
等今者既具斯事勿由憤恚而失好時若失
此時則難救療是故汝等於諸有情勿起忿
恚當脩安忍善現是菩薩摩訶薩安住布施
波羅蜜多自行安忍亦勸他行安忍無倒稱
揚行安忍法歡喜讚歎行安忍者如是善現
諸菩薩摩訶薩安住布施波羅蜜多勸諸有
情脩行安忍諸有情類由斯展轉漸依三乘
而得解脫謂或依聲聞乘而得解脫或依獨
覺乘而得解脫或依大乘而得解脫
復次善現諸菩薩摩訶薩安住布施波羅蜜
多見諸有情身心懈怠深生憐愍而告之言
汝等何緣不勤精進脩諸善法而生懈怠彼
作是言我之資具故於善事不獲專脩菩薩
告言我能施汝所乏資具汝應專脩布施淨
戒安忍等法時諸有情得是菩薩所施資具
無所乏少便能發起身心精進脩諸善法速

BD05442 號　大般若波羅蜜多經卷三九二　（21–15）

汝等何緣不勤精進脩諸善法而生懈怠彼
作是言我之資具故於善事不獲專脩菩薩
告言我能施汝所乏資具汝應專脩布施淨
戒安忍等法時諸有情得是菩薩所施資具
無所乏少便能發起身心精進脩諸善法速
得圓滿由諸善法得圓滿故漸次引生諸無
漏法由無漏法或得預流一來不還阿羅漢
果或有獲得獨覺菩提或有趣入諸菩薩地
漸得無上正等菩提善現是菩薩摩訶薩安
住布施波羅蜜多自行精進亦勸他行精進
無倒稱揚行精進法歡喜讚歎行精進者如
是善現諸菩薩摩訶薩安住布施波羅蜜多
令諸有情遠離懈怠勤脩諸善速得解脫
復次善現諸菩薩摩訶薩安住布施波羅蜜
多見諸有情散亂失念深生憐愍而告之言
汝等何緣不脩靜慮散亂失念沉淪生死彼
作是言我之資具故於靜慮不能脩習菩薩
告言我能施汝所乏資具汝等從今不應復
起虛妄尋伺攀緣內外擾亂自心時諸有情
得是菩薩所施資具無所乏少便能伏斷虛
妄尋伺入初靜慮漸次復入第二第三第四
靜慮依諸靜慮復能發起慈悲喜捨四種梵
住依靜慮無量為所依止復能漸入四無色定
靜慮無量無色調心令柔濡已脩四念住四
正斷四神足五根五力七等覺支八聖道支
空無相無願解脫門等種種善法隨其所應
得三乘果謂或證得聲聞涅槃或有證得獨

BD05442 號　大般若波羅蜜多經卷三九二　（21–16）

住靜慮無量為所依止復能漸入四無色定
靜慮無量無色調心令柔濡已修四念住四
正斷四神足五根五力七等覺支八聖道支
空無相無願解脫門等種種善法隨其所應
得三乘果謂或證得聲聞涅槃或有證得獨
覺涅槃或證無上正等菩提善現是菩薩摩
訶薩安住布施波羅蜜多自修靜慮亦勸他
修靜慮無倒稱揚修靜慮法歡喜讚歎修靜
慮者如是善現諸菩薩摩訶薩安住布施波
羅蜜多勸諸有情遠離散亂修諸靜慮作大
饒益
復次善現諸菩薩摩訶薩安住布施波羅蜜
多見諸有情愚癡顛倒深生憐愍而告之言
汝等何緣不修般若愚癡顛倒生死輪迴彼
作是言我之資具於勝智慧不能修習菩薩
告言我能施汝所之資具汝可受之先修布
施淨戒安忍精進靜慮得圓滿已應審觀察
諸法實相修行般若波羅蜜多謂於尒時應
審觀察為有少法而可得不謂若我若有情
命者生者養者士夫補特伽羅意生儒童作
者使作者起者使起者受者使受者知者使
知者見者使見者為可得不若色若受想行
識為可得不若眼處若耳鼻舌身意處為可
得不若色處若聲香味觸法處為可得不若
眼界若耳鼻舌身意界為可得不若色界若
聲香味觸法界為可得不若眼識界若耳鼻
舌身意識界為可得不若眼觸若耳鼻舌身
意觸為可得不若眼觸為緣所生諸受若耳鼻舌身

識為可得不若眼處若耳鼻舌身意處為可
得不若色處若聲香味觸法處為可得不若
眼界若耳鼻舌身意界為可得不若色界若
聲香味觸法界為可得不若眼識界若耳鼻
舌身意識界為可得不若眼觸若耳鼻舌身
意觸為可得不若眼觸為緣所生諸受若耳
鼻舌身意觸為緣所生諸受為可得不若地
界若水火風空識界為可得不若因緣若等
無間緣所緣緣增上緣為可得不若從緣所
生諸法為可得不若無明若行識名色六處
觸受愛取有生老死愁歎苦憂惱為可得不
若欲界若色無色界為可得不若布施波羅
蜜多若淨戒安忍精進靜慮般若波羅蜜多
為可得不若內空若外空內外空空空大空
勝義空有為空無為空畢竟空無際空散空
無變異空本性空自相空共相空一切法空
不可得空無性空自性空無性自性空為可
得不若四念住若四正斷四神足五根五力
七等覺支八聖道支為可得不若苦聖諦若
集滅道聖諦為可得不若四靜慮若四無量
四無色定為可得不若八解脫若八勝處九
次第定十遍處為可得不若陀羅尼門若三
摩地門為可得不若空解脫門若無相無願
解脫門為可得不若極喜地若離垢地發光
地焰慧地極難勝地現前地遠行地不動地
善慧地法雲地為可得不若五眼若六神通
為可得不若佛十力若四無所畏四無礙
解大慈大悲大喜大捨十八佛不共法若

摩地門為可得不若空解脫門若無相無願
解脫門為可得不若極喜地若離垢地發光
地焰慧地極難勝地現前地遠行地不動地
善慧地法雲地為可得不若五眼若六神通
為可得不若佛十力若四無所畏四無礙
解大慈大悲大喜大捨十八佛不共法為
可得不若無忘失法若恒住捨性為可得不
若一切智若道相智一切相智為可得不若
預流果若一來不還阿羅漢果獨覺菩提為
可得不若一切菩薩摩訶薩行若諸佛無上
正等菩提為可得不彼諸有情既得資具無
所乏少依菩薩語先修布施淨戒安忍精進
靜慮得圓滿已復審觀察諸法實相修行般
若波羅蜜多審觀察時如先所說諸法實性
皆不可得不可得故無所執著不執著故不
見少法有生有滅有染有淨彼於諸法無所
得時於一切處不起分別謂不分別此是地
獄此是傍生此是鬼界此是阿素洛此是人
此是天此是持戒此是犯戒此是異生此是
聖者此是預流此是一來此是不還此是阿
羅漢此是獨覺此是菩薩此是如來此是有
為法此是無為法彼由如是無分別故隨其
所應漸次證得三乘涅槃謂聲聞乘或獨覺
乘或無上乘善現是菩薩摩訶薩安住布施
波羅蜜多自修般若亦勸他修般若無倒稱
揚修般若法歡喜讚歎修般若者如是善現
諸菩薩摩訶薩安住布施波羅蜜多勸諸有

BD05442號　大般若波羅蜜多經卷三九二

（21–19）

為法此是無為法彼由如是無分別故隨其
所應漸次證得三乘涅槃謂聲聞乘或獨覺
乘或無上乘善現是菩薩摩訶薩安住布施
波羅蜜多自修般若亦勸他修般若無倒稱
揚修般若法歡喜讚歎修般若者如是善現
諸菩薩摩訶薩安住布施波羅蜜多勸諸有
情修行般若令獲殊勝利益安樂
復次善現諸菩薩摩訶薩安住布施波羅蜜
多自行布施淨戒安忍精進靜慮般若波羅
蜜多亦勸他行布施淨戒安忍精進靜慮般
若波羅蜜多已復見有情輪迴諸趣受無量
苦未得解脫欲令彼脫生死苦故先以種種
資具饒益後以出世諸無漏法方便善巧而
攝受之彼諸有情既得資具無所乏少身心
勇決能住內空外空內外空空空大空勝義
空有為空無為空畢竟空無際空散空無變
異空本性空自相空共相空一切法空不可
得空無性空自性空無性自性空亦能修四
念住四正斷四神足五根五力七等覺支八
聖道支亦能住苦聖諦集滅道聖諦亦能修
四靜慮四無量四無色定亦能修八解脫八
勝處九次第定十遍處亦能修陀羅尼門三
摩地門亦能修空解脫門無相無願解脫門
亦能修極喜地離垢地發光地焰慧地極難
勝地現前地遠行地不動地善慧地法雲地
亦能修五眼六神通亦能修佛十力四無所
畏四無礙解大慈大悲大喜大捨十八佛不

BD05442號　大般若波羅蜜多經卷三九二

（21–20）

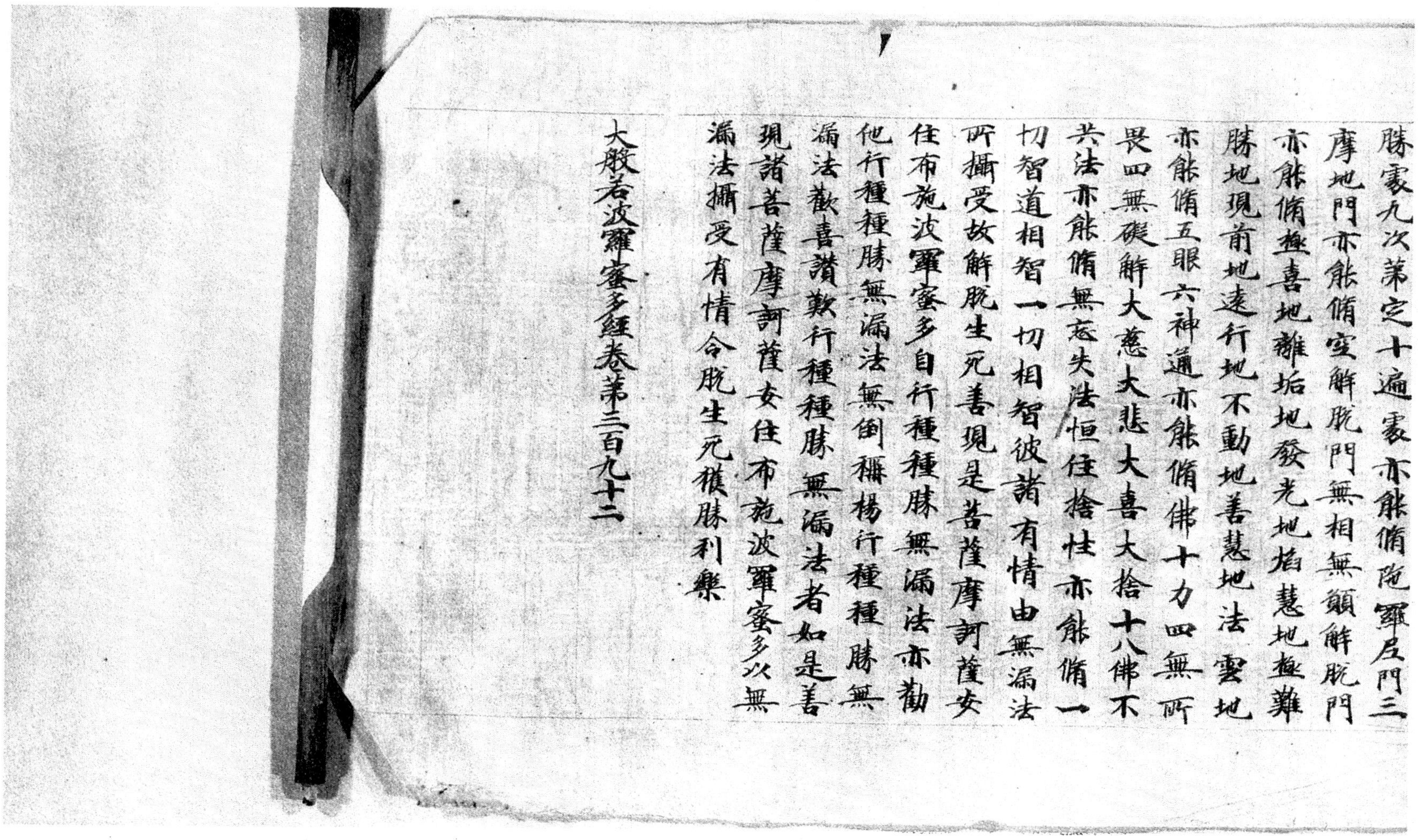

勝處九次第定十遍處亦能脩陁羅尼門三
摩地門亦能脩空解脫門無相無願解脫門
亦能脩極喜地離垢地發光地焰慧地極難
勝地現前地遠行地不動地善慧地法雲地
亦能脩五眼六神通亦能脩佛十力四無所
畏四無礙解大慈大悲大喜大捨十八佛不
共法亦能脩無忘失法恒住捨性亦能脩一
切智道相智一切相智彼諸有情由無漏法
所攝受故解脫生死善現是菩薩摩訶薩安
住布施波羅蜜多自行種種勝無漏法亦勸
他行種種勝無漏法無倒稱揚行種種勝無
漏法歡喜讚歎行種種勝無漏法者如是善
現諸菩薩摩訶薩安住布施波羅蜜多以無
漏法攝受有情令脫生死獲勝利樂

大般若波羅蜜多經卷第三百九十二

BD05442 號　大般若波羅蜜多經卷三九二　（21–21）

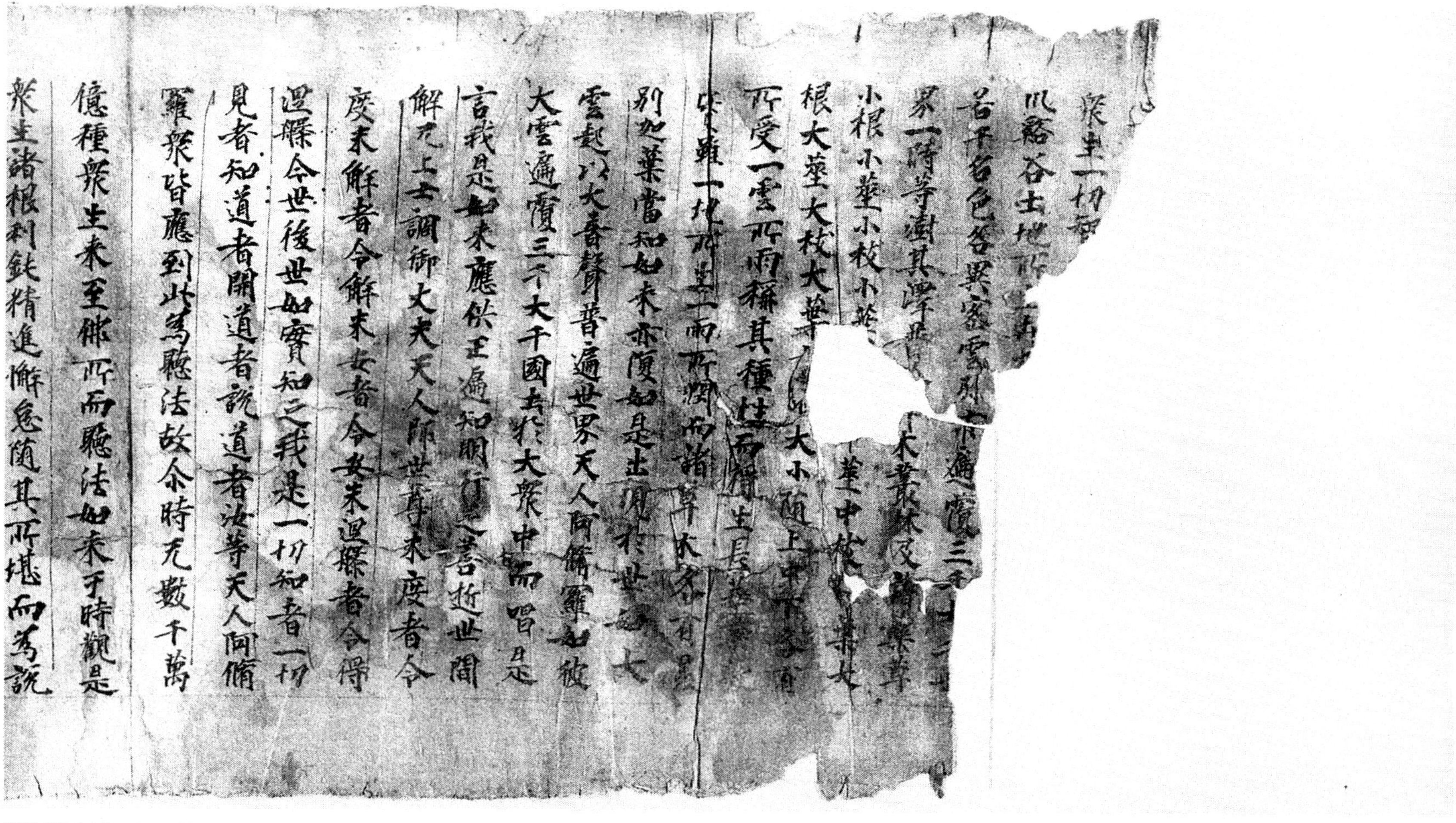

衆生一切智[illegible]
川谿谷土地所[illegible]
若干名色各異密雲彌[illegible]遍覆三[illegible]
界一時等澍其澤普[illegible]卉木叢林及諸藥草
小根小莖小枝小[illegible]莖中枝[illegible]
根大莖大枝大葉[illegible]大小隨上中下各有
所受一雲所雨稱其種性而得生長[illegible]
實雖一地所生一雨所潤而諸草木各有差
別迦葉當知如來亦復如是出現於世如大
雲起以大音聲普遍世界天人阿脩羅如彼
大雲遍覆三千大千國土於大衆中而唱是
言我是如來應供正遍知明行足善逝世間
解无上士調御丈夫天人師佛世尊未度者令
度未解者令解未安者令安未涅槃者令得
涅槃今世後世如實知之我是一切知者一切
見者知道者開道者說道者汝等天人阿脩
羅衆皆應到此為聽法故尒時无數千萬
億種衆生來至佛所而聽法如來于時觀是
衆生諸根利鈍精進懈怠隨其所堪而為說

BD05443 號　妙法蓮華經卷三　（26–1）

見者。知道者，開道者，說道者。汝等天人阿脩
羅衆，皆應到此，為聽法故。尒時无數千萬
億種衆生，來至佛所而聽法。如來于時觀是
衆生諸根利鈍、精進懈怠，隨其所堪而為說
法，種種无量，皆令歡喜，快得善利。是諸衆生
聞是法已，現世安隱，後生善處，以道受樂，亦
得聞法。既聞法已，離諸障礙，於諸法中，任力
所能，漸得入道。如彼大雲，雨於一切卉木叢
林及諸藥草，如其種性，具足蒙潤，各得生長。
如來說法，一相一味，所謂解脫相、離相、滅相，
究竟至於一切種智。其有衆生，聞如來法，若
持讀誦，如說脩行，所得功德，不自覺知。所以
者何？唯有如來知此衆生種相體性，念何事，
思何事，脩何事；云何念，云何思，云何脩；以何
法念，以何法思，以何法脩，以何法得何法。衆
生住於種種之地，唯有如來如實見之，明了
无礙。如彼卉木叢林諸藥草等，而不自知上
中下性。如來知是一相一味之法，所謂解脫
相、離相、滅相、究竟涅槃常寂滅相，終歸於空。
佛知是已，觀衆生心欲而將護之，是故不即
為說一切種智。汝等迦葉，甚為希有，能知
如來隨宜說法，能信能受。所以者何？諸佛世
尊隨宜說法，難解難知。尒時世尊欲重宣此
義，而說偈言：
破有法王，出現世間，隨衆生欲，種種說法。

BD05443號　妙法蓮華經卷三

（26–2）

如來隨宜說法，能信能受。所以者何？諸佛世
尊隨宜說法，難解難知。尒時世尊欲重宣此
義，而說偈言：
破有法王　出現世間　隨衆生欲　種種說法
如來尊重　智慧深遠　久默斯要　不務速說
有智若聞　則能信解　无智疑悔　則為永失
是故迦葉　隨力為說　以種種緣　令得正見
迦葉當知　譬如大雲　起於世間　遍覆一切
慧雲含潤　電光晃曜　雷聲遠震　令衆悅豫
日光掩蔽　地上清涼　靉靆垂布　如可承攬
其雨普等　四方俱下　流澍无量　率土充洽
山川險谷　幽邃所生　卉木藥草　大小諸樹
百穀苗稼　甘蔗蒲萄　雨之所潤　无不豐足
乾地普洽　藥木並茂　其雲所出　一味之水
草木叢林　隨分受潤　一切諸樹　上中下等
稱其大小　各得生長　根莖枝葉　華菓光色
一雨所及　皆得鮮澤　如其體相　性分大小
所潤是一　而各滋茂　佛亦如是　出現於世
譬如大雲　普覆一切　既出于世　為諸衆生
分別演說　諸法之實　大聖世尊　於諸天人
一切衆中　而宣是言　我為如來　兩足之尊
出于世間　猶如大雲　充潤一切　枯槁衆生
皆令離苦　得安隱樂　世間之樂　及涅槃樂
諸天人衆　一心善聽　皆應到此　覲无上尊

BD05443號　妙法蓮華經卷三

（26–3）

分別演說 諸法之實 大聖世尊 於諸天人
一切衆中 而宣是言 我爲如來 兩足之尊
出于世間 猶如大雲 充潤一切 枯槁衆生
皆令離苦 得安隱樂 世間之樂 及涅槃樂
諸天人衆 一心善聽 皆應到此 覲无上尊
我爲世尊 无能及者 安隱衆生 故現於世
爲大衆說 甘露淨法 其法一味 解脫涅槃
以一妙音 演暢斯義 常爲大乘 而作因緣
我觀一切 普皆平等 无有彼此 愛憎之心
我无貪著 亦无限礙 恒爲一切 平等說法
如爲一人 衆多亦然 常演說法 曾无他事
去來坐立 終不疲猒 充足世間 如雨普潤
貴賤上下 持戒毀戒 威儀具足 及不具足
正見邪見 利根鈍根 等雨法雨 而无懈惓
一切衆生 聞我法者 隨力所受 住於諸地
或處人天 轉輪聖王 釋梵諸王 是小藥草
知无漏法 能得涅槃 起六神通 及得三明
獨處山林 常行禪定 得緣覺證 是中藥草
求世尊處 我當作佛 行精進定 是上藥草
又諸佛子 專心佛道 常行慈悲 自知作佛
決定无疑 是名小樹 安住神通 轉不退輪
度无量億 百千衆生 如是菩薩 名爲大樹
佛平等說 如一味雨 隨衆生性 所受不同
如彼草木 所稟各異 佛以此喻 方便開示
種種言辭 演說一法 於佛智慧 如海一渧

BD05443號　妙法蓮華經卷三　（26–4）

決定无疑 是名小樹 安住神通 轉不退輪
度无量億 百千衆生 如是菩薩 名爲大樹
佛平等說 如一味雨 隨衆生性 所受不同
如彼草木 所稟各異 佛以此喻 方便開示
種種言辭 演說一法 於佛智慧 如海一渧
我雨法雨 充滿世間 一味之法 隨力脩行
如彼叢林 藥草諸樹 隨其大小 漸增茂好
諸佛之法 常以一味 令諸世間 普得具足
漸次脩行 皆得道果 聲聞緣覺 處於山林
住最後身 聞法得果 是名藥草 各得增長
若諸菩薩 智慧堅固 了達三界 求最上乘
是名小樹 而得增長 復有住禪 得神通力
聞諸法空 心大歡喜 放无數光 度諸衆生
是名大樹 而得增長 如是迦葉 佛所說法
譬如大雲 以一味雨 潤於人華 各得成實
迦葉當知 以諸因緣 種種譬喻 開示佛道
是我方便 諸佛亦然 今爲汝等 說最實事
諸聲聞衆 皆非滅度 汝等所行 是菩薩道
漸漸脩學 悉當成佛

妙法蓮華經授記品第六

尒時世尊說是偈已 告諸大衆 唱如是言 我
此弟子摩訶迦葉 於未來世 當得奉覲三百
萬億諸佛世尊 供養恭敬 尊重讚歎 廣宣
諸佛无量大法 於最後身 得成爲佛 名曰光明
如來應供正遍知明行足善逝世間解无上
[illegible]

BD05443號　妙法蓮華經卷三　（26–5）

[illegible]於未來世當得奉覲三百
萬億諸佛世尊供養恭敬尊重讚歎廣宣
諸佛无量大法於最後身得成為佛名曰光明
如來應供正遍知明行足善逝世間解无上
士調御丈夫天人師佛世尊國名光德劫名
大莊嚴佛壽十二小劫正法住世二十小劫
像法亦住二十小劫國界嚴飾无諸穢惡瓦
礫荊棘便利不淨其土平正无有高下坑坎
堆阜瑠璃為地寶樹行列黃金為繩以界道
側散諸寶華周遍清淨其國菩薩无量千億
諸聲聞眾亦復无數无有魔事雖有魔及
魔民皆護佛法尒時世尊欲重宣此義而說偈
言
告諸比丘　我以佛眼　見是迦葉　於未來世
過无數劫　當得作佛　而於來世　供養奉覲
三百萬億　諸佛世尊　為佛智慧　淨修梵行
供養最上　二足尊已　修習一切　无上之慧
於最後身　得成為佛　其土清淨　瑠璃為地
多諸寶樹　行列道側　金繩界道　見者歡喜
常出好香　散眾名華　種種奇妙　以為莊嚴
其地平正　无有丘坑　諸菩薩眾　不可稱計
其心調柔　逮大神通　奉持諸佛　大乘經典
諸聲聞眾　无漏後身　法王之子　亦不可計
乃以天眼　不能數知　其佛當壽　十二小劫
正法住世　二十小劫　像法亦住　二十小劫
光明世尊　其事如是

其心調柔　逮大神通　奉持諸佛　大乘經典
諸聲聞眾　无漏後身　法王之子　亦不可計
乃以天眼　不能數知　其佛當壽　十二小劫
正法住世　二十小劫　像法亦住　二十小劫
光明世尊　其事如是
尒時大目揵連須菩提摩訶迦旃延等皆悉
悚慄一心合掌瞻仰尊顏目不暫捨即共同
聲而說偈言
大雄猛世尊　諸釋之法王　哀愍我等故　而賜佛音聲
若知我深心　見為授記者　如以甘露灑　除熱得清涼
如從飢國來　忽遇大王饍　心猶懷疑懼　未敢即便食
若復得王教　然後乃敢食　我等亦如是　每惟小乘過
不知當云何　得佛无上慧　雖聞佛音聲　言我等作佛
心尚懷憂懼　如未敢便食　若蒙佛授記　尒乃快安樂
大雄猛世尊　常欲安世間　願賜我等記　如飢須教食
尒時世尊知諸大弟子心之所念告諸比丘
是須菩提於當來世奉覲三百萬億那由他
佛供養恭敬尊重讚歎常修梵行具菩薩道
於最後身得成為佛號曰名相如來應供正
遍知明行足善逝世間解无上士調御丈夫
天人師佛世尊劫名有寶國名寶生其土平
正頗梨為地寶樹莊嚴无諸丘坑沙礫荊棘
便利之穢寶華覆地周遍清淨其土人民皆
處寶臺珎妙樓閣聲聞弟子无量无邊筭數
譬喻所不能知諸菩薩眾无數千萬億那由

天人師佛世尊劫名有寶國名寶生其土平
正頗梨為地寶樹莊嚴无諸丘坑沙礫荊棘
便利之穢寶華覆地周遍清淨其土人民皆
處寶臺珍妙樓閣聲聞弟子无量无邊筭數
譬喻所不能知諸菩薩衆无數千萬億那由
他佛壽十二小劫正法住世二十小劫像法
亦住二十小劫其佛常處虛空為衆說法度
脫无量菩薩及聲聞衆尒時世尊欲重宣
此義而說偈言
諸比丘衆 今告汝等 皆當一心 聽我所說
我大弟子 須菩提者 當得作佛 号曰名相
當供无數 萬億諸佛 隨佛所行 漸具大道
最後身得 三十二相 端正姝妙 猶如寶山
其佛國土 嚴淨第一 衆生見者 无不愛樂
佛於其中 度无量衆 其佛法中 多諸菩薩
皆悉利根 轉不退輪 彼國常以 菩薩莊嚴
諸聲聞衆 不可稱數 皆得三明 具六神通
住八解脫 有大威德 其佛說法 現於无量
神通變化 不可思議 諸天人民 數如恒沙
皆共合掌 聽受佛語 其佛當壽 十二小劫
正法住世 二十小劫 像法亦住 二十小劫
尒時世尊復告諸比丘衆我今語汝是大迦
旃延於當來世以諸供具供養奉事八千億
佛恭敬尊重諸佛滅後各起塔廟高千由旬
縱廣正等五百由旬以金銀瑠璃車𤦲馬瑙

尒時世尊復告諸比丘衆我今語汝是大迦
旃延於當來世以諸供具供養奉事八千億
佛恭敬尊重諸佛滅後各起塔廟高千由旬
縱廣正等五百由旬以金銀瑠璃車𤦲馬瑙
真珠玫瑰七寶合成衆華瓔珞塗香抹香燒
香繒蓋幢幡供養塔廟過是已後當復供養
二萬億佛亦復如是供養是諸佛已具菩薩
道當得作佛号曰閻浮那提金光如來應供
正遍知明行足善逝世間解无上士調御丈
夫天人師佛世尊其土平正頗梨為地寶樹
莊嚴黃金為繩以界道側妙華覆地周遍清
淨見者歡喜无四惡道地獄餓鬼畜生阿脩
羅道多有天人諸聲聞衆及諸菩薩无量萬
億莊嚴其國佛壽十二小劫正法住世二十
小劫像法亦住二十小劫尒時世尊欲重宣
此義而說偈言
諸比丘衆 皆一心聽 如我所說 真實无異
是迦旃延 當以種種 妙好供具 供養諸佛
諸佛滅後 起七寶塔 亦以華香 供養舍利
其最後身 得佛智慧 成等正覺 國土清淨
度脫无量 萬億衆生 皆為十方 之所供養
佛之光明 无能勝者 其佛号曰 閻浮金光
菩薩聲聞 斷一切有 无量无數 莊嚴其國
尒時世尊復告大衆我今語汝是大目揵連
當以種種供具供養八千諸佛恭敬尊重諸

佛之光明　无能勝者　其佛号曰　閻浮金光
菩薩聲聞　斷一切有　无量无數　莊嚴其國
尒時世尊復告大衆　我今語汝　是大目揵連
當以種種供具　供養八千諸佛　恭敬尊重　諸
佛滅後　各起塔廟　高千由旬　縱廣正等五百
由旬　以金銀瑠璃車𤦲馬瑙真珠玫瑰七寶
合成　衆華瓔珞塗香抹香燒香繒蓋幢幡
以用供養　過是已後　當復供養二百萬億諸佛
亦復如是　當得成佛　号曰多摩羅跋栴檀香
如來應供正遍知明行足善逝世間解无上
士調御丈夫天人師佛世尊　刧名喜滿　國名
意樂　其土平正　頗梨爲地　寶樹莊嚴　散真
珠華　周遍清淨　見者歡喜　多諸天人　菩薩
聲聞　其數无量　佛壽二十四小刧　正法住世四
十小刧　像法亦住四十小刧　尒時世尊欲重宣
此義而說偈言
我此弟子　大目揵連　捨是身已　得見八千
二百萬億　諸佛世尊　爲佛道故　供養恭敬
於諸佛所　常脩梵行　於无量刧　奉持佛法
諸佛滅後　起七寶塔　長表金刹　華香伎樂
而以供養　諸佛塔廟　漸漸具足　菩薩道已
於意樂國　而得作佛　号多摩羅　栴檀之香
其佛壽命　二十四刧　常爲天人　演說佛道
聲聞无量　如恒河沙　三明六通　有大威德
菩薩无數　志固精進　於佛智慧　皆不退轉

BD05443號　妙法蓮華經卷三　（26–10）

而以供養　諸佛塔廟　漸漸具足　菩薩道已
於意樂國　而得作佛　号多摩羅　栴檀之香
其佛壽命　二十四刧　常爲天人　演說佛道
聲聞无量　如恒河沙　三明六通　有大威德
菩薩无數　志固精進　於佛智慧　皆不退轉
佛滅度後　正法當住　四十小刧　像法亦尒
我諸弟子　威德具足　其數五百　皆當授記
於未來世　咸得成佛
我及汝等　宿世因緣　吾今當說　汝等善聽
妙法蓮華經化城喻品第七
佛告諸比丘　乃往過去无量无邊不可思議
阿僧祇刧　尒時有佛　名大通智勝如來應供
正遍知明行足善逝世間解无上士調御丈
夫天人師佛世尊　其國名好成　刧名大相　諸
比丘　彼佛滅度已來甚大久遠　譬如三千大
千世界所有地種　假使有人磨以爲墨　過於
東方千國土乃下一點　大如微塵　又過千國
土復下一點　如是展轉盡地種墨　於汝等意
云何　是諸國土　若筭師若筭師弟子　能得邊
際　知其數不　不也世尊　諸比丘　是人所經國
土　若點不點　盡末爲塵　一塵一刧　彼佛滅度
已來　復過是數　无量无邊百千萬億阿僧
祇刧　我以如來知見力故　觀彼久遠　猶若今日
尒時世尊欲重宣此義而說偈言
我念過去世　无量无邊刧　有佛兩足尊　名大通智勝

BD05443號　妙法蓮華經卷三　（26–11）

土若點不點盡末爲塵一塵一劫彼佛滅度
已來復過是數无量无邊百千萬億阿僧
祇劫我以如來知見力故觀彼久遠猶若今日
尒時世尊欲重宣此義而說偈言
我念過去世　无量无邊劫　有佛兩足尊　名大通智勝
如人以力磨　三千大千土　盡此諸地種　皆悉以爲墨
過於千國土　乃下一塵點　如是展轉點　盡此諸塵墨
如是諸國土　點與不點等　復盡末爲塵　一塵爲一劫
此諸微塵數　其劫復過是　彼佛滅度來　如是无量劫
如來无礙智　知彼佛滅度　及聲聞菩薩　如見今滅度
諸比丘當知　佛智淨微妙　无漏无所礙　通達无量劫
佛告諸比丘大通智勝佛壽五百四十萬億
那由他劫其佛本坐道場破魔軍已垂得阿
耨多羅三藐三菩提而諸佛法不現在前如
是一小劫乃至十小劫結跏趺坐身心不動
而諸佛法猶不在前尒時忉利諸天先爲彼
佛於菩提樹下敷師子座高一由旬佛於此
坐當得阿耨多羅三藐三菩提適坐此座時
諸梵天王雨衆天華面百由旬香風時來吹
去萎華更雨新者如是不絕滿十小劫供養
於佛乃至滅度常雨此華四王諸天爲供養
佛常擊天鼓其餘諸天作天伎樂滿十小劫
至于滅度亦復如是比丘大通智勝佛過
十小劫諸佛之法乃現在前成阿耨多羅三
藐三菩提其佛未出家時有十六子其第一

佛常擊天鼓其餘諸天作天伎樂滿十小劫
至于滅度亦復如是比丘大通智勝佛過
十小劫諸佛之法乃現在前成阿耨多羅三
藐三菩提其佛未出家時有十六子其第一
者名曰智積諸子各有種種珎異玩好之具
聞父得成阿耨多羅三藐三菩提皆捨所珎
往詣佛所諸母涕泣而隨送之其祖轉輪聖
王與一百大臣及餘百千萬億人民皆共圍
繞隨至道場咸欲親近大通智勝如來供養
恭敬尊重讚歎到已頭面禮足繞佛畢已一
心合掌瞻仰世尊以偈頌曰
大威德世尊　爲度衆生故　於无量億歲　尒乃得成佛
諸願已具足　善哉吉无上　世尊甚希有　一坐十小劫
身體及手足　靜然安不動　其心常惔怕　未曾有散亂
究竟永寂滅　安住无漏法　今者見世尊　安隱成佛道
我等得善利　稱慶大歡喜　衆生常苦惱　盲瞑无導師
不識苦盡道　不知求解脫　長夜增惡趣　減損諸天衆
從冥入於冥　永不聞佛名　今佛得最上　安隱无漏道
我等及天人　爲得最大利　是故咸稽首　歸命无上尊
尒時十六王子偈讚佛已勸請世尊轉於法
輪咸作是言世尊說法多所安隱憐愍饒益
諸天人民重說偈言
世雄无等倫　百福自莊嚴　得无上智慧　願爲世間說
度脫於我等　及諸衆生類　爲分別顯示　令得是智慧
若我等得佛　衆生亦復然　世尊知衆生　深心之所念
亦知所行道　又知智慧力　欲樂及脩福　宿命所行業

諸天人民重說偈言
世雄无等倫　百福自莊嚴　得无上智慧　願爲世間說
度脫於我等　及諸衆生類　爲分別顯示　令得是智慧
若我等得佛　衆生亦復然　世尊知衆生　深心之所念
亦知所行道　又知智慧力　欲樂及脩福　宿命所行業
世尊悉知已　當轉无上輪
佛告諸比丘大通智勝佛得阿耨多羅三狼
三菩提時十方各五百萬億諸佛世界六種
震動其國中間幽暝之處日月威光所不能
照而皆大明其中衆生各得相見咸作是言
此中云何忽生衆生又其國界諸天宮殿乃
至梵宮六種震動大光普照遍滿世界勝諸
天光尒時東方五百萬億諸國土中梵天宮
殿光明照曜倍於常明諸梵天王各作是念
今者宮殿光明昔所未有以何因緣而現此
相是時諸梵天王即各相詣共議此事時彼衆
中有一大梵天王名救一切爲諸梵衆而說
偈言
我等諸宮殿　光明昔未有　此是何因緣　宜各共求之
爲大德天生　爲佛出世間　而此大光明　遍照於十方
尒時五百萬億國土諸梵天王與宮殿俱各
以衣裓盛諸天華共詣西方推尋是相見大
通智勝如來處于道場菩提樹下坐師子座
諸天龍王乹闥婆緊那羅摩睺羅伽人非人

尒時五百萬億國土諸梵天王與宮殿俱各
以衣裓盛諸天華共詣西方推尋是相見大
通智勝如來處于道場菩提樹下坐師子座
諸天龍王乹闥婆緊那羅摩睺羅伽人非人
等恭敬圍繞及見十六王子請佛轉法輪即
時諸梵天王頭面礼佛繞百千帀即以天華
而散佛上其所散華如須弥山并以供養佛
菩提樹其菩提樹高十由旬華供養已各以
宮殿奉上彼佛而作是言唯見哀愍饒益我
等所獻宮殿願垂納處時諸梵天王即於佛
前一心同聲以偈頌曰
世尊甚希有　難可得值遇　具无量功德　能救護一切
天人之大師　哀愍於世間　十方諸衆生　普皆蒙饒益
我等所從來　五百萬億國　捨深禪定樂　爲供養佛故
我等先世福　宮殿甚嚴飾　今以奉世尊　唯願哀納受
尒時諸梵天王偈讚佛已各作是言唯願世
尊轉於法輪度脫衆生開涅槃道時諸梵天
王一心同聲而說偈言
世雄兩足尊　唯願演說法　以大慈悲力　度苦惱衆生
尒時大通智勝如來默然許之又諸比丘東
南方五百萬億國土諸大梵王各自見宮殿
光明照曜昔所未有歡喜踊躍生希有心即
各相詣共議此事時彼衆中有一大梵天王
名曰大悲爲諸梵衆而說偈言

南方五百萬億國土諸大梵王各自見宮殿
光明照曜昔所未有歡喜踊躍生希有心即
各相詣共議此事時彼衆中有一大梵天王
名曰大悲為諸梵衆而說偈言
是事何因緣 而現如此相 我等諸宮殿 光明昔未有
為大德天生 為佛出世間 未曾見此相 當共一心求
過千萬億土 尋光共推之 多是佛出世 度脫苦衆生
尒時五百萬億諸梵天王與宮殿俱各以衣
裓盛諸天華共詣西北方推尋是相見大通
智勝如來處于道場菩提樹下坐師子座諸
天龍王乾闥婆緊那羅摩睺羅伽人非人等
恭敬圍繞及見十六王子請佛轉法輪時諸
梵天王頭面禮佛繞百千帀即以天華而散
佛上所散之華如須弥山并以供養佛菩提
樹華供養已各以宮殿奉上彼佛而作是言
唯見哀愍饒益我等所獻宮殿願垂納受尒
時諸梵天王即於佛前一心同聲以偈頌曰
聖主天中王 迦陵頻伽聲 哀愍衆生者 我等今敬禮
世尊甚希有 久遠乃一現 一百八十劫 空過无有佛
三惡道充滿 諸天衆減少 今佛出於世 為衆生作眼
世間所歸趣 救護於一切 為衆生之父 哀愍饒益者
我等宿福慶 今得值世尊
尒時諸梵天王偈讚佛已各作是言唯願世
尊哀愍一切轉於法輪度脫衆生時諸梵天

世間所歸趣 救護於一切 為衆生之父 哀愍饒益者
我等宿福慶 今得值世尊
尒時諸梵天王偈讚佛已各作是言唯願世
尊哀愍一切轉於法輪度脫衆生時諸梵天
王一心同聲而說偈言
大聖轉法輪 顯示諸法相 度苦惱衆生 令得大歡喜
衆生聞此法 得道若生天 諸惡道減少 忍善者增益
尒時大通智勝如來默然許之又諸比丘南
方五百萬億國土諸大梵王各自見宮殿光
明照曜昔所未有歡喜踊躍生希有心即各
相詣共議此事以何因緣我等宮殿有此光
曜而彼衆中有一大梵天王名曰妙法為諸
梵衆而說偈言
我等諸宮殿 光明甚威曜 此非无因緣 是相宜求之
過於百千劫 未曾見是相 為大德天生 為佛出世間
尒時五百萬億諸梵天王與宮殿俱各以衣
裓盛諸天華共詣北方推尋是相見大通智
勝如來處于道場菩提樹下坐師子座諸天
龍王乾闥婆緊那羅摩睺羅伽人非人等恭
敬圍繞及見十六王子請佛轉法輪時諸梵
天王頭面禮佛繞百千帀即以天華而散佛
上所散之華如須弥山并以供養佛菩提樹
華供養已各以宮殿奉上彼佛而作是言唯
見哀愍饒益我等所獻宮殿願垂納受尒時

天王頭面礼佛繞百千帀即以天華而散佛
上所散之華如須弥山并以供養佛菩提樹
華供養已各以宮殿奉上彼佛而作是言唯
見哀愍饒益我等所獻宮殿願垂納受尒時
諸梵天王即於佛前一心同聲以偈頌曰
世尊甚難見 破諸煩惱者 過百三十劫 今乃得一見
諸飢渴衆生 以法雨充滿 昔所未曾見 无量智慧者
如優曇鉢羅 今日乃值遇 我等諸宮殿 蒙光故嚴飾
世尊大慈愍 唯願垂納受
尒時諸梵天王偈讚佛已各作是言唯願世
尊轉於法輪令一切世間諸天魔梵沙門婆
羅門皆獲安隱而得度脫時諸梵天王一心
同聲以偈頌曰
唯願天人尊 轉无上法輪 擊于大法鼓 而吹大法螺
普雨大法雨 度无量衆生 我等咸歸請 當演深遠音
尒時大通智勝如來黙然許之西南方乃至
下方亦復如是尒時上方五百萬億國土諸大
梵王皆悉自覩所止宮殿光明威曜昔所未
有歡喜踊躍生希有心即各相詣共議此事
以何因緣我等宮殿有斯光明時彼衆中
有一大梵天王名曰尸棄為諸梵衆而說偈
言
今以何因緣 我等諸宮殿 威德光明曜 嚴飾未曾有
如是之妙相 昔所未聞見 為大德天生 為佛出世間
尒時五百萬億諸梵天王與宮殿俱各以衣

有一大梵天王名曰尸棄為諸梵衆而說偈
言
今以何因緣 我等諸宮殿 威德光明曜 嚴飾未曾有
如是之妙相 昔所未聞見 為大德天生 為佛出世間
尒時五百萬億諸梵天王與宮殿俱各以衣
裓盛諸天華共詣下方推尋是相見大通智
勝如來處于道場菩提樹下坐師子座諸天
龍王乾闥婆緊那羅摩睺羅伽人非人等恭
敬圍繞及見十六王子請佛轉法輪時諸梵
天王頭面礼佛繞百千帀即以天華而散佛
上所散之華如須弥山并以供養佛菩提樹
華供養已各以宮殿奉上彼佛而作是言唯
見哀愍饒益我等所獻宮殿願垂納處時諸
梵天王即於佛前一心同聲以偈頌曰
善哉見諸佛 救世之聖尊 能於三界獄 勉出諸衆生
普智天人尊 哀愍群萌類 能開甘露門 廣度於一切
於昔无量劫 空過无有佛 世尊未出時 十方常暗瞑
三惡道增長 阿脩羅亦盛 諸天衆轉減 死多墮惡道
不從佛聞法 常行不善事 色力及智慧 斯等皆減少
罪業因緣故 失樂及樂想 住於耶見法 不識善儀則
不蒙佛所化 常墮於惡道 佛為世間眼 久遠時乃出
哀愍諸衆生 故現於世間 超出成正覺 我等甚欣慶
及餘一切衆 喜歎未曾有 我等諸宮殿 蒙光故嚴飾
今以奉世尊 唯垂哀納受 願以此功德 普及於一切
我等與衆生 皆共成佛道

不蒙佛所化　常墮於惡道　佛爲世間眼　久遠時乃出
哀愍諸衆生　故現於世間　超出成正覺　我等甚欣慶
及餘一切衆　喜歎未曾有　我等諸宮殿　蒙光故嚴飾
今以奉世尊　唯垂哀納受　願以此功德　普及於一切
我等與衆生　皆共成佛道
尒時五百萬億諸梵天王偈讚佛已各白佛
言唯願世尊轉於法輪多所安隱多所度脫
時諸梵天王而說偈言
世尊轉法輪　擊甘露法鼓　度苦惱衆生　開示涅槃道
唯願受我請　以大微妙音　哀愍而敷演　无量劫習法
尒時大通智勝如來受十方諸梵天王及十
六王子請即時三轉十二行法輪若沙門婆
羅門若天魔梵及餘世間所不能轉謂是苦
是苦集是苦滅是苦滅道及廣說十二因緣
法无明緣行行緣識識緣名色名色緣六入六
入緣觸觸緣受受緣愛愛緣取取緣有有
緣生生緣老死憂悲苦惱无明滅則行滅行
滅則識滅識滅則名色滅名色滅則六入滅六
入滅則觸滅觸滅則受滅受滅則愛滅愛滅
則取滅取滅則有滅有滅則生滅生滅則
老死憂悲苦惱滅佛於天人大衆之中說是
法時六百萬億那由他人以不受一切法故
而於諸漏心得解脫皆得深妙禪定三明六
通具八解脫第二第三第四說法時千萬億
恒河沙那由他等衆生亦以不受一切法故
而於諸漏心得解脫從是已後諸聲聞衆无

BD05443號　妙法蓮華經卷三　（26–20）

法時六百萬億那由他人以不受一切法故
而於諸漏心得解脫皆得深妙禪定三明六
通具八解脫第二第三第四說法時千萬億
恒河沙那由他等衆生亦以不受一切法故
而於諸漏心得解脫從是已後諸聲聞衆无
量无邊不可稱數尒時十六王子皆以童子
出家而爲沙弥諸根通利智慧明了已曾供
養百千萬億諸佛淨脩梵行求阿耨多羅三
藐三菩提俱白佛言世尊是諸无量千萬億
大德聲聞皆已成就世尊亦當爲我等說阿
耨多羅三藐三菩提法我等聞已皆共脩學
世尊我等志願如來知見深心所念佛自證
知尒時轉輪聖王所將衆中八萬億人見十
六王子出家亦求出家王即聽許尒時彼佛
受沙弥請過二萬劫已乃於四衆之中說是
大乘經名妙法蓮華教菩薩法佛所護念說
是經已十六沙弥爲阿耨多羅三藐三菩提
故皆共受持諷誦通利說是經時十六菩薩
沙弥皆悉信受聲聞衆中亦有信解其餘衆
生千萬億種皆生疑惑佛說是經於八千劫
未曾休廢說此經已即入靜室住於禪定八
萬四千劫是時十六菩薩沙弥知佛入室寂
然禪定各昇法座亦於八萬四千劫爲四部
衆廣說分別妙法華經一一皆度六百萬億
那由他恒河沙等衆生示教利喜令發阿耨

BD05443號　妙法蓮華經卷三　（26–21）

未曾休廢說此經已即入靜室住於禪定八
萬四千劫是時十六菩薩沙弥知佛入室寂
然禪定各昇法座亦於八萬四千劫為四部
衆廣說分別妙法華經一一皆度六百萬億
那由他恒河沙等衆生示教利喜令發阿耨
多羅三藐三菩提心大通智勝佛過八萬四
千劫已從三昧起往詣法座安詳而坐普告
大衆是十六菩薩沙弥甚為希有諸根通利
智慧明了已曾供養无量千萬億數諸佛於
諸佛所常脩梵行受持佛智開示衆生令入
其中汝等皆當數數親近而供養之所以者
何若聲聞辟支佛及諸菩薩能信是十六菩
薩所說經法受持不毀者是人皆當得阿耨
多羅三藐三菩提如來之慧佛告諸比丘是
十六菩薩常樂說是妙法蓮華經一一菩薩
所化六百萬億那由他恒河沙等衆生世世
所生與菩薩俱從其聞法悉皆信解以此因
緣得值四萬億諸佛世尊于今不盡諸比丘
我今語汝彼佛弟子十六沙弥今皆得阿耨
多羅三藐三菩提於十方國土現在說法有
无量百千萬億菩薩聲聞以為眷屬其二
沙弥東方作佛一名阿閦在歡喜國二名須弥
頂東南方二佛一名師子音二名師子相南
方二佛一名虛空住二名常滅西南方二佛
一名帝相二名梵相西方二佛一名阿弥陁

无量百千萬億菩薩聲聞以為眷屬其二
沙弥東方作佛一名阿閦在歡喜國二名須弥
頂東南方二佛一名師子音二名師子相南
方二佛一名虛空住二名常滅西南方二佛
一名帝相二名梵相西方二佛一名阿弥陁
二名度一切世間苦惱西北方二佛一名多
摩羅跋栴檀香神通二名須弥相北方二佛
一名雲自在二名雲自在王東北方佛名壞
一切世間怖畏第十六我釋迦牟尼佛於娑
婆國土成阿耨多羅三藐三菩提諸比丘我
等為沙弥時各各教化无量百千萬億恒河
沙等衆生從我聞法為阿耨多羅三藐三菩
提此諸衆生于今有住聲聞地者我常教化
阿耨多羅三藐三菩提是諸人等應以是法
漸入佛道所以者何如來智慧難信難解尒
時所化无量恒河沙等衆生者汝等諸比丘及
我滅度後未來世中聲聞弟子是也我滅
度後復有弟子不聞是經不知不覺菩薩所
行自於所得功德生滅度想當入涅槃我於
餘國作佛更有異名是人雖生滅度之想入
於涅槃而於彼土求佛智慧得聞是經唯以
佛乘而得滅度更无餘乘除諸如來方便說
法諸比丘若如來自知涅槃時到衆又清淨
信解堅固了達空法深入禪定便集諸菩薩
及聲聞衆為說是經世間无有二乘而得滅

佛乘而得滅度更无餘乘除諸如來方便說
法諸比丘若如來自知涅槃時到衆又清淨
信解堅固了達空法深入禪定便集諸菩薩
及聲聞衆為說是經世間无有二乘而得滅
度唯一佛乘得滅度耳比丘當知如來方便
深入衆生之性知其志樂小法深著五欲為
是等故說於涅槃是人若聞則便信受譬如
五百由旬險難惡道曠絕无人怖畏之處若
有多衆欲過此道至珎寶處有一導師聰慧
明達善知險道通塞之相將導衆人欲過此
難所將人衆中路懈退白導師言我等疲極
而復怖畏不能復進前路猶遠今欲退還導
師多諸方便而作是念此等可愍云何捨大
珎寶而欲退還作是念已以方便力於險道
中過三百由旬化作一城告衆人言汝等勿
怖莫得退還今此大城可於中止隨意所作
若入是城快得安隱若能前至寶所亦可得
去是時疲極之衆心大歡喜歎未曾有我等
今者免斯惡道快得安隱於是衆人前入化
城生已度想生安隱想尒時導師知此人衆
既得止息无復疲惓即滅化城語衆人言汝
等去來寶處在近向者大城我所化作為止
息耳諸比丘如來亦復如是今為汝等作大
導師知諸生死煩惱惡道險難長遠應去應
度若衆生但聞一佛乘者則不欲見佛不欲

BD05443號　妙法蓮華經卷三　（26–24）

既得止息无復疲惓即滅化城語衆人言汝
等去來寶處在近向者大城我所化作為止
息耳諸比丘如來亦復如是今為汝等作大
導師知諸生死煩惱惡道險難長遠應去應
度若衆生但聞一佛乘者則不欲見佛不欲
親近便作是念佛道長遠久受勤苦乃可得
成佛知是心怯弱下劣以方便力而於中道為
止息故說二涅槃若衆生住於二地如來尒
時即便為說汝等所作未辦汝所住地近於
佛慧當觀察籌量所得涅槃非真實也但
是如來方便之力於一佛乘分別說三如彼
導師為止息故化作大城既知息已而告之
言寶處在近此城非實我化作耳尒時世尊
欲重宣此義而說偈言
大通智勝佛　十劫坐道場　佛法不現前　不得成佛道
諸天神龍王　阿脩羅衆等　常雨於天華　以供養彼佛
諸天擊天鼓　并作衆伎樂　香風吹萎華　更雨新好者
過十小劫已　乃得成佛道　諸天及世人　心皆懷踊躍
彼佛十六子　皆與其眷屬　千萬億圍繞　俱行至佛所
頭面禮佛足　而請轉法輪　聖師子法雨　充我及一切
世尊甚難值　久遠時一現　為覺悟群生　震動於一切
東方諸世界　五百萬億國　梵宮殿光曜　昔所未曾有
諸梵見此相　尋來至佛所　散華以供養　并奉上宮殿
請佛轉法輪　以偈而讚歎　佛知時未至　受請默然坐
三方及四維　上下亦復尒

BD05443號　妙法蓮華經卷三　（26–25）

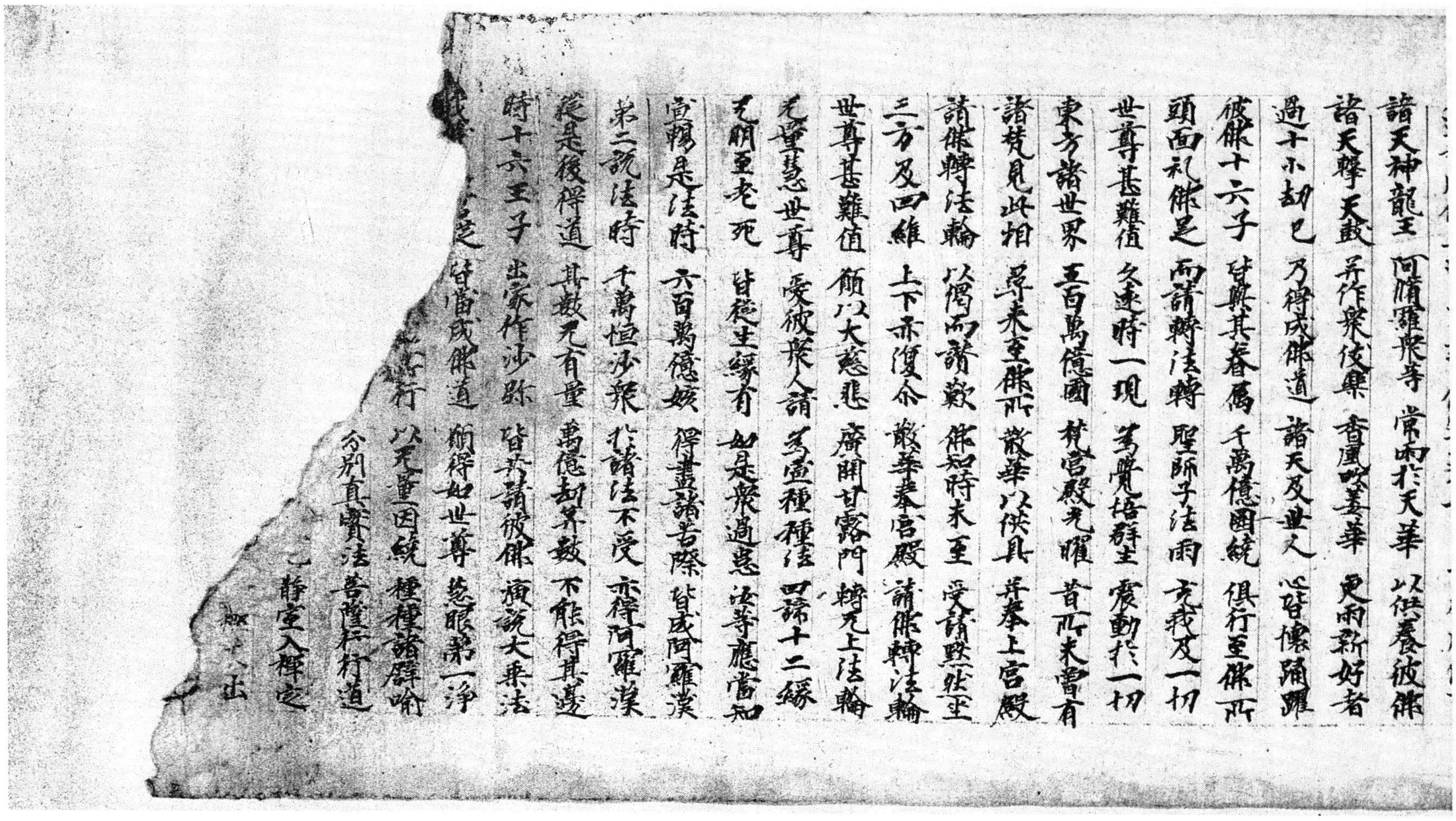

諸天神龍王　阿脩羅衆等　常雨於天華　以供養彼佛
諸天擊天鼓　并作衆伎樂　香風吹萎華　更雨新好者
過十小劫已　乃得成佛道　諸天及世人　心皆懷踊躍
彼佛十六子　皆與其眷屬　千萬億圍繞　俱行至佛所
頭面礼佛足　而請轉法輪　聖師子法雨　充我及一切
世尊甚難值　久遠時一現　為覺悟群生　震動於一切
東方諸世界　五百萬億國　梵宮殿光曜　昔所未曾有
諸梵見此相　尋來至佛所　散華以供養　并奉上宮殿
請佛轉法輪　以偈而讚歎　佛知時未至　受請默然坐
三方及四維　上下亦復尒　散華奉宮殿　請佛轉法輪
世尊甚難值　願以大慈悲　廣開甘露門　轉无上法輪
无量慧世尊　受彼衆人請　為宣種種法　四諦十二緣
无明至老死　皆從生緣有　如是衆過患　汝等應當知
宣暢是法時　六百萬億姟　得盡諸苦際　皆成阿羅漢
第二說法時　千萬恒沙衆　於諸法不受　亦得阿羅漢
從是後得道　其數无有量　萬億劫筭數　不能得其邊
時十六王子　出家作沙弥　皆共請彼佛　演說大乘法
……　皆當成佛道　願得如世尊　慧眼第一淨
……行　以无量因緣　種種諸譬喻
……　分別真實法　菩薩所行道
……　靜室入禪定

BD05443 號　妙法蓮華經卷三　（26–26）

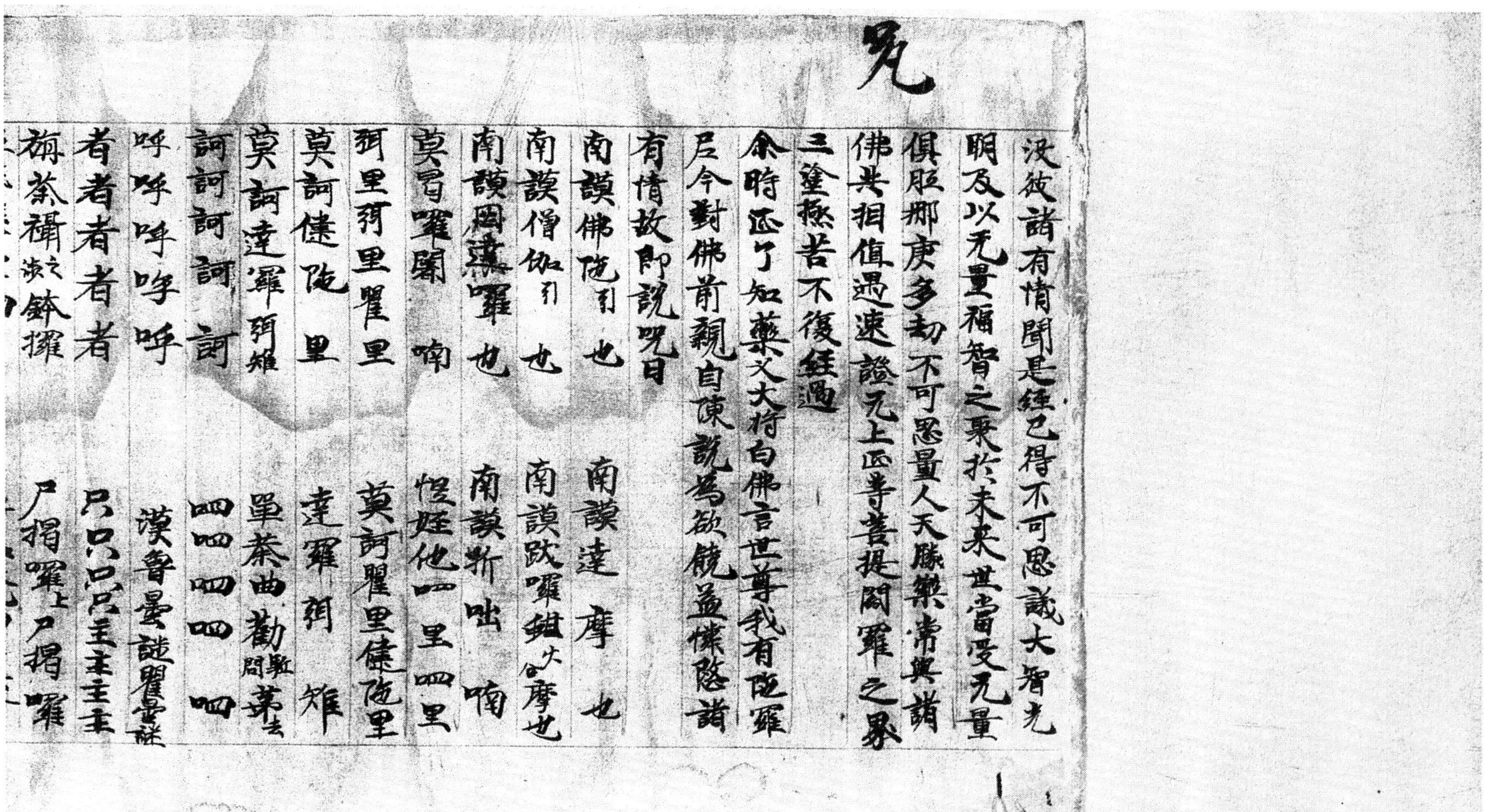

兑

汝彼諸有情聞是經已得不可思議大智光
明及以无量福智之聚於未來世當受无量
俱胝那庾多劫不可思量人天勝樂常與諸
佛共相值遇速證无上正等菩提閻羅之界
三塗極苦不復經過
尒時正了知藥叉大將白佛言世尊我有陀羅
尼今對佛前親自陳說為欲饒益憐愍諸
有情故即說呪曰
南謨佛陀引也　南謨達摩也
南謨僧伽引也　南謨跋囉䞘大合摩也
南謨因達囉也　南謨斯咄喃
莫訶囉闍喃　怛姪他 四里 四里
珂里珂里瞿里里　莫訶瞿里健陀里
莫訶健陀里　達囉弭 雉
莫訶達羅弭雉　單荼曲勸 莫去
訶訶訶訶訶　呬呬呬呬呬
呼呼呼呼呼　漢魯曇譙瞿曇譙
者者者者者　只只只只只 主主主主
旃荼䄍 泼之 鉢攞　尸揭囉上 尸揭囉

BD05444 號　金光明最勝王經（兑廢稿）卷八　（2–1）

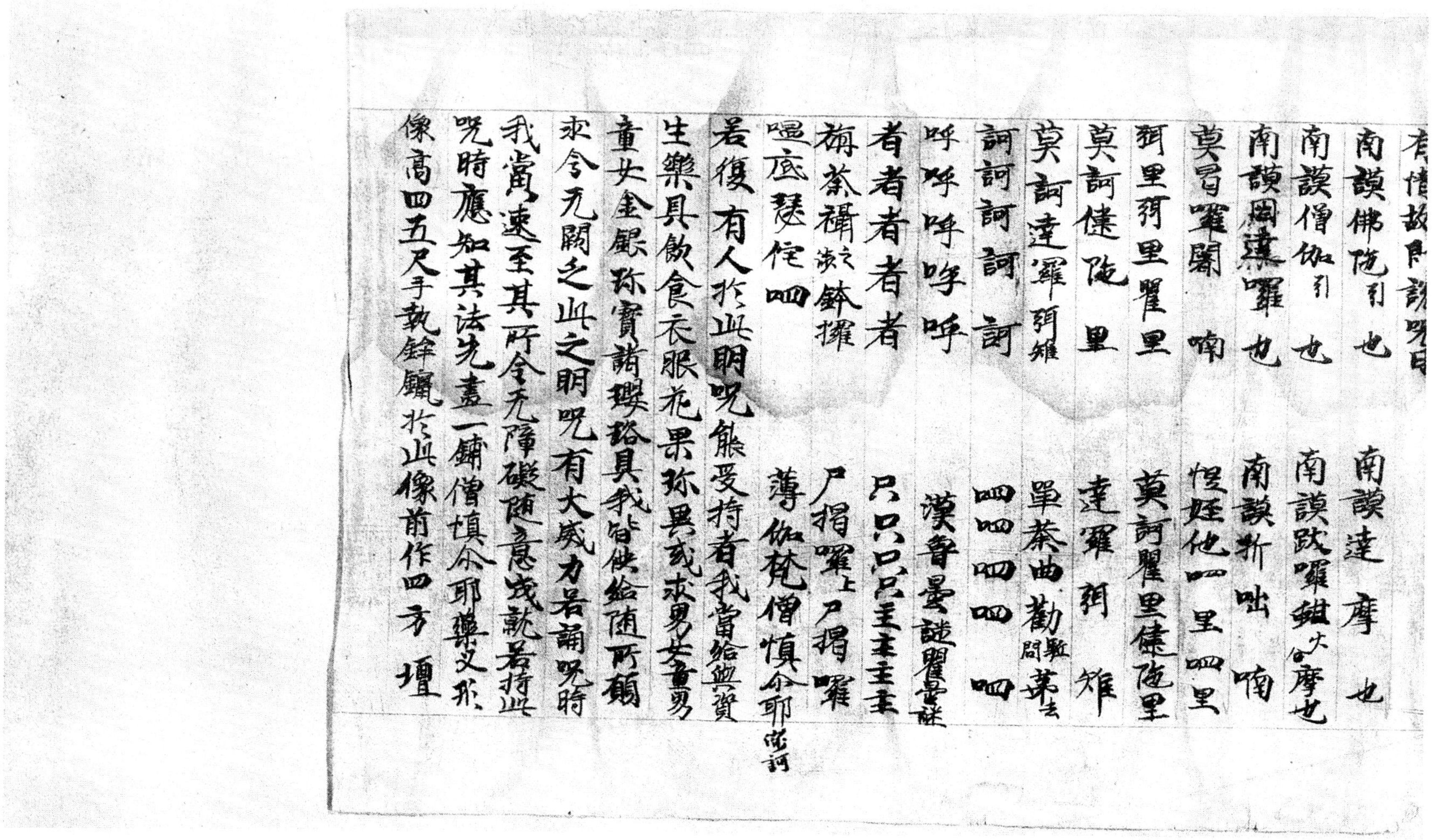

有情故即說呪曰
南謨佛陀引也　南謨達摩也
南謨僧伽引也　南謨跋囉鉗大合摩也
南謨因達囉也　南謨折咄喃
莫昌囉闍喃　怛姪他呬里呬里
弭里弭里瞿里　莫訶瞿里健陀里
莫訶健陀里　達羅弭　雉
莫訶達羅弭雉　單荼曲勸問駈葉去
訶訶訶訶訶　呬呬呬呬
呼呼呼呼呼　漢魯曇謎瞿曇謎
者者者者者　只只只只主主主主
撕荼禰淡之鉢攞　尸揭囉上尸揭囉
嘔底瑟侘呬　薄伽梵僧慎介耶莎訶
若復有人於此明呪能受持者我當給與資
生樂具飲食衣服花果珎異或求男女童男
童女金銀珎寶諸瓔珞具我皆供給隨所願
求令无闕乏此之明呪有大威力若誦呪時
我當速至其所令无障礙隨意成就若持此
呪時應知其法先畫一鋪僧慎介耶藥叉形
像高四五尺手執鉾钂於此像前作四方壇

BD05444號　金光明最勝王經（兌廢稿）卷八　　（2–2）

智真如道相
相智真如即
共如不善法
真如即世間法
閒法真如出世閒法真如即有
有漏法真如即無漏法真如無漏法真如即
有罪法真如有罪法真如即無罪法真如無
罪法真如即雜染法真如雜染法真如即清
淨法真如清淨法真如即過去法真如過去
法真如即未來法真如未來法真如即現在
法真如現在法真如即欲界法真如欲界法
真如即色界法真如色界法真如即無色界
法真如無色界法真如即有為法真如有為
法真如即無為法真如無為法真如即預流
果真如預流果真如即一來果真如一來果
真如即不還果真如不還果真如即阿羅漢
果真如阿羅漢果真如即獨覺菩提真如獨
覺菩提真如即一切菩薩摩訶薩行真如一
切菩薩摩訶薩行真如即諸佛無上正等菩

BD05445號　大般若波羅蜜多經（兌廢稿）卷三〇六　　（2–1）

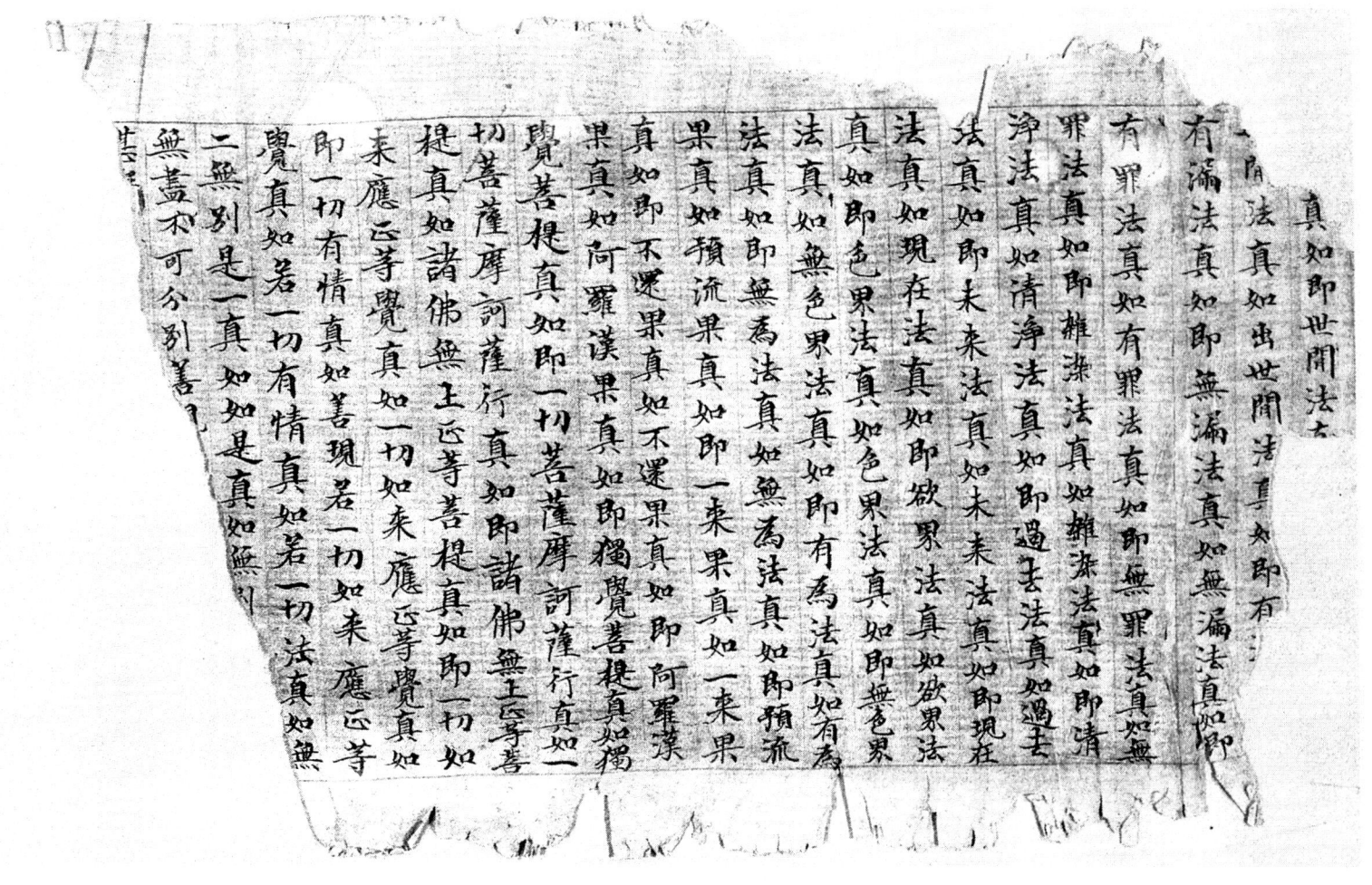

真如即世間法
間法真如出世間法真如即有
有漏法真如即無漏法真如無漏法真如即
有罪法真如有罪法真如即無罪法真如無
罪法真如即雜染法真如雜染法真如即清
淨法真如清淨法真如即過去法真如過去
法真如即未來法真如未來法真如即現在
法真如現在法真如即欲界法真如欲界法
真如即色界法真如色界法真如即無色界
法真如無色界法真如即有為法真如有為
法真如即無為法真如無為法真如即預流
果真如預流果真如即一來果真如一來果
真如即不還果真如不還果真如即阿羅漢
果真如阿羅漢果真如即獨覺菩提真如獨
覺菩提真如即一切菩薩摩訶薩行真如一
切菩薩摩訶薩行真如即諸佛無上正等菩
提真如諸佛無上正等菩提真如即一切如
來應正等覺真如一切如來應正等覺真如
即一切有情真如善現若一切如來應正等
覺真如若一切有情真如若一切法真如無
二無別是一真如如是真如無別
無盡不可分別善

BD05445 號　大般若波羅蜜多經（兑廢稿）卷三〇六　（2–2）

六
摽

BD05445 號背　勘記　（1–1）

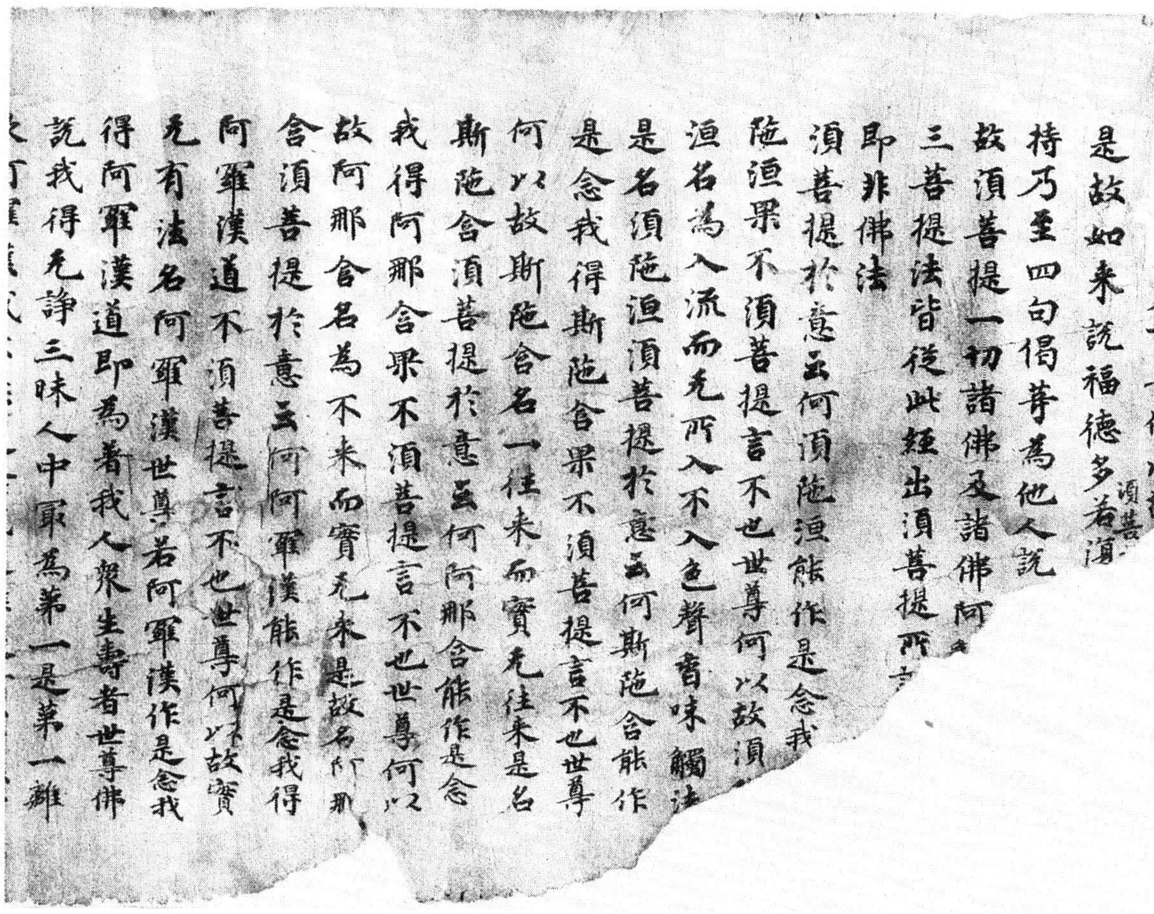
之世尊何以故
是故如来説福徳多若須菩
持乃至四句偈等為他人説
故須菩提一切諸佛及諸佛阿
三菩提法皆從此經出須菩提所
即非佛法
須菩提於意云何須陁洹能作是念我
陁洹果不須菩提言不也世尊何以故須
洹名為入流而无所入不入色聲香味觸法
是名須陁洹須菩提於意云何斯陁含能作
是念我得斯陁含果不須菩提言不也世尊
何以故斯陁含名一往来而實无往来是名
斯陁含須菩提於意云何阿那含能作是念
我得阿那含果不須菩提言不也世尊何以
故阿那含名為不来而實无来是故名阿那
含須菩提於意云何阿羅漢能作是念我得
阿羅漢道不須菩提言不也世尊何以故實
无有法名阿羅漢世尊若阿羅漢作是念我
得阿羅漢道即為著我人衆生壽者世尊佛
説我得无諍三昧人中最為第一是第一離

BD05446號　金剛般若波羅蜜經　（2–1）

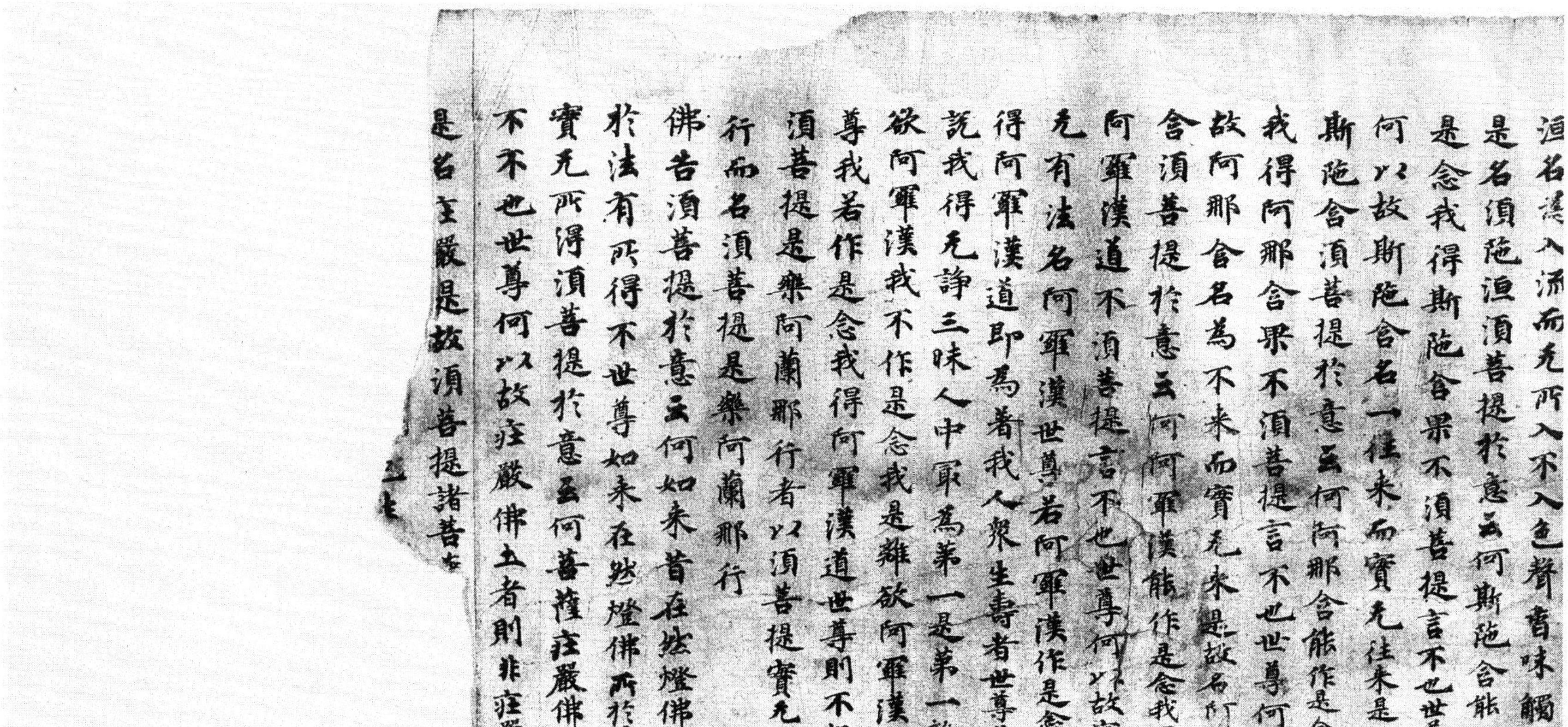
洹名為入流而无所入不入色聲香味觸法
是名須陁洹須菩提於意云何斯陁含能作
是念我得斯陁含果不須菩提言不也世尊
何以故斯陁含名一往来而實无往来是名
斯陁含須菩提於意云何阿那含能作是念
我得阿那含果不須菩提言不也世尊何以
故阿那含名為不来而實无来是故名阿那
含須菩提於意云何阿羅漢能作是念我得
阿羅漢道不須菩提言不也世尊何以故實
无有法名阿羅漢世尊若阿羅漢作是念我
得阿羅漢道即為著我人衆生壽者世尊佛
説我得无諍三昧人中最為第一是第一離
欲阿羅漢我不作是念我是離欲阿羅漢世
尊我若作是念我得阿羅漢道世尊則不説
須菩提是樂阿蘭那行者以須菩提實无所
行而名須菩提是樂阿蘭那行
佛告須菩提於意云何如来昔在然燈佛所
於法有所得不世尊如来在然燈佛所於法
實无所得須菩提於意云何菩薩莊嚴佛土
不不也世尊何以故莊嚴佛土者則非莊嚴
是名莊嚴是故須菩提諸菩薩

BD05446號　金剛般若波羅蜜經　（2–2）

佛說月燈三昧經　一名文殊師利菩薩十事經
聞如是一時佛在舍衛國遊於祇樹給孤獨
園與大比丘衆比丘五百六萬菩薩俱及無
央數諸天人尒時文殊師利菩薩在其衆會
中坐時佛告文殊師利言童子菩薩行布施
有十事何等為十一者誨除嫉妬意二者常
清淨意布施三者無數百千人不能奪其財
四者持上妙而終之五者生大豪貴家六者
所生處好布施七者為四部衆所愛念八者
無所畏入衆會亦無礙十方皆聞其名聲九
者年少手足柔耎十者常樂善知識乃至坐
佛樹下童子是為菩薩行布施十事佛於是
說偈言
已遠除於嫉妬　意常好布施者
持上妙而終之　生即於豪富家
所生處意常樂　而好喜於布施
為衆生所愛念　居家者及出學
於衆會無所畏　所至處無疑難

BD05447號　月燈三昧經（先公本）　（2–1）

有十事何等為十一者誨除嫉妬意二者常
清淨意布施三者無數百千人不能奪其財
四者持上妙而終之五者生大豪貴家六者
所生處好布施七者為四部衆所愛念八者
無所畏入衆會亦無礙十方皆聞其名聲九
者年少手足柔耎十者常樂善知識乃至坐
佛樹下童子是為菩薩行布施十事佛於是
說偈言
已遠除於嫉妬　意常好布施者
持上妙而終之　生即於豪富家
所生處意常樂　而好喜於布施
為衆生所愛念　居家者及出學
於衆會無所畏　所至處無疑難
其名聲遠而聞　於郡國及縣邑
其手足常柔耎　所欲得不復難
即為得善知識　諸佛及其弟子
終不復生嫉妬意　意常好樂布施
以持上妙而終之　於是行事無嫉妬
即生於大豪富家　意常喜樂而布施
為若千億人所愛　好布施者有是行
得善知識不復難　常見諸佛及弟子

BD05447號　月燈三昧經（先公本）　（2–2）

BD05447 號背　勘記　　（1-1）

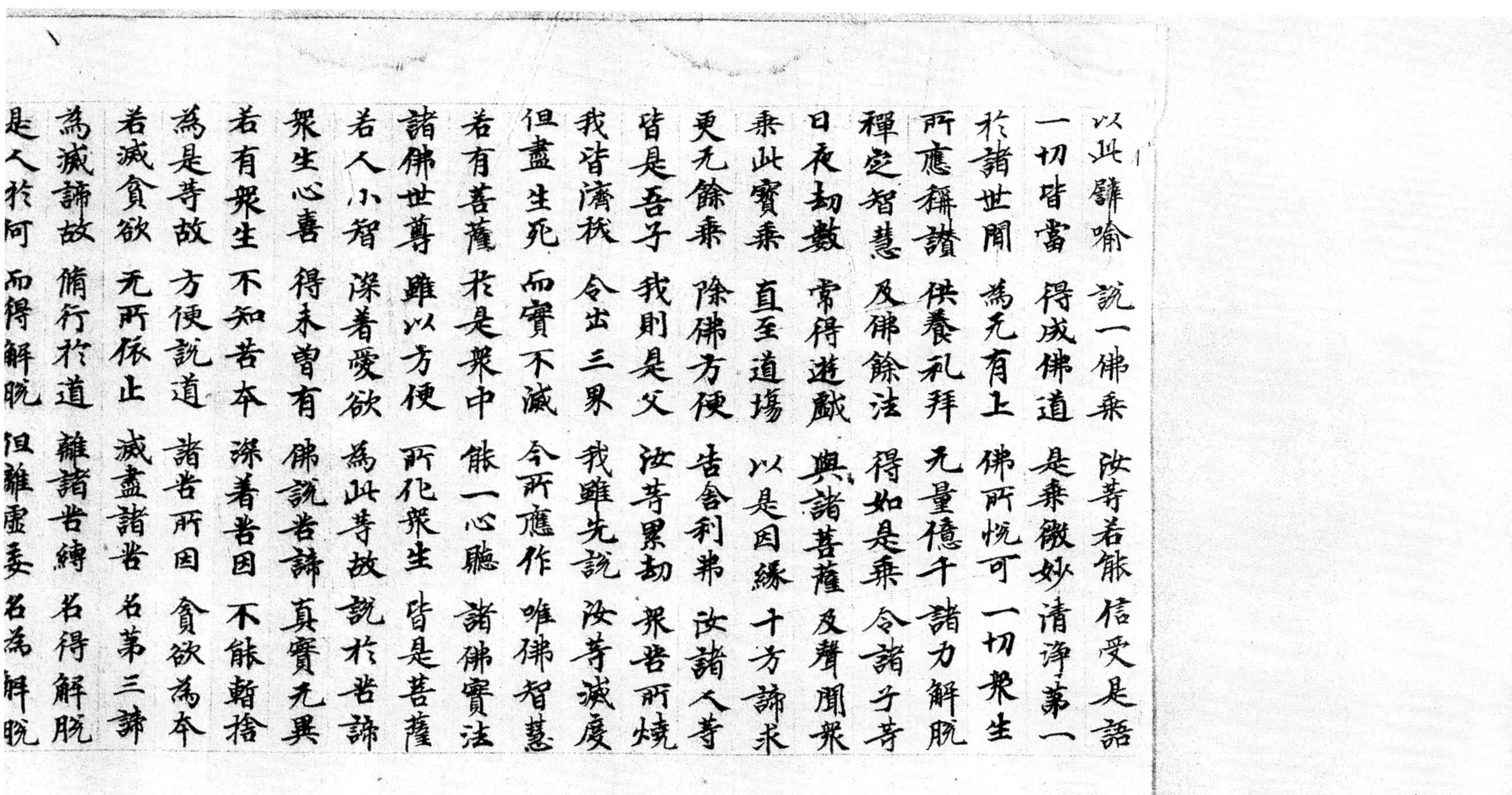

以此譬喻　說一佛乘　汝等若能　信受是語
一切皆當　得成佛道　是乘微妙　清淨第一
於諸世間　為无有上　佛所悅可　一切衆生
所應稱讚　供養礼拜　无量億千　諸力解脫
禪定智慧　及佛餘法　得如是乘　令諸子等
日夜劫數　常得遊戲　與諸菩薩　及聲聞衆
乘此寶乘　直至道場　以是因緣　十方諦求
更无餘乘　除佛方便　告舍利弗　汝諸人等
皆是吾子　我則是父　汝等累劫　衆苦所燒
我皆濟拔　令出三界　我雖先說　汝等滅度
但盡生死　而實不滅　今所應作　唯佛智慧
若有菩薩　於是衆中　能一心聽　諸佛實法
諸佛世尊　雖以方便　所化衆生　皆是菩薩
若人小智　深着愛欲　為此等故　說於苦諦
衆生心喜　得未曾有　佛說苦諦　真實无異
若有衆生　不知苦本　深着苦因　不能暫捨
為是等故　方便說道　諸苦所因　貪欲為本
若滅貪欲　无所依止　滅盡諸苦　名第三諦
為滅諦故　脩行於道　離諸苦縛　名得解脫
是人於何　而得解脫　但離虛妄　名為解脫

BD05448 號　妙法蓮華經卷二　　（3-1）

若人小智　深着愛欲　為此等故　說於苦諦
衆生心喜　得未曾有　佛說苦諦　真實无異
若有衆生　不知苦本　深着苦因　不能暫捨
為是等故　方便說道　諸苦所因　貪欲為本
若滅貪欲　无所依止　滅盡諸苦　名第三諦
為滅諦故　脩行於道　離諸苦縛　名得解脫
是人於何　而得解脫　但離虛妄　名為解脫
其實未得　一切解脫　佛說是人　未實滅度
斯人未得　无上道故　我意不欲　令至滅度
我為法王　於法自在　安隱衆生　故現於世
汝舍利弗　我此法印　為欲利益　世間故說
在所遊方　勿妄宣傳　若有聞者　隨喜頂受
當知是人　阿鞞跋致　若有信受　此經法者
是人已曾　見過去佛　恭敬供養　亦聞是法
若人有能　信汝所說　則為見我　亦見於汝
及比丘僧　并諸菩薩　斯法華經　為深智說
淺識聞之　迷惑不解　一切聲聞　及辟支佛
於此經中　力所不及　汝舍利弗　尚於此經
以信得入　況餘聲聞　其餘聲聞　信佛語故
隨順此經　非己智分　又舍利弗　憍慢懈怠
計我見者　莫說此經　凡夫淺識　深着五欲
聞不能解　亦勿為說　若人不信　毀謗此經
則斷一切　世間佛種　或復嚬蹙　而懷疑惑
汝當聽說　此人罪報　若佛在世　若滅度後
其有誹謗　如斯經典　見有讀誦　書持經者
輕賤憎嫉　而懷結恨　此人罪報　汝今復聽

BD05448號　妙法蓮華經卷二

（3–2）

則斷一切　世間佛種　或復嚬蹙　而懷疑惑
汝當聽說　此人罪報　若佛在世　若滅度後
其有誹謗　如斯經典　見有讀誦　書持經者
輕賤憎嫉　而懷結恨　此人罪報　汝今復聽
其人命終　入阿鼻獄　具足一劫　劫盡更生
如是展轉　至无數劫　從地獄出　當墮畜生
若狗野干　其形領瘦　黧黮疥癩　人所觸嬈
又復為人　之所惡賤　常困飢渴　骨肉枯竭
生受楚毒　死被瓦石　斷佛種故　受斯罪報
若作駱駝　或生驢中　身常負重　加諸杖捶
但念水草　餘无所知　謗斯經故　獲罪如是
有作野干　來入聚落　身體疥癩　又无一目
為諸童子　之所打擲　受諸苦痛　或時致死
於此死已　更受蟒身　其形長大　五百由旬
聾騃无足　宛轉腹行　為諸小虫　之所唼食
晝夜受苦　无有休息　謗斯經故　獲罪如是
若得為人　諸根闇鈍　矬陋攣躄　盲聾背傴
有所言說　人不信受　口氣常臭　鬼魅所着
貧窮下賤　為人所使　多病痟瘦　无所依怙
雖親附人　人不在意　若有所得　尋復忘失
若脩醫道　順方治病　更增他疾　或復致死

BD05448號　妙法蓮華經卷二

（3–3）

蚖虵及蝮蝎　氣毒烟火然　念彼觀音力　尋聲自迴去
雲雷鼓掣電　降雹澍大雨　念彼觀音力　應時得消散
衆生被困厄　无量苦逼身　觀音妙智力　能救世間苦
具足神通力　廣脩智方便　十方諸國土　无刹不現身
種種諸惡趣　地獄鬼畜生　生老病死苦　以漸悉令滅
真觀清淨觀　廣大智慧觀　悲觀及慈觀　常願常瞻仰
无垢清淨光　慧日破諸闇　能伏災風火　普明照世間
悲體戒雷震　慈音妙大雲　澍甘露法雨　滅除煩惱焰
諍訟經官處　怖畏軍陣中　念彼觀音力　衆怨悉退散
妙音觀世音　梵音海潮音　勝彼世間音　是故須常念
念念勿生疑　觀世音淨聖　於苦惱死厄　能為作依怙
具一切功德　慈眼視衆生　福聚海无量　是故應頂禮
尒時持地菩薩即從座起前白佛言世尊若

BD05449號　觀世音經　（2–1）

衆生被困厄　无量苦逼身　觀音妙智力　能救世間苦
具足神通力　廣脩智方便　十方諸國土　无刹不現身
種種諸惡趣　地獄鬼畜生　生老病死苦　以漸悉令滅
真觀清淨觀　廣大智慧觀　悲觀及慈觀　常願常瞻仰
无垢清淨光　慧日破諸闇　能伏災風火　普明照世間
悲體戒雷震　慈音妙大雲　澍甘露法雨　滅除煩惱焰
諍訟經官處　怖畏軍陣中　念彼觀音力　衆怨悉退散
妙音觀世音　梵音海潮音　勝彼世間音　是故須常念
念念勿生疑　觀世音淨聖　於苦惱死厄　能為作依怙
具一切功德　慈眼視衆生　福聚海无量　是故應頂禮
尒時持地菩薩即從座起前白佛言世尊若
有衆生聞是觀世音菩薩品自在之業普門
示現神通力者當知是人功德不少佛說是
普門品時衆中八万四千衆生皆發无等等
阿耨多羅三藐三菩提心

觀世音經

BD05449號　觀世音經　（2–2）

徧空无性空自性空无性自性空不與不捨
善現如是般若波羅蜜多於真如不與不捨
於法界法性不虛妄性不變異性平等性離
生性法定法住實際虛空界不思議界不與
不捨善現如是般若波羅蜜多於苦聖諦不
與不捨於集滅道聖諦不與不捨善現如是
般若波羅蜜多於四靜慮不與不捨於四无
量四无色定不與不捨善現如是般若波羅
蜜多於八解脫不與不捨於八勝處九次第
定十遍處不與不捨善現如是般若波羅蜜
多於四念住不與不捨於四正斷四神足五
根五力七等覺支八聖道支不與不捨善現
如是般若波羅蜜多於空解脫門不與不捨
於无相无願解脫門不與不捨善現如是般
若波羅蜜多於菩薩十地不與不捨善現如
是般若波羅蜜多於五眼不與不捨於六神通
不與不捨善現如是般若波羅蜜多於佛
十力不與不捨於四无所畏四无礙解大慈
大悲大喜大捨十八不共法不與不捨善
現如是般若波羅蜜多於无忘失法不與不

BD05450 號　大般若波羅蜜多經卷二九六　（2–1）

根五力七等覺支八聖道支不與不捨善現
如是般若波羅蜜多於空解脫門不與不捨
於无相无願解脫門不與不捨善現如是般
若波羅蜜多於菩薩十地不與不捨善現如
是般若波羅蜜多於五眼不與不捨於六神通
不與不捨善現如是般若波羅蜜多於佛
十力不與不捨於四无所畏四无礙解大慈
大悲大喜大捨十八不共法不與不捨善
現如是般若波羅蜜多於无忘失法不與不
捨於恒住捨性不與不捨善現如是般若波
羅蜜多於一切智不與不捨於道相智一切
相智不與不捨善現如是般若波羅蜜多於
一切陁羅尼門不與不捨於一切三摩地門不
與不捨善現如是般若波羅蜜多於預流
果不與不捨於一來不還阿羅漢果不與不
捨善現如是般若波羅蜜多於獨覺菩提不
與不捨善現如是般若波羅蜜多於一切菩
薩摩訶薩行不與不捨善現如是般若波羅
蜜多於諸佛无上正等菩提不與不捨善現
如是般若波羅蜜多不與聲聞法不捨異生
法不與獨覺法不捨聲聞法不與諸佛法不
捨獨覺
訶

BD05450 號　大般若波羅蜜多經卷二九六　（2–2）

微妙之法開化十方无量衆生當知此人必當
得至无上正真道也佛告阿難我作佛以來
從生死須至生死勤苦累劫无所不經所不
不歷无所不作无所不為如是不可思議无
復藥師瑠璃光佛本願功德者乎汝所以
有疑者亦復如是阿難汝聞佛所說汝諦信
之莫作疑惑佛語至誠无有虛寃亦无二言佛
為信者施不為疑者說也阿難汝莫作不疑
以毀大乘之業汝却後亦當發摩訶衍心
莫以小道毀汝功德也阿難言唯唯天中天
我從今日以去无復命心唯佛自當知我心
耳佛語阿難此經能照諸天宮殿若三災起
時中有天人發心念此藥師瑠璃光佛本願
功德經者皆得離於彼處之難是經能除水
涸不調是經能除他方逆賊悉令斷滅四方
夷狄各還正治不相嬈惱國土吏道人民歡
樂是經除穀貴飢[illegible]凍是經能滅惡星變恠
是經能除疫毒之病是經能救三惡道苦地
獄餓鬼畜生等苦若人得聞此經典者无不
解脫厄難者也尒時衆中有一菩薩名曰救

BD05451號　灌頂章句拔除過罪生死得度經　（6–1）

涸不調是經能除他方逆賊悉令斷滅四方
夷狄各還正治不相嬈惱國土吏道人民歡
樂是經除穀貴飢[illegible]凍是經能滅惡星變恠
是經能除疫毒之病是經能救三惡道苦地
獄餓鬼畜生等苦若人得聞此經典者无不
解脫厄難者也尒時衆中有一菩薩名曰救
脫從座而起整衣服叉手合掌而白佛言我
等今日聞佛世尊演說過此東方十恒河沙
世界有佛号藥師瑠璃光一切衆會靡不歡
喜救脫菩薩叉手白佛言若族姓男女其有
尫羸著床痛惱无救護者我今當勸請諸
衆僧七日七夜齋戒一心受持八禁六時行道卌
九遍讀是經典勸然七層之燈亦勸懸五色
續命神幡阿難問救脫菩薩言續命幡燈
法則云何救脫菩薩語阿難言神幡五色卌
九尺燈亦復尒七層之燈一層七燈燈如車
輪若遭厄難閉在牢獄枷鎖著身亦應造
立五色神幡然卌九燈應放雜類衆生至卌
九可得過度危厄之難不為諸橫惡鬼所持
救脫菩薩語阿難言若天王大臣及諸輔相
王子妃主中宮采女若為病苦所惱亦應造
立五色繒幡然燈續明放諸生命散雜色華
燒衆名香王當放赦函厄之人徒鎖解脫王得
其福天下太平雨澤以時人民歡樂惡龍攝
毒无病苦者四方夷狄不生逆害國土通洞

BD05451號　灌頂章句拔除過罪生死得度經　（6–2）

[illegible]
王子妃主中宮采女若為病苦所惱亦應造
立五色繒幡然燈續明放諸生命散雜色華
燒衆名香王當放赦屈厄之人徒鏁解脱王得
其福天下太平雨澤以時人民歡樂惡龍攝
毒无病苦者四方夷狄不生逆害國土通洞
慈心相向无諸怨惡四海歌詠稱王之德乘此
福祿在意所生見佛聞法信受教悔從是
福報至无上道
阿難又問救脱菩薩言命可續也救脱菩薩
答言我聞世尊説有諸横勸造幡蓋令其
脩福又言阿難昔沙弥救蟻以脩福故盡其
壽命不更苦患身體安寧福德力强使之
然也阿難曰是復問救脱菩薩横有幾種救
脱菩薩答言世尊所説横乃无數略而言之大
横有九一者横病二者横有口舌三者横遭縣
官四者身羸无福又持戒不完横為鬼神之
所得便五者横為劫賊之所剝脱六者横為水
火之所焚[illegible]七者横為雜類禽獸所噉八者横
為怨讎符書厭禱邪神牵引未得其福但
受其殃先亡牵引亦名横死九者有病不治又
不脩福湯藥不慎針灸失度不值良醫為
病所困於是滅亡又信世間妖孽之師為作恐
動寒熱言語妄發禍福所犯者多心不自正
不能自定卜問覓禍煞豬狗牛羊種種衆生

BD05451號　灌頂章句拔除過罪生死得度經　（6–3）

為怨讎符書厭禱邪神牵引未得其福但
受其殃先亡牵引亦名横死九者有病不治又
不脩福湯藥不慎針灸失度不值良醫為
病所困於是滅亡又信世間妖孽之師為作恐
動寒熱言語妄發禍福所犯者多心不自正
不能自定卜問覓禍煞豬狗牛羊種種衆生
解奏神明呼諸邪妖魍魎鬼神請乞福祚欲
望長生終不能得愚癡迷惑信邪到見无入地
獄展轉其中无解脱時是名九横
救脱菩薩語阿難言其世間人瘞黄之病困
篤著床求生不得求死不得考楚万端此
病人者或其前世造作惡業過罪所指殃咎
所引故使然也救脱菩薩語阿難言閻羅王
者主領世間名籍之記若人為惡作諸非法无
孝順心造作五逆破滅三寶无君臣法又有衆
生不持五戒不信正法設有受者多所毁
犯於是地下鬼神及伺候者奏上五官五官
料簡除死定生或注錄精神未判是非若已
定者奏上閻羅王閻羅監察隨罪輕重考
而治之世間瘞黄之病困篤不死一絶一生由
其罪福未得料簡錄其精神在彼王所或七
日三七日乃至七七日名籍定者放其精神
還其身中如從夢中見其善惡其人若明了
者信驗罪福是故我今勸諸四輩造續命神
幡然卌九燈放諸生命以此幡燈放生功德拔

BD05451號　灌頂章句拔除過罪生死得度經　（6–4）

宝不暴亡閻羅王閻羅監察[illegible]輕重考
而治之世間痿黃之病困篤不死一絕一生由
其罪福未得料簡錄其精神在彼王所或七
日三七日乃至七七日名籍定者放其精神
還其身中如從夢中見其善惡其人若明了
者信驗罪福是故我今勸諸四輩造續命神
幡然卌九燈放諸生命以此幡燈放生功德拔
彼精神令得度苦令世後世不遭厄難救脫
菩薩語阿難言如來世尊說是經典威神功
德利益不少坐中諸鬼神有十二神王從坐
而起往到佛所長跪合掌而白佛言我等
十二鬼神在所作護若城邑聚落空閑林中
若四輩弟子誦持此經令所結願无求不得
阿難問言其名云何為我說之救脫菩薩言
灌頂章句其名如是
神名金毗羅　神名和耆羅　神名弥佉羅　神名安陀羅
神名摩尼羅　神名宋林羅　神名因持羅　神名波耶羅
神名摩休羅　神名真陀羅　神名照頭羅　神名毗伽羅
救脫菩薩語阿難言此輩經諸鬼神別有七千
以為眷屬皆悉叉手低頭聽佛世尊說是藥
師琉璃光如來本願功德莫不一時捨鬼神
形得受人身長得度脫无衆惱患若人疾急
厄難之日當以五色縷結其名字得如願已
然後解結令人得福灌頂章句法應如是佛
說是經時比丘僧八千人諸菩薩三万六千

BD05451 號　灌頂章句拔除過罪生死得度經　（6–5）

形得受人身長得度脫无衆惱患若人疾急
厄難之日當以五色縷結其名字得如願已
然後解結令人得福灌頂章句法應如是佛
說是經時比丘僧八千人諸菩薩三万六千
人俱諸天龍鬼神八部大王无不歡喜阿難
從坐而起前白佛言世尊演說此經當何名之
佛言此經凡有三名一名藥師瑠璃光如來本願
功德二名灌頂章句十二神王結願神呪三名
拔除過罪生死得度經佛說是經竟大衆
人民作礼奉行

藥師經

BD05451 號　灌頂章句拔除過罪生死得度經　（6–6）

男子及善女人亦當願生彼佛國土
文殊師利白佛言世尊唯願演說藥師瑠
璃光如來无量功德饒益衆生令得佛道佛
言若有善男子善女人新破衆魔來入正道
得聞我說藥師琉璃光如來名字者魔家
眷屬退散馳走如是无量[illegible]生苦我今說
之佛告文殊師利世間有[illegible]福慳貪
不知布施今世當得甘[illegible]但知貪惜
寧自割身宍而噉食[illegible]肯持錢財布施求
後世之福也又有人身不能衣食此大慳貪
命終以後當墮地獄餓鬼畜生中聞我說是
藥師琉璃光如來名字之時无不解脫憂苦
者也皆作信心貪福畏罪人從索頭與頭索
眼與眼乞妻與妻乞子與子求金銀珎寶
皆布施一時歡喜即發无上正真道意佛言
若復有人受佛淨戒遵奉明法不解罪福
雖知明經不及中義不能分別曉了中事以
自貢高恒常瞋憤乃與世間衆魔從事更

BD05452號　灌頂章句拔除過罪生死得度經

（9–1）

者也皆作信心貪福畏罪人從索頭與頭索
眼與眼乞妻與妻乞子與子求金銀珎寶
皆布施一時歡喜即發无上正真道意佛言
若復有人受佛淨戒遵奉明法不解罪福
雖知明經不及中義不能分別曉了中事以
自貢高恒常瞋憤乃與世間衆魔從事更
作縛著不解行之惡者婦女恩愛之情口爲
說空行在有中不能發覺復不自知但能論
說他人是非如此人輩皆當墮於三惡道中
聞我說是藥師琉璃光本願功德无不歡喜
念欲捨家行作沙門者也佛言世間有人好
自稱譽皆自貢高當墮三惡道中後還爲
人牛馬奴婢生下賤中人當乘其力負重而行
困苦疲極忘失人身聞我說是藥師琉璃光如
來本願功德者皆當一心歡喜踊躍更作謙
敬即得解脫衆苦之患長得歡樂聰明智
慧遠離惡道得生善處與善知識共相值遇
无復憂惱離諸魔縛佛言世間愚癡人輩
兩舌鬪諍惡口罵詈更相嫌恨或就山神樹
下鬼神日月之神南斗北辰諸鬼神等所作
諸呪誓或作人名字或作人形像或作符書
以相厭禱呪咀言說聞我說是藥師瑠璃光
佛本願功德无不兩作和解俱生慈心惡意
悉滅各各歡喜无復惡念佛言若四輩弟子
比丘比丘尼清信士清信女常脩月六齋年三

BD05452號　灌頂章句拔除過罪生死得度經

（9–2）

諸呪誓或作人名字或作人形像或作符書
以相厭禱呪咀言説聞我説是藥師瑠璃光
佛本願功德无不兩作和解俱生慈心惡意
悉滅各各歡喜无復惡念佛言若四輩弟子
比丘比丘尼清信士清信女常脩月六齋年三
長齋或晝夜精勤一心苦行願欲往生西方
阿弥陁佛國者憶念晝夜若一日二日三日四
日五日六日七日或復中晦聞我説是藥師
瑠璃光佛本願功德盡其壽命欲終之時
有八菩薩
文殊師利菩薩 觀世音菩薩 德大勢(百)菩薩 无盡意菩薩
寶檀華菩薩 藥王菩薩 藥上菩薩 弥勒菩薩
是八菩薩皆當飛往迎其精神不經八難生
蓮華中自然音樂而相娛樂佛言假使壽
命自欲盡時臨終之日得聞我説是藥師瑠
璃光佛本願功德者命終皆得上生天上不
復經歷三惡道中天上福盡若下生人間當為
帝王家作子或生豪姓長者居士富貴家生
皆當端政聰明智慧高才勇猛若是女人化
成男子无復憂苦患難者也
佛語文殊師利我稱譽顯説藥師琉璃光佛
至真等正覺本所脩集无量行願功德如是
文殊師利從座而起長跪叉手白佛言世尊
佛去世後當以此法開化十方一切衆生使
其受持是經典者若有善男子善女人愛樂

BD05452號　灌頂章句拔除過罪生死得度經　（9–3）

佛語文殊師利我稱譽顯説藥師琉璃光佛
至真等正覺本所脩集无量行願功德如是
文殊師利從座而起長跪叉手白佛言世尊
佛去世後當以此法開化十方一切衆生使
其受持是經典者若有善男子善女人愛樂
是經受持讀誦宣通之者復能專念若一
日二日三日四日五日乃至七日憶念不忘能以
好素帛書取是經五色雜綵作囊盛之者
是時當有諸天善神四天大王龍神八部常
來營衛愛敬此經日日作礼持是經者終不
墮橫死所在安隱惡氣消滅諸魔鬼神亦不
中害佛言如是如是如汝所説文殊師利言
天尊所説言无不善佛言文殊師利若有善
男子善女人等發心造立藥師瑠璃光如來
形像供養礼拜懸雜色幡蓋燒香散華歌
詠讚嘆圍遶百迊還坐本處端坐思惟念藥
師瑠璃光佛无量功德若有善男子善女人
七日七夜菜食長齋供養礼拜藥師琉璃光
佛求心中所願者无不獲得求長壽得長
壽求富饒得富饒求安隱得安隱求男女得
男女求官位得官位若命過已後欲生妙樂天
上者亦當礼敬藥師瑠璃光佛至真等正覺
若欲上生卅三天者亦當礼拜藥師琉璃光佛
必得往生若欲與明師世世相值者亦當礼拜
藥師瑠璃光佛告文殊師利若欲生十方

BD05452號　灌頂章句拔除過罪生死得度經　（9–4）

男女求官位得官位若命過已後欲生妙樂天
上者亦當礼敬藥師瑠璃光佛至真等正覺
若欲上生卅三天者亦當礼拜藥師琉璃光佛
必得往生若欲與明師世世相值者亦當礼拜
藥師瑠璃光佛告文殊師利若欲生十方
妙樂國土者亦應礼敬藥師瑠璃光佛若欲
得生兜率天上見弥勒者亦應礼敬藥師瑠
璃光佛若欲遠諸邪道者亦當礼敬藥師瑠
璃光佛若夜惡夢鳥鳴百怪蜚尸邪忤魍魎
鬼神之所嬈者亦當礼敬藥師瑠璃光佛若
為水火之所焚飄者亦當礼敬藥師瑠璃光
佛若入山谷為虎狼熊羆蒺蔾諸獸烏龍
蚖蛇蝮蝎種種雜類惡心來相向者心當存
念藥師瑠璃光佛山中諸難不能為害若
他方怨賊偷竊惡人怨家債主欲來侵陵心
當存念藥師瑠璃光佛則不為害以善男子
善女人礼敬藥師瑠璃光如來功德所致華
報如是況果報也是故吾今勸諸四輩礼事
藥師瑠璃光佛至真等正覺佛告文殊師利
我但為汝略說藥師瑠璃光佛礼敬功德若
使我廣說是藥師瑠璃光无量功德為一切
人求心中所願者從一劫至一劫故不周遍其
世間人若有著床痿黄困篤惡病連年累
月不差者聞我說是藥師瑠璃光佛名字
之時横病之厄无不除愈唯除宿殃不請耳

使我廣說是藥師瑠璃光无量功德為一切
人求心中所願者從一劫至一劫故不周遍其
世間人若有著床痿黄困篤惡病連年累
月不差者聞我說是藥師瑠璃光佛名字
之時横病之厄无不除愈唯除宿殃不請耳
佛告文殊師利若善男子善女人受三自歸若
五戒若十戒若善信菩薩廿四戒若沙門二
百五十戒若比丘尼五百戒若菩薩戒若
破是諸戒等若能至心一懺悔者復聞我
說是藥師瑠璃光佛終不墮三惡道中必得
解脫若人愚癡不受父母師友教誨不信佛
不信經戒不信聖僧應墮三惡道中者云夫
人種受畜生身聞我說是藥師瑠璃光佛
願功德者即得解脫
佛告文殊師利世有惡人雖受佛禁戒觸事
違犯或殺无道偷竊他人財寶欺詐妄語婬
他婦女飲酒鬬亂兩舌惡口罵詈毀人犯戒
為惡更復祠祀鬼神有如是過罪當墮地獄
中若當屠割若抱銅柱若鐵鉤出舌若洋銅
灌口者聞我說是藥師瑠璃光佛无不即得
解脫者也佛告文殊師利其世間人豪貴下
賤不信佛不信經道不信有沙門不信有須
陁洹不信有斯陁含不信有阿那含不信有
阿羅漢不信有辟支佛不信有十住菩薩不
信有三世之事不信有十方諸佛不信有本

賤不信佛不信經道不信有沙門不信有須
陁洹不信有斯陁含不信有阿那含不信有
阿羅漢不信有辟支佛不信有十住菩薩不
信有三世之事不信有十方諸佛不信有本
師釋迦文佛不信人死神明更生善者受福惡
者受殃有如是之罪應墮三惡道中聞我說
是藥師瑠璃光佛名字之時一切過罪自然
消滅
佛告文殊師利若有善男子善女人聞我說是
藥師瑠璃光佛至真等正覺其誰不發无上
正真道意後皆當得作佛人居世間仕宦不
遷治生不得飢寒困厄亡失財產復无方計聞
我說是藥師瑠璃光佛各各得心中所願仕
宦皆得高遷財物自然長益飲食无饒皆得
富貴若為縣官之所拘錄惡人侵枉若為怨
家所得便者心當存念藥師瑠璃光佛若他
婦女產生難者皆當存念藥師瑠璃光佛兒
即易生身體平政无諸病痛六情兒具聰明
智慧壽命得長不遭枉橫善神擁護不為惡
鬼祇其頭也佛說是語時阿難在右邊佛顧
語阿難言汝信我為文殊師利說往昔東方過
十恒河沙有佛名曰藥師瑠璃光本願功德者
不阿難白佛言唯唯天中天佛之所言何敢不
信耶佛復語阿難言如世間人輩雖有眼耳
鼻舌身意人常用是六事以自迷惑但能信

BD05452號　灌頂章句拔除過罪生死得度經　（9–7）

不阿難白佛言唯唯天中天佛之所言何敢不
信耶佛復語阿難言如世間人輩雖有眼耳
鼻舌身意人常用是六事以自迷惑但能信
世間魔邪之言不信至真至誠度世苦切之語
如是人輩難可開化阿難白佛言世尊世人
多有惡逆下賤之者若聞佛說是經開人耳
目破冶眾病除人陰冥使覩光明解人疑結
去人重罪千劫万劫无復憂患皆因佛說是
藥師瑠璃光本願功德悉令安隱得其福也
佛語阿難汝口為言善而汝內心狐疑不信我
言阿難汝莫作是念以自毀敗佛語阿難我
見汝心我知汝意汝知之不阿難即以頭
面著地長跪白佛言審如天中天所說我
造次聞佛說是藥師瑠璃光極大尊貴智慧
巍巍難可度量我心有小疑耳敢不首伏佛言
汝智慧狹劣少見少聞汝聞我說深妙之
法无上空義應生信敬貴重之心必當得至
无上正真道也文殊師利白佛言世尊佛說
是藥師瑠璃光如來无量功德如是不審誰
肯信此言者佛答文殊師利言唯有百億
諸菩薩摩訶薩當信是言耳唯有十方三世
諸佛當信是言佛言我說是藥師瑠璃光如
來本願功德難可得見何況得聞亦難得書
寫亦難得讀誦文殊師利若有善男子善女
人能信是經受持讀誦書著竹帛復能為他

BD05452號　灌頂章句拔除過罪生死得度經　（9–8）

見汝心我知汝意汝知之不向難即以頭
面著地長跪白佛言審如天中天所說我
造次聞佛說是藥師瑠璃光極大尊貴智慧
巍巍難可度量我心有小疑耳敢不首伏佛言
汝智慧狹劣少見少聞汝聞我說深妙之
法无上空義應生信敬貴重之心必當得至
无上正真道也文殊師利白佛言世尊佛說
是藥師瑠璃光如來光量功德如是不審誰
肯信此言者佛荅文殊師利言唯有百億
諸菩薩摩訶薩當信是言耳唯有十方三世
諸佛當信是言佛言我說是藥師瑠璃光如
來本願功德難可得見何况得聞亦難得書
寫亦難得讀誦文殊師利若有善男子善女
人能信是經受持讀誦書著竹帛復能爲他
人解說中義此皆先世以發道意今復得聞此

BD05452 號　灌頂章句拔除過罪生死得度經

(9–9)

四分律尼戒本一卷　大姊僧聽
稽首禮諸佛　及法比丘僧　今演毗尼法　令正法久住　戒如海无崖
如寶求无猒　欲護聖法財　衆集聽我說　欲除八棄法　及滅僧殘法
鄣三十捨墮　衆集聽我說　毗婆尸式棄　毗舍拘樓孫　拘那含牟尼
迦葉釋迦文　諸世尊大德　爲我說是事　我今欲善說　諸賢咸共聽
譬如人毀足　不堪有所涉　毀戒亦如是　不得生天人　欲得生天上
若生人間者　常當護戒足　勿令有毀犢　如御入嶮道　失轄折軸憂
毀戒亦如是　死時懷恐懼　如人自照鏡　好醜生欣戚　說戒亦如是
……　……　……有進退　說戒亦如是　淨穢生安畏

BD05453 號　四分比丘尼戒本

(28–1)

[illegible]
稽首禮諸佛及法比丘僧今演毗尼法令正法久住戒如海无岸
如寶求无厭欲護聖法財衆集聽我說欲除八棄法及滅僧殘法
鄣三十捨墮衆集聽我說毗婆尸式棄毗舍拘樓孫拘那含牟尼
迦葉釋迦文諸世尊大德為我說是事我今欲善說諸賢咸共聽
譬如人毀足不堪有所涉毀戒亦如是不得生天人欲得生天上
若生人間者常當護戒足勿令有毀損如御入嶮道失轄折軸憂
毀戒亦如是死時懷恐懼如人自照鏡好醜生欣戚說戒亦如是
全毀生憂喜如兩陣共戰勇怯有進退說戒亦如是淨穢生安畏
世間王為㝡衆流海為㝡衆星月為㝡衆聖佛㝡一切衆律中
戒經為上㝡如來立禁戒半月半月說
和合僧集會未受大戒出
不來諸比丘尼說欲及清淨今僧何所作為如是三說
大姊僧聽今僧十五日布薩說戒若僧時到僧忍聽
布薩說戒白如是
諸大姊我欲說戒集衆現前嘿然聽善思念之若有
犯者當發露无犯者嘿然嘿然故當知僧清淨若有他
舉者即應如實答如是諸比丘尼在於衆中乃至三
唱憶念有罪不發露者得故妄語罪佛說故妄語
罪是鄣道法彼比丘尼自憶知有罪欲求清淨當發
露發露則安隱不發露罪益深諸大姊我已說戒經
序今問諸大姊是中清淨不如是三說 [illegible]
諸大姊是中清淨嘿然故是事如是持 [illegible]
諸大姊是八波羅夷法半月半月戒經中來
若比丘尼作婬欲法犯不淨行乃至共畜生是比丘尼波
羅夷不共住
若比丘尼在聚落若空處不與懷盜心取隨所盜物
若為王若王大臣所捉若縛若殺若駈出國汝賊汝
癡汝无所知若比丘尼作如是不與取是比丘尼波羅夷不共住
若比丘尼故自手斷人命持刀授與人若歎死譽死勸死
咄人用此惡活為寧死不生作如是心念无數方便歎死
譽死勸死此比丘尼波羅夷不共住
若比丘尼實无所知自歎譽言我得過人法入聖知勝法

BD05453號　四分比丘尼戒本

（28–2）

若比丘尼在聚落若空處不與懷盜心取隨所盜物
若為王若王大臣所捉若縛若殺若駈出國汝賊汝
癡汝无所知若比丘尼作如是不與取是比丘尼波羅夷不共住
若比丘尼故自手斷人命持刀授與人若歎死譽死勸死
咄人用此惡活為寧死不生作如是心念无數方便歎死
譽死勸死此比丘尼波羅夷不共住
若比丘尼實无所知自歎譽言我得過人法入聖知勝法
我知是我見是後於異時若問若不問欲求清淨故作如
是言諸大姊我實不知不見言知我見虛誆妄語除增
上慢是比丘尼波羅夷不共住 已上四戒同僧
若比丘尼染汙心共染汙心男子從腋已下膝已上身相
觸若捉摩若牽若推若上摩若下摩若舉若下
若捉若捺是比丘尼波羅夷不共住是身相觸
若比丘尼染汙心知男子染汙心受捉手捉衣入屏處
共立共語共行或身相倚或共期是比丘尼波羅夷不
共住犯此八事故 已上二戒因鄔羅難陀
若比丘尼知他犯波羅夷不自舉不白僧不語人後於異
時彼比丘尼或休道若滅擯若衆僧遮若入外道後作
是言我先知有如是如是比丘尼波羅夷不共住覆重罪故 [illegible]
若比丘尼知比丘尼為僧所舉如法如律如佛所教不順
從不懺悔僧未與作共住而順從諸比丘尼比丘尼語言大
姊此比丘尼為僧所舉如法如律如佛所教不順從不懺悔僧
未與共住汝莫順從如是比丘尼時是事堅持
不捨彼比丘尼應乃至第二第三諫令捨此事故若乃
至三諫捨者善若不捨者是比丘尼波羅夷不共住犯隨舉 [illegible]
諸大姊我已說八波羅夷法若比丘尼犯一一波羅夷法不得
與諸比丘尼共住如前後亦如是是比丘尼得波羅夷罪不
應共住今問諸大姊是中清淨不如是三說
諸大姊是中清淨嘿然故是事如是持
諸大姊是十七僧伽婆尸沙法半月半月戒經中來
若比丘尼媒嫁持男語語女持女語語男若為成婦事
若為私通乃至須臾頃是比丘尼犯初法應捨僧伽婆尸沙 [illegible]
[illegible]

BD05453號　四分比丘尼戒本

（28–3）

與諸比丘尼共住如前後亦如是是比丘尼得波羅夷罪不
應共住今問諸大姊是中清淨不 如是三説
諸大姊是中清淨嘿然故是事如是持
諸大姊是十七僧伽婆尸沙法半月半月戒經中來
若比丘尼媒嫁持男語語女持女語語男若為成婦事
若為私通乃至須臾頃是比丘尼犯初法應捨僧伽婆尸沙 此戒同僧
若比丘尼瞋恚不喜以无根波羅夷法謗欲破彼清淨行
後於異時若問若不問是事无根説我瞋恚故如是語
是比丘尼犯初法應捨僧伽婆尸沙 此戒同僧同慈地比丘犯
若比丘尼瞋恚不喜於異分事中取片非波羅夷比丘
尼以无根波羅夷法謗欲破彼人梵行後於異時若問若
不問知是異分事中取片彼比丘尼住瞋恚法故作如是説
是比丘尼犯初法應捨僧伽婆尸沙 同前
若比丘尼詣官言人若居士若居士兒若奴若客作人
若晝若夜若一念頃若彈指頃若須臾頃是比丘尼犯初
法應捨僧伽婆尸沙 此戒所剃比丘尼犯
若比丘尼先知是賊罪應死多人所知不問王大臣不
問種性便度出家受戒是比丘尼犯初法應捨僧伽婆尸沙
若比丘尼知比丘尼為僧所舉如法如律如佛所教不順從
未懺悔僧未與作共住羯磨為愛故不問僧僧不
約勅出界外作羯磨與解罪是比丘尼犯初法應捨
僧伽婆尸沙
若比丘尼獨渡水獨入村獨宿獨在後行犯初法應
捨僧伽婆尸沙 偷羅難陀比丘尼在後行犯
若比丘尼染汙心知染汙心男子從彼受可食者及食
并餘物是比丘尼犯初法應捨僧伽婆尸沙 同前
若比丘尼教比丘尼作如是語大姊彼有染汙心无染汙
心能那汝何汝自有染汙心於彼若得食以時清淨受
取此比丘尼犯初法應捨僧伽婆尸沙 此戒提舍難陀六群比丘尼犯
若比丘尼欲壞和合僧方便受破僧法堅持不捨是比
丘尼應諫彼比丘尼言大姊汝莫壞和合僧莫
方便壞和合僧莫受破僧法堅持不捨大姊應與

若比丘尼教比丘尼作如是語大姊彼有染汙心无染汙
心能那汝何汝自有染汙心於彼若得食以時清淨受
取此比丘尼犯初法應捨僧伽婆尸沙 此戒提舍難陀六群比丘尼犯
若比丘尼欲壞和合僧方便受破僧法堅持不捨是比
丘尼應諫彼比丘尼言大姊汝莫壞和合僧莫
方便壞和合僧莫受破僧法堅持不捨大姊應與
僧和合與僧和合歡喜不諍同一師學如水乳合於
佛法有增益安樂住是比丘尼諫彼比丘尼時堅持
不捨是比丘尼應三諫捨此事故乃至三諫捨者
善若不捨者是比丘尼犯三法應捨僧伽婆尸沙
若比丘尼有餘比丘尼群黨若一若二若三乃至无
數彼比丘尼語是比丘尼言大姊汝莫諫此比丘尼此
比丘尼法語比丘尼律語比丘尼此比丘尼所説我等
心喜樂此比丘尼所説我等忍可是比丘尼語彼比丘尼
言大姊莫作是説言此比丘尼法語比丘尼律語比丘
尼此比丘尼所説我等心喜樂此比丘尼所説我等
忍可何以故此比丘尼所説非法語非律語大姊莫欲
破壞和合僧當樂欲和合僧大姊與僧和合歡喜不
諍同一師學如水乳合於佛法中有增益安樂住是比
丘尼諫彼比丘尼時堅持不捨是比丘尼應三諫捨
此事故乃至三諫捨者善不捨者是比丘尼犯三法
應捨僧伽婆尸沙 此戒同僧犯同提婆達多犯主亦同
若比丘尼依城邑若村落住汙他家行惡行行惡行
亦見亦聞汙他家亦見亦聞是比丘尼諫彼比丘尼
言大姊汝汙他家行惡行行惡行亦見亦聞汙他家
亦見亦聞大姊汝汙他家行惡行今可離此村落去不
須住此彼比丘尼語此比丘尼作是言大姊諸比丘尼有
愛有恚有怖有癡有如是同罪比丘尼有駈者有
不駈者是諸比丘尼語彼比丘尼言大姊莫作是語有
愛有恚有怖有癡亦莫言有如是同罪比丘尼有駈
者有不駈者何以故而諸比丘尼不愛不恚不怖不癡
有如是同罪比丘尼有駈者有不駈者大姊汙他家

亦見亦聞大姊汝汙他家行惡行今可離此村落去不
須住此彼比丘尼語此比丘尼作是言大姊諸比丘尼有
愛有恚有怖有癡有如是同罪比丘尼有驅者有
不驅者是諸比丘尼語彼比丘尼言大姊莫作是語有
愛有恚有怖有癡亦莫言有如是同罪比丘尼有驅
者有不驅者何以故而諸比丘尼不愛不恚不怖不癡
有如是同罪比丘尼有驅者有不驅者大姊汙他家
行惡行行惡行亦見亦聞汙他家亦見亦聞是比丘
尼諫彼比丘尼時堅持不捨是比丘尼應三諫捨此事
故乃至三諫捨者善不捨者是比丘尼犯三法應捨
僧伽婆尸沙　同僧犯因阿濕婆富那婆等犯
若比丘尼惡性不受人語於戒法中諸比丘尼如法諫已
自身不受諫語言大姊汝莫向我說若好若惡我亦不
向汝說若好若惡諸大姊止莫諫我是比丘尼當諫彼
比丘尼言大姊汝莫自身不受諫語大姊自身當受
諫語大姊如法諫諸比丘尼諸比丘尼亦當如法諫大
姊如是佛弟子眾得增益展轉相諫展轉相教展轉
懺悔是比丘尼如是諫時堅持不捨是比丘尼應三諫捨
此事故乃至三諫捨者善不捨者是比丘尼犯三法應
捨僧伽婆尸沙　同僧犯尊者闡陀犯
若比丘尼相親近住共作惡行惡聲流布展轉共相覆
罪是比丘尼當諫彼比丘尼言大姊汝等莫相親近作惡
行惡聲流布共相覆罪汝等若不相親近於佛法中得
增益安樂住是比丘尼諫彼比丘尼時堅持不捨是比丘
尼應三諫捨此事故乃至三諫捨者善不捨者比丘尼犯
三諫法應捨僧伽婆尸沙　此戒因薩摩比丘尼
若比丘尼僧為作訶諫時餘比丘尼教作如是言汝等
莫別住當共住我亦見餘比丘尼不別住共作惡行惡聲
流布共相覆罪僧以恚故教汝別住是比丘尼應諫彼
比丘尼言大姊汝莫教餘比丘尼言汝等莫別住我亦
見餘比丘尼別住共作惡行惡聲流布共相覆罪
僧以恚故教汝別住今正有此二比丘尼共住作惡行

BD05453號　四分比丘尼戒本　（28–6）

莫別住當共住我亦見餘比丘尼不別住共作惡行惡聲
流布共相覆罪僧以恚故教汝別住是比丘尼應諫彼
比丘尼言大姊汝莫教餘比丘尼言汝等莫別住我亦
見餘比丘尼別住共作惡行惡聲流布共相覆罪
僧以恚故教汝別住今正有此二比丘尼共住作惡行
惡聲流布共相覆罪更无餘若此比丘尼別住於佛
法中有增益安樂住是比丘尼諫彼比丘尼時堅持不
捨是比丘尼應三諫令捨此事故乃至三諫捨者善
不捨者是比丘尼犯三法應捨僧伽婆尸沙　此戒因六群比丘尼及偷蘭難陀犯
若比丘尼趣以一小事瞋恚不喜便作是語我捨佛捨
法捨僧不獨有此沙門釋子亦更有餘沙門婆羅
門脩梵行者我等亦可於彼脩梵行是比丘尼當諫
彼比丘尼言大姊汝莫趣以一小事瞋恚不喜便作是語
我捨佛捨法捨僧不獨有沙門釋子亦更有餘沙門
婆羅門脩梵行者我等亦可於彼脩梵行若是比丘
尼諫彼比丘尼時堅持不捨彼比丘尼應三諫捨此事故
乃至三諫捨者善不捨者是比丘尼犯三法應捨僧伽
婆尸沙　此戒因六群比丘尼犯
若比丘尼喜鬪諍不善憶持諍事後瞋恚作是語
僧有愛有恚有怖有癡是比丘尼應諫彼比丘尼言
妹汝莫喜鬪諍不善憶持諍事後瞋恚作是語僧
有愛有恚有怖有癡而僧不愛不恚不怖不癡汝
自有愛有恚有怖有癡是比丘尼諫彼比丘尼時堅持
不捨彼比丘尼應三諫捨此事故乃至三諫捨者善不
捨者是比丘尼犯三法應捨僧伽婆尸沙　此戒因黑比丘尼犯
諸大姊我已說十七僧伽婆尸沙法九初犯罪八乃至
三諫若比丘尼犯一一法應強與半月半月摩那埵行
摩那埵已餘有出罪應二部僧中各廿人若少一人不
滿出是比丘尼罪不得除諸比丘尼亦可
呵此是時今問諸姊子是中清淨不　如是三說
諸大姊是中清淨嘿然故是事如是持
諸大姊是卅尼薩耆波逸提法半月半月戒經中來

BD05453號　四分比丘尼戒本　（28–7）

三諫若比丘尼犯一一法應擯與半月半月摩那埵行
摩那埵已餘有出罪應二部僧中各廿人若少一人不
滿出是比丘尼罪不得除諸比丘尼亦可
呵此是時今問諸姉子是中清淨不　如是三說
諸大姉是中清淨嘿然故是事如是持
諸大姉是卅尼薩耆波逸提法半月半月弍經中來
若比丘尼衣已竟迦絺那衣已捨畜長衣經十日不淨
得持若過尼薩耆波逸提
若比丘尼衣已竟迦絺那衣已捨五衣中若離一一衣異
處宿經一夜除僧羯磨尼薩耆波逸提
若比丘尼衣已竟迦絺那衣已捨若得非時衣欲須便
受受已疾疾成衣若足者善若不足者得畜一月
為滿足故若過畜者尼薩耆波逸提　此三同僧同六群犯
若比丘尼從非親裡居士居士婦乞衣除餘時尼薩
耆波逸提是中時者若奪衣失衣燒衣漂衣是名時
若比丘尼奪衣失衣燒衣漂衣從非親裡居士若居士　同僧跋難陀犯
婦自恣請多與衣是比丘尼當知足受衣若過尼薩耆
波逸提　同僧同六群尼犯
若居士居士婦為比丘尼辦衣價具如是衣價與某甲
比丘尼是比丘尼先不受自恣請到居士家如是說善哉
居士為我辦如是如是衣價與我為好故若得衣者尼薩
耆波逸提　同僧
若二居士居士婦與比丘尼辦衣價我曹辦如是衣價
與某甲比丘尼是比丘尼先不受自恣請到二居士家作
如是言善哉居士辦如是如是衣價與我共作一衣為好
故若得衣尼薩耆波逸提　此弍同跋難陀比丘尼犯同僧
若比丘尼若王若大臣若婆羅門若居士居士婦遣
使為比丘尼送衣價持如是衣價與某甲比丘尼彼使
至比丘尼所語言阿姨為汝衣價受取是比丘尼語彼
使如是言我不應受此衣價我若須衣合時清淨當
受彼使語比丘尼言阿姨有執事人不須衣比丘尼言有
若僧伽藍民若優婆塞此是比丘尼執事人常為比
丘尼執事彼使至執事人所與衣價已還到比丘尼所

使為比丘尼送衣價持如是衣價與某甲比丘尼彼使
至比丘尼所語言阿姨為汝衣價受取是比丘尼語彼
使如是言我不應受此衣價我若須衣合時清淨當
受彼使語比丘尼言阿姨有執事人不須衣比丘尼言有
若僧伽藍民若優婆塞此是比丘尼執事人常為比
丘尼執事彼使至執事人所與衣價已還到比丘尼所
如是言阿姨所示某甲執事人我已與衣價大姉知時
往彼當得衣比丘尼若須衣者當往彼執事人所二
反三反語言我須衣若二反三反為作憶念得衣者
善若不得衣四反五反六反在前嘿然住令彼憶念若
四反五反六反在前嘿然住得衣者善若不得衣過是求
得衣者尼薩耆波逸提
若不得衣者隨使所來處若自往若遣使往語言汝
先遣使持衣價與某甲比丘尼是比丘尼竟不得汝還
取莫使失此是時
若比丘尼自取金銀若錢若教人取若口可受尼薩耆
波逸提
若比丘尼種種買賣寶物者尼薩耆波逸提
若比丘尼種種販賣者尼薩耆波逸提
若比丘尼鉢減五綴不漏更求新鉢為好故尼薩耆
波逸提
是比丘尼當持此新鉢於尼眾中捨從次第貧至下坐
以下坐鉢與此比丘尼言妹持此鉢乃至破此是時
若比丘尼自求縷使非親里織師織作衣者尼薩耆波
逸提
若比丘尼居士居士婦使織師為比丘尼織作衣彼比丘尼先
不受自恣請使往到彼所語織師言此衣為我織極好織
令廣長堅緻齊整好我當少多與汝價若比丘尼與價
乃至一食得衣者尼薩耆波逸提　已上七戒同跋難陀比丘尼犯
若比丘尼與比丘尼衣已後瞋恚若自奪若教人奪取
還我衣來不與汝是比丘尼應還衣彼取衣者尼薩
耆波逸提　此戒同跋難陀弟子犯同僧

令廣長堅緻齊整好我當少多與汝賈若比丘尼與賈
乃至一食得衣者尼薩耆波逸提 已上七戒同跋難陀比丘犯
若比丘尼與比丘尼衣已後瞋恚若自奪若教人奪取
還我衣來不與汝是比丘尼應還衣彼取衣者尼薩
耆波逸提 此戒同跋難陀弟子犯同僧
若諸病比丘尼畜藥蘇油生蘇蜜石蜜得食殘宿乃
至七日得服若過七日服尼薩耆波逸提 此戒同畢陵伽婆蹉犯同僧
若比丘尼十日未滿夏三月若有急施衣比丘尼知
是急施衣應受受已乃至衣時應畜若過畜尼
薩耆波逸提 同僧同六群犯
若比丘尼知物向僧自求入己尼薩耆波逸提 同跋難陀同僧
若比丘尼欲索是更索者尼薩耆波逸提 同偷蘭難陀比丘尼
若比丘尼知檀越所為僧施異迴作餘用者尼薩耆
波逸提 此戒同偷羅難陀比丘尼犯
若比丘尼所為施物異自求為僧迴作餘用者尼薩
耆波逸提 同安隱比丘尼犯
若比丘尼檀越所施物異迴作餘用者尼薩耆波逸提 同前
若比丘尼畜長鉢尼薩耆波逸提 同六群比丘尼犯
若比丘尼畜好色器者尼薩耆波逸提 同前
若比丘尼許比丘尼病衣後不與者尼薩耆波逸提 同六群比丘尼
若比丘尼以非時衣受作時衣者尼薩耆波逸提 同六群比丘尼
若比丘尼與比丘尼衣後瞋恚還自奪取若 同旃檀輸那比丘尼
使人奪妹還我衣來我不與汝汝衣屬汝我衣還我者
尼薩耆波逸提 同偷羅難陀比丘尼犯
若比丘尼乞重衣齊價直四張疊過者尼薩耆波
逸提
若比丘尼欲乞輕衣極價直兩張半疊過者尼薩
耆波逸提 已上二戒同偷羅比丘尼等三人犯
諸大姊我已說卅尼薩耆波逸提法今問諸大姊是
中清淨不 如是三說
諸大姊是中清淨嘿然故是事如是持
諸大姊是百七十八波逸提法半月半月式經中來

BD05453號　四分比丘尼戒本　（28–10）

逸提
若比丘尼欲乞輕衣極價直兩張半疊過者尼薩
耆波逸提 已上二戒同偷羅比丘尼等三人犯
諸大姊我已說卅尼薩耆波逸提法今問諸大姊是
中清淨不 如是三說
諸大姊是中清淨嘿然故是事如是持
諸大姊是百七十八波逸提法半月半月式經中來
若比丘尼故妄語波逸提 同僧象力比丘犯
若比丘尼兩舌語波逸提 此二戒同六群比丘同僧
若比丘尼與男子同室宿者波逸提 阿那律犯
若比丘尼共未受具戒女人同室宿若過三宿波
逸提 此戒同六群比丘尼同僧犯
若比丘尼共未受戒人共誦法者波逸提
若比丘尼知他有麤惡罪向未受大戒人說除僧羯
磨波逸提 此二同前
若比丘尼向未受大戒人說過人法言我知是我見
是實者波逸提 並如上初篇
若比丘尼與男子說法過五六語除有知女人波逸提 十同六群比丘犯 同迦留陀夷
若比丘尼自掘地若教人掘波逸提 同六群比丘犯
若比丘尼壞鬼神村者波逸提 同闡陀比丘
若比丘尼妄作異語惱他者波逸提 同闡陀比丘
若比丘尼嫌罵他者波逸提 慈地比丘犯
若比丘尼取僧繩床若木床若臥具坐蓐露地自敷
若教人敷捨去不自舉不教人舉者波逸提 此戒十七群比丘犯
若比丘尼於僧房中取僧臥具自敷若教人敷在中若
坐若臥從彼處捨去不自舉不教人舉者波逸提 同前
若比丘尼知比丘尼先住處後來於中間敷臥具止宿
念言彼若嫌迮者自當避我去作如是因緣非餘非威
儀波逸提 同六群比丘犯
若比丘尼瞋他比丘尼不喜眾僧房中自牽出若教
人牽出者波逸提 同前
若比丘尼若房舍上閣上脫腳繩床若木床若坐

BD05453號　四分比丘尼戒本　（28–11）

念言彼若慊疋若自當避我去作如是因緣非餘非威
儀波逸提 同六群比丘犯
若比丘尼瞋他比丘尼不喜衆僧房中自牽出若教
人牽出者波逸提 同前
若比丘尼若在僧房重閣上脫脚繩林若木林若坐
若臥波逸提 同比丘犯
若比丘尼知水有虫自用澆泥若草若教人澆者波逸提 同六群[illegible]
若比丘尼作大房戶扉窓牖及餘莊飾具指授覆苫
齊二三節若過者波逸提 廿 此戒同闡陀比丘犯
若比丘尼別衆食除餘時波逸提餘時者病時作衣時若
施衣時道行時船行時大會時沙門施食時此是時 同提婆達多犯
若比丘尼施一食處無病比丘尼應一食若過受者波逸提 同六群[illegible]
若比丘尼至檀越家慇懃請與餅麨食比丘尼欲須者
二三鉢應受持至寺內分與餘比丘尼食若比丘尼無病
過三鉢受食持至寺內不分與餘比丘尼食者波逸提 同衆多比丘犯
若比丘尼非時食者波逸提 此戒同難陀犯
若比丘尼殘宿食噉者波逸提 同伽羅比丘犯
若比丘尼不受食及藥著口中除水及楊枝波逸提 [illegible]
若比丘尼先受請已若前食若後食行詣餘家不囑餘
比丘尼除餘時波逸提餘時者病時作衣時施衣時此是時 此戒同跋難陀比丘犯
若比丘尼食家中有寶在屏處坐者波逸提 [illegible]
若比丘尼食家中有寶強安坐者波逸提 此戒[illegible]
若比丘尼獨與男子露地一處共坐者波逸提 卅此三戒[illegible]同前
若比丘尼語比丘尼如是語大姊共汝至聚落當與汝食
彼比丘尼竟不教與是比丘尼食如是言汝去我與
汝一處共坐共語不樂我獨坐獨語樂以是因緣非餘方便
遣去波逸提 同跋難陀犯
若比丘尼四月請與藥無病比丘尼應受若過受除常
請更請分請盡形請者波逸提
若比丘尼往觀軍陣除時因緣波逸提
若比丘尼有因緣至軍中若二三宿過者波逸提
若比丘尼軍中若二宿三宿或時觀軍陣鬪戰若觀

BD05453號　四分比丘尼戒本　（28–12）

遣去波逸提 同跋難陀犯
若比丘尼四月請與藥無病比丘尼應受若過受除常
請更請分請盡形請者波逸提
若比丘尼往觀軍陣除時因緣波逸提
若比丘尼有因緣至軍中若二三宿過者波逸提
若比丘尼軍中若二宿三宿或時觀軍陣鬪戰若觀
遊軍象馬勢力者波逸提 此戒同六群比丘犯
若比丘尼飲酒者波逸提 同娑伽陀比丘犯
若比丘尼水中戲者波逸提 同十七群比丘犯
若比丘尼以指相擊攊者波逸提 同六群[illegible]
若比丘尼不受諫者波逸提 同闡陀比丘犯
若比丘尼恐怖他比丘尼者波逸提 卌 同那迦波羅比丘犯
若比丘尼半月洗浴無病比丘尼應受若過除餘時波
逸提餘時者熱時病時作時大風時雨時遠行來時此是時
若比丘尼無病爲炙故露地然火若教人然除時餘波逸提
若比丘尼藏比丘尼若鉢若衣若坐具針筒自藏教
人藏下至戲笑者波逸提
若比丘尼淨施比丘比丘尼式叉摩那沙彌沙彌尼衣
後不問主取著者波逸提
若比丘尼得新衣當作三種染壞色青黑木蘭若
比丘尼得新衣不作三種染壞色青黑木蘭著新衣
持者波逸提 此五戒同六群比丘犯
若比丘尼故斷畜生命者波逸提 同六群比丘犯
若比丘尼知水有虫飲者波逸提 同六群比丘犯
若比丘尼故惱他比丘尼乃至少時不樂者波逸提 [illegible]
若比丘尼知比丘尼有麁罪覆藏者波逸提 [illegible]
若比丘尼知諍事如法懺悔已後更發舉者波逸提 [illegible]
若比丘尼知是賊伴共一道行乃至聚落者波逸提
若比丘尼作如是語我知佛所說法行婬欲非是鄣道
法彼比丘尼諫此比丘尼言大姊莫作是語莫謗世尊
謗世尊者不善世尊不作是語世尊無數方便說婬
欲是鄣道法犯婬欲是鄣道法彼比丘尼諫此比丘尼時堅持

BD05453號　四分比丘尼戒本　（28–13）

若比丘尼知諍事如法懺悔已後更發舉者波逸提
若比丘尼知是賊伴共一道行乃至聚落者波逸提
若比丘尼作如是語我知佛所說法行婬欲非是鄣道
法彼比丘尼諫此比丘尼言大姊莫作是語莫謗世尊
謗世尊者不善世尊不作是語世尊无數方便說婬
欲是鄣道法犯婬鄣道法彼比丘尼諫此比丘尼時堅持
不捨彼比丘尼乃至三諫令捨是事故乃至三諫時
捨者善不捨者波逸提
若比丘尼知如是語人未作法如是惡邪不捨若畜同
一羯磨同一止宿者波逸提
若沙弥尼如是言我知佛所說法行婬欲非鄣道法
彼比丘尼諫此沙弥尼言汝莫作是語莫誹謗世尊
誹謗世尊者不善世尊不作是語沙弥尼世尊无數
方便說婬欲是鄣道法犯婬欲者是鄣道法彼比丘尼
諫此沙弥尼時堅持不捨彼比丘尼應乃至三呵諫捨
此事故乃至三諫時若捨者不捨者彼比丘尼應語
是沙弥尼言汝自今已去非佛弟子不得隨餘比丘
尼如是諸沙弥得與比丘尼二宿三宿汝今无是事汝
出去滅去不須此中住比丘尼知如是擯沙弥尼若畜
共同止宿者波逸提
若比丘尼如法諫時作如是語我今不學是戒乃
至問有智慧持律者當難問波逸提若為求解
應當難問
若比丘尼說戒時如是語大姊用是雜碎戒為說
是戒時令人惱愧懷疑輕毀戒故波逸提
若比丘尼說戒時作如是語大姊我始知是戒半月
半月說戒經來餘比丘尼知是比丘尼若二若三說戒
中坐何況多彼比丘尼无知无解若犯罪應如法治
更重增无知法大姊汝无利不善得汝說戒時不
用心念不一心兩耳聽法彼无知故波逸提
若比丘尼共同羯磨已後作如是說諸比丘尼隨親
友以衆僧物與者波逸提
若比丘尼僧斷事時不與欲而起去者波逸提
若比丘尼與欲竟後更呵者波逸提 六十
若比丘尼比丘尼共鬪諍後聽此語已欲向彼說者

BD05453號　四分比丘尼戒本

（28–14）

用心念不一心兩耳聽法彼无知故波逸提
若比丘尼共同羯磨已後作如是說諸比丘尼隨親
友以衆僧物與者波逸提
若比丘尼僧斷事時不與欲而起去者波逸提
若比丘尼與欲竟後更呵者波逸提 六十
若比丘尼比丘尼共鬪諍後聽此語已欲向彼說者
波逸提
若比丘尼瞋故不喜打彼比丘尼者波逸提
若比丘尼瞋恚故不喜以手搏比丘尼者波逸
提
若比丘尼瞋故不喜以无根僧伽婆尸沙謗者
波逸提
若比丘尼刹利水澆頭王王未出未藏寶若
入宮門閾者波逸提
若比丘尼寶及寶莊飾自捉若教人捉除僧伽
藍中及寄宿處波逸提若僧伽藍中若寄
宿處若寶若以寶莊飾自捉若教人捉若識者
當取如是因緣非餘
若比丘尼非時入聚落又不囑比丘尼者波逸提
若比丘尼作繩床若木床足應高八指除梐孔上
若截竟過者波逸提
若比丘尼持兜羅綿貯繩床木床若臥若坐波
逸提
若比丘尼噉蒜者波逸提 七十
若比丘尼剃三處毛者波逸提
若比丘尼以水作淨應齊兩指各一節若過者波
逸提
若比丘尼以胡膠作男根者波逸提
若比丘尼共相拍者波逸者
若比丘尼比丘尼无病食時供給水以扇扇者
波逸提
若比丘尼乞生糓者波逸提
若比丘尼在生草上大小便波逸提
若比丘尼夜大小便器中晝不看牆外棄者波逸提
若比丘尼往觀聽伎樂者波逸提

BD05453號　四分比丘尼戒本

（28–15）

若比丘尼比丘尼无病食時供給水以扇扇者
波逸提
若比丘尼乞生穀者波逸提
若比丘尼在生草上大小便波逸提
若比丘尼夜大小便器中晝不看墻外棄者波逸提
若比丘尼往觀聽伎樂者波逸提
若比丘尼入村内與男子在屏處共立語者波
逸提 八十
若比丘尼與男子共入屏覆處者波逸提
若比丘尼入村内巷中伴遠去在屏處與男子
共立耳語者波逸提
若比丘尼入白衣家内坐不語主人捨去者波
逸提
若比丘尼入白衣家内不語主人輒坐牀者波逸提
若比丘尼入白衣家内不語主人輒自敷坐宿者波
逸提
若比丘尼與男子共入闇室中者波逸提
若比丘尼不審諦受語便向人說者波逸提
若比丘尼有小因緣事便呪咀墮三惡道不生佛
法中若我有如是事墮三惡道不生佛法中若汝
有如是事亦墮三惡道不生佛法者波逸提
若比丘尼共闘諍不善憶持諍事推𦙶啼哭者
波逸提
若比丘尼无病二人共牀臥者波逸提 九十
若比丘尼共一褥同一被臥除餘時者波逸提
若比丘尼知先住後至知後至先住為惱故在前誦
經問義教授者波逸提
若比丘尼同活比丘尼病不瞻視者波逸提
若比丘尼安居初聽餘比丘尼在房安林後瞋恚駈
出者波逸提 同前
若比丘尼春夏冬一切時人間遊行除餘因緣者
波逸提
若比丘尼夏安居竟應出行乃至一宿若比丘尼
安居竟不出行波逸提

出者波逸提 同前
若比丘尼春夏冬一切時人間遊行除餘因緣者
波逸提
若比丘尼夏安居竟應出行乃至一宿若比丘尼
安居竟不出行波逸提
若比丘尼邊界有疑恐怖處人間遊行者波逸提
若比丘尼於界内有疑恐怖處在人間遊行者波
逸提
若比丘尼親近居士居士兒共住作不隨順行餘比
丘尼諫此比丘尼言妹汝莫親近居士兒共住作不隨
順行大妹可別住汝若別住於佛法有增益安樂住
彼比丘尼諫此比丘尼時堅持不捨彼比丘尼應三諫
捨此故乃至三諫捨此事善若不捨者波逸提
若比丘尼往觀王宮文飾畫堂薗林浴池者波逸提 百
若比丘尼露身形在河水泉水渠水中浴者波逸提
若比丘尼作浴衣應量作應量作者長佛六磔
手廣二磔手半若過者波逸提
若比丘尼縫僧伽梨過五日除求索僧伽梨出迦絺那
衣八難事起者波逸提
若比丘尼過五日不看僧伽梨者波逸提
若比丘尼與衆僧衣作留難者波逸提
若比丘尼不問主便著他衣者波逸提
若比丘尼持沙門衣施與外道白衣者波逸提
若比丘尼作如是意衆僧如法分衣遮令不分恐弟
子不得者波逸提
若比丘尼作如是意令衆僧令不得出迦絺那衣後
當出欲令五事久得放捨者波逸提
若比丘尼作如是意遮比丘尼僧不出迦絺那衣欲
令久得五事放捨者波逸提 一百十
若比丘尼餘比丘尼語言為我滅此諍事而不作
方便令滅者波逸提
若比丘尼自手持食與白衣及外道食者波逸提
若比丘尼為白衣作使者波逸提
若比丘尼自手紡績者波逸提

若比丘尼餘比丘尼諍言爲我消此諍事而不作
方便令滅者波逸提（此戒偷蘭難比丘尼犯）
若比丘尼自手持食與白衣外道食者波逸提
若比丘尼爲白衣作使者波逸提
若比丘尼自手紡績者波逸提（此戒三日六群比丘尼）
若比丘尼入白衣舍內在小林大林上若坐若
臥波逸提（此戒因偷蘭難比丘尼犯）
若比丘尼至白衣舍語主人敷坐止宿明日不辭主
人而去波逸提（衆多尼也）
若比丘尼誦習世俗呪者波逸提
若比丘尼教人誦習呪術者波逸提（此二戒六群比丘尼犯）
若比丘尼知女人任身度與具足戒者波逸提
若比丘尼知婦女乳兒與受具足戒者波逸提（百廿）
若比丘尼知年不滿廿與受具足戒者波逸提
若比丘尼年十八童女不與二歲學戒廿便與受
具足戒者波逸提
若比丘尼年十八童女與二歲學戒不與六法滿廿便與
受具足戒波逸提
若比丘尼年十八童女與二歲學戒與六法廿衆僧不聽便
與受具足戒者波逸提
若比丘尼度曾嫁女婦年十歲與二歲學戒年滿十二聽
與受具足戒若減十二與受具足戒者波逸提
若比丘尼度小年曾嫁婦女與二歲學戒年滿十二不白
衆僧與受具足戒者波逸提
若比丘尼知如是人與受具足戒者波逸提（此戒七時諸寺尼犯）
若比丘尼多度弟子不教二歲學戒不以二法攝取波逸提
若比丘尼不二歲隨和上尼者波逸提（諸比丘尼犯）
若比丘尼僧不聽而授人具足戒者波逸提（百卅）
若比丘尼年未滿十二歲授人具足戒者波逸提（此三戒[illegible]比丘尼犯）
若比丘尼年滿十二歲衆僧不聽便授人具足戒者
波逸提
若比丘尼僧不聽授人具足戒便言衆僧有愛有
恚有怖有癡欲聽者便不聽波逸提
若比丘尼父母夫主不聽與受具足戒者波逸提
若比丘尼知女人與童男[illegible]

若比丘尼年滿十二歲衆僧不聽便授人具足戒者
波逸提
若比丘尼僧不聽授人具足戒便言衆僧有愛有
恚有怖有癡欲聽者便不聽波逸提
若比丘尼父母夫主不聽與受具足戒者波逸提
若比丘尼知女人與童男男子相敬愛愁憂瞋恚
女人度令出家受具足戒者波逸提（此四戒偷蘭難比丘尼犯）
若比丘尼語式叉摩那言汝妹捨是學是當與汝
受具足戒若不方便與受具足戒者波逸提（偷蘭難比丘尼犯）
若比丘尼語式叉摩那言持衣來與我我當與汝受
具足戒而不方便與受具足戒者波逸提（此戒同前）
若比丘尼不滿一歲授人具足戒者波逸提（此月安隱比丘尼犯）
若比丘尼與人授具足戒已經宿方往比丘尼僧中
與受具足戒者波逸提
若比丘尼不病不往受教授者波逸提（百卅）
若比丘尼半月應往比丘尼僧中求教授若不求者
波逸提
若比丘尼僧夏安居竟應往比丘尼僧中說三
事自恣見聞疑若不者波逸提
若比丘尼在無比丘處夏安居者波逸提（此五戒有諸比丘尼犯）
若比丘尼知有比丘僧伽藍不白而入者波逸提
若比丘尼罵比丘者波逸提（此二戒因衆多尼犯也）
若比丘尼喜鬪諍不善憶持諍事後瞋恚不喜
罵比丘尼衆者波逸提（伽羅比丘尼）
若比丘尼身生癰及種種瘡不白衆及餘人輒使
男子破若裹者波逸提（跋難陀羅伽毗羅二比丘尼）
若比丘尼先受請若足食已後食飯麨乾飯魚
及肉者波逸提（衆多比丘尼）
若比丘尼於家生嫉妒心波逸提（此戒提舍比丘尼犯）
若比丘尼以香塗摩身者波逸提（百五十）
若比丘尼以胡麻滓塗摩身者波逸提
若比丘尼使比丘尼塗摩身波逸提
若比丘尼使式叉摩那塗身者波逸提

若比丘尼以香塗摩身者波逸提 百卒
若比丘尼以胡麻滓塗摩身者波逸提
若比丘尼使比丘尼塗摩身波逸提
若比丘尼使式叉摩那塗身者波逸提
若比丘尼使沙弥尼塗摩身波逸提
若比丘尼使白衣婦女塗身者波逸提 此六戒同六群比丘尼犯
若比丘尼著貯跨衣者波逸提 此因跋蘭難陀比丘尼
若比丘尼畜婦女莊嚴身具手脚釧猥褻莊嚴
身具乃至樹皮作鑷一切者波逸提
若比丘尼著革屣持蓋行除時因緣者波逸提
若比丘尼无病乘乘行除時因緣者波逸提
若比丘尼不著僧祇支入村者波逸提 百六十 此四戒同六群比丘尼犯
若比丘尼向暮至白衣家先不被喚者波逸提 此戒偷蘭難陀比丘尼
若比丘尼向暮開僧伽藍門不囑授餘比丘尼而出者
波逸提 六群比丘尼犯
若比丘尼日沒開僧伽藍門不囑授而出者波逸提 犯主同前
若比丘尼不前安居不後安居者波逸提 時有比丘尼犯
若比丘尼知女人常漏大小便涕唾常出者受具足
弍波逸提 諸比丘尼犯也
若比丘尼知二形人與受具足式者波逸提 時有比丘尼犯
若比丘尼二道合者與受具足式者波逸提 諸比丘尼犯
若比丘尼知有負債難者病難者與受具足式者波
逸提 同前
若比丘尼學世俗伎術以自活命者波逸提
若比丘尼以世俗呪術教授白衣者波逸提 百七十
若比丘尼被擯不去者波逸提 此三戒同六群比丘尼犯
若比丘尼欲問比丘義先求而不問者波逸提 此戒安隱比丘尼犯
若比丘尼知先住後至後至先住欲惱彼故在前經行
若立若坐若卧者波逸提 此六群比丘尼犯
若比丘尼在有比丘僧伽藍內起塔者波逸提 此多知識比丘尼
若比丘尼見新受戒比丘應起迎逆恭敬礼拜問訊
請與坐不者除因緣波逸提 此戒諸比丘尼犯

BD05453 號　四分比丘尼戒本　（28–20）

若比丘尼知先住後至後至先住欲惱彼故在前經行
若立若坐若卧者波逸提 此六群比丘尼犯
若比丘尼在有比丘僧伽藍內起塔者波逸提 此多知識比丘尼
若比丘尼見新受戒比丘應起迎逆恭敬礼拜問訊
請與坐不者除因緣波逸提 此戒諸比丘尼犯
若比丘尼為好故搖身趣行者波逸提
若比丘尼作婦女莊嚴香塗摩身者波逸提 此二戒六群比丘尼犯
若比丘尼使外道女香塗摩身者波逸提 此戒伽羅旃輸那比丘尼
諸大姉我已說百七十八波逸提法今問諸大姉是中
清淨不 如是三說 諸大姉是中清淨嘿然故是事如是持
諸大姉是八波羅提提舍尼法半月半月說戒經中來
若比丘尼不病乞蘇食者犯應懺悔可呵法應向餘比
丘尼說言大姉我犯可呵法所不為我今向大姉懺
悔是名悔過法
若比丘尼不病乞油食者犯應懺悔可呵法應向
餘比丘尼說言大姉我犯可呵法所不應為我今向
大姉懺悔是名悔過法
若比丘尼不病乞蜜食者犯應懺悔可呵法應向
餘比丘尼說言大姉我犯可呵法所不應為我今向
大姉懺悔是名悔過法
若比丘尼不病乞黑石蜜食者犯應懺悔可呵法應
向餘比丘尼說言大姉我犯可呵法所不應為我今
向大姉懺悔是名悔過法
若比丘尼不病乞乳食者犯應懺悔可呵法應向
餘比丘尼說言大姉我犯可呵法所不應為我今向
大姉懺悔是名悔過法
若比丘尼不病乞酪食者犯應懺悔可呵法應向
餘比丘尼說大姉我犯可呵法所不應為我今向大姉
懺悔是名悔過法
若比丘尼不病乞魚食者犯應懺悔可呵法應向餘
比丘尼說言大姉我犯可呵法所不應為我今向大姉
懺悔是名悔過法

BD05453 號　四分比丘尼戒本　（28–21）

若比丘尼不病乞酪食者犯應懺悔可呵法應向
餘比丘尼説大姉我犯可呵法所不應為我今向大姉
懺悔是名悔過法
若比丘尼不病乞魚食者犯應懺悔可呵法應向餘
比丘尼説言大姉我犯可呵法所不應為我今向大姉
懺悔是名悔過法
若比丘尼不病乞肉食者犯應懺悔可呵法應向
餘比丘尼説言大姉我犯可呵法所不應為我今向
大姉懺悔是名悔法 上四戒比丘式叉摩那沙弥沙弥尼突吉羅下四戒比丘尼波逸提 式叉摩那沙弥沙弥尼突吉羅
諸大姉我已説八波羅提提舍尼法今問諸大姉是
中清淨不如是三説諸大姉是中清淨嘿然故是事如是
持
諸大姉此衆學式法半月半月式經中来
齊整著内衣應當學
齊整著三衣應當學
不得反抄衣入白衣舍應當學
不得反抄衣入白衣舍坐應當學
不得衣纏頸入白衣舍應當學
不得衣纏頸入白衣舍坐應當學
不得覆頭入白衣舍應當學
不得覆頭入白衣舍坐應當學
不得跳行入白衣舍應當學
不得跳行入白衣舍坐應當學 十一
不得蹲坐入白衣舍應當學
不得扠腰入白衣舍應當學
不得扠腰入白衣舍坐應當學
不得揺身入白衣舍應當學
不得揺身入白衣舍坐應當學
不得挑臂入白衣舍應當學
不得挑臂入白衣舍坐應當學
好覆身入白衣舍應當學
好覆身入白衣舍坐應當學

不得揺身入白衣舍坐應當學
不得挑臂入白衣舍應當學
不得挑臂入白衣舍坐應當學
好覆身入白衣舍應當學
好覆身入白衣舍坐應當學
不得左右顧視入白衣舍應學 十二
不得左右顧視入白衣舍坐應當學
靜嘿入白衣舍應當學
靜嘿入白衣舍坐應當學
不得戲咲入白衣舍應當學
不得戲咲入白衣舍坐應當學
正意受食應當學
平鉢受飯應當學
平鉢受羹應當學
羹飯俱食應當學
以次食應當學 卅
不得挑鉢中央食應當學
无病不得為己索羹飯應當學
不得以飯覆羹上更望得應當學
不得視比坐鉢中起嫌心應當學
當繫鉢想食應當學
不得大揣飯食應當學
不得大張口待飯食應當學
不得含食語應當學
不得揣飯遥擲口中食應當學
不得遺落飯食應當學 卅一
不得頰斂食應當學
不得故嚼飯作聲食應當學
不得噏飯食應當學
不得舌舐食應當學
不得振手食應當學

不得頰欱食應當學
不得故嚙飯作聲食應當學
不得噏飯食應當學
不得舌舐食應當學
不得振手食應當學
不得手把散飯食應當學
不得汙手捉食器應當學
不得洗鉢水棄白衣舍內應當學
不得生草上大小便涕唾除病應當學
不得淨水中大小便涕唾除病應當學 五十
不得立大小便除病應當學
不得與反抄衣人說法除病應當學
不得為衣纏頸人說法除病應當學
不得為覆頭人說法除病應當學
不得為裹頭人說法除病應當學
不得為杈腰人說法除病應當學
不得為著草屣人說法除病應當學
不得為著木屐人說法除病應當學
不得為騎乘人說法除病應當學
不得佛塔內宿除為守視應當學 六十
不得佛塔內藏財物除為堅牢故應當學
不得著草屣入佛塔中應當學
不得捉草屣入佛塔中應當學
不得著草屣遶佛塔行應當學
不得著富羅入佛塔中應當學
不得捉富羅入佛塔中應當學
不得佛塔下食留草及食汙地捨去應當學
不得擔死屍從佛塔下過應當學
不得塔下埋死屍應當學
不得佛塔下燒死屍應當學 七十
不得塔前燒死屍應當學

BD05453號　四分比丘尼戒本　（28–24）

不得捉富羅入佛塔中應當學
不得佛塔下食留草及食汙地捨去應當學
不得擔死屍從佛塔下過應當學
不得塔下埋死屍應當學
不得佛塔下燒死屍應當學 七十
不得塔前燒死屍應當學
不得遶塔四邊燒死屍使臭氣來入應當學
不得持死人衣塔下過除為浣染香熏應當學
不得塔下大小便除病應當學
不得向塔大小便除病應當學
不得遶佛塔四邊大小便使臭氣來入應當學
不得持佛像至大小便處應當學
不得塔下嚼楊枝應當學
不得向塔嚼楊枝應當學
不得遶塔四邊嚼楊枝應當學 八十
不得塔下涕唾應當學
不得向塔涕唾應當學
不得遶塔四邊涕唾應當學
不得向佛塔舒腳坐應當學
不得安佛塔在下房己在上房住應當學
人坐己立不得為說法除病應當學
人臥己坐不得為說法除病應當學
人在坐己在非坐不得為說法除病應當學
人在高己在下坐不得為說法除病應當學
人在前己在後不得為說法除病應當學 九十
人在高經行處己在下經行處不得為說法除病應當學
人在道己在非道不得為說法除病應當學
不得攜手在道行應當學
不得上高過人樹除時因緣應當學
不得絡囊盛鉢貫杖頭置肩上行應當學
人持仗不應為說法除病應當學
人持刀不應為說法除病應當學

BD05453號　四分比丘尼戒本　（28–25）

人在道已在非道，不得為說法，除病，應當學。
不得携手在道行，應當學。
不得上高過人樹，除時因緣，應當學。
不得絡囊盛鉢，貫杖頭置肩上行，應當學。
人持仗不應為說法，除病，應當學。
人持劍不應為說法，除病，應當學。
人持鉾不應為說法，除病，應當學。
人持刀不應為說法，除病，應當學。
人持蓋不應為說法，除病，應當學。
諸大姊，我已說眾學戒法，今問諸大姊，是中清淨不？（如是三說）
諸大姊，是中清淨，嘿然故，是事如是持。
諸大姊，是七滅諍法，半月半月說戒經中來。
若比丘尼有諍事起，即應除滅。
應與現前毗尼，當與現前毗尼。
應與憶念毗尼，當與憶念毗尼。
應與不癡毗尼，當與不癡毗尼。
應與自言治，當與自言治。
應與覓罪相，當與覓罪相。
應與多人覓罪，當與多人覓罪。
應與如草覆地，當與如草覆地。
諸大姊，我已說七滅諍法，今問諸大姊，是中清淨不？（如是三說）
諸大姊，是中清淨，嘿然故，是事如是持。（是事如是持已前是正宗）
諸大姊，我已說戒經序，已說八波羅夷法，已說十七僧伽婆尸沙法，已說卅尼薩耆波逸提法，已說百七十八波逸提法，已說八波羅提提舍尼法，已說眾學戒法，已說七滅法。此是佛所說戒經，半月半月戒經中說。若有餘佛法，是中皆共和合，應當學。
忍辱第一道，佛說无為最，出家惱他人，不名為沙門。（忍辱第一道已後頌通分）
此是毗婆尸如來无所着等正覺說戒經。
譬如明眼人，能避險惡道，世有聰明人，能遠離眾惡。
此是尸棄如來无所着等正覺說是戒經。

已說七滅法，此是佛所說戒經，半月半月戒經中說。若有餘佛法，是中皆共和合，應當學。
忍辱第一道，佛說无為最，出家惱他人，不名為沙門。（忍辱第一道已後頌通分）
此是毗婆尸如來无所着等正覺說戒經。
譬如明眼人，能避險惡道，世有聰明人，能遠離眾惡。
此是尸棄如來无所着等正覺說是戒經。
不謗亦不嫉，當奉行於戒，飲食知止足，常樂在空閑，
心定樂精進，是名諸佛教。
此是毗葉羅如來无所着等正覺說是戒經。
譬如蜂採花，不壞色與香，但取其味去，比丘入聚然。
不違戾他事，不觀作不作，但自觀身行，若正若不正。
此是拘留孫如來无所着等正覺說是戒經。
心莫作放逸，聖法當勤覺，如是无憂愁，心定入涅槃。
此是拘那含牟尼如來无所着等正覺說是戒經。
一切惡莫作，當奉行諸善，自淨其志意，是則諸佛教。
此是迦葉如來无所着等正覺說是戒經。
善護於口言，自淨其志意，身莫作諸惡，此三業道淨，
能得如是行，是大仙人道。
此是釋迦牟尼如來无所着等正覺於十二年中為无事僧說是戒經，從是已後，廣分別說。諸比丘尼自為樂法樂沙門者，有慚有愧，樂學戒者，當於中學。
明人能護戒，能得三種樂，名聞及利養，死則生天上。當觀如是處，有智勤護戒，戒淨有智慧，便得第一道。如過去諸佛，及以未來者，現在諸世尊，能勝一切憂，皆共尊敬戒，此是諸佛法。若有自為身，欲求於佛道，當尊重正法，此是諸佛教。七佛為世尊，滅除諸結使，說是七戒經，諸縛得解脫，已入於涅槃，諸戲永滅盡。尊行大仙說，聖賢稱譽戒，弟子之所行，入寂滅涅槃。世尊涅槃時，興起於大悲，集諸比丘眾，與如是教戒：莫謂我涅槃，淨行者无護，我今說戒經，亦善說毗尼，我雖般涅槃，當視如世尊。此經久住世，佛法得熾盛，以是熾盛故，得入於涅槃。若不持此戒，如所應布薩，喻如日沒時，世界皆闇冥。當護持是戒，如犛牛愛尾，和合一處坐，如佛之所說。我已說戒經，眾僧布薩竟，我今說戒經，所說諸功德，施一切眾生，皆共成佛道。

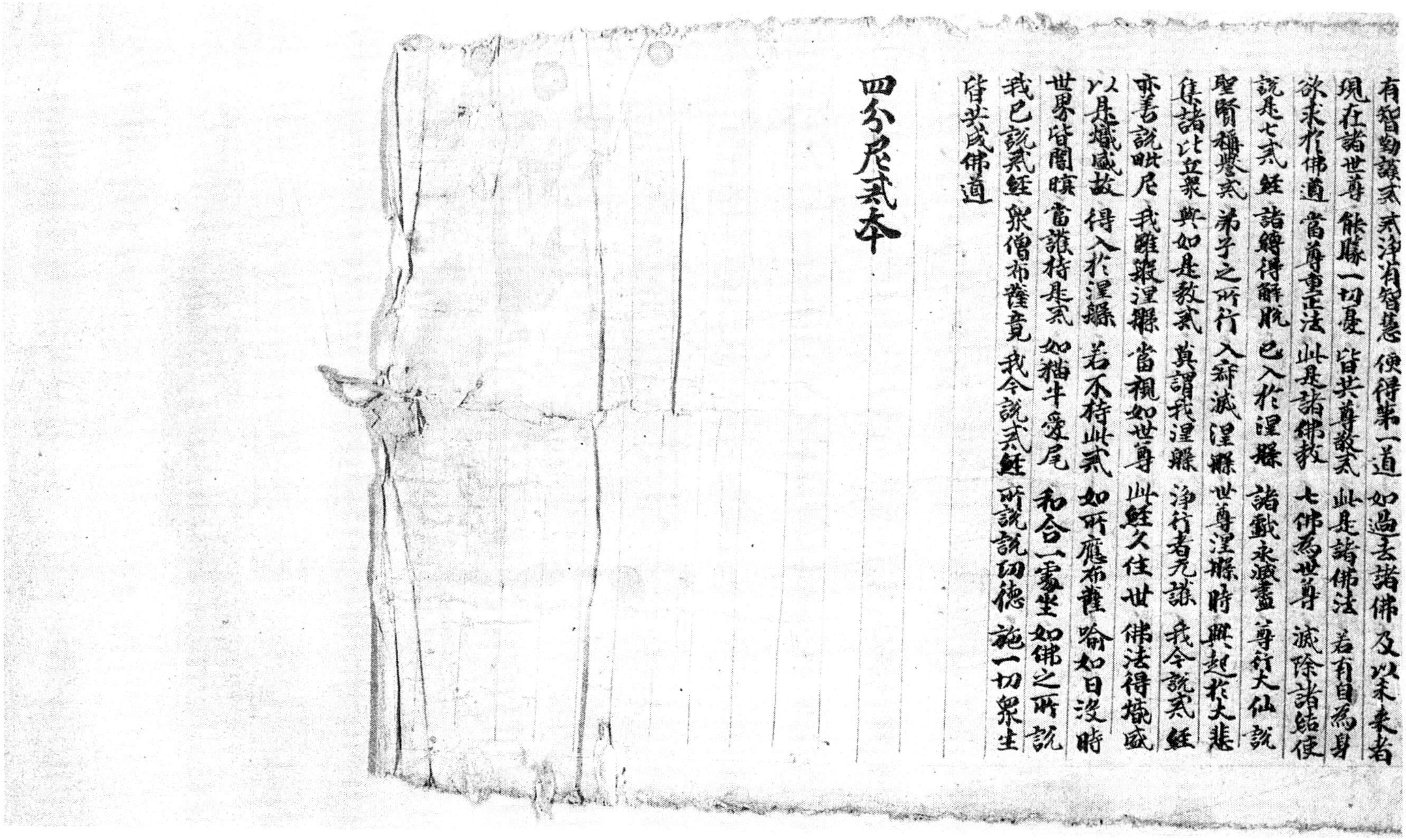

有智勤護戒 戒淨有智慧 便得第一道 如過去諸佛 及以未來者
現在諸世尊 能勝一切憂 皆共尊敬戒 此是諸佛法 若有自為身
欲求於佛道 當尊重正法 此是諸佛教 七佛為世尊 滅除諸結使
說是七戒經 諸縛得解脫 已入於涅槃 諸戲永滅盡 尊行大仙說
聖賢稱譽戒 弟子之所行 入寂滅涅槃 世尊涅槃時 興起於大悲
集諸比丘眾 與如是教戒 莫謂我涅槃 淨行者无護 我今說戒經
亦善說毗尼 我雖般涅槃 當視如世尊 此經久住世 佛法得熾盛
以是熾盛故 得入於涅槃 若不持此戒 如所應布薩 喻如日沒時
世界皆闇冥 當護持是戒 如犛牛愛尾 和合一處坐 如佛之所說
我已說戒經 眾僧布薩竟 我今說戒經 所說諸功德 施一切眾生
皆共成佛道

四分尼戒本

BD05453 號　四分比丘尼戒本　　　　（28–28）

BD05453 號背　勘記　　　　（1–1）

審薇中廣說一切无漏法者所謂布施波羅
蜜多淨戒波羅蜜多安忍波羅蜜多精進波
羅蜜多靜慮波羅蜜多般若波羅蜜多內
（空外空內外空空空大空勝義空有為空无為空）
空畢竟空无際空散空无變異空本性空自
相空共相空一切法空不可得空无性空自
性空无性自性空真如法界法性不虛妄性
不變異性平等性離生性法定法住實際虛
空界不思議界无漏四靜慮四无量四无色
定八解脫八勝處九次第定十遍處四念住
四神足五根五力七等覺支八聖　道支
空解脫門无相解脫門无願解脫門五眼
六神通佛十力四无所畏四无礙解大慈大
悲大喜大捨十八佛不共法无忘失法恒住
捨性一切智道相智一切相智一切陀羅尼
門一切三摩地門及餘无量无邊佛法皆是
此中所說一切无漏之法憍尸迦若善男子善
女人等教一有情住預流果所獲福聚猶
勝教化南贍部洲東勝身洲西牛貨洲諸有
情類皆令修學十善業道何以故憍尸迦諸
有修行十善業道不免地獄傍生鬼趣若諸

BD05454 號　大般若波羅蜜多經（兌廢稿）卷一三〇　（2–1）

四神足五根五力七等覺支八聖　道支
空解脫門无相解脫門无願解脫門五眼
六神通佛十力四无所畏四无礙解大慈大
悲大喜大捨十八佛不共法无忘失法恒住
捨性一切智道相智一切相智一切陀羅尼
門一切三摩地門及餘无量无邊佛法皆是
此中所說一切无漏之法憍尸迦若善男子善
女人等教一有情住預流果所獲福聚猶
勝教化南贍部洲東勝身洲西牛貨洲諸有
情類皆令修學十善業道何以故憍尸迦諸
有修行十善業道不免地獄傍生鬼趣若諸
有情住預流果便得永脫三惡趣故況教令
住一來不還阿羅漢果所獲福聚而不脫彼
憍尸迦若善男子善女人等教贍部洲東勝身
洲西牛貨洲諸有情類皆住預流一來不還
阿羅漢果所獲福聚不如有人教一有情令其
安住獨覺菩提何以故憍尸迦獨覺菩提
所有功德勝預流等百千倍故憍尸迦若善

BD05454 號　大般若波羅蜜多經（兌廢稿）卷一三〇　（2–2）

眇目矬陋　无威德者　汝可語之　云當相雇
除諸糞穢　倍與汝價　□子聞之　歡喜隨來
為除糞穢　□□□舍　□者於牖　常見其子
□□□□　□□□□　□□長者　著弊垢衣
□□□□　□□□□　□便附近　語令勤作
既益汝價　并□□之油　飲食充足　薦席厚煖
如是苦言　汝當勤作　又以軟語　若如我子
長者有智　漸令入出　經二十年　執作家事
□金□□　□□□□　□物出入　皆使令知
□處門外　□□□□　□貧事　我无此物
父知子心　漸已曠大　欲與財物　即聚親族
國王大臣　剎利居士　於此大眾　說是我子
捨我他行　經五十歲　自見子來　已二十年
□於某□　□□□□　周行求索　遂來至此
凡我所有　□□□□　□以付之　恣其所用
子念昔貧　志意下劣　今於父所　大獲珍寶
并及舍宅　一切財物　甚大歡喜　得未曾有
佛亦如是　□□樂小　未曾說言　汝等作佛
□說我□　□□□□　□就小乘　聲聞弟子
佛勅我等　□□□□　脩習此者　當得成佛
我承佛教　為大菩薩　以諸因緣　種種譬喻

BD05455號　妙法蓮華經卷二

（4–1）

并及舍宅　一切財物　甚大歡喜　得未曾有
佛亦如是　□□樂小　未曾說言　汝等作佛
□說我□　□□□□　□就小乘　聲聞弟子
佛勅我等　□□□□　脩習此者　當得成佛
我承佛教　為大菩薩　以諸因緣　種種譬喻
若干言辭　說无上道　諸佛子等　從我聞法
□夜思□　□□□□　是時諸佛　即授其記
汝於來世　□□□□　一切諸佛　祕藏之法
但為菩薩　演其實事　而不為我　說斯真要
如彼窮子　得近其父　雖知諸物　心不希取
我等雖說　□□□藏　自无志願　亦復如是
我等內滅　自□□□　唯了此事　更无餘事
我等若聞　淨佛國土　教化眾生　都无欣樂
所以者何　一切諸法　皆悉空寂　无生无滅
无大无□　□□□□　如是思惟　不生喜樂
我等長夜　於佛智慧　无貪无著　无復志願
而自於法　謂是究竟　我等長夜　脩習空法
得脫三界　苦惱之患　住最後身　有餘涅槃
佛所教□　□□□□　則為已得　報佛之恩
我等雖為　諸佛子等　說菩薩法　以求佛道
而於是法　永无願樂　導師見捨　觀我心故
初不勸進　說有實利　如富長者　知子志劣
以方便□　□□□□　然後乃付　一切財物
佛亦如是　現希有事　知樂小者　以方便力
調伏其心　乃教大智　我等今日　得未曾有
非先所望　而今自得　如彼窮子　得无量寶

BD05455號　妙法蓮華經卷二

（4–2）

我等雖為 諸佛子等 說菩薩法 以求佛道
而於是法 永无願樂 導師見捨 觀我心故
初不勸進 說有實利 如富長者 知子志劣
以方便力 柔伏其心 然後乃付 一切財物
佛亦如是 現希有事 知樂小者 以方便力
調伏其心 乃教大智 我等今日 得未曾有
非先所望 而今自得 如彼窮子 得无量寶
世尊我今 得道得果 於无漏法 得清淨眼
我等長夜 持佛淨戒 始於今日 得其果報
法王法中 久脩梵行 今得无漏 无上大果
我等今者 真是聲聞 以佛道聲 令一切聞
我等今者 真阿羅漢 於諸世間 天人魔梵
普於其中 應受供養 世尊大恩 以希有事
憐愍教化 利益我等 无量億劫 誰能報者
手足供給 頭頂禮敬 一切供養 皆不能報
若以頂戴 兩肩荷負 於恒沙劫 盡心恭敬
又以美饍 无量寶衣 及諸卧具 種種湯藥
牛頭栴檀 及諸珍寶 以起塔廟 寶衣布地
如斯等事 以用供養 於恒沙劫 亦不能報
諸佛希有 无量无邊 不可思議 大神通力
无漏无為 諸法之王 能為下劣 忍于斯事
取相凡夫 隨宜而說 諸佛於法 得最自在
知諸衆生 種種欲樂 及其志力 隨所堪任
以无量喻 而為說法 隨諸衆生 宿世善根
又知成熟 未成熟者 種種籌量 分別知已
於一乘道 隨宜說三

BD05455號　妙法蓮華經卷二　（4–3）

憐愍教化 利益我等 无量億劫 誰能報者
手足供給 頭頂禮敬 一切供養 皆不能報
若以頂戴 兩肩荷負 於恒沙劫 盡心恭敬
又以美饍 无量寶衣 及諸卧具 種種湯藥
牛頭栴檀 及諸珍寶 以起塔廟 寶衣布地
如斯等事 以用供養 於恒沙劫 亦不能報
諸佛希有 无量无邊 不可思議 大神通力
无漏无為 諸法之王 能為下劣 忍于斯事
取相凡夫 隨宜而說 諸佛於法 得最自在
知諸衆生 種種欲樂 及其志力 隨所堪任
以无量喻 而為說法 隨諸衆生 宿世善根
又知成熟 未成熟者 種種籌量 分別知已
於一乘道 隨宜說三
妙法蓮華經卷第二

BD05455號　妙法蓮華經卷二　（4–4）

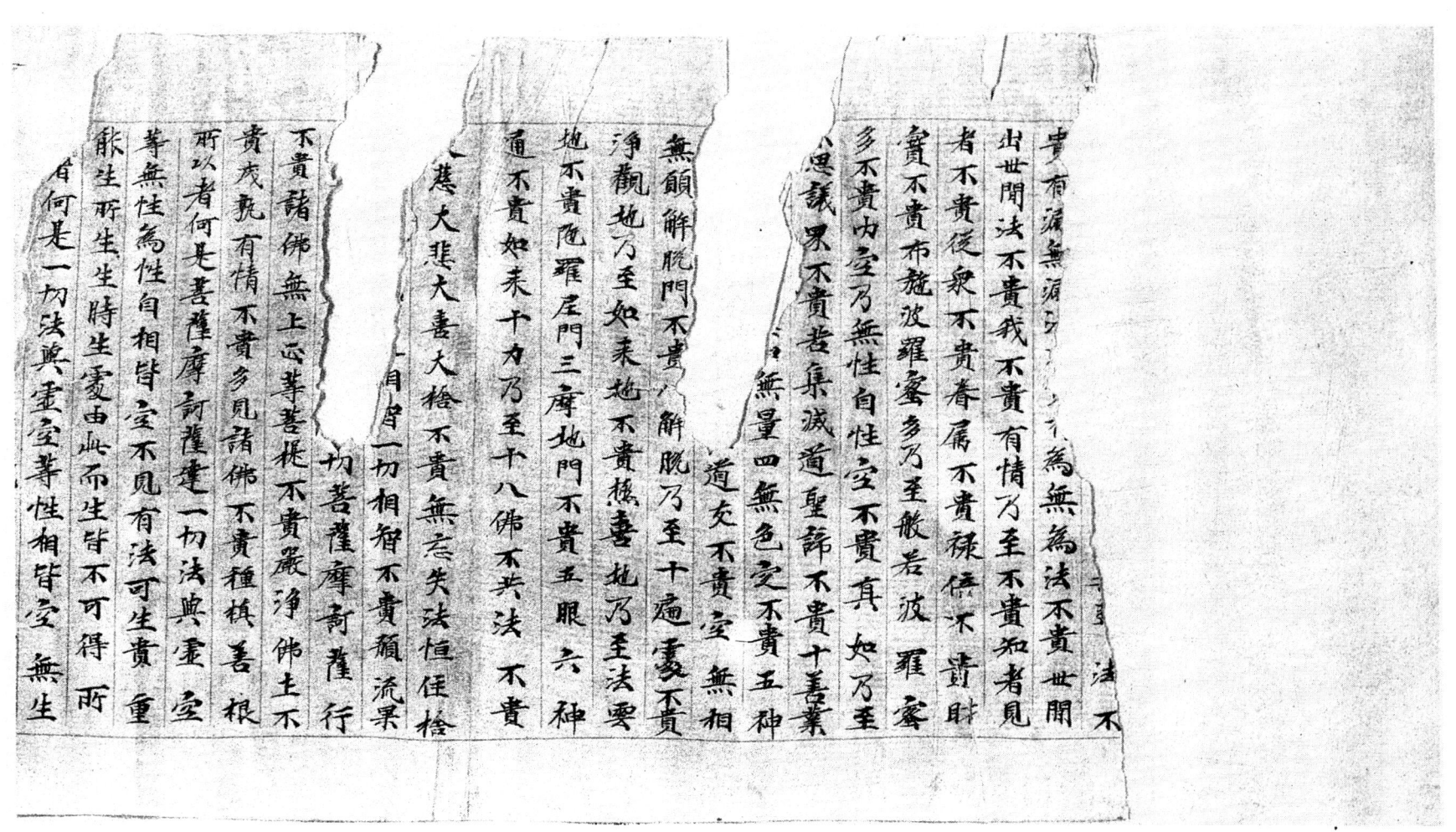

法不
貴有漏無漏□□為無為法不貴世間
出世間法不貴我不貴有情乃至不貴知者見
者不貴從衆不貴眷属不貴祿位不貴財
寶不貴布施波羅蜜多乃至般若波羅蜜
多不貴內空乃至無性自性空不貴真如乃至
不思議界不貴苦集滅道聖諦不貴十善業
□□無量四無色定不貴五神
道支不貴空無相
無願解脫門不貴八解脫乃至十遍處不貴
淨觀地乃至如來地不貴極喜地乃至法雲
地不貴陁羅尼門三摩地門不貴五眼六神
通不貴如來十力乃至十八佛不共法不貴
□慈大悲大喜大捨不貴無忘失法恒住捨
□相智一切相智不貴預流果
切菩薩摩訶薩行
不貴諸佛無上正等菩提不貴嚴淨佛土不
貴成熟有情不貴多見諸佛不貴種植善根
所以者何是菩薩摩訶薩達一切法與虛空
等無性為性自相皆空不見有法可生貴重
能生所生生時生處由此而生皆不可得所
□何是一切法與虛空等性相皆空無生

BD05456 號　大般若波羅蜜多經卷五一五　（2–1）

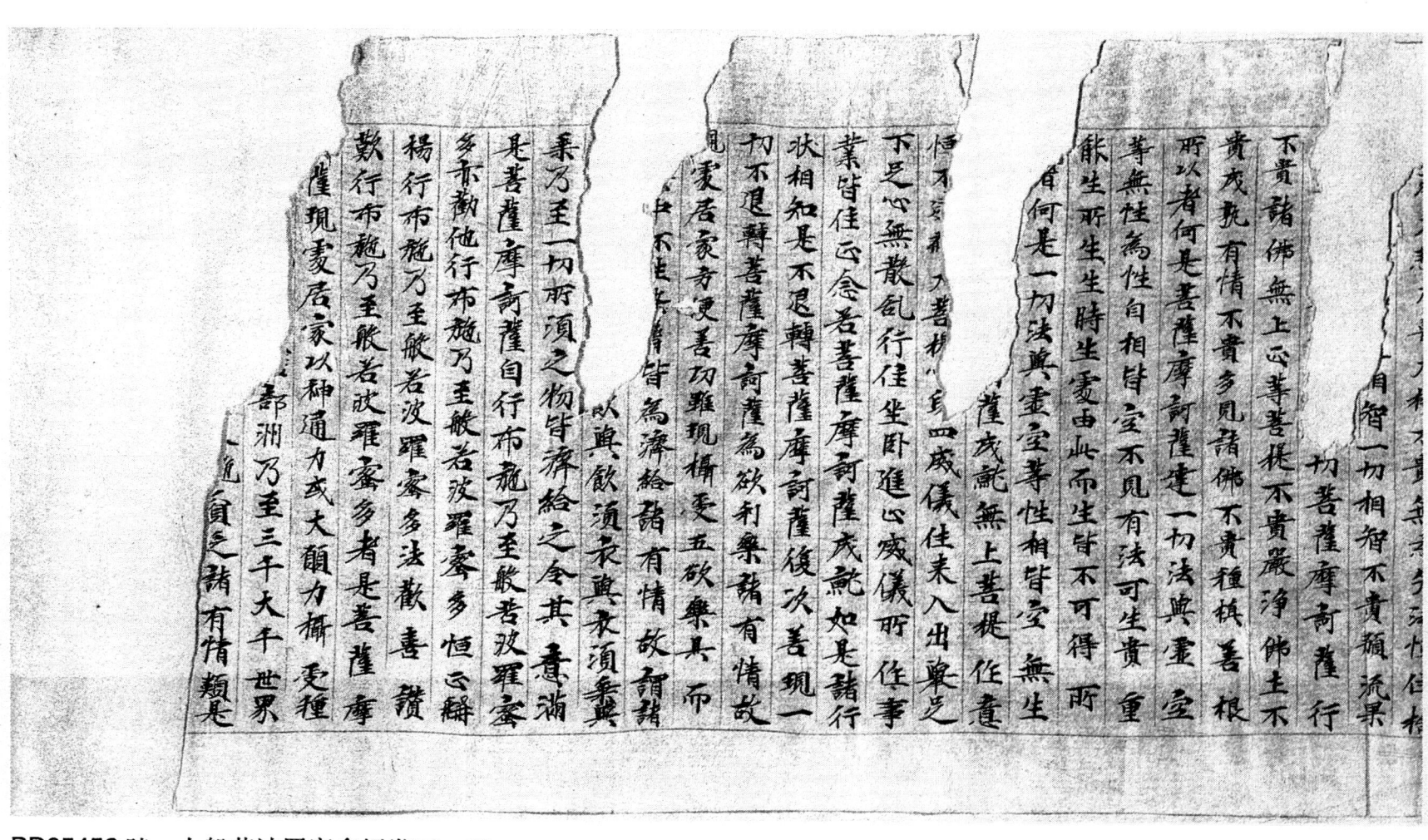

□相智一切相智不貴預流果
切菩薩摩訶薩行
不貴諸佛無上正等菩提不貴嚴淨佛土不
貴成熟有情不貴多見諸佛不貴種植善根
所以者何是菩薩摩訶薩達一切法與虛空
等無性為性自相皆空不見有法可生貴重
能生所生生時生處由此而生皆不可得所
□何是一切法與虛空等性相皆空無生
薩成就無上菩提作意
恒不□□大菩提心□四威儀住來入出舉足
下足心無散亂行住坐卧進止威儀所作事
業皆住正念若菩薩摩訶薩成就如是諸行
狀相知是不退轉菩薩摩訶薩復次善現一
切不退轉菩薩摩訶薩為欲利樂諸有情故
現處居家方便善巧雖現攝受五欲樂具而
□中不生□著皆為濟給諸有情故謂諸
以與飲須衣與衣須乘與
乘乃至一切所須之物皆濟給之令其意滿
是菩薩摩訶薩自行布施乃至般若波羅蜜
多亦勸他行布施乃至般若波羅蜜多恒正稱
揚行布施乃至般若波羅蜜多法歡喜讚
歎行布施乃至般若波羅蜜多者是菩薩摩
薩現處居家以神通力或大願力攝受種
部洲乃至三千大千世界
□貧乏諸有情類是

BD05456 號　大般若波羅蜜多經卷五一五　（2–2）

□衛尸之□
□頭盧頗羅墮迦留□
拘羅阿㝹樓馱如是□
摩訶薩文殊師利法□
提菩薩常精進菩□
釋提桓因等无量諸□
尒時佛告長老舍利□
佛土有世界名曰極□
今現在說法舍利弗彼土□故名为極□
國衆生无有衆苦但受諸樂故名極樂又
利弗極樂國土七重欄楯七重羅網七重行
樹皆是四寶周帀圍繞是故彼國名曰極□
又舍利弗極樂國土有七寶池八功德水
其中池底純以金沙布地四邊階道金□
璃頗梨合成上有樓閣亦以金銀瑠璃頗梨
車璩赤珠馬瑙而嚴飾之池中蓮華大如車
輪青色青光黃色黃光赤色赤光白色白光
微妙香潔舍利弗極樂國土成就如是功德
莊嚴
又舍利弗彼佛國土常作天樂黃金為地晝
夜六時而雨曼陀羅華其國衆生常以清旦

璃頗梨合成上有樓閣亦以金銀瑠璃頗梨
車璩赤珠馬瑙而嚴飾之池中蓮華大如車
輪青色青光黃色黃光赤色赤光白色白光
微妙香潔舍利弗極樂國土成就如是功德
莊嚴
又舍利弗彼佛國土常作天樂黃金為地晝
夜六時而雨曼陀羅華其國衆生常以清旦
各以衣裓盛衆妙華供養他方十万億佛即
以食時還到本國飯食經行舍利弗極樂
國土成就如是功德莊嚴
復次舍利弗彼國常有種種奇妙雜色之鳥
白鵠孔雀鸚鵡舍利迦陵頻伽共命之鳥是
諸衆鳥晝夜六時出和雅音其音演暢五根
五力七菩提分八聖道分如是等法其土衆生
聞是音已皆悉念佛念法念僧舍利弗汝勿
謂此鳥實是罪報所生所以者何彼佛國土
无三悪趣舍利弗其佛國土尚无三悪道之
名何況有實是諸衆鳥皆是阿弥陀佛
欲令法音宣流變化所作舍利弗彼佛國土微
風吹動諸寶行樹及寶羅網出微妙音譬如
百千種樂同時俱作聞是音者皆自然生念
佛念法念僧之心舍利弗其佛國土成就如
是功德莊嚴
舍利弗於汝意云何彼佛何故号阿弥陀舍
利弗彼佛光明无量照十方國无所鄣㝵是
故号為阿弥陀又舍利弗彼佛壽命及其人

是功德莊嚴
舍利弗於汝意云何彼佛何故号阿弥陁舍
利弗彼佛光明无量照十方國无所鄣㝵是
故号為阿弥陁又舍利弗彼佛壽命及其人
民无量无邊阿僧祇劫故名阿弥陁舍利弗
阿弥陁佛成佛已來於今十劫又舍利弗彼
佛有无量无邊聲聞弟子皆是阿羅漢非是
筭數之所能知諸菩薩亦如是舍利弗彼佛
國土成就如是功得莊嚴
又舍利弗極樂國土衆生生者皆是阿鞞䟦
致其中多有一生補處其數甚多非是筭數
所能知之但可以无量无邊阿僧祇劫說舍
利弗衆生聞者應當發願願生彼國所以者
何得與如是諸上善人俱會一處舍利弗不
可以少善根福德因緣得生彼國舍利弗若
有善男子善女人聞說阿弥陁佛執持名号
若一日若二日若三日若四日若五日若六日
若七日一心不亂其人臨命終時阿弥陁佛
與諸聖衆現在其前是人終時心不顛倒即
得往生阿弥陁佛極樂國土舍利弗我見是
利故說此言若有衆生聞是說者應當發
願生彼国土
舍利弗如我今者讚嘆阿弥陁佛不可思議
功德東方亦有阿閦鞞佛須弥相佛大須弥
佛須弥光佛妙音佛如是等恒河沙數諸

得往生阿弥陀佛極樂國土舍利弗我見是
利故說此言若有衆生聞是說者應當發
願生彼国土
舍利弗如我今者讚嘆阿弥陁佛不可思議
功德東方亦有阿閦鞞佛須弥相佛大須弥
佛須弥光佛妙音佛如是等恒河沙數諸
佛各於其國出廣長舌相遍覆三千大千世界
說誠實言汝等衆生當信是稱讚不可思議
功德一切諸佛所護念経
舍利弗南方世界有日月燈佛名聞光佛大
焰肩佛須弥燈佛无量精進佛如是等恒河
沙數諸佛各於其国出廣長舌相遍覆三千
大千世界說誠實言汝等衆生當信是稱讚
不可思議功德一切諸佛所護念経
舍利弗西方世界有无量壽佛无量相佛无
量幢佛大光佛大明佛寶相佛淨光佛如是
等恒河沙數諸佛各於其國出廣長舌相遍
覆三千大千世界說誠實言汝等衆生當信
是稱讚不可思議功德一切諸佛所護念経
舍利弗北方世界有焰肩佛最勝音佛難沮
佛日生佛網明佛如是等恒河沙數諸佛各
各於其國出廣長舌遍覆三千大千世界說
誠實言汝等衆生當信是稱讚不可思議
功德一切諸佛所護念経
舍利弗下方世界有師子佛名聞佛名光佛
達摩佛法幢佛持法佛如是等恒河沙數

各於其國出廣長舌遍覆三千大千世界說
誠實言汝等衆生當信是稱讚不可思議
功德一切諸佛所護念經
舍利弗下方世界有師子佛名聞佛名光佛
達摩佛法幢佛持法佛如是等恒河沙數
諸佛各於其國出廣長舌相遍覆三千大千世
界說誠實言汝等衆生當信是稱讚不可
思議
功德一切諸佛所護念經
舍利弗上方世界有梵音佛宿王佛香上佛
香光佛大焰肩佛雜色寶華嚴身佛娑羅
樹王佛寶華德佛見一切義佛如須弥山佛
如是等恒河沙數諸佛各於其國出廣長舌
相遍覆三千大千世界說誠實言汝等衆生
當信是稱讚不可思議功德一切諸佛所護念
經舍利弗於汝意云何何故名一切諸佛所護念
經舍利弗若有善男子善女人聞是諸佛所
說名及經名者是諸善男子善女人皆為一切
諸佛共所護念皆得不退轉於阿耨多羅三
藐三菩提是故舍利弗汝等皆當信受我
語及諸佛所說舍利弗若有人已發願今發
願當發願欲生阿弥陀佛國者諸人等皆
得不退轉於阿耨多羅三藐三菩提於彼國
土若已生若今生若當生是故舍利弗諸善
男子善女人若有信者應當發願生彼國土
舍利弗如我今者稱讚諸佛不可思議功德

BD05457號　阿彌陀經　(7-5)

語及諸佛所說舍利弗若有人已發願今發
願當發願欲生阿弥陀佛國者諸人等皆
得不退轉於阿耨多羅三藐三菩提於彼國
土若已生若今生若當生是故舍利弗諸善
男子善女人若有信者應當發願生彼國土
舍利弗如我今者稱讚諸佛不可思議功德
彼諸佛等亦稱說我不可思議功德而作是
言釋迦牟尼佛能為甚難希有之事能於
娑婆國土五濁惡世劫濁見濁煩惱濁衆生
濁命濁中得阿耨多羅三藐三菩提為諸衆
生說是一切世間難信之法舍利弗當知我於
五濁惡世行此難事得阿耨多羅三藐三菩
提為一切世間說此難信之法是為甚難佛
說此經已舍利弗及諸比丘一切世間天人阿
脩羅等聞佛所說歡喜信受作礼而去
佛說阿弥陀經

BD05457號　阿彌陀經　(7-6)

脩羅等聞佛所說歡喜信受作礼而去
佛說阿弥陀經

BD05457 號　阿彌陀經　（7–7）

……故八勝處九次第定十……
……勝處九次第定十遍處性空故善現以
四念住四念住性空故四正斷四神足五根
五力七等覺支八聖道支四正斷乃至八聖
道支性空故善現以空解脫門空解脫門性
空故無相無願解脫門無相無願解脫門性
空故善現以菩薩十地菩薩十地性空故善
現以佛十力佛十力性空故四無所畏四無
礙解大慈大悲大喜大捨十八佛不共法四
無所畏乃至十八佛不共法性空故善現以
無忘失法無忘失法性空故恒住捨性恒住
捨性性空故善現以一切智一切智性空故
道相智一切相智道相智一切相智性空故
善現以一切陁羅尼門一切陁羅尼門性空
故一切三摩地門一切三摩地門性空故善
現以預流果預流果性空故一來不還阿羅
漢果一來不還阿羅漢果性空故善現以獨
覺菩提獨覺菩提性空故善現以一切菩薩
摩訶薩行一切菩薩摩訶薩行性空故善現
以諸佛無上正等菩提諸佛無上正……
性空故善現以如是等法無性自性
是般若……法不為

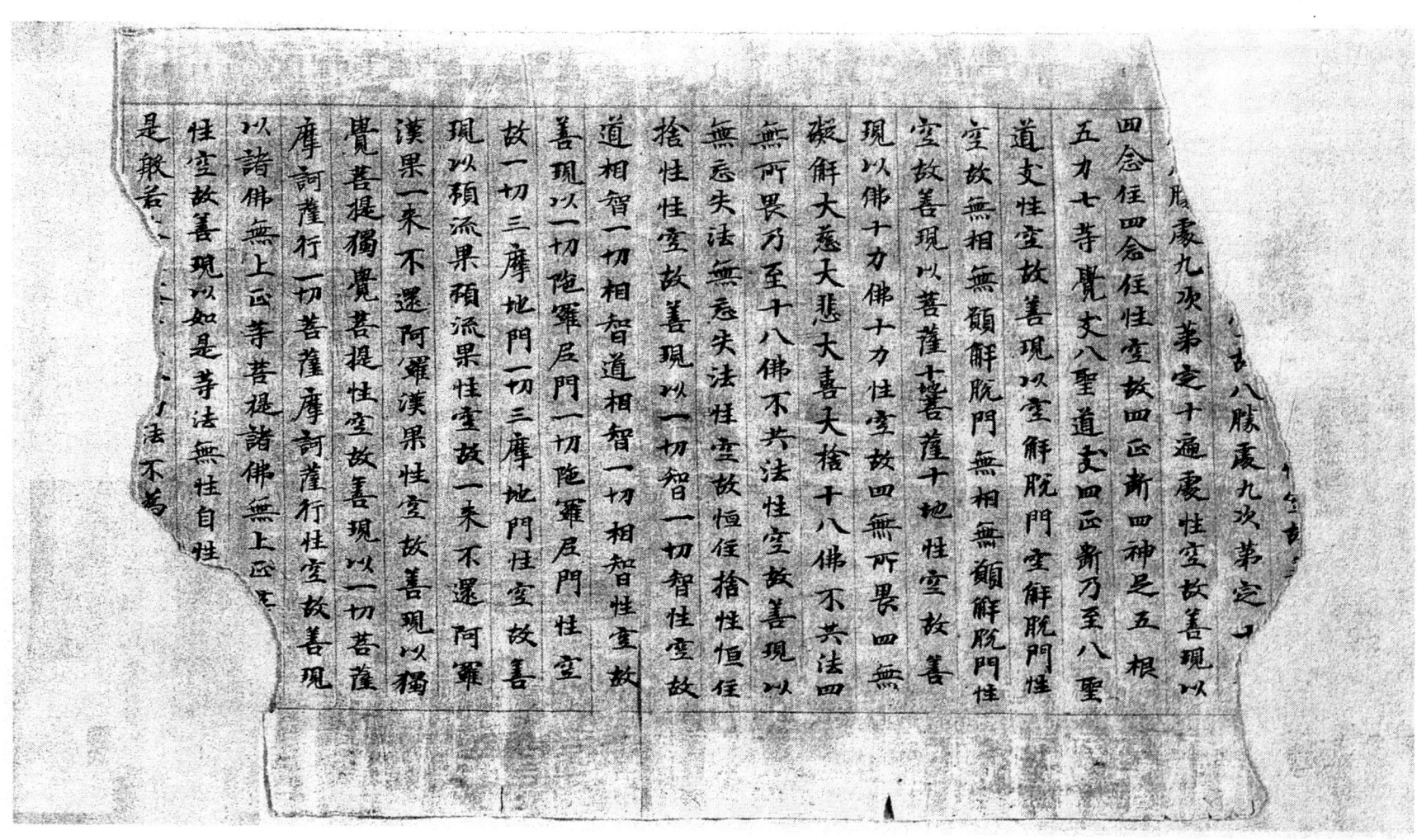

BD05458 號　大般若波羅蜜多經卷二九六　（1–1）

又聞諸天聲　微妙之歌音　及聞男女聲　童男童女聲
山川險谷中　迦陵頻伽聲　命命等諸鳥　悉聞其音聲
地獄衆苦痛　種種楚毒聲　餓鬼飢渴逼　求索飲食聲
諸阿脩羅等　居在大海邊　自共語言時　出于大音聲
如是說法者　安住於此間　遙聞是衆聲　而不壞耳根
十方世界中　禽獸鳴相呼　其說法之人　於此悉聞之
其諸梵天上　光音及遍淨　乃至有頂天　言語之音聲
法師住於此　悉皆得聞之　一切比丘衆　及諸比丘尼
若讀誦經典　若為他人說　法師住於此　悉皆得聞之
復有諸菩薩　讀誦於經法　若為他人說　撰集解其義
如是諸音聲　悉皆得聞之　諸佛大聖尊　教化衆生者
於諸大衆中　演說微妙法　持此法華者　悉皆得聞之
三千大千界　內外諸音聲　下至阿鼻獄　上至有頂天
皆聞其音聲　而不壞耳根　其耳聰利故　悉能分別知
持是法華者　雖未得天耳　但用所生耳　功德已如是
復次常精進　若善男子善女人　受持是經　若
讀若誦若解說若書寫　成就八百鼻功德　以
是清淨鼻根　聞於三千大千世界　上下內外
種種諸香　須曼那華香　闍提華香　末利華香
瞻蔔華香　波羅羅華香　赤蓮華香　青蓮華香
白蓮華香　華樹香　菓樹香　栴檀香　沉水香　多

BD05459號　妙法蓮華經卷六　（2–1）

若讀誦經典　若為他人說　法師住於此　悉皆得聞之
復有諸菩薩　讀誦於經法　若為他人說　撰集解其義
如是諸音聲　悉皆得聞之　諸佛大聖尊　教化衆生者
於諸大衆中　演說微妙法　持此法華者　悉皆得聞之
三千大千界　內外諸音聲　下至阿鼻獄　上至有頂天
皆聞其音聲　而不壞耳根　其耳聰利故　悉能分別知
持是法華者　雖未得天耳　但用所生耳　功德已如是
復次常精進　若善男子善女人　受持是經　若
讀若誦若解說若書寫　成就八百鼻功德　以
是清淨鼻根　聞於三千大千世界　上下內外
種種諸香　須曼那華香　闍提華香　末利華香
瞻蔔華香　波羅羅華香　赤蓮華香　青蓮華香
白蓮華香　華樹香　菓樹香　栴檀香　沉水香　多
摩羅跋香　多伽羅香　及千萬種和香　若末若
丸若塗香　持是經者　於此間住　悉能分別　又
復別知衆生之香　象香馬香　牛羊等香　男香
女香　童子香　童女香　及草木叢林香　若近若
遠所有諸香　悉皆得聞　分別不錯　持是經者
雖住於此　亦聞天上諸天之香　波利質多羅
拘鞞陀羅樹香　及曼陀羅華香　摩訶曼陀羅

BD05459號　妙法蓮華經卷六　（2–2）

六年修苦行　勇猛无能害　求於勝菩提　智者誰不信
六年處少食　求於勝菩提　利安諸世間　智者誰不信
六年［］為魔擾　相續求菩提　不能得其便　智者誰不信
遠離五欲樂　不求於他物　常利益世間　智者誰不信
不從他聞法　自然成菩提　寂靜難可覺　智者誰不信
梵天自勸請　勸求佛世尊　如請而演說　智者誰不信
哀愍於我故　來到釋氏國　為度諸釋種　智者誰不信
如來自度已　度我於有海　憶念本眷屬　智者誰不信
今正得利時　如佛一切智　為愍我故　智者誰不信
我今當往詣　見今尊師身　作是思念時　自者是人王
爾時淨飯王久思量已　白慧命優陀夷言
汝今至此更向所須時優陀夷以偈答曰
本為利益大王故　我今乘通來至此
若於十力起一信　男女皆得趣善道
十力功德无邊際　大仙為諸釋種來
欣欣之事今方至　人主應當發信心
大王名稱必增長　遍滿三千大千界
汝子就是人王藏　具足十力慈悲心
遊行十方心无礙　如華在水不染著

BD05460號　大寶積經卷六一　（2–1）

今正得利時　如佛一切智　為愍我故　智者誰不信
我今當往詣　見今尊師身　作是思念時　自者是人王
爾時淨飯王久思量已　白慧命優陀夷言
汝今至此更向所須時優陀夷以偈答曰
本為利益大王故　我今乘通來至此
若於十力起一信　男女皆得趣善道
十力功德无邊際　大仙為諸釋種來
欣欣之事今方至　人主應當發信心
大王名稱必增長　遍滿三千大千界
汝子就是人王藏　具足十力慈悲心
遊行十方心无礙　如華在水不染著
自度四流諸有已　亦度人天四果河
安置无畏洲岸上　大王應當信尊師
拔去四流三毒箭　亦降群生財璧師
於衆璧中最尊上　大王應當深敬信
亦能降伏諸軍衆　魔王眷屬悉歸薰

BD05460號　大寶積經卷六一　（2–2）

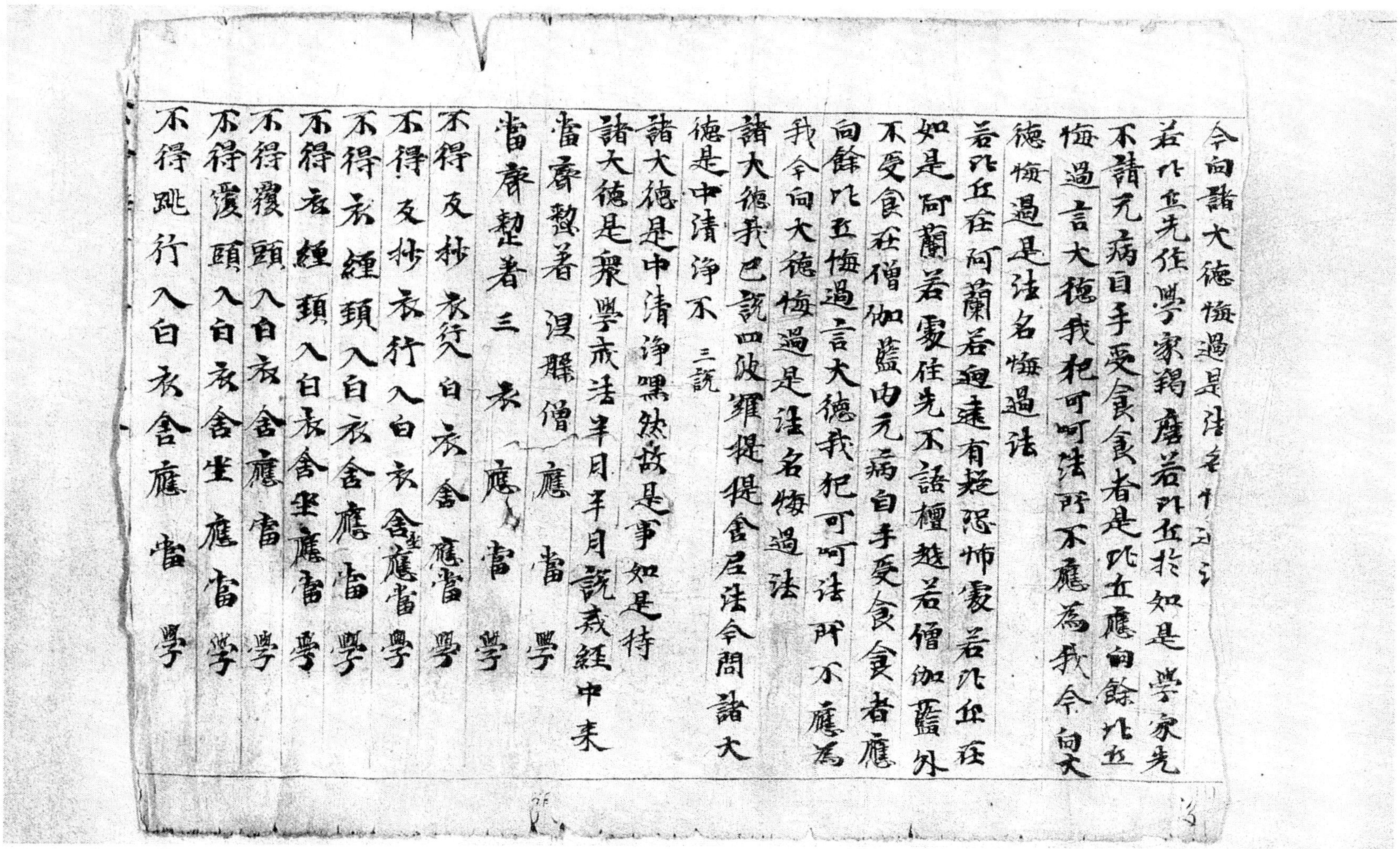

令向諸大德悔過是法名悔過法
若比丘先作學家羯磨若比丘於如是學家先
不請无病自手受食食者是比丘應向餘比丘
悔過言大德我犯可呵法所不應為我今向大
德悔過是法名悔過法
若比丘在阿蘭若迥遠有疑恐怖處若比丘在
如是阿蘭若處住先不語檀越若僧伽藍外
不受食在僧伽藍内无病自手受食食者應
向餘比丘悔過言大德我犯可呵法所不應為
我今向大德悔過是法名悔過法
諸大德我已說四波羅提提舍尼法今問諸大
德是中清淨不　三說
諸大德是中清淨黙然故是事如是持
諸大德是衆學戒法半月半月說戒經中來
當齊整著涅槃僧應當學
當齊整著三衣應當學
不得反抄衣行入白衣舍應當學
不得反抄衣行入白衣舍坐應當學
不得衣纏頸入白衣舍應當學
不得衣纏頸入白衣舍坐應當學
不得覆頭入白衣舍應當學
不得覆頭入白衣舍坐應當學
不得跳行入白衣舍應當學

BD05461 號　四分律比丘戒本　　（1–1）

悔過言大

BD05461 號背　雜寫　　（1–1）

身辟如依空出電依電出光如是依法身故
能現應身依應身故能現化身由性淨故能
現法身智慧清淨能現應身三昧清淨能現
化身此三清淨是法如如不異如如一味如如解
脫如如究竟如如是故諸佛體无有異善男
子若有善男子善女人說於如来是我大師
若作如是決定信者此人即應深心解了如
来之身无有別異善男子以是義故於諸境
界不正思惟悉皆除斷即知彼法无有二相亦
无分別聖所修行如如於彼无有二相正修行
故如是如是一切諸障悉皆除滅如如一切障
滅如是如是法如如如如智得最清淨如如
法界正智清淨如是如是一切自在具足攝
受皆得成就一切諸障悉皆除滅一切諸
障得清淨故是名真如正智真實之相
如是見者是名聖見是則名為真實見
佛何以故如實得見法真如故是故諸佛悉能
普見一切如来何以故聲聞獨覺已出三界求
真實境不能知見如是聖人所不知見一切

BD05462號　金光明最勝王經卷二　（2–1）

子若有善男子善女人說於如来是我大師
若作如是決定信者此人即應深心解了如
来之身无有別異善男子以是義故於諸境
界不正思惟悉皆除斷即知彼法无有二相亦
无分別聖所修行如如於彼无有二相正修行
故如是如是一切諸障悉皆除滅如如一切障
滅如是如是法如如如如智得最清淨如如
法界正智清淨如是如是一切自在具足攝
受皆得成就一切諸障悉皆除滅一切諸
障得清淨故是名真如正智真實之相
如是見者是名聖見是則名為真實見
佛何以故如實得見法真如故是故諸佛悉能
普見一切如来何以故聲聞獨覺已出三界求
真實境不能知見如是聖人所不知見一切
凡夫皆生疑惑顛倒分別不能得度如兔浮海
必不能過所以者何力微劣故凡夫之人
亦復如是不能通達法如如故然諸如来无
分別心於一切法得大自在具足清淨深智
慧故是自境界不共他故是故諸佛如来
於无量无邊阿僧祇劫不惜身命難行苦
行方得此身最上无比不可思議過言說境
是妙寂靜離諸怖畏
善男子如是知見法真如者无生老死壽

BD05462號　金光明最勝王經卷二　（2–2）

BD05462 號背　雜寫　　（1–1）

[illegible]已後作如是語諸比丘隨
親厚以衆僧物与者波逸提
若比丘衆僧斷事未竟不与欲而起去者
波逸提　若比丘与欲已後悔者波逸提
若比丘共比丘鬪諍已聽此語向彼說者波逸提
若比丘瞋恚故不喜打比丘者波逸提
若比丘瞋恚不喜以手搏比丘者波逸提
若比丘瞋恚故以無根僧伽婆尸沙謗者波
逸提
若比丘刹利水澆頭王種王未出未藏寶受
若宮門閾者波逸提
若比丘若寶及寶莊飾具若自捉教人捉除
僧伽藍中及寄宿處波逸提若比丘在僧伽藍
中若寄宿處若捉寶若以寶莊飾具若自捉教
人捉當作是意若有主識者當取作如是因
緣非餘
若比丘非時入聚落不囑餘比丘者波逸提
若比丘作繩床木床足應高如來八指除入陛
孔上截竟若過者波逸提
若比丘作兜羅綿貯繩床木床大小褥成者
波逸提
若比丘作骨牙角針筒刳刮成者波逸提
若比丘作尼師檀當應量作是中量者長佛二

BD05463 號　四分律比丘戒本　　（2–1）

若比丘瞋恚故不喜打比丘者波逸提
若比丘瞋恚不喜以手摶比丘者波逸提
若比丘瞋恚故以无根僧伽婆尸沙謗者波
逸提
若比丘刹利水澆頭王種王未出未藏寶受
若宮門閾者波逸提
若比丘若寶及寶莊飾具若自捉教人捉除
僧伽藍中及寄宿處波逸提若比丘在僧伽藍
中若寄宿處若捉寶若以寶莊飾具若自捉教
人捉當作是意若有主識者當取作如是因
緣非餘
若比丘非時入聚落不囑餘比丘者波逸提
若比丘作繩床木床足應高如來八指除入陛
孔上截竟若過者波逸提
若比丘作兜羅綿貯繩床木床大小褥成者
波逸提
若比丘作骨牙角鍼筒刳刮成者波逸提
若比丘作尼師檀當應量作是中量者長佛二
磔手廣一磔手半更增廣長各半磔手若
過截竟波逸提

BD05463號　四分律比丘戒本　（2–2）

佛告文殊師利我但為汝略說藥師琉璃光
佛禮敬功德若使我廣說是藥師琉璃光佛
无量功德與一切人求心中所願者從一劫至
一劫故不周遍其世間人若有著牀痿黃困
篤惡病連年累月不差者聞我說是藥
師琉璃光佛名字之時橫病之厄无不除愈
唯除宿殃不請耳
佛告文殊師利若善男子善女人受三自歸若
五戒若十戒若善信菩薩二十四戒若沙門
二百五十戒若比丘比丘尼五百戒若菩薩
戒若破是諸戒若能至心一懺悔者復聞
我說是藥師琉璃光佛終不墮三惡道中
必得解脫若人愚癡不受父母師長教誨
不信佛不信經戒不信聖僧應墮三惡道
中忘失人種受畜生身聞我說是藥師琉
璃光佛善願功德者即得解脫
佛告文殊師利世有惡人雖受佛禁戒觸事
違犯或煞无道偷竊他人財寶欺詐忘語
婬他婦女飲酒鬪亂兩舌惡口罵詈毀人

BD05464號　灌頂章句拔除過罪生死得度經　（3–1）

必得解脫若人愚癡不受父母師長教誨
不信佛不信經義不信聖僧應墮三惡道
中忘失人種受畜生身聞我說是藥師琉
璃光佛善願功德者即得解脫
佛告文殊師利世有惡人雖受佛禁義觸事
違犯或煞无道偷竊他人財寶欺詐忘語
婬他婦女飲酒鬪亂兩舌惡口罵詈毀人
犯義為惡更復祠祀鬼神有如是過罪當墮
地獄中若當屠割若抱銅柱若卧鐵林若鐵
鉤出舌若洋銅灌口者聞我說是藥師琉璃
光佛无不即得解脫者也
佛告文殊師利其世間人豪貴下賤不信佛不
信經道不信有沙門不信有須陁洹不信有
斯陁含不信有阿那含不信有阿羅漢不信
有辟支佛不信有十住菩薩不信有三世之
事不信有十方諸佛不信有本師釋迦文
佛不信人死神明更生善者受福惡者受殃
有如是之罪應墮三惡道中聞我說是藥師
琉璃光佛名字之時一切過罪自然消滅
佛告文殊師利若有善男子善女人聞我說是
藥師琉璃光佛至真等正覺其誰不發无
上正真道意後皆當得作佛人居世間仕
官不遷治生不得飢寒困苦亡失財產无復
方計聞我說是藥師琉璃光佛各各得心

BD05464號　灌頂章句拔除過罪生死得度經

（3–2）

事不信有十方諸佛不信有本師釋迦文
佛不信人死神明更生善者受福惡者受殃
有如是之罪應墮三惡道中聞我說是藥師
琉璃光佛名字之時一切過罪自然消滅
佛告文殊師利若有善男子善女人聞我說是
藥師琉璃光佛至真等正覺其誰不發无
上正真道意後皆當得作佛人居世間仕
官不遷治生不得飢寒困苦亡失財產无復
方計聞我說是藥師琉璃光佛各各得心
中所願仕官皆得高遷財物自然長益飲
食充饒皆得富貴若為縣官之所拘錄惡
人侵枉若為怨家所得便者心當存念藥師
璃光佛若他婦女產生難者皆當念是藥師
琉璃光佛兒則易生身體平正无諸疾痛六
根完具聰明智慧壽命得長不遭枉橫
善神擁護不□……□阿難言

BD05464號　灌頂章句拔除過罪生死得度經

（3–3）

嚴淨佛土成熟有情我[illegible]應學如彼應
一切智道相智一切相智我亦應學復作是念
彼諸菩薩為我等說大菩提道即我真伴復
是我師若彼菩薩摩訶薩住離作意遠離一
切智智相應作意我則於中不同彼學若彼
菩薩摩訶薩離雜作意不離一切智智相應
作意我則於中常同彼學阿難當知若菩
薩摩訶薩衆能如是學菩提資糧速得圓
滿若諸菩薩摩訶薩衆如是學時名平等學
尒時具壽善現白佛言世尊云何菩薩摩訶
薩平等性而諸菩薩摩訶薩於中學故名平
等學佛言善現內空是菩薩摩訶薩平等性
外空內外空空空大空勝義空有為空无為
空畢竟空无際空散空无變異空本性空自
相空共相空一切法空不可得空无性空自
性空无性自性空是菩薩摩訶薩平等性諸
菩薩摩訶薩於中學故名平等學由平等學
疾證无上正等菩提復次善現色色自性空
是菩薩摩訶薩平等性受想行識受想行識
自性空是菩薩摩訶薩平等性諸菩薩摩訶
薩於中學故名平等學由平等學疾證无上

BD05465號　大般若波羅蜜多經卷三三八　（7–1）

相空共相空一切法空不可得空无性空自
性空无性自性空是菩薩摩訶薩平等性諸
菩薩摩訶薩於中學故名平等學由平等學
疾證无上正等菩提復次善現色色自性空
是菩薩摩訶薩平等性受想行識受想行識
自性空是菩薩摩訶薩平等性諸菩薩摩訶
薩於中學故名平等學由平等學疾證无上
正等菩提復次善現眼處眼處自性空是菩
薩摩訶薩平等性耳鼻舌身意處耳鼻舌
身意處自性空是菩薩摩訶薩平等性諸菩
薩摩訶薩於中學故名平等學由平等學疾
證无上正等菩提復次善現色處色處自性
空是菩薩摩訶薩平等性聲香味觸法處聲
香味觸法處自性空是菩薩摩訶薩平等性
諸菩薩摩訶薩於中學故名平等學由平等
學疾證无上正等菩提復次善現眼界眼界
自性空是菩薩摩訶薩平等性耳鼻舌身意
界耳鼻舌身意界自性空是菩薩摩訶薩平
等性諸菩薩摩訶薩於中學故名平等學由
平等學疾證无上正等菩提復次善現色界
色界自性空是菩薩摩訶薩平等性聲香味
觸法界聲香味觸法界自性空是菩薩摩訶
薩平等性諸菩薩摩訶薩於中學故名平等
學由平等學疾證无上正等菩提復次善現
眼識界眼識界自性空是菩薩摩訶薩平等
性耳鼻舌身意識界耳鼻舌身意識界自性
空是菩薩摩訶薩平等性諸菩薩摩訶薩於

BD05465號　大般若波羅蜜多經卷三三八　（7–2）

觸法界聲香味觸法界自性空是菩薩摩訶
薩平等性諸菩薩摩訶薩於中學故名平等
學由平等學疾證无上正等菩提復次善現
眼識界眼識界自性空是菩薩摩訶薩平等
性耳鼻舌身意識界耳鼻舌身意識界自性
空是菩薩摩訶薩平等性諸菩薩摩訶薩於
中學故名平等學由平等學疾證无上正等
菩提復次善現眼觸眼觸自性空是菩薩摩
訶薩平等性耳鼻舌身意觸耳鼻舌身意觸
自性空是菩薩摩訶薩平等性諸菩薩摩訶
薩於中學故名平等學由平等學疾證无上
正等菩提復次善現眼觸為緣所生諸受眼觸
為緣所生諸受自性空是菩薩摩訶薩平
等性耳鼻舌身意觸為緣所生諸受耳鼻舌
身意觸為緣所生諸受自性空是菩薩摩訶
薩平等性諸菩薩摩訶薩於中學故名平等
學由平等學疾證无上正等菩提復次善現
地界地界自性空是菩薩摩訶薩平等性水
火風空識界水火風空識界自性空是菩薩摩
訶薩平等性諸菩薩摩訶薩於中學故名
平等學由平等學疾證无上正等菩提復次
善現无明无明自性空是菩薩摩訶薩平等
性行識名色六處觸受愛取有生老死行識名
色六處觸受愛取有生老死自性空是菩薩
摩訶薩平等性諸菩薩摩訶薩於中學故
名平等學由平等學疾證无上正等菩提復
次善現布施波羅蜜多布施波羅蜜多自性

性行識名色六處觸受愛取有生老死行識名
色六處觸受愛取有生老死自性空是菩薩
摩訶薩平等性諸菩薩摩訶薩於中學故
名平等學由平等學疾證无上正等菩提復
次善現布施波羅蜜多布施波羅蜜多自性
空是菩薩摩訶薩平等性淨戒安忍精進靜
慮般若波羅蜜多淨戒安忍精進靜慮般
若波羅蜜多自性空是菩薩摩訶薩平等性
諸菩薩摩訶薩於中學故名平等學由平等學
疾證无上正等菩提復次善現內空內空自
性空是菩薩摩訶薩平等性外空內外空空
空大空勝義空有為空无為空畢竟空无際
空散空无變異空本性空自相空共相空一切
法空不可得空无性空自性空无性自性空
空外空內外空空空大空勝義空有為空无
為空畢竟空无際空散空无變異空本性空
自相空共相空一切法空不可得空无性空
自性空无性自性空自性空是菩薩摩訶薩
平等性諸菩薩摩訶薩於中學故名平等學
由平等學疾證无上正等菩提復次善現真
如真如自性空是菩薩摩訶薩平等性法界
法性不虛妄性不變異性平等性離生性法
定法住實際虛空界不思議界法界法性不
虛妄性不變異性平等性離生性法定法住
實際虛空界不思議界自性空是菩薩摩訶
薩平等性諸菩薩摩訶薩於中學故名平等

法性不虛妄性不變異性平等性離生性法
定法住實際虛空界不思議界法界法性不
虛妄性不變異性平等性離生性法定法住
實際虛空界不思議界自性空是菩薩摩訶
薩平等性諸菩薩摩訶薩於中學故名平等
學由平等學疾證无上正等菩提復次善現
苦聖諦苦聖諦自性空是菩薩摩訶薩平等
性集滅道聖諦集滅道聖諦自性空是菩薩
摩訶薩平等性諸菩薩摩訶薩於中學故名
平等學由平等學疾證无上正等菩提復次
善現四靜慮四靜慮自性空是菩薩摩訶薩
平等性四无量四无色定四无量四无色定
自性空是菩薩摩訶薩平等性 菩薩摩訶
薩於中學故名平等學由平等學疾證无上
正等菩提復次善現八解脫八解脫自性空是
菩薩摩訶薩平等性八勝處九次第定十
遍處八勝處九次第定十遍處自性空是菩
薩摩訶薩平等性諸菩薩摩訶薩於中學故
名平等學由平等學疾證无上正等菩提復
次善現四念住四念住自性空是菩薩摩訶
薩平等性四正斷四神足五根五力七等覺支
八聖道支四正斷四神足五根五力七等覺
支八聖道支自性空是菩薩摩訶薩平等
性諸菩薩摩訶薩於中學故名平等學由平
等學疾證无上正等菩提復次善現空解脫
門空解脫門自性空是菩薩摩訶薩平等性
无相无願解脫門无相无願解脫門自性空

支八聖道支自性空是菩薩摩訶薩平等
性諸菩薩摩訶薩於中學故名平等學由平
等學疾證无上正等菩提復次善現空解脫
門空解脫門自性空是菩薩摩訶薩平等性
无相无願解脫門无相无願解脫門自性空
是菩薩摩訶薩平等性諸菩薩摩訶薩於中
學故名平等學由平等學疾證无上正等菩
提復次善現極喜地極喜地自性空是菩薩
摩訶薩平等性離垢地發光地焰慧地極難
勝地現前地遠行地不動地善慧地法雲地
離垢地發光地焰慧地極難勝地現前地遠
行地不動地善慧地法雲地自性空是菩薩
摩訶薩平等性諸菩薩摩訶薩於中學故名
平等學由平等學疾證無上正等菩提復次
善現五眼五眼自性空是菩薩摩訶薩平等
性六神通六神通自性空是菩薩摩訶薩平
等性諸菩薩摩訶薩於中學故名平等學由
平等學疾證無上正等菩提復次善現佛十
力佛十力自性空是菩薩摩訶薩平等性四
無所畏四無礙解大慈大悲大喜大捨十八
佛不共法四無所畏四無礙解大慈大悲大
喜大捨十八佛不共法自性空是菩薩摩訶
薩平等性諸菩薩摩訶薩於中學故名平等
學由平等學疾證無上正等菩提復次善現
無忘失法無忘失法自性空是菩薩摩訶薩
平等性恒住捨性恒住捨性自性空是菩薩

佛不共法四無所畏四無礙解大慈大悲大
喜大捨十八佛不共法自性空是菩薩摩訶
薩平等性諸菩薩摩訶薩於中學故名平等
學由平等學疾證無上正等菩提復次善現
無忘失法無忘失法自性空是菩薩摩訶薩
平等性恒住捨性恒住捨性自性空是菩薩
摩訶薩平等性諸菩薩摩訶薩於中學故名
平等學由平等學疾證無上正等菩提復次
善現一切智一切智自性空是菩薩摩訶薩
平等性道相智一切相智道相智一切相智
自性空是菩薩摩訶薩平等性諸菩薩摩訶
薩於中學故名平等學由平等學疾證無上
正等菩提復次善現一切陁羅尼門一切陁
羅尼門自性空是菩薩摩訶薩平等性一切
三摩地門一切三摩地門自性空是菩薩摩
訶薩平等性諸菩薩摩訶薩於中學故名平
等學由平等學疾證無上正等菩提復次善
現預流果預流果自性空是菩薩摩訶薩平
等性一來不還阿羅漢果一來不還阿羅漢
果自性空是菩薩摩訶薩平等性諸菩薩摩

BD05465 號　大般若波羅蜜多經卷三三八　　（7–7）

維摩詰經香積佛品第十
於是舍利弗心念日時[illegible]而訖[illegible]諸菩薩當
於何食時維摩詰知[illegible]佛說八解脫
仁者受行豈雜欲食而[illegible]欲食者且
待須臾當令汝得未曾[illegible]即入三昧
以神通力示諸大衆上[illegible]恒河沙
佛土有國名衆香佛号[illegible]今現在其國香
氣比於十方諸佛世界人天之香最為第一彼土
无有聲聞辟支佛名唯有清淨大菩薩衆佛為
說法其界一切皆以香作樓閣經行香地苑園
皆香其食香氣周流十方无量世界時彼佛
與諸菩薩方共坐食有諸天子皆号香嚴悉
發阿耨多羅三藐三菩提心供養彼佛及諸
菩薩此諸大衆莫不目見時維摩詰問衆菩
薩諸仁者誰能致彼佛飯以文殊師利威神
力故咸皆嘿然維摩詰言仁此大衆无乃可恥
文殊師利曰如佛所言勿輕未學於是維摩詰
不起于座居衆會前化作菩薩相好光明威德
殊勝蔽於衆會而告之曰汝往上方界分度
如卌二恒河沙佛土有國名衆香佛号香積與

BD05466 號　維摩詰所說經卷下　　（23–1）

菩薩此諸大衆莫不目見時維摩詰問衆菩
薩諸仁者誰能致彼佛飯以文殊師利威神
力故咸皆嘿然維摩詰言仁此大衆无乃可耻
文殊師利曰如佛所言勿輕未學於是維摩詰
不起于座居衆會前化作菩薩相好光明威德
殊勝蔽於衆會而告之曰汝往上方界分度
如卌二恒河沙佛土有國名衆香佛号香積與
諸菩薩方共坐食汝往到彼如我辭曰維摩詰
稽首世尊足下致敬无量問訊起居少病少
惱氣力安不願得世尊所食之餘當於娑婆世
界施作佛事令此樂小法者得弘大道亦使
如來名聲普聞時化菩薩即於會前昇于
上方舉衆皆見其去到衆香界礼彼佛足又
聞其言維摩詰稽首世尊足下致敬无量問
訊起居少病少惱氣力安不願得世尊所食
之餘欲於娑婆世界施作佛事使此樂小法
者得弘大道亦使如來名聲普聞彼諸大士
見化菩薩歎未曾有今此上人從何所來娑
婆世界為在何許云何名為樂小法者即以問
佛佛告之曰下方度如卌二恒河沙佛土有世
界名娑婆佛号釋迦牟尼今現在於五濁惡
世為樂小法衆生敷演道教彼有菩薩名
維摩詰住不可思議解脫為諸菩薩說法
故遣化來稱揚我名并讚此土令彼菩薩增
益功德彼菩薩言其人何如乃作是化德力
无畏神足若斯佛言甚大一切十方皆遣化
往施作佛事饒益衆生於是香積如來以

世為樂小法衆生敷演道教彼有菩薩名
維摩詰住不可思議解脫為諸菩薩說法
故遣化來稱揚我名并讚此土令彼菩薩增
益功德彼菩薩言其人何如乃作是化德力
无畏神足若斯佛言甚大一切十方皆遣化
往施作佛事饒益衆生於是香積如來以
衆香鉢盛滿香飯與化菩薩時彼九百万
菩薩俱發聲言我欲詣娑婆世界供養釋
迦牟尼佛并欲見維摩詰等諸菩薩衆佛
言可往攝汝身香无令彼諸衆生起惑著心
又當捨汝本形勿使彼國求菩薩者而自鄙
耻又汝於彼莫懷輕賤而作閡想所以者何
十方國土皆如虛空又諸佛為欲化諸樂小
法者不盡現其清淨土耳時化菩薩既受鉢
飯與彼九百万菩薩俱承佛威神及維摩
詰力於彼世界忽然不現須臾之間至維摩
詰即化作九百万師子之座嚴好如前諸菩薩
皆坐其上化作菩薩以滿鉢香飯與維摩詰飯
香普薰毗耶離城及三千大千世界時毗耶離
婆羅門居士等聞是香氣身意快然歎未曾
有於是長者主月蓋從八万四千人來入維摩
詰舍見其室中菩薩甚多諸師子座高廣嚴
好皆大歡喜礼衆菩薩及大弟子却住一面
諸地神虛空神及欲色界諸天聞此香氣亦
皆來入維摩詰舍時維摩詰語舍利弗等諸
大聲聞仁者可食如來甘露味飯大悲所薰

有於是長者主月蓋從八万四千人來入維摩
詰舍見其室中菩薩甚多諸師子座高廣嚴
好皆大歡喜礼衆菩薩及大弟子却住一面
諸地神虛空神及欲色界諸天聞此香氣亦
皆來入維摩詰舍時維摩詰語舍利弗等諸
大聲聞仁者可食如來甘露味飯大悲所熏
无以限意食之使不消也有異聲聞念是飯
少而此大衆人當食化菩薩曰勿以聲聞小德
小智稱量如來无量福慧四海有竭此飯无
盡使一切人食揣若須弥乃至一劫猶不能盡
所以者何无盡戒定智慧解脫解脫知見功德
具足者所食之餘終不可盡於是鉢飯悉飽
衆會猶故不賜其諸菩薩聲聞天人食此飯
者身安快樂譬如一切樂莊嚴國諸菩薩也
又諸毛孔皆出妙香亦如衆香國土諸樹之香
尒時維摩詰問衆香菩薩香積如來以何說法
彼菩薩曰我土如來无文字說但以衆香令諸
天人得入律行菩薩各各坐香樹下聞斯妙香
即獲一切德藏三昧得是三昧者菩薩所有功
德皆悉具足彼諸菩薩問維摩詰今世尊釋
迦牟尼以何說法維摩詰言此土衆生剛強難化
故佛為說剛強之語以調伏之言是地獄是畜
生是餓鬼是諸難處是愚人生處是身邪行
是身邪行報是口邪行是口邪行報是意邪行
是意邪行報是煞生是煞生報是不與取是不
與取報是邪婬是邪婬報是妄語是妄語報

故佛為說剛強之語以調伏之言是地獄是畜
生是餓鬼是諸難處是愚人生處是身邪行
是身邪行報是口邪行是口邪行報是意邪行
是意邪行報是煞生是煞生報是不與取是不
與取報是邪婬是邪婬報是妄語是妄語報
是兩舌是兩舌報是惡口是惡口報是无義語
是无義語報是貪嫉是貪嫉報是瞋惱是瞋
惱報是邪見是邪見報是慳悋是慳悋報是
毀戒是毀戒報是瞋恚是瞋恚報是懈怠是懈
怠報是亂意是亂意報是愚癡是愚癡報是
結戒是持戒是犯戒是應作是不應作是鄣閡
是不鄣閡是得罪是離罪是淨是垢是有漏
是无漏是邪道是正道是有為是无為是世
間是涅槃以難化之人心如猨猴故以若干種法
制御其心乃可調伏譬如象馬𢤱悷不調加諸
楚毒乃至徹骨然後調伏如是剛強難化衆生
故以一切苦切之言乃可入律彼諸菩薩聞說是
已皆曰未曾有也如世尊釋迦牟尼佛隱其无
量自在之力乃以貧所樂法度脫衆生斯諸
菩薩亦能勞謙以无量大悲生是佛土維摩詰言
此土菩薩於諸衆生大悲堅固誠如所言然其一世
饒益衆生多於彼國百千劫行所以者何此娑婆
世界有十事善法諸餘淨土之所无有何等為
十以布施攝貧窮以淨戒攝毀禁以忍辱攝瞋
恚以精進攝懈怠以禪定攝亂意以智慧攝愚
癡說除難法度八難者以大乘法度樂小乘者

饒益衆生多扵彼國百千劫行所以者何此娑婆
世界有十事善法諸餘淨土之所无有何等為
十以布施攝貧窮以淨戒攝毀禁以忍辱攝瞋
恚以精進攝懈怠以禪定攝亂意以智慧攝愚
癡說除難法度八難者以大乘法度樂小乘者
以諸善根濟无德者常以四攝成就衆生是為
十彼菩薩曰菩薩成就幾法扵此世界行无瘡疣
生于淨土維摩詰言菩薩成就八法扵此世界
行无瘡疣生乎淨土何等為八饒益衆生而不
望報代一切衆生受諸苦惱所作功德盡以
施之等心衆生謙下无閡扵諸菩薩視之如佛
所未聞經聞之不疑不與聲聞而相違背不嫉
彼供不高己利而扵其中調伏其心常省己
過不訟彼短恒以一心求諸功德是為八維摩
詰文殊師利扵大衆中說是法時百千天人
皆發阿耨多羅三藐三菩提心十千菩薩得
无生法忍

維摩詰經菩薩行品第十一

是時佛說法扵菴羅樹園其地忽然廣博嚴
事一切衆會皆作金色阿難白佛言世尊以何
因緣有此瑞應是處忽然廣博嚴事一切衆
會皆作金色佛告阿難是維摩詰文殊師利
與諸大衆恭敬圍繞發意欲來故先為此瑞
應扵是維摩詰語文殊師利可共見佛與諸
菩薩礼事供養文殊師利言善哉行矣今正
是時維摩詰即以神力持諸大衆并師子座

會皆作金色佛告阿難是維摩詰文殊師利
與諸大衆恭敬圍繞發意欲來故先為此瑞
應扵是維摩詰語文殊師利可共見佛與諸
菩薩礼事供養文殊師利言善哉行矣今正
是時維摩詰即以神力持諸大衆并師子座
置扵右掌往詣佛所到已著地稽首佛足右繞
七迊一心合掌在一面立其諸菩薩即皆避座
稽首佛足亦繞七迊扵一面立諸大弟子釋梵
四天王等亦皆避座稽首佛足在一面立扵
是世尊如法慰問諸菩薩已各令復座
即皆受教衆坐已定佛語舍利弗汝見
菩薩大士自在神力之所為乎唯然已見汝
意云何世尊我覩其為不可思議非意所啚
非度所測今時阿難白佛言世尊今所聞香
自昔未有是為何香佛告阿難是彼菩薩毛
孔之香扵是舍利弗語阿難言我等毛孔亦
出是香阿難言此所從來曰是長者維摩詰
從衆香國取佛餘飯扵舍食者一切毛孔皆
香若此阿難問維摩詰是香氣住當久如維摩
詰言至此飯消曰此飯久如當消曰此飯
勢力至于七日然後乃消又阿難若聲聞人
未入正位食此飯者得入正位然後乃消已
入正位食此飯者得心解脫然後乃消若未
發大乘意食此飯者至發意乃消已發意食
此飯者得无生忍然後乃消已得无生忍食此
飯者至一生補處然後乃消譬如有藥名曰

未入正位食此飯者得入正位然後乃消已
入正位食此飯者得心解脫然後乃消若未
發大乘意食此飯者至發意乃消已發意食
此飯者得无生忍然後乃消已得无生忍食此
飯者至一生補處然後乃消辟如有藥名曰
上味其有服者身諸毒滅然後乃消此飯
如是滅除一切諸煩惱毒然後乃消阿難白
佛言未曾有也世尊如此香飯能作佛事佛
言如是如是阿難或有佛土以佛光明而作佛
事有以諸菩薩而作佛事有以佛所化人
而作佛事有以菩提樹而作佛事有以佛衣
服臥具而作佛事有以飯食而作佛事有以
園林臺觀而作佛事有以三十二相八十隨形
好而作佛事有以佛身而作佛事有以虛
空而作佛事衆生應以此緣得入律行有以
夢幻影響鏡中像水中月熱時焰如是等喻
而作佛事又以音聲語言文字而作佛事或
有清淨佛土寂漠无言无說无示无識无作无
為而作佛事如是阿難諸佛威儀進止諸所
施為无非佛事阿難有此四魔八万四千諸煩
惱門而諸衆生為之疲勞諸佛即以此法而
作佛事是名入一切諸佛法門菩薩入此門
者若見一切淨妙佛土不以為喜不貪不高
若見一切不淨佛土不以為憂不㝵不沒
但於諸佛生清淨心歡喜恭敬未曾有也諸
佛如來功德平等為教化衆生故而現佛土
不同阿難汝見諸佛國土地有若干而虛空

者若見一切淨妙佛土不以為喜不貪不高
若見一切不淨佛土不以為憂不㝵不沒
但於諸佛生清淨心歡喜恭敬未曾有也諸
佛如來功德平等為教化衆生故而現佛土
不同阿難汝見諸佛國土地有若干而虛空
无若干也如是見諸佛色身有若干耳其无
㝵慧无若干也阿難諸佛色身威德種姓戒
定智慧解脫解脫知見力无所畏不共之法
大慈大悲威儀所行及其壽命說法教化成
就衆生淨佛國土具諸佛法悉皆同等是故
名為三藐三佛陀名為多陀阿伽度名為佛陀
阿難若我廣說此三句義汝以劫壽不能盡
受正使三千大千世界滿中衆生皆如阿難
多聞第一得念揔持此諸人等以劫之壽
亦不能受如是阿難諸佛阿耨多羅三藐三
菩提无有限量智慧辯才不可思議阿難白
佛言我從今已往不敢自謂以為多聞佛告
阿難勿起退意所以者何我說汝於聲聞中
為最多聞非謂菩薩且止阿難其有智者不
應限度諸菩薩也一切海淵尚可測量菩薩
禪定智慧揔持辯才一切功德不可量也阿
難汝等捨置菩薩所行是維摩詰一時所現
神通之力一切聲聞辟支佛於百千劫盡力
變化所不能作
尒時衆香世界菩薩來者合掌白佛言世尊
我等初見此土生下劣想今自悔責捨離是心

神通之力一切聲聞辟支佛於百千劫盡力
變化所不能作
尒時衆香世界菩薩來者合掌白佛言世尊
我等初見此土生下劣想今自悔責捨離是心
所以者何諸佛方便不可思議為度衆生故
隨其所應現佛國異唯然世尊願賜少法還
於彼土當念如來佛告諸菩薩有盡无盡
解脫法門汝等當學何謂為盡謂有為法何
謂无盡謂无為法如菩薩者不盡有為不住
无為何謂不盡有為謂不離大慈不捨大悲
深發一切智心而不忽忘教化衆生終不猒倦
於四攝法常念順行護持正法不惜軀命種
諸善根无有疲猒志常安住方便迴向求法
不懈說法无悋勤供諸佛故入生死而无所
畏於諸榮辱心无憂喜不輕未學敬學如
佛墮煩惱者令發正念於遠離樂不以為貴
不著己樂慶於彼樂在諸禪定如地獄想於
生死中如園觀想見來求者為善師想捨諸所
有具一切智想見毀戒人起救護想諸波羅
蜜為父母想道品之法為眷屬想發行善根
无有齊限以諸淨國嚴飾之事成己佛土
行不限施具足相好除一切惡身口意淨生
死无數劫意而有勇聞佛无量德志而不倦
以智慧劍破煩惱賊出陰界入荷負衆生永
使解脫以大精進摧伏魔軍常求无念實相
智慧行少欲知足而不捨世間法不壞威儀而

行不限施具足相好除一切惡身口意淨生
死无數劫意而有勇聞佛无量德志而不倦
以智慧劍破煩惱賊出陰界入荷負衆生永
使解脫以大精進摧伏魔軍常求无念實相
智慧行少欲知足而不捨世間法不壞威儀而
能隨俗起神通慧引導衆生得念總持所
聞不忘善別諸根斷衆生疑以樂說辯演法
无礙淨十善道受天人福脩四无量開梵天道
勸請說法隨喜讚善得佛音聲身口意善
得佛威儀深脩善法所行轉勝以大乘教成
菩薩僧心无放逸不失衆善行如此法是名
菩薩不盡有為何謂菩薩不住无為謂脩學
空不以空為證脩學无相无作不以无相无
作為證脩學无起不以无起為證觀於无常
而不猒善本觀世間苦而不惡生死觀於无
我而誨人不倦觀於寂滅而不永滅觀於遠
離而身心脩善觀无所歸而歸趣善法觀於
无生而以生法荷負一切觀於无漏而不斷諸
漏觀无所行而以行法教化衆生觀於空
无而不捨大悲觀正法位而不隨小乘觀諸
法虛妄无牢无人无主无相本願未滿而不
虛福德禪定智慧脩如此法是名菩薩不住
无為又具福德故不住无為具智慧故不盡
有為大慈悲故不住无為滿本願故不盡有
為集法藥故不住无為隨授藥故不盡有為
知衆生病故不住无為滅衆生病故不盡有

虛福德禪定智慧脩如此法是名菩薩不住
无爲又具福德故不住无爲具智慧故不盡
有爲大慈悲故不住无爲滿本願故不盡有
爲集法藥故不住无爲隨授藥故不盡有爲
知衆生病故不住无爲滅衆生病故不盡有
爲諸正士菩薩已脩此法不盡有爲不住无
爲是名盡无盡解脫法門汝等當學尒時彼
諸菩薩聞說是法皆大歡喜以衆妙華若干
種色若干種香遍散三千大千世界供養於
佛及此經法并諸菩薩已稽首佛足嘆未曾
有言釋迦牟尼佛乃能於此善行方便言
已忽然不現還到彼國

維摩詰見阿閦佛品第十二

尒時世尊問維摩詰汝欲見如來爲以何等
觀如來乎維摩詰言如自觀身實相觀佛亦
然我觀如來前際不來後際不去今則不住
不觀色不觀色如不觀色性不觀受想行識
不觀識如不觀識性非四大起同於虛空六
入无積眼耳鼻舌身心已過不在三界三垢已
離順三脫門三明與无明等不一相不異相
不自相不他相非无相非取相不此岸不彼
岸不中流而化衆生觀於寂滅亦不永滅
不此不彼不以此不以彼不可以智知不可
以識識无晦无明无名无相无強无弱非淨
非穢不在方不離方非有爲非无爲无示无
說不施不慳不戒不犯不忍不恚不進不怠

岸不中流而化衆生觀於寂滅亦不永滅
不此不彼不以此不以彼不可以智知不可
以識識无晦无明无名无相无強无弱非淨
非穢不在方不離方非有爲非无爲无示无
說不施不慳不戒不犯不忍不恚不進不怠
不定不亂不智不愚不誠不欺不來不去不
出不入一切言語道斷非福田非不福田非
應供養非不應供養非取非捨非有相非无
相同真際等法性不可稱不可量過諸稱量
非大非小非見非聞非覺非知離衆結縛等諸
智同衆生於諸法无分別一切无失无濁
无惱无作无起无生无滅无畏无憂无喜无
猒无著无已有无當有无今有不可以一切言
說分別顯示世尊如來身爲若此作如是觀
以斯觀者名爲正觀若他觀者名爲耶觀
尒時舍利弗問維摩詰汝於何沒而來生此
維摩詰言汝所得法有沒生乎舍利弗言无
沒生也若諸法无沒生相云何問言汝於何
沒而來生此於意云何譬如幻師幻作男女
寧沒生耶舍利弗言无沒生也汝豈不聞佛
說諸法如幻相乎荅曰如是若一切法如幻
相者云何問言汝於何沒而來生此舍利弗
沒者爲虛誑法壞敗之相生者爲虛誑法相
續之相菩薩雖沒不盡善本雖生不長諸惡
是時佛告舍利弗有國名妙喜佛号无動是
維摩詰於彼國沒而來生此舍利弗言未曾

相者云何問言汝於何没而來生此舍利弗
没者為虛誑法壞敗之相生者為虛誑法相
續之相菩薩雖没不盡善本雖生不長諸惡
是時佛告舍利弗有國名妙喜佛号无動是
維摩詰於彼國没而來生此舍利弗言未曾
有也世尊是人乃能捨清淨土而來樂此多
怒害處維摩詰語舍利弗於意云何日光出
時與冥合乎荅曰不也日光出時則无衆冥
維摩詰言夫日何故行閻浮提荅曰欲以明照
為之除冥維摩詰言菩薩如是雖生不淨
佛土為化衆生不與愚闇而共合也但滅衆
生煩惱闇耳是時大衆渴仰欲見妙喜世
界无動如來及其菩薩聲聞之衆佛知一切
衆會所念告維摩詰言善男子為此衆會現妙
喜國不動如來及諸菩薩聲聞之衆衆皆欲
見於是維摩詰心念吾當不起于座接妙喜
國鐵圍山川溪谷江河大海泉源須弥諸山
及日月星宿天龍鬼神梵天宮等并諸菩薩
聲聞之衆城邑聚落男女大小乃至无動如
來及菩提樹諸妙蓮華能於十方作佛事者
三道寶階從閻浮提至忉利天以此寶階諸
天來下悉為礼敬无動如來聽受經法閻浮
提人亦登其階上昇忉利見彼諸天妙喜世
界成就如是无量功德上至阿迦膩咤天下
至水際以右手斷取如陶家輪入此世界猶
持華鬘示一切衆作是念已入於三昧現神
[illegible]

BD05466 號　維摩詰所說經卷下　（23–14）

天來下悉為礼敬无動如來聽受經法閻浮
提人亦登其階上昇忉利見彼諸天妙喜世
界成就如是无量功德上至阿迦膩咤天下
至水際以右手斷取如陶家輪入此世界猶
持華鬘示一切衆作是念已入於三昧現神
通力以其右手斷取妙喜世界置於此土彼
得神通菩薩及聲聞衆并餘天人俱發聲
言唯然世尊誰取我去願見救護无動佛言
非我所為是維摩詰神力所作其餘未得神
通者不覺不知己之所往妙喜世界雖入此土
而不增減於是世界亦不迫隘如本无異尒
時釋迦牟尼佛告諸大衆汝等且觀妙喜世
界无動如來其國嚴飾菩薩行淨弟子清
白皆日唯然已見佛言若菩薩欲得如是清淨
佛土當學无動如來所行之道現此妙喜國
時娑婆世界十四那由他人發阿耨多羅三藐
三菩提心皆願生於妙喜佛土釋迦牟尼
佛即記之曰當生彼國時妙喜世界於此國
土所應饒益其事訖已還復本處舉衆皆見
佛告舍利弗汝見此妙喜世界及无動佛不
唯然已見世尊願使一切衆生得清淨土如
无動佛獲神通力如維摩詰世尊我等快得
善利得見是人親近供養其諸衆生若今現
在若佛滅後聞此經者亦得善利况復聞已
信解受持讀誦解說如法脩行若有手得是
經典者便為已得法寶之藏若有讀誦解說

BD05466 號　維摩詰所說經卷下　（23–15）

唯然已見世尊願使一切衆生得清淨土如
无動佛獲神通力如維摩詰世尊我等快得
善利得見是人親近供養其諸衆生若今現
在若佛滅後聞此經者亦得善利况復聞已
信解受持讀誦解説如法脩行若有手得是
經典者便爲已得法寶之藏若有讀誦解説
其義如説脩行則爲諸佛之所護念其有供
養如是人者當知則爲供養於佛其有書持
此經巻者當知其室則有如來若聞是經能
隨喜者斯人則爲取一切智若能信解此經
乃至一四句偈爲他説者當知此人即是受
阿耨多羅三藐三菩提記

維摩詰經法供養品苐十三

尒時釋提桓因於大衆中白佛言世尊我雖
從佛及文殊師利聞百千經未曾聞此不可
思議自在神通决定實相經典如我解佛所
説義趣若有衆生聞是經法信解受持讀誦
之者必得是法不疑何况如説脩行斯人則
爲閇衆惡趣開諸善門常爲諸佛之所護念
降伏外學摧滅魔怨脩治菩提安處道場履
踐如來所行之跡世尊若有受持讀誦如説
脩行者我當與諸眷屬供養給事所在聚落
城邑山林曠野有是經處我亦與諸眷屬聽
受法故共到其所其未信者當令生信其已
信者當爲作護佛言善哉善哉天帝如汝所
説吾助尒喜此經廣説過去未來現在諸佛
不可思議阿耨多羅三藐三菩提是故天帝

城邑山林曠野有是經處我亦與諸眷屬聽
受法故共到其所其未信者當令生信其已
信者當爲作護佛言善哉善哉天帝如汝所
説吾助尒喜此經廣説過去未來現在諸佛
不可思議阿耨多羅三藐三菩提是故天帝
若善男子善女人受持讀誦供養是經者則
爲供養去來今佛天帝正使三千大千世界如
來滿中譬如甘蔗竹葦稻麻叢林若有善
男子善女人或一劫或減一劫恭敬尊重讚
嘆供養奉諸所安至諸佛滅後以一一全身
舍利起七寶塔縱廣一四天下高至梵天表
刹莊嚴以一切華香瓔珞幢幡妓樂微妙苐
一若一劫若減一劫而供養之於天帝意云
何其人殖福寧爲多不釋提桓因言多矣世
尊彼之福徳若以百千億劫説不能盡佛
告天帝當知是善男子善女人聞是不可思議
解脫經典信解受持讀誦行福多於彼所
以者何諸佛菩提皆從是生菩提之相不可
限量以是因緣福不可量佛告天帝過去无
量阿僧祇劫時世有佛号曰藥王如來應供
正遍知明行足善逝世間解无上士調御丈
夫天人師佛世尊世界曰大莊嚴劫曰莊嚴
佛壽二十小劫其聲聞僧三十六億那由他菩
薩僧有十二億天帝是時有轉輪聖王名
曰寶蓋七寶具足王四天下王有千子端正
勇健能伏怨敵尒時寶蓋與其眷屬供養

佛壽二十小劫其聲聞僧三十六億那由他菩
薩僧有十二億天帝是時有轉輪聖王名
曰寶蓋七寶具足王四天下王有千子端正
勇健能伏怨敵尒時寶蓋與其眷屬供養
藥王如來施諸所安至滿五劫過五劫已告其
千子汝等亦當如我以深心供養於佛於是
千子受父王命供養藥王如來復滿五劫一
切施安其王一子名曰月蓋獨坐思惟寧有
供養殊過此者以佛神力空中有天曰善男
子法之供養勝諸供養即問何謂法之供養
天曰汝可往問藥王如來當廣為汝說法之
供養即時月蓋王子行詣藥王如來稽首
佛足却住一面白佛言世尊諸供養中法供養
勝云何為法供養佛言善男子法供養者謂
諸佛所說深經一切世間難信難受微妙難
見清淨无染非但分別思惟之所能得菩薩
法藏所攝陁羅尼印印之至不退轉成就六
度善分別義順菩提法眾經之上入大慈悲
離眾魔事及諸邪見順因緣法无我无眾生
无壽命空无相无作无起能令眾生坐於道場
而轉法輪諸天龍神乾闥婆等所共嘆譽能
令眾生入佛法藏攝諸賢聖一切智慧說眾
菩薩所行之道依於諸法實相之義明宣无
常苦空无我寂滅能救一切毀禁眾生諸魔
外道及貪著者能使怖畏諸佛賢聖所共稱
嘆背生死苦示涅槃樂十方三世諸佛所說若

而轉法輪諸天龍神乾闥婆等所共嘆譽能
令眾生入佛法藏攝諸賢聖一切智慧說眾
菩薩所行之道依於諸法實相之義明宣无
常苦空无我寂滅能救一切毀禁眾生諸魔
外道及貪著者能使怖畏諸佛賢聖所共稱
嘆背生死苦示涅槃樂十方三世諸佛所說若
聞如是等經信解受持讀誦以方便力為諸
眾生分別解說顯示分明守護法故是名法
之供養又於諸法如說脩行隨順十二因緣
離諸邪見得无生忍決定无我无有眾生而
於因緣果報无違无諍離諸我所依於義
不依語依於智不依識依了義經不依不了
義經依於法不依人隨順法相无所入无所
歸无明畢竟滅故諸行亦畢竟滅乃至生畢
竟滅故老死亦畢竟滅作如是觀十二因緣
无有盡相不復起見是名最上法之供養佛
告天帝王子月蓋從藥王佛聞如是法得柔
順忍即解寶衣嚴身之具以供養佛白佛言
世尊如來滅後我當行法供養守護正法願
以威神加哀建立令我得降魔怨脩菩薩行
佛知其深心所念而記之曰汝於末後護持
法城天帝時王子月蓋見法清淨聞佛授記
以信出家脩集善法精進不久得五神通逮
菩薩道得陁羅尼无斷辯才於佛滅後以其所
得神通總持辯才之力滿十小劫藥王如來
所轉法輪隨而分布月蓋比丘以護持法勤

[illegible]
以信出家脩集善法精進不久得五神通通
菩薩道得陁羅尼无斷辯才於佛滅後以其所
得神通揔持辯才之力滿十小劫轉王如來
所轉法輪隨而分布月蓋比丘以護持法勤
行精進即於此身化百万億人於阿耨多羅
三藐三菩提立不退轉十四那由他人深發聲
聞辟支佛心无量衆生得生天上天帝時王
寶蓋豈異人乎今現得佛号寶焰如來其
王千子即賢劫中千佛是也從迦羅鳩村馱
為始得佛最後如來号曰樓至月蓋比丘則
我身是也如是天帝當知此要以法供養於
諸供養為上為最第一无比是故天帝當以
法之供養供養於佛
維摩詰經囑累品第十四
於是佛告弥勒菩薩言弥勒我今以是无量
億阿僧祇劫所集阿耨多羅三藐三菩提付
囑於汝如是輩經於佛滅後末世之中汝等
當以神力廣宣流布於閻浮提无令斷絶所
以者何未來世中當有善男子善女人及天
龍鬼神乹闥婆羅刹等發阿耨多羅三藐三
菩提心樂于大法若使不聞如是等經則失
善利如此輩人聞是等經必多信樂發希有
心當以頂受隨諸衆生所應得利而為廣說
弥勒當知菩薩有二相何謂為二一者好於
雜句文飾之事二者不畏深義如實能入若
好雜句文飾事者當知是為新學菩薩若於

善利如此輩人聞是等經必多信樂發希有
心當以頂受隨諸衆生所應得利而為廣說
弥勒當知菩薩有二相何謂為二一者好於
雜句文飾之事二者不畏深義如實能入若
好雜句文飾事者當知是為新學菩薩若於
如是无染无著甚深經典无有恐畏能入其
中聞已心淨受持讀誦如說脩行當知是為
久脩道行弥勒復有二法名新學者不能決
定於甚深法何等為二一者所未聞經聞
之驚怖生疑不能隨順毀謗不信而作是言
我初不聞從何所來二者若有護持解說如
是深經者不肯親近供養恭敬或時於中說
其過惡有此二法當知是新學菩薩為自毀
傷不能於深法中調伏其心弥勒復有二法
菩薩雖信解深法猶自毀傷而不能得无生
法忍何等為二一者輕慢新學菩薩而不教
誨二者雖解深法而取相分別是為二法弥
勒菩薩聞說是已白佛言世尊未曾有也如
佛所說我當遠離如斯之惡奉持如來无數
阿僧祇劫所集阿耨多羅三藐三菩提法若
未來世善男子善女人求大乘者當令手得
如是等經與其念力使受持讀誦為他廣說
世尊若後末世有能受持讀誦為他說者當
知是弥勒神力之所建立佛言善哉善哉弥
勒如汝所說佛助尒喜於是一切菩薩合掌
白佛我等亦於如來滅後十方国土廣宣流

世尊若後末世有能受持讀誦為他說者當
知是弥勒神力之所建立佛言善哉善哉弥
勒如汝所說佛助尒喜於是一切菩薩合掌
白佛我等亦於如來滅後十方國土廣宣流
布阿耨多羅三藐三菩提復當開導諸說法
者令得是經尒時四天王白佛言世尊在在
處處城邑聚落山林曠野有是經卷讀誦
解說者我當率諸官屬為聽法故往詣其所擁
護其人面百由旬令无伺求得其便者是時
佛告阿難受持是經廣宣流布阿難言唯我
已受持要者世尊當何名斯經佛言阿難是
經名為維摩詰所說亦名不可思議解脫法
門如是受持佛說是經已長者維摩詰文殊師
利舍利弗阿難等及諸天人阿脩羅一切
大衆聞佛所說皆大歡喜

維摩詰經卷下

BD05466號　維摩詰所說經卷下　（23–22）

大衆聞佛所說皆大歡喜

維摩詰經卷下

BD05466號　維摩詰所說經卷下　（23–23）

土故常勤精

道過無量阿僧祇劫當於此土得

三藐三菩提号曰法明如來應供正遍知明

行足善逝世間解無上士調御丈夫天人師

佛世尊其佛以恒河沙等三千大千世界為

一佛土七寶為地地平如掌無有山陵谿澗

溝壑七寶臺觀充滿其中諸天宮殿近處虛

空人天交接兩得相見無諸惡道亦無女人

一切衆生皆以化生無婬欲得大神通身

出光明飛行自在志念堅固精進智慧普皆

金色三十二相而自莊嚴其國衆生常以二

食一者法喜食二者禪悅食有無量阿僧祇

千萬億那由他諸菩薩得大神通四無礙智

善能教化衆生之類其聲聞衆筭數校計

所不能知皆得具足六通三明八解脫其

佛國土有如是等無量功德莊嚴成就劫名

寶明國名善淨其佛壽命無量阿僧祇劫法

住甚久佛滅度後起七寶塔遍滿其國尒時

世尊欲重宣此義而說偈言

諸比丘諦聽　佛子所行道　善學方便故　不可得思議

知衆樂小法　而畏於大智　是故諸菩薩　作聲聞緣覺

所不能知皆得具足六通三明八解脫其

佛國土有如是等無量功德莊嚴成就劫名

寶明國名善淨其佛壽命無量阿僧祇劫法

住甚久佛滅度後起七寶塔遍滿其國尒時

世尊欲重宣此義而說偈言

諸比丘諦聽　佛子所行道　善學方便故　不可得思議

知衆樂小法　而畏於大智　是故諸菩薩　作聲聞緣覺

以無數方便　化諸衆生類　自說是聲聞　去佛道甚遠

度脫無量衆　皆悉得成就　雖小欲懈怠　漸當令作佛

內祕菩薩行　外現是聲聞　少欲厭生死　實自淨佛土

示衆有三毒　又現邪見相　我弟子如是　方便度衆生

若我具足說　種種現化事　衆生聞是者　心則懷疑惑

今此富樓那　於昔千億佛　勤脩所行道　宣護諸佛法

為求無上慧　而於諸佛所　現居弟子上　多聞有智慧

所說無所畏　能令衆歡喜　未曾有疲惓　而以助佛事

已度大神通　具四無礙智　知衆根利鈍　常說清淨法

演暢如是義　教諸千億衆　令住大乘法　而自淨佛土

未來亦供養　無量無數佛　護助宣正法　亦自淨佛土

常以諸方便　說法無所畏　度不可計衆　成就一切智

供養諸如來　護持法寶藏　其後當作佛　号名曰法明

其國名善淨　七寶所合成　劫名為寶明　菩薩衆甚多

其數無量億　皆度大神通　威德力具足　充滿其國土

聲聞亦無數　三明八解脫　得四無礙智　以是等為僧

其國諸衆生　婬欲皆已斷　純一變化生　具相莊嚴身

法喜禪悅食　更無餘食想　無有諸女人　亦無諸惡道

富樓那比丘　功德悉成滿　當得斯淨土　賢聖衆甚多

如是無量事　我今但略說

聲聞亦無數 三明八解脫 得四無礙智 以是等為僧
其國諸衆生 婬欲皆已斷 純一變化生 具相莊嚴身
法喜禪悅食 更無餘食想 無有諸女人 亦無諸惡道
富樓那比丘 功德悉成滿 當得斯淨土 賢聖衆甚多
如是無量事 我今但略說
尒時千二百阿羅漢心自在者作是念我等
歡喜得未曾有若世尊各見授記如餘大弟
子者不亦快乎佛知此等心之所念告摩訶
迦葉是千二百阿羅漢我今當現前次第與
受阿耨多羅三藐三菩提記於此衆中我大
弟子憍陳如比丘當供養六萬二億佛然
後得成為佛号曰普明如來應供正遍知明
行足善逝世間解無上士調御丈夫天人師
佛世尊其五百阿羅漢優樓頻螺迦葉伽耶
迦葉那提迦葉迦留陀夷優陀夷阿㝹樓䭾離
波多劫賓那薄拘羅周陀莎伽陀等皆當得
阿耨多羅三藐三菩提盡同一号名曰普明
尒時世尊欲重宣此義而說偈言
憍陳如比丘 當見無量佛 過阿僧祇劫 乃成等正覺
常放大光明 具足諸神通 名聞遍十方 一切之所敬
常說無上道 故号為普明 其國土清淨 菩薩皆勇猛
咸昇妙樓閣 遊諸十方國 以無上供具 奉獻於諸佛
作是供養已 心懷大歡喜 須臾還本國 有如是神力
佛壽六萬劫 正法住倍壽 像法復倍是 法滅天人憂
其五百比丘 次第當作佛 同号曰普明 轉次而授記
我滅度之後 其甲當作佛 其所化世間 亦如我今日
國土之嚴淨 及諸神通力 菩薩聲聞衆 正法及像法

作是供養已 心懷大歡喜 須臾還本國 有如是神力
佛壽六萬劫 正法住倍壽 像法復倍是 法滅天人憂
其五百比丘 次第當作佛 同号曰普明 轉次而授記
我滅度之後 其甲當作佛 其所化世間 亦如我今日
國土之嚴淨 及諸神通力 菩薩聲聞衆 正法及像法
壽命劫多少 皆如上所說 迦葉汝已知 五百自在者
餘諸聲聞衆 亦當復如是 其不在此會 汝當為宣說
尒時五百阿羅漢於佛前得受記已歡喜踊
躍即從座起到於佛前頭面禮足悔過自責
世尊我等常作是念自謂已得究竟滅度今
乃知之如無智者所以者何我等應得如來
智慧而便自以小智為足世尊譬如有人至
親友家醉酒而臥是時親友官事當行以無
價寶珠繫其衣裏與之而去其人醉臥都不
覺知起已遊行到於他國為衣食故勤力求
索甚大艱難若少有所得便以為足於後親
友會遇見之而作是言咄哉丈夫何為衣食
乃至如是我昔欲令汝得安樂五欲自恣於
某年日月以無價寶珠繫汝衣裏今故現在
而汝不知勤苦憂惱以求自活甚為癡也汝
今可以此寶貿易所須常可如意無所乏短
佛亦如是為菩薩時教化我等令發一切智
心而尋廢忘不知不覺既得阿羅漢道自謂
滅度資生艱難得少為足一切智願猶在不
失今者世尊覺悟我等作如是言諸比丘汝
等所得非究竟滅我久令汝等種佛善根以
方便故示涅槃相而汝謂為實得滅度世尊

心而尋廢忘不知不覺既得阿羅漢道自謂
滅度資生艱難得少為足一切智願猶在不
失今者世尊覺悟我等作如是言諸比丘汝
等所得非究竟滅我久令汝等種佛善根以
方便故示涅槃相而汝謂為實得滅度世尊
我今乃知實是菩薩得受阿耨多羅三藐三
菩提記以是因緣甚大歡喜得未曾有尒時
阿若憍陳如等欲重宣此義而說偈言
我等聞無上　安隱授記聲　歡喜未曾有　禮無量智佛
今於世尊前　自悔諸過咎　於無量佛寶　得少涅槃分
如無智愚人　便自以為足　譬如貧窮人　往至親友家
其家甚大富　具設諸餚饍　以無價寶珠　繫著內衣裏
嘿與而捨去　時卧不覺知　是人既已起　遊行詣他國
求衣食自濟　資生甚艱難　得少便為足　更不願好者
不覺內衣裏　有無價寶珠　與珠之親友　後見此貧人
苦切責之已　示以所繫珠　貧人見此珠　其心大歡喜
富有諸財物　五欲而自恣　我等亦如是　世尊於長夜
常愍見教化　令種無上願　我等無智故　不覺亦不知
得少涅槃分　自足不求餘　今佛覺悟我　言非實滅度
得佛無上慧　尒乃為真滅　我今從佛聞　授記莊嚴事
及轉次受決　身心遍歡喜

妙法蓮華經授學無學人記品第九

尒時阿難羅睺羅而作是念我等每自思惟
設得授記不亦快乎即從座起到於佛前頭
面禮足俱白佛言世尊我等於此亦應有分
唯有如來我等所歸又我等為一切世間天
人阿修羅所見知識阿難常為侍者護持法

BD05467號　妙法蓮華經卷四

（30–5）

尒時阿難羅睺羅而作是念我等每自思惟
設得授記不亦快乎即從座起到於佛前頭
面禮足俱白佛言世尊我等於此亦應有分
唯有如來我等所歸又我等為一切世間天
人阿修羅所見知識阿難常為侍者護持法
藏羅睺羅是佛之子若佛見授阿耨多羅三
藐三菩提記者我願既滿眾望亦足尒時學
無學聲聞弟子二千人皆從座起偏袒右肩
到於佛前一心合掌瞻仰世尊如阿難羅睺羅
所願住立一面尒時佛告阿難汝於來世當
得作佛號山海慧自在通王如來應供正遍
知明行足善逝世間解無上士調御丈夫天
人師佛世尊當供養六十二億諸佛護持法
藏然後得阿耨多羅三藐三菩提教化二十
千萬億恒河沙諸菩薩等令成阿耨多羅
三藐三菩提國名常立勝幡其土清淨琉璃
為地劫名妙音遍滿其佛壽命無量千萬億
阿僧祇劫若人於千萬億無量阿僧祇劫中
算數校計不能得知正法住世倍於壽命像
法住世復倍正法阿難是山海慧自在通王
佛為十方無量千萬億恒河沙等諸佛如來
所共讚歎稱其功德尒時世尊欲重宣此義
而說偈言
我今僧中說　阿難持法者　當供養諸佛　然後成正覺
号曰山海慧　自在通王佛　其國土清淨　名常立勝幡
教化諸菩薩　其數如恒沙　佛有大威德　名聞滿十方
壽命無有量　以愍眾生故　正法倍壽命　像法復倍是

BD05467號　妙法蓮華經卷四

（30–6）

而說偈言
我今僧中說　阿難持法者　當供養諸佛　然後成正覺
号曰山海慧　自在通王佛　其國土清淨　名常立勝幡
教化諸菩薩　其數如恒沙　佛有大威德　名聞滿十方
壽命無有量　以愍衆生故　正法倍壽命　像法復倍是
如恒河沙等　無數諸衆生　於此佛法中　種佛道因緣
尒時會中新發意菩薩八千人咸作是念我
等尚不聞諸大菩薩得如是記有何因緣而
諸聲聞得如是決尒時世尊知諸菩薩心之
所念而告之曰諸善男子我與阿難等於空
王佛所同時發阿耨多羅三藐三菩提心阿
難常樂多聞我常勤精進是故我已得成阿耨
多羅三藐三菩提而阿難護持我法亦護
將來諸佛法藏教化成就諸菩薩衆其本願
如是故獲斯記阿難面於佛前自聞授記及
國土莊嚴所願具足心大歡喜得未曾有即
時憶念過去無量千萬億諸佛法藏通達無
礙如今所聞亦識本願尒時阿難而說偈言
世尊甚希有　令我念過去　無量諸佛法　如今日所聞
我今無復疑　安住於佛道　方便為侍者　護持諸佛法
尒時佛告羅睺羅汝於來世當得作佛号蹈
七寶華如來應供正遍知明行足善逝世間
解無上士調御丈夫天人師佛世尊當供養
十世界微塵等數諸佛如來常為諸佛而作
長子猶如今也是蹈七寶華佛國土莊嚴壽
命劫數所化弟子正法像法亦如山海慧自
在通王如來無異亦為此佛而作長子過是

十世界微塵等數諸佛如來常為諸佛而作
長子猶如今也是蹈七寶華佛國土莊嚴壽
命劫數所化弟子正法像法亦如山海慧自
在通王如來無異亦為此佛而作長子過是
已後當得阿耨多羅三藐三菩提尒時世尊
欲重宣此義而說偈言
我為太子時　羅睺為長子　我今成佛道　受法為法子
於未來世中　見無量億佛　皆為其長子　一心求佛道
羅睺羅密行　唯我能知之　現為我長子　以示諸衆生
無量億千萬　功德不可數　安住於佛法　以求無上道
尒時世尊見學無學二千人其意柔軟寂然
清淨一心觀佛佛告阿難汝見是學無學二
千人不唯然已見阿難是諸人等當供養五
十世界微塵數諸佛如來恭敬尊重護持法
藏末後同時於十方國各得成佛皆同一号
名曰寶相如來應供正遍知明行足善逝世間
解無上士調御丈夫天人師佛世尊壽命一
劫國土莊嚴聲聞菩薩正法像法皆悉同
等尒時世尊欲重宣此義而說偈言
是二千聲聞　今於我前住　悉皆與受記　未來當成佛
所供養諸佛　如上說塵數　護持其法藏　後當成正覺
各於十方國　悉同一名号　俱時坐道場　以證無上慧
皆名為寶相　國土及弟子　正法與像法　悉等無有異
咸以諸神通　度十方衆生　名聞普周遍　漸入於涅槃
尒時學無學二千人聞佛授記歡喜踊躍而
說偈言
世尊慧燈明　我聞授記音　心歡喜充滿　如甘露見灌

皆名為寶相 國土及弟子 正法與像法 悉等無有異
咸以諸神通 度十方衆生 名聞普周遍 漸入於涅槃
尒時學無學二千人聞佛授記歡喜踊躍而
說偈言
世尊慧燈明 我聞授記音 心歡喜充滿 如甘露見灌
妙法蓮華經法師品第十
尒時世尊因藥王菩薩告八萬大士藥王汝
見是大衆中有無量諸天龍王夜叉乾闥婆阿
脩羅迦樓羅緊那羅摩睺羅伽人與非人等
比丘比丘尼優婆塞優婆夷求聲聞者求辟
支佛者求佛道者如是等類咸於佛前聞妙
法華經一偈一句乃至一念隨喜者我皆
與記當得阿耨多羅三藐三菩提佛告藥王
又如來滅度之後若有人聞妙法華經乃至
一偈一句一念隨喜者我亦與受阿耨多羅
三藐三菩提記若復有人受持讀誦解說書
寫妙法華經乃至一偈於此經卷敬視如佛
種種供養華香瓔珞末香塗香燒香繒蓋幢
幡衣服伎樂乃至合掌恭敬藥王當知是諸
人等已曾供養十萬億佛於諸佛所成就大
願愍衆生故生此人間藥王若有人問何等
衆生於未來世當得作佛應示是諸人等於
未來世必得作佛何以故若善男子善女人
於法華經乃至一句受持讀誦解說書寫種
種供養經卷華香瓔珞末香塗香燒香繒蓋
幢幡衣服伎樂合掌恭敬是人一切世間所
應瞻奉應以如來供養而供養之當知此人

未來世必得作佛何以故若善男子善女人
於法華經乃至一句受持讀誦解說書寫種
種供養經卷華香瓔珞末香塗香燒香繒蓋
幢幡衣服伎樂合掌恭敬是人一切世間所
應瞻奉應以如來供養而供養之當知此人
是大菩薩成就阿耨多羅三藐三菩提哀愍
衆生願生此間廣演分別妙法華經何況盡
能受持種種供養者藥王當知是人自捨清
淨業報於我滅度後愍衆生故生於惡世廣
演此經若是善男子善女人我滅度後能竊
為一人說法華經乃至一句當知是人則如來
使如來所遣行如來事何況於大衆中廣
為人說藥王若有惡人以不善心於一劫中
現於佛前常毀罵佛其罪尚輕若人以一惡
言毀呰在家出家讀誦法華經者其罪甚重
藥王其有讀誦法華經者當知是人以佛莊
嚴而自莊嚴則為如來肩所荷擔其所至方
應隨向礼一心合掌恭敬供養尊重讚歎華
香瓔珞末香塗香燒香繒蓋幢幡衣服餚
饍作諸伎樂人中上供而供養之應持天寶而
以散之天上寶聚應以奉獻所以者何是人
歡喜說法須臾聞之即得究竟阿耨多羅三
藐三菩提故尒時世尊欲重宣此義而說偈
言
若欲住佛道 成就自然智 常當勤供養 受持法華者
其有欲疾得 一切種智慧 當受持是經 并供養持者
若有能受持 妙法華經者 當知佛所使 愍念諸衆生

藐三菩提故尒時世尊欲重宣此義而說偈
言
若欲住佛道　成就自然智　常當勤供養　受持法華者
其有欲疾得　一切種智慧　當受持是經　并供養持者
若有能受持　妙法華經者　當知佛所使　愍念諸衆生
諸有能受持　妙法華經者　捨於清淨土　愍衆故生此
當知如是人　自在所欲生　能於此惡世　廣說無上法
應以天華香　及天寶衣服　天上妙寶聚　供養說法者
吾滅後惡世　能持是經者　當合掌礼敬　如供養世尊
上饌衆甘美　及種種衣服　供養是佛子　兾得須臾聞
若能於後世　受持是經者　我遣在人中　行於如來事
若於一劫中　常懷不善心　作色而罵佛　獲無量重罪
其有讀誦持　是法華經者　須臾加惡言　其罪復過彼
有人求佛道　而於一劫中　合掌在我前　以無數偈讚
由是讚佛故　得無量功德　歎美持經者　其福復過彼
於八十億劫　以㝡妙色聲　及與香味觸　供養持經者
如是供養已　若得須臾聞　則應自欣慶　我今獲大利
藥王今告汝　我所說諸經　而於此經中　法華㝡第一
尒時佛復告藥王菩薩摩訶薩我所說經典無
量千萬億已說今說當說而於其中此法華
經㝡為難信難解藥王此經是諸佛秘要之
藏不可分布妄授與人諸佛世尊之所守護
從昔已來未曾顯說而此經者如來現在猶
多怨嫉況滅度後藥王當知如來滅後其能
書持讀誦供養為他人說者如來則為以衣
覆之又為他方現在諸佛之所護念是人有
大信力及志願力諸善根力當知是人與如

BD05467 號　妙法蓮華經卷四　（30–11）

藏不可分布妄授與人諸佛世尊之所守護
從昔已來未曾顯說而此經者如來現在猶
多怨嫉況滅度後藥王當知如來滅後其能
書持讀誦供養為他人說者如來則為以衣
覆之又為他方現在諸佛之所護念是人有
大信力及志願力諸善根力當知是人與如
來共宿則為如來手摩其頭藥王在在處處
若說若讀若誦若書若經卷所住之處皆應
起七寶塔極令高廣嚴飾不須復安舍利所以
者何此中已有如來全身此塔應以一切華香
瓔珞繒蓋幢幡伎樂歌頌供養恭敬尊重讚
歎若有人得見此塔礼拜供養當知是等皆
近阿耨多羅三藐三菩提藥王多有人在家
出家行菩薩道若不能得見聞讀誦書持
供養是法華經者當知是人未善行菩薩道
有得聞是經典者乃能善行菩薩之道其
有衆生求佛道者若見若聞是法華經聞已
信解受持者當知是人得近阿耨多羅三藐
三菩提藥王譬如有人渴乏須水於彼高原
穿鑿求之猶見乾土知水尚遠施功不已轉
見濕土遂漸至泥其心決定知水必近菩薩
亦復如是若未聞未解未能修習是法華經
當知是人去阿耨多羅三藐三菩提尚遠若
得聞解思惟修習必知得近阿耨多羅三藐
三菩提所以者何一切菩薩阿耨多羅三藐
三菩提皆屬此經此經開方便門示真實相
是法華經藏深固幽遠無人能到今佛教化

BD05467 號　妙法蓮華經卷四　（30–12）

當知是人去阿耨多羅三藐三菩提甚遠若
得聞解思惟脩習必知得近阿耨多羅三藐
三菩提所以者何一切菩薩阿耨多羅三藐
三菩提皆屬此經此經開方便門示真實相
是法華經藏深固幽遠無人能到今佛教化
成就菩薩而為開示藥王若有菩薩聞是法
華經驚疑怖畏當知是為新發意菩薩若聲
聞人聞是經驚疑怖畏當知是為增上慢者
藥王若有善男子善女人如來滅後欲為四
衆說是法華經者云何應說是善男子善女
人入如來室著如來衣坐如來座尒乃應為四
衆廣說斯經如來室者一切衆生中大慈悲
心是如來衣者柔和忍辱心是如來座者
一切法空是安住是中然後以不懈怠心為
諸菩薩及四衆廣說是法華經藥王我於餘
國遣化人為其集聽法衆亦遣化比丘比丘
尼優婆塞優婆夷聽其說法是諸化人聞法
信受隨順不逆若說法者在空閑處我時廣
遣天龍鬼神乾闥婆阿脩羅等聽其說法我
雖在異國時時令說法者得見我身若於此
經忘失句逗我還為說令得具足尒時世尊
欲重宣此義而說偈言

欲捨諸懈怠　應當聽此經　是經難得聞　信受者亦難
如人渴須水　穿鑿於高原　猶見乾燥土　知去水尚遠
漸見濕土泥　決定知近水　藥王汝當知　如是諸人等
不聞法華經　去佛智甚遠　若聞是深經　決了聲聞法
是諸經之王　聞已諦思惟　當知此人等　近於佛智慧

欲捨諸懈怠　應當聽此經　是經難得聞　信受者亦難
如人渴須水　穿鑿於高原　猶見乾燥土　知去水尚遠
漸見濕土泥　決定知近水　藥王汝當知　如是諸人等
不聞法華經　去佛智甚遠　若聞是深經　決了聲聞法
是諸經之王　聞已諦思惟　當知此人等　近於佛智慧
若人說此經　應入如來室　著於如來衣　而坐如來座
處衆無所畏　廣為分別說　大慈悲為室　柔和忍辱衣
諸法空為座　處此為說法　若說此經時　有人惡口罵
加刀杖瓦石　念佛故應忍　我千萬億土　現淨堅固身
於無量億劫　為衆生說法　若我滅度後　能說此經者
我遣化四衆　比丘比丘尼　及清信士女　供養於法師
引導諸衆生　集之令聽法　若人欲加惡　刀杖及瓦石
則遣變化人　為之作衛護　若說法之人　獨在空閑處
寂寞無人聲　讀誦此經典　我尒時為現　清淨光明身
若忘失章句　為說令通利　若人具是德　或為四衆說
空處讀誦經　皆得見我身　若人在空閑　我遣天龍王
夜叉鬼神等　為作聽法衆　是人樂說法　分別無罣礙
諸佛護念故　能令大衆喜　若親近法師　速得菩薩道
隨順是師學　得見恒沙佛

妙法蓮華經見寶塔品第十一

尒時佛前有七寶塔高五百由旬縱廣二百五
十由旬從地踊出住在空中種種寶物而莊
校之五千欄楯龕室千萬無數幢幡以為
嚴飾垂寶瓔珞寶鈴萬億而懸其上四面皆
出多摩羅跋栴檀之香充遍世界其諸幡蓋
以金銀琉璃車𤦲馬瑙真珠玫瑰七寶合成
高至四天王宮三十三天雨天曼陀羅華供

嚴飾垂寶瓔珞寶鈴萬億而懸其上四面皆
出多摩羅䟦栴檀之香充遍世界其諸幡蓋
以金銀琉璃車𤦲馬瑙真珠玫瑰七寶合成
高至四天王宮三十三天雨天曼陁羅華供
養寶塔餘諸天龍夜叉乾闥婆阿脩羅迦樓
羅緊那羅摩睺羅伽人非人等千萬億衆以
一切華香瓔珞幡蓋伎樂供養寶塔恭敬尊
重讃歎尒時寶塔中出大音聲歎言善哉善
哉釋迦牟尼世尊能以平等大慧教菩薩法
佛所護念妙法華經為大衆說如是如是釋
迦牟尼世尊如所說者皆是真實尒時四衆
見大寶塔住在空中又聞塔中所出音聲皆
得法喜怪未曾有從座而起恭敬合掌却住
一面尒時有菩薩摩訶薩名大樂說知一切
世間天人阿脩羅等心之所疑而白佛言世
尊以何因緣有此寶塔從地踊出又於其中
發是音聲尒時佛告大樂說菩薩此寶塔中
有如來全身乃往過去東方無量千萬億阿
僧祇世界國名寶淨彼中有佛号曰多寶其
佛行菩薩道時作大誓願若我成佛滅度之
後於十方國土有說法華經處我之塔廟為
聽是經故踊現其前為作證明讃言善哉彼
佛成道已臨滅度時於天人大衆中告諸比
丘我滅度後欲供養我全身者應起一大塔
其佛神通願力十方世界在在處處若有說
法華經者彼之寶塔皆踊出其前全身在於
塔中讃言善哉善哉大樂說今多寶如來塔

佛成道已臨滅度時於天人大衆中告諸比
丘我滅度後欲供養我全身者應起一大塔
其佛神通願力十方世界在在處處若有說
法華經者彼之寶塔皆踊出其前全身在於
塔中讃言善哉善哉大樂說今多寶如來塔
聞說法華經故從地踊出讃言善哉善哉是時
大樂說菩薩以如來神力故白佛言世尊我
等願欲見此佛身佛告大樂說菩薩摩訶
薩是多寶佛有深重願若我寶塔聽法華
經故出於諸佛前時其有欲以我身示四衆
者彼佛分身諸佛在於十方世界說法盡還
集一處然後我身乃出現耳大樂說我分身
諸佛在於十方世界說法者今應當集大樂
說白佛言世尊我等亦願欲見世尊分身諸
佛礼拜供養尒時佛放白毫一光即見東方
五百萬億那由他恒河沙等國土諸佛彼諸
國土皆以頗梨為地寶樹寶衣以為莊嚴無
數千萬億菩薩充滿其中遍張寶幔寶網
羅上彼國諸佛以大妙音而說諸法及見無量
千萬億菩薩遍滿諸國為衆說法南西北方四
維上下白毫相光所照之處亦復如是尒時
十方諸佛各告衆菩薩言善男子我今應往
娑婆世界釋迦牟尼佛所并供養多寶如來
寶塔時娑婆世界即變清淨琉璃為地寶樹
莊嚴黃金為繩以界八道無諸聚落村營城
邑大海江河山川林藪燒大寶香曼陁羅華
遍布其地以寶網幔羅覆其上懸諸寶鈴唯

十方諸佛各告眾菩薩言善男子我今應往
娑婆世界釋迦牟尼佛所并供養多寶如來
寶塔時娑婆世界即變清淨琉璃為地寶樹
莊嚴黃金為繩以界八道無諸聚落村營城
邑大海江河山川林藪燒大寶香曼陀羅華
遍布其地以寶網幔羅覆其上懸諸寶鈴唯
留此會眾移諸天人置於他土是時諸佛各
將一大菩薩以為侍者至娑婆世界各到寶
樹下一一寶樹高五百由旬枝葉華菓次第
莊嚴諸寶樹下皆有師子之座高五由旬亦
以大寶而校飾之尒時諸佛各於此座結跏
趺坐如是展轉遍滿三千大千世界而於釋
迦牟尼佛一方所分之身猶故未盡時釋迦
牟尼佛欲容受所分身諸佛故八方各更變
二百萬億那由他國皆令清淨無有地獄餓
鬼畜生及阿脩羅又移諸天人置於他土所
化之國亦以琉璃為地寶樹莊嚴樹高五百
由旬枝葉華菓次第嚴飾樹下皆有寶師子
座高五百由旬種種諸寶以為莊校亦無大海
江河及目真隣陀山摩訶目真隣陀山鐵圍
山大鐵圍山須彌山等諸山王通為一佛國
土寶地平正寶交露幔遍覆其上懸諸幡
蓋燒大寶香諸天寶華遍布其地釋迦牟尼
佛為諸佛當來坐故復於八方各變二百萬億
那由他國皆令清淨無有地獄餓鬼畜生及阿
脩羅又移諸天人置於他土所化之國亦以琉
璃為地寶樹莊嚴樹高五百由旬枝葉

BD05467號　妙法蓮華經卷四　（30–17）

蓋燒大寶香諸天寶華遍布其地釋迦牟尼
佛為諸佛當來坐故復於八方各變二百萬億
那由他國皆令清淨無有地獄餓鬼畜生及阿
脩羅又移諸天人置於他土所化之國亦以琉
璃為地寶樹莊嚴樹高五百由旬枝葉
華菓次第莊嚴樹下皆有寶師子座高五由
旬亦以大寶而校飾之亦無大海江河及目真
隣陀山摩訶目真隣陀山鐵圍山大鐵圍山
須彌山等諸山王通為一佛國土寶地平
正寶交露幔遍覆其上懸諸幡蓋燒大寶香
諸天寶華遍布其地尒時東方釋迦牟尼佛
所分之身百千萬億那由他恒河沙等國土中
諸佛各各說法來集於此如是次第十方諸
佛皆悉來集坐於八方尒時一一方四百萬
億那由他國土諸佛如來遍滿其中是時諸
佛各在寶樹下坐師子座皆遣侍者問訊釋
迦牟尼佛各齎寶華滿掬而告之言善男子
汝往詣耆闍崛山釋迦牟尼佛所如我辭曰
少病少惱氣力安樂及菩薩聲聞眾悉安隱
不以此寶華散佛供養而作是言彼某甲佛
與欲開此寶塔諸佛遣使亦復如是尒時釋
迦牟尼佛見所分身佛悉已來集各各坐於師
子之座皆聞諸佛與欲同開寶塔即從座
起住虛空中一切四眾起立合掌一心觀佛
於是釋迦牟尼佛以右指開七寶塔戶出大
音聲如却關鑰開大城門即時一切眾會皆
見多寶如來於寶塔中坐師子座全身不
散如入禪定又聞其言善哉善哉釋迦牟尼

BD05467號　妙法蓮華經卷四　（30–18）

於是釋迦牟尼佛以右指開七寶塔戶出大
音聲如却關鑰開大城門即時一切衆會皆
見多寶如來於寶塔中坐師子座全身不
散如入禪定又聞其言善哉善哉釋迦牟尼
佛快說是法華經我為聽是經故而來至此尒
時四衆等見過去無量千萬億劫滅度佛說
如是言歎未曾有以天寶華聚散多寶佛及
釋迦牟尼佛上尒時多寶佛於寶塔中分半
座與釋迦牟尼佛而作是言釋迦牟尼佛可
就此座即時釋迦牟尼佛入其塔中坐其半
座結跏趺坐尒時大衆見二如來在七寶塔
中師子座上結跏趺坐各作是念佛座高遠
唯願如來以神通力令我等輩俱處虛空即
時釋迦牟尼佛以神通力接諸大衆皆在虛
空以大音聲普告四衆誰能於此娑婆国土
廣說妙法華經今正是時如來不久當入涅
槃佛欲以此妙法華經付囑有在尒時世尊
欲重宣此義而說偈言
聖主世尊　雖久滅度　在寶塔中　尚為法來
諸人云何　不勤為法　此佛滅度　無鞅數劫
處處聽法　以難遇故　彼佛本願　我滅度後
在在所往　常為聽法　又我分身　無量諸佛
如恒沙等　來欲聽法　及見滅度　多寶如來
各捨妙土　及弟子衆　天人龍神　諸供養事
令法久住　故來至此　為坐諸佛　以神通力
移無量衆　令國清淨　諸佛各各　詣寶樹下
如清淨池　蓮華莊嚴　其寶樹下　諸師子座

BD05467號　妙法蓮華經卷四

(30-19)

各捨妙土　及弟子衆　天人龍神　諸供養事
令法久住　故來至此　為坐諸佛　以神通力
移無量衆　令國清淨　諸佛各各　詣寶樹下
如清淨池　蓮華莊嚴　其寶樹下　諸師子座
佛坐其上　光明嚴飾　如夜闇中　然大炬火
身出妙香　遍十方国　衆生蒙薰　喜不自勝
譬如大風　吹小樹枝　以是方便　令法久住
告諸大衆　我滅度後　誰能護持　讀說斯經
今於佛前　自說誓言　其多寶佛　雖久滅度
以大誓願　而師子吼　多寶如來　及與我身
所集化佛　當知此意　諸佛子等　誰能護法
當發大願　令得久住　其有能護　此經法者
則為供養　我及多寶　此多寶佛　處於寶塔
常遊十方　為是經故　亦復供養　諸來化佛
莊嚴光飾　諸世界者　若說此經　則為見我
多寶如來　及諸化佛　諸善男子　各諦思惟
此為難事　宜發大願　諸餘經典　數如恒沙
雖說此等　未足為難　若接須弥　擲置他方
無數佛土　亦未為難　若以足指　動大千界
遠擲他国　亦未為難　若立有頂　為衆演說
無量餘經　亦未為難　若佛滅後　於惡世中
能說此經　是則為難　假使有人　手把虛空
而以遊行　亦未為難　於我滅後　若自書持
若使人書　是則為難　若以大地　置足甲上
昇於梵天　亦未為難　佛滅度後　於惡世中
暫讀此經　是則為難　假使劫燒　擔負乾草
入中不燒　亦未為難　我滅度後　若持此經

BD05467號　妙法蓮華經卷四

(30-20)

若使人書　是則為難　若以大地　置足甲上
昇於梵天　亦未為難　佛滅度後　於惡世中
暫讀此經　是則為難　假使劫燒　擔負乾草
入中不燒　亦未為難　我滅度後　若持此經
為一人說　是則為難　若持八萬　四千法藏
十二部經　為人演說　令諸聽者　得六神通
雖能如是　亦未為難　於我滅後　聽受此經
問其義趣　是則為難　若人說法　令千萬億
無量無數　恒沙眾生　得阿羅漢　具六神通
雖有是益　亦未為難　於我滅後　若能奉持
如斯經典　是則為難　我為佛道　於無量土
從始至今　廣說諸經　而於其中　此經第一
若有能持　則持佛身　諸善男子　於我滅後
誰能護持　讀誦此經　今於佛前　自說誓言
此經難持　若暫持者　我則歡喜　諸佛亦然
如是之人　諸佛所歎　是則勇猛　是則精進
是名持戒　行頭陀者　則為疾得　無上佛道
能於來世　讀持此經　是真佛子　住淳善地
佛滅度後　能解其義　是諸天人　世間之眼
於恐畏世　能須臾說　一切天人　皆應供養

妙法蓮華經提婆達多品第十二

尒時佛告諸菩薩及天人四眾吾於過去無
量劫中求法華經無有懈惓於多劫中常作
國王發願求於無上菩提心不退轉為欲滿
足六波羅蜜勤行布施心無悋惜象馬七珎
國城妻子奴婢僕從頭目髓腦身肉手足不

是六波羅蜜勤行布施心無悋惜象馬七珎
國城妻子奴婢僕從頭目髓腦身肉手足不
惜軀命時世人民壽命無量為於法故捐捨
國位委政太子擊鼓宣令四方求法誰能為
我說大乘者吾當終身供給走使時有仙人
來白王言我有大乘名妙法華經若不違我當
為宣說王聞仙言歡喜踊躍即隨仙人供給
所須採菓汲水拾薪設食乃至以身而為牀
座身心無惓于時奉事經於千歲為於法故
精勤給侍令無所乏尒時世尊欲重宣此義
而說偈言

我念過去劫　為求大法故　雖作世國王　不貪五欲樂
槌鍾告四方　誰有大法者　若為我解說　身當為奴僕
時有阿私仙　來白於大王　我有微妙法　世間所希有
若能脩行者　吾當為汝說　時王聞仙言　心生大喜悅
即便隨仙人　供給於所須　採薪及菓蓏　隨時恭敬與
情存妙法故　身心無懈惓　普為諸眾生　勤求於大法
亦不為己身　及以五欲樂　故為大國王　勤求獲此法
遂致得成佛　今故為汝說

佛告諸比丘尒時王者則我身是時仙人者
今提婆達多是由提婆達多善知識故令我
具足六波羅蜜慈悲喜捨三十二相八十種好
紫磨金色十力四無所畏四攝法十八不共
神通道力成等正覺廣度眾生皆因提婆
達多善知識故告諸四眾提婆達多却後過
無量劫當得成佛号曰天王如來應供正遍

紫磨金色十力四無所畏四攝法十八不共
神通道力成等正覺廣度衆生皆因提婆
達多善知識故告諸四衆提婆達多却後過
無量劫當得成佛号曰天王如來應供正遍
知明行足善逝世間解無上士調御丈夫天
人師佛世尊世界名天道時天王佛住世二
十中劫廣為衆生說於妙法恒河沙衆生得
阿羅漢果無量衆生發緣覺心恒河沙衆生
發無上道心得無生法忍至不退轉時天王佛
般涅槃後正法住世二十中劫全身舍利起
七寶塔高六十由旬縱廣四十由旬諸天人
民悉以雜華末香燒香塗香衣服瓔珞幢幡
寶蓋伎樂歌頌礼拜供養七寶妙塔無量衆
生得阿羅漢果無量衆生悟辟支佛不可思議
衆生發菩提心至不退轉佛告諸比丘未來
世中若有善男子善女人聞妙法華經提婆
達多品淨心信敬不生疑惑者不墮地獄餓
鬼畜生生十方佛前所生之處常聞此經若
生人天中受勝妙樂若在佛前蓮華化生於
時下方多寶世尊所從菩薩名曰智積白多
寶佛當還本土釋迦牟尼佛告智積曰善男
子且待須臾此有菩薩名文殊師利可與相
見論說妙法可還本土尒時文殊師利坐千
葉蓮華大如車輪俱來菩薩亦坐寶蓮華從
於大海娑竭羅龍宮自然踊出住虛空中詣靈
鷲山從蓮華下至於佛所頭面敬礼二世尊足
脩敬已畢往智積所共相慰問却坐一面智

見論說妙法可還本土尒時文殊師利坐千
葉蓮華大如車輪俱來菩薩亦坐寶蓮華從
於大海娑竭羅龍宮自然踊出住虛空中詣靈
鷲山從蓮華下至於佛所頭面敬礼二世尊足
脩敬已畢往智積所共相慰問却坐一面智
積菩薩問文殊師利仁往龍宮所化衆生其
數幾何文殊師利言其數無量不可稱計非
口所宣非心所測且待須臾自當有證所言未
竟無數菩薩坐寶蓮華從海踊出詣靈鷲
山住在虛空此諸菩薩皆是文殊師利之所
化度具菩薩行皆共論說六波羅蜜本聲聞
人在虛空中說聲聞行今皆脩行大乘空義
文殊師利謂智積曰於海教化其事如是尒
時智積菩薩以偈讚曰
大德智勇健　化度無量衆　今此諸大會　及我皆已見
演暢實相義　開闡一乘法　廣度諸衆生　令速成菩提
文殊師利言我於海中唯常宣說妙法華經
智積問文殊師利言此經甚深微妙諸經中
寶世所希有頗有衆生勤加精進脩行此經
速得佛不文殊師利言有娑竭羅龍王女年
始八歲智慧利根善知衆生諸根行業得陁
羅尼諸佛所說甚深秘藏悉能受持深入禪
定了達諸法於剎那頃發菩提心得不退轉
辯才無礙慈念衆生猶如赤子功德具足心念
口演微妙廣大慈悲仁讓志意和雅能至菩
提智積菩薩言我見釋迦如來於無量劫
難行苦行積功累德求菩提道未曾止息觀

辯才無礙慈念衆生猶如赤子功德具足心念
口演微妙廣大慈悲仁讓志意和雅能至菩
提智積菩薩言我見釋迦如來於無量劫
難行苦行積功累德求菩薩道未曾止息觀
三千大千世界乃至無有如芥子許非是菩
薩捨身命處為衆生故然後乃得成菩提道
不信此女於須臾頃便成正覺言論未訖時
龍王女忽現於前頭面禮敬却住一面以偈
讚曰
深達罪福相　遍照於十方　微妙淨法身　具相三十二
以八十種好　用莊嚴法身　天人所戴仰　龍神咸恭敬
一切衆生類　無不宗奉者　又聞成菩提　唯佛當證知
我闡大乘教　度脫苦衆生
時舍利弗語龍女言汝謂不久得無上道是
事難信所以者何女身垢穢非是法器云何
能得無上菩提佛道懸曠經無量劫勤苦積
行具修諸度然後乃成又女身猶有五障一者
不得作梵天王二者帝釋三者魔王四
者轉輪聖王五者佛身云何女身速得成佛
尒時龍女有一寶珠價直三千大千世界持
以上佛佛即受之龍女謂智積菩薩尊者舍
利弗言我獻寶珠世尊納受是事疾不答言
甚疾女言以汝神力觀我成佛復速於此當時
衆會皆見龍女忽然之間變成男子具菩
薩行即往南方無垢世界坐寶蓮華成等正
覺三十二相八十種好普為十方一切衆生
演說妙法尒時娑婆世界菩薩聲聞天龍八
部人與非人皆遙見彼龍女成佛普為時會

甚疾女言以汝神力觀我成佛復速於此當時
衆會皆見龍女忽然之間變成男子具菩
薩行即往南方無垢世界坐寶蓮華成等正
覺三十二相八十種好普為十方一切衆生
演說妙法尒時娑婆世界菩薩聲聞天龍八
部人與非人皆遙見彼龍女成佛普為時會
人天說法心大歡喜悉遙敬禮無量衆生聞
法解悟得不退轉無量衆生得受道記無垢
世界六反震動娑婆世界三千衆生住不退
地三千衆生發菩提心而得受記智積菩薩
及舍利弗一切衆會嘿然信受

妙法蓮華經勸持品第十三

尒時藥王菩薩摩訶薩及大樂說菩薩摩訶
薩與二萬菩薩眷屬俱皆於佛前作是誓言唯
願世尊不以為慮我等於佛滅後當奉持
讀誦說此經典後惡世衆生善根轉少多增
上慢貪利供養增不善根遠離解脫雖難可
教化我等當起大忍力讀誦此經持說書寫
種種供養不惜身命尒時衆中五百阿羅漢
得受記者白佛言世尊我等亦自誓願於異
國土廣說此經復有學無學八千人得受記者
從座而起合掌向佛作是誓言世尊我等亦
當於他國土廣說此經所以者何是娑婆國
中人多弊惡懷增上慢功德淺薄瞋濁諂
曲心不實故尒時佛姨母摩訶波闍波提比
丘尼與學無學比丘尼六千人俱從座而起
一心合掌瞻仰尊顏目不暫捨於時世尊告

[illegible]
當於他國土廣說此經所以者何是娑婆國
中人多弊惡懷增上慢功德淺薄瞋濁諂
曲心不實故尒時佛姨母摩訶波闍波提比
丘尼與學無學比丘尼六千人俱從座而起
一心合掌瞻仰尊顏目不暫捨於時世尊告
憍曇弥何故憂色而視如來汝心將無謂我
不說汝名得授阿耨多羅三藐三菩提記耶憍
曇弥我先揔說一切聲聞皆已授記今汝欲知
記者將來之世當於六萬八千億諸佛法中
為大法師及六千學無學比丘尼俱為法
師汝如是漸漸具菩薩道當得作佛号一切
眾生憙見如來應供正遍知明行足善逝世
間解無上士調御丈夫天人師佛世尊憍曇
弥是一切眾生憙見佛及六千菩薩轉次授記
得阿耨多羅三藐三菩提尒時羅睺羅母
耶輸陁羅比丘尼作是念世尊於授記中獨
不說我名佛告耶輸陁羅汝於來世百千萬億
諸佛法中脩菩薩行為大法師漸具佛道於善
國中當得作佛号具足千萬光相如來應
供正遍知明行足善逝世間解無上士調御丈
夫天人師佛世尊佛壽無量阿僧祇劫尒時
摩訶波闍波提比丘尼及耶輸陁羅比丘尼
并其眷屬皆大歡喜得未曾有即於佛前
而說偈言
世尊導師　安隱天人　我等聞記　心安具足
諸比丘尼　說是偈已　白佛言世尊我等亦能
於他方國土廣宣此經尒時世尊視八十萬

并其眷屬皆大歡喜得未曾有即於佛前
而說偈言
世尊導師　安隱天人　我等聞記　心安具足
諸比丘尼　說是偈已　白佛言世尊我等亦能
於他方國土廣宣此經尒時世尊視八十萬
億那由他諸菩薩摩訶薩是諸菩薩皆是阿
惟越致轉不退法輪得諸陁羅尼即從座起
至於佛前一心合掌而作是念若世尊告勑
我等持說此經者當如佛教廣宣斯法復作
是念佛今嘿然不見告勑我當云何時諸菩
薩敬順佛意并欲自滿本願便於佛前作師
子吼而發誓言世尊我等於如來滅後周旋
往反十方世界能令眾生書寫此經受持讀
誦解說其義如法脩行正憶念皆是佛之威
力唯願世尊在於他方遙見守護即時諸菩
薩俱同發聲而說偈言
唯願不為慮　於佛滅度後　恐怖惡世中　我等當廣說
有諸無智人　惡口罵詈等　及加刀杖者　我等皆當忍
惡世中比丘　耶智心諂曲　未得謂為得　我慢心充滿
或有阿練若　納衣在空閑　自謂行真道　輕賤人間者
貪著利養故　與白衣說法　為世所恭敬　如六通羅漢
是人懷惡心　常念世俗事　假名阿練若　好出我等過
而作如是言　此諸比丘等　為貪利養故　說外道論議
自作此經典　誑惑世間人　為求名聞故　分別於是經
常在大眾中　欲毀我等故　向國王大臣　婆羅門居士
及餘比丘眾　誹謗說我惡　謂是耶見人　說外道論議
我等敬佛故　悉忍是諸惡　為斯所輕言　汝等皆是佛

是人懷惡心　常念世俗事　假名阿練若　好出我等過
而作如是言　此諸比丘等　為貪利養故　說外道論議
自作此經典　誑惑世間人　為求名聞故　分別於是經
常在大眾中　欲毀我等故　向國王大臣　婆羅門居士
及餘比丘眾　誹謗說我惡　謂是邪見人　說外道論議
我等敬佛故　悉忍是諸惡　為斯所輕言　汝等皆是佛
如斯輕慢言　皆當忍受之　濁劫惡世中　多有諸恐怖
惡鬼入其身　罵詈毀辱我　我等敬信佛　當著忍辱鎧
為說是經故　忍此諸難事　我不愛身命　但惜無上道
我等於來世　護持佛所囑　世尊自當知　濁世惡比丘
不知佛方便　隨宜所說法　惡口而顰蹙　數數見擯出
遠離於塔寺　如是等眾惡　念佛告敕故　皆當忍是事
諸聚落城邑　其有求法者　我皆到其所　說佛所囑法
我是世尊使　處眾無所畏　我當善說法　願佛安隱住
我於世尊前　諸來十方佛　發如是誓言　佛自知我心

妙法蓮華經卷第四

社經　[illegible]

BD05467號　妙法蓮華經卷四　（30–29）

不知佛方便　隨宜所說法　惡口而顰蹙　數數見擯出
遠離於塔寺　如是等眾惡　念佛告敕故　皆當忍是事
諸聚落城邑　其有求法者　我皆到其所　說佛所囑法
我是世尊使　處眾無所畏　我當善說法　願佛安隱住
我於世尊前　諸來十方佛　發如是誓言　佛自知我心

妙法蓮華經卷第四

社經　[illegible]

BD05467號　妙法蓮華經卷四　（30–30）

BD05467 號背　雜寫　　（1–1）

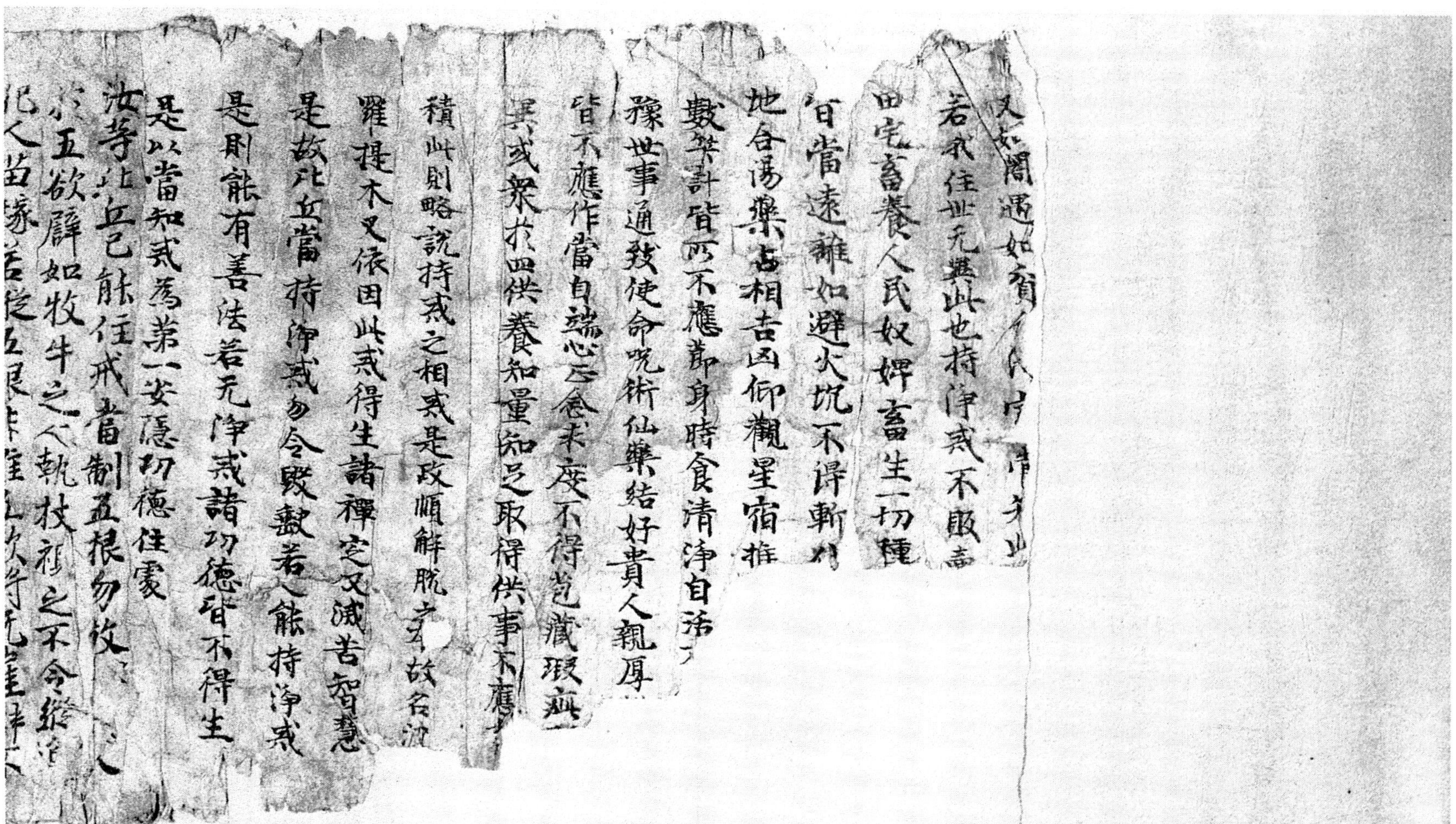
又如闇遇如貧人得……汝大
若我住世无異此也持淨戒不得販賣
田宅畜養人民奴婢畜生一切種
百當遠離如避火坑不得斬伐
地合湯藥占相吉凶仰觀星宿推
數筭計皆所不應節身時食清淨自活不
豫世事通致使命呪術仙藥結好貴人親厚
皆不應作當自端心正念求度不得苞藏瑕疵
異或衆於四供養知量知足取得供事不應畜
積此則略說持戒之相戒是政順解脫之本故名波
羅提木叉依因此戒得生諸禪定及滅苦智慧
是故比丘當持淨戒勿令毀缺若人能持淨戒
是則能有善法若无淨戒諸功德皆不得生
是以當知戒為第一安隱功德住處
汝等比丘已能住戒當制五根勿放逸入
於五欲譬如牧牛之人執杖視之不令縱逸
犯人苗稼若從五根非唯五欲將无崖畔不

BD05468 號　佛垂般涅槃略說教誡經　　（10–1）

是則能有善法若无淨戒諸功德皆不得生
是以當知戒為第一安隱功德住處
汝等比丘已能住戒當制五根勿放
入五欲譬如牧牛之人執杖視之不令縱
犯人苗稼若縱五根非唯五欲將无崖畔不
可制也亦如惡馬不以轡制將當牽人墜於
坑陷如被劫賊苦止一世五根賊禍殃及累
世為害甚重不可不慎是故智者制而不隨
持之若賊不令縱逸假令縱之皆亦不久見
其磨滅此五根者心為其主是故汝等當好
制心心之可畏甚於毒蛇惡獸怨賊大火越
逸未足喻也動轉輕躁但觀於蜜不
見深坑譬如狂象无鉤猿猴得樹騰躍踔
躑難可禁制當急挫之无令放逸縱此
心者喪人善事制之一處无事不辦是
故比丘當勤精進折伏汝心
汝等比丘受諸飲食當如服藥於好於
惡勿生增減趣得支身以除飢渴如蜂
採花但取其味不損色香比丘亦尒受
人供養趣自除惱无得多求壞其善心
譬如智者籌量牛力所堪多少不令過
分以竭其力
汝等比丘晝則勤心修習善法无令失時初
夜後夜亦勿有廢中夜誦經以自消息无
以睡眠因緣令一生空過无所得也當念无

BD05468 號　佛垂般涅槃略說教誡經　（10–2）

分以竭其力
汝等比丘晝則勤心修習善法无令失時初
夜後夜亦勿有廢中夜誦經以自消息无
以睡眠因緣令一生空過无所得也當念无
常之火燒諸世間早求自度勿睡眠也諸煩
惱賊常伺煞人甚於怨家安可睡眠不自
驚寤煩惱毒蛇睡在汝心譬如黑蚖在汝
室睡當以持戒之鉤早併除之睡蛇既出
乃可安眠不出而眠是无慚人也慚恥之服
於諸莊嚴最為第一慚如鐵鉤能制人非
法是故比丘常當慚恥无得暫替若離
慚恥則失諸功德有愧之人則有善法若
无愧者與諸禽獸无相異也
汝等比丘若有人來節節支解自當攝心无
令瞋恨亦當護口勿出惡言若縱恚心則自妨
道失功德利忍之為德持戒苦行所不能及
能行忍者乃名為有力大人若其不能
歡喜忍受惡罵之毒如飲甘露者不名入
道智慧人也所以者何瞋恚之毒則破諸善
法壞好名聞今世後世人不喜見當知瞋心甚
於猛火常當防護无令得入劫功德賊无過

BD05468 號　佛垂般涅槃略說教誡經　（10–3）

能行忍者乃名為有力大人若其不能
歡喜忍受惡罵之毒如飲甘露者不名入
道智慧人也所以者何瞋恚之毒則破諸善
法壞好名聞今世後世人不喜見當知瞋心甚
於猛火常當防護无令得入劫功德賊无過
瞋恚白衣受欲非行道人无法自制瞋猶可
恕出家行道无欲之人而懷瞋恚甚不可也
譬如清冷雲中而礔礰起火非所應也
汝等比丘當自摩頭已捨餝好着壞色衣執
持應器以乞自活自見如是若起憍慢當疾
滅之增長憍慢尚非世俗白衣所宜何況出
家入道之人為解脫故自降其身而行乞
耶　汝等比丘諂曲之心與道相違是故宜應
質直其心當知諂曲但為欺誑入道之人則
无是事是故汝等宜應端心以質直為本
汝等比丘當知多欲之人多求名利故苦惱亦
多少欲之人无求无欲則无此患直尒少欲
尚應修習何況少欲能生諸功德少欲之人
則无諂曲以求人意亦復不為諸根所牽行
少欲者心則坦然无所憂畏觸事有餘常无

BD05468號　佛垂般涅槃略說教誡經　（10–4）

汝等比丘當知多欲之人多求名利故苦惱亦
多少欲之人无求无欲則无此患直尒少欲
尚應修習何況少欲能生諸功德少欲之人
則无諂曲以求人意亦復不為諸根所牽行
少欲者心則坦然无所憂畏觸事有餘常无
不足有少欲者則有涅槃是名少欲
汝等比丘若欲脫諸苦惱當觀知足知足
之法即是富樂安隱之處知足之人雖臥
地上猶為安樂不知足者雖處天堂亦
不稱意不知足者雖富而貧知足之人雖貧
而富不知者常為五欲所牽為知足者之
所憐愍是名知足
汝等比丘若求寂靜无為安樂當憒鬧獨
處閑居靜處之人帝釋諸天所共敬重是
故當捨己衆他衆空閑獨處思滅苦本若
樂衆者則受衆惱譬如大樹衆鳥集之則
有枯折之患世間縛着沒於衆苦譬如老
象溺泥不能自出是名遠離
汝等比丘若勤精進則事无難者是故汝等
當勤精進譬如小水常流則能穿石若行
者之心數數懈廢譬如鑽火未熱而息雖

BD05468號　佛垂般涅槃略說教誡經　（10–5）

有枯折之患世間縛著沒於衆苦譬如老
烏弱泥不能自出是名遠離
汝等比丘若勤精進則事无難者是故汝等
當勤精進譬如小水常流則能穿石若行
者之心數數懈癈譬如鑽火未熱而息雖
欲得火火難可得是名精進
汝等比丘求善知識求善護助如不忘念
若有不忘念者諸煩惱賊則不能入是
故汝等常當攝念在心若失念者則失
諸功德若念力堅强雖入五欲賊中不能
爲害譬如著鎧入陣則无所畏是名不妄念
汝等比丘若攝心者心則在定心在定故能
知世間生滅法相是故汝等常勤精(書)修習
諸定若得定者則心不散譬如惜水之家
善(治)堤塘行者亦尒爲智惠水故善修禪
定令不漏失是名爲定
汝等比丘若有智慧則无貪著常自省
察无令有失是則於我法中能得解脫
若不尒者既非道人又非白衣无所名也
實智惠者則是度老病死海堅牢船也亦

汝等比丘若有智慧則无貪著常自省
察无令有失是則於我法中能得解脫
若不尒者既非道人又非白衣无所名也
實智惠者則是度老病死海堅牢船也亦
是无明黑闇大明燈也一切病者之良藥也
伐煩惱樹之利斧也是故汝等當以聞思修
惠而增益若人有智惠之照雖无天眼而
是明見人也是名智惠
汝等比丘若種種戲論其心則亂雖復出
家猶未得脫汝等當急捨離亂心戲論
若汝得欲寂滅樂者唯當善滅戲論之
患是名不戲論也
汝等比丘於諸功德常當一心捨諸逸如離
怨賊大悲世尊所欲利益皆已究竟汝等
但當勤而行之若於山閒若空澤中若在
樹下閑處靜室念所受法勿令忘念常
當自勉精進修之无爲空過後致有悔我
如良醫知病說藥服與不服非醫咎也又
善導導人善道聞之不行非導過也汝
等若於苦等四諦有所疑者可疾問之
无得懷疑不求決也尒時世尊如是三唱
人无問者所以者何衆无疑故時阿㝹

…與不服非醫咎也又
善導導人善道聞之不行非導過也汝
等若於苦等四諦有所疑者可疾問之
无得懷疑不求決也尒時世尊如是三唱
人无問者所以者何衆无疑故時阿㝹
樓馱觀察衆心而白佛言世尊月可
令熱日可令冷佛說四諦不可令異佛說
苦諦真實是苦不可令樂集真是因更
无異因苦若滅者即是因滅因滅故果滅
滅苦之道實是真道无更餘道尊世
此諸比丘於四諦中決定无疑於此衆
中所作未辦者見佛滅當有悲感若有
初入法者聞說佛法即皆得度譬如夜
見電光即得見道若作所已辦已度苦
海者但作是念世尊滅度一何疾哉
阿㝹樓馱雖說衆中皆悉了達四聖諦
義世尊欲令此大衆皆得堅固以大悲心
復為衆說
汝等比丘勿懷悲惱若我住世一劫會亦
當滅會而不離終不可得自利利人法皆
具足若我久住更无所益應可度者天
上人間皆悉已度其未度者皆亦已作得
度因緣自今已後我諸弟子展轉行之
則是如来法身常在而不滅也

當滅會而不離終不可得自利利人法皆
具足若我久住更无所益應可度者天
上人間皆悉已度其未度者皆亦已作得
度因緣自今已後我諸弟子展轉行之
則是如来法身常在而不滅也
是故當知世皆无常會必有離勿懷
憂惱世相如是當精進早求解脫以智
慧明滅諸癡闇世實危脆无牢強者我
今得滅如除惡病此是應捨罪惡之物假名
為身沒在老病生死大海何有智者得
除滅之如煞怨賊不而歡喜
汝等比丘常當一心勤求出道一切世間動不
動法皆敗壞不安之相汝等且止勿復得語
時將欲過我欲滅度是我最後之所教
誨

佛說遺教經一卷

除滅之如煞怨賊不而歡喜
汝等比丘常當一心勤求出道一切世間動不
動法皆敗壞不安之相汝等且止勿復得語
時將欲過我欲滅度是我最後之所教
誨

佛說遺教經一卷

BD05468號　佛垂般涅槃略說教誡經　（10–10）

大通方廣懺悔滅罪莊嚴成佛經卷中

尒時佛告信相菩薩摩訶薩言善男子汝向自
說過去有佛名曰寶勝苦惱衆生一聞名字命
終生天今復請我說諸佛名使諸衆生離苦出
世是故我今為汝及衆生身說三寶理是一寶
隨順說三若人聞者至心憶念歡受於時信善
知識教三稱三寶名字作如是言南无佛陁南
无達摩南无僧伽如是唱已其人命終不到三塗
隨意所樂十方世界皆得往生歷奉諸佛見
諸菩薩文殊普賢宣說大乘大通方廣以
聞法已應時獲得无生法忍 善男子若人曠
劫廣脩諸行深種善根今得聞此三寶名字
尒時信相菩薩白佛言世尊云何名為三寶一
相耶二相耶三相耶如其一相即是一歸如其三
相即是三歸如其三歸佛法體別僧亦如是若
是三歸衆生見三億劫行道不會一乘唯願世尊
利益衆生為我說之我聞是已亦為衆生分別
解說於佛滅後若有聞者即得住於三菩提道
尒時佛讚信相菩薩善哉善哉善男子乃能
問佛如是大事善男子問 大事者非一地二地
三地七地八地唯有十地法雲 大士乃能問佛

BD05469號　大通方廣懺悔滅罪莊嚴成佛經卷中　（6–1）

相即是三歸如其三歸佛法體別僧亦如是若
是三歸眾生見三億劫行道不會一乘唯願世尊
利益眾生爲我說之我聞是已亦爲眾生分別
解說於佛滅後若有聞者即得住於三菩提道
尒時佛讚信相菩薩善哉善哉善男子乃能
問佛如是大事善男子問大事者非一地二地
三地七地八地唯有十地法雲大士乃能問佛
如是大事汝今諦聽當爲說之善男子一切眾
生癡劫以來无明所蔽三界牢獄生死流轉眾
怖交集六道往來无歸依處是故歸命天神
投身外道自縛手足害生求命无免時患無
復墜丈投樹但不免患是故大聖如來哀之
起慈彼長迷開癡三寶爲真依處初爲始學
二乘之人說於佛證別體三歸後爲大乘梵行大
士說於究竟一體三寶於一佛寶即是法法僧善
男子何故名寶譬如世閒七寶可以濟命是故
三寶在世導養法身能續行者智慧身命
謂之寶也別相三寶者佛現王宮二應法身言
是菩薩爲度眾生備行苦行道場樹下始成
正覺自覺覺人故號爲佛佛名覺者僧名受
化弟子從教得理故名爲僧僧有二種一者和合
得名爲僧二者无爲之名爲僧得无爲者以貪
空解慧性空无迷惑相續證結盡无爲已
滅諸結聖眾共住和合不諍以此二義故得名
爲僧善男子法者一切善惡之法有无爲无爲
諸法道理惡法可離善法可崇並爲心軌是
法寶是故佛僧二寶人與體別法與僧佛體同
難別何以故別式有言佛僧二寶但取假名
行人行人所得五分法身諸善功德判爲法寶

諸法道理惡法可離善法可崇並為心軌皆是
法寶是故佛僧二寶人異體別法與僧佛體同
難別何以故別或有言佛僧二寶但乘假名
行人行人所得五分法身諸善功德判為法寶
此義不然何以故今目以此諸善功德得成於人
離法無人何得別人並為法寶今擇人法有同
有異以法成人法屬於人是以故五分法身
十力無畏三十二相八十種好諸波羅蜜無量
三昧以為佛寶小乘五分說為僧寶此諸功
德有為無為法相道理可為軌用復名法
寶此則同體雖說二義之有法體異佛異
僧而是法寶已說此三界生歸依得免三
界生死怖畏一切行人雖得免麤細皆未盡
是故為說至極三寶明昔曰三寶言佛有皆法
是無常僧之無常是皆非真依處今說常住
者覺了法性理空永離八到無有生滅動求
之皆為真依處名為佛寶所謂常法軌用至
極名真法寶常住行者會真法性證常住
無為故名為僧之以八到永盡與凡聖衆一切
和合永無諍訟故名僧寶昔曰三寶異人别法
今之三寶於一佛一體亦為法僧以是義故我為
汝說一相三寶今諸衆生趣向一乘信相菩薩白
佛言世尊當觀何事求於大乘佛言善男子
當觀三界無常以求大乘信相菩薩復白佛言
云何名為觀於無常佛言欲觀無常除其煩惱
當行正念慈悲為首說法度人而不取證是名
菩薩不捨衆生為求大乘善男子譬如一城縱
廣一由旬多有諸門路險黑闇甚可怖畏有入此城
受於快樂復有一人唯有一子愛之甚重遠闇彼城

當觀三界无常以求大乘信相菩薩復白佛言
云何名為觀於无常佛言欲觀无除其煩惱
當行正念慈悲為首說法度人而不取證是名
菩薩不捨眾生為求大乘善男子譬如一城縱
廣一由旬多有諸門路嶮黑闇甚可怖畏有入此城
受於快樂復有一人唯有一子愛之甚重遙聞彼城
受樂无量即便捨子欲入此城是人方便得過
嶮道到彼城門一足已入未舉一足即念其子
尋作是念我唯有一子來時云何竟不將來誰
能養護令離眾苦即捨樂城還向子所善男子
菩薩慈悲亦復如是為憐愍故修集五通既修
集已剩得漏盡而不取證何以故愍眾生故捨
漏盡五通乃至於凡夫地中善男子城者喻於
大解脫樂多諸門者喻八万四千諸三昧門路嶮難
者喻諸魔道到城門者喻於五通一足入者喻
於智慧一足入者喻於菩薩未證解脫言一子者
喻於五道一切眾生顧念子者喻大悲心還子所
者喻調眾生實得解脫不取者即是方便善
男子是菩薩摩訶薩大慈大悲救攝不捨
不可思議復次善男子菩薩大士從初發心
必至菩提常為眾生受十善法何等為十一不
煞生二不偷盜三不婬泆四不妄語五不兩舌六
不惡口七不无義語八不貪嫉九不嗔惱十不邪
見菩薩如是慈悲具足慈能救苦悲現與樂悲
能濟苦地獄度之見諸眾生求涅槃門不能
知處菩薩應當於此眾生修集悲心悲心
因緣故為諸眾生開大涅槃顯示安隱處使
得大乘果是名菩薩摩訶薩行信相菩薩
白佛言世尊云何正念答曰當行不生不滅
法世尊何法不生何法不滅善男子使惡法

見菩薩如是慈悲具足慈能教善現與樂悲
能濟苦地獄度之見諸衆生求涅槃門不能
知處菩薩應當於此衆生循集悲心悲心
因緣故爲諸衆生開大涅槃顯現安隱處使
得大乘果是名菩薩摩訶薩行信相菩薩
白佛言世尊云何正念答曰當行不生不滅
法世尊何法不生何法不滅善男子使惡法
不生善法不滅若循此行行於三界結習五
欲元能爲汙善男子欲行三界濟度衆生
應以十法遊三界中順世俗文字說有三世元
上菩提不在三世究竟菩提不墮衆數何況三
世三界中耶何等爲十一者於譽於毀心元增
減二者若聞善惡心元分別三者於諸愚智
等以悲心四者見上下衆生意常平等五者於
輕慢供養心元有二六者於他闕失莫見其過
七者見種種乘悉是一乘八者若聞三惡之勿
驚怖九者於諸菩薩生如來想十者佛出五
濁生希有相菩薩若行此行遊於三界煩惱
結習元能爲害菩薩大士遊三界中以大悲爲
本處此穢土和光不同塵是名難思議若
人於淨國持戒滿一劫此土須臾間行慈爲最
勝若人於此土起身口意罪應墮三惡道現
世受得除菩薩生穢土不應懷憂怖設有惡
道罪輕痛則得除所以者何若人欲斷煩惱
除煩惱鄣雖生此惡土護法增習慧億劫在
淨土受持淨戒行不如在此土從旦至明日我
見阿閦國西方安樂土二國甚清淨亦元苦惱
名於彼國作功德不足以爲難若人於此
土能忍不可事亦教前人忍其福最爲勝是
故諸菩薩行於此惡土濟度諸衆生勿懷煩惱

BD05469號　大通方廣懺悔滅罪莊嚴成佛經卷中　（6–5）

濁土希有相菩薩若行此行遊於三界煩惱
結習无能為害菩薩大士遊三界中以大悲為
本處此穢土和光不同塵是名難忍穢若
人於淨國持戒滿一劫此土須臾間行慈德家
勝若人於此土起身口意罪應墮三惡道現
世受得除菩薩生穢土不應懷憂怖設有惡
道罪頭痛則得除所以者何若人欲斷縛滅
除煩惱雖生此惡土護法增智慧億劫在
淨土受持淨戒行不如在此土從旦至明日我
見阿閦國西方安樂土二國甚清淨久无苦惱
名於彼國作功德未足以為難若人於此
土能忍不可事亦教前人忍其福最為勝是
故諸菩薩行於此惡土濟度諸眾生勿懷煩惱
憂堅固菩提心疾得无上道
尒時虛空藏菩薩白佛言世尊我今者欲
問菩薩菩提因緣若佛聽許當敢發問佛言
善哉善男子汝於无量百千佛所種諸善根

得衣者……尼薩耆波逸提
若不得衣從所得衣價處若自往若遣使往語言汝
先遣使持衣價與某甲比丘是比丘竟不得汝還取莫
使失此是時
若比丘雜野蠶綿作雜臥具者尼薩耆波逸提
若比丘以新純黑羺羊毛作新臥具者尼薩耆波逸提
若比丘作新臥具應用二分黑三分白四分尨若比丘不用二分
黑三分白四分尨作新臥具者尼薩耆波逸提
若比丘作新臥具持至六年不減六年不捨故更作新
者除僧羯磨尼薩耆波逸提
若比丘作新坐具當取故者縱廣一磔手帖著新者上用壞
色故若作新坐具不取故者縱廣一磔手帖著新者上著
新者上用壞色故尼薩耆波逸提
若比丘道路行得羊毛若無人持得自持乃至三由旬若無人
持自持過三由旬者尼薩耆波逸提
若比丘使非親里比丘尼浣染擘羊毛者尼薩耆波逸提
若比丘自手捉錢若金銀若自捉若教人捉若置地受者尼
薩耆波逸提
若比丘種種買〻者尼薩耆波逸提
若比丘種種販賣者尼薩耆波逸提
若比丘畜長鉢不淨施得畜齊十日過者尼薩耆波逸提
若比丘畜鉢減五綴不漏更求新鉢為好故尼薩耆波

若比丘使非親里比丘尼浣染擘羊毛者尼薩耆波逸提
若比丘自手捉錢若金銀若自捉若教人捉若置地受者尼
薩耆波逸提
若比丘種種買〻者尼薩耆波逸提
若比丘種種販賣者尼薩耆波逸提
若比丘畜長鉢不淨施得畜齊十日過者尼薩耆波逸提
若比丘畜鉢減五綴不漏更求新鉢為好故尼薩耆波
逸提
彼比丘應往僧中捨展轉取最下鉢與之令持乃至
破應持此是時
若比丘自乞縷線使非親里織師織作衣者尼薩
若比丘居士居士婦使織師為比丘織作衣彼比丘先不受自
恣請便往織師所語言此衣為比丘織作彼比丘先不受
我織好織令廣大堅持我當少多與汝價是比丘與價
乃至一食直若得衣者尼薩耆波逸提
若比丘先與比丘衣後瞋恚故若自奪若教人奪還我衣來不
與汝若比丘還衣彼取者尼薩耆波逸提
若比丘有病畜殘藥酥油生酥蜜石蜜齊七日得服若過七日
服者尼薩耆波逸提
若比丘春殘一月在當求雨浴衣半月應用浴若比丘過一
月前求雨浴衣過半月前用浴者尼薩耆波逸提
若比丘十日未竟夏三月諸比丘得急施衣比丘知是急施
衣當受受已乃至衣時應畜若過畜者尼薩耆
波逸提
若比丘夏三月竟後迦提一月滿在阿蘭若迥遠有疑恐
懼處住比丘在如是處住三衣中欲留一衣置舍內諸比丘
有因緣離衣宿乃至六夜若過者尼薩耆波逸提
若比丘知是僧物自求入己者尼薩耆波逸提
諸大德我已說三十尼薩耆波逸提法我已說今問諸大德

波逸提
若比丘夏三月竟後迦提一月滿在阿蘭若迥遠有疑恐
懼處住比丘在如是處住三衣中欲留一衣置舍內諸比丘
有因緣離衣宿乃至六夜若過者尼薩耆波逸提
若比丘知是僧物自求入已者尼薩耆波逸提
諸大德我已說三十尼薩耆波逸提法半月半月說今問諸大德
是中清淨不 三說
諸大德是中清淨默然故是事如是持
諸大德是九十波逸提法半月半月說
若比丘知而妄語者波逸提
若比丘種類毀呰語者波逸提 若比丘兩舌語者波逸提
若比丘與婦女同室宿者波逸提
若比丘與未受大戒人共宿過二宿至三宿者波逸提
若比丘與未受大戒人共誦者波逸提
若比丘知他比丘有麤惡罪向未受大戒人說除僧
羯磨波逸提
若比丘與女人說法過五六語除有智男子者波逸提
若比丘自掘地若教人掘者波逸提 十
若比丘壞鬼神村者波逸提 若比丘妄作異語
惱他者波逸提 若比丘嫌罵者波逸提
若比丘取僧繩牀木牀若臥具坐蓐露地敷若教人敷捨
去不自舉不教人舉波逸提 若比丘於僧房中敷僧臥
具若自敷若教人敷若坐若臥去時不自舉不教人舉者波
逸提 若比丘知先比丘住處後來強於中間敷僧臥
具止宿念言彼若嫌迮者自當避我去作如是
因緣非餘非威儀波逸提 若比丘瞋他比
丘不喜僧房中若自牽出教人牽出彼逸提
若比丘若僧房若重閣上脫腳繩床若木床若坐若臥若

BD05470 號　四分僧戒本　（9–3）

逸提 若比丘知先比丘住處後來強於中間敷僧臥
具止宿念言彼若嫌迮者自當避我去作如是
因緣非餘非威儀波逸提 若比丘瞋他比
丘不喜僧房中若自牽出教人牽出彼逸提
若比丘若僧房若重閣上脫腳繩床若木床若坐若臥若
波逸提 若比丘知水有蟲若澆泥若澆草若教人澆
者波逸 若比丘作大房舍戶扉窗牖及餘莊嚴
具指授覆苫齊二三節若過者波逸提 廿
若比丘僧不差教誡比丘尼波逸提 若比丘為僧差教
授比丘尼者波逸提 若比丘語諸比丘作如是語比丘
謂飲食故教授比丘尼者波逸提
若比丘與非親里比丘尼衣除貿易波逸提
若比丘非親里比丘尼作衣波逸提 若比丘尼在屏
處坐波逸提 若比丘與比丘尼共期同一道行乃至村間
除餘時者波逸提 若比丘
異時者與估客行時若疑畏怖時是謂異時
若比丘與比丘尼共期同一道行乃至一村間波逸提
若比丘與尼共期同乘一船上水下水除直度者波逸提
若比丘知比丘尼讚歎教化因緣得食除檀越先有意
者波逸提 若比丘與婦女共同道行乃至間波逸
提 三十 若比丘施一食處無病比丘應受一食若過者波逸提
若比丘展轉食除餘時波逸提 餘時者病時施衣時
是為餘時 若比丘別眾食除餘時波逸提
餘時者病時作衣時施衣時道行時大眾集時沙門施
食時此是時 若比丘至白衣家請比丘與餅麨飯若比丘
欲須當取二三鉢受還至僧伽藍中應分與餘比丘若比
丘無病過兩三鉢受持還僧伽藍中不分與餘比丘者波逸
若比丘足食竟或時受請不作餘食法而食者波逸提

BD05470 號　四分僧戒本　（9–4）

餘時者病時作衣時施衣時道行時大衆集時沙門施
食時此是時　若比丘至白衣家請比丘與餅麨飯若比丘
欲須當取二三鉢受還至僧伽藍中應分與餘比丘若比
丘无病過兩三鉢受持還僧伽藍中不分與餘比丘者波逸
提　若比丘足竟或時受請不作餘食法而食者波逸提
若比丘知他比丘足已若受請不作餘食法殷勤請與食
長者取是食以是因緣非餘欲使他犯者波逸提
若比丘非時受食而食者波逸提　若比丘殘宿食
而食者波逸提　若比丘不受食若藥口中除水及
楊枝波逸提　若比丘得好美飲食乳酪魚及肉若比丘
如此美飲无病為已索者波逸提
若比丘外道男外女自手與食者波逸提
若比丘先受請已前食後食詣餘家不囑授餘比丘者波
逸提　餘時者病時作衣時施衣時是為餘時
若比丘在食家中有寶強安坐者波逸提
若比丘在食家中有寶在屏處坐者波逸提
若比丘獨與女人露地坐者波逸提　若比丘語餘比丘
如是語大德共至聚落當與汝食彼比丘竟不教與是比丘
食語言汝去我與汝一處若坐若臥不樂我獨坐語
樂以是因緣非餘方便遣去者波逸提
若比丘四月與藥无病比丘應受若過受除常請更分請
盡形受請者波逸提　若比丘往觀軍陣除時因緣波
逸提　若比丘二宿三宿軍中住或時觀軍陣鬪戰觀
遊軍象馬力勢者波逸提　若比丘飲酒者波逸提
若比丘水中嬉戲者波逸提　若比丘以指相擊攊者波
逸提　若比丘不受諫語者波逸提　若比丘恐怖他比
丘者波逸提　若比丘半月洗浴无病比丘應受不得過除
餘時者波逸提　餘時者熱時病時作時風時雨時道行

BD05470號　四分僧戒本

（9–5）

逸提　若比丘二宿三宿軍中住或時觀軍陣鬪戰觀
遊軍象馬力勢者波逸提　若比丘飲酒者波逸提
若比丘水中嬉戲者波逸提　若比丘以指相擊攊者波
逸提　若比丘不受諫語者波逸提　若比丘恐怖他比
丘者波逸提　若比丘半月洗浴无病比丘應受不得過除
餘時者波逸提　餘時者熱時病時作時風時雨時道行
時此是時　若比丘无病自為炙身故在露地然火若教人
然除時因緣波逸提　若比丘藏他比丘衣鉢坐具針
筒若自藏教人藏下至戲笑者波逸提
若比丘與比丘尼式叉摩那沙弥沙弥尼衣後不語主
還取著者波逸提　若比丘得新衣應三種壞色一一色
中隨意壞若青若黑若木蘭若比丘不以三種壞色若
青若黑若木蘭著餘新衣者波逸提
若比丘故煞畜生命者波逸提
若比丘知水有蟲飲用者波逸提　若比丘故惱他比丘令須
臾間不樂者波逸提　若比丘知有麁惡罪覆藏者波逸
提　若比丘知年二十應受大戒若比丘年不滿二十與受
大戒此人不得戒彼比丘可呵癡故波逸提
若比丘知僧諍事如法懺悔已後更發起者波逸
若比丘知是賊伴結要共同一道行乃至村間波逸提
若比丘作如是語我知佛所說法行婬欲非障道法彼比丘諫
此比丘言大德莫作是語莫謗世尊謗世尊不善世尊
不作是語世尊无數方便說犯婬欲是障道法彼比丘
諫此比丘時堅持不捨彼比丘乃至三諫捨此事故若再三諫
捨者善不捨彼波逸提　若比丘知如是語人未作
法如是邪見而不捨供給所須共同羯磨止宿言語者波逸提
若比丘知沙弥作如是語我從佛聞法若作婬欲非
障道法彼比丘諫此沙弥如是言沙莫誹謗世尊謗

BD05470號　四分僧戒本

（9–6）

[illegible]
捨者善不捨彼逸逸提　若比丘知如是語人未作
法如是邪見而不捨供給所須共同羯磨止宿言語者波逸提
若比丘知沙弥作如是語我從佛聞法若作婬欲非
障道法彼比丘諫此沙弥如是言汝莫誹謗世尊謗
世尊者不善世尊不作是語沙弥世尊無數方
便說婬欲是障道法彼比丘諫此沙弥時堅持
不捨彼比丘應乃至三弄可諫令捨此事故乃
三諫而捨者善不捨者彼比丘應語彼沙弥言汝
自今已去不得言佛是我世尊不得隨逐餘比丘
知如是衆中被擯沙弥而誘將畜養共止宿者
波逸提
若比丘餘比丘如法諫時作如是語大德我今不學
此戒當難問餘智慧比丘者波逸提若為知為學
故應難問　若比丘說戒時作如是語大德何用
說此雜碎戒為令人惱愧懷疑輕訶戒故波
逸提　若比丘說戒時作如是語我今始
知此法戒經所載半月半說戒中来餘比丘知是
比丘若二若三說中坐何況多彼比丘無知無解若犯
罪應如法治更重增無知罪語言長老汝無利
不善得汝說時不用心念不一心兩耳聽法彼無知
故波逸提　若比丘共同羯磨已後如是言
諸比丘隨親厚以衆僧物與者波逸提
若比丘衆僧斷事未竟不與欲而起去者波逸
提　若比丘與欲已後悔者波逸提
共比丘鬪諍已聽此語向彼說者波逸提
若比丘瞋恚故不喜打比丘者波逸提
若比丘瞋恚故不喜以手搏比丘者波逸提
若比丘瞋恚故以无根僧伽婆尸沙法謗者波逸提

若比丘衆僧斷事未竟不與欲而起去者波逸
提　若比丘與欲已後悔者波逸提
共比丘鬪諍已聽此語向彼說者波逸提
若比丘瞋恚故不喜打比丘者波逸提
若比丘瞋恚故不喜以手搏比丘者波逸提
若比丘瞋恚故以无根僧伽婆尸沙法謗者波逸提
若比丘剎利水澆頭王種王未出未藏寶若入宮
門閾者波逸提　若比丘若寶及寶莊飾
自捉若教人捉除僧伽藍中及寄宿處波逸
若比丘在僧藍中若宿處捉寶若以寶莊飾自捉
教人捉當作是意若有主識者當取作如是因緣
非餘　若比丘非時入聚落不屬比丘者波逸提
若比丘作繩床木床足應高如来八指除入梐孔上
截竟若過者波逸提
若比丘作兜羅綿貯繩床木床大小蓐成者波逸提
若比丘作骨牙角針筒刳刮者波逸提
若比丘作尼師檀當應量作是中量者長佛二磔
手廣一磔手更增廣長各半磔手若過截竟者波
逸提　若比丘作覆瘡衣當應量作是中
量者長佛四磔手廣二磔手裁竟過者波逸提
若比丘作雨浴衣當應量作是中量者長佛六磔
手廣二磔手半若過截竟者波逸提
若比丘與如来等量作衣或過量作者波逸提
是中如来衣量者長佛十磔手廣六磔手是為如
来衣量　九十
諸大德我已說九十波逸提法今問諸大德是中清淨
不　說　諸大德是中清淨默然故是事如是持
諸大德是四波羅提提舍尼法半月半月說

是中如来衣量者長佛十磔手廣六磔手是為如
来衣量 九十
諸大德我已說九十波逸提法今問諸大德是中清淨
不說 諸大德是中清淨默然故是事如是持
諸大德是四波羅提提舍尼法半月半月說
若比丘入村中從非親里比丘尼病自手取食食者
是比丘應向餘比丘悔過言大德我犯可呵法所不
應為我今向大德悔過是法名悔過法
若比丘至白衣家内食是中有比丘尼指示與某甲羹與
與某甲餅比丘應語彼比丘尼如是言大姊且止須比丘
食竟者是比丘應向餘比丘悔過言大德我犯可呵法
所不應為我今向大德悔過是法名悔過法
若比丘先作學家羯磨若比丘於如是學家先不請
无病自手受食食者是比丘應向餘比丘悔過言大德
我犯可呵法所不應為我今向大德悔過是法名悔過
法 若比丘在阿蘭若逈遠有疑恐怖處若比丘在如是
阿蘭若處住先不語檀越若僧伽藍外不受食在僧
伽藍内无病自手受食食者應向餘比丘悔過言大
德我犯可呵法所不應為我今向大德悔過是法名
悔過法 諸大德我已說四波羅提提舍尼法
今問諸大德是中清淨不 三說
諸大德是中清淨默然故是事如是持

BD05470號　四分僧戒本

（9–9）

何用衣食 使我至此 長者知子 愚癡狹劣
不信我言 不信是父 即以方便 更遣餘人
眇目矬陋 无威德者 汝可語之 云當相雇
除諸糞穢 倍與汝價 窮子聞之 歡喜隨來
為除糞穢 淨諸房舍 長者於牖 常見其子
念子愚劣 樂為鄙事 於是長者 著弊垢衣
執除糞器 往到子所 方便附近 語令勤作
既益汝價 并塗足油 飲食充足 薦席厚煖
如是苦言 汝當勤作 又以軟語 若如我子
長者有智 漸令入出 經二十年 執作家事
示其金銀 真珠頗梨 諸物出入 皆使令知
猶處門外 止宿草菴 自念貧事 我无此物
父知子心 漸已曠大 欲與財物 即聚親族
國王大臣 刹利居士 於此大衆 說是我子
捨我他行 經五十歲 自見子來 已二十年
昔於某城 而失是子 周行求索 遂來至此
凡我所有 舍宅人民 悉以付之 恣其所用

BD05471號　妙法蓮華經卷二

（4–1）

示其金銀　真珠頗梨　諸物出入　皆使令知
猶處門外　止宿草菴　自念貧事　我无此物
父知子心　漸已曠大　欲與財物　即聚親族
國王大臣　刹利居士　於此大衆　說是我子
捨我他行　經五十歲　自見子來　已二十年
昔於某城　而失是子　周行求索　遂來至此
凡我所有　舍宅人民　悉以付之　恣其所用
子念昔貧　志意下劣　今於父所　大獲珎寶
并及舍宅　一切財物　甚大歡喜　得未曾有
佛亦如是　知我樂小　未曾說言　汝等作佛
而說我等　得諸无漏　成就小乘　聲聞弟子
佛勅我等　說寂上道　脩習此者　當得成佛
我承佛教　為大菩薩　以諸因緣　種種譬喻
若干言辭　說无上道　諸佛子等　從我聞法
日夜思惟　精勤脩習　是時諸佛　即授其記
汝於來世　當得作佛　一切諸佛　秘藏之法
但為菩薩　演其實事　而不為我　說斯真要
如彼窮子　得近其父　雖知諸物　心不悕取
我等雖說　佛法寶藏　自无志願　亦復如是
我等內滅　自謂為足　唯了此事　更无餘事
我等若聞　淨佛國土　教化衆生　都无欣樂
所以者何　一切諸法　皆悉空寂　无生无滅
无大无小　无漏无為　如是思惟　不生憙樂
我等長夜　於佛智慧　无貪无著　无復志願
而自於法　謂是究竟　我等長夜　脩習空法

我等若聞　淨佛國土　教化衆生　都无欣樂
所以者何　一切諸法　皆悉空寂　无生无滅
无大无小　无漏无為　如是思惟　不生憙樂
我等長夜　於佛智慧　无貪无著　无復志願
而自於法　謂是究竟　我等長夜　脩習空法
得脫三界　苦惱之患　住寂後身　有餘涅槃
佛所教化　得道不虛　則為已得　報佛之恩
我等雖為　諸佛子等　說菩薩法　以求佛道
而於是法　永无願樂　導師見捨　觀我心故
初不勸進　說有實利　如富長者　知子志劣
以方便力　柔伏其心　然後乃付　一切財物
佛亦如是　現希有事　知樂小者　以方便力
調伏其心　乃教大智　我等今日　得未曾有
非先所望　而今自得　如彼窮子　得无量寶
世尊我今　得道得果　於无漏法　得清淨眼
我等長夜　持佛淨戒　始於今日　得其果報
法王法中　久脩梵行　今得无漏　无上大果
我等今者　真是聲聞　以佛道聲　令一切聞
我等今者　真阿羅漢　於諸世間　天人魔梵
普於其中　應受供養　世尊大恩　以希有事
憐愍教化　利益我等　无量億劫　誰能報者
手足供給　頭頂礼敬　一切供養　皆不能報
若以頂戴　兩肩荷負　於恒沙劫　盡心恭敬
又以美饍　无量寶衣　及諸卧具　種種湯藥
牛頭栴檀　及諸珎寶　以起塔廟　寶衣布地
如斯等事　以用供養　於恒沙劫　亦不能報

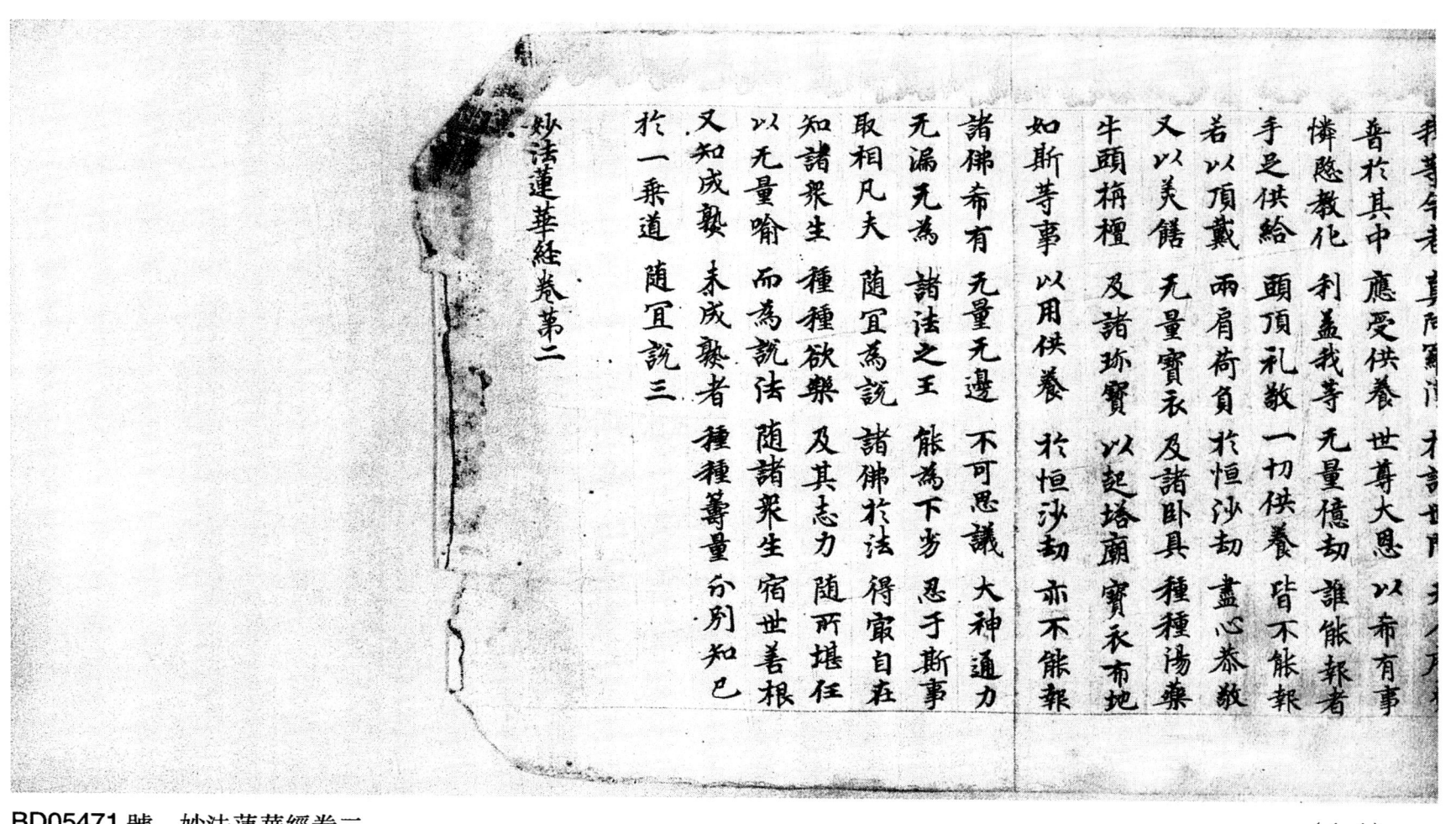

我等今者 真阿羅漢 於諸世間 天人魔
普於其中 應受供養 世尊大恩 以希有事
憐愍教化 利益我等 无量億劫 誰能報者
手足供給 頭頂礼敬 一切供養 皆不能報
若以頂戴 兩肩荷負 於恒沙劫 盡心恭敬
又以美饍 无量寶衣 及諸卧具 種種湯藥
牛頭栴檀 及諸珎寶 以起塔廟 寶衣布地
如斯等事 以用供養 於恒沙劫 亦不能報
諸佛希有 无量无邊 不可思議 大神通力
无漏无為 諸法之王 能為下劣 忍于斯事
取相凡夫 隨宜為說 諸佛於法 得最自在
知諸衆生 種種欲樂 及其志力 隨所堪任
以无量喻 而為說法 隨諸衆生 宿世善根
又知成熟 未成熟者 種種籌量 分別知已
於一乘道 隨宜說三

妙法蓮華經卷第二

BD05471號 妙法蓮華經卷二 （4–4）

勝利
珞及香鬘
言若善男子善女人等於
至心聽聞受持讀誦精勤
為有情宣說流布是善男 人等摩及
眷屬不得其便我等諸天亦常隨逐是善男
子善女人等勤加擁護令無損惱何以故是
子善女人等我等諸天敬事如佛或如
尊重法故
帝釋白佛 善男子善女人
波羅蜜 聞受持讀誦
精勤脩學如理思惟廣為有情宣說流布是
善男子善女人等非少善根能辦是事定於
先世無量佛所多集善根多發弘願多供養
佛多善知識之所攝受乃能於此甚深般若
波羅多至心聽聞受持讀誦精勤脩學如
理思惟廣為有情宣說流布世尊欲得諸佛
一切智智當求般若波羅蜜多欲得般若波

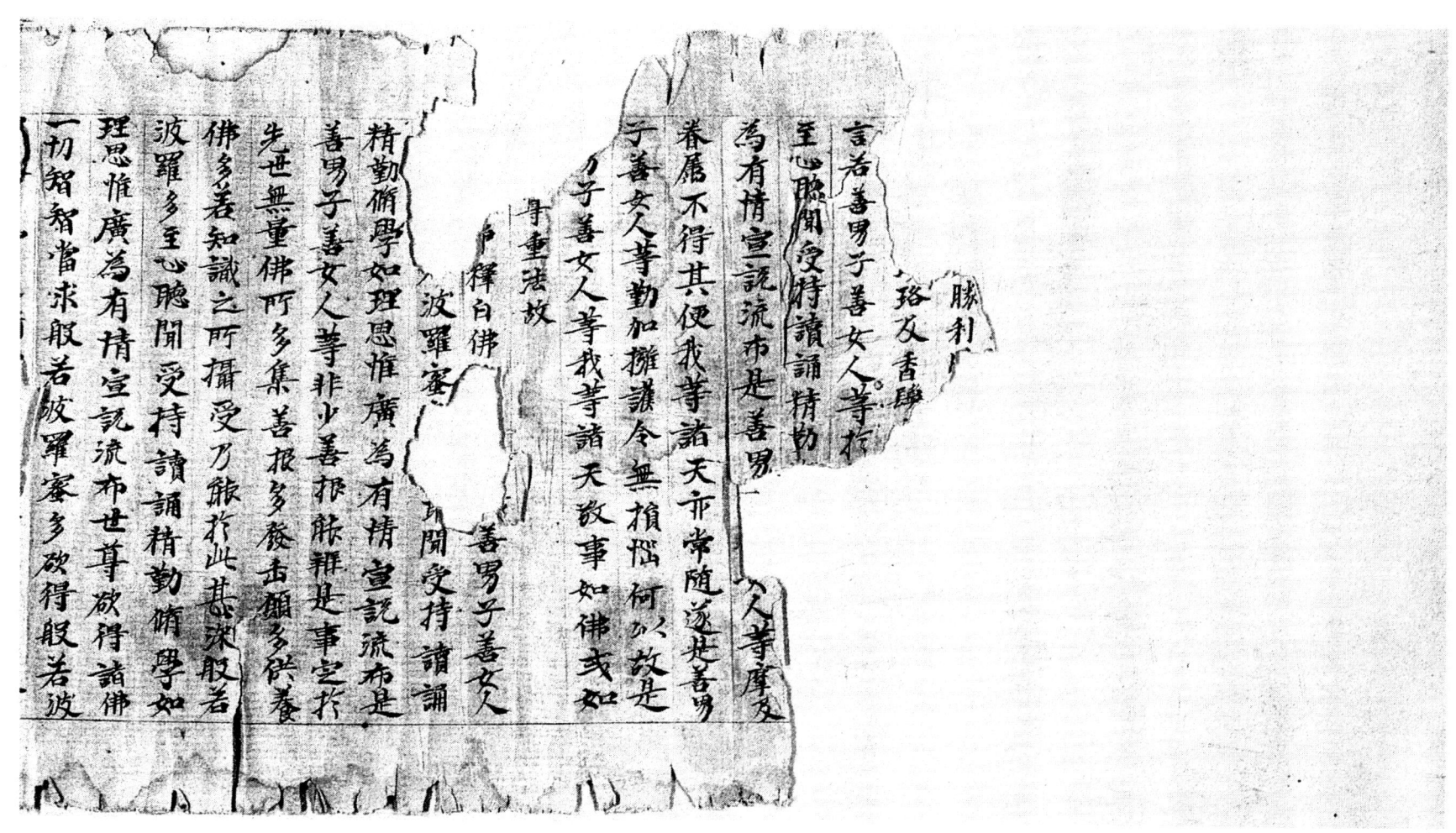

BD05472號 大般若波羅蜜多經卷一〇六 （2–1）

先世無量佛所多集善根多發弘願多供養
佛多善知識之所攝受乃能於此甚深般若
波羅多至心聽聞受持讀誦精勤脩學如
理思惟廣為有情宣說流布世尊欲得諸佛
一切智智當求般若波羅蜜多欲得般若波
羅蜜[illegible]當求諸[illegible]何以故諸佛所
得[illegible]皆從般若[illegible]蜜多而得生故
如是般若波羅蜜多皆從諸佛一切智智而
得生故所以者何諸佛所得一切智智不異
般若波羅蜜多如是般若波羅蜜多不異諸
佛一切智智諸佛所得一切智智與此般若
波羅蜜多當智無二亦無二分爾時佛告天
帝釋言如是如是如汝所說憍尸迦欲得諸
佛一切智智當求般若波羅蜜多欲得般若
波羅[illegible]當求[illegible]智智何以故諸佛
所得一切智智皆從般若波羅蜜多而得生
故如是般若波羅蜜多皆從諸佛一切智智
而得生故所以者何諸佛所得一切智 智不
異般若波羅蜜多如是般若波羅蜜多不異
諸佛一切智智諸佛所得一切智智與此般

BD05472 號　大般若波羅蜜多經卷一〇六　（2–2）

王若得聞是微妙經典則為已於百千万億
無量佛所種諸善根我以敬念是人王故復
見無量福德利故我等四王及餘眷屬無量
百千万億鬼神於自宮殿見是種種香烟
雲蓋瑞應之時我當隱蔽不現其身為聽
法故當至是王所止宮殿講法之處大梵天王釋
提桓因大辯天神功德天神堅牢地神散脂
鬼神大將軍等二十八部鬼神大將摩醯首羅
金剛密迹摩尼跋陀鬼神大將鬼子母及
五百鬼子周迊圍繞阿耨達龍王娑竭羅龍
王無量百千万億那由他鬼神諸天如是等
衆為聽法故悉自隱蔽不現其身至是人王
所止宮殿講法之處世尊我等四王及餘眷
屬無量鬼神悉當同心以是人王為善知識同
音一行善相應行能為無上大法施主以甘
露味充足我等我等應當擁護是王除其
衰患令得安隱及其宮宅國土城邑諸惡災
患悉令消滅世尊若有人王於此經典心生捨離
不樂聽聞其心不欲恭敬供養尊重讚嘆若

BD05473 號　金光明經卷二　（4–1）

所止宮殿講法之處世尊我等四王及餘眷
屬無量鬼神悉當用心以是人王爲善知識同
普一行善相應行能爲無上大法施主以甘
露味充足我等我等應當擁護是王除其
衰患令得安隱及其宮宅國土城邑諸惡災
患悉令消滅世尊若有人王於此經典心生捨離
不樂聽聞其心不欲恭敬供養尊重讚歎若
四部衆有受持讀誦講說之者亦復不能恭敬
供養尊重讚歎我等四王及餘眷屬無量鬼
神即便不得聞此正法背甘露味失大法利
無有勢力及以威德減損天衆增長惡趣
世尊我等四王及無量鬼神捨其國土不但
我等亦有無量守護國土諸舊善神皆悉
捨去我等諸天及諸鬼神既捨離已其國當
有種種災異一切人民失其善心唯有繫縛瞋
恚鬪諍互相破壞多諸疾疫彗星現怪流星
崩落五星諸宿違失常度兩日竝現日月薄
蝕白黑惡虹數出現大地震動發大音聲
暴風惡雨無日不有穀米勇貴飢饉凍餓
多有方怨賊侵掠其國人民多受苦惱其
地無有可愛樂處世尊我等四王及諸無量
百千鬼神并守國土諸舊善神遠離去時
生如是等無量惡事世尊若有人王欲得自
護及王國土多受安樂欲令國土一切衆生悉
皆成就具足快樂欲得摧伏一切外敵欲得
擁護一切國土欲以正法正治國土欲得除滅
衆生怖畏世尊是人王等應當畢定聽是

BD05473 號　金光明經卷二

（4–2）

生如是等無量惡事世尊若有人王欲得自
護及王國土多受安樂欲令國土一切衆生悉
皆成就具足快樂欲得摧伏一切外敵欲得
擁護一切國土欲以正法正治國土欲得除滅
衆生怖畏世尊是人王等應當畢定聽是
經典及恭敬供養讀誦受持是經典者我等
四王及無量鬼神以是法食善根因緣得服
甘露無上法味增長身力心進勇銳增益諸
天何以故由是人王至心聽受是經典故如諸
梵王說出欲論釋提桓因種種善論五通
之人神仙之論世尊梵天釋提桓因五通神
人雖有百千億那由他無量勝論是金光明
於中最勝所以者何如來說是金光明經爲
衆生故爲令一切閻浮提內諸人王等以正
法治爲与一切衆生安樂爲欲愛護一切衆
生欲令衆生無諸苦惱無有他方怨賊繫對
所有諸惡背而不向欲令國土無有憂惱以
正法教無有諍訟是故人王各於國土應然
法炬熾然正法增益天衆我等四王及無
量鬼神閻浮提內諸天善神以是因緣得
服甘露法味充足得大威德進力具足閻浮
提內隱豐樂人民熾盛安樂其處復於未
世無量百千不可思議那由他劫常受微妙第
一快樂復得值遇無量諸佛種諸善根然
後證成阿耨多羅三藐三菩提得如是等無
量功德悉是如來正遍知說如來過於百千
億那由他諸梵天等以大悲力故亦過無量百

BD05473 號　金光明經卷二

（4–3）

服甘露法味充足得天威德進力具足閻浮
提內隱豐樂人民熾盛安樂其處復於未
世無量百千不可思議那由他劫常受微妙著
一快樂復得值遇無量諸佛種諸善根然
後證成阿耨多羅三藐三菩提得如是等無
量功德悉是如來正遍知說如來過於百千
億那由他諸梵天等以天悲力故亦過無量百
千億那由他釋提桓因以善行力故是故如
來為諸衆生演說如是金光明經若閻浮
提一切衆生及諸人王世間出世所作國事
所造世論皆因此經欲令衆生得安樂故
釋迦如來示現是經廣宣流布世尊以是因
緣故是諸人王應當畢定聽受供養恭敬尊
重讃嘆是經尒時佛復告四天王汝等四王及
餘眷屬無量百千那由他鬼神是諸人王若
能至心聽是經典供養恭敬尊重讃嘆汝等
四王正應擁護滅其衰患而与安樂若有人
能廣宣流布如是妙典於人天中大作佛事能
大利益無量衆生如是之人汝等四王必當
擁護莫令他緣而得穟亂令心湛淨受於
快樂續復當得廣宣是經尒時四天王即
從坐起偏袒右肩右膝著地長跪合掌於世
尊前以偈讚曰

BD05473 號　金光明經卷二　（4–4）

文殊師利所說般若波羅蜜經　序偈釋
般若經者是一切如來智慧之巨海也甚深難測實
不可思議无相无名无為无作然以道合万有德
被条羅法御四化兼識物為諸佛之母菩薩所師
愚闇者明燈疾苦者良藥所以梵音不譯者斯
為句義包含名該大理目言般若果謂涅槃法界圓輪
真如總一五乘十地味吐其中四德三身義合於此夫般
若者以虛空為門以无住為根以寂滅為道以常住為
真蕩蕩乎非有无之涯空空乎非心境之際故八部
文海浩博辭流幻影須臾孰能攬悉蓋此經者所謂
妙德如來會通說世而以窮研至理開廓玄門觀察
道機優尋真迹而以光明灌頂表智日无言又以
妙說驚神示慧舟有用或手為賓主假設淺深或
問答決疑權施進退巧申妙義善出奇文語省理
弘令學人易會其有兩卷久行此國憲科錯加添此
獨卷近傳文辭秘要兼諸八部義宗幽玄句切理深
難可量擬略分為四十二章句偈束長行約釋經文
以開重夢昔文殊大士說此經時如來有五種靈奇
印明實相一者佛於中夜放大光明五色千重呂

BD05474 號　文殊師利所說般若波羅蜜經（異本）　（2–1）

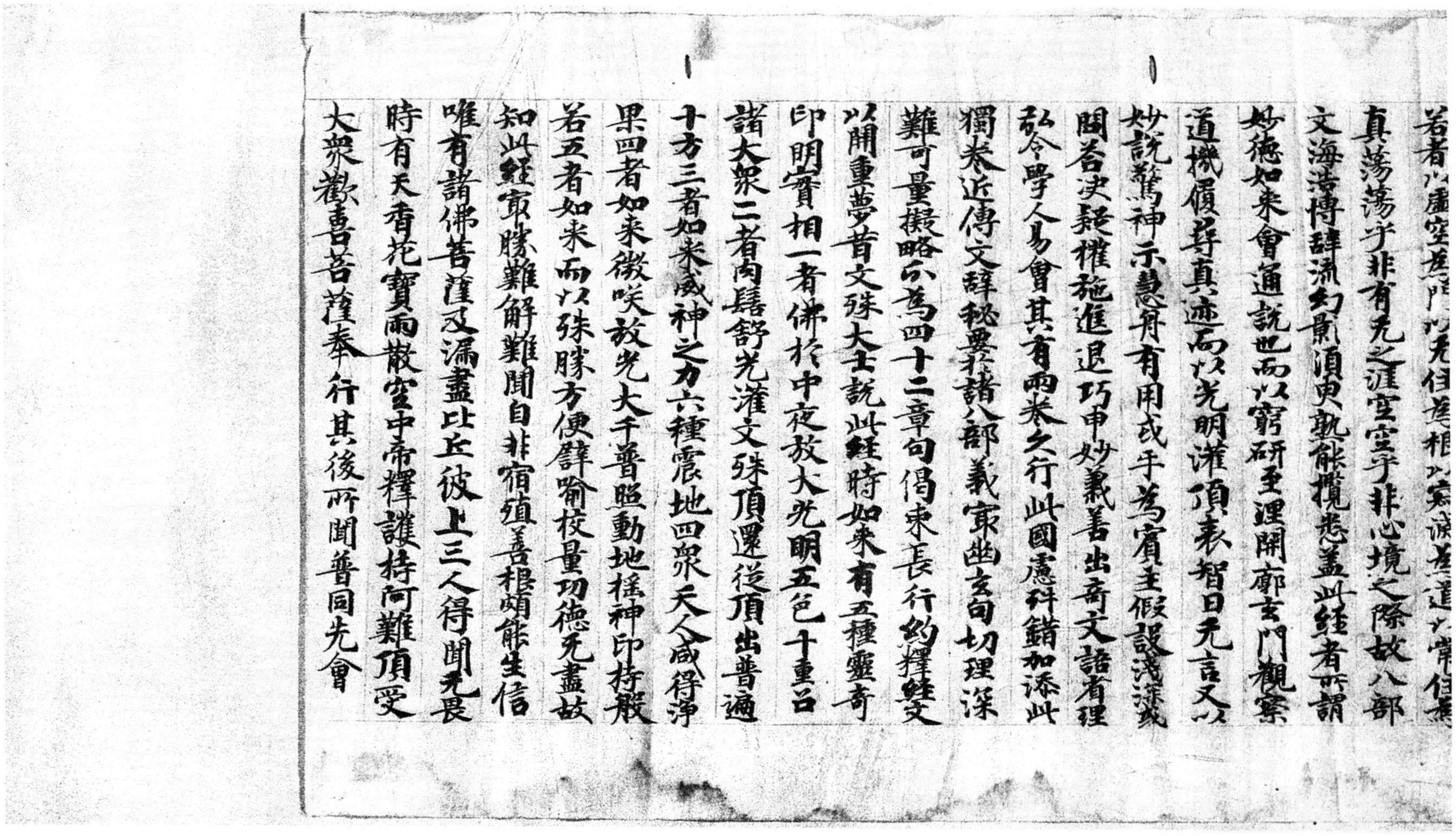

若者以虛空爲門以无住爲相以寂滅爲道以常住爲
真蕩蕩乎非有无之涯寔空乎非心境之際故八部
文海浩博辭流幻景須臾孰能攬悉蓋此經者所謂
妙德如來會通說世而以窮研至理開廓玄門觀竅
道機優尋真迹而以光明灌頂表智日无言又以
妙說鷲神示慧眼有用戓手爲賓主假設淺深或
闘答決疑權施進退巧申妙義善出奇文語者理
弘令學人易會其有兩卷之行此國慮科錯加添此
獨卷近傳文辭秘要於諸八部義宗幽玄句切理深
難可量擬略示爲四十二章句偈東長行約釋經文
以開重夢昔文殊大士說此經時如來有五種靈奇
印明實相一者佛於中夜放大光明五色十重召
諸大衆二者肉髻舒光灌文殊頂還從頂出普遍
十方三者如來威神之力六種震地四衆天人咸得淨
果四者如來微咲放光大千普照動地搖神印持般
若五者如來而以殊勝方便譬喻校量功德无盡故
知此經最勝難解難聞自非宿殖善根頗能生信
唯有諸佛菩薩及漏盡比丘彼上三人得聞无畏
時有天香花寶雨散空中帝釋護持阿難頂受
大衆歡喜菩薩奉行其後所聞普同先會

BD05474 號　文殊師利所說般若波羅蜜經（異本）　（2–2）

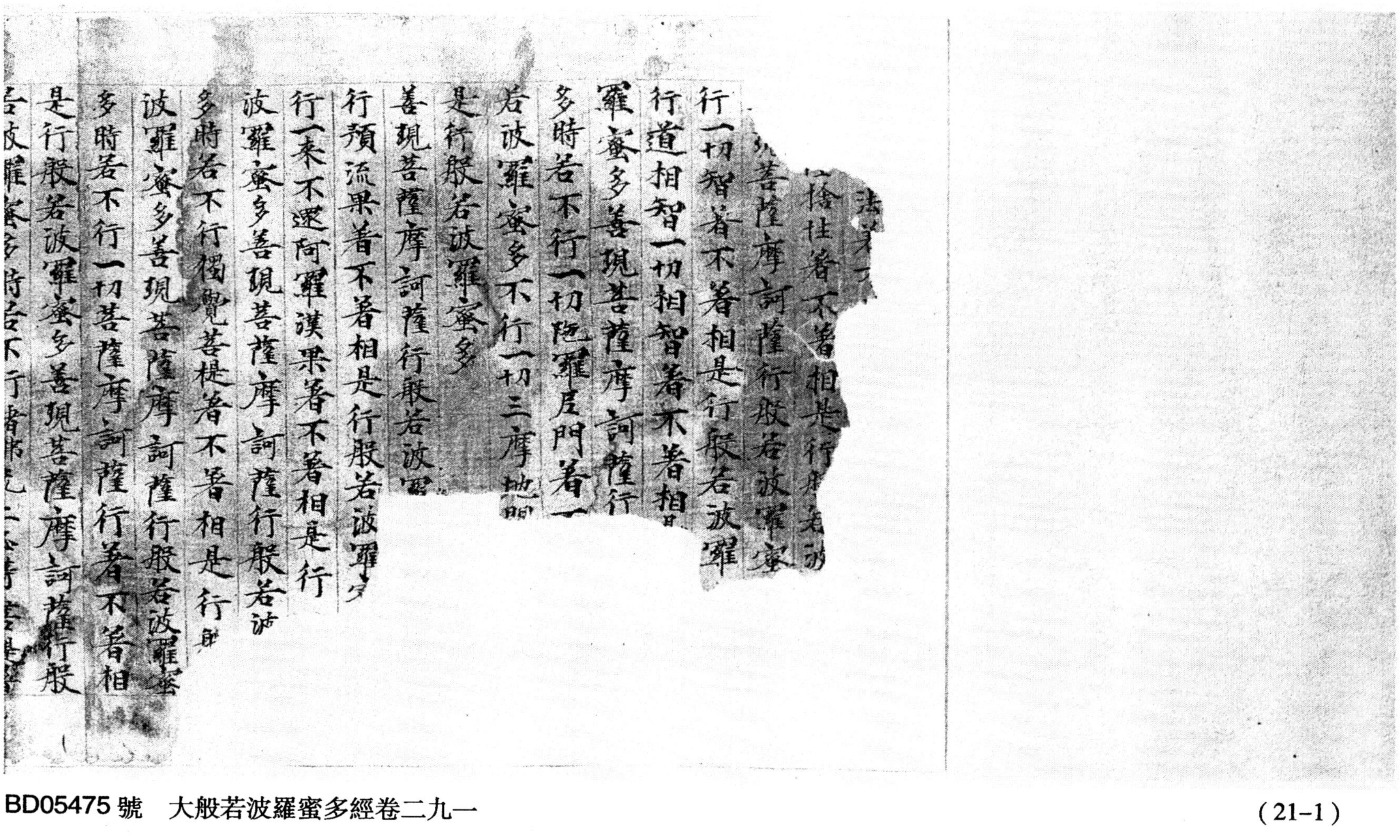

法
捨住著不著相是行般若波
菩薩摩訶薩行般若波羅蜜
行一切智著不著相是行般若波羅
行道相智一切相智著不著相
羅蜜多善現菩薩摩訶薩行
多時若不行一切陀羅尼門著一
若波羅蜜多不行一切三摩地門
是行般若波羅蜜多
善現菩薩摩訶薩行般若波羅
行預流果著不著相是行般若波羅蜜多
行一來不還阿羅漢果著不著相是行
波羅蜜多善現菩薩摩訶薩行般若波
多時若不行獨覺菩提著不著相是行般
波羅蜜多善現菩薩摩訶薩行般若波羅蜜
多時若不行一切菩薩摩訶薩行著不著相
是行般若波羅蜜多善現菩薩摩訶薩行般
若波羅蜜多時若不行

BD05475 號　大般若波羅蜜多經卷二九一　（21–1）

[illegible]
波羅蜜多善現菩薩摩訶薩行般若波
多時若不行獨覺菩提著不著相是行般
波羅蜜多善現菩薩摩訶薩行般若波羅蜜
多時若不行一切菩薩摩訶薩行著不著相
是行般若波羅蜜多善現菩薩摩訶薩行般
若波羅蜜多時若不行諸佛无上正等菩提著
不著相是行般若波羅蜜多
善現菩薩摩訶薩如是行般若波羅蜜多時
於色不起著不著想於受想行識不起著不
著想是行般若波羅蜜多善現菩薩摩訶
薩如是行般若波羅蜜多時於眼處不起著不
著想於耳鼻舌身意處不起著不著想是行
般若波羅蜜多善現菩薩摩訶薩如是行般
若波羅蜜多時於色處不起著不著想於聲
香味觸法處不起著不著想是行般若波羅
蜜多善現菩薩摩訶薩如是行般若波羅蜜
多時於眼界不起著不著想於色界眼識界
及眼觸眼觸為緣所生諸受不起著不著想
是行般若波羅蜜多善現菩薩摩訶薩如是
行般若波羅蜜多時於耳界不起著不著想
於聲界耳識界及耳觸耳觸為緣所生諸受
不起著不著想是行般若波羅蜜多善現菩
薩摩訶薩如是行般若波羅蜜多時於鼻界
不起著不著想於香界鼻識界及鼻觸鼻觸
為緣所生諸受不起著不著想是行般若波
羅蜜多善現菩薩摩訶薩如是行般若波羅
蜜多時於舌界不起著不著想於味界舌識

BD05475號　大般若波羅蜜多經卷二九一　（21–2）

[illegible]
薩摩訶薩如是行般若波羅蜜多時於鼻界
不起著不著想於香界鼻識界及鼻觸鼻觸
為緣所生諸受不起著不著想是行般若波
羅蜜多善現菩薩摩訶薩如是行般若波羅
蜜多時於舌界不起著不著想於味界舌識
界及舌觸舌觸為緣所生諸受不起著不著
想是行般若波羅蜜多善現菩薩摩訶薩如
是行般若波羅蜜多時於身界不起著不著
想於觸界身識界及身觸身觸為緣所生諸
受不起著不著想是行般若波羅蜜多善現
菩薩摩訶薩如是行般若波羅蜜多時於意
界不起著不著想於法界意識界及意觸意
觸為緣所生諸受不起著不著想是行般若
波羅蜜多善現菩薩摩訶薩如是行般若波
羅蜜多時於地界不起著不著想於水火風
空識界不起著不著想是行般若波羅蜜多
善現菩薩摩訶薩如是行般若波羅蜜多時
於无明不起著不著想於行識名色六處觸
受愛取有生老死愁歎苦憂惱不起著不著
想是行般若波羅蜜多
善現菩薩摩訶薩如是行般若波羅蜜多時
於布施波羅蜜多不起著不著想於淨戒安
忍精進靜慮般若波羅蜜多不起著不著想
是行般若波羅蜜多善現菩薩摩訶薩如是
行般若波羅蜜多時於內空不起著不著想
於外空內外空空空大空勝義空有為空无
為空畢竟空无際空散空无變異空本性空

BD05475號　大般若波羅蜜多經卷二九一　（21–3）

忍精進靜慮般若波羅蜜多不起著不著想
是行般若波羅蜜多善現菩薩摩訶薩如是
行般若波羅蜜多時於內空不起著不著想
於外空內外空空空大空勝義空有為空无
為空畢竟空无際空散空无變異空本性空
自相空共相空一切法空不可得空无性空自
性空无性自性空不起著不著想是行般
若波羅蜜多善現菩薩摩訶薩如是行般若
波羅蜜多時於真如不起著不著想於法界
法性不虛妄性不變異性平等性離生性法
定法住實際虛空界不思議界不起著不著
想是行般若波羅蜜多善現菩薩摩訶薩如
是行般若波羅蜜多時於苦聖諦不起著不
著想於集滅道聖諦不起著不著想是行般
若波羅蜜多善現菩薩摩訶薩如是行般若
波羅蜜多時於四靜慮不起著不著想於四
无量四无色定不起著不著想是行般若波
羅蜜多善現菩薩摩訶薩如是行般若波羅
蜜多時於八解脫不起著不著想於八勝處
九次第定十遍處不起著不著想是行般若
波羅蜜多善現菩薩摩訶薩如是行般若波
羅蜜多時於四念住不起著不著想於四正
斷四神足五根五力七等覺支八聖道支不
起著不著想是行般若波羅蜜多善現菩
薩摩訶薩如是行般若波羅蜜多時於空解
脫門不起著不著想於无相无願解脫門不起
著不著想是行般若波羅蜜多善現菩薩摩

斷四神足五根五力七等覺支八聖道支不
起著不著想是行般若波羅蜜多善現菩
薩摩訶薩如是行般若波羅蜜多時於空解
脫門不起著不著想於无相无願解脫門不起
著不著想是行般若波羅蜜多善現菩薩摩
訶薩如是行般若波羅蜜多時於菩薩十地
不起著不著想是行般若波羅蜜多
善現菩薩摩訶薩如是行般若波羅蜜多
時於五眼不起著不著想於六神通不起著不
著想是行般若波羅蜜多善現菩薩摩訶薩
如是行般若波羅蜜多時於佛十力不起著不
著想於四无所畏四无礙解大慈大悲大喜
大捨十八佛不共法不起著不著想是行
般若波羅蜜多善現菩薩摩訶薩如是行般
若波羅蜜多時於无忘失法不起著不著想
於恒住捨性不起著不著想是行般若波羅
蜜多善現菩薩摩訶薩如是行般若波羅蜜
多時於一切智不起著不著想於道相智一
切相智不起著不著想是行般若波羅蜜多
善現菩薩摩訶薩如是行般若波羅蜜多時
於一切陀羅尼門不起著不著想於一切三摩
地門不起著不著想是行般若羅蜜多
善現菩薩摩訶薩如是行般若波羅蜜多時
於預流果不起著不著想於一來不還阿羅
漢果不起著不著想是行般若波羅蜜多
善現菩薩摩訶薩如是行般若波羅蜜多時
於獨覺菩提不起著不著想是行般若波羅

善現菩薩摩訶薩如是行般若波羅蜜多時
於預流果不起著不著想於一來不還阿羅
漢果不起著不著想是行般若波羅蜜多
善現菩薩摩訶薩如是行般若波羅蜜多時
於獨覺菩提不起著不著想是行般若波羅
蜜多善現菩薩摩訶薩如是行般若波羅蜜
多時於一切菩薩摩訶薩行不起著不著想
是行般若波羅蜜多善現菩薩摩訶薩如
是行般若波羅蜜多時於諸佛无上正等菩提
不起著不著想是行般若波羅蜜多
尒時具壽善現白佛言甚奇世尊如是般若
波羅蜜多甚深法性若說若不說俱不增不
減佛言善現如是如是如汝所說如是般若波
羅蜜多甚深法性若說不說俱无增減善
現假使如來應正等覺盡其壽住讚毀虛空
而彼虛空无增无減如是般若波羅蜜多甚
深法性亦復如是若讚若毀不增不減善現
譬如幻士於毀讚時不減不增无憂无喜 如
是般若波羅蜜多甚深法性亦復如是若說
不說如本无異具壽善現復白佛言世尊諸
菩薩摩訶薩脩行般若波羅蜜多甚為難事
謂此般若波羅蜜多若脩不脩无增无減亦
无向背而勤脩覺如是般若波羅蜜多乃至
无上正等菩提曾无退轉何以故世尊諸菩
薩摩訶薩脩行般若波羅蜜多如脩虛空都
无所有世尊如虛空中无色可施設无受想
行識可施設所脩般若波羅蜜多亦復如是
世尊如虛空中无眼處可施設无耳

无向背而勤脩覺如是般若波羅蜜多乃至
无上正等菩提曾无退轉何以故世尊諸菩
薩摩訶薩脩行般若波羅蜜多如脩虛空都
无所有世尊如虛空中无色可施設无受想
行識可施設所脩般若波羅蜜多亦復如是
世尊如虛空中无眼處可施設无耳鼻舌身
意處可施設所脩般若波羅蜜多亦復如是
世尊如虛空中无色處可施設无聲香味觸
法處可施設所脩般若波羅蜜多亦復如是
世尊如虛空中无眼界可施設无色界眼識
界及眼觸眼觸為緣所生諸受可施設所脩
般若波羅蜜多亦復如是世尊如虛空中无
耳界可施設无聲界耳識界及耳觸耳觸為
緣所生諸受可施設所脩般若波羅蜜多亦
復如是世尊如虛空中无鼻界可施設无香
界鼻識界及鼻觸鼻觸為緣所生諸受可施
設所脩般若波羅蜜多亦復如是世尊如虛
空中无舌界可施設无味界舌識界及舌觸舌
觸為緣所生諸受可施設所脩般若波羅蜜
多亦復如是世尊如虛空中无身界可施
設无觸界身識界及身觸身觸為緣所生諸
受可施設所脩般若波羅蜜多亦復如是世
尊如虛空中无意界可施設无法界意識界
及意觸意觸為緣所生諸受可設施所脩般
若波羅蜜多亦復如是世尊如虛空中无地
界可施設无水火風空識界可施設所脩般
若波羅蜜多亦復如是世尊如虛空中无无
明可施

尊如虛空中无意界可施設无法界意識界
及意觸意觸為緣所生諸受可設施所脩般
若波羅蜜多亦復如是世尊如虛空中无地
界可施設无水火風空識界可施設所脩般
若波羅蜜多亦復如是世尊如虛空中无无
明可施設无行識名色六處觸受愛取有生
老死愁歎苦憂惱可施設所脩般若波羅蜜
多亦復如是
世尊如虛空中无布施波羅蜜多可施設无淨
戒安忍精進靜慮般若波羅蜜多可施設
所脩般若波羅蜜多亦復如是世尊如虛空
中无內空可施設无外空內外空空空大空勝
義空有為空无為空畢竟空无際空散空
无變異空本性空自相空共相空一切法空
不可得空无性空自性空无性自性空可施
設所脩般若波羅蜜多亦復如是世尊如虛
空中无真如可施設无法界法性不虛妄性
不變異性平等性離生性法定法住實際虛
空界不思議界可施設所脩般若波羅蜜多
亦復如是世尊如虛空中无苦聖諦可施設
无集滅道聖諦可施設所脩般若波羅蜜多
亦復如是世尊如虛空中无四靜慮可施設
无四无量四无色定可施設所脩般若波羅
蜜多亦復如是世尊如虛空中无八解脫可
施設无八勝處九次第定十遍處可施設所
脩般若波羅蜜多亦復如是世尊如虛空中
无四念住可施設无四正斷四神足五根五力
七等覺支八聖道支可施設所脩般若波

BD05475號　大般若波羅蜜多經卷二九一 （21–8）

蜜多亦復如是世尊如虛空中无八解脫可
施設无八勝處九次第定十遍處可施設所
脩般若波羅蜜多亦復如是世尊如虛空中
无四念住可施設无四正斷四神足五根五力
七等覺支八聖道支可施設所脩般若波
羅蜜多亦復如是世尊如虛空中无空解脫
門可施設无无相无願解脫門可施設所脩
般若波羅蜜多亦復如是世尊如虛空中无
菩薩十地可施設所脩般若波羅蜜多亦復
如是世尊如虛空中无五眼可施設无六神
通可施設所脩般若波羅蜜多亦復如是世
尊如虛空中无佛十力可施設无四无所畏
四无礙解大慈大悲大喜大捨十八佛不共
法可施設所脩般若波羅蜜多亦復如是世
尊如虛空中无无忘失法可施設无恒住捨
性可施設所脩般若波羅蜜多亦復如是世
尊如虛空中无一切智可施設无道相智一
切相智可施設所脩般若波羅蜜多亦復如是
世尊如虛空中无一切陁羅尼門可施設无
一切三摩地門可施設所脩般若波羅蜜
多亦復如是世尊如虛空中无預流果可施設
无一來不還阿羅漢果可施設所脩般若
波羅蜜多亦復如是世尊如虛空中无獨覺
菩提可施設所脩般若波羅蜜多亦復如是
世尊如虛空中无一切菩薩摩訶薩行可施
設所脩般若波羅蜜多亦復如是世尊如虛
空中无諸佛无上正等菩提可施設所脩般
若波羅蜜多亦復如是

BD05475號　大般若波羅蜜多經卷二九一 （21–9）

波羅蜜多亦復如是世尊如虛空中无獨覺
菩提可施設所脩般若波羅蜜多亦復如是
世尊如虛空中无一切菩薩摩訶薩行可施
設所脩般若波羅蜜多亦復如是世尊如虛
空中无諸佛无上正等菩提可施設所脩般
若波羅蜜多亦復如是
尒時具壽善現復白佛言世尊是菩薩摩
訶薩能擐如是大功德鎧我等有情皆應敬
礼世尊若菩薩摩訶薩為諸有情擐功德鎧勤
精進者如為虛空擐功德鎧發勤精進世尊
若菩薩摩訶薩為欲成熟解脫有情擐功德
鎧勤精進者如為虛空成熟解脫擐功德鎧
發勤精進世尊若菩薩摩訶薩為一切法擐
大功德鎧勤精進者如為虛空擐大功德鎧
發勤精進世尊若菩薩摩訶薩為拔有情令
出生死擐功德鎧勤精進者如為舉虛空最
高勝處擐大功德鎧發勤精進世尊菩薩摩
訶薩得大精進波羅蜜多為如虛空諸有情
類速脫生死發趣无上正等菩提世尊菩薩摩
訶薩得不思議无等神力為如虛空諸法
性海擐大功德鎧發趣无上正等菩提世尊菩
薩摩訶薩嚴擐勇健為如虛空諸佛无上正
等菩提擐功德鎧發勤精進世尊菩薩摩
訶薩為如虛空諸有情類勤脩苦行欲證无
上正等菩提甚為希有何以故世尊假使三
千大千世界滿中如來應正等覺如竹麻葦
甘蔗等林若經一劫或一劫餘為諸有情常
說正法各度无量无邊有情令入涅槃究竟

上正等菩提甚為希有何以故世尊假使三
千大千世界滿中如來應正等覺如竹麻葦
甘蔗等林若經一劫或一劫餘為諸有情常
說正法各度无量无邊有情令入涅槃究竟
安樂而有情界不增不減所以者何以諸有
情皆无所有性遠離故世尊假使十方各如
殑伽沙數世界滿中如來應正等覺如竹麻
葦甘蔗等林若經一劫或一劫餘為諸有情
常說正法各度无量无邊有情令入涅槃究
竟安樂而有情界不增不減所以者何以諸
有情皆无所有性遠離故世尊假使十方一
切世界滿中如來應正等覺如竹麻葦甘蔗
等林若經一劫或一劫餘為諸有情常說正
法各度无量无邊有情令入涅槃究竟安樂
而有情界不增不減所以者何以諸有情皆
无所有性遠離故世尊由是因緣我作是說
菩薩摩訶薩為如虛空諸有情類成熟解脫
勤脩苦行欲證无上正等菩提甚為希有尒
時會中有一苾芻竊作是念我應敬礼甚
深般若波羅蜜多此中雖无諸法生滅而有
戒蘊定蘊慧蘊解脫蘊解脫智見蘊施設可
得亦有預流果一來果不還果阿羅漢果施
設可得亦有獨覺菩提施設可得亦有无上
正等菩提施設可得亦有佛法僧寶施設可
得亦有轉妙法輪度有情類施設可得佛知
其念告言苾芻如是如是甚深般若波羅蜜
多微妙難測

得亦有預流果一來果不還果阿羅漢果亦
設可得亦有獨覺菩提施設可得亦有无上
正等菩提施設可得亦有佛法僧寶施設可
得亦有轉妙法輪度有情類施設可得佛知
其念告言茲芻如是如是甚深般若波羅蜜
多微妙難測
尒時天帝釋問具壽善現言大德若菩薩摩
訶薩欲學甚深般若波羅蜜多當如何學
善現荅言憍尸迦若菩薩摩訶薩欲學甚深般
若波羅蜜多當如虛空學時天帝釋復白佛
言世尊若善男子善女人等於此所說甚深般
若波羅蜜多受持讀誦如理思惟為他演說
我當云何而為守護唯願世尊垂哀示教
尒時具壽善現謂天帝釋言憍尸迦汝見有
法可守護不天帝釋言不也大德我不見法
是可守護善現言憍尸迦若善男子善女人
等住如所說甚深般若波羅蜜多即為守護
若善男子善女人等住如所說甚深般若波
羅蜜多常不遠離當知一切人非人等伺求
其便欲為損害終不能得憍尸迦若欲守護
住如所說甚深般若波羅蜜多諸菩薩者无
異為欲守護虛空憍尸迦若欲守護脩行般
若波羅蜜多諸菩薩者唐設劬勞都无所益
憍尸迦於意云何有能守護幻夢響像陽
焰光影及變化事尋香城不天帝釋言不也大
德善現言憍尸迦若欲守護脩行般若波羅
蜜多諸菩薩者亦復如是唐設劬勞都无所
益憍尸迦於意云何有能守護一切如來應

憍尸迦於意云何有能守護幻夢響像陽
焰光影及變化事尋香城不天帝釋言不也大
德善現言憍尸迦若欲守護脩行般若波羅
蜜多諸菩薩者亦復如是唐設劬勞都无所
益憍尸迦於意云何有能守護一切如來應
正等覺及佛所作變化事不天帝釋言不也
大德善現言憍尸迦若欲守護脩行般若波
羅蜜多諸菩薩者亦復如是唐設劬勞都无
所益憍尸迦於意云何有能守護真如法界
法性不虛妄性不變異性平等性離生性法
定法住實際虛空界不思議界不天帝釋言
不也大德善現言憍尸迦若欲守護脩行般若
波羅蜜多諸菩薩者亦復如是唐設劬勞
都无所益
尒時天帝釋問具壽善現言大德云何菩薩
摩訶薩脩行般若波羅蜜多雖知諸法如幻
如夢如響如像如陽焰如光影如變化事如
尋香城而是菩薩摩訶薩不執是幻是夢是
響是像是陽焰是光影是變化事是尋香城
亦不執由幻由夢由響由像由陽焰由光影由
變化事由尋香城亦不執屬幻屬夢屬響
屬像屬陽焰屬光影屬變化事屬尋香城亦
不執依幻依夢依響依像依陽焰依光影依變
化事依尋香城善現荅言憍尸迦若菩薩
摩訶薩脩行般若波羅蜜多不執是色是受
想行識亦不執由色由受想行識亦不執屬
色屬受想行識亦不執依色依受想行識是

化事依尋香城善現荅言憍尸迦若菩薩
摩訶薩脩行般若波羅蜜多不執是色是受
想行識亦不執由色由受想行識亦不執屬
色屬受想行識亦不執依色依受想行識是
菩薩摩訶薩脩行般若波羅蜜多雖知諸法
如幻乃至如尋香城而不執是幻乃至是尋
香城亦不執由幻乃至由尋香城亦不執屬幻
乃至屬尋香城亦不執依幻乃至依尋香
城憍尸迦若菩薩摩訶薩脩行般若波羅蜜
多不執是眼處是耳鼻舌身意處亦不執由眼
處由耳鼻舌身意處亦不執屬眼處屬耳鼻
舌身意處亦不執依眼處依耳鼻舌身意處
是菩薩摩訶薩脩行般若波羅蜜多雖知諸
法如幻乃至如尋香城而不執是幻乃至是尋
香城亦不執由幻乃至由尋香城亦不執屬
幻乃至屬尋香城亦不執依幻乃至依尋
香城憍尸迦若菩薩摩訶薩脩行般若波羅
蜜多不執是色處是聲香味觸法處亦不執
由色處由聲香味觸法處亦不執屬色處屬
聲香味觸法處亦不執依色處依聲香味觸
法處是菩薩摩訶薩脩行般若波羅蜜多雖
知諸法如幻乃至如尋香城而不執是幻乃至
是尋香城亦不執由幻乃至由尋香城亦
不執屬幻乃至屬尋香城亦不執依幻乃至
依尋香城
憍尸迦若菩薩摩訶薩脩行般若波羅蜜多
不執是眼界是色界眼識界及眼觸眼觸為緣

知諸法如幻乃至如尋香城而不執是幻乃至
是尋香城亦不執由幻乃至由尋香城亦
不執屬幻乃至屬尋香城亦不執依幻乃至
依尋香城
憍尸迦若菩薩摩訶薩脩行般若波羅蜜多
不執是眼界是色界眼識界及眼觸眼觸為緣
所生諸受亦不執由眼界由色界乃至眼觸
為緣所生諸受亦不執屬眼界屬色界乃
至眼觸為緣所生諸受亦不執依眼界依色
界乃至眼觸為緣所生諸受是菩薩摩訶薩
脩行般若波羅蜜多雖知諸法如幻乃至如尋
香城而不執是幻乃至是尋香城亦不執
由幻乃至由尋香城亦不執屬幻乃至屬尋
香城亦不執依幻乃至依尋香城
憍尸迦若菩薩摩訶薩脩行般若波羅蜜多
不執是耳界是聲界耳識界及耳觸耳觸為
緣所生諸受亦不執由耳界由聲界乃至耳
觸為緣所生諸受亦不執屬耳界屬聲界乃
至耳觸為緣所生諸受亦不執依耳界依聲
界乃至耳觸為緣所生諸受是菩薩摩訶薩
脩行般若波羅蜜多雖知諸法如幻乃至如
尋香城而不執是幻乃至是尋香城亦不執
由幻乃至由尋香城亦不執屬幻乃至屬尋
香城亦不執依幻乃至依尋香城
憍尸迦若菩薩摩訶薩脩行般若波羅蜜多
不執是鼻界是香界鼻識界及鼻觸鼻觸為
緣所生諸受亦不執由鼻界由香界乃至鼻

由幻乃至由尋香城亦不執屬幻乃至屬尋
香城亦不執依幻乃至依尋香城
憍尸迦若菩薩摩訶薩脩行般若波羅蜜多
不執是鼻界是香界鼻識界及鼻觸鼻觸為
緣所生諸受亦不執由鼻界由香界乃至鼻
觸為緣所生諸受亦不執屬鼻界屬香界乃
至鼻觸為緣所生諸受亦不執依鼻界依香
界乃至鼻觸為緣所生諸受是菩薩摩訶薩
脩行般若波羅蜜多雖知諸法如幻乃至如
尋香城而不執是幻乃至是尋香城亦不執
由幻乃至由尋香城亦不執屬幻乃至屬尋香
城亦不執依幻乃至依尋香城
憍尸迦若菩薩摩訶薩脩行般若波羅蜜多
不執是舌界是味界舌識界及舌觸舌觸為
緣所生諸受亦不執由舌界由味界乃至舌觸
為緣所生諸受亦不執屬舌界屬味界乃
至舌觸為緣所生諸受亦不執依舌界依味
界乃至舌觸為緣所生諸受是菩薩摩訶薩
脩行般若波羅蜜多雖知諸法如幻乃至如
尋香城而不執是幻乃至是尋香城亦不執
由幻乃至由尋香城亦不執屬幻乃至屬尋
香城亦不執依幻乃至依尋香城
憍尸迦若菩薩摩訶薩脩行般若波羅蜜多
不執是身界是觸界身識界及身觸身觸為
緣所生諸受亦不執由身界由觸界乃至身觸
為緣所生諸受亦不執屬身界屬觸界乃
至身觸為緣所生諸受亦不執依身界依觸

BD05475號　大般若波羅蜜多經卷二九一　（21–16）

憍尸迦若菩薩摩訶薩脩行般若波羅蜜多
不執是身界是觸界身識界及身觸身觸為
緣所生諸受亦不執由身界由觸界乃至身觸
為緣所生諸受亦不執屬身界屬觸界乃
至身觸為緣所生諸受亦不執依身界依觸
界乃至身觸為緣所生諸受是菩薩摩訶薩
脩行般若波羅蜜多雖知諸法如幻乃至如
尋香城而不執是幻乃至是尋香城亦不執
由幻乃至由尋香城亦不執屬幻乃至屬尋
香城亦不執依幻乃至依尋香城
憍尸迦若菩薩摩訶薩脩行般若波羅蜜多
不執是意界是法界意識界及意觸意觸為
緣所生諸受亦不執由意界由法界乃至意
觸為緣所生諸受亦不執屬意界屬法界乃
至意觸為緣所生諸受亦不執依意界依法
界乃至意觸為緣所生諸受是菩薩摩訶薩
脩行般若波羅蜜多雖知諸法如幻乃至如
尋香城而不執是幻乃至是尋香城亦不執
由幻乃至由尋香城亦不執屬幻乃至屬尋香
城亦不執依幻乃至依尋香城
憍尸迦若菩薩摩訶薩脩行般若波羅蜜多不
執是地界是水火風空識界亦不執由地
界由水火風空識界亦不執屬地界屬水火
風空識界亦不執依地界依水火風空識界
是菩薩摩訶薩脩行般若波羅蜜多雖知諸
法如幻乃至如尋香城而不執是幻乃至是
尋香城亦不執由幻乃至由尋香城亦不執屬

BD05475號　大般若波羅蜜多經卷二九一　（21–17）

執是地界是水火風空識界亦不執由地
界由水火風空識界亦不執屬地界屬水火
風空識界亦不執依地界依水火風空識界
是菩薩摩訶薩脩行般若波羅蜜多雖知諸
法如幻乃至如尋香城而不執是幻乃至是
尋香城亦不執由幻乃至由尋香城亦不執屬
幻乃至屬尋香城亦不執依幻乃至依尋
香城
憍尸迦若菩薩摩訶薩脩行般若波羅蜜多
不執是无明是行識名色六處觸受愛取有
生老死愁歎苦憂惱亦不執由无明由行乃
至老死愁歎苦憂惱亦不執屬无明屬行乃
至老死愁歎苦憂惱亦不執依无明依行乃
至老死愁歎苦憂惱是菩薩摩訶薩脩行
般若波羅蜜多雖知諸法如幻乃至如尋香城
而不執是幻乃至是尋香城亦不執由幻乃
至由尋香城亦不執屬幻乃至屬尋香城亦
不執依幻乃至依尋香城
憍尸迦若菩薩摩訶薩脩行般若波羅蜜多
不執是布施波羅蜜多是淨戒安忍精進靜
慮般若波羅蜜多亦不執由布施波羅蜜多
由淨戒乃至般若波羅蜜多亦不執屬布施
波羅蜜多屬淨戒乃至般若波羅蜜多亦不
執依布施波羅蜜多依淨戒乃至般若波羅蜜
多是菩薩摩訶薩脩行般若波羅蜜多
雖知諸法如幻乃至如尋香城而不執是幻乃
至是尋香城亦不執由幻乃至由尋香城亦
不執屬幻乃至屬尋香城亦不執依幻乃至

BD05475號　大般若波羅蜜多經卷二九一　（21–18）

由淨戒乃至般若波羅蜜多亦不執屬布施
波羅蜜多屬淨戒乃至般若波羅蜜多亦不
執依布施波羅蜜多依淨戒乃至般若波羅蜜
多是菩薩摩訶薩脩行般若波羅蜜多
雖知諸法如幻乃至如尋香城而不執是幻乃
至是尋香城亦不執由幻乃至由尋香城亦
不執屬幻乃至屬尋香城亦不執依幻乃至
依尋香城
憍尸迦若菩薩摩訶薩脩行般若波羅蜜多
不執是內空是外空內外空空空大空勝義
空有為空无為空畢竟空无際空散空无變
異空本性空自相空共相空一切法空不可
得空无性空自性空无性自性空亦不執由
內空由外空乃至无性自性空亦不執屬內空
屬外空乃至无性自性空亦不執依內空
依外空乃至无性自性空是菩薩摩訶薩脩
行般若波羅蜜多雖知諸法如幻乃至如尋
香城而不執是幻乃至是尋香城亦不執由
幻乃至由尋香城亦不執屬幻乃至屬尋香
城亦不執依幻乃至依尋香城
憍尸迦若菩薩摩訶薩脩行般若波羅蜜多
不執是真如是法界法性不虛妄性不變異
性平等性離生性法定法住實際虛空界不
思議界亦不執由真如由法界乃至不思議
界亦不執屬真如屬法界乃至不思議界亦
不執依真如依法界乃至不思議界是菩薩
摩訶薩脩行般若波羅蜜多雖知諸法如幻

BD05475號　大般若波羅蜜多經卷二九一　（21–19）

憍尸迦若菩薩摩訶薩脩行般若波羅蜜多
不執是真如是法界法性不虛妄性不變異
性平等性離生性法定法住實際虛空界不
思議界亦不執由真如由法界乃至不思議
界亦不執屬真如屬法界乃至不思議界亦
不執依真如依法界乃至不思議界是菩薩
摩訶薩脩行般若波羅蜜多雖知諸法如幻
乃至如尋香城而不執是幻乃至是尋香城
亦不執由幻乃至由尋香城亦不執屬幻乃
至屬尋香城亦不執依幻乃至依尋香城
憍尸迦若菩薩摩訶薩脩行般若波羅蜜多
不執是苦聖諦是集滅道聖諦亦不執由苦
聖諦由集滅道聖諦亦不執屬苦聖諦屬集
滅道聖諦亦不執依苦聖諦依集滅道聖諦
是菩薩摩訶薩脩行般若波羅蜜多雖知諸
法如幻乃至如尋香城而不執是幻乃至是尋
香城亦不執由幻乃至由尋香城亦不執
屬幻乃至屬尋香城亦不執依幻乃至依尋
香城
憍尸迦若菩薩摩訶薩脩行般若波羅蜜多
不執是四靜慮是四无量四无色定亦不執由
四靜慮由四无量四无色定亦不執屬四靜慮
四无量四无色定亦不執依四靜慮依四
无量四无色定是菩薩摩訶薩脩行般若
波羅蜜多雖知諸法如幻乃至如尋香城
而不執是幻乃至是尋香城亦不執由幻乃
至由尋香城亦不執屬幻乃至屬尋香城亦
不執依幻乃至依尋香城

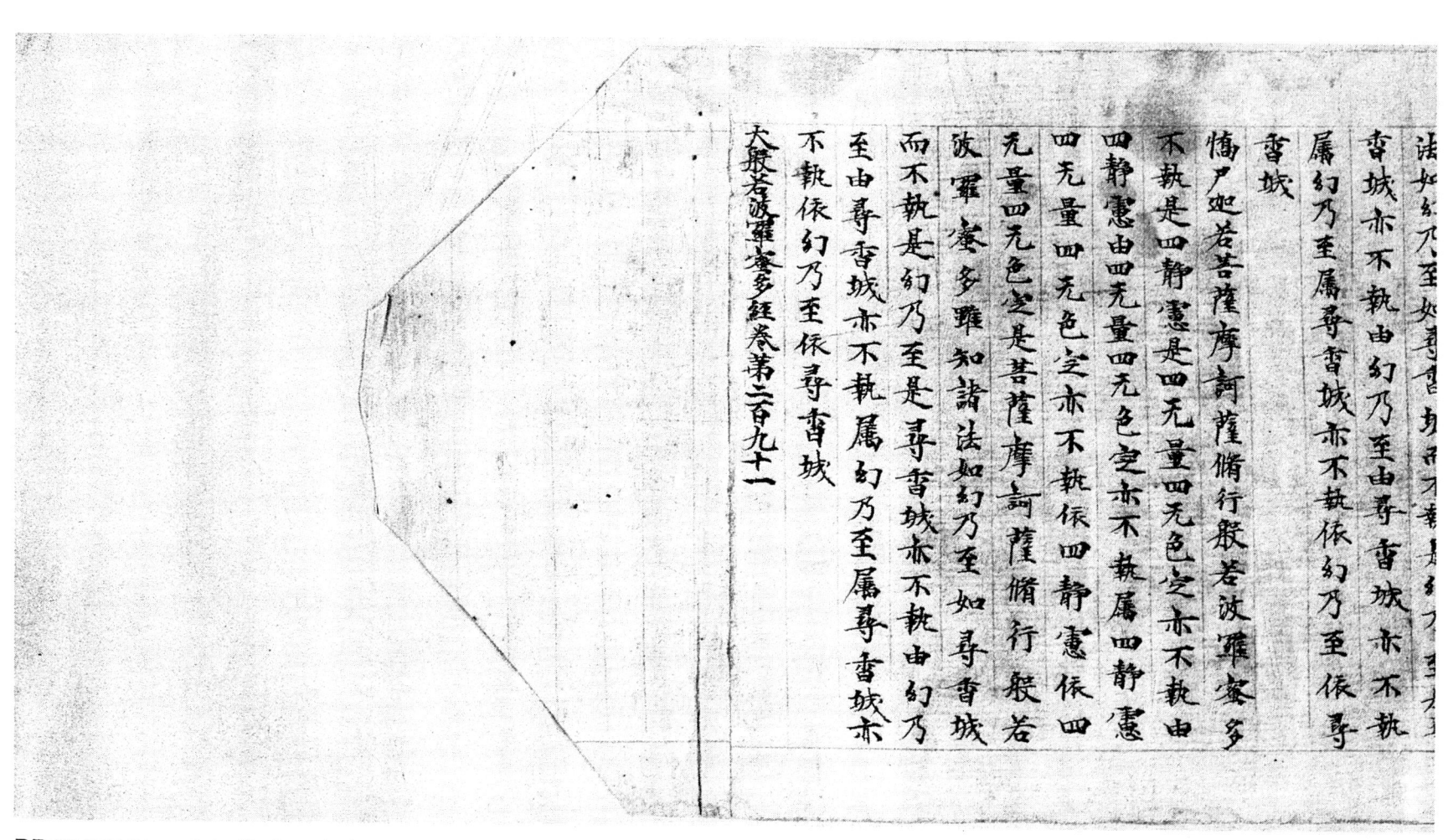

BD05475號　大般若波羅蜜多經卷二九一　（21–20）

法如幻乃至如尋香城而不執是幻乃至是尋
香城亦不執由幻乃至由尋香城亦不執
屬幻乃至屬尋香城亦不執依幻乃至依尋
香城
憍尸迦若菩薩摩訶薩脩行般若波羅蜜多
不執是四靜慮是四无量四无色定亦不執由
四靜慮由四无量四无色定亦不執屬四靜慮
四无量四无色定亦不執依四靜慮依四
无量四无色定是菩薩摩訶薩脩行般若
波羅蜜多雖知諸法如幻乃至如尋香城
而不執是幻乃至是尋香城亦不執由幻乃
至由尋香城亦不執屬幻乃至屬尋香城亦
不執依幻乃至依尋香城
大般若波羅蜜多經卷第二百九十一

BD05475號　大般若波羅蜜多經卷二九一　（21–21）

說三十二相即是非相是名三十二相
須菩提若有善男子善女人以恒河沙等身
命布施若復有人於此經中乃至受持四句
偈等為他人說其福甚多
尒時須菩提聞說是經深解義趣涕淚悲泣
而白佛言希有世尊佛說如是甚深經典我
從昔來所得慧眼未曾得聞如是之經世尊
若復有人得聞是經信心清淨則生實相當
知是人成就第一希有功德世尊是實相者
則是非相是故如來說名實相世尊我今得
聞如是經典信解受持不足為難若當來世
後五百歲其有眾生得聞是經信解受持
是人則為第一希有何以故此人无我相人相
眾生相壽者相所以者何我相即是非相人
相眾生相壽者相即是非相何以故離一切
諸相則名諸佛佛告須菩提如是如是若復有
人得聞是經不驚不怖不畏當知是人甚為希
有何以故須菩提如來說第一波羅蜜非第一

BD05476號　金剛般若波羅蜜經　（2–1）

知是人成就第一希有功德世尊是實相者
則是非相是故如來說名實相世尊我今得
聞如是經典信解受持不足為難若當來世
後五百歲其有眾生得聞是經信解受持
是人則為第一希有何以故此人无我相人相
眾生相壽者相所以者何我相即是非相人
相眾生相壽者相即是非相何以故離一切
諸相則名諸佛佛告須菩提如是如是若復有
人得聞是經不驚不怖不畏當知是人甚為希
有何以故須菩提如來說第一波羅蜜非第一
波羅蜜是名第一波羅蜜
須菩提忍辱波羅蜜如來說非忍辱波羅蜜
何以故須菩提如我昔為歌利王割截身體
我於尒時无我相无人相无眾生相无壽者
相何以故我於往昔節節支解時若有我相
人相眾生相壽者相應生瞋恨須菩提又念
過去於五百世作忍辱仙人於尒所世无我
相无人相无眾生相无壽者相是故須菩提
菩薩應離一切相發阿耨多羅三藐三菩提
心不應住色生心不應住聲香味觸法生心

BD05476號　金剛般若波羅蜜經　（2–2）

著 錄 凡 例

本目錄採用條目式著錄法。諸條目意義如下：

1.1　著錄編號。用漢語拼音首字“BD”表示，意為“北京圖書館藏敦煌遺書”，簡稱“北敦號”。文獻寫在背面者，標註為“背”。一件遺書上抄有多個文獻者，用數字 1、2、3 等標示小號。一號中包括幾件遺書，且遺書形態各自獨立者，用字母 A、B、C 等區別。

1.2　著錄分類號。本條記目錄暫不分類，該項空缺。

1.3　著錄文獻的名稱、卷本、卷次。

1.4　著錄千字文編號。

1.5　著錄縮微膠卷號。

2.1　著錄遺書的總體數據。包括長度、寬度、紙數、正面抄寫總行數與每行字數、背面抄寫總行數與每行字數。如該遺書首尾有殘破，則對殘破部分單獨度量，用加號加在總長度上。凡屬這種情況，長度用括弧標註。

2.2　著錄每紙數據。包括每紙長度及抄寫行數或界欄數。

2.3　著錄遺書的外觀。包括：（1）裝幀形式。（2）首尾存況。（3）護首、軸、軸頭、天竿、縹帶，經名是書寫還是貼簽，有無經名號，扉頁、扉畫。（4）卷面殘破情況及其位置。（5）尾部情況。（6）有無附加物（蟲繭、油污、線繩及其他）。（7）有無裱補及其年代。（8）界欄。（9）修整。（10）其他需要交待的問題。

2.4　著錄一件遺書抄寫多個文獻的情況。

3.1　著錄文獻首部文字與對照本核對的結果。

3.2　著錄文獻尾部文字與對照本核對的結果。

3.3　著錄錄文。

3.4　著錄對文獻的說明。

4.1　著錄文獻首題。

4.2　著錄文獻尾題。

5　著錄本文獻與對照本的不同之處。

6.1　著錄本遺書首部可與另一遺書綴接的編號。

6.2　著錄本遺書尾部可與另一遺書綴接的編號。

7.1　著錄題記、題名、勘記等。

7.2　著錄印章。

7.3　著錄雜寫。

7.4　著錄護首及扉頁的內容。

8　著錄年代。

9.1　著錄字體。如有武周新字、合體字、避諱字等，予以說明。

9.2　著錄卷面二次加工的情況。包括句讀、點標、科分、間隔號、行間加行、行間加字、硃筆、墨塗、倒乙、刪除、兑廢等。

10　著錄敦煌遺書發現後，近現代人所加內容，裝裱、題記、印章等。

11　備註。著錄揭裱互見、圖版本出處及其他需要說明的問題。

上述諸條，有則著錄，無則空缺。

為避文繁，上述著錄中出現的各種參考、對照文獻，暫且不列版本說明。全目結束時，將統一編制本條記目錄出現的各種參考書目。

本條記目錄為農曆年份標註其公曆紀年時，未進行歲頭年末之換算，請讀者使用時注意自行換算。

條 記 目 錄

BD05401—BD05476

1.1 BD05401 號
1.3 金剛般若波羅蜜經
1.4 菓 001
1.5 094:3655
2.1 (4.5+336.4)×27.5 厘米；8 紙；186 行，行 17 字。
2.2 01：4.5+30.5，19； 02：44.0，23； 03：44.0，24；
04：43.8，24； 05：44.0，24； 06：43.5，24；
07：43.5，24； 08：43.1，24。
2.3 卷軸裝。首殘尾脫。卷面多殘破，有等距離殘洞，有油污、黴斑，接縫處有開裂。有烏絲欄。
3.1 首 2 行上殘→大正 235，8/749A15～16。
3.2 尾殘→8/751B4。
8 9～10 世紀。歸義軍時期寫本。
9.1 楷書。
9.2 有行間校加字。
11 圖版：《敦煌寶藏》，79/370A～374A。

1.1 BD05402 號
1.3 大般若波羅蜜多經卷二四〇
1.4 菓 002
1.5 084:2625
2.1 (15+418.5)×26 厘米；10 紙；260 行，行 17 字。
2.2 01：15+32，28； 02：45.8，28； 03：45.8，28；
04：45.8，28； 05：45.7，28； 06：45.5，28；
07：45.3，28； 08：45.5，28； 09：44.8，28；
10：22.3，08。
2.3 卷軸裝。首尾均殘。卷面多有殘破。第 1 紙有脫落 1 塊殘片，文可綴接。有烏絲欄。
3.1 首 8 行上殘→大正 220，6/211C3～10。
3.2 尾全→6/214B28。
4.2 大般若波羅蜜多經卷第二百卌（尾）。
7.1 卷尾有題記："荆（?）福圓勘"及"張曜曜寫"。
8 8～9 世紀。吐蕃統治時期寫本。
9.1 楷書。
11 圖版：《敦煌寶藏》，74/272B～278A。《敦煌寶藏》未攝入第 1 紙殘片。

1.1 BD05403 號
1.3 妙法蓮華經卷二
1.4 菓 003
1.5 105:4919
2.1 48.9×24.8 厘米；1 紙；28 行，行 17 字。
2.3 卷軸裝。首尾均脫。經黃紙。卷尾殘破。有烏絲欄。
3.1 首殘→大正 262，9/13C11。
3.2 尾殘→9/14A17。
8 7～8 世紀。唐寫本。
9.1 楷書。
11 圖版：《敦煌寶藏》，87/232A～B。

1.1 BD05404 號
1.3 妙法蓮華經卷二
1.4 菓 004
1.5 105:4736
2.1 (2.7+951)×25.3 厘米；21 紙；540 行，行 17 字。
2.2 01：02.7，01； 02：49.1，28； 03：48.7，28；
04：48.7，28； 05：48.8，28； 06：48.8，28；
07：48.8，28； 08：48.8，28； 09：48.7，28；
10：48.7，28； 11：48.7，28； 12：48.7，28；
13：48.7，28； 14：48.6，28； 15：48.4，28；
16：48.4，28； 17：48.6，28； 18：48.7，28；
19：48.6，28； 20：48.7，28； 21：25.8，07。
2.3 卷軸裝。首殘尾全。卷前部有破裂殘損，第 2～8 紙有等距殘洞。尾有原軸，兩端塗醬色漆。有烏絲欄。
3.1 首行下殘→大正 262，9/11B21～22。
3.2 尾全→9/19A12。
4.2 妙法蓮華經卷第二（尾）。

8　7~8世紀。唐寫本。
9.1　楷書。
9.2　有刮改。
11　圖版:《敦煌寶藏》,86/93A~105B。

1.1　BD05405號
1.3　無量壽宗要經
1.4　菓005
1.5　275:8038
2.1　(12+173.5)×31.5厘米;4紙;117行,行30餘字。
2.2　01:12+34,29;　02:46.5,31;　03:46.5,31;
04:46.5,26。
2.3　卷軸裝。首尾均全。卷首殘破嚴重,上下殘缺。卷首有鳥糞,卷尾有蟲繭。有烏絲欄。
3.1　首全→大正936,19/82A5~15。
3.2　尾全→19/84C29。
4.2　佛說無量壽宗要經(尾)。
7.1　卷尾有題名:"盧淡"。
8　8~9世紀。吐蕃統治時期寫本。
9.1　楷書。
11　圖版:《敦煌寶藏》,108/578B~580B。

1.1　BD05406號
1.3　大方廣佛華嚴經(晉譯六十卷本　聖本)卷四二
1.4　菓006
1.5　001:0026
2.1　(488.7+10.5)×26.1厘米;14紙;共285行,行17字。
2.2　01:36.5,21;　02:36.5,21;　03:36.5,21;
04:37.0,21;　05:37.0,21;　06:37.0,21;
07:36.5,21;　08:37.0,21;　09:36.7,21;
10:36.5,21;　11:37.0,21;　12:36.5,21;
13:36.5,21;　14:11.5+10.5,12。
2.3　卷軸裝。首脫尾殘。卷首下部有破裂,第13紙有破裂。紙張變色。有烏絲欄。已修整。
3.1　首殘→大正278,9/656A3。
3.2　尾5行上殘→9/659B17~22。
5　相當於《大正藏》本卷四十《離世間品》第三十三之五的後部分及卷四十一同品第三十三之六的前部分。與《大正藏》本相比,卷的開合不同,且本號的《離世間品》不分細目。內容相當於日本《聖語藏》本卷四二。
8　6世紀。南北朝寫本。
9.1　楷書。
9.2　有行間校加字。
11　圖版:《敦煌寶藏》,56/131A~138A。

1.1　BD05407號
1.3　金光明最勝王經卷四
1.4　菓007
1.5　083:1659
2.1　622.9×26.5厘米;15紙;347行,行17字。
2.2　01:44,25;　02:44,25;　03:44.3,25;
04:44.4,25;　05:44.4,25;　06:44.4,25;
07:44.3,25;　08:44.2,25;　09:44.3,25;
10:44.3,25;　11:44.2,25;　12:44.3,25;
13:38.5,24;　14:43.5,23;　15:09.8,拖尾。
2.3　卷軸裝。首脫尾全。經黄紙。卷尾有黴爛。尾有原軸,兩端塗硃漆。背有古代裱補。有烏絲欄。
3.1　首殘→大正665,16/418A17。
3.2　尾全→16/422B21。
4.2　金光明經卷第四(尾)。
5　尾附音義。
7.3　卷尾背面尾軸處有雜寫兩字。一字不清,一字似為"字"。
8　7~8世紀。唐寫本。
9.1　楷書。
11　圖版:《敦煌寶藏》,69/134A~141B。

1.1　BD05408號
1.3　維摩詰所說經卷上
1.4　菓008
1.5　070:0889
2.1　(11.5+893)×26.5厘米;20紙;534行,行17字。
2.2　01:11.5+34.5,28;　02:46.5,28;　03:46.5,28;
04:47.0,28;　05:47.0,28;　06:47.0,28;
07:47.0,28;　08:47.0,28;　09:47.0,28;
10:47.0,28;　11:47.0,28;　12:47.0,28;
13:47.0,28;　14:47.0,28;　15:47.0,28;
16:47.0,28;　17:47.0,28;　18:47.0,28;
19:46.5,28;　20:14.0,02。
2.3　卷軸裝。首殘尾全。首紙有破裂,上下邊殘損;尾紙中間有殘洞。有烏絲欄。
3.1　首7行上下殘→大正475,14/537C5~11。
3.2　尾全→14/544A19。
4.2　維摩詰經卷上(尾)。
8　8~9世紀。吐蕃統治時期寫本。
9.1　楷書。
11　圖版:《敦煌寶藏》,63/520B~533A。

1.1　BD05409號
1.3　妙法蓮華經卷四
1.4　菓009
1.5　105:5435
2.1　89×26.2厘米;3紙;41行,行17字。
2.2　01:50.5,28;　02:19.5,11;　03:19.0,02。
2.3　卷軸裝。首脫尾全。經黄紙。有烏絲欄。

3.1 首殘→大正 262，9/36A29。
3.2 尾全→9/37A2。
4.2 妙法蓮華經卷第四（尾）。
8 7～8 世紀。唐寫本。
9.1 楷書。
11 圖版：《敦煌寶藏》，91/474B～475B。

1.1 BD05410 號
1.3 金光明最勝王經卷一〇
1.4 菓 010
1.5 083:1964
2.1 （10＋668.7）×25.5 厘米；15 紙；404 行，行 17 字。
2.2 01：10＋21.3，18； 02：45.9，28； 03：46.2，28；
04：46.8，28； 05：46.8，28； 06：46.3，28；
07：46.3，28； 08：46.3，28； 09：46.3，28；
10：46.3，28； 11：46.4，28； 12：46.2，28；
13：46.0，28； 14：45.6，28； 15：46.0，22。
2.3 卷軸裝。首殘尾全。首尾破碎嚴重。背有古代裱補。有烏絲欄。
3.1 首 6 行上下殘→大正 665，16/450C28～451A5。
3.2 尾全→16/456C19。
4.2 金光明最勝王經卷第十（尾）。
5 尾附音義。
8 9～10 世紀。歸義軍時期寫本。
9.1 楷書。
11 圖版：《敦煌寶藏》，71/123A～131B。

1.1 BD05411 號
1.3 金光明最勝王經卷八
1.4 菓 011
1.5 083:1843
2.1 （7.5＋661.5）×27.7 厘米；16 紙；390 行，行 17 字。
2.2 01：7.5＋1.8，06； 02：43.9，27； 03：44.0，27；
04：44.0，27； 05：44.0，27； 06：44.0，27；
07：44.0，27； 08：44.0，27； 09：44.0，27；
10：44.0，27； 11：44.0，27； 12：44.0，27；
13：44.0，27； 14：44.0，27； 15：44.0，27；
16：43.8，06。
2.3 卷軸裝。首殘尾全。有烏絲欄。
3.1 首 5 行上下殘→大正 665，16/438A10～14。
3.2 尾全→16/444A9。
4.2 金光明最勝王經卷第八（尾）。
5 尾附音義。
8 9～10 世紀。歸義軍時期寫本。
9.1 楷書。
11 圖版：《敦煌寶藏》，70/306A～314B。

1.1 BD05412 號
1.3 正法念處經（兌廢稿）卷七〇
1.4 菓 012
1.5 420:8595
2.1 47.7×27.4 厘米；1 紙；25 行，行 17 字。
2.3 卷軸裝。首尾均脱。尾有餘空。有烏絲欄。
3.1 首殘→大正 721，17/415B16。
3.2 尾缺→17/415C13。
7.1 上邊有一“兌”字。
8 8 世紀。唐寫本。
9.1 楷書。
9.2 有刮改。
11 圖版：《敦煌寶藏》，110/644A～B。

1.1 BD05413 號
1.3 妙法蓮華經卷六
1.4 菓 013
1.5 105:5708
2.1 （3.5＋35.5＋5）×26 厘米；2 紙；24 行，行 17 字。
2.2 01：3.5＋28.5，17； 02：7＋5，07。
2.3 卷軸裝。首尾均殘。打紙，砑光上蠟。背有古代裱補。有烏絲欄。
3.1 首行中殘→大正 262，9/47B9～10。
3.2 尾 2 行上殘→9/47C12～16。
8 7～8 世紀。唐寫本。
9.1 楷書。
11 圖版：《敦煌寶藏》，94/366A～B。

1.1 BD05414 號
1.3 金剛般若波羅蜜經
1.4 菓 014
1.5 094:4279
2.1 233×26.9 厘米；6 紙；104 行，行 17 字。
2.2 01：67.0，20； 02：31.7，17； 03：40.0，22；
04：40.0，21； 05：42.7，21； 06：11.6，03。
2.3 卷軸裝。首脱尾全。卷面多黴斑。有烏絲欄。
3.1 首殘→大正 235，8/751B4。
3.2 尾全→8/752C3。
4.2 金剛般若波羅蜜經（尾）。
5 與《大正藏》本相比，本卷經文雖有冥司偈，但僅 60 字，少“衆生”2 字。參見《大正藏》，8/751C16～19。
8 9～10 世紀。歸義軍時期寫本。
9.1 楷書。
9.2 有行間校加字。
11 圖版：《敦煌寶藏》，82/571A～573B。

1.1 BD05415 號

1.3　妙法蓮華經卷二
1.4　菓 015
1.5　105:4758
2.1　722.4×27.1 厘米；16 紙；461 行，行 17 字。
2.2　01：47.3，31；　02：47.1，31；　03：47.2，31；
04：47.1，31；　05：47.2，31；　06：47.2，30；
07：47.3，30；　08：47.4，30；　09：47.1，30；
10：47.0，30；　11：47.2，30；　12：47.2，30；
13：47.2，30；　14：47.3，30；　15：47.3，30；
16：14.3，06。
2.3　卷軸裝。首斷尾全。打紙，研光上蠟。第 1、14 紙上有破裂殘損，尾紙末端有殘損。有烏絲欄。
3.1　首殘→大正 262，9/12C19。
3.2　尾全→9/19A12。
4.2　妙法蓮華經卷第二（尾）。
8　7 世紀。唐寫本。
9.1　楷書。
11　圖版：《敦煌寶藏》，86/351A～360A。

1.1　BD05416 號
1.3　大般若波羅蜜多經卷一九一
1.4　菓 016
1.5　084:2472
2.1　(14+718.6)×26 厘米；16 紙；426 行，行 17 字。
2.2　01：14+30.2，26；　02：48.0，28；　03：48.0，28；
04：47.7，28；　05：48.0，28；　06：48.0，28；
07：48.0，28；　08：48.0，28；　09：48.2，28；
10：48.0，28；　11：48.0，28；　12：48.0，28；
13：48.0，28；　14：48.0，28；　15：48.0，28；
16：16.5，08。
2.3　卷軸裝。首尾均全。卷首有殘洞，右下殘缺。背有古代裱補。有烏絲欄。
3.1　首 8 行下殘→大正 220，5/1023B21～C12。
3.2　尾全→5/1028B12。
4.1　大般若波羅蜜多經卷第一百九□…□，/初分難信解品第卅四之十□…□/（首）。
4.2　大般若波羅蜜多經卷第一百九十一（尾）。
8　8～9 世紀。吐蕃統治時期寫本。
9.1　楷書。
9.2　有刮改。有行間校加字。
11　圖版：《敦煌寶藏》，73/409B～419A。

1.1　BD05417 號 1
1.3　金光明最勝王經卷五
1.4　菓 017
1.5　083:1717
2.1　(17.5+637.6+2.5)×26.3 厘米；10 紙；393 行，行 17 字。
2.2　01：17.5+30.8，28；　02：74.8，45；　03：75.0，45；
04：75.0，45；　05：75.0，45；　06：75.1，45；
07：74.8，45；　08：74.8，45；　09：73.8，44；
10：8.5+2.5，06。
2.3　卷軸裝。首尾均殘。末紙係道教文獻，作爲拖尾，紙質字體與通卷皆異。有烏絲欄。
2.4　本遺書包括 2 個文獻：（一）《金光明最勝王經》卷五，387 行，今編為 BD05417 號 1。（二）《太上一乘海空智藏經》卷三，6 行，今編為 BD05417 號 2。
3.1　首 9 行下殘→大正 665，16/422C14～22。
3.2　尾全→16/427B13。
4.2　金光明最勝王經卷第五（尾）。
7.3　背有雜寫“普薩大土普”。
8　8 世紀。唐寫本。
9.1　楷書。
9.2　有刮改。
11　圖版：《敦煌寶藏》，69/405B～414A。

1.1　BD05417 號 2
1.3　太上一乘海空智藏經卷三
1.4　菓 017
1.5　083:1717
2.4　本遺書由 2 個文獻組成，本號為第 2 個，6 行。餘參見 BD05417 號 1 之第 2 項、第 11 項。
3.1　首殘→《中华道藏》，5/308B08。
3.2　尾行中殘→《中华道藏》，5/308B15。
8　7～8 世紀。唐寫本。
9.1　楷書。

1.1　BD05418 號
1.3　佛名經（十六卷本）卷一〇
1.4　菓 018
1.5　063:0705
2.1　(17+713.3+2)×30 厘米；16 紙；413 行，行 17 字。
2.2　01：17+25，24；　02：45.5，26；　03：46.0，26；
04：44.0，25；　05：46.3，26；　06：46.3，26；
07：46.3，26；　08：46.3，26；　09：46.3，26；
10：46.3，26；　11：46.3，26；　12：46.3，26；
13：46.3，26；　14：46.3，26；　15：46.3，26；
16：43.5+2，26。
2.3　卷軸裝。首尾均殘。卷首油污，變色變脆，殘破嚴重。第 6 紙下部破裂，脫落 2 小塊殘片，已綴接。有烏絲欄。已修整。
3.1　首 10 行上下殘→《七寺古逸經典研究叢書》，3/488 頁第 84 行～489 頁第 95 行。
3.2　尾 1 行中下殘→《七寺古逸經典研究叢書》，3/523 頁第 544 行。

8　9～10 世紀。歸義軍時期寫本。
9.1　楷書。
11　圖版：《敦煌寶藏》，61/419B～427A。

1.1　BD05419 號
1.3　維摩詰所說經卷下
1.4　菓 019
1.5　070:1268
2.1　(7+541)×26.5 厘米；12 紙；295 行，行 17 字。
2.2　01：7+6，06；　02：49.0，28；　03：49.5，28；
04：49.5，28；　05：49.5，28；　06：49.5，28；
07：49.5，28；　08：49.5，28；　09：49.5，28；
10：49.5，28；　11：49.5，28；　12：40.5，09。
2.3　卷軸裝。首殘尾全。卷首殘破變色，上下邊有破裂。卷面油污。有烏絲欄。
3.1　首 4 行上下殘→大正 475，14/553C29～554A4。
3.2　尾全→14/557B26。
4.2　維摩詰經卷下（尾）。
8　9～10 世紀。歸義軍時期寫本。
9.1　楷書。
9.2　有刮改。
11　圖版：《敦煌寶藏》，66/372A～378B。

1.1　BD05420 號
1.3　金剛般若波羅蜜經
1.4　菓 020
1.5　094:4043
2.1　(2+238.2)×25.7 厘米；5 紙；135 行，行 17 字。
2.2　01：2+39，23；　02：50.0，28；　03：49.7，28；
04：50.0，28；　05：49.5，28。
2.3　卷軸裝。首殘尾脫。經黃紙。卷中有等距離殘洞，第 3、4 紙接縫處脫開。有烏絲欄。
3.1　首 1 行下殘→大正 235，8/750A27～28。
3.2　尾殘→8/751C29。
5　與《大正藏》本相比，本卷經文無冥司偈，參見《大正藏》，8/751C16～19。
8　7～8 世紀。唐寫本。
9.1　楷書。
11　圖版：《敦煌寶藏》，81/595B～598B。

1.1　BD05421 號
1.3　妙法蓮華經卷五
1.4　菓 021
1.5　105:5547
2.1　(3.9+78+1.5)×25.5 厘米；2 紙；49 行，行 17 字。
2.2　01：3.9+44.5，28；　02：33.5+1.5，21。
2.3　卷軸裝。首尾均殘。卷面殘破，卷背有鳥糞。背有古代裱補。有烏絲欄。
2.4　本遺書包括 2 個文獻：（一）《妙法蓮華經》卷五，49 行，今編為 BD05421 號。（二）《大般若波羅蜜多經袟皮》（擬），抄寫在背面，1 行，今編為 BD05421 號背。
3.1　首 2 行上殘→大正 262，9/37C16～17。
3.2　尾行下中殘→9/38B17。
8　7～8 世紀。唐寫本。
9.1　楷書。
11　圖版：《敦煌寶藏》，93/3B～4B。

1.1　BD05421 號背
1.3　大般若波羅蜜多經袟皮（擬）
1.4　菓 021
1.5　105:5547
2.4　本遺書由 2 個文獻組成，本號為第 2 個，1 行。餘參見 BD05421 號之第 2 項、第 11 項。
3.4　說明：
卷面寫有"卌八袟"，說明本遺書曾被用作《大般若波羅蜜多經》第十四八袟的袟皮。
8　9～10 世紀。歸義軍時期寫本。
9.1　楷書。

1.1　BD05422 號
1.3　佛名經（二十卷本）卷二〇
1.4　菓 022
1.5　062:0597
2.1　(10.5+868.9)×27.5 厘米；21 紙；477 行，行 17 字。
2.2　01：10.5+20，17；　02：44.0，24；　03：44.0，24；
04：44.0，24；　05：44.0，24；　06：44.2，24；
07：44.2，24；　08：44.0，24；　09：44.0，24；
10：44.0，24；　11：41.5，23；　12：43.0，24；
13：43.0，24；　14：43.0，24；　15：43.0，24；
16：43.0，24；　17：43.0，24；　18：43.0，24；
19：43.0，24；　20：43.0，24；　21：24.0，05。
2.3　卷軸裝。首尾均殘。首紙上下方破裂。有烏絲欄。
3.4　說明：
本遺書首 6 行中下殘，尾全。為中國人所撰佛經，未為歷代大藏經所收。
4.2　佛名經卷第廿（尾）。
7.1　首紙背上部有勘記"佛名經卷第廿"。
8　8～9 世紀。吐蕃統治時期寫本。
9.1　楷書。
11　圖版：《敦煌寶藏》，60/239A～251A。

1.1　BD05423 號
1.3　金光明最勝王經卷二
1.4　菓 023

1.5　083:1552
2.1　46×26.5 厘米；1 紙；28 行，行 17 字。
2.3　卷軸裝。首尾均脱。有烏絲欄。
3.1　首殘→大正 665，16/410C9。
3.2　尾殘→16/411A10。
8　8～9 世紀。吐蕃統治時期寫本。
9.1　楷書，
9.2　有硃筆校改。
11　圖版：《敦煌寶藏》，68/374A。

1.1　BD05424 號
1.3　佛名經（十六卷本）卷二
1.4　菓 024
1.5　063:0612
2.1　(2+42+4)×29 厘米；2 紙；23 行，行 15 字。
2.2　01：2+40，20；　02：2+4，03。
2.3　卷軸裝。首尾均殘。卷面殘破，有油污，有紅色污漬。有烏絲欄。
3.1　首 1 行下殘→《七寺古逸經典研究叢書》，3/67 頁第 51 行～68 頁第 52 行。
3.2　尾 2 行上中殘→《七寺古逸經典研究叢書》，3/69 頁第 74～75。
6.2　尾→BD05355 號。
8　9～10 世紀。歸義軍時期寫本。
9.1　楷書。
11　圖版：《敦煌寶藏》，60/354B～355A。

1.1　BD05425 號
1.3　金光明最勝王經卷二
1.4　菓 025
1.5　083:1549
2.1　45.8×26.5 厘米；1 紙；28 行，行 17 字。
2.3　卷軸裝。首尾均脱。有烏絲欄。
3.1　首殘→大正 665，16/410A8。
3.2　尾殘→16/410B8。
8　7～8 世紀。唐寫本。
9.1　楷書。
11　圖版：《敦煌寶藏》，68/372A。

1.1　BD05426 號
1.3　大寶積經卷一一三
1.4　菓 026
1.5　006:0098
2.1　324.3×28 厘米；7 紙 34 個半葉；每半葉 7 行，共 238 行，行約 34 字。
2.2　01：37.5，4 個半葉，半葉 7 行；
02：47.3，5 個半葉，半葉 7 行；
03：48.5，5 個半葉，半葉 7 行；
04：47.5，5 個半葉，半葉 7 行；
05：48.5，5 個半葉，半葉 7 行；
06：47.5，5 個半葉，半葉 7 行；
07：47.5，5 個半葉，半葉 7 行。
2.3　經折裝。首全尾脱。通卷正反兩面均有朱絲欄，但僅正面抄寫文獻。每半葉寬 9.4 厘米。
3.1　首全→大正 310，11/638C7。
3.2　尾殘→11/644A28。
4.1　大寶積經寶聚會第四十之一，沙門品第一（首）。
8　7～8 世紀。唐寫本。
9.1　楷書。
9.2　有刮改。
11　圖版：《敦煌寶藏》，56/429B～434A。

1.1　BD05427 號
1.3　妙法蓮華經卷二
1.4　菓 027
1.5　105:4790
2.1　97.5×24.9 厘米；2 紙；56 行，行 17 字。
2.2　01：48.8，28；　02：48.7，28。
2.3　卷軸裝。首尾均脱。經黄紙。有烏絲欄。
3.1　首殘→大正 262，9/15C22。
3.2　尾殘→9/16C3。
8　7～8 世紀。唐寫本。
9.1　楷書。
11　圖版：《敦煌寶藏》，86/591A～592A。

1.1　BD05428 號
1.3　金剛般若波羅蜜經
1.4　菓 028
1.5　094:3534
2.1　(184.4+4)×27.5 厘米；4 紙；正面 109 行，行 17 字；背面 28 行，行字不等。
2.2　01：44.0，25；　02：48.0，28；　03：48.0，28；
04：44.4+4，28。
2.3　卷軸裝。首全尾殘。卷背多鳥糞。有烏絲欄。
2.4　本遺書包括 2 個文獻：（一）《金剛般若波羅蜜經》，109 行，抄寫在正面，今編為 BD05428 號。（二）《妙法蓮華經習字雜寫》（擬），抄寫在背面，28 行，今編為 BD05428 號背。
3.1　首全→大正 235，8/748C17。
3.2　尾殘→8/750A16。
4.1　金剛般若波羅蜜經（首）。
5　與《大正藏》本對照，卷尾倒數第 2 行經文重複。
7.3　首題下有雜寫“人”。
8　9～10 世紀。歸義軍時期寫本。
9.1　楷書。

9.2　有行間校加字。
11　圖版：《敦煌寶藏》，78/448A～450B。

1.1　BD05428 號背
1.3　妙法蓮華經習字雜寫（擬）
1.4　菓 028
1.5　094:3534
2.4　本遺書由 2 個文獻組成，本號為第 2 個，28 行。餘參見 BD05428 號之第 2 項、第 11 項。
3.4　説明：
本文獻為《妙法蓮華經》的經文習字雜寫，所寫内容為卷一之"序品第一"。
8　9～10 世紀。歸義軍時期寫本。
9.1　楷書。

1.1　BD05429 號
1.3　大般若波羅蜜多經（兌廢稿）卷二七三
1.4　菓 029
1.5　084:2739
2.1　48×26.4 厘米；1 紙；25 行，行 17 字。
2.3　卷軸裝。首尾均脱。卷面有殘洞及破裂。尾有餘空。有烏絲欄。
3.1　首殘→大正 220，6/382C28。
3.2　尾→6/383A26。
7.1　上邊有一"兌"字。
8　8～9 世紀。吐蕃統治時期寫本。
9.1　楷書。
9.2　有行間校加字。
11　圖版：《敦煌寶藏》，74/595B。

1.1　BD05430 號
1.3　大般涅槃經（北本　異卷）卷三〇
1.4　菓 030
1.5　115:6485
2.1　(6+872)×25.5 厘米；19 紙；502 行，行 17 字。
2.2　01：6+20.5，14；　02：50.0，29；　03：50.0，29；
04：50.0，29；　05：49.5，28；　06：49.5，28；
07：49.5，28；　08：49.5，28；　09：49.0，29；
10：49.0，28；　11：49.0，28；　12：45.0，26；
13：49.5，28；　14：50.0，30；　15：50.0，29；
16：50.0，29；　17：50.0，29；　18：50.0，29；
19：12.0，04。
2.3　卷軸裝。首殘尾全。卷首殘破，有殘洞。有烏絲欄。
3.1　首 3 行下殘→大正 374，12/540C26～29。
3.2　尾全→12/546C28。
4.2　大般涅槃經卷第卅（尾）。
5　與《大正藏》本對照，分卷不同。經文相當於《大正藏》卷第二十九師子吼菩薩品第十一之三至卷第三十師子吼菩薩品第十一之四。與歷代大藏經分卷均不相同，為異卷。
7.1　卷首背有勘記"大般涅槃經第卅"。
8　6～7 世紀。隋寫本。
9.1　楷書。
9.2　卷中漏抄經文一行，漏抄處貼一浮簽補充。
11　圖版：《敦煌寶藏》，99/474A～486A。

1.1　BD05431 號
1.3　四分律比丘戒本
1.4　菓 031
1.5　156:6882
2.1　35×27 厘米；2 紙；21 行，行 17 字。
2.2　01：22.0，13；　02：13.0，08。
2.3　卷軸裝。首尾均殘。卷面有小殘洞。有烏絲欄。
3.1　首殘→大正 1429，22/1020B17。
3.2　尾殘→22/1020C9。
8　9～10 世紀。歸義軍時期寫本。
9.1　楷書。
11　圖版：《敦煌寶藏》，102/367A。

1.1　BD05432 號
1.3　摩訶般若波羅蜜經卷二三
1.4　菓 032
1.5　088:3461
2.1　370.3×26.1 厘米；8 紙；224 行，行 17 字。
2.2　01：46.7，28；　02：46.1，28；　03：46.2，28；
04：46.1，28；　05：46.4，28；　06：46.3，28；
07：46.3，28；　08：46.2，28。
2.3　卷軸裝。首尾均脱。卷面有水漬，首紙前部殘破，第 2 紙有 1 處殘洞，接縫處有開裂。有烏絲欄。已修整。
3.1　首殘→大正 223，8/386C10。
3.2　尾殘→8/389B29。
8　7～8 世紀。唐寫本。
9.1　楷書。
11　圖版：《敦煌寶藏》，78/89B～94A。

1.1　BD05433 號
1.3　金剛般若波羅蜜經
1.4　菓 033
1.5　094:4421
2.1　369.8×22.2 厘米；10 紙；221 行，行 14～15 字。
2.2　01：19.5，12；　02：42.0，26；　03：42.0，26；
04：42.0，26；　05：42.0，26；　06：42.0，26；
07：42.0，26；　08：42.0，26；　09：42.0，26；
10：14.3，01。
2.3　卷軸裝。首殘尾全。第 1、2 紙殘損嚴重，通卷下部火燒殘

缺。尾有原軸，兩端塗硃漆，下軸頭燒殘。有烏絲欄。已修整。
3.1　首殘→大正 235，8/749C27。
3.2　尾全→8/752C3。
4.2　金剛般若波羅蜜經（尾）。
5　與《大正藏》本相比，本卷經文無冥司偈，參見《大正藏》，8/751C16～19。
8　7～8 世紀。唐寫本。
9.1　楷書。
11　圖版：《敦煌寶藏》，83/147A～151B。

1.1　BD05434 號
1.3　大般若波羅蜜多經卷二九六
1.4　菓 034
1.5　084:2812
2.1　(4+70)×25.5 厘米；3 紙；44 行，行 17 字。
2.2　01：4+12，09；　02：46.5，28；　03：11.5，07。
2.3　卷軸裝。首尾均殘。卷面多殘破，第 2、3 紙接縫處下開裂。背有古代裱補。有烏絲欄。已修整。
3.1　首 2 行上殘→大正 220，6/504A21～22。
3.2　尾殘→6/504C7。
8　8～9 世紀。吐蕃統治時期寫本。
9.1　楷書。
11　圖版：《敦煌寶藏》，75/166A～167A。

1.1　BD05435 號
1.3　妙法蓮華經卷二
1.4　菓 035
1.5　105:4861
2.1　48×24.7 厘米；1 紙；28 行，行 17 字。
2.3　卷軸裝。首脫尾殘。卷面有等距離殘洞。有烏絲欄。
3.1　首殘→大正 262，9/11C29。
3.2　尾殘→9/12B8。
8　7～8 世紀。唐寫本。
9.1　楷書。
11　圖版：《敦煌寶藏》，87/109B～110A。

1.1　BD05436 號
1.3　金剛般若波羅蜜經
1.4　菓 036
1.5　094:4314
2.1　156.9×25.5 厘米；4 紙；82 行，行 17 字。
2.2　01：50.0，28；　02：46.2，27；　03：47.7，27；
　　04：13.0，拖尾。
2.3　卷軸裝。首殘尾全。經黃紙。卷首殘破，卷尾有 3 排等距離蟲蛀殘洞。有烏絲欄。
3.1　首殘→大正 235，8/751B24。
3.2　尾全→8/752C2。
5　與《大正藏》本相比，本卷經文無冥司偈，參見《大正藏》，8/751C16～19。
8　7～8 世紀。唐寫本。
9.1　楷書。
11　圖版：《敦煌寶藏》，82/637B～639B。

1.1　BD05437 號
1.3　大般若波羅蜜多經卷二九六
1.4　菓 037
1.5　084:2816
2.1　(1.8+141.8)×25.7 厘米；4 紙；85 行，行 17 字。
2.2　01：01.8，01；　02：47.6，28；　03：47.1，28；
　　04：47.1，28。
2.3　卷軸裝。首殘尾脫。卷面有殘破，第 2、3 紙接縫處上開裂。有烏絲欄。
3.1　首行下殘→大正 220，6/505C24～25。
3.2　尾殘→6/506C24。
6.1　首→BD08675 號。
8　8 世紀。唐寫本。
9.1　楷書。
11　圖版：《敦煌寶藏》，75/171A～173A。

1.1　BD05438 號
1.3　金剛般若波羅蜜經
1.4　菓 038
1.5　094:4319
2.1　144.6×26 厘米；3 紙；82 行，行 16～17 字。
2.2　01：48.1，28；　02：48.3，28；　03：48.2，26。
2.3　卷軸裝。首脫尾全。經黃紙。卷首有污漬及破洞，接縫處多有開裂。背有古代裱補，上有蟲繭。有烏絲欄。
3.1　首殘→大正 235，8/751B25。
3.2　尾全→8/752C3。
4.2　金剛般若波羅蜜經（尾）。
5　與《大正藏》本相比，本卷經文無冥司偈，參見《大正藏》，8/751C16～19。
8　7～8 世紀。唐寫本。
9.1　楷書。
11　圖版：《敦煌寶藏》，82/645B～647A。

1.1　BD05439 號
1.3　大般若波羅蜜多經卷四八
1.4　菓 039
1.5　084:2125
2.1　(9.7+490.9)×26 厘米；12 紙；290 行，行 17 字。
2.2　01：02.7，01；　02：7+40.5，28；　03：47.8，28；
　　04：47.8，28；　05：47.8，28；　06：47.5，28；
　　07：47.8，28；　08：47.5，28；　09：47.5，28；

10：47.2，28；　11：45.5，27；　12：24.0，10。
2.3　卷軸裝。首殘尾全。尾有原軸，兩端塗硃漆，軸頭被截斷。有烏絲欄。
3.1　首5行上下殘→大正220，5/270C13～17。
3.2　尾全→5/274A11。
4.2　大般若波羅蜜多經卷第卌八（尾）。
8　8～9世紀。吐蕃統治時期寫本。
9.1　楷書。
11　圖版：《敦煌寶藏》，72/45B～52A。

1.1　BD05440號
1.3　妙法蓮華經卷六
1.4　菓040
1.5　105:5688
2.1　246.5×26厘米；5紙；139行，行17字。
2.2　01：48.3，27；　02：49.7，28；　03：49.5，28；
04：49.5，28；　05：49.5，28。
2.3　卷軸裝。首全尾脫。經黄紙。卷面有等距離殘洞，接縫處多有開裂。有烏絲欄。已修整。
3.1　首全→大正262，9/46B17。
3.2　尾殘→9/48C1。
4.1　妙法蓮華經隨喜功德品第十八，六（首）。
8　7～8世紀。唐寫本。
9.1　楷書。
11　圖版：《敦煌寶藏》，94/294A～297B。

1.1　BD05441號
1.3　西方淨土讚文
1.4　菓041
1.5　307:8345
2.1　(20.5+421.4)×31厘米；10紙；222行，行20餘字。
2.2　01：20.5+11.5，16；　02：46.0，23；　03：46.2，24；
04：46.0，22；　05：46.2，22；　06：46.0，23；
07：46.0，23；　08：46.0，22；　09：46.0，25；
10：41.5，22。
2.3　卷軸裝。首殘尾全。前2紙破損嚴重，接縫處多有開裂。有折疊欄。
3.4　説明：

本文獻首11行上下殘，尾全。爲淨土宗念誦儀軌，由儀文及多首偈讚組成。未為歷代大藏經所收。

許國霖《敦煌雜錄》將本文獻分割為五篇，分別錄文。參見《敦煌雜錄》第179～196頁、第223頁。

4.2　西方淨土讚文一卷（尾）。
8　9～10世紀。歸義軍時期寫本。
9.1　楷書。
9.2　有倒乙、刮改、刪除及重文符號。有行間校加字。
10　卷上端有寫經組紅鉛筆勾劃。
11　圖版：《敦煌寶藏》，110/37A～42B。

1.1　BD05442號
1.3　大般若波羅蜜多經卷三九二
1.4　菓042
1.5　084:3054
2.1　(23+734)×26厘米；17紙；438行，行17字。
2.2　01：12.0，護首；　02：11+33，26；　03：46.1，28；
04：46.8，28；　05：46.8，28；　06：47.3，28；
07：46.8，28；　08：47.1，28；　09：47.3，28；
10：47.4，28；　11：47.2，28；　12：47.2，28；
13：47.0，28；　14：45.8，28；　15：47.1，28；
16：47.1，28；　17：44.0，20。
2.3　卷軸裝。首尾均全。有護首，已殘缺。卷前部多有破損。尾有原軸，鑲蓮蓬形軸頭，下軸頭脱落。有烏絲欄。卷背劃有上下邊欄。
3.1　首6行下殘→大正220，6/1026A11～19。
3.2　尾全→6/1031A13。
4.1　大般若波羅蜜多經卷第三百九□…□，初分成熟有情品第七十一之三，□…□/（首）。
4.2　大般若波羅蜜多經卷第三百九十二（尾）。
8　8～9世紀。吐蕃統治時期寫本。
9.1　楷書。
11　圖版：《敦煌寶藏》，76/240A～249B。

1.1　BD05443號
1.3　妙法蓮華經卷三
1.4　菓043
1.5　105:4993
2.1　(11.5+915.3+10.3)×25.4厘米；19紙；520行，行17字。
2.2　01：11.5+20.4，17；　02：50.1，28；　03：50.4，28；
04：50.1，28；　05：50.1，28；　06：50.2，28；
07：50.2，28；　08：50.1，28；　09：50.3，28；
10：50.2，28；　11：51.0，28；　12：50.9，28；
13：50.8，28；　14：50.8，28；　15：50.9，29；
16：50.9，28；　17：50.7，28　18：50.7，28；
19：37.4+10.3，26。
2.3　卷軸裝。首尾均殘。卷首殘破嚴重，卷面變色，多水漬。背有古代裱補。有烏絲欄。
3.1　首6行下殘→大正262，9/19A25～B4。
3.2　尾5行上殘→9/26C4～13。
8　9～10世紀。歸義軍時期寫本。
9.1　楷書。
11　圖版：《敦煌寶藏》，87/543B～556B。

1.1　BD05444號

1.3 金光明最勝王經（兑廢稿）卷八
1.4 菓 044
1.5 083:1894
2.1 47.3×26.2 厘米；1 紙；27 行，行 17 字。
2.3 卷軸裝。首尾均脱。尾有餘空。有烏絲欄。
3.1 首殘→大正 665，16/441B24。
3.2 尾缺→16/442A1。
7.1 上邊有一“兑”字。
8 8～9 世紀。吐蕃統治時期寫本。
9.1 楷書。
9.2 有刮改。
11 圖版：《敦煌寶藏》，70/505B～506A。

1.1 BD05445 號
1.3 大般若波羅蜜多經（兑廢稿）卷三〇六
1.4 菓 045
1.5 084:2840
2.1 （8+28.9+4）×25.5 厘米；2 紙；25 行，行 17 字。
2.2 01：8+1.8，06；　　02：27.1+4，19。
2.3 卷軸裝。首尾殘。第 1 紙下有縱向破裂，通卷上邊下邊殘缺。有烏絲欄。
3.1 首 5 行上下殘→大正 220，6/558A16～21。
3.2 尾 2 行下殘→6/558B11。
7.1 卷背有勘記“□…□六，换”。
8 8～9 世紀。吐蕃統治時期寫本。
9.1 楷書。
11 圖版：《敦煌寶藏》，75/224A。

1.1 BD05446 號
1.3 金剛般若波羅蜜經
1.4 菓 046
1.5 094:3885
2.1 （12.5+30+2.5）×24.5 厘米；2 紙；29 行，行 17 字。
2.2 01：12.5+30，28；　　02：02.5，01。
2.3 卷軸裝。首尾均殘。卷面殘破嚴重。背有古代裱補。有烏絲欄。已修整。
3.1 首 8 行上下殘→大正 235，8/749B20～28。
3.2 尾 1 行下殘→8/749C21。
8 7～8 世紀。唐寫本。
9.1 楷書。
11 圖版：《敦煌寶藏》，81/62A。

1.1 BD05447 號
1.3 月燈三昧經（先公本）
1.4 菓 047
1.5 027:0242
2.1 48×26.5 厘米；1 紙；26 行，行 17 字。
2.3 卷軸裝。首全尾脱。卷後部上邊略有殘損。有烏絲欄。已修整。
3.1 首全→大正 640，15/620A6。
3.2 尾殘→15/620B4。
4.1 佛說月燈三昧經，一名文殊師利菩薩十事經（首）。
7.1 卷首背上方有勘記“十紙”。
8 7～8 世紀。唐寫本。
9.1 楷書。
11 圖版：《敦煌寶藏》，57/409B～410A。

1.1 BD05448 號
1.3 妙法蓮華經卷二
1.4 菓 048
1.5 105:4935
2.1 97.9×24.9 厘米；2 紙；56 行，行 16 字（偈）。
2.2 01：48.6，28；　　02：49.3，28。
2.3 卷軸裝。首尾均脱。經黄紙。有烏絲欄。
3.1 首行殘→大正 262，9/15A5。
3.2 尾殘→9/15C22。
8 7～8 世紀。唐寫本。
9.1 楷書。
11 圖版：《敦煌寶藏》，87/260A～261A。

1.1 BD05449 號
1.3 觀世音經
1.4 菓 049
1.5 111:6277
2.1 44×25.3 厘米；1 紙；18 行，行 17 字。
2.3 卷軸裝。首脱尾全。卷面有破裂。有烏絲欄。
3.1 首殘→大正 262，9/58A8～9。
3.2 尾全→9/58B7。
4.2 觀世音經（尾）。
8 7～8 世紀。唐寫本。
9.1 楷書。
11 圖版：《敦煌寶藏》，97/516B。

1.1 BD05450 號
1.3 大般若波羅蜜多經卷二九六
1.4 菓 050
1.5 084:2815
2.1 （1.8+59.6+4.4）×26 厘米；2 紙；33 行，行 17 字。
2.2 01：1.8+30，19；　　02：29.6+4.4，14。
2.3 卷軸裝。首尾均殘。有烏絲欄。
3.1 首行上下殘→大正 220，6/505C6。
3.2 尾 2 行下殘→6/506A9～10。
6.1 首→
6.2 尾→BD03059 號。

8　8～9世紀。吐蕃統治時期寫本。
9.1　楷書。
11　圖版：《敦煌寶藏》，75/170。

1.1　BD05451號
1.3　灌頂章句拔除過罪生死得度經
1.4　菓051
1.5　250:7521
2.1　197.2×25.3厘米；5紙；102行，行17字。
2.2　01：42.3，23；　02：42.1，23；　03：42.0，23；
04：42.1，23；　05：28.7，10。
2.3　卷軸裝。首脱尾全。經黄紙。有燕尾。有烏絲欄。
3.1　首殘→大正1331，21/535A11。
3.2　尾全→21/536B5。
4.2　藥師經（尾）。
6.1　首→BD05452號。
8　7～8世紀。唐寫本。
9.1　楷書。
9.2　有刮改。有行間校加字。
11　圖版：《敦煌寶藏》，106/564B～567A。

1.1　BD05452號
1.3　灌頂章句拔除過罪生死得度經
1.4　菓052
1.5　250:7494
2.1　294.4×25.3厘米；7紙；161行，行17字。
2.2　01：42.2，23；　02：42.1，23；　03：42.1，23；
04：41.9，23；　05：42.1，23；　06：42.1，23；
07：41.9，23。
2.3　卷軸裝。首尾均脱。卷面有殘洞，接縫處有開裂。有烏絲欄。
3.1　首殘→大正1331，21/533A19。
3.2　尾殘→21/535A11。
6.2　尾→BD05451號。
8　7～8世紀。唐寫本。
9.1　楷書。
9.2　有行間校加字。
11　圖版：《敦煌寶藏》，106/474B～478B。

1.1　BD05453號
1.3　四分比丘尼戒本
1.4　菓053
1.5　157:6956
2.1　1009.5×26.5厘米；23紙；705行，行20字。
2.2　01：22.0，護首；　02：48.5，34；　03：49.0，35；
04：49.0，35；　05：49.0，35；　06：49.0，35；
07：48.5，35；　08：48.5，35；　09：49.0，35；
10：49.0，35；　11：50.5，39；　12：50.0，39；
13：50.5，39；　14：21.5，17；　15：13.5，10；
16：18.5，14；　17：49.0，36；　18：49.5，35；
19：49.5，36；　20：49.5，34；　21：49.5，35；
22：49.5，35；　23：47.0，22。
2.3　卷軸裝。首尾均全。有護首，已殘破，上有蟲繭。卷面有紅色水漬。卷尾有蟲繭，穿有麻綫。背有古代裱補。有烏絲欄。
3.1　首全→大正1431，22/1031A2。
3.2　尾全→22/1041A18。
4.1　四分律尼戒本一卷（首）。
4.2　四分尼戒本（尾）。
7.1　護首上有勘記“土人”，或為敦煌淨土寺收藏典籍。
8　9～10世紀。歸義軍時期寫本。
9.1　楷書。
9.2　有硃筆點標、科分、註釋及行間校加字。有墨筆行間校加字，有刮改。
11　圖版：《敦煌寶藏》，103/100B～112B。

1.1　BD05454號
1.3　大般若波羅蜜多經（兑廢稿）卷一三〇
1.4　菓054
1.5　084:2354
2.1　(44.7+1.8)×26厘米；2紙；28行，行17字。
2.2　01：40.0，25；　02：4.7+1.8，03。
2.3　卷軸裝。首尾均脱。尾有餘空。有烏絲欄。
3.1　首殘→大正220，5/710A9。
3.2　尾缺→5/710B8。
7.3　卷尾有3行經文雜寫。
8　8～9世紀。吐蕃統治時期寫本。
9.1　第1紙楷書，第2紙行書。
9.2　有行間加行。有行間校加字。
11　圖版：《敦煌寶藏》，73/58A。

1.1　BD05455號
1.3　妙法蓮華經卷二
1.4　菓055
1.5　105:4973
2.1　113.8×26.7厘米；4紙；62行，行16字（偈）。
2.2　01：15.7，09；　02：34.5，20；　03：48.4，28；
04：15.2，05。
2.3　卷軸裝。首殘尾全。通卷有等距離鼠嚙大小殘洞2排。有燕尾。有烏絲欄。
3.1　首殘→大正262，9/18A16。
3.2　尾全→9/19A12。
4.2　妙法蓮華經卷第二（尾）。
8　7～8世紀。唐寫本。
9.1　楷書。

11　圖版：《敦煌寶藏》，87/355A～356B。

1.1　BD05456 號
1.3　大般若波羅蜜多經卷五一五
1.4　菓 056
1.5　084:3274
2.1　(3.1+53.8+5.1)×25.7 厘米；2 紙；39 行，行 17 字。
2.2　01：3.1+17.9，13；　02：35.9+5.1，26。
2.3　卷軸裝。首尾均殘。通卷上部有等距離殘缺。有烏絲欄。
3.1　首 2 行上殘→大正 220，7/631A25～26。
3.2　尾 3 行上殘→7/631C2～5。
6.2　尾→BD05388 號。
8　8～9 世紀。吐蕃統治時期寫本。
9.1　楷書。
11　圖版：《敦煌寶藏》，77/101A～B。

1.1　BD05457 號
1.3　阿彌陀經
1.4　菓 057
1.5　014:0154
2.1　(24+198.4)×25.6 厘米；5 紙；111 行，行 17 字。
2.2　01：24+11.5，20；　02：46.8，27；　03：46.8，27；
04：46.8，27；　05：46.5，10。
2.3　卷軸裝。首殘尾全。首紙殘缺破裂嚴重，前 4 紙下邊有等距殘缺。有燕尾。有烏絲欄。已修整。
3.1　首 13 行上下殘→大正 366，12/346C4～347A2。
3.2　尾全→12/348A29。
4.2　佛說阿彌陀經（尾）。
8　9～10 世紀。歸義軍時期寫本。
9.1　楷書。
11　圖版：《敦煌寶藏》，57/9B～12A。

1.1　BD05458 號
1.3　大般若波羅蜜多經卷二九六
1.4　菓 058
1.5　084:2818
2.1　(4.3+28.2+5.4)×26.1 厘米；2 紙；22 行，行 17 字。
2.2　01：4.3+16.9，12；　02：11.3+5.4，10。
2.3　卷軸裝。首尾均殘。下邊殘破。有烏絲欄。
3.1　首 2 行上下殘→大正 220，6/506B13～14。
3.2　尾 3 行下殘→6/506C3～6。
6.1　首→BD03059 號。
6.2　尾→BD05323 號。
8　8～9 世紀。吐蕃統治時期寫本。
9.1　楷書。
11　圖版：《敦煌寶藏》，75/174B。

1.1　BD05459 號
1.3　妙法蓮華經卷六
1.4　菓 059
1.5　105:5763
2.1　50×25 厘米；1 紙；28 行，行 17 字。
2.3　卷軸裝。首尾均脱。經黄紙。卷面有水漬，上邊有破裂，下邊有殘缺。有烏絲欄。
3.1　首殘→大正 262，9/48A15。
3.2　尾殘→9/48B29。
8　7～8 世紀。唐寫本。
9.1　楷書。
11　圖版：《敦煌寶藏》，94/642A～B。

1.1　BD05460 號
1.3　大寶積經卷六一
1.4　菓 060
1.5　377:8485
2.1　43×26.2 厘米；1 紙；23 行，行 18 字。
2.3　卷軸裝。首尾均脱。卷面有古代裱補。有烏絲欄。
3.1　首殘→大正 310，11/355A16。
3.2　尾殘→11/355B20。
8　7～8 世紀。唐寫本。
9.1　楷書。
9.2　有行間加行。
11　圖版：《敦煌寶藏》，110/445A～B。

1.1　BD05461 號
1.3　四分律比丘戒本
1.4　菓 061
1.5　156:6885
2.1　(1.5+35)×27 厘米；1 紙；23 行，行 18 字。
2.3　卷軸裝。首尾殘。有烏絲欄。
3.1　首 1 行下殘→大正 1429，22/1020C9。
3.2　尾殘→22/1021A5。
7.3　卷下邊有“張”等二字，紙背有雜寫“悔過言大”。
8　9～10 世紀。歸義軍時期寫本。
9.1　楷書。
11　圖版：《敦煌寶藏》，102/376B。

1.1　BD05462 號
1.3　金光明最勝王經卷二
1.4　菓 062
1.5　083:1551
2.1　46.3×26.5 厘米；1 紙；28 行，行 17 字。
2.3　卷軸裝。首尾均脱。有烏絲欄。
3.1　首殘→大正 665，16/410B8。
3.2　尾殘→16/410C8。

7.3　卷背有雜寫，似為“三”。
8　8世紀。唐寫本。
9.1　楷書。
11　圖版：《敦煌寶藏》，68/373B。

1.1　BD05463號
1.3　四分律比丘戒本
1.4　菓063
1.5　156:6880
2.1　(4+37.5)×27厘米；2紙；25行，行7字。
2.2　01：4+10，07；　02：27.5，18。
2.3　卷軸裝。首尾均殘。有烏絲欄。
3.1　首1行上中殘→大正1429，22/1020A19。
3.2　尾殘→22/1020B16。
8　9～10世紀。歸義軍時期寫本。
9.1　楷書。
11　圖版：《敦煌寶藏》，102/362B。

1.1　BD05464號
1.3　灌頂章句拔除過罪生死得度經
1.4　菓064
1.5　250:7508
2.1　77.4×26.2厘米；2紙；44行，行17字。
2.2　01：51.9，28；　02：25.5+3.8，16。
2.3　卷軸裝。首脱尾殘。經黄打紙。卷下部有破裂殘損。有烏絲欄。
3.1　首殘→大正1331，21/534A26。
3.2　尾2行上殘→21/534C9～11。
8　7～8世紀。唐寫本。
9.1　楷書。
11　圖版：《敦煌寶藏》，106/527A～528A。

1.1　BD05465號
1.3　大般若波羅蜜多經卷三三八
1.4　菓065
1.5　084:2909
2.1　(2.4+235.5)×26.1厘米；5紙；140行，行17字。
2.2　01：2.4+45.2，28；　02：47.2，28；　03：47.6，28；
04：47.7，28；　05：47.8，28。
2.3　卷軸裝。首尾均脱。前2紙殘破。有烏絲欄。
3.1　首行中殘→大正220，6/732C1。
3.2　尾殘→6/734A25。
6.2　尾→BD05661號。
8　8～9世紀。吐蕃統治時期寫本。
9.1　楷書。
11　圖版：《敦煌寶藏》，75/438B～441B。

1.1　BD05466號
1.3　維摩詰所説經卷下
1.4　菓066
1.5　070:1221
2.1　820×25.5厘米；17紙；452行，行17字。
2.2　01：46.0，26；　02：48.0，28；　03：48.0，28；
04：48.0，28；　05：48.0，28；　06：48.5，28；
07：48.5，28；　08：48.5，28；　09：48.5，28；
10：48.5，28；　11：48.5，28；　12：48.5，28；
13：48.5，28；　14：48.5，28；　15：48.5，28；
16：48.5，28；　17：48.5，06。
2.3　卷軸裝。首尾均全。第1紙有破損及殘洞，接縫處有開裂。背有古代裱補。有烏絲欄。
3.1　首全→大正475，14/552A3。
3.2　尾全→14/557B26。
4.1　維摩詰經香積佛品第十（首）。
4.2　維摩詰經卷下（尾）。
8　9～10世紀。歸義軍時期寫本。
9.1　楷書。
11　圖版：《敦煌寶藏》，66/86B～97A。

1.1　BD05467號
1.3　妙法蓮華經卷四
1.4　菓067
1.5　105:5221
2.1　(4.5+1065.2)×25厘米；23紙；630行，行17字。
2.2　01：4.5+43，26；　02：46.5，28；　03：46.5，28；
04：46.0，28；　05：46.3，28；　06：46.5，28；
07：46.5，28；　08：46.5，28；　09：46.5，28；
10：46.5，28；　11：46.5，28；　12：46.5，28；
13：46.5，28；　14：46.7，28；　15：46.7，28；
16：46.5，28；　17：46.5，28；　18：46.5，28；
19：46.5，28；　20：46.5，28；　21：46.5，28；
22：46.5，28；　23：46.0，16。
2.3　卷軸裝。首殘尾全。有烏絲欄。
3.1　首3行中下殘→大正262，9/27C17～20。
3.2　尾全→9/37A2。
4.2　妙法蓮華經卷第四（尾）。
7.1　尾有題記“社經，王瀚寫”。
7.3　背有雜寫“四”。
8　8世紀。唐寫本。
9.1　楷書。
9.2　有刮改。
11　圖版：《敦煌寶藏》，89/626B～641B。背有一張照片，看不見東西。

1.1　BD05468號

1.3　佛垂般涅槃略說教誡經
1.4　菓 068
1.5　132:6645
2.1　(17.5 +300.5) ×26.8 厘米；7 紙；148 行，行 15 ~16 字。
2.2　01：17.5，09；　02：10.5，05；　03：21.0，14；
04：78.0，36；　05：78.5，35；　06：78.0，39；
07：34.5，10。
2.3　卷軸裝。首殘尾全。第 6 紙下部有殘損。背有近現代裱補。橫欄為刻劃欄，竪欄為折疊欄。
3.1　首 9 行下殘→大正 389，12/1110C21 ~1111A3。
3.2　尾全→12/1112B21。
4.2　佛說遺教經一卷（尾）。
8　9 ~10 世紀。歸義軍時期寫本。
9.1　楷書。
9.2　有倒乙。有行間校加字。
11　圖版：《敦煌寶藏》，101/66A ~70A。
從該件背揭下古代裱補紙 1 塊，今編爲 BD16176 號。

1.1　BD05469 號
1.3　大通方廣懺悔滅罪莊嚴成佛經卷中
1.4　菓 069
1.5　278:8221
2.1　178 ×27 厘米；4 紙；119 行，行 16 ~18 字。
2.2　01：44.5，29；　02：44.0，30；　03：45.0，30；
04：44.5，30。
2.3　卷軸裝。首全尾脫。上下邊有等距離殘缺，第 2、3 紙接縫處脫開。有烏絲欄。
3.1　首全→《七寺古逸經典研究叢書》，2/354 頁第 1 行。
3.2　尾殘→《七寺古逸經典研究叢書》，2/363 頁第 125 行。
4.1　大通方廣懺悔滅罪莊嚴成佛經卷中（首）。
8　7 ~8 世紀。唐寫本。
9.1　楷書。
9.2　有刮改。有刪除號。
11　圖版：《敦煌寶藏》，109/325B ~327B。

1.1　BD05470 號
1.3　四分僧戒本
1.4　菓 070
1.5　156:6864
2.1　(3 +313.5) ×28.3 厘米；8 紙；197 行，行 20 字。
2.2　01：3 +21，15；　02：41.0，26；　03：42.0，26；
04：42.0，26；　05：42.0，26；　06：42.0，26；
07：42.0，26；　08：41.5，26。
2.3　卷軸裝。首殘尾脫。首紙中部殘損。有烏絲欄。
3.1　首 2 行中殘→大正 1430，22/1025B20 ~21。
3.2　尾殘→22/1028C1。
8　9 ~10 世紀。歸義軍時期寫本。
9.1　楷書。
11　圖版：《敦煌寶藏》，102/321A ~325A。

1.1　BD05471 號
1.3　妙法蓮華經卷二
1.4　菓 071
1.5　105:4971
2.1　116.3 ×24.9 厘米；3 紙；64 行，行 16 字（偈）。
2.2　01：48.9，28；　02：48.6，28；　03：18.8，08。
2.3　卷軸裝。首脫尾全。經黄打紙。有燕尾。有烏絲欄。
3.1　首殘→大正 262，9/18A14。
3.2　尾全→9/19A12。
4.2　妙法蓮華經卷第二（尾）。
8　7 ~8 世紀。唐寫本。
9.1　楷書。
11　圖版：《敦煌寶藏》，87/351B ~353A。

1.1　BD05472 號
1.3　大般若波羅蜜多經卷一〇六
1.4　菓 072
1.5　084:2281
2.1　(8 +45.5) ×25.5 厘米；2 紙；33 行，行 17 字。
2.2　01：08.0，05；　02：45.5，28。
2.3　卷軸裝。首殘尾脫。通卷破損嚴重，卷面多殘洞。有烏絲欄。
3.1　首 5 行上下殘→大正 220，5/584C9 ~13。
3.2　尾殘→5/585A13。
6.2　尾→BD05312 號。
8　8 ~9 世紀。吐蕃統治時期寫本。
9.1　楷書。
11　圖版：《敦煌寶藏》，72/520。

1.1　BD05473 號
1.3　金光明經卷二
1.4　菓 073
1.5　081:1395
2.1　127.5 ×27 厘米；4 紙；77 行，行 17 字。
2.2　01：21.7，13；　02：46.5，28；　03：46.5，28；
04：12.8，08。
2.3　卷軸裝。首尾均斷。有烏絲欄。
3.1　首殘→大正 663，16/343B2。
3.2　尾殘→16/344A23。
6.1　首→BD05295 號。
6.2　尾→BD05333 號。
8　8 世紀。唐寫本。
9.1　楷書。
11　圖版：《敦煌寶藏》，67/328A ~329B。

1.1　BD05474 號
1.3　文殊師利所說般若波羅蜜經（異本）
1.4　菓 074
1.5　093:3494
2.1　51.2×26 厘米；1 紙；27 行，行 17 字。
2.3　卷軸裝。首全尾脫。經黄打紙。卷面有蟲蛀殘洞。有烏絲欄。
3.4　說明：

本文獻乃中國人在原《文殊師利所說般若波羅蜜經》基礎上，加序言、仿照《四十二章》分爲四十二分，並加註偈頌而成。形成新的異本。
4.1　文殊師利所說般若波羅蜜經，序偈釋（首）。
8　7~8 世紀。唐寫本。
9.1　楷書。
11　圖版：《敦煌寶藏》，78/284A~B。

1.1　BD05475 號
1.3　大般若波羅蜜多經卷二九一
1.4　菓 075
1.5　084:2792
2.1　(22+708.9)×25.3 厘米；17 紙；436 行，行 17 字。
2.2　01：22+3.2，16；　02：46.0，28；　03：46.2，28；
04：46.3，28；　05：46.3，28；　06：46.4，28；
07：46.3，28；　08：46.3，28；　09：46.4，28；
10：46.5，28；　11：46.5，28；　12：46.4，28；
13：46.4，28；　14：46.0，28；　15：46.2，28；
16：46.0，28；　17：11.5，拖尾。
2.3　卷軸裝。首殘尾全。有烏絲欄。已修整。
3.1　首 14 行上下殘→大正 220，6/477C17~478A1。
3.2　尾全→6/482C15。
4.2　大般若波羅蜜多經卷第二百九十一（尾）。
8　8~9 世紀。吐蕃統治時期寫本。
9.1　楷書。
9.2　有刮改。
11　圖版：《敦煌寶藏》，75/107B~116B。

1.1　BD05476 號
1.3　金剛般若波羅蜜經
1.4　菓 076
1.5　094:4033
2.1　49.5×25.8 厘米；1 紙；28 行，行 17 字。
2.3　卷軸裝。首尾均脫。經黄打紙。上下邊有殘破。有烏絲欄。
3.1　首殘→大正 235，8/750A22。
3.2　尾殘→8/750B23。
8　7~8 世紀。唐寫本。
9.1　楷書。
11　圖版：《敦煌寶藏》，81/561A~B。

新舊編號對照表

一、千字文號與北敦號、縮微膠卷號對照表

千字文號	北敦號	縮微膠卷號
菓 001	BD05401 號	094：3655
菓 002	BD05402 號	084：2625
菓 003	BD05403 號	105：4919
菓 004	BD05404 號	105：4736
菓 005	BD05405 號	275：8038
菓 006	BD05406 號	001：0026
菓 007	BD05407 號	083：1659
菓 008	BD05408 號	070：0889
菓 009	BD05409 號	105：5435
菓 010	BD05410 號	083：1964
菓 011	BD05411 號	083：1843
菓 012	BD05412 號	420：8595
菓 013	BD05413 號	105：5708
菓 014	BD05414 號	094：4279
菓 015	BD05415 號	105：4758
菓 016	BD05416 號	084：2472
菓 017	BD05417 號 1	083：1717
菓 017	BD05417 號 2	083：1717
菓 018	BD05418 號	063：0705
菓 019	BD05419 號	070：1268
菓 020	BD05420 號	094：4043
菓 021	BD05421 號	105：5547
菓 021	BD05421 號背	105：5547
菓 022	BD05422 號	062：0597
菓 023	BD05423 號	083：1552
菓 024	BD05424 號	063：0612
菓 025	BD05425 號	083：1549
菓 026	BD05426 號	006：0098
菓 027	BD05427 號	105：4790
菓 028	BD05428 號	094：3534
菓 028	BD05428 號背	094：3534
菓 029	BD05429 號	084：2739
菓 030	BD05430 號	115：6485
菓 031	BD05431 號	156：6882
菓 032	BD05432 號	088：3461
菓 033	BD05433 號	094：4421
菓 034	BD05434 號	084：2812
菓 035	BD05435 號	105：4861
菓 036	BD05436 號	094：4314
菓 037	BD05437 號	084：2816
菓 038	BD05438 號	094：4319
菓 039	BD05439 號	084：2125
菓 040	BD05440 號	105：5688
菓 041	BD05441 號	307：8345
菓 042	BD05442 號	084：3054
菓 043	BD05443 號	105：4993
菓 044	BD05444 號	083：1894
菓 045	BD05445 號	084：2840
菓 046	BD05446 號	094：3885
菓 047	BD05447 號	027：0242
菓 048	BD05448 號	105：4935
菓 049	BD05449 號	111：6277
菓 050	BD05450 號	084：2815
菓 051	BD05451 號	250：7521
菓 052	BD05452 號	250：7494
菓 053	BD05453 號	157：6956
菓 054	BD05454 號	084：2354
菓 055	BD05455 號	105：4973
菓 056	BD05456 號	084：3274
菓 057	BD05457 號	014：0154
菓 058	BD05458 號	084：2818
菓 059	BD05459 號	105：5763
菓 060	BD05460 號	377：8485
菓 061	BD05461 號	156：6885
菓 062	BD05462 號	083：1551
菓 063	BD05463 號	156：6880
菓 064	BD05464 號	250：7508
菓 065	BD05465 號	084：2909

菓 066	BD05466 號	070：1221	菓 072	BD05472 號	084：2281
菓 067	BD05467 號	105：5221	菓 073	BD05473 號	081：1395
菓 068	BD05468 號	132：6645	菓 074	BD05474 號	093：3494
菓 069	BD05469 號	278：8221	菓 075	BD05475 號	084：2792
菓 070	BD05470 號	156：6864	菓 076	BD05476 號	094：4033
菓 071	BD05471 號	105：4971			

二、縮微膠卷號與北敦號、千字文號對照表

縮微膠卷號	北敦號	千字文號	縮微膠卷號	北敦號	千字文號
001：0026	BD05406 號	菓 006	088：3461	BD05432 號	菓 032
006：0098	BD05426 號	菓 026	093：3494	BD05474 號	菓 074
014：0154	BD05457 號	菓 057	094：3534	BD05428 號	菓 028
027：0242	BD05447 號	菓 047	094：3534	BD05428 號背	菓 028
062：0597	BD05422 號	菓 022	094：3655	BD05401 號	菓 001
063：0612	BD05424 號	菓 024	094：3885	BD05446 號	菓 046
063：0705	BD05418 號	菓 018	094：4033	BD05476 號	菓 076
070：0889	BD05408 號	菓 008	094：4043	BD05420 號	菓 020
070：1221	BD05466 號	菓 066	094：4279	BD05414 號	菓 014
070：1268	BD05419 號	菓 019	094：4314	BD05436 號	菓 036
081：1395	BD05473 號	菓 073	094：4319	BD05438 號	菓 038
083：1549	BD05425 號	菓 025	094：4421	BD05433 號	菓 033
083：1551	BD05462 號	菓 062	105：4736	BD05404 號	菓 004
083：1552	BD05423 號	菓 023	105：4758	BD05415 號	菓 015
083：1659	BD05407 號	菓 007	105：4790	BD05427 號	菓 027
083：1717	BD05417 號 1	菓 017	105：4861	BD05435 號	菓 035
083：1717	BD05417 號 2	菓 017	105：4919	BD05403 號	菓 003
083：1843	BD05411 號	菓 011	105：4935	BD05448 號	菓 048
083：1894	BD05444 號	菓 044	105：4971	BD05471 號	菓 071
083：1964	BD05410 號	菓 010	105：4973	BD05455 號	菓 055
084：2125	BD05439 號	菓 039	105：4993	BD05443 號	菓 043
084：2281	BD05472 號	菓 072	105：5221	BD05467 號	菓 067
084：2354	BD05454 號	菓 054	105：5435	BD05409 號	菓 009
084：2472	BD05416 號	菓 016	105：5547	BD05421 號	菓 021
084：2625	BD05402 號	菓 002	105：5547	BD05421 號背	菓 021
084：2739	BD05429 號	菓 029	105：5688	BD05440 號	菓 040
084：2792	BD05475 號	菓 075	105：5708	BD05413 號	菓 013
084：2812	BD05434 號	菓 034	105：5763	BD05459 號	菓 059
084：2815	BD05450 號	菓 050	111：6277	BD05449 號	菓 049
084：2816	BD05437 號	菓 037	115：6485	BD05430 號	菓 030
084：2818	BD05458 號	菓 058	132：6645	BD05468 號	菓 068
084：2840	BD05445 號	菓 045	156：6864	BD05470 號	菓 070
084：2909	BD05465 號	菓 065	156：6880	BD05463 號	菓 063
084：3054	BD05442 號	菓 042	156：6882	BD05431 號	菓 031
084：3274	BD05456 號	菓 056	156：6885	BD05461 號	菓 061

157：6956	BD05453 號	菓 053
250：7494	BD05452 號	菓 052
250：7508	BD05464 號	菓 064
250：7521	BD05451 號	菓 051
275：8038	BD05405 號	菓 005
278：8221	BD05469 號	菓 069
307：8345	BD05441 號	菓 041
377：8485	BD05460 號	菓 060
420：8595	BD05412 號	菓 012